Die Bonus-Seite

Ihr Vorteil als Käufer dieses Buches

Auf der Bonus-Webseite zu diesem Buch finden Sie zusätzliche Informationen und Services. Dazu gehört auch ein kostenloser **Testzugang** zur Online-Fassung Ihres Buches. Und der besondere Vorteil: Wenn Sie Ihr **Online-Buch** auch weiterhin nutzen wollen, erhalten Sie den vollen Zugang zum **Vorzugspreis**.

So nutzen Sie Ihren Vorteil

Halten Sie den unten abgedruckten Zugangscode bereit und gehen Sie auf **www.galileocomputing.de**. Dort finden Sie den Kasten **Die Bonus-Seite für Buchkäufer**. Klicken Sie auf **Zur Bonus-Seite/Buch registrieren**, und geben Sie Ihren **Zugangscode** ein. Schon stehen Ihnen die Bonus-Angebote zur Verfügung.

Ihr persönlicher **Zugangscode**
itfp-sjky-5hax-84wz

Alexander Hetzel

WordPress 3

Das umfassende Handbuch

Liebe Leserin, lieber Leser,

WordPress ist die am meisten genutzte Blogsoftware der Welt. Aber nicht nur das: WordPress ist auch ein vollständiges Content-Management-System mit dem Sie schnell und zuverlässig eine eigene Webpräsenz umsetzen können. Ob Sie einen eigenen Weblog oder eine eigene Website mit WordPress umsetzen wollen: In unserem Buch finden Sie alles, was Sie dazu benötigen. Die neue Auflage wurde aktualisiert auf die Version 3.4 und viele neue Funktionen werden beschrieben.

Alexander Hetzel setzt WordPress seit vielen Jahren ein, um für sich oder im Kundenauftrag Websites zu erstellen. Er weiß, worauf es ankommt, wenn Sie erfolgreich einen Weblog oder eine Website erstellen wollen. Bei allen Fragen finden Sie in diesem Buch Hilfestellung. Angefangen bei der Installation in einem Testsystem auf dem eigenen Rechner und dem späteren Export in ein Live-System bis hin zur Erstellung eigener Layouts oder Programmierung neuer Funktionen mit Hilfe von Plugins. Natürlich stellt er Ihnen auch die wichtigsten Plugins vor, die Sie sofort auf Ihrer Website einsetzen können. Ein besonderer Tipp von mir: Schauen Sie sich doch mal die fertigen und direkt einsetzbaren Praxislösungen im letzten Teil des Buchs an. Hier finden Sie bestimmt auch etwas für Ihre Bedürfnisse.

Dieses Buch wurde mit großer Sorgfalt lektoriert und produziert. Sollten Sie dennoch Fehler finden oder inhaltliche Anregungen haben, scheuen Sie sich nicht, mit uns Kontakt aufzunehmen. Ihre Fragen und Änderungswünsche sind uns jederzeit willkommen.

Viel Vergnügen beim Lesen!

Wir freuen uns auf den Dialog mit Ihnen.

Ihr Stephan Mattescheck
Galileo-Press

stephan.mattescheck@galileo-press.de
www.galileocomputing.de
Galileo Press · Rheinwerkallee 4 · 53227 Bonn

Auf einen Blick

Wir hoffen sehr, dass Ihnen dieses Buch gefallen hat. Bitte teilen Sie uns doch Ihre Meinung mit. Eine E-Mail mit Ihrem Lob oder Tadel senden Sie direkt an den Lektor des Buches: *stephan.mattescheck@galileo-press.de*. Im Falle einer Reklamation steht Ihnen gerne unser Leserservice zur Verfügung: *service@galileo-press.de*. Informationen über Rezensions- und Schulungsexemplare erhalten Sie von: *britta.behrens@galileo-press.de*.

Informationen zum Verlag und weitere Kontaktmöglichkeiten finden Sie auf unserer Verlagswebsite *www.galileo-press.de*. Dort können Sie sich auch umfassend und aus erster Hand über unser aktuelles Verlagsprogramm informieren und alle unsere Bücher versandkostenfrei bestellen.

An diesem Buch haben viele mitgewirkt, insbesondere:

Lektorat Stephan Mattescheck
Korrektorat Annette Lennartz
Fachgutachten Johannes Gamperl
Einbandgestaltung Barabara Thoben
Titelbild Fotolia: 4880580 © Orlando Florin Rosu
Typografie und Layout Vera Brauner
Herstellung Lissy Hamann
Satz Typographie & Computer, Krefeld
Druck und Bindung Beltz Druckpartner, Hemsbach

Dieses Buch wurde gesetzt aus der TheAntiquaB (9,35/13,7 pt) in FrameMaker. Gedruckt wurde es auf chlorfrei gebleichtem Offsetpapier (90 g/m^2)

Der Name Galileo Press geht auf den italienischen Mathematiker und Philosophen Galileo Galilei (1564–1642) zurück. Er gilt als Gründungsfigur der neuzeitlichen Wissenschaft und wurde berühmt als Verfechter des modernen, heliozentrischen Weltbilds. Legendär ist sein Ausspruch *Eppur si muove* (Und sie bewegt sich doch). Das Emblem von Galileo Press ist der Jupiter, umkreist von den vier Galileischen Monden. Galilei entdeckte die nach ihm benannten Monde 1610.

Bibliografische Information der Deutschen Nationalbibliothek:
Die Deutsche Nationalbibliothek verzeichnet diese Publikation in der Deutschen Nationalbibliografie; detaillierte bibliografische Daten sind im Internet über http://dnb.d-nb.de abrufbar.

ISBN 978-3-8362-1943-3
© Galileo Press, Bonn 2012
2., aktualisierte und erweiterte Auflage, 1., korrigierter Nachdruck 2013

Inhalt

2 Installation 43

3 Die Administrationsoberfläche 65

5 Die Blogfunktion 233

6 Seitentypen 241

7 Plugins 269

8 Plugins selbst programmieren

9 Suchmaschinenoptimierung 323

10 WordPress absichern 357

11   Ihr Projekt online stellen 365

12   Marketing und Tracking 375

13 Autor sein: 30 Tipps für bessere Blogartikel 419

14   Wartung

15   Praxisbeispiele

16 Internationalisierung von Plugins und Themes 677

A Inhalt der Buch-CD 693

Leane, Sabrina, Irma, Udo. Danke.

Vorwort zur 2. Auflage

Ich freue mich aus zwei Gründen: zum einen, weil Sie dieses Buch in den Händen halten, zum anderen, weil Sie ein Vorwort lesen. Ich sehe, wir sind auf der gleichen Wellenlänge.

Ist WordPress etwas für mich?

WordPress ist wirklich eine fantastische Software. Kein anderes Content-Management-System hat mir in den vergangenen Jahren so viel Freude bereitet wie dieses. Das liegt wohl daran, dass es so vielfältig und dabei trotzdem so einfach zu erlernen ist.

Dabei ist WordPress nicht nur für diejenigen geeignet, die ihre selbst erstellten Websites mit einem Motor versorgen wollen. Sie können mit WordPress sogar ganz ohne Vorwissen Ihre eigene Website erstellen. WordPress ist also sowohl die derzeit beste Blogging-Plattform als auch eines der besten und meistverwendeten Content-Management-Systeme und sogar ein Website- oder Blogbaukasten für Anfänger.

Wenn Sie also gerade im Buchladen sitzen (oder auf der Couch im Amazon-Lager) und sich fragen, ob WordPress wirklich das Richtige für Sie ist, dann möchte ich versuchen, Ihnen mit einer kurzen und prägnanten Antwort weiterzuhelfen: Ja! Sie können mit WordPress praktisch jedes Webprojekt umsetzen, da WordPress unendlich erweiterbar ist und bereits so viele Erweiterungen existieren, dass kaum Wünsche offenbleiben.

Welches Buch soll ich bloß kaufen?

Vielleicht haben Sie sich aber auch bereits für WordPress entschieden und sind nun nur noch unschlüssig, zu welchem Buch Sie greifen wollen. Das ist in der Tat eine schwierige Frage, und ich möchte nun nicht so plump sein und Sie zum Kauf dieses Buches anstiften. Stattdessen möchte ich Ihnen gerne helfen, die für Sie beste Entscheidung zu treffen. Denn Sie tun weder Ihnen noch mir einen Gefallen, wenn Sie ein Buch kaufen, mit dem Sie nicht zufrieden sind.

An wen richtet sich dieses Buch?

Verlag und Autor haben sich bemüht, mit diesem Buch eine möglichst breite Zielgruppe zu erreichen. Auch als Einsteiger haben Sie schnell Ihre erste Website oder Ihr erstes Blog erstellt und finden viele Hinweise, wie Sie später Ihre Webpräsenz ausbauen und erweitern können.

Für Einsteiger geeignet

Ich habe mir die allergrößte Mühe gegeben, diesem Gedanken zu folgen. Die ersten Kapitel dieses Buches sind daher an all diejenigen gerichtet, die mit WordPress bisher nur wenig oder gar nichts zu tun hatten. Ich setze am Anfang nur voraus, dass Sie einen Computer anschalten können (ausschalten ist nicht so wichtig). Ich erkläre Ihnen ganz genau, wie Sie WordPress zunächst auf Ihrem heimischen PC ans Laufen bringen und gehe mit Ihnen gemeinsam die Administrationsoberfläche Schritt für Schritt durch. Ich habe mich bemüht, möglichst viele Screenshots zu machen, so dass Sie das Buch theoretisch sogar abends im Bett lesen können, ohne in der Nähe des Computers zu sein.

Zielgruppe ist hier zum einen die Gruppe derjenigen, die sich ohne Vorkenntnisse in Sprachen wie HTML oder CSS eine Website selbst bauen möchten. Mit WordPress können Sie einfach, schnell und kostenlos Ihre erste eigene Website oder Ihr erstes eigenes Blog erstellen, indem Sie eines der vielen kostenlosen oder kostenpflichtigen Themes verwenden. Zur Anfängerzielgruppe zähle ich zum anderen aber auch diejenigen, denen WordPress von einem Webdesigner eingerichtet worden ist und die nun irgendwie damit klarkommen müssen. Das Buch dient also auch als Handbuch.

Fortgeschrittene werden ebenfalls ihren Spaß haben

Die Kapitel werden nach und nach immer anspruchsvoller. Das bedeutet allerdings nicht, dass Anfänger hoffnungslos verloren wären. Ich habe stets versucht, alles so einfach wie möglich zu erklären. Ich hoffe, dass ich immer eine gute Mischung für alle Leser finden konnte. Sollte mir dies einmal nicht gelungen sein, so bitte ich Sie, mir dieses nachzusehen und an die Leser zu denken, die vielleicht noch nicht so erfahren sind wie Sie.

Fortgeschrittene lernen beispielsweise, wie sie aus ihrer eigenen HTML-Vorlage ein ganz eigenes WordPress-Theme entwickeln, also eine eigene Website auf Basis von WordPress erstellen können. Zielgruppe sind also alle Webdesigner dort draußen. Das *Theming* ist in WordPress übrigens nicht besonders schwer, wenn man erst einmal weiß, wie es geht. Meine persönliche Meinung ist, dass es im Vergleich zu vielen anderen Content-Management-Systemen wirklich leicht zu erlernen und sehr intelligent konzipiert ist. Am Ende des Buches finden Sie sogar ein riesiges Praxiskapitel, in dem ich Ihnen an verschiedenen Beispielen zeige, wie Sie eine Website mit unterschiedlichen Anforderungen auf WordPress-Basis erstellen. Das dürfte ein besonderes Merkmal dieses Buches sein.

Selbst Profis wird nicht langweilig

Wenn Sie gar nicht genug von WordPress bekommen können, dann lernen Sie in diesem Buch sogar, ein erstes eigenes Plugin zu programmieren und wie Sie Themes und Plugins internationalisieren. Hierfür sind dann allerdings schon ein paar PHP-Kenntnisse erforderlich. Sie können derartige Kapitel aber getrost überspringen, wenn sie Sie nicht interessieren oder wenn sie Ihnen zu schwierig erscheinen.

Wie lese ich dieses Buch am besten?

Das Buch folgt keinem zwingenden Aufbau, so dass Sie einfach dort einsteigen können, wo es Ihnen gefällt. Allerdings möchte ich Ihnen raten, dennoch ganz vorn zu beginnen, selbst wenn Sie schon etwas Erfahrung mit WordPress gesammelt haben. So können Sie möglichst lückenlos alle weiteren Kapitel angehen und laufen nicht Gefahr, zurückblättern zu müssen.

Das bereits erwähnte Praxiskapitel am Ende des Buches ist in mehrerlei Hinsicht etwas Besonderes. Ich weiß aus eigener Erfahrung, dass man sich bei einem neuen Thema nicht in die trockene Theorie stürzen möchte. Ich kann daher jeden verstehen, der darauf brennt, seine eigenen Ideen mit WordPress umzusetzen. Daher habe ich das Praxiskapitel so geschrieben, dass Sie direkt damit einsteigen können. Im ersten Beispiel wird sogar in aller Kürze eine Turboinstallation von WordPress erklärt, so dass Sie nach dem Vorwort direkt dort einsteigen können.

Für Anfänger ist es empfehlenswert, sich insbesondere Kapitel 2 und 11 anzuschauen. Die erklären Ihnen nämlich, wie Sie WordPress auf Ihrem PC bzw. auf dem Server installieren. Danach lege ich Ihnen Kapitel 3 ans Herz, das Ihnen die Administrationsoberfläche Schritt für Schritt erklärt und vor allem auch zeigt, wie Sie eines der vielen verfügbaren Themes ganz leicht integrieren können. Übrigens: Auch wenn Sie keinerlei Interesse daran haben, eigene Themes zu programmieren, schadet es nicht, Kapitel 4 dennoch einmal querzulesen. Viele Tipps können Sie auf bestehende Themes anwenden und an ihnen Änderungen vornehmen, wenn etwas einmal nicht nach Ihren Wünschen ist.

Feedback und Fragen

Ein Buch kann immer besser sein. Und so freue ich mich über jedes Feedback, das Sie mir an *wordpress@alexanderhetzel.de* senden. Dabei freue ich mich genauso sehr über positive wie über negative Rückmeldungen (vergessen Sie aber bitte die positiven nicht). Auch wenn Sie Fragen zum Buch haben, scheuen Sie sich nicht, sich bei mir zu melden. Ich werde versuchen, Ihnen mit Rat und Tat zur Seite zu stehen. Vielleicht werde ich diesen Satz irgendwann noch einmal bereuen. Für diesen Fall möchte ich mich im Vorfeld schon entschuldigen, wenn ich ein paar E-Mails nicht in der Ausführlichkeit beantworten kann, die ihnen gebührt. Ich verspreche Ihnen aber, mein Bestes zu geben.

Was vom Tage übrig bleibt

Es bleibt mir nur, Ihnen viel Spaß bei der Lektüre dieses Buches zu wünschen und viel Erfolg für Ihre Projekte mit WordPress. Diese Software wird Ihnen mit Sicherheit viel Spaß bereiten, und ich hoffe, dass mein Buch einen Teil dazu beiträgt.

WordPress-Version im Buch

Dieses Buch behandelt WordPress in der Version 3.4.1. Da die WordPress-Entwickler sehr schnell neue Versionen veröffentlichen, kann es gut sein, dass bereits eine neue Version erhältlich ist, wenn Sie dieses Buch in den Händen halten. Das ist aber in der Regel nicht schlimm, da meistens nur etwas Neues hinzukommt, sich aber nicht viel Grundlegendes ändert. Ein größeres Redesign der Oberfläche hat gerade erst in Version 3.2 stattgefunden.

Neues in der 2. Auflage

Es besteht eine gewisse Chance, dass Sie bereits die 1. Auflage dieses Buches erworben haben. Hierfür möchte ich mich vielmals bei Ihnen bedanken. Nun stellt sich allerdings die Frage: Lohnt es sich, auch die 2. Auflage zu kaufen? Ich bin ganz ehrlich: Mir fällt die Beantwortung der Frage meistens sehr, sehr schwer, wenn ich vor einer Neuanschaffung stehe. Daher möchte ich es Ihnen so leicht wie möglich machen und Ihnen schon in diesem Vorwort zeigen, was sich im Vergleich zur Vorauflage geändert hat. So können Sie am einfachsten sehen, ob sich eine Neuanschaffung lohnt. Schon mal vorweg: Um Ihnen die Entscheidung richtig schwer zu machen, habe ich ein komplett neues Beispiel in Kapitel 15, »Praxisbeispiele«, integriert.

Alle Kapitel wurden in Hinblick auf die neueste WordPress-Version (Stand 3.4.1) überarbeitet und auf ihre Funktionstüchtigkeit hin überprüft. Vereinzelt gehe ich auf wichtige Änderungen im Folgenden noch ein.

Was hat sich geändert?

Kapitel 2 – Installation

Vereinzelt bemängelten Leser, dass die Installation von WordPress nur für die lokale Entwicklungsumgebung erklärt wird und nicht direkt auf dem Server. Auch wenn es aus meiner Sicht sehr sinnvoll ist, WordPress zunächst lokal zu installieren, kann ich auch diejenigen verstehen, die möglichst schnell mit ihrer Website online gehen und vielleicht nur schnell ein Theme installieren möchten. Dann wäre ein Umweg über XAMPP tatsächlich unnötig. Darum habe ich das Kapitel 2 durchweg mit Anmerkungen und Abschnitten versehen, die Ihnen die **Installation auch direkt auf dem Server** erklärt. Außerdem hat sich die XAMPP-Installationsroutine stark geändert; auch diese Änderungen wurden natürlich eingearbeitet.

Kapitel 3 – die Administrationsoberfläche

Die **neuen Funktionen von WordPress** seit 3.2.1 wurden eingearbeitet und werden hier vorgestellt.

Kapitel 4 – ein eigenes Theme programmieren

Das Kapitel zur Theme Programmierung habe ich natürlich auch den neuen Gegebenheiten angepasst. Es sind auch ein paar Dinge hinzugekommen, wie zum Beispiel die Verwendung von **Child-Themes** oder die Beantwortung der Frage: Wie ändere ich eigentlich etwas am Theme, ohne dass ich von Programmierung die leiseste Ahnung habe (sozusagen **Themes anpassen für Anfänger**)? Außerdem erfahren Sie noch, wie Sie **Formatvorlagen** in Ihre Themes einbauen (die kennen Sie vielleicht schon von *tumblr*).

Kapitel 7 – Plugins

Ich habe zwei Plugins durch neue ersetzt, da diese schon seit einiger Zeit nicht mehr aktualisiert worden sind. Statt DoFollow stelle ich Ihnen nun **Antispam Bee** vor, und statt Subscribe To Comments nun **Broken Link Checker**.

Kapitel 9 – Suchmaschinenoptimierung

Das in Kapitel 9 vorgestellte Plugin **WordPress SEO** hat sich von seinem Aufbau her grundlegend geändert. Hier stelle ich Ihnen die neue Version vor.

Kapitel 11 – Ihr Projekt online stellen

Wie oben angedeutet, habe ich die Installation von WordPress erweitert. In diesem Zuge habe ich auch Kapitel 11 ein wenig ausgebaut. Nun erkläre ich Ihnen dort einmal ganz genau, **wie man eine FTP-Software bedient**, um die Dateien auf den Server zu bekommen.

Kapitel 15 – Praxisbeispiele

In Kapitel 15 hat ein **völlig neues Praxisbeispiel** Einzug gehalten. Ich möchte Ihnen gerne die Website »Social Business« vorstellen. Nein, mit Menschenrechtsorganisationen oder Ähnlichem hat das nichts zu tun. Es ist vielmehr eine **moderne Businesswebsite**, die besonderen **Fokus auf Social Media** legt. Insbesondere die Integration von Twitter und Facebook in den verschiedensten Variationen wird hier erklärt. Natürlich dürfen Sie das Theme auch wieder für Ihre eigenen Websites verwenden.

Kapitel 16 (neu) – Internationalisierung

Schließlich gibt es in der 2. Auflage auch ein ganz neues Kapitel, und zwar zum Thema **Internationalisierung**. Viele Theme-Entwickler oder Plugin-Autoren wollen oder müssen Ihre Werke übersetzbar machen. Sei es, weil der Kunde die Website in mehreren Sprachen anbieten will. Oder sei es, weil sie das Theme bzw. Plugin öffentlich verfügbar machen und durch eine Übersetzungsmöglichkeit die Reichweite vergrößern wollen. Internationalisierung ist ein äußerst wichtiges Thema für Entwickler. In diesem Kapitel erfahren Sie, wie Sie **Themes und Plugins übersetzungsfähig machen** und sogar wie Sie selbst Vorlagen übersetzen können. Die nötige Software dazu liegt auf der Buch-CD bei und wird Schritt für Schritt erklärt.

Ich hoffe, dass Ihnen auch die 2. Auflage dieses Buches Freude bereiten wird. An dieser Stelle möchte ich mich einmal für das großartige Feedback bedanken, dass die 1. Auflage hervorgerufen hat. Vielen Dank für all Ihre Rezensionen, E-Mails und Anrufe, die praktisch immer auch viel konstruktives Feedback enthielten und so geholfen haben, dieses Buch (hoffentlich) noch besser zu machen. Ich möchte Sie darum auch weiterhin ermutigen, sich bei mir zu melden. Schreiben Sie doch einfach eine E-Mail an *wordpress@alexanderhetzel.de* und sagen Sie mir, was Ihnen gefällt oder was man noch besser machen könnte. Ich freue mich darauf.

Kapitel 1
Was ist WordPress?

WordPress – was ist das eigentlich? Um ehrlich zu sein, es ist nichts anderes als TYPO3, Joomla! oder Drupal. WordPress wird Ihnen nur weitaus besser gefallen.

WordPress ist fantastisch. Mit dieser kostenfreien Software können Sie nicht nur ein professionelles Blog aufsetzen, sondern vielmehr sogar eine ganze Website betreiben. Mittlerweile ist WordPress zu einem vollwertigen Content-Management-System herangewachsen. Und es wächst und wächst ...

1.1 WordPress, die Software für Blogger

Im Jahre 2003 erblickte WordPress das Licht der Welt, um das alltägliche Schreiben von Artikeln leichter zu machen. Zunächst nutzten nur eine Handvoll Anwender die Software, da sie in ihrem Funktionsumfang noch stark eingeschränkt war. Doch von Version zu Version wurde WordPress immer ausgefeilter und umfangreicher, bis es irgendwann zur weltberühmten Blogging-Plattform avancierte.

Heute ist WordPress der Spitzenreiter auf dem Markt für Blogging-Software. Das Interesse an Blogs steigt von Tag zu Tag – genau wie die Anzahl dieser modernen Internettagebücher. Millionen von Blogs vertrauen schon heute auf WordPress und würden sie vermutlich für kein Geld aus der Hand geben. Doch was macht diese Software eigentlich so besonders?

1.1.1 Schnell, einfach und flexibel

Zunächst einmal ist WordPress unglaublich schnell und einfach installiert. Etwas überspitzt könnte man behaupten: Wenn Sie eine Kaffeemaschine in Betrieb nehmen können, dann auch diese Software. Natürlich sollten Sie in der Lage sein, Webspace oder einen Server zu mieten, eine Domain einzurichten und dort mithilfe des Webinterfaces eine Datenbank zu erstellen. Mehr Wissen benötigen Sie zunächst aber wirklich nicht.

Das Aussehen von WordPress kann durch sogenannte *Themes* beliebig erweitert werden. Sie dienen als eine Art Schablone, die über den ausgegebenen Daten liegt. Sie können ganz leicht das Aussehen Ihres Blogs verändern, ohne die Daten editieren zu müssen. Sie ziehen WordPress praktisch nur ein neues Kleid an – der Körper bleibt derselbe. Aktuell können Sie aus über 1.000 kostenlosen Themes wählen (allein von der offiziellen Website *wordpress.org*) oder einfach ein eigenes kreieren. Wie das funktioniert, erfahren Sie selbstverständlich in diesem Buch.

WordPress bringt von Haus aus schon sehr viele nützliche Funktionen mit. Die Programmierer wollten die Software aber nie überfrachten, denn nicht jeder Nutzer kann jede Funktion gleichermaßen gut gebrauchen. Daher beschränkt sich WordPress auf die wesentlichen Grundfunktionen, kann aber durch minimalen Aufwand fast unbegrenzt erweitert werden. Das Team selbst spricht davon, dass WordPress nur durch unsere Vorstellungskraft begrenzt ist. Da ist etwas Wahres dran. Die Erweiterungen werden *Plugins* genannt und können einfach über die Administrationsoberfläche mit wenigen Klicks installiert und konfiguriert werden. Sie stammen in der Regel von engagierten Nutzern, denen selbst eine Funktion fehlte und die sie kurzerhand nachgerüstet haben. Mittlerweile gibt es weit über 10.000 kostenfreie Plugins auf der offiziellen Website, derer Sie sich frei bedienen können. Und Sie werden es sicher schon geahnt haben: Wie Sie eigene Plugins programmieren, erfahren Sie ebenfalls in diesem Buch. Doch keine Angst, Sie müssen das jetzt noch nicht tun.

1.1.2   Jeder kann Kommentare schreiben

Üblicherweise führt man Blogs nicht (nur) für sich selbst, sondern für eine Gemeinschaft. Diese kann aus Bekannten und Verwandten, aber auch aus vollkommen Fremden bestehen. Ein wesentliches Merkmal heutiger Blogs ist die Möglichkeit, mit diesen Menschen zu kommunizieren. Also nicht nur seine eigenen Gedanken in Beiträgen zu formulieren, sondern der Gemeinschaft die Möglichkeit zu bieten, diese Beiträge zu kommentieren. Auch diese Funktion bietet Ihnen WordPress natürlich. Mittlerweile können Nutzer sogar kleine Profilbilder – sogenannte *Gravatare* – neben ihren Kommentaren anzeigen lassen, wodurch eine stärkere Personalisierung erreicht wird, die Besucher eher zur Beteiligung motiviert. Auch verschachtelte Kommentare, wie man sie beispielsweise aus Foren kennt, sind heute fester Bestandteil von WordPress. Es wird also viel getan, um die Kommunikation auf Blogs zu fördern und möglichst komfortabel zu machen.

1.1.3   Kategorisieren, taggen und archivieren Sie Ihre Beiträge

Eine weitere Eigenschaft von Blogs ist die Einteilung in Kategorien sowie Stich- oder Schlagwörter, auch *Tags* genannt. Ohne diese Strukturierung wäre ein Blog nur eine schier endlose Auflistung von Beiträgen. Was bei zehn bis 20 Artikeln noch übersichtlich erscheint, wird bei 500 oder mehr schon zu einer Geduldsprobe. Daher bietet WordPress seinen Nutzern die Möglichkeit, ihre Artikel in Kategorien einzusortieren und diese mit Tags zu versehen. Besucher können sich dann nur die Artikel einer jeweiligen Kategorie anzeigen lassen oder nur diejenigen, die mit einem bestimmten Tag versehen sind.

Einhergehend mit der Kategorisierung ermöglicht WordPress auch eine Archivierung aller Beiträge. Besucher können sich auf diese Weise alle Artikel eines bestimmten Tages, Monats oder Jahres anzeigen lassen. Dies ist ebenfalls typisch für Blogs.

1.1.4 Trackbacks – oder wie man den Weg zu Ihrem Blog findet

Haben Sie schon einmal etwas von *Trackbacks* (oder *Pingbacks*) gehört? Stellen Sie sich vor, Sie lesen einen Beitrag mit dem Thema »Die neun besten WordPress-Plugins«. Der Artikel gefällt Ihnen, auch der Auswahl der Erweiterungen können Sie absolut beipflichten. Doch Ihr Lieblings-Plugin fehlt noch auf der Liste, und wer kommt überhaupt auf die Idee, so eine krumme Zahl wie neun zu verwenden? Langer Rede, kurzer Sinn: Sie möchten gerne selbst einen Beitrag schreiben, der sich auf den von Ihnen gelesenen Artikel bezieht. Sie möchten Ihr Lieblings-Plugin gerne ergänzen und dazu beitragen, die zehn vollzubekommen. Doch wie erfährt nun der andere Autor, dass Sie eine Ergänzung zu seinem Artikel verfasst haben? Sie müssen ihm keine E-Mail schreiben. Hierzu gibt es die Trackbacks. Sie füttern WordPress einfach mit der Adresse des Artikels, auf den Sie sich beziehen, und unversehens wird das andere Blog über Ihren Beitrag informiert. Normalerweise erscheint dieser Trackback mit einem Link zu Ihrem Beitrag dann auch in Form eines Kommentars direkt unter dem fremden Blogbeitrag; so können dessen Besucher ganz einfach auf Ihre Ergänzung klicken, und Sie erhalten einige Zugriffe und vielleicht ein paar Stammleser mehr.

1.1.5 Multi-Autoren-Fähigkeit

Sie möchten Ihre Beiträge gerne gemeinsam mit anderen Autoren veröffentlichen? Nichts leichter als das. WordPress bietet Ihnen selbstverständlich die Möglichkeit, ein Blog mit mehreren Autoren zu betreiben. Sie können sogar mit anderen an denselben Beiträgen arbeiten oder eine eigene kleine Redaktion gründen, indem Sie den einzelnen Personen unterschiedliche Rechte einräumen. Die einen schreiben, die anderen redigieren und veröffentlichen.

1.1.6 Und vieles mehr

Zu den weiteren Funktionen von WordPress zählen unter anderem der professionelle Editor und die automatische Erstellung von *RSS-Feeds*. RSS-Feeds können von den Besuchern Ihres Blogs abonniert werden. Diese können sich verschiedene RSS-Feeds samt ihren Beiträgen gemeinsam in einem sogenannten *RSS-Reader* anzeigen lassen. So müssen Sie die einzelnen Websites nicht ständig besuchen und wissen sofort, wenn es etwas Neues gibt. Auch wenn hierdurch auf den ersten Blick die Anzahl der Zugriffe auf Ihr Blog sinken mag: Besucher erwarten heutzutage, dass Sie ein RSS-Feed anbieten. Tun Sie das nicht, kommen diese womöglich ohnehin nicht wieder. So haben Sie aber die Chance, dass diese wenigstens regelmäßig Ihre Artikel lesen. Keine Sorge, Werbung können Sie auch in RSS-Feeds einbinden. Dazu aber später mehr.

Sie sehen, WordPress bietet von Haus aus schon ganz schön viele Funktionen. Und jetzt überlegen Sie einmal, wie individuell Ihr Blog noch durch die zahllosen Plugins und Themes werden kann? Diese Software bietet jedem Interessierten die Möglichkeit, sich nach Belieben auszutoben. Manche Erweiterungen sind besser und manche wiederum schlechter als andere. Aber glücklicherweise steht es Ihnen ja vollkommen frei, aus welchen Modulen Sie Ihr Blog zusammensetzen. Und damit Sie nicht ganz allein im Regen stehen, bietet Ihnen dieses Buch einen großen Schirm, der Sie auch durch den einen oder anderen Sturm sicher begleiten möge.

1.2   Funktioniert auch als CMS

Sie wissen nun, dass WordPress perfekt dazu geeignet ist, ein Blog einzurichten. Was aber tun Sie, wenn Sie nicht nur ein Blog, sondern eine ganze Website betreiben möchten? Dann benötigen Sie ein sogenanntes *Content-Management-System* (*CMS*). Hiermit ist es möglich, alle Daten einer Website dynamisch anzulegen und zu verändern, ohne in die Programmierung eingreifen zu müssen.

1.2.1   Wie ein CMS, nur einfacher

Auch wenn WordPress ursprünglich nur als Blogging-Plattform gedacht war, so ist es heute als vollwertiges CMS anzusehen. Der Vorteil gegenüber anderen Systemen: Es ist immer noch kinderleicht zu bedienen und fast unbegrenzt erweiterbar. Vor allem aufgrund der leichten Bedienung wird WordPress heute von vielen Agenturen in Kunden-Websites integriert, da die Kunden WordPress erfahrungsgemäß deutlich schneller bedienen können als die Konkurrenzsoftware. Wochenlange Schulungen fallen hierbei weg.

Bislang haben Sie WordPress allerdings noch als Software gesehen, mit der Sie Beiträge veröffentlichen und diskutieren können, die Ihnen so hilfreiche Funktionen wie Kategorisierung, Tags, Archivierung, Trackbacks, RSS-Feeds und vieles mehr zur Verfügung stellt. Um nun verstehen zu können, wie WordPress als CMS verwendet wird, stellen Sie sich einfach Folgendes vor:

Eine handelsübliche Website ist gar nicht so viel mehr als ein Blog. Sie hat zusätzlich nur noch ein paar statische Seiten, wie zum Beispiel Startseite, Unternehmen, Produkte, Kontakt, Impressum, gefolgt von einigen Unterseiten. Wenn Sie ein Blog mit WordPress betreiben, dann ist Ihre ganze Website lediglich dieses Blog. Verwenden Sie WordPress hingegen als CMS, dann ist die Blogfunktion nur ein Teil dieser Website, zum Beispiel unter einem eigenen Menüpunkt namens »Aktuelles« oder »Blog« versteckt. Mit WordPress können Sie statische Seiten genauso einfach erstellen wie Blogbeiträge, die Eingabemaske ist sogar fast identisch. Diese Seiten dürfen Sie auch beliebig tief verschachteln, so dass Sie mit WordPress auch eine mehrere tausend Seiten starke Website basteln können. Die Grenzen von WordPress liegen nur in unserer Vorstellungskraft.

1.2.2 Bauen Sie Ihr CMS beliebig aus

Es gibt übrigens nicht nur Plugins für die Blogfunktion, sondern auch darüber hinaus. Sie können also auch die CMS-Funktionalität von WordPress beliebig erweitern, zum Beispiel mit Kontaktformularen, einem Eventkalender, Portfolio, Gästebuch oder was Ihnen sonst noch einfällt. Mit sehr großer Wahrscheinlichkeit hat ein Mitglied der Community schon das programmiert, was Sie gerade brauchen. Das ist das Faszinierende an WordPress. Selbst wenn Sie glauben, Ihr Problem oder Bedürfnis sei viel zu speziell, als dass es dafür schon eine Lösung geben könne, so hat irgendein findiger Programmierer bereits das Gegenteil bewiesen.

1.2.3 WordPress sorgt bereits allein dafür, dass Sie gefunden werden

WordPress ist übrigens von Anfang an bereits recht gut für Suchmaschinen optimiert. Dies ist nicht nur bei Blogs wichtig, sondern vor allem bei vollständigen Websites. Diese werden nämlich viel häufiger als Blogs kommerziell genutzt; der Gewinn hängt also unmittelbar oder mittelbar von den Zugriffen ab. Daher ist es wichtig, dass die Website gut von Suchmaschinen erreicht und indexiert werden kann. WordPress ist hier sehr vorbildlich, da der ausgegebene Code konform zu den strengen Richtlinien des *World Wide Web Consortium* (*W3C*) ist und damit der Suchmaschine keine technische Barriere in den Weg stellt. Außerdem sind die einzelnen Beiträge durch Kategorisierung und Archivierung sehr gut miteinander verlinkt. Die *Permalinks* runden das Optimierungspaket schließlich ab. Diese sorgen dafür, dass Ihre URLs nicht aussehen wie Kraut und Rüben, sondern eine lesefreundliche Struktur haben. Ein kleines Beispiel soll dies verdeutlichen:

http://www.mein-blumenversand.de/?p=231239
http://www.mein-blumenversand.de/produkte/schnittblumen/rosen.html

Welche URL ist einfacher zu lesen? Welche enthält schon einige wichtige Keywords, die sich positiv auf Ihre Suchergebnispositionen auswirken können? Richtig, die zweite. WordPress unterstützt beide Varianten, Sie sind also herzlich eingeladen, die lesefreundlichere zu wählen. Das lässt sich übrigens mit nur einem Klick umstellen.

1.2.4 Endlich können Sie auch ganz eigene Seitentypen kreieren

Das klingt ja alles sehr gut, aber was machen Sie, wenn Ihnen statische Seiten und Blog-beiträge nicht mehr reichen? Sie möchten beispielsweise zusätzlich noch Fachartikel für Ihre Kunden anbieten. Oder Sie sind Webdesigner und möchten ein Portfolio Ihrer besten Arbeiten erstellen. Oder Sie möchten gerne einen Bereich mit häufig gestellten Fragen (FAQ) einrichten. Das ließe sich zwar über statische Seiten realisieren, wäre aber etwas umständlich. Mit Version 3.0 hat WordPress hier nachgebessert. Neu sind die *Custom Post Types* (CPT), mit denen Sie ganz eigene Seitentypen definieren können. Erstellen Sie nach Belieben Seitentypen, wie etwa »Fachartikel«, »Portfolios«, »FAQ-Beiträge« und viele mehr. Sie können der Eingabemaske für diese Seiten sogar ganz eigene Felder hinzufügen oder eine ganz neue Kategorisierung entwerfen. Fachartikel können Sie zum Beispiel ähnlich wie ein Blog kategorisieren. Für die Seiten Ihres Port-folios könnten Sie eigene Eingabefelder für ein Bild und einen Link zu der von Ihnen gestalteten Website einfügen. Die FAQ-Beiträge lassen sich in Frage und Antwort glie-dern und ebenfalls in Kategorien unterteilen. Durch Seitentypen sind die Möglichkei-ten von WordPress als CMS nun praktisch unendlich. Später in diesem Buch erfahren Sie noch, wie Sie Seitentypen ganz leicht selbst entwerfen können.

1.2.5 WordPress eignet sich nicht nur für Blogs und kleine Websites

Auch größere Websites lassen sich problemlos mit WordPress umsetzen. Sie haben die Möglichkeit, Mitarbeiter hinzuzufügen und diesen bestimmte Rechte zuzuwei-sen, die mithilfe von Plugins sogar ganz exakt festgelegt werden können. Sie können also einen eigenen Workflow einrichten, nach dem die Mitarbeiter unterschiedlichen Teilen Ihrer Website zugeordnet werden, ähnlich wie Sie ein Blog mit mehreren Autoren betreiben können.

Für Community-Websites bietet WordPress auch die Möglichkeit der Nutzerregist-rierung an. Jeder Besucher der Website kann sich dann ein eigenes Profil erstellen und weitere Funktionen wahrnehmen, die ebenfalls durch Plugins nachgerüstet wer-den können.

1.2.6 Gibt es noch irgendeinen Grund, der gegen WordPress spricht?

Dies und vieles mehr macht WordPress zu einem vollwertigen CMS, mit dem Sie nicht nur Blogs, sondern selbst umfangreiche Websites betreiben können. Da auch das WordPress-Team das Ziel hat, die CMS-Funktionalität in Zukunft weiter hervorzuheben und ständig neue Plugins von der Community entwickelt werden, wird WordPress von Tag zu Tag und von Version zu Version umfangreicher und komfortabler. Wenn Sie also vor der Wahl stehen, für welches CMS Sie sich entscheiden: Wählen Sie WordPress, wenn Sie eine leicht zu erlernende Alternative zu komplexer Software wie *TYPO3* suchen, die deren Möglichkeiten aber in (fast) nichts nachsteht.

1.3   Für wen eignet sich WordPress?

Jedes CMS hat seine eigene Zielgruppe. Nehmen wir als Beispiel TYPO3. Diese mächtige Software kann wahrscheinlich jedes beliebige Webprojekt antreiben, ganz egal, worum es sich handelt. Dieser Vorteil erwächst ihr aber auch zum Nachteil, wenn es um Benutzerfreundlichkeit geht. Sie werden nur wenige Menschen finden, die behaupten, TYPO3 sei schnell und leicht zu erlernen. Nicht umsonst werden hierfür umfangreiche Schulungen angeboten. Übrigens nicht nur für die Programmierer, sondern auch für die späteren Redakteure. Den Geist von TYPO3 muss man erst einmal durchdrungen haben, bevor man mit der Software sinnvoll umgehen kann. Der Aufwand ist sowohl für die Entwickler als auch für die Anwender recht groß. Es würde sich vermutlich nicht lohnen, TYPO3 in kleinere Websites einzubauen – nicht, wenn es dafür effizientere Lösungen gibt.

Bei WordPress ist es ähnlich. Nicht jede Website sollte mit WordPress betrieben werden. Ich möchte Ihnen an dieser Stelle kurz aufzeigen, für welche Zielgruppen WordPress die besten Dienste leistet.

1.3.1   Blogger

Um ein Blog mit WordPress einzurichten, müssen Sie kein Webdesigner sein. Das Einrichten der Software wird im Rahmen dieses Buchs Schritt für Schritt erläutert. Das Design übernehmen dann einfach kostenlose (oder auch kommerzielle) Themes, die Sie im Internet in großer Anzahl erhalten können.

1.3.2   Webdesign-Einsteiger

Für Einsteiger in den Bereich des Webdesigns geht es vor allem darum, ihr erstes CMS auszuwählen. Das kann bei der Auswahl mitunter recht schwierig werden. Man möchte gerne von Anfang an Erfolge erzielen und nicht erst mehrere Monate lang lernen müssen. Außerdem sollte die Software für fast alle künftigen Webprojekte ausreichend sein, die man in Angriff nimmt. Und man sollte auch gerne damit arbeiten wollen. WordPress vereint alle drei Aspekte auf wunderbare Weise. Für Einsteiger ist diese Software besonders gut geeignet, weil sie sehr schnell zu erlernen und so leicht zu bedienen ist. Schnell stellen sich die ersten Erfolge ein. Anfangs kann man noch an fremden Themes herumbasteln, um sich ein wenig daran zu gewöhnen. Schon bald steht das erste eigene Theme in den Startlöchern. Durch Plugins und die Möglichkeit, im Zweifel eine Erweiterung selbst zu programmieren, haben Sie nahezu grenzenlose Optionen. Wahrscheinlich wird Ihnen so bald kein Projekt begegnen, dass Sie nicht mit WordPress umsetzen könnten.

1.3.3   Profis und Agenturen

Wenn WordPress für Einsteiger geeignet ist, fragt man sich verständlicherweise, ob die Software überhaupt für den professionellen Einsatz taugt. Die Antwortet lautet: Ja, sie ist auch für Profis geeignet. Um ehrlich zu sein, setzen Agenturen WordPress zunehmend sehr erfolgreich ein. Hierbei geht es nicht nur um Kundenblogs. Von einigen wenigen Agenturen mal abgesehen, ist das tägliche Brot der meisten Webdesigner in Deutschland die Erstellung einer kleinen bis mittelgroßen Website. Mit den wirklich großen Projekten für die landesweiten Topunternehmen setzt sich hierzulande nur eine Handvoll Agenturen auseinander. Warum sollte man also seine Kunden mit einer Software wie TYPO3 »quälen«? Verstehen Sie mich nicht falsch, TYPO3 ist eine wirklich gute Software. Ihr Kunde wird das allerdings nicht so sehen, wenn er sich noch wochenlang darin einarbeiten muss und hierfür eben keinen Mitarbeiter abstellen kann. WordPress hingegen empfinden die Kunden meistens als sehr benutzerfreundlich. Sie arbeiten nach einiger Zeit sogar sehr gerne damit und hätten vorher oft gar nicht gedacht, dass Website-Administration so einfach sein kann.

Als Freiberufler oder Agentur lohnt es sich also, WordPress zumindest in das eigene Repertoire aufzunehmen, wenn man es schon nicht ausschließlich einsetzen möchte. Für die Entwickler verläuft die Erstellung einer Website mit WordPress zudem auch schneller und leichter als mit anderen Systemen.

Grundsätzlich können Sie natürlich jede Website mit WordPress umsetzen. Aber möchten Sie wirklich eine Website für die Deutsche Bank mit WordPress verwirklichen? Oder für Audi? Technisch wäre es möglich, aber nicht unbedingt sinnvoll. Hier kommen einfach andere Systeme zum Tragen, mit denen sich WordPress gar nicht messen möchte. Das ist zum einen das bereits angesprochene TYPO3, zum anderen aber auch oftmals ein eigens für diese Unternehmen programmiertes System. Nicht zu vergessen, dass es auch noch zahlreiche hochwertige kommerzielle CMS gibt, mit denen man eine kostenfreie Software aber niemals vergleichen sollte.

Ob Sie WordPress nun privat oder beruflich einsetzen möchten, spielt im Prinzip keine Rolle. Für beide Bereiche bietet die Software mehr als genug Möglichkeiten und Vorteile. Ich möchte einmal die vage These aufstellen, dass (fast) jeder, der überlegt, ob er sich dieses Buch kauft, auch mit WordPress etwas anfangen kann. Also legen Sie die Bücher zu Drupal, Joomla! und TYPO3 wieder in das Regal zurück, und beginnen Sie ein neues (Online-)Leben mit WordPress. Sie werden es nicht bereuen.

1.4 Die WordPress-Website

Die WordPress-Website ist, wie die Software selbst, sehr übersichtlich. Sie erreichen Sie unter *http://www.wordpress.org*. Am oberen Rand befindet sich die Seitennavigation. Darunter finden Sie eine kurze Einführung zur Software sowie einen blauen Button, um diese herunterzuladen (die deutsche Version können Sie genauso leicht unter *http://de.wordpress.org* herunterladen). Im unteren Teil der Website finden Sie weitere Informationen, zum Beispiel über aktuelle WordPress-Bücher, was es Aktuelles in dem eigenen Blog der Entwickler gibt und wer WordPress sonst noch einsetzt. Hier lesen Sie dann so bekannte Namen wie die New York Times oder CNN.

1.4.1 Informationen über das Projekt

Wenn Sie der Hintergrund von WordPress etwas näher interessiert, dann sei Ihnen der Menüpunkt ABOUT nahegelegt. Dort finden Sie alles, was Sie über das Projekt WordPress wissen müssen. Zum Beispiel so hilfreiche Informationen wie eine erweiterte Einführung in WordPress samt Vorstellung des Teams (INTRO).

Übrigens: Die Erfinder und Entwickler erster Stunde sind Matt Mullenweg und Mike Little. Sie haben aufbauend auf der b2-Codebasis von Michel Valdrighi die erste Version von WordPress entwickelt. Im Jahre 2005 gründete Mullenweg gemeinsam mit einigen anderen Entwicklern die Firma Automattic für eine bessere Koordination des Projekts. Automattic bietet unter anderem das Tool Akismet an, um die eigenen Blog-Kommentare frei von Spam zu halten. Daneben verwaltet Automattic auch den bekannten Avatarservice »Gravatar« sowie die Plattform Wordpress.com, auf der jeder kostenfrei sein eigenes Blog erstellen kann. Und obwohl so viele Entwickler Tag für Tag daran arbeiten, WordPress noch besser zu machen, sticht Mullenweg aus der Gruppe hervor. Nicht umsonst wurde er 2007 von der PC World auf Platz 16 der »50 wichtigsten Leute im Web« gewählt; nur eine von vielen Auszeichnungen des jungen Texaners.

Auf der Website finden Sie auch die technischen Voraussetzungen um ein Word-Press-Blog auf seinem Server betreiben zu können (REQUIREMENTS). Die FEATURES finden Sie unter dem gleichnamigen Menüpunkt ebenfalls in der Seitennavigation.

Wichtig könnte für Sie noch die Lizenz sein, unter der WordPress steht. Der Menüpunkt GNU PUBLIC LICENSE verrät schon den offiziellen Namen der verwendeten Lizenz. Ihre Vor- und Nachteile sollten Sie sich insbesondere dann anschauen, wenn Sie vorhaben, eigene Themes und Plugins für WordPress zu entwickeln. Auf der Website finden Sie auch einige aktuelle Links, die Ihnen die Fakten näher erläutern.

1.4.2 Was haben andere schon auf Basis von WordPress kreiert?

Gerade wenn man sich in ein neues CMS (oder auch in das erste) hineinarbeiten möchte, ist man sich nie sicher, ob es wirklich das richtige ist. Schließlich möchten Sie sichergehen, dass Sie alle zukünftigen Webprojekte mit dieser Software realisieren können. Eine wunderbare Möglichkeit, um das Potenzial von WordPress von Anfang an beurteilen zu können, ist das SHOWCASE auf der offiziellen Website. Dort finden Sie viele hundert Websites, die bereits mit WordPress realisiert worden sind. Sie können sich auch nur die Websites anzeigen lassen, die WordPress nicht lediglich als Blog, sondern auch als CMS eingesetzt haben, wenn Sie in der linken Seitenleiste unter POPULAR TAGS auf CMS klicken.

1.4.3 WordPress erweitern

Sobald Sie sich ein wenig mit WordPress auseinandergesetzt haben, werden Sie vermutlich die Themes und Plugins am meisten interessieren. Zu diesen gelangen Sie, wenn Sie in der Hauptnavigation auf EXTEND klicken. Dort finden Sie zahlreiche Erweiterungen, mit denen Sie WordPress schöner und vor allem auch funktionsreicher machen können.

Es gibt übrigens noch viele andere Websites, die ebenfalls Themes und Plugins für WordPress anbieten. Da sich die meisten davon jedoch auf der offiziellen Website von WordPress befinden und daher viele dieser Portale bereits wieder geschlossen wurden, möchte ich an dieser Stelle lieber auf eine Aufzählung verzichten und Sie an Google verweisen. Ihre erste Anlaufstelle sollte aber *http://www.wordpress.org* sein, da deren Umfang, Aktualität und Pflege bislang unerreicht ist.

1.4.4 Hilfe bei WordPress

Ich möchte Ihnen nicht vormachen, dass Sie niemals Probleme mit WordPress haben werden. Das ist vollkommen utopisch – übrigens bei fast jeder Software. Bei derartig vielen Funktionen, die WordPress Ihnen bietet, wird also zwangsläufig mal etwas nicht gleich so funktionieren, wie Sie es gerne hätten.

Schlimm wäre das nur, wenn man Sie hiermit allein lassen würde. Ich kann Sie aber beruhigen: Es gibt genügend Hilfe. Neben diesem Buch (und weiteren Büchern) gibt es drei zusätzliche Anlaufstellen, die Sie bei Problemen immer aufsuchen sollten.

Die Dokumentation als Enzyklopädie

Die DOCS (in der Hauptnavigation), also die *Documentations*, stellen die umfangreichste WordPress-Ressource dar. Beinahe enzyklopädisch erklären sie dem Leser ganz genau, wie WordPress und dessen einzelne Bestandteile funktionieren. Ideal eignet sich die Dokumentation immer dann, wenn Sie wissen möchten, wie bestimmte Funktionen innerhalb der Software funktionieren. Relevant wird sie also vor allem bei der Entwicklung von Themes und Plugins.

Aber auch Themen wie Installation, Upgrades, Einsteigerhilfen sowie eine Frage-und-Antwort-Sektion sind dort zu finden. An einem langen verregneten Nachmittag ist die Dokumentation – auch *Codex* genannt – mit Sicherheit ein Stöbern wert, auch wenn Sie vielleicht noch nichts Spezielles suchen.

Das Forum für Fragen jeder Art

Das Forum (unter FORUMS im Hauptmenü) bietet Ihnen für fast alle Fragen kompetente Nutzer, die Ihnen weiterhelfen können und werden. Die Foren sind recht gut gepflegt, und man erhält fast immer sehr schnell eine Antwort. Meistens hilft einem diese auch schon, sein Problem zu lösen.

Wie überall im Leben gilt: Eine Hand wäscht die andere. Wenn Sie gute Erfahrungen im Forum gemacht haben oder der Community einfach gerne helfen möchten, dann antworten Sie doch auf die Themen im Forum, bei denen Sie möglicherweise anderen weiterhelfen können. Auf diese Weise bleibt immer sichergestellt, dass auch zukünftig Projekte, wie Foren, funktionieren.

Doch nun geht es erst einmal nur um Sie. Zögern Sie nicht, sich bei komplizierten Fragen an das Forum zu wenden. Ein Tipp, der für praktisch jedes Forum gilt: Nutzen Sie zuerst die Suchfunktion! Oft hat die eigene Frage bereits andere umgetrieben, und die Community hat schon eine Lösung diskutiert. So ersparen Sie sich mitunter unfreundliche und genervte Hinweise anderer Forumsmitglieder auf die Suchfunktion.

Google für spezielle Probleme

Die Lösung der meisten WordPress-Probleme bietet aber immer noch Google. Schließlich ist das WordPress-Forum nicht das einzige, in dem Fragen und Probleme zu dieser Software diskutiert werden. Hinzu kommen noch die ganzen Blogbeiträge, die – zu Recht – voller Stolz eine Lösung zu einem Problem präsentieren, welches ihnen gerade selbst noch Kopfschmerzen bereitete. Je spezieller also Ihr Problem mit WordPress ist, desto eher wird Google Ihnen bei der Lösung helfen können. Im Zweifel zeigt Google Ihnen auch bereitwillig einen entsprechenden Eintrag im offiziellen Codex an.

1.5 Seien Sie Teil einer großen Community

Bei der Frage nach dem optimalen CMS berücksichtigt man einen wichtigen Faktor oftmals nicht: die Community. Nur wenn hinter einer Software eine starke Community steht, können Sie aus mehreren Gründen unbesorgt sein.

1.5.1 Die Software scheint nicht schlecht zu sein

Was viele gut finden, kann nicht schlecht sein (eine Ausnahme gilt nur bei Touristenrestaurants). Wenn hinter einer Software eine große Community steht, dann bürgt diese automatisch für deren Qualität.

WordPress kann eine sehr große Community sein Eigen nennen; doch das war nicht immer so. Als die Software mit kaum mehr als zehn bis 20 Nutzern startete, hatte man eine derart große Gemeinschaft wahrscheinlich noch nicht für möglich gehalten. Doch je besser und umfangreicher WordPress wurde, desto mehr Menschen gesellten sich zu den anderen Begeisterten. Das ist übrigens bis heute so.

1.5.2 Sie bekommen gute und schnelle Hilfe

Wie bereits in Abschnitt 1.4.4, »Hilfe bei Wordpress«, beschrieben, bieten Ihnen Dokumentation, Foren, Blogs und andere Websites zahlreiche Informationen und Problemlösungen. Das einzig »Schöne« an Problemen ist, dass meist viele Menschen gleichermaßen über sie stolpern. Einer von ihnen wird schon eine Lösung haben und diese auch gerne veröffentlichen. Das ist das Prinzip einer guten Community. Der eine hilft dem anderen, ohne dafür eine Gegenleistung zu verlangen.

1.5.3 Es gibt zahlreiche Erweiterungen

WordPress strotzt nur so vor zusätzlichen Themes und Plugins, die Sie nach Herzenslust installieren können. Die meisten davon sind kostenlos erhältlich und sogar richtig gut.

Gäbe es keine Community, gäbe es auch keine (kostenlosen) Erweiterungen. Je mehr davon aber vorhanden sind, desto einfacher können Sie WordPress Ihren Wünschen anpassen. Sie müssen also nicht dem Tag entgegenzittern, an dem der »Lieferumfang« nicht mehr genügt. Entweder jemand hat bereits eine Erweiterung veröffentlicht, oder Sie programmieren Sie in Zukunft sogar eigenhändig. Die Community wird sich freuen.

1.5.4 Man gehört dazu

Nun gut, das klingt vielleicht für den einen oder anderen etwas pathetisch: Aber Sie gehören nun auch zur WordPress-Community. Man braucht diese Gemeinschaft auch mehr, als man zu Anfang denken mag, auch wenn man sich möglicherweise nie wirklich aktiv an ihr beteiligen wird. Bei Problemen im Job können Sie mit Arbeitskollegen eine Lösung erarbeiten. Bei privaten Problemen steht Ihnen meist die Familie mit Rat und Tat zur Seite. Aber wer hilft Ihnen bei WordPress? Genau: die

Community. Sie dürfen sich also ruhig dazugehörig fühlen, hier beißt (fast) niemand, und alle sind herzlich eingeladen, mitzumachen.

1.6 Showcase: Welche Websites von WordPress angetrieben werden

Sie haben nun viele Gründe gelesen, weshalb WordPress das Richtige für Sie sein könnte. Jetzt möchte ich Ihnen zum Abschluss aber gerne noch zeigen, was andere mit WordPress schon alles umgesetzt haben. Hier eine kleine Auswahl der Projekte, die mir persönlich gefallen haben.

Abbildung 1.1 zeigt eine Website, der man die Verwendung von WordPress gar nicht ansieht. Sie ist außerdem, wie ich finde, sehr liebevoll gestaltet.

Abbildung 1.1 egyptsharmtrips.com

Ebenfalls eine Businesswebsite, die sich dem Design verpflichtet hat, sehen Sie in Abbildung 1.2. Die grafischen Besonderheiten sind in einem Screenshot leider nicht ganz zu erfassen, ein Besuch lohnt sich aber.

Wenn Sie auf der Suche nach ein wenig Inspiration für Ihre nächste Website sind, könnte Ihnen diese aus Abbildung 1.3 als Beispiel dienen.

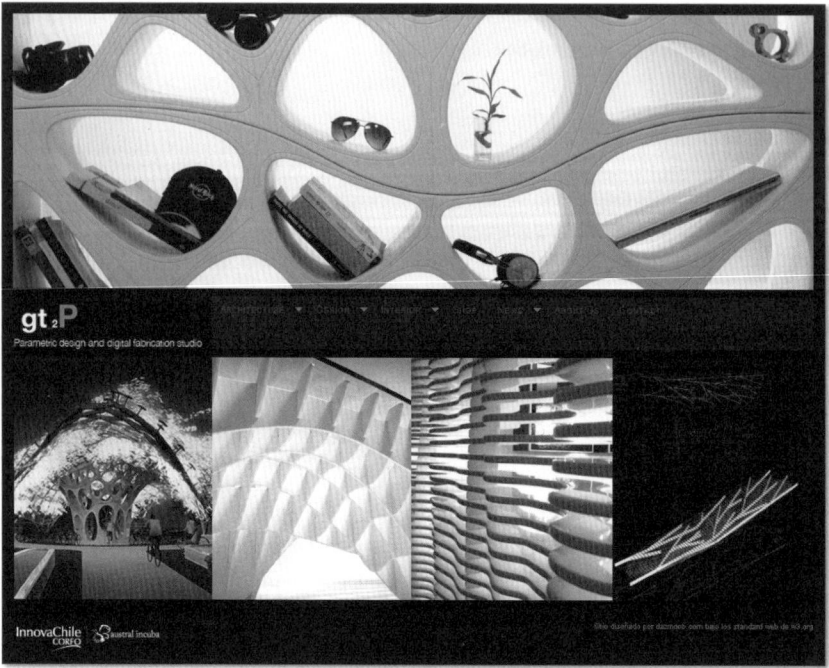

Abbildung 1.2 gt2p.com

Abbildung 1.3 marchanddetrucs.com

Die Website in Abbildung 1.4 besteht aus nur einer einzigen Seite. Ein Klick auf die Menüpunkte lässt Sie einfach weiter nach unten scrollen. Auch so etwas ist mit WordPress möglich.

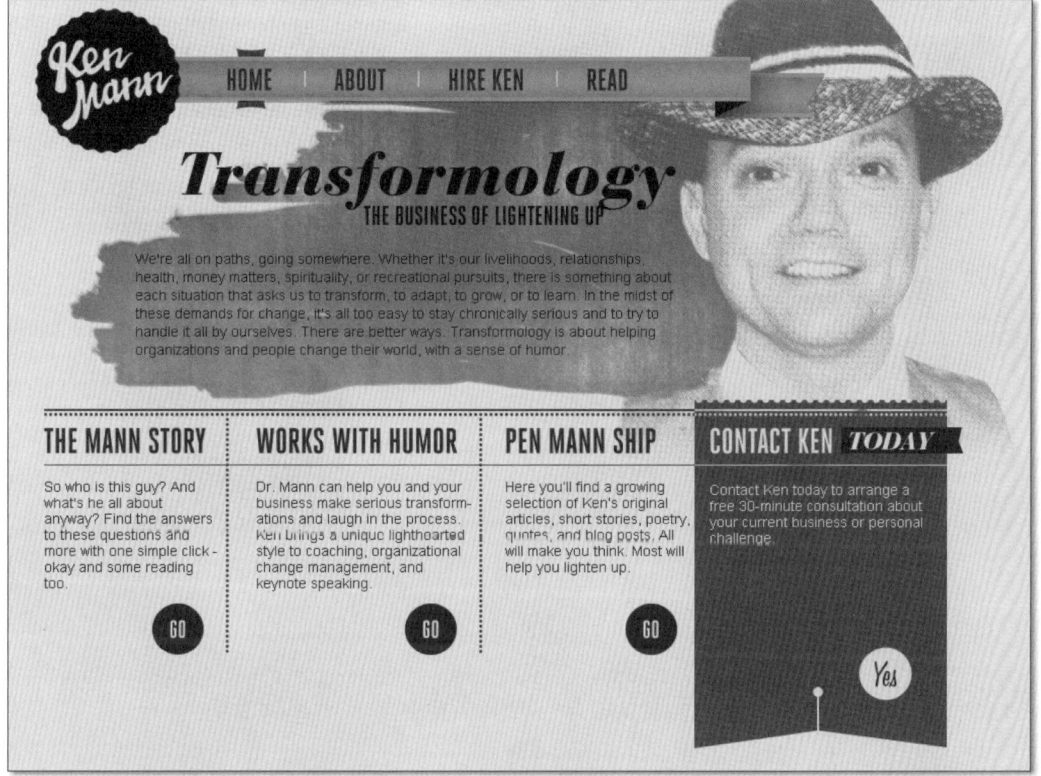

Abbildung 1.4 transformology.com

Bei Typographica (Abbildung 1.5) dreht sich alles um Schriftenrezensionen, die von den Nutzern kommentiert werden können. Es müssen nicht immer klassische Blog-artikel sein, lassen Sie Ihrer Kreativität freien Lauf.

WebDesignerWall (Abbildung 1.6) ist ein Blog zum Thema Webdesign, welches eben-falls durch aufwendige Gestaltung brillieren kann. Es vereint auch alle typischen Blogfunktionen.

Abbildung 1.5 typographica.org

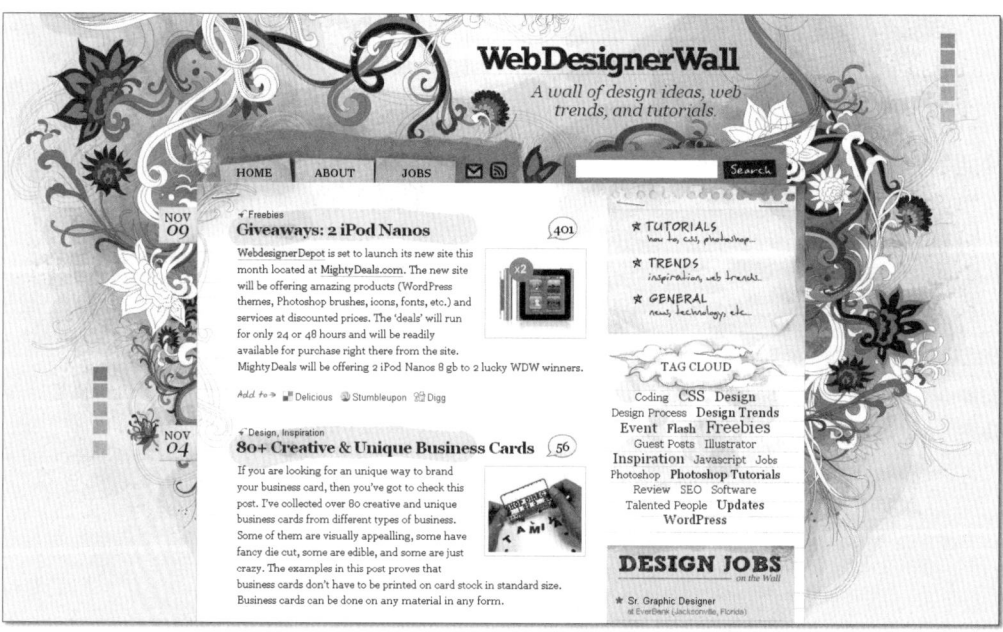

Abbildung 1.6 webdesignerwall.com

Auch ein deutsches Blog schafft es in unsere Liste (Abbildung 1.7). Falls Sie dort ein-mal vorbeischauen sollten, dann probieren Sie unbedingt den STYLE SWITCHER rechts in der Sidebar aus.

Abbildung 1.7 kulturbanause.de

Auch Modedesigner kommen um WordPress offenbar nicht herum. Eine wunder-bare Integration des Blogs in die eigentliche Website finden Sie in Abbildung 1.8.

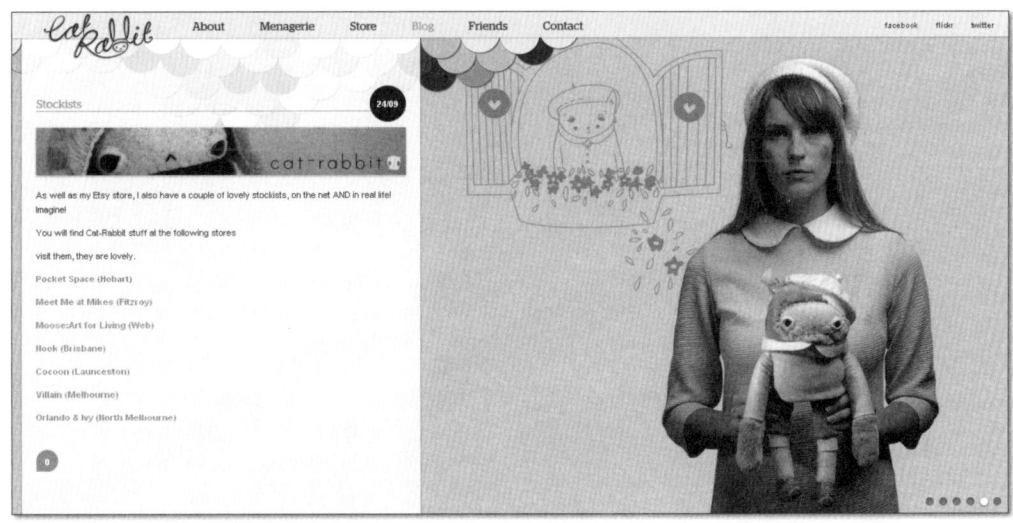

Abbildung 1.8 catrabbit.com.au

Wie Sie sehen können, ist mit WordPress wirklich viel möglich. Vielleicht dienen Ihnen die obigen Beispiele ja einmal zur Inspiration, wenn Sie Ihre eigene Website oder die eines Kunden umsetzen. Im Internet finden Sie zahlreiche Websites, die sich nur damit beschäftigen, Ihnen die schönsten Websites auf Basis von WordPress zu präsentieren. Sie müssen ja nichts kopieren, aber Inspiration einholen ist ausdrücklich erlaubt.

Kapitel 2
Installation

WordPress braucht nicht viel, um glücklich seinen Dienst zu verrichten. Lernen Sie hier, wie Sie WordPress innerhalb kürzester Zeit ans Laufen bringen.

Die Installation von WordPress ist kinderleicht. Sie können es entweder auf Webspace bzw. einem Server installieren oder auf Ihrem eigenen PC. Für Letzteres benötigen Sie allerdings eine Entwicklungsumgebung wie XAMPP, die Sie mit einem PHP-fähigen Webserver sowie dem MySQL-Datenbanksystem versorgt. Das klingt gerade komplizierter, als es tatsächlich ist. Aber lesen Sie selbst.

2.1 Voraussetzungen für WordPress

Um WordPress 3.4 (und höher) installieren und nutzen zu können, benötigt Ihr Webspace/Server mindestens die ersten beiden, optimal alle drei der folgenden Voraussetzungen:

1. PHP 5.2.4 oder höher
2. MySQL 5.0.15 oder höher
3. das Apache-Modul mod_rewrite (optional)

Im Gegensatz zu PHP und MySQL ist das Apache-Modul mod_rewrite nicht zwingend erforderlich, um WordPress in Betrieb zu nehmen. So viel vorweg: Das Modul sorgt für lese- und suchmaschinenfreundliche URLs. Wenn Sie möchten, dass die URLs zu Ihren Beiträgen später nicht so seltsam aussehen wie beispielsweise *http://www.beispiel.de/index.php?p=12345*, dann sollten Sie unbedingt darauf achten, dass dieses Modul auf Ihrem Webspace oder Server installiert ist. Die Entwicklungsumgebung XAMPP bringt es selbstverständlich mit. In Abschnitt 3.12.7, »Permalinks«, wird diese Funktion näher erklärt.

2.2   Auf dem Rechner oder auf dem Server

Es gibt verschiedene Möglichkeiten, WordPress zu verwenden. Zum einen können Sie WordPress direkt auf Ihrem eigenen Rechner installieren, zum anderen direkt auf dem Server. Für Entwickler eines Themes stellt sich diese Frage meist gar nicht. Es ist viel einfacher, WordPress erst auf seinem eigenen Rechner zu installieren, um in Ruhe die Website testen zu können. Man ist unabhängig von einer (guten) Internetverbindung, und schneller als der Zugriff auf die Festplatte ist auch keine Netzwerkverbindung. Da Sie Ihren Besuchern ohnehin keine halbfertige Website präsentieren wollen, gibt es also keinen Grund, WordPress nicht zunächst auf dem Rechner zu installieren, wo nur Sie Zugriff darauf haben und in aller Ruhe an Ihrer Website basteln können. Allerdings erfordert eine Installation auf dem Rechner üblicherweise, dass Sie zunächst eine Serverumgebung dort einrichten. Andernfalls wäre WordPress gar nicht funktionsfähig. Sie können einen Fisch statt in einem Teich auch in einem Aquarium halten; aber ohne das entsprechende Wasser werden Sie nicht viel von ihm haben (bitte nicht ausprobieren).

Das Einrichten einer Serverumgebung ist aber dank der fantastischen Software XAMPP kinderleicht. Wie das funktioniert, erkläre ich Ihnen in Abschnitt 2.3, »Installation von XAMPP unter Windows«. Übrigens, wie Sie eine lokale Installation von WordPress später auf Ihren Server bekommen, erfahren Sie noch in Kapitel 11, »Ihr Projekt online stellen«.

Für manche Leser erscheint dieser Weg allerdings umständlich. Sie wollen vielleicht gar kein eigenes Theme erstellen, sondern lieber eines der zahlreichen existierenden nehmen. Ein Großteil der Arbeit fällt dann weg, und die Website wird wesentlich schneller fertig. Dann bietet es sich auch durchaus einmal an, WordPress direkt auf dem Server zu installieren. Hierfür überspringen Sie einfach die Schritte aus Abschnitt 2.3 und beginnen sofort mit Abschnitt 2.4, »Installation von WordPress«.

Server, Webspace, was denn nun?

Der Markt für Speicherplatz im Internet ist groß. Sie können sich entweder ein bisschen Webspace mieten, das ist am günstigsten, oder auch einen virtuellen oder gar dedizierten Server. Am Preis erkennen Sie meist auch schon Leistungsfähigkeit, Speicherplatz und sonstige Features. Speicherplatz ist bei den meisten Paketen reichlich vorhanden, schließlich ist dieser heutzutage relativ günstig. Der Nachteil bei Webspace ist, dass Sie sich sowohl Ihren Webspace als auch die Datenbank meist mit sehr vielen anderen Nutzern teilen müssen. Dadurch kann der Seitenaufbau gerade zu stark frequentierten Zeiten erheblich länger dauern. Für den privaten Bereich oder zum Testen ist Webspace vollkommen ausreichend. Für den beruflichen Bereich sollte es meiner Ansicht nach immer mindestens ein virtueller Server sein (hier werden aber sehr unterschiedliche Meinungen vertreten).

Achten Sie bei virtuellen und dedizierten Servern darauf, sich für die »Managed«-Variante zu entscheiden. Andernfalls benötigen Sie noch einen Systemadministrator, der den Server einrichtet und vor allem regelmäßig wartet und vor Gefahren schützt. Zahlen Sie hier lieber etwas mehr, und geben Sie die Verantwortung ab. Wofür Sie sich entscheiden, hängt also davon ab, welche Anforderungen Sie selbst und Ihre potenziellen Besucher an die Website richten. Und die Anforderungen, die WordPress stellt, sollten Sie natürlich auch nicht ganz vergessen. WordPress ist recht leistungshungrig; auf langsamem Webspace kann die Arbeit damit unter Umständen zur Geduldsprobe werden. Sagen Sie am Ende bitte nur nicht, ich hätte Sie nicht ausreichend gewarnt.

2.3 Installation von XAMPP unter Windows

XAMPP ist eine kostenfreie Entwicklungsumgebung, die unter anderem aktuelle Versionen von PHP und MySQL enthält. Ohne einen Webserver könnten Sie auf Ihrem eigenen PC gar keinen PHP-Code ausführen lassen. Hierfür gibt es XAMPP. Die Software bringt alles mit, was Sie für einen Betrieb von WordPress auf Ihrem PC benötigen. Sollten Sie WordPress direkt auf Ihrem Server installieren wollen, überspringen Sie einfach diesen Abschnitt.

2.3.1 Download der aktuellen Version

Zunächst benötigen Sie natürlich eine aktuelle Version der Software. Diese erhalten Sie unter *http://www.apachefriends.org/de/xampp-windows.html*. Dort sehen Sie, wenn Sie ein wenig herunterscrollen, verschiedene Download-Möglichkeiten. Die für Sie relevante Datei finden Sie unter der Überschrift XAMPP FÜR WINDOWS X.Y.Z (wobei x.y.z für die aktuelle Versionsnummer steht). Laden Sie sich hier das INSTALLER-PAKET in Form der EXE-Datei herunter. Der Download kann abhängig von Ihrer Verbindungsgeschwindigkeit einige Minuten dauern, da das Paket aktuell eine Größe von rund 80 MB aufweist. Der Dateiname dürfte *xampp-win32-x.y.z-VC9-installer.exe* lauten.

2.3.2 XAMPP installieren und starten

Um die Installation zu starten, führen Sie nun bitte die soeben heruntergeladene Datei aus. Unter Umständen erhalten Sie zunächst einen Warnhinweis, die Windows-Benutzerkontensteuerung betreffend (Abbildung 2.1). Machen Sie sich hierüber erst einmal keine Sorgen. Da Sie XAMPP gleich ohnehin nicht im Programme-Verzeichnis installieren werden, betrifft Sie diese Warnung nicht. Klicken Sie einfach auf OK.

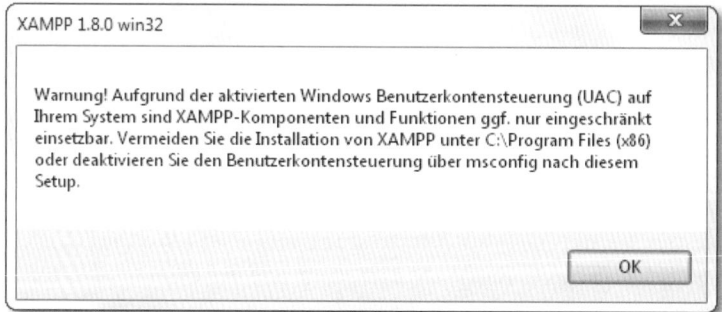

Abbildung 2.1 Unter Umständen erscheint nun ein Warndialog, den Sie getrost ignorieren und wegklicken können.

Nun beginnt die Installation erst richtig (Abbildung 2.2); klicken Sie zum Starten auf WEITER >. Sie gelangen daraufhin zur Auswahl des Installationsortes (Abbildung 2.3). Wählen Sie hier am besten die Grundeinstellung »C:\xampp« aus, dann haben Sie auch keine Probleme hinsichtlich der zuvor erwähnten Warnung.

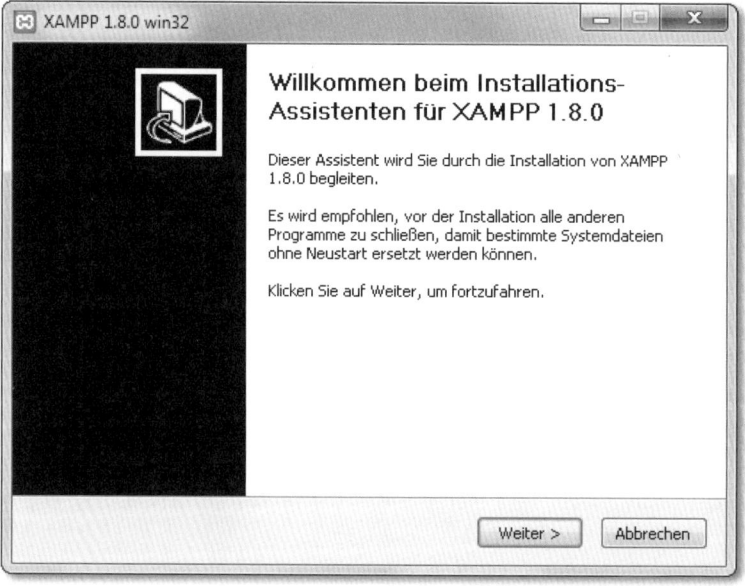

Abbildung 2.2 Los geht's: Installieren Sie XAMPP auf Ihrem PC.

Im folgenden Fenster können Sie nun einige Einstellungen zu XAMPP vornehmen (Abbildung 2.4). Lassen Sie ruhig XAMPP ALS DESKTOP-ICON installieren, so kommen Sie nach der Installation schnell ins Control Panel (löschen können Sie die Verknüpfung später ja ohnehin wieder). Ob Sie nun auch noch einen EINTRAG UNTER START/ PROGRAMME wünschen, ist Geschmackssache.

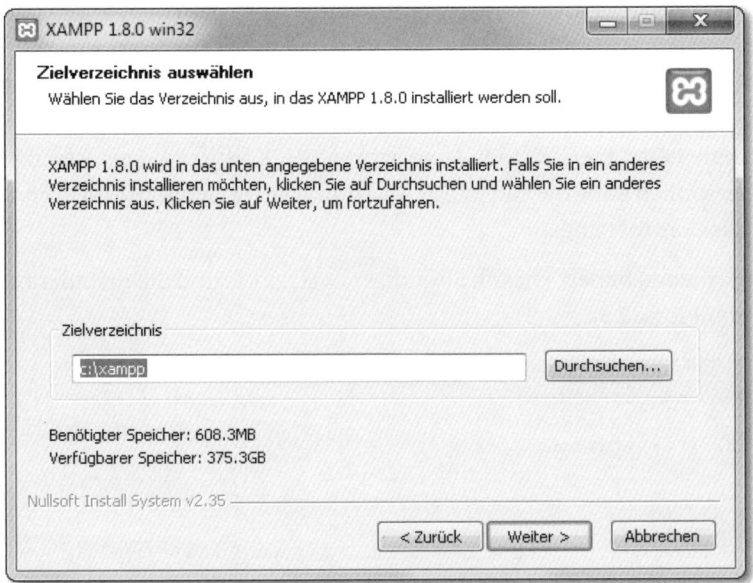

Abbildung 2.3 Wählen Sie als Zielverzeichnis am besten C:\xampp aus, so ersparen Sie sich ein Problem mit der Benutzerkontensteuerung.

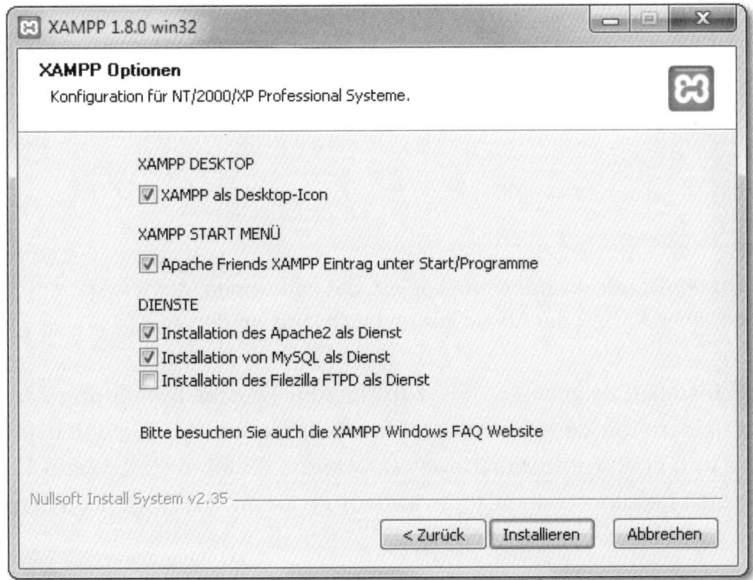

Abbildung 2.4 Passen Sie die Installation von XAMPP an Ihre Bedürfnisse an.

XAMPP als Dienst einzurichten, kann mitunter Vorteile haben, wenn Sie häufiger damit bzw. mit WordPress arbeiten wollen. Wenn Sie Apache2 und MySQL als Dienst installieren, dann steht Ihnen mit dem Hochfahren Ihres Betriebssystems bereits ein voll funktionsfähiger Webserver zur Verfügung. Natürlich kann man dem entgegenhalten, dass jeder zusätzlich installierte Dienst die Kapazität des Rechners ein klein wenig mehr beansprucht. Ist Ihr PC aber halbwegs modern, sollten Sie hiervon rein gar nichts mitbekommen. Entscheiden Sie daher selbst, wie oft Sie XAMPP bzw. WordPress auf Ihrem PC nutzen werden, und wägen Sie Komfort gegen etwaige Nachteile ab. Ich persönlich habe die Dienste aktiviert und spare mir gerne die unnötigen Klicks über das Control Panel.

Sobald Sie sich entschieden haben, klicken Sie auf INSTALLIEREN, und die Installation beginnt endlich (Abbildung 2.5).

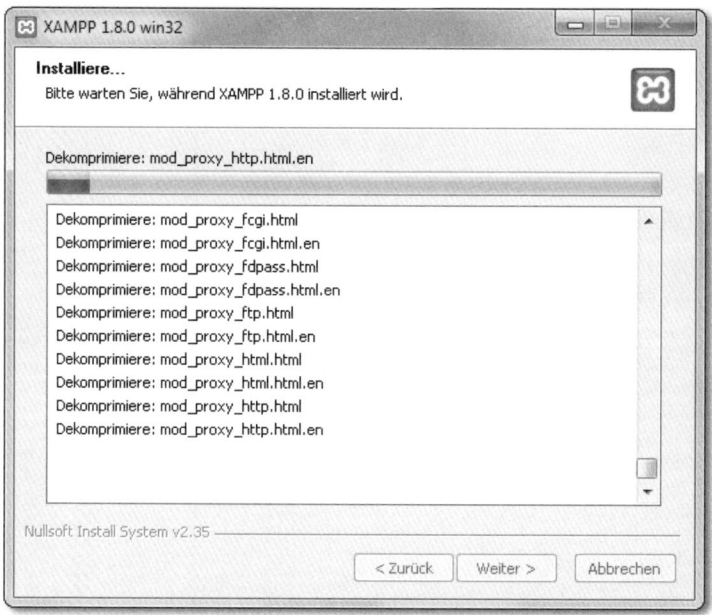

Abbildung 2.5 Die XAMPP-Dateien werden nun kopiert, das kann einen Moment dauern. Holen Sie sich derweil einen Kaffee, der Abend könnte noch lang werden.

Nach erfolgreicher Installation gelangen Sie zum letzten Fenster (Abbildung 2.6). Schließen Sie es mit einem Klick auf FERTIG STELLEN. Ein freundliches Dialogfenster beglückwünscht Sie nun noch zur Installation von XAMPP (Abbildung 2.7). Wenn Sie XAMPP **nicht** als Dienst installiert haben, dann antworten Sie auf die Frage nach dem Öffnen des Control Panels bitte mit JA.

Abbildung 2.6 Die Installation ist abgeschlossen. Wann sich die Softwareentwickler das Fertig-stellen-Fenster einmal sparen werden, weiß niemand so genau.

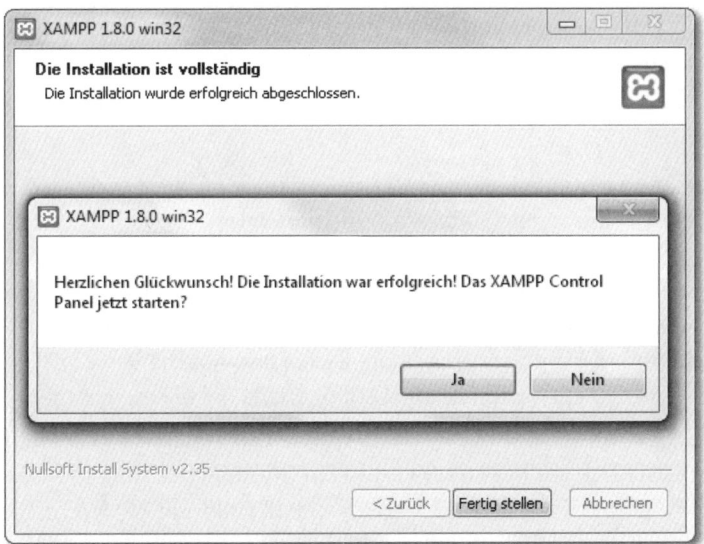

Abbildung 2.7 Herzlichen Glückwunsch!

Haben Sie XAMPP bereits als Dienst installiert, dürfte XAMPP bereits auf Ihrem System laufen. Das können Sie ganz genau im Control Panel (Abbildung 2.8) nachschauen (denken Sie an die Verknüpfung, die Sie auf dem Desktop installiert haben). Notfalls erreichen Sie das Control Panel über *C:\xampp\xampp-control.exe* (bitte an Installationspfad anpassen).

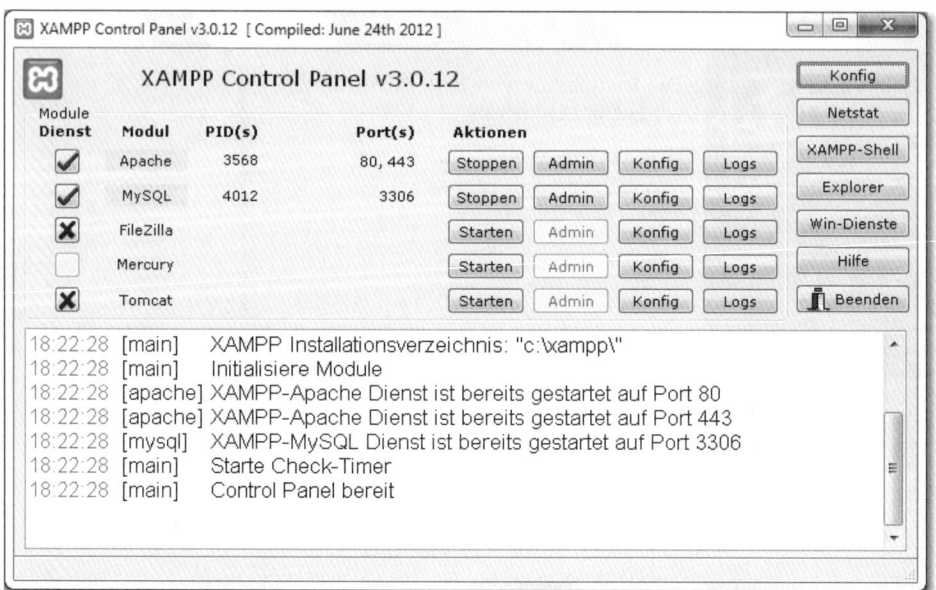

Abbildung 2.8 Das Control Panel von XAMPP

Wenn Sie die Einrichtung des Dienstes verneint haben, können Sie allerdings im selben Fenster neben APACHE und MYSQL auf STARTEN klicken.

Hinweis

Beim Starten des Apache-Servers kann es mitunter zu Problemen führen, wenn auf Port 80 Ihres Systems noch eine andere Software läuft (zum Beispiel Skype), die diesen Port verwendet. Wenn Sie den Server starten, bevor die andere Software gestartet wird, ist das meist unproblematisch, da sich die andere Software in der Regel automatisch einen anderen Port reserviert (so auch Skype). Sollte dies aber nicht funktionieren, so bleibt Ihnen nichts anderes übrig, als für den Apache-Server einfach einen anderen Port festzulegen (zum Beispiel 8080). Diese Einstellung nehmen Sie in der Datei *httpd.conf* vor, die Sie im Verzeichnis *xampp\apache\conf* finden. Etwa um die Zeile 47 herum finden Sie einen Eintrag namens Listen 80. Diesen ändern Sie dann einfach ab, zum Beispiel in Listen 8080, und speichern ab. Übrigens: Zeilen, die mit einer Raute # beginnen, können Sie getrost ignorieren, hier müssen Sie keine Anpassung vornehmen. Rauten leiten nämlich einen Kommentar ein, der von der Software vollständig ignoriert wird. Suchen Sie also nach der Listen-Zeile, die unkommentiert, also ohne Raute ist. Falls das Starten des Apaches im Vorfeld bereits geklappt hat, Sie aber trotzdem den Port ändern möchten, müssen Sie den Apache danach noch einmal neu starten, damit die Änderungen in Kraft treten.

> **Tipp**
>
> Sie können XAMPP auch später noch als Dienst einrichten. Wenn Sie sowohl neben Apache als auch neben MySQL ein Häkchen bei Svc machen, dann werden beide als fester Windows-Dienst installiert. Das bedeutet, dass sie bei jedem Windows-Start geladen werden. Arbeiten Sie nur sporadisch an WordPress, benötigen Sie diese Option nicht. Haben Sie hingegen vor, regelmäßiger damit zu arbeiten, dann ist ein ständig laufender Webserver durchaus komfortabel.

2.3.3   XAMPP konfigurieren

Ihr Webserver ist prinzipiell bereits einsatzfähig. Es empfiehlt sich aber dennoch, einige Einstellungen vorzunehmen – vor allem, um die Sicherheit zu erhöhen.

Nachdem Sie den Apache gestartet haben, klicken Sie im Control Panel auf den Button ADMIN rechts daneben. Es öffnet sich nun Ihr Browser mit der XAMPP-Seite (Abbildung 2.9) – dies beweist übrigens, dass Ihr Webserver funktioniert, denn die aufgerufene Datei ist eine PHP-Datei. Wählen Sie Ihre Sprache aus, und schon kann es losgehen.

Abbildung 2.9 Wählen Sie eine Sprache.

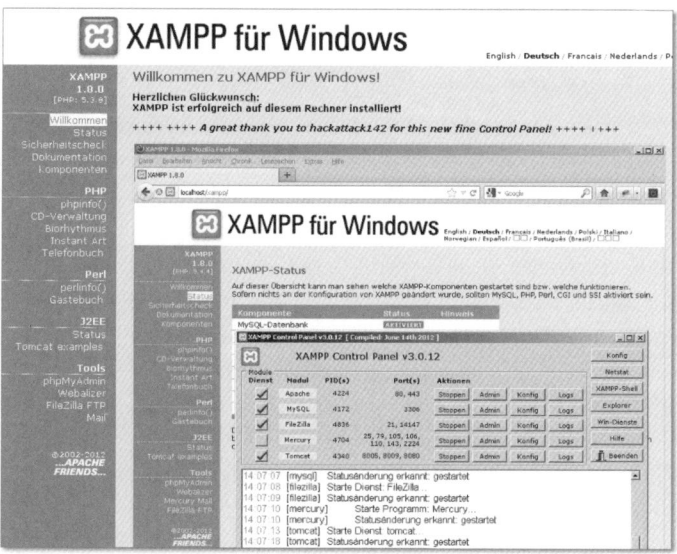

Abbildung 2.10 Die Administration von XAMPP

Klicken Sie als Erstes links in der Navigationsleiste auf STATUS (Abbildung 2.10). Dort können Sie schon einmal sehen, welche Dienste bereits funktionieren und welche vielleicht noch nicht. Bis auf SMTP-SERVER und FTP-SERVER sollte eigentlich alles bereits aktiviert sein. (Abbildung 2.11)

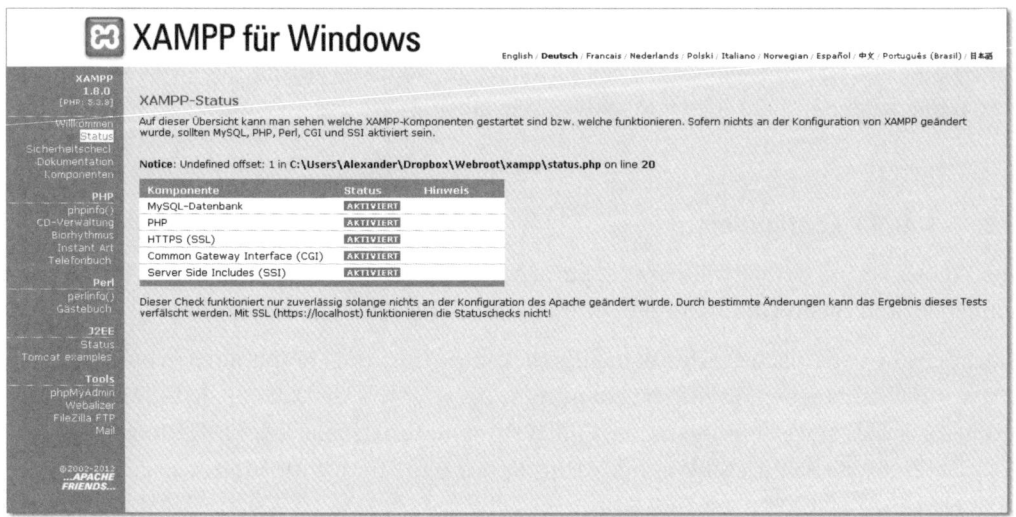

Abbildung 2.11 Hier sehen Sie den aktuellen Status Ihrer XAMPP-Installation.

Als Nächstes klicken Sie bitte auf SICHERHEITSCHECK. Sie werden auf der nächsten Seite mit offenbar kritischen Sicherheitslücken freundlich begrüßt (Abbildung 2.12). Keine Sorge, so sieht der Check am Anfang immer aus. Um die Lücken zu schließen, klicken Sie auf den weiter unten angegebenen Link zu *http://localhost/security/xamppsecurity.php*. Dort können Sie die Sicherheitslücken beheben (Abbildung 2.13).

Anhand dieser Übersicht kann man sehen welche Punkte an der XAMPP-Installation noch unsicher sind und noch überprüft werden müssten. (Bitte unter der Tabelle weiterlesen.)

Betreff	Status
Diese XAMPP-Seiten sind über's Netzwerk erreichbar Alles was Du hier sehen kannst, kann potentiell auch jeder Aussenstehender sehen und nutzen, der Deinen Rechner über's Netzwerk erreichen kann. Wenn Du zum Beispiel mit diesem Rechner ins Internet gehst, dann kann jeder im Internet, der Deine IP-Adresse kennt oder rät auf diese Seiten zugreifen.	UNSICHER
MySQL Admin User "root" hat kein Passwort Der MySQL Admin User "root" hat noch kein Passwort gesetzt bekommen. Jeder Benutzer auf dem Rechner kann so auf der MySQL-Datenbank machen was er will. Der MySQL-root sollte also auf alle Fälle ein Passwort gesetzt bekommen.	UNSICHER
PhpMyAdmin ist über das Netzwerk erreichbar PhpMyAdmin ist ohne Passwort über das Netz erreichbar. Die Einstellung 'httpd' oder 'cookie' in der config.inc.php kann hier abhelfen.	UNSICHER
PHP läuft NICHT im "Safe Mode" Wer auf seinem Server die Ausführung von PHP auch für Aussenstehende zuläßt, sollte sich aus Gründen der Sicherheit überlegen, ob er PHP im sog. "Safe Mode" konfiguriert. Für reine Entwickler ist allerdings der "Safe Mode" nicht zu empfehlen, da manche Funktionen eingeschränkt oder überhaupt nicht mehr ausgeführt werden. <u>Mehr Info</u>	UNSICHER
Ein FTP Server läuft nicht oder wird von einer Firewall geblockt! Ein FTP Server läuft nicht oder wird von einer Firewall geblockt!	UNBEKANNT
Ein POP3 Server wie Mercury Mail läuft nicht oder wird von einer Firewall geblockt! Ein POP3 Server wie Mercury Mail läuft nicht oder wird von einer Firewall geblockt!	UNBEKANNT

Abbildung 2.12 Der XAMPP-Sicherheitscheck zeigt Ihnen die wichtigsten Sicherheitslücken …

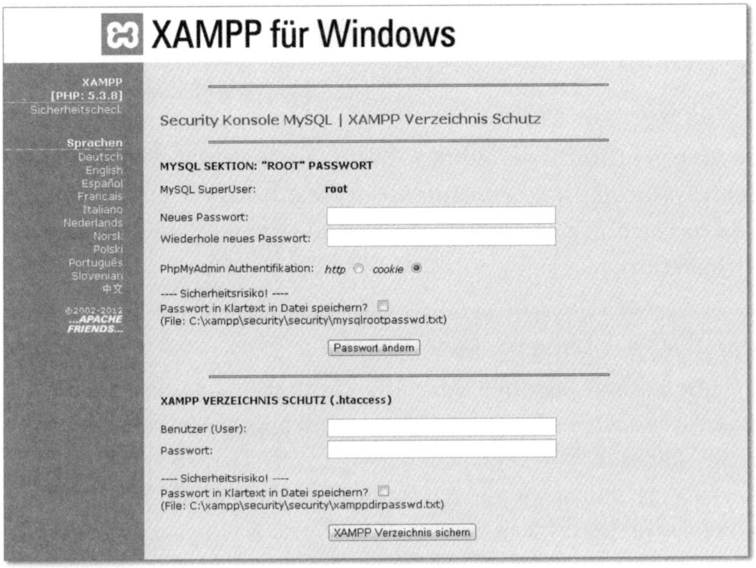

Abbildung 2.13 ... und hilft Ihnen, diese zu schließen.

Ob Sie für MySQL und Apache ein gemeinsames Passwort festlegen, bleibt Ihnen überlassen. Aber beachten Sie: Nur weil sich die Dateien auf Ihrem eigenen PC befinden, bedeutet das nicht, dass diese nicht über das Internet erreichbar wären. Je nach Einstellungen Ihrer Firewall ist der Webserver unter Umständen über Ihre IP-Adresse für jeden erreichbar. Es empfiehlt sich also, sowohl MySQL als auch Apache per Zugangsdaten zu sichern.

Die restlichen Einstellungen können Sie standardmäßig so übernehmen. Nach dem Speichern müssen Sie die Dienste gegebenenfalls über das Control Panel neu starten, damit die Einstellungen ihre Wirkung entfalten. Wenn Sie möchten, können Sie noch einmal unter SICHERHEITSCHECK schauen, ob XAMPP nun ein Stückchen sicherer geworden ist.

2.3.4   Funktionsweise von XAMPP

Dass Sie Ihren Webserver nun installiert und gestartet haben, bedeutet leider nicht, dass Sie nun PHP-Dateien in jedem beliebigen Ordner aufrufen können. Es gibt innerhalb von XAMPP ein spezielles Verzeichnis für Dateien, die vom Webserver verarbeitet werden sollen. Dieses lautet *C:\xampp\htdocs* (passen Sie den Pfad gegebenenfalls an den von Ihnen bei der Installation gewählten Zielordner an). Dort können Sie nun für jedes Projekt einen eigenen Ordner anlegen. Tun Sie das doch einfach mal, und nennen Sie ihn *wordpress*. Hierhin installieren Sie später WordPress, wie Sie sich sicher schon gedacht haben. Die Dateien in diesem Ordner sind nun über folgende Adresse in Ihrem Browser erreichbar:

http://localhost/wordpress/

oder

http://127.0.0.1/wordpress/

Doch wie gelangen Sie eigentlich zu der Administration Ihrer MySQL-Datenbanken? Geben Sie einfach *http://localhost/phpmyadmin/* in die Adresszeile ein, und schon sind Sie da. Loggen Sie sich gegebenenfalls ein (Benutzername: »root«), und Sie gelangen zum Startbildschirm.

XAMPP, Apache und MySQL-Datenbanken?

Zugegeben: Ich werfe hier mit Begriffen um mich wie XAMPP, Apache oder auch MySQL. Für WordPress benötigen Sie gewisse Voraussetzungen. Ein Server bringt diese von Natur aus (meistens) mit; Ihr PC allerdings nicht. Und so kommen Sie nicht umhin, einige Dinge zu installieren und einzurichten. WordPress benötigt in jedem Fall einen Webserver (das ist der Apache); der ist erforderlich, damit die PHP-Dateien, aus denen WordPress besteht, überhaupt auf Ihrem Rechner gestartet werden können. Außerdem benötigt WordPress auch zwingend eine MySQL-Datenbank. Hier werden alle Daten, die Sie anlegen, gespeichert, also beispielsweise Ihre Einstellungen, Seiten und Beiträge. Und um diese beide Dinge auf Ihrem Rechner zu installieren, gibt es die benutzerfreundliche Software XAMPP. Ohne sie wäre das alles um einiges schwieriger.

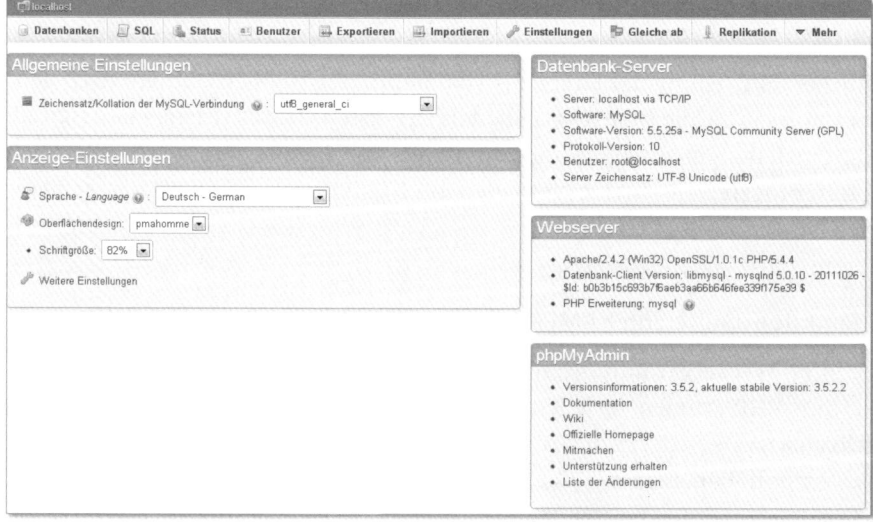

Abbildung 2.14 Die Administrationsoberfläche von phpMyAdmin

Direkt auf der Startseite können Sie unter dem Menüpunkt DATENBANKEN eine neue Datenbank anlegen (Abbildung 2.14 und Abbildung 2.15). Ich habe ihr einfach mal den kreativen Namen »db_wordpress« gegeben. Daneben wählen Sie bitte noch die Kollation UTF8_GENERAL_CI aus, so wie Sie auch bereits eingetragen sein müsste. Dann sollten Sie keine Probleme mit der Verwendung von Sonderzeichen haben. Mit einem Klick auf ANLEGEN wird die Datenbank erzeugt.

Abbildung 2.15 Legen Sie Ihre erste Datenbank an.

Herzlichen Glückwunsch, Sie haben Ihre Entwicklungsumgebung samt MySQL-Datenbank nun erfolgreich eingerichtet!

Die Installation von XAMPP habe ich bewusst nur für Windows-Nutzer erklärt. Das liegt nicht daran, dass ich diese in irgendeiner Form lieber mag. Die Installation verläuft nur schlichtweg auf allen Betriebssystemen sehr ähnlich. Nutzer des jeweiligen Betriebssystems dürften keine Probleme haben, XAMPP auch dort zu installieren. Wenn Sie Probleme bei der Installation unter Ihrem Betriebssystem haben, können Sie genauso gut die obige Anleitung analog zurate ziehen. Entsprechende Anleitungen finden Sie aber auch auf der offiziellen Website von XAMPP:

▶ Mac: *http://www.apachefriends.org/de/xampp-macosx.html*

▶ Linux: *http://www.apachefriends.org/de/xampp-linux.html*

2.4   Installation von WordPress

Sie haben nun alle wichtigen Voraussetzungen erfüllt, um WordPress endlich zu installieren. Hierzu laden Sie sich bitte zunächst die Dateien von der WordPress-Website herunter.

2.4.1   WordPress herunterladen

Unter *http://www.wordpress.org* können Sie WordPress herunterladen. Die amerikanische Version erreichen Sie über die entsprechenden Download-Buttons dort. Um diesem Buch aber besser folgen zu können, empfehle ich Ihnen das Installieren der deutschen Version. Die Website wird Ihnen vermutlich schon den folgenden Hinweis samt Link anzeigen: »WordPress is also available in Deutsch.« Falls nicht, so gelangen Sie zu dieser Website ganz leicht über *http://de.wordpress.org/*. Dort klicken Sie nun auf DOWNLOAD WORDPRESS X.Y.Z (am besten die ZIP-Datei) und laden sie auf Ihren PC herunter. Der Dateiname müsste *wordpress-x.y.z-de_DE.zip* lauten.

2.4.2   WordPress entpacken

Öffnen Sie die ZIP-Datei (zum Beispiel mit dem kostenfreien 7-ZIP) sowie den darin befindlichen Ordner *wordpress* (denn einen *wordpress*-Ordner haben wir ja bereits erstellt). Entpacken Sie nun alle Dateien nach *C:\xampp\htdocs\wordpress*.

> **WordPress-Installation direkt auf dem Server**
>
> Haben Sie auf das Einrichten der XAMPP-Umgebung auf Ihrem Rechner verzichtet, und möchten Sie WordPress lieber direkt auf Ihrem Server installieren, dann müssen Sie die Daten nun per FTP (zum Beispiel mit FileZilla) in ein freies Verzeichnis auf Ihrem Webserver hochladen. Falls Sie den Umgang mit einer FTP-Software nicht gewohnt sind, schlagen Sie doch einmal Kapitel 11, »Ihr Projekt online stellen«, auf; dort wird dies etwas detaillierter beschrieben. Der Einfachheit halber spreche ich im Folgenden von *http://www.ihre-domain.de/wordpress/*, wenn ich mich auf das Verzeichnis mit den WordPress-Dateien auf Ihrem Webserver beziehe. Fühlen Sie sich aber frei, den Ordner so zu benennen, wie Sie es für richtig halten.

2.4.3   WordPress installieren

Rufen Sie nun *http://localhost/wordpress/* (bzw. *http://www.ihre-domain.de/ wordpress/*, wenn Sie WordPress direkt auf dem Server installiert haben) in Ihrem Browser auf, und die Installation von WordPress kann beginnen. Da vermutlich noch keine Konfigurationsdatei namens *wp-config.php* existiert, klicken Sie einfach auf KONFIGURATIONSDATEI ERSTELLEN (Abbildung 2.16).

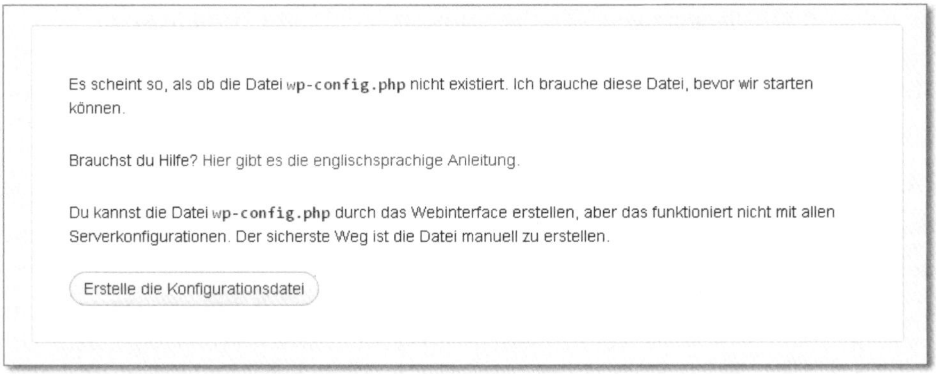

Es scheint so, als ob die Datei wp-config.php nicht existiert. Ich brauche diese Datei, bevor wir starten können.

Brauchst du Hilfe? Hier gibt es die englischsprachige Anleitung.

Du kannst die Datei wp-config.php durch das Webinterface erstellen, aber das funktioniert nicht mit allen Serverkonfigurationen. Der sicherste Weg ist die Datei manuell zu erstellen.

(Erstelle die Konfigurationsdatei)

Abbildung 2.16 Erstellen Sie die Konfigurationsdatei doch gleich über WordPress.

WordPress zeigt Ihnen nun noch einige Hinweise an sowie die Daten, die Sie für die Installation benötigen. Mit einem Klick auf LOS GEHTS! geht es weiter (Abbildung 2.17).

Abbildung 2.17 Ein paar Hinweise vor der Erstellung der Konfigurationsdatei

Nun möchte WordPress gerne wissen, wie es sich mit der Datenbank verbinden kann (Abbildung 2.18). Hierzu geben Sie den Datenbanknamen (in unserem Beispiel »db_ wordpress«), den Benutzernamen (»root«) und Ihr MySQL-Passwort ein (sofern Sie bei der Konfiguration von XAMPP überhaupt eines vergeben haben). Bei DATEN-BANK HOST lassen Sie einfach »localhost« stehen, genau wie »wp_« beim TABELLEN PRÄFIX. Das Tabellenpräfix sollten Sie immer dann ändern, wenn Sie WordPress mehrmals in ein und dieselbe Datenbank installieren oder es besser absichern möchten (mehr dazu in Kapitel 10, »WordPress absichern«). Üblicherweise erstellt man pro WordPress-Installation aber jeweils eine neue Datenbank. Klicken Sie auf SENDEN.

WordPress-Installation direkt auf dem Server

Installieren Sie WordPress direkt auf Ihrem Server, dann erhalten Sie die hier benötigten Daten (Benutzername, Passwort und Datenbankhost) direkt von Ihrem Provider. Wenn Sie ihn nach den Zugangsdaten zu Ihrer Datenbank für WordPress fragen, wird er wissen, was Sie meinen.

Unten solltest du deine Datenbank-Verbindungs Details eintragen. Wenn du dir nicht sicher bist, wende dich an deinen Webhost.

Datenbank Name	db_wordpress	Der Name der Datenbank in der du WP laufen lassen möchtest.
Benutzername	root	Dein MySQL Benutzername
Passwort	WennSieEinesVergebenHaben	…und dein MySQL passwort.
Datenbank Host	localhost	Du solltest diesen Wert bei Deinem Web-Hoster erfragen können, falls localhost nicht funktioniert.
Tabellen Präfix	wp_	Falls du für mehrere WordPress-Installationen die gleiche Datenbank nutzen möchtest, ändere diesen Wert.

Senden

Abbildung 2.18 Geben Sie hier die Zugangsdaten zu Ihrer MySQL-Datenbank ein.

Durch den Hinweis »Alles klar!« wissen Sie, dass alle Daten korrekt waren. Mit einem Klick auf INSTALLATION AUSFÜHREN starten Sie die Installation (Abbildung 2.19).

Alles klar! Du hast es durch diesen Teil der Installation geschafft. WordPress kann nun mit der Datenbank kommunizieren. Wenn du bereit bist, ist es Zeit zu…

Installation ausführen

Abbildung 2.19 Los geht's, starten Sie die Installation.

Nun folgen bereits die ersten grundlegenden WordPress-Einstellungen (Abbildung 2.20). Überlegen Sie sich einen Titel für das Blog, einen Benutzernamen, ein Passwort, und tippen Sie zu guter Letzt Ihre E-Mail-Adresse ein. Wenn Sie möchten, können Sie sogar Suchmaschinen von der Indexierung Ihrer Website fernhalten. Das bietet sich insbesondere dann an, wenn Ihre Website unter der Domain bereits öffentlich erreichbar ist und noch nicht im Index landen soll. Die Einstellung können Sie später übrigens wieder ändern. Haben Sie WordPress lokal auf Ihrem Rechner installiert, können Sie den Haken ruhig dort stehen lassen.

Abbildung 2.20 Geben Sie hier die wichtigsten Informationen zu Ihrer WordPress-Website bzw. zu Ihrem Administration-Account an.

WordPress macht Ihnen Vorschläge (siehe Abbildung 2.20), wie Sie ein starkes und sicheres Passwort auswählen können (das ist vor allem wichtig, wenn die Seite einmal online gehen soll). Wo die Tipps zur Verbesserung des Passwortes noch brauchbar sind, versagt die Anzeige leider auf ganzer Linie. Testen Sie es ruhig einmal, und geben Sie »meinpasswort« ein. WordPress wird Ihnen sagen, dass es als »stark« einzustufen sei. Na, wenn das mal kein Trugschluss ist …

Mit einem Klick auf WORDPRESS INSTALLIEREN geht es weiter.

Auf der nächsten Seite wird Ihnen noch einmal Ihr Benutzername angezeigt (Abbildung 2.21). Mit einem Klick auf ANMELDEN geht es prompt zum Login. Sie haben es geschafft: WordPress ist installiert!

Abbildung 2.21 Geschafft: WordPress ist installiert.

Nach einem Klick auf ANMELDEN gelangen Sie zum Login (Abbildung 2.22). Geben Sie dort Ihre Zugangsdaten ein, und lassen Sie WordPress sich ruhig an Sie erinnern. WordPress setzt dann einen Cookie, so dass Sie sich nicht ständig neu einloggen müssen. An dieser Stelle noch der übliche Warnhinweis: Diese Maßnahme ist auf PCs an öffentlichen Orten, wo außer Ihnen noch andere Menschen Zugriff auf den PC haben, nicht empfehlenswert.

2

Abbildung 2.22 Die Anmeldemaske für das WordPress-Backend

Waren die Daten richtig, gelangen Sie direkt zur Administrationsoberfläche von WordPress, dem sogenannten *Backend* (Abbildung 2.23) mit einigen Informationen zu Ihrer neuen WordPress-Website. Das Backend erkläre ich Ihnen detailliert in Kapitel 3, »Die Administrationsoberfläche«.

Sie möchten gerne auch einen Blick auf das *Frontend* werfen, also auf Ihre Website, wie Sie Ihre Besucher später einmal sehen werden (Abbildung 2.24)? Kein Problem. Klicken Sie entweder im Dashboard oben links auf den Titel Ihrer Website neben dem WordPress-Logo, oder öffnen Sie die Website direkt im Browser: *http://localhost/ wordpress/* (bzw. bei Installation direkt auf dem Server: *http://www.ihre-domain.de/ wordpress/*).

Unterscheidung von Backend und Frontend

Im Buch wird immer wieder von Backend und Frontend gesprochen. Das Backend ist schlichtweg die Administrationsoberfläche. Das Frontend ist dagegen die Website, wie sie Ihre Besucher typischerweise sehen. Hierbei von Backend und Frontend zu sprechen, hat nicht den Zweck, dass es cooler klingt (das natürlich auch). Vielmehr fehlen bei vielen IT-Begriffen vernünftige deutsche Entsprechungen oder sie sind mittlerweile so in der deutschen Sprache verwurzelt, dass eine Übersetzung unbeholfen und peinlich klingt. Ich habe mir die größte Mühe gegeben, dass alle Begriffe aus dem Kontext heraus verständlich sind. So werden Sie nicht ständig durch Infokästen (wie diesen hier) gestört und lernen neue Begrifflichkeiten ganz nebenbei.

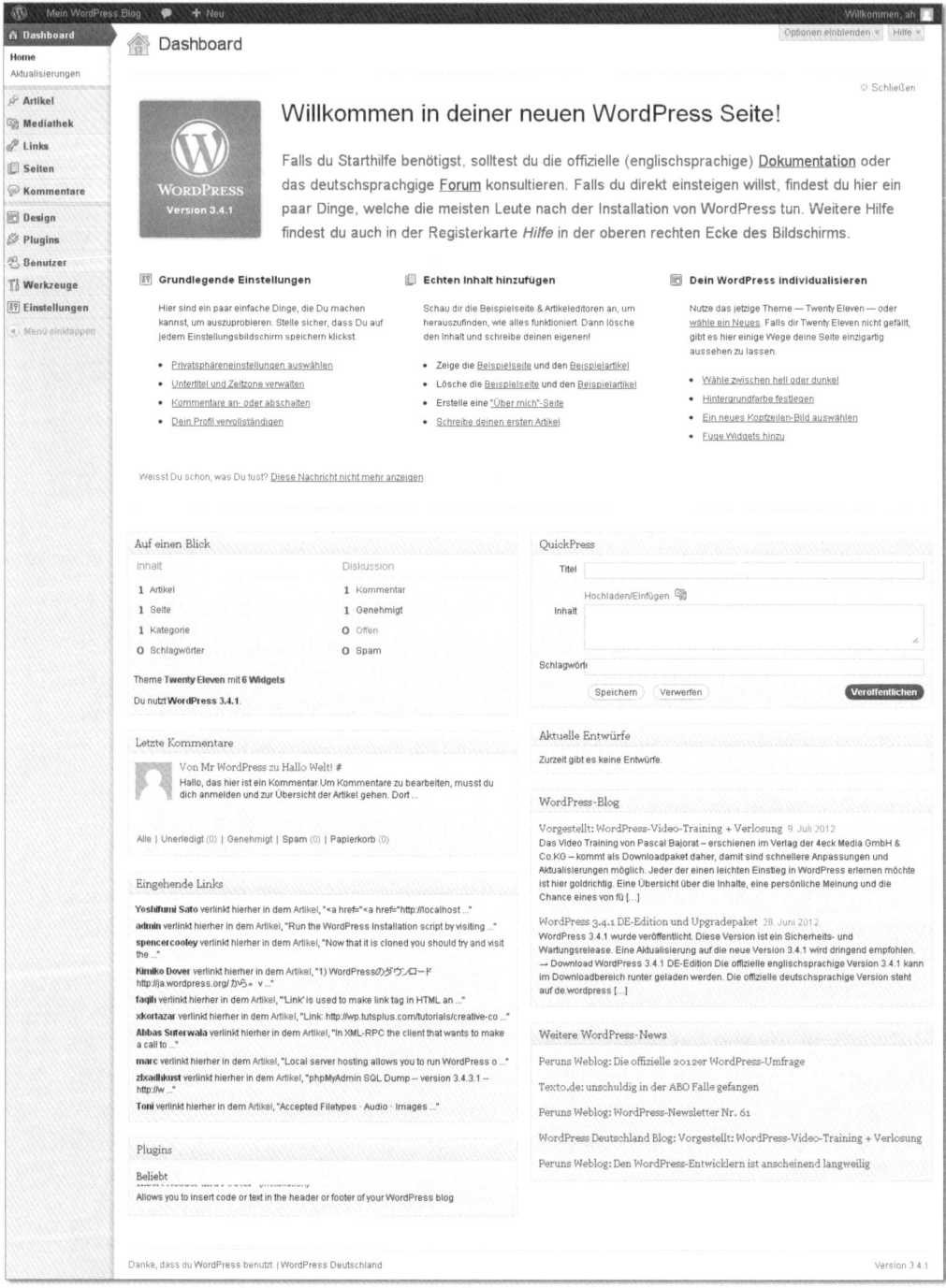

Abbildung 2.23 Das Dashboard von WordPress

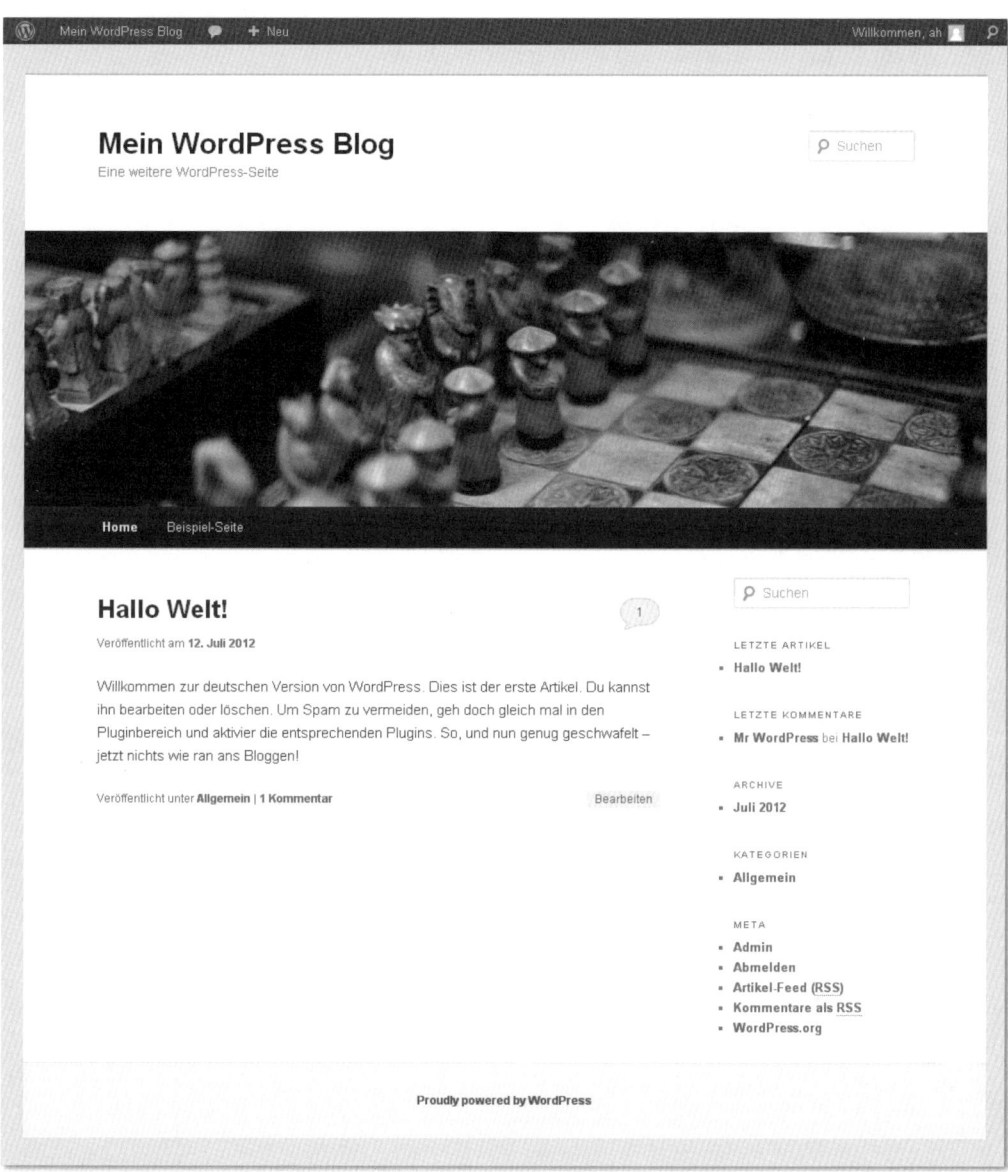

Abbildung 2.24 Das Frontend Ihrer Website. Wir werden das gemeinsam in den folgenden Kapiteln noch ein klein wenig individueller gestalten.

[+]

WordPress-Installation auf Rechner oder Server

Sie sehen, die WordPress-Installation auf dem Rechner und die Installation direkt auf dem Server unterscheiden sich kaum. Beachten Sie lediglich die folgenden drei Unterschiede:

Installation auf dem Rechner:

▸ (Installieren und konfigurieren Sie XAMPP.)

▸ Kopieren Sie die WordPress-Dateien in ein neues Verzeichnis unter *C:\xampp\ htdocs*, zum Beispiel »wordpress«.

▸ Rufen Sie die Installationsroutine über den Localhost auf, also beispielsweise *http://localhost/wordpress/*.

▸ Geben Sie bei der Installation die Datenbank-Zugangsdaten an, die Sie bei der XAMPP-Konfiguration vergeben haben.

Installation direkt auf dem Server:

▸ Kopieren Sie die WordPress-Dateien per FTP in ein neues Verzeichnis auf Ihrem Server, zum Beispiel »wordpress«.

▸ Rufen Sie die Installationsroutine über *http://www.ihre-domain.de/wordpress/* auf.

▸ Geben Sie bei der Installation die Datenbank-Zugangsdaten an, die Sie von Ihrem Provider erhalten haben.

Kapitel 3
Die Administrationsoberfläche

Ein erster Blick auf die Administrationsoberfläche verrät: WordPress ist ziemlich durchschaubar. Wie sie genau funktioniert, erfahren Sie in diesem Kapitel.

Wenn Nutzer das erste Mal die Administrationsoberfläche eines neuen Tools oder einer Software zu Gesicht bekommen, wird zunächst das ein oder andere Navigationselement angeklickt, um sich zurechtzufinden. Bei *Content-Management-Systemen (CMS)* stoßen die meisten hier schnell an ihre Grenzen, zu undurchsichtig ist das Ganze, zu wenig Bekanntes findet sich dort wieder. Das liegt daran, dass derartige Systeme eine unglaubliche Optionsfülle hinter ihren verschlossenen Türen unterbringen müssen.

WordPress hingegen setzt auf Einfachheit und Bestimmtheit. Das, was sich hinter den Menüpunkten verbirgt, ist auch meistens das, was der Nutzer erwartet hatte. Er kann sich sofort denken, wie er eine neue Seite anlegt, einen Blogartikel schreibt oder wo er die Kommentare verwalten kann. Das liegt daran, dass die Zielgruppe von WordPress zunächst eine andere war, als beispielsweise die von *TYPO3*, *Drupal*, *Joomla!* oder *Contao* – um nur einige zu nennen.

Während andere CM-Systeme vornehmlich die professionelle Nutzerlandschaft bedienten, wusste das Team um WordPress von Anfang an, dass seine Zielgruppe jedermann ist. Jedermann, der gerne ein eigenes Blog betreiben möchte. Und die meisten Blogbetreiber sind wahrlich keine Webentwickler, oder sie wollen sich auch keine Agentur leisten, die ihnen ein Blog einrichtet. Sie sind Menschen mit unterschiedlichsten Interessen und Berufen, die auf ganz alltägliche Weise mit einem PC und dem Internet umgehen können. Und eben auch mit WordPress. Aus dieser gezwungenen Einfachheit heraus konnte sich ein CMS entwickeln, welches ebenfalls für alle Menschen nachvollziehbar aufgebaut ist. Wagen Sie nun gemeinsam mit mir einen Blick hinter die Kulissen, Sie werden es nicht bereuen.

Gehen Sie nun zunächst ins Backend von WordPress. Sie gelangen dort zum Beispiel über *http://localhost/wordpress/wp-admin/* oder auch *http://www.ihre-domain. de/wordpress/wp-admin/* hin. Sie nehmen also einfach die Domain, unter der Ihre WordPress-Website erreichbar ist und hängen hinten »/wp-admin/« an. Beim ersten Besuch begrüßt Sie der Willkommensbildschirm von WordPress (Abbildung 3.1), welcher sich oberhalb des Dashboards befindet. Er kann und sollte geschlossen werden (klicken Sie oben rechts auf SCHLIESSEN) und erscheint dann erst wieder, wenn eine neue Version von WordPress installiert wird. Dann informiert er sie nämlich über die wichtigsten neuen Features und Tweaks.

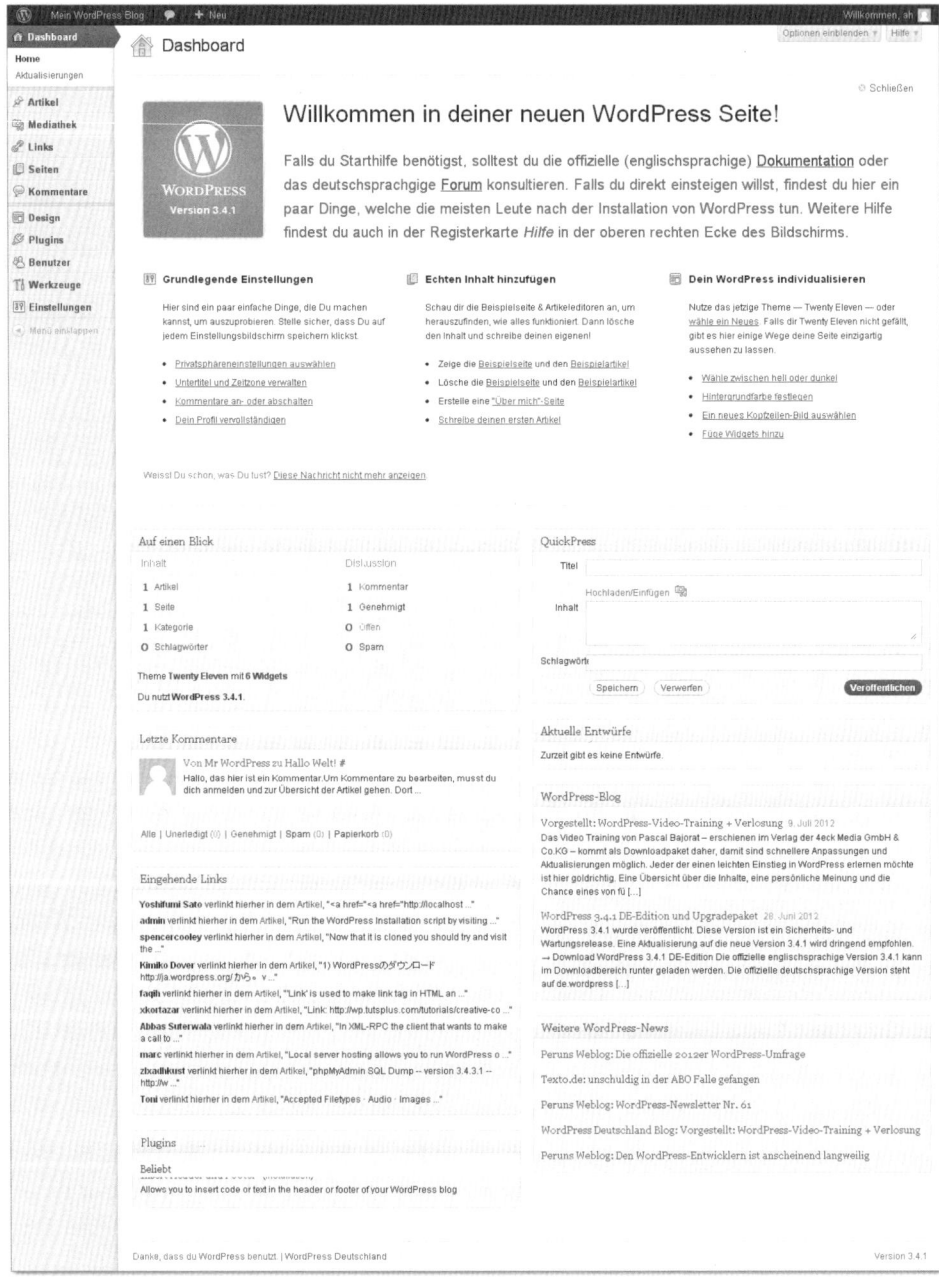

Abbildung 3.1 Willkommen bei WordPress, willkommen im Backend!

3.1 Der Aufbau

Bevor wir uns den einzelnen Seiten der Administration zuwenden, möchte ich mit ein paar kurzen Erläuterungen zum Aufbau beginnen, die für alle Seiten gleichermaßen gelten.

Oben links findet sich in großen Lettern der Name Ihres Blogs. Durch einen Klick darauf gelangen Sie unmittelbar zu Ihrem *Frontend* – also zu Ihrer Website oder Ihrem Blog, so wie sie bzw. es Ihre Besucher sehen (Abbildung 3.2).

Abbildung 3.2 Über den Titel Ihres Blogs kommen Sie von überall ganz schnell zu Ihrem Frontend.

Die linke Seitenleiste stellt die Navigation dar. Fahren Sie mit der Maus über einen Hauptmenüpunkt und seitlich klappen alle darunterliegenden Menüpunkte auf (Abbildung 3.3). Dieses Submenü bietet Ihnen schnell einen Überblick über die möglichen Funktionen. Zu diesem gelangen Sie übrigens auch durch einen Klick auf den jeweiligen Menüpunkt.

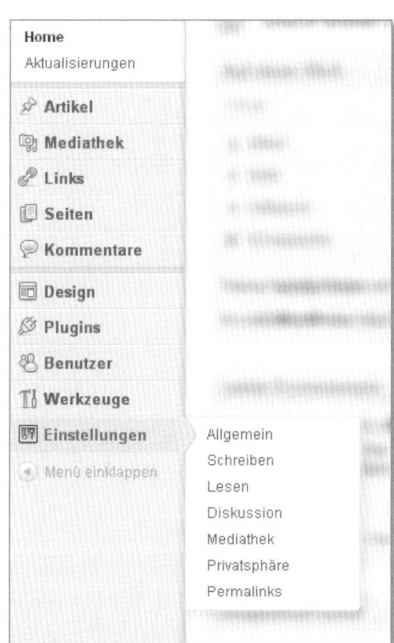

Abbildung 3.3 Hinter den Menüpunkten versteckt sich mehr, als man anfangs vermuten mag. Lernen Sie das Menü erst einmal kennen.

Oben rechts steht Ihr Benutzername, über einen Klick auf ihn gelangen Sie zur Bearbeitung Ihres Profils. Der Link ABMELDEN führt Sie sicher aus der Administration hinaus.

Abbildung 3.4 Um WordPress ein wenig aufzuräumen, ist vor allem »Optionen einblenden« sehr wirkungsvoll.

Eine kleine Besonderheit befindet sich unmittelbar unterhalb Ihres Benutzernamens: OPTIONEN EINBLENDEN (Abbildung 3.4). Hiermit können Sie der Optionsflut von WordPress Herr werden, indem Sie gezielt einzelne Module aktivieren oder deaktivieren – ganz nach Ihrem eigenen Bedarf. Durch einen Klick auf diese Schaltfläche können Sie so gut wie überall im Backend Informationen und Optionen zu- und wegschalten. Nutzen Sie WordPress, um eine Website für Kunden zu erstellen, bietet sich dieses Feature besonders an, um diesen den Einstieg in ihre eigene Website etwas leichter zu machen. Hierzu müssen Sie sich aber mit dem Account des jeweiligen Nutzers einloggen, da diese Optionen jeder Nutzer individuell festlegt.

In den Anzeigeoptionen werden oft (auch durch Plugins) einige Optionen versteckt – behalten Sie sie immer im Hinterkopf (Abbildung 3.5).

Abbildung 3.5 Versteckte Optionen in den Anzeigeoptionen

Direkt neben den Anzeigeoptionen befindet sich noch eine kleine HILFE, die Ihnen, soweit nötig, einzelne Elemente der Administrationsoberfläche erklärt. Diese werden Sie aber mit Sicherheit vernachlässigen können, nachdem Sie dieses Buch gelesen haben.

Es wird Ihnen bereits aufgefallen sein, dass in WordPress offenbar alle gleichartigen Dinge modular zu eigenen Abschnitten (Kästen) zusammengefasst sind. Diese lassen sich nicht nur, wie bereits oben beschrieben, entfernen, sondern auch nach Belieben per Drag & Drop verschieben (Abbildung 3.6).

Abbildung 3.6 Verschieben Sie die Abschnitte nach Ihren Wünschen, indem Sie mit gedrückter Maustaste an der Titelzeile ziehen.

3.2   Das Dashboard

Ganz gleich ob Sie die deutsche oder die englische Version von WordPress verwenden: das *Dashboard* (Abbildung 3.7) heißt überall gleich.

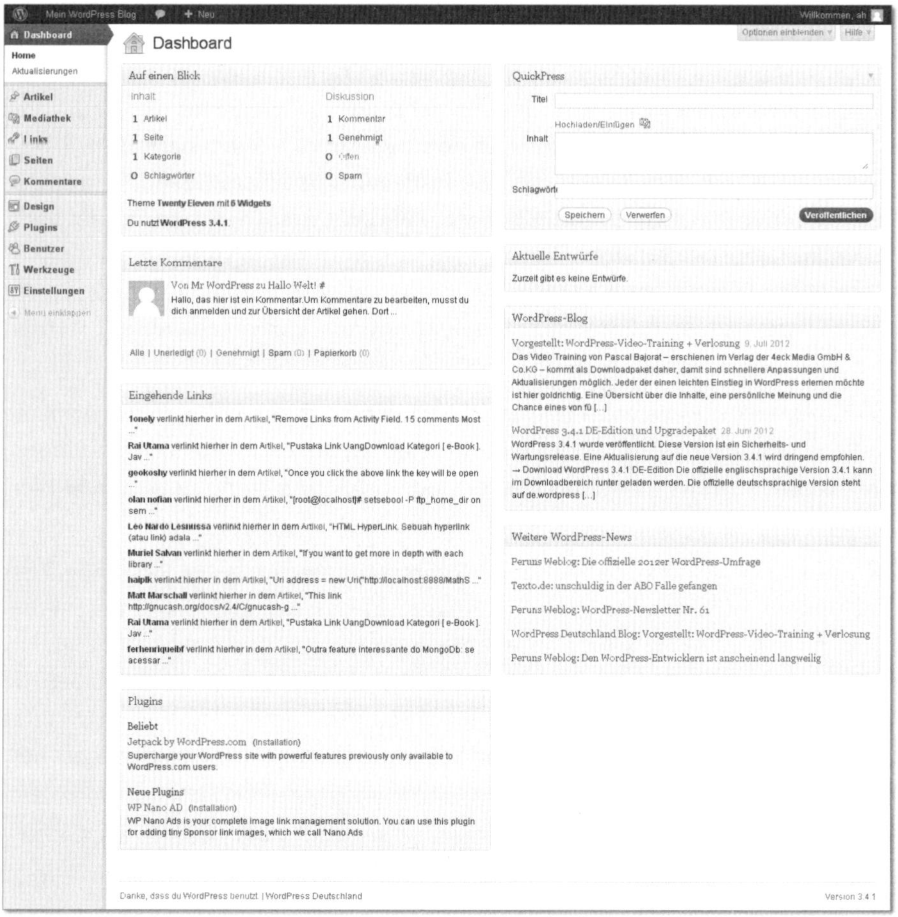

Abbildung 3.7 Die Kommandozentrale Ihrer WordPress-Administration: das Dashboard

Ich erwähne das, da in früheren WordPress-Versionen das Dashboard noch etwas unbeholfen mit »Tellerrand« übersetzt worden ist. Das wurde (zum Glück) mittlerweile geändert; falls Sie hingegen noch eine ältere WordPress-Version verwenden sollten, dann achten Sie auf die teilweise unterschiedlichen Formulierungen, die letztlich aber alle dasselbe meinen.

3.2.1   Dashboard – Ihr persönliches Informationsnetzwerk

Das DASHBOARD ist Ihre Startseite und Schaltzentrale. Es bietet Ihnen einen recht ausführlichen Überblick über Ihr Blog bzw. über Ihre Website. Es soll Sie gleich zu Beginn über neue Kommentare Ihrer Besucher informieren, Ihnen eingehende Links von anderen Websites anzeigen oder auf Aktuelles aus der WordPress-Welt hinweisen – seien es neue Plugins oder Neuigkeiten aus dem WordPress-Blog.

AUF EINEN BLICK zeigt Ihnen – sozusagen auf einen Blick – eine kurze Statistik Ihres Blogs an. Während die Anzahl der Artikel, Seiten, Kategorien und *Tags* (Schlagwörter) anfangs vielleicht noch etwas unbedeutend wirkt, sehen Sie rechts daneben die Anzahl der bislang auf Ihrer Website abgegebenen Kommentare. Die *offenen* Kommentare müssen zuerst noch von Ihnen genehmigt werden, bevor diese auf Ihrer Website sichtbar werden. Wann und ob ein Kommentar als offen deklariert wird, werden Sie gleich noch in den EINSTELLUNGEN festlegen. Zunächst müssen Sie nur wissen, dass Kommentare nicht unmittelbar veröffentlicht werden, sofern Sie dies nicht wünschen. Mittels Erweiterungen können Sie Ihre Kommentarfunktion zudem vor Spam schützen: Diese Plugins verschieben zwielichtige Kommentare direkt in die Kategorie SPAM, woraus diese von Ihnen aber notfalls wieder rehabilitiert werden können.

LETZTE KOMMENTARE bietet Ihnen naheliegenderweise einen Überblick über die letzten Kommentierungen auf Ihrer Website. Alle wichtigen Bearbeitungsoptionen, wie zum Beispiel ANTWORTEN, BEARBEITEN oder LÖSCHEN, können Sie direkt hieraus in Anspruch nehmen.

EINGEHENDE LINKS sind vor allem dann interessant, wenn Sie Ihr Blog möglichst bekannt machen möchten (das möchte übrigens nicht jeder, aber fast jeder). In diesem Kasten werden Ihnen neue, von WordPress entdeckte *Backlinks* angezeigt. Für etwas Motivation zwischendurch ist diese Anzeige sicherlich interessant; haben Sie jedoch ein intensiveres oder gar kommerzielles Bedürfnis an der Anzahl und Qualität Ihrer Backlinks, sollten Sie für die Analyse lieber professionellere externe Tools heranziehen.

PLUGINS listet beliebte, neue und gerade erst aktualisierte Plugins auf. Auch wenn bei der enormen Anzahl an verfügbaren Plugins hier mit Sicherheit nicht immer etwas für Sie dabei sein wird, so lohnt sich ab und an dennoch ein Blick auf diese Anzeige. Wer weiß, vielleicht finden Sie dort schon bald Ihr neues Lieblings-Plugin?

QUICKPRESS ist vor allem für Blogger interessant, die schnell und kurz etwas schreiben möchten. Direkt aus dem Dashboard können Sie hier Titel, Inhalt und Tags bestimmen sowie Medien einbinden. Ich persönlich bin kein Fan dieser Option und habe sie üblicherweise – auch für meine Kunden – entfernt. Das hat den Grund, dass sie zu wenige Einstellungsmöglichkeiten bietet, zum Beispiel wird der Blogbeitrag immer in die Standardkategorie »Allgemein« einsortiert, was bei den meisten Blogs nur wenig Sinn ergibt. Sollten Sie aber ohnehin eher auf Tags als auf Kategorien setzen und vornehmlich kürzere Beiträge verfassen, dann kann diese Option eine gelungene Alternative für Sie sein. Auch zum schnellen Anlegen von Artikelideen eignet sich diese Funktion hervorragend: Tippen Sie einfach die Titel und vielleicht schon eine kurze Zusammenfassung ein. Um die so erstellte *Artikel-To-Do-Liste* können Sie sich dann später kümmern und die Beiträge nach dem eigentlichen Verfassen publizieren. Falls Sie QuickPress als To-Do-Liste nutzen möchten, achten Sie darauf, beim Anlegen der Einträge nicht versehentlich auf PUBLIZIEREN zu klicken, sondern auf SPEICHERN. Nur dann wird auch lediglich ein Entwurf angelegt.

AKTUELLE ENTWÜRFE bietet Ihnen einen kurzen Überblick über noch nicht veröffentlichte, aber als Entwurf gespeicherte Beiträge. Diese Übersicht ist vor allem dann nützlich, wenn Sie im großen Stil oder im Team neue Artikel verfassen. So können Sie auf einen Blick sehen, welche Artikel sich noch im Aufbau befinden und gegebenenfalls lektoriert oder redigiert werden müssen.

WORDPRESS-BLOG liefert Ihnen die neuesten Artikel aus dem hauseigenen Blog der Entwickler. Stempeln Sie es gerne als Werbung ab, Sie werden dort jedoch eine Vielzahl interessanter Beiträge finden. Haben Sie die deutsche Version von WordPress installiert, so finden Sie an dieser Stelle übrigens die Beiträge aus dem Blog von *http://www.wordpress-deutschland.org* – was die Qualität jedoch keinesfalls mindert.

WEITERE WORDPRESS-NEWS stammen zwar nicht direkt von *http://www.wordpress-deutschland.org*, werden aber von dort *aggregiert*. Das bedeutet, dass die Website Beiträge verschiedenster Websites zum Thema WordPress sammelt und zur Verfügung stellt. In Ihrem Dashboard können Sie die neuesten hiervon lesen, ohne regelmäßig die diversen Websites besuchen zu müssen. Sollten Sie bislang noch keinen *Feedreader* nutzen oder diesen noch nicht mit den entsprechenden WordPress-*Feeds* gefüttert haben, kann dies ein kleiner Einstieg in die Welt Ihrer neuen Software sein.

3.2.2   Aktualisierungen – immer auf dem neuesten Stand

Über den Untermenüpunkt AKTUALISIERUNGEN können Sie sich schnell über aktuelle Updates von WordPress, Ihrer Themes oder der von Ihnen verwendeten Plugins informieren. Sobald ein Update erschienen ist, können Sie es von dort aus bequem per Klick installieren (Abbildung 3.8).

Abbildung 3.8 Bislang ist noch alles auf dem neuesten Stand.

Hinweis

Falls Sie die deutsche Version von WordPress verwenden, ist ein kleiner Hinweis angebracht: Sehen Sie lieber davon ab, die englische Version über die deutsche Version zu installieren. Es kommt vor, dass ein Update zunächst in der englischen Sprache verfügbar ist, bevor es eingedeutscht wurde. Widerstehen Sie, wenn möglich, dem Drang, das Update sofort einzuspielen, und warten Sie lieber ein paar Tage auf die deutsche Version. Es kann sonst unter Umständen zu Beschädigungen Ihrer WordPress-Installation kommen. Möchten Sie die neuen Features hingegen sofort ausprobieren, empfiehlt sich ein Backup oder eine separate Testinstallation.

Sie dürften nun einen guten Überblick über die wohl informationsreichste Seite Ihrer Administrationsoberfläche bekommen haben: das Dashboard. Vermutlich werden Sie es schon bald mit einem kurzen Blick abtun und sich Ihrer eigentlichen Aufgabe zuwenden. Vergessen Sie aber nicht, dass sich hier viele nützliche Informationen verstecken halten – man weiß nie, wann man sie einmal brauchen wird.

3.3 Die Artikel

WordPress unterscheidet in der Veröffentlichung von *Content* grundsätzlich zwischen (statischen) Seiten und Artikeln. Erstere stellen feste Unterseiten Ihrer Website dar, wie zum Beispiel »Über uns«, »Kontakt« oder »Impressum«. Bei den Artikeln hingegen handelt es sich um die Blogartikel Ihrer Website – und die schauen wir uns nun etwas genauer an.

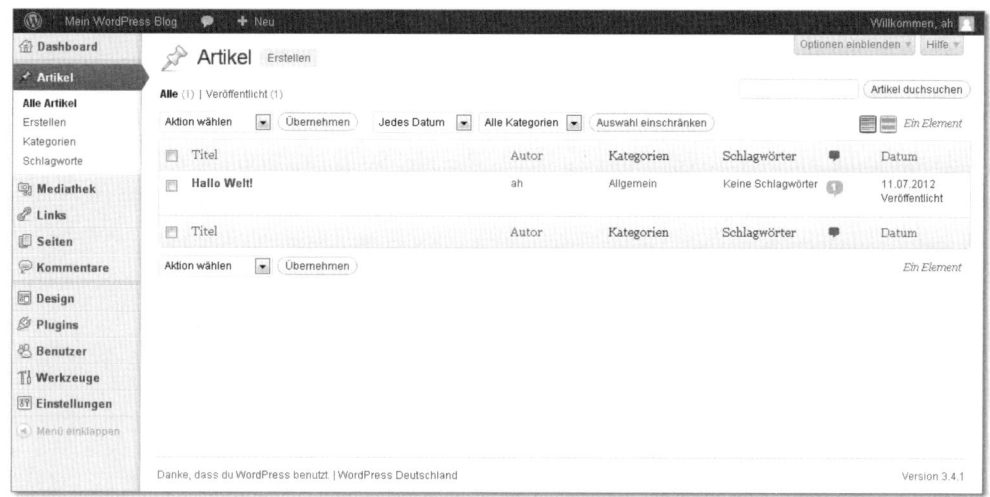

Abbildung 3.9 Hier können Sie all Ihre veröffentlichten Artikel und Entwürfe einsehen – noch wirkt alles sehr übersichtlich ...

Das Artikelmenü auf der linken Seite bietet Ihnen vier Auswahlmöglichkeiten (Abbildung 3.9). Über ARTIKEL können Sie sich alle bisher verfassten Blogartikel anzeigen lassen – ganz gleich ob sich diese noch im Entwurfsstadium befinden oder bereits veröffentlicht worden sind. ERSTELLEN bietet Ihnen die Möglichkeit, einen neuen Blogartikel zu erstellen. Unter KATEGORIEN und SCHLAGWORTE können Sie eben diese verwalten.

3.3.1   Alle Artikel

Die Artikelübersicht ist praktisch selbsterklärend, wie vieles in WordPress. Es wird Ihnen jeweils der Titel eines Beitrags angezeigt samt Autor, Kategorien, Tags, Anzahl der Kommentare und Datum. Klicken Sie auf den Titel, so gelangen Sie direkt in den Bearbeitungsmodus des jeweiligen Artikels. Ein Klick auf den Autor zeigt Ihnen nur die Einträge dieser speziellen Person an. Ähnlich verfährt ein Klick auf die Kategorien oder Tags. Über die Kommentarsprechblase erhalten Sie die Möglichkeit, die bislang verfassten Kommentare zu diesem Blogartikel zu bearbeiten.

»WordPress ist sehr übersichtlich« – an einer Stelle muss ich diese Aussage korrigieren. Überall dort, wo lange Auflistungen stattfinden, leidet die Übersichtlichkeit ein wenig. Das wird Ihnen anfangs noch nicht auffallen, schließlich kann eine Liste mit wenigen Einträgen prinzipiell schon nicht unübersichtlich sein. Idealerweise werden Sie aber über die kommenden Jahre einige hundert Blogartikel verfassen. Hier noch den Überblick zu behalten, wird sehr, sehr schwer. Um doch die Oberhand über die Informationsflut zu gewinnen, bietet Ihnen WordPress allerdings ein paar Optionen an, die die Auflistung ein wenig eingrenzen können.

WordPress stellt Ihnen direkt über der Artikeltabelle einige Eingrenzungsmethoden zur Verfügung. Hiermit können Sie die Artikel schon einmal nach Datum bzw. Kategorie sortieren (Abbildung 3.10). Nur die Blogartikel eines bestimmten Zeitraums anzeigen zu lassen, kann die Liste schon enorm entschlacken. Ein wesentlich schnellerer und einfacherer Weg führt zumeist über die Suchfunktion rechts oben (Abbildung 3.11) – vorausgesetzt, Sie erinnern sich zumindest an einen Teil des Titels.

Abbildung 3.10 Zeigen Sie nur Artikel eines Zeitraums an, oder sortieren Sie sie nach Kategorien.

Abbildung 3.11 Über die Artikelsuche finden Sie Ihr Ziel meist am schnellsten.

Falls Sie die Liste lieber noch ein klein wenig chaotischer hätten, empfiehlt sich statt der LISTENANSICHT die KURZFASSUNG (Abbildung 3.12). Diese bewirkt lediglich, dass unter dem Titel noch ein kurzes Exzerpt Ihres Blogartikels angezeigt wird. Gerade wenn Sie schon sehr viele Artikel zu einem ähnlichen Thema verfasst haben, kann Ihnen diese Ansicht helfen, schnell den genauen Inhalt herauszufinden, ohne jeden Artikel aufrufen zu müssen. Nach Möglichkeit sollten Sie aus Gründen der Übersichtlichkeit lieber auf die Listenansicht zurückgreifen. Abbildung 3.13 zeigt Ihnen den Unterschied zwischen den beiden Ansichten.

Abbildung 3.12 Über diese beiden Buttons können Sie zwischen der Listenansicht (links) und der Kurzfassung (rechts) wechseln.

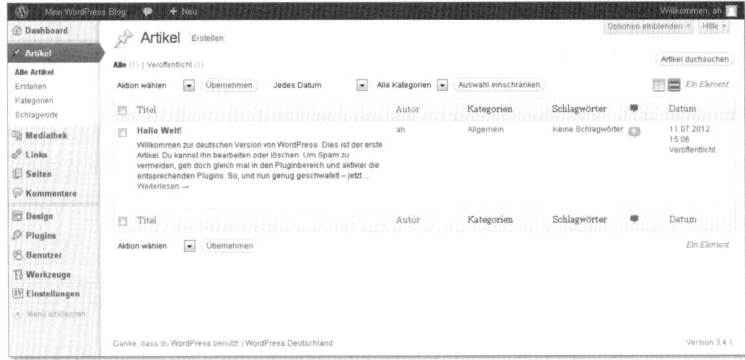

Abbildung 3.13 Die Kurzfassung nimmt schon bedeutend mehr Raum ein, kann aber bei vielen gleichartigen Artikeln wertvolle Dienste leisten.

3.3.2   Erstellen

Kommen wir nun zur wichtigsten Funktion von WordPress, dem Erstellen eines neuen Blogartikels (Abbildung 3.14). Sie ist deshalb so wichtig, weil diese Eingabemaske bereits zum Kompliziertesten gehört, was Sie in WordPress ausfüllen müssen; und weil Sie sie so oft benötigen werden. Außerdem verhält sich das Veröffentlichen einer statischen Seite – bis auf kleine Ausnahmen – fast genauso. Haben Sie also einmal durchschaut, wie man einen Artikel veröffentlicht, können Sie auch problemlos statische Seiten verfassen und damit Ihre Website um alle wesentlichen Inhalte erweitern. Wie einfach das ist, erfahren Sie schon in den folgenden Absätzen.

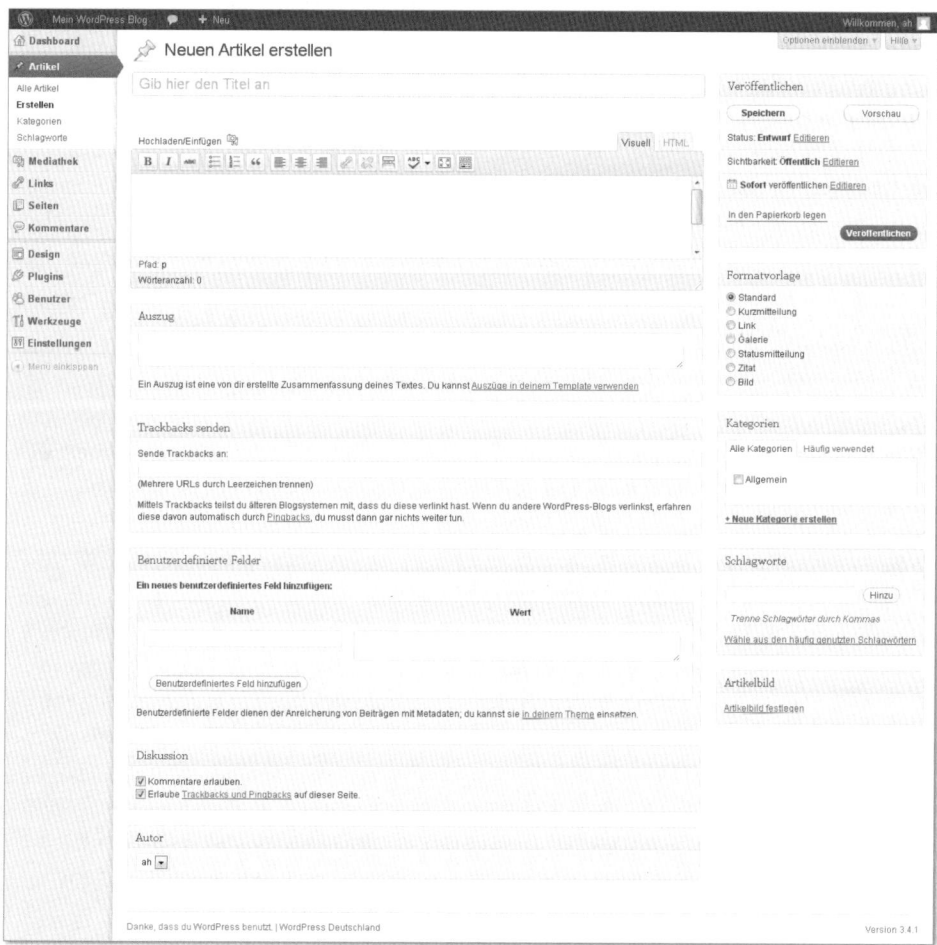

Abbildung 3.14 Auch wenn das Erstellen eines neuen Artikels anfangs noch verwirrend anmuten mag; wir gehen nun alles Schritt für Schritt gemeinsam durch.

Wie alles in WordPress ist auch die Seite zur Erstellung eines neuen Artikels in verschiedene Module unterteilt. Das Schöne daran ist: Die können Sie zum Teil über

OPTIONEN EINBLENDEN auch deaktivieren und so vor allem Ihre Kunden vor einem anfänglichen Herzinfarkt bewahren. Falls Sie einige Module also standardmäßig bei Ihnen noch nicht sehen können, schalten Sie sie über OPTIONEN EINBLENDEN frei.

Der Titel

Ganz oben können Sie nun zuallererst einen Titel für Ihren Beitrag eingeben. Es wäre aber nicht WordPress, wenn das schon alles wäre. Sobald Sie Ihre Titeleingabe beendet haben (also beispielsweise einmal kurz in den Editor direkt darunter geklickt haben), wird Ihnen unter dem Titel ein *Permalink* angezeigt (Abbildung 3.15). Das ist die direkte und permanente Adresse (*URL*) zu Ihrem neuen Blogartikel. Dieser lässt sich über die Schaltfläche BEARBEITEN nach Belieben anpassen, was unter Umständen auch durchaus sinnvoll sein kann (zum Beispiel aus Gründen der Suchmaschinenoptimierung). Über die Schaltfläche KURZLINK ANZEIGEN können Sie einen sogenannten *Shortlink* generieren, wie er oft in Diensten wie *Twitter* verwendet wird, wo die Zeichenanzahl stark begrenzt ist. Damit Sie nicht auf die diversen Dienste im Internet zurückgreifen müssen, bietet WordPress eine solche Funktion nun schon von Haus aus an – allerdings erst nachdem Sie den Artikel gespeichert haben.

Abbildung 3.15 Wählen Sie die Titel Ihrer Artikel weise, damit Ihre Zielgruppe Sie über Suchmaschinen gut finden kann. Die Abbildung hier geht mit schlechtem Beispiel voran.

[+]

Hinweis

Wenn Sie WordPress gerade frisch in Betrieb genommen haben, wird der Permalink unter Ihrem Titel etwas anders aussehen, etwa wie folgt: *http://localhost/wordpress/?p=15*. Dass es in meinem Beispiel anders aussieht, ist kein Fehler, sondern liegt einfach daran, dass ich kurz vor dem Erstellen des Artikels aus didaktischen Gründen bereits eine kleine Einstellung in WordPress vorgenommen habe. Damit auch Sie diese lesefreundlichen Links angezeigt bekommen, klicken Sie in der Navigation einfach auf EINSTELLUNGEN und darunter auf PERMALINKS. Wählen Sie hier BENUTZERDEFINIERTE STRUKTUR, und geben Sie Folgendes exakt in das danebenstehende Feld ein:

/%post_id%/%postname%/

Wie genau die Permalink-Optionen funktionieren und welche weiteren Möglichkeiten Sie hier haben, erkläre ich Ihnen etwas später in diesem Kapitel. Ich ziehe diese Einstellung ausnahmsweise etwas vor.

Klicken Sie nun auf ÄNDERUNGEN ÜBERNEHMEN. Nun können Sie zu Ihrem angefangenen Artikel zurückkehren – Sie finden ihn in der Artikelübersicht, da WordPress ihn schon automatisch als Entwurf gespeichert haben dürfte.

Der Editor

Die meiste Zeit verbringt der durchschnittliche WordPress-Nutzer wahrscheinlich im *Editor* (Abbildung 3.16). Die Bedienung erinnert sehr an ein älteres Microsoft Word oder ähnliche Textverarbeitungssoftware. Wer damit halbwegs zurechtkommt, wird auch mit dem WordPress-Editor keine Probleme haben.

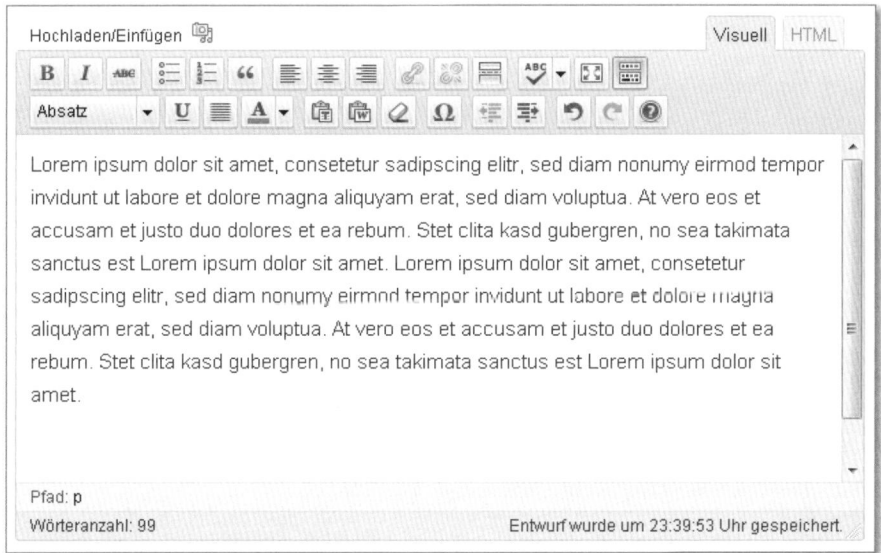

Abbildung 3.16 Der Editor bringt praktisch alles mit, was Sie für erfolgreiches Texten benötigen – nur leider keinen Autor.

Die *Bearbeitungsleiste* besteht aus zwei Zeilen. Sollte es bei Ihnen nur eine sein, dann klicken Sie doch in dieser Zeile einmal auf das Symbol, welches sich ganz rechts befindet. Das schaltet die zweite Zeile frei, die freilich nicht optional ist, auch wenn dies den Eindruck erweckt. In der oberen Zeile finden Sie vor allem die typischen Textverarbeitungsfunktionen, wie Fettdruck, Listen und Textausrichtung.

Interessant ist in erster Linie das vorletzte »Dreierpäckchen« der ersten Zeile: Hiermit können Sie einen Link hinzufügen, entfernen (Abbildung 3.17) oder ein sogenanntes *More-Tag* setzen.

Abbildung 3.17 Fügen Sie einen Link hinzu (links), oder entfernen Sie ihn wieder (rechts).

Die beiden Buttons aus Abbildung 3.17 sind vermutlich noch grau hinterlegt. Diese lassen sich erst anklicken, sobald Sie ein Wort bzw. einen Textteil markiert haben. Dann erst können Sie hiermit einen Link setzen (Abbildung 3.18) und ihn auch wieder entfernen. Ein Klick auf das linke Symbol öffnet ein separates Fenster, in welchem Sie die näheren Details eines Links festlegen können.

Abbildung 3.18 Fügen Sie ganz leicht einen neuen Link hinzu.

In das Feld URL kommt – selbstverständlich – die Ziel-URL Ihres Links. Der TITEL lässt sich nutzen, um weitere Informationen über den Link zu verstecken, die erst beim Darüberfahren mit der Maus angezeigt werden und auch für Suchmaschinen interessant sind. Auf Wunsch können Sie den Link auch automatisch in einem neuen Fenster bzw. Tab öffnen lassen, sobald ein Besucher darauf klickt. Anstatt eine URL anzugeben, können Sie im unteren Teil auch einfach eine Unterseite oder einen anderen Blogartikel auswählen, auf den Sie verlinken möchten. Hierzu steht sogar eine eigene Suchfunktion zur Verfügung. Das ist ungemein praktisch und noch recht neu in WordPress.

Abbildung 3.19 Mit diesem Button fügen Sie ein sogenanntes More-Tag in den Text ein und trennen hiermit den Einleitungstext vom restlichen Inhalt.

SEO-Tipp

Wählen Sie Link-Text und Link-Titel bei all Ihren Links sehr sorgsam aus, denn Google & Co. legen sehr viel Wert darauf. Verwenden Sie in Text und Titel Keywords, die gut die Inhalte der verlinkten Seite wiedergeben. Das gilt übrigens nicht nur für Links zu Ihren eigenen Seiten: Auch andere Websites freuen sich über einen wertvollen Link und sind dann selbst eher bereit, es Ihnen mit einem ebenfalls hochwertigen Link zu danken. Eine Win-Win-Situation also.

Das dritte Symbol in dieser Reihe setzt ein More-Tag (Abbildung 3.19). In Ihrem Blog werden Ihre Blogartikel später – je nach Theme – vermutlich einfach untereinander aufgelistet samt einem Textausschnitt. Damit nicht der gesamte Artikel dort ausgegeben wird, können Sie einen solchen Textausschnitt mit dem More-Tag festlegen. Klicken Sie einfach an die Stelle, wo der Text abgeschnitten werden soll – zum Beispiel nach den ersten ein oder zwei Absätzen –, und klicken Sie anschließend auf das More-Tag-Symbol. WordPress fügt später an dieser Stelle dann einen entsprechenden Link ein, wie zum Beispiel »Weiterlesen ...«, und schneidet den Text danach automatisch ab (Abbildung 3.20).

Abbildung 3.20 Im Frontend wird die Linie durch einen Link auf den vollständigen Beitrag ersetzt und der Text danach abgeschnitten.

Abbildung 3.21 Der Vollbildmodus – auch Zen-Mode genannt

SEO-Tipp

Machen Sie von dem More-Tag in so vielen Artikeln wie möglich Gebrauch. Einerseits wirkt Ihr Blog dadurch viel benutzerfreundlicher, schließlich müssen sich Ihre Besucher nicht durch ellenlange Texte quälen, um einen Überblick über Ihre aktuellen Artikel zu bekommen. Andererseits umgehen Sie so die *Duplicate-Content-Problematik*: Google sieht es nicht gern, wenn ein und derselbe Inhalt auf mehreren Websites oder Unterseiten auftaucht und kann die Seiten entsprechend abstrafen. Würden Sie kein More-Tag einfügen, könnte der vollständige Text auf sehr vielen Unterseiten auftauchen, unter anderem in der Blogansicht, der Einzelansicht und in all Ihren Archiven. Der erste Absatz genügt meistens, um den Leser vom Inhalt zu überzeugen.

Wenn ein Symbol des Editors wirklich mysteriös aussieht, dann wohl das des Vollbildmodus (Abbildung 3.21). Dieser wird auch gerne *Zen-Mode* genannt, denn er ermöglicht weitgehend ablenkungsfreies Schreiben. Wenn Sie den Browser zusätzlich noch mit der Taste F11 in den Vollbildmodus schicken, dürfte Sie außer etwaigem Straßenlärm gar nichts mehr vom Schreiben abhalten (Abbildung 3.22).

Abbildung 3.22 Der Zen-Mode in Aktion – auf das Wesentliche beschränkt

Die zweite Zeile der Bearbeitungsleiste hält auch viel Altbekanntes bereit. So können Sie das Textformat anpassen (zum Beispiel Überschriften festlegen), eine andere Textfarbe wählen oder einen Einzug erzeugen. Ein paar Funktionen dürften aber unter Umständen nicht gleich verständlich sein.

Tipp

Ich erlebe es immer wieder, dass manche Autoren falsch mit den Überschriften umgehen, daher hier eine wichtige Information für die Gliederung Ihrer Texte. Üblicherweise wird der Titel eines Beitrags automatisch durch das Theme ausgegeben – Sie müssen diesen also nicht in Ihrem Beitrag wiederholen. Außerdem wird dieser in aller Regel bereits als Überschrift erster Ordnung ausgegeben. Eine Überschrift erster Ordnung kann es in diesem Fall pro Dokument selbstverständlich nur ein einziges Mal geben. Für Sie bedeutet das, dass die erste Überschriftenebene, die Sie zum Gliedern des Textes verwenden, die Überschrift zweiter Ordnung ist. Das ist übrigens nicht nur für Semantik-Fanatiker wichtig. Denken Sie an Menschen mit Sehbehinderung, die eine Software verwenden, welche ihnen die Texte vorliest. Diese sollte anhand der semantischen Struktur eindeutig erkennen können, auf welcher Textebene sie sich befindet. Außerdem ist es für die Indexierung von Google wichtig, da Google das »Spammen« mit Überschriften der ersten Ordnung durchaus auch mal abstraft. Selbst wenn das eher selten ist, verhindern Sie so zumindest, dass Google die einzelnen Ebenen Ihrer Texte korrekt auseinanderhalten kann.

Abbildung 3.23 Mithilfe dieser beiden Buttons können Sie Text gänzlich unformatiert oder aus einer Word-Datei einfügen.

Die beiden Symbole der Abbildung 3.23 verfolgen denselben Zweck: Sie entfernen unnötige Formatierungen aus kopierten Texten. Nicht immer ist es sehr angenehm, im WordPress-Editor zu schreiben. Längere Artikel verfasst man üblicherweise in einem angenehm übersichtlichen Word-Dokument und fügt diese später in den Editor ein. Das kann aber zu erheblichen Problemen führen, wenn man sich einfach auf Copy & Paste verlässt. Word hat seine ganz eigenen Formatierungen, die WordPress einfach übernehmen würde: Ein zerstörtes Design ist vorprogrammiert. Damit das nicht passiert, bietet Ihnen der Editor die Möglichkeit, den Text entweder vollkommen unformatiert (linkes Symbol) oder mit der Formatierung aus Word, aber ohne die störenden und unnötigen Formatierungselemente (rechtes Symbol) einzufügen.

Nehmen wir als Beispiel einen ganz simplen Text, der eine Überschrift enthält und in welchem ein Wort in Fettdruck gesetzt worden ist. Fügen Sie den Text mithilfe des linken Symbols ein, so wird aus der Überschrift normaler Text, und auch der Fettdruck ist verschwunden. Wählen Sie hingegen das rechte Symbol, macht WordPress aus der Überschrift ebenfalls wieder eine Überschrift, aber in der entsprechenden HTML-Formatierung. Der Fettdruck bleibt ebenfalls erhalten, genau wie etwaige Listen oder Ähnliches. So können Sie Ihren Text in Word bereits vollständig vorformatieren und ihn später ganz leicht in WordPress einfügen.

Hinweis

Leider funktioniert nicht immer alles so, wie wir uns das wünschen. Das gilt auch für das Einfügen von Texten aus Word. In Tests ist es immer wieder vorgekommen, dass es bei den einen Autoren wunderbar funktioniert, bei anderen hingegen überhaupt nicht. Daher gebe ich Ihnen einen Rat: Schreiben Sie die Texte direkt im Editor. Gerade mit dem neuen Zen-Mode können Sie sich hier voll auf das Schreiben konzentrieren. Korrekt formatieren müssen Sie den Text ohnehin noch einmal in WordPress. Warum also nicht gleich hier schreiben? Sie ersparen sich und Ihren Autoren unter Umständen sehr viel Frust.

Doch der WordPress-Editor bietet weitaus mehr, als nur die Bearbeitungsleiste. Darüber finden Sie noch die *Medienleiste* (Abbildung 3.24). Diese lässt Sie Bilder, Videos, Audiodateien oder sonstige Dateien hochladen und Ihrem Artikel hinzufügen. Mit wenigen Klicks können Sie über einen komfortablen *Flashuploader* Ihre Artikel so um visuelle Elemente bereichern.

Abbildung 3.24 Bilder, Videos, Audiodateien oder andere Dateien hochladen und einfügen

Fügen Sie Ihrem ersten Blogartikel beispielhaft ein Bild hinzu. Da die Vorgehensweise bei allen Medientypen sehr ähnlich ist, soll das Bild exemplarisch auch für Videos und Audiodateien gelten. Klicken Sie dazu auf den Button neben HOCHLADEN/EINFÜGEN; es wird sich nun ein separates Fenster öffnen (Abbildung 3.25).

Klicken Sie auf den Button DATEIEN AUSWÄHLEN im Register VOM COMPUTER, um ein Bild von Ihrem Desktop hochzuladen – oder ziehen Sie die Datei ganz einfach auf die umrandete Fläche. Sollten Sie ein Bild verlinken wollen, das sich bereits an anderer Stelle im Internet befindet, wählen Sie einfach den Reiter VON URL. Möchten Sie hingegen lieber ein Bild einfügen, das Sie bereits einmal in WordPress hochgeladen haben, bietet sich der Reiter MEDIATHEK hierfür an. Laden Sie nun testweise ein Bild von Ihrem Computer hoch. Nachdem Sie das Bild ausgewählt und auf ÖFFNEN geklickt haben, beginnt WordPress automatisch, das Bild auf den Server zu laden (Abbildung 3.26). Nun folgt eine Ansicht, mit deren Hilfe Sie das Bild nun nach Belieben einbinden können (Abbildung 3.27).

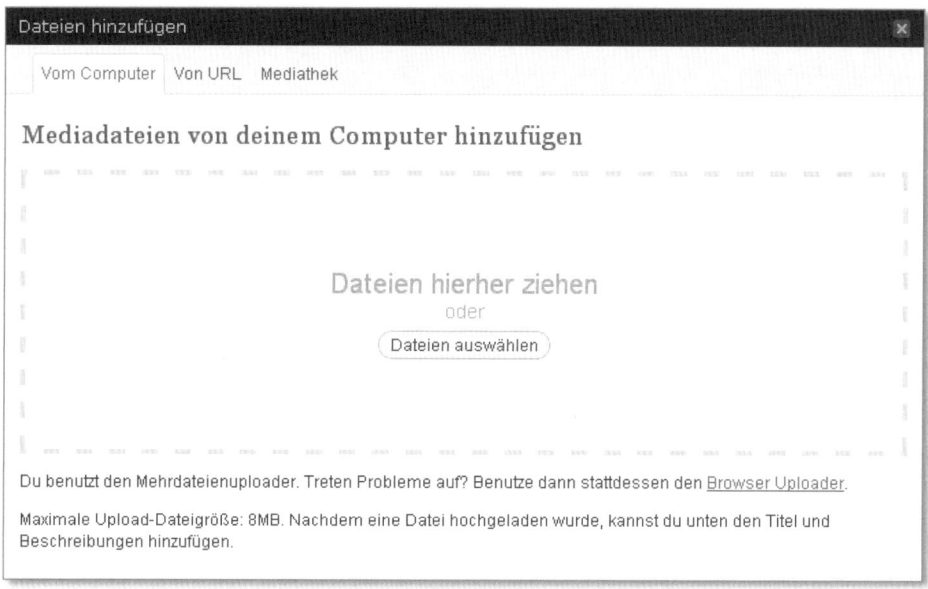

Abbildung 3.25 Laden Sie eine Datei direkt von Ihrem Computer hoch, binden Sie sie über eine externe URL oder direkt über Ihre Mediathek ein.

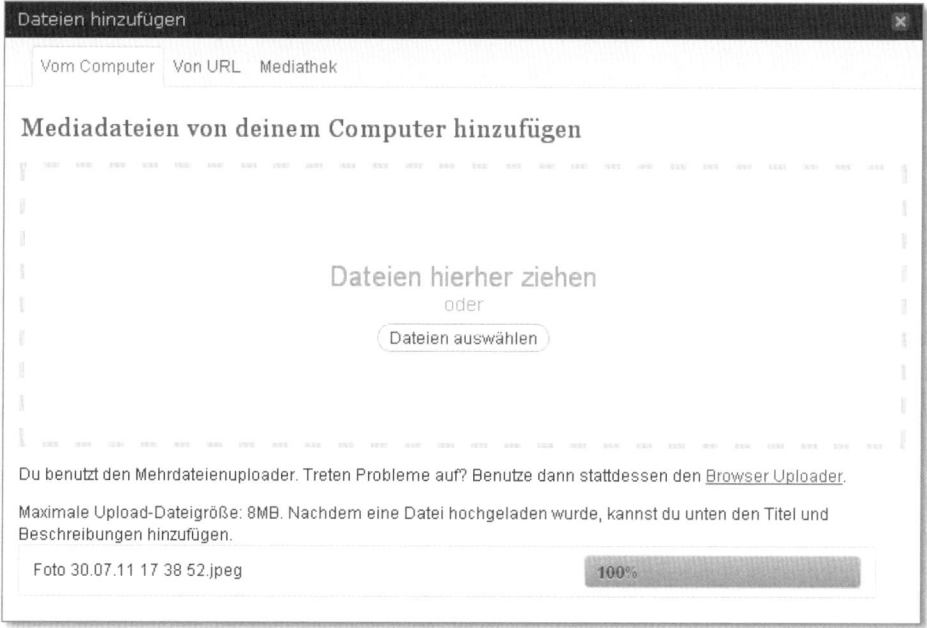

Abbildung 3.26 Das Bild wird nun hochgeladen; dies kann je nach Größe des Bildes und Verbindung ein klein wenig dauern (lassen Sie sich nicht durch die Prozentangabe verunsichern).

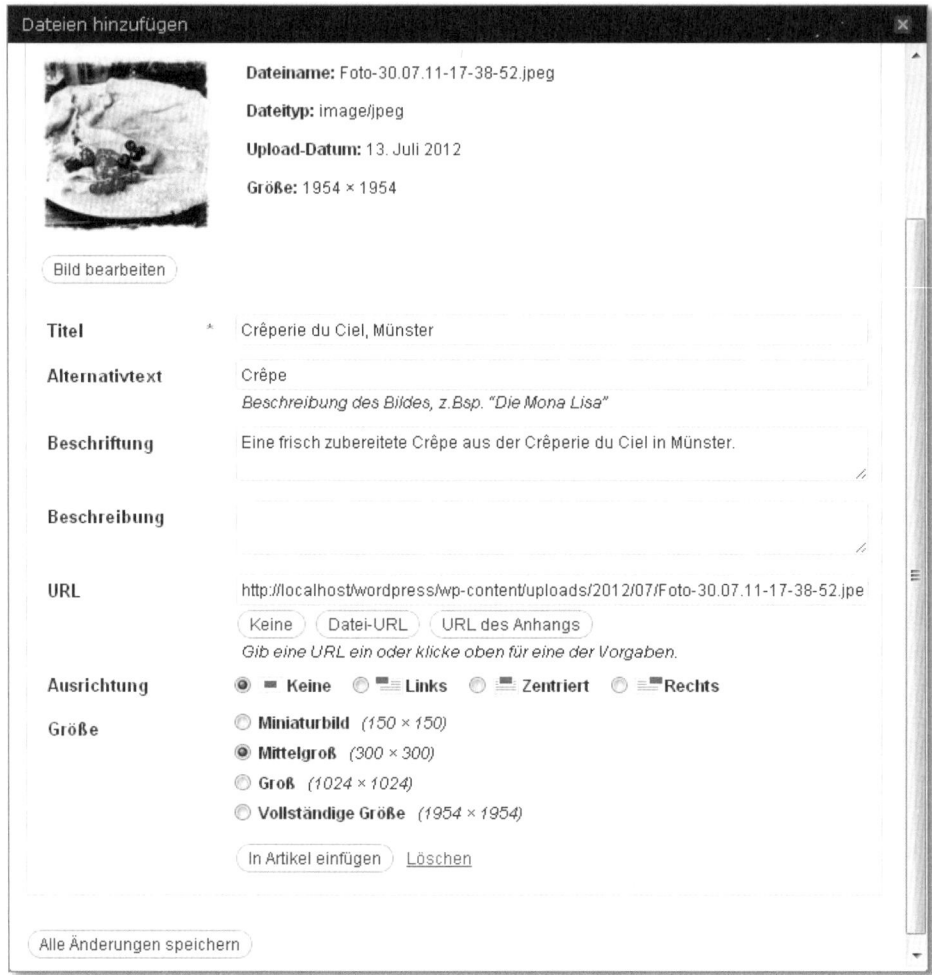

Abbildung 3.27 Prinzipiell können Sie das Bild gleich einfügen; ein paar Einstellungen vorzunehmen und Titel zu ergänzen, kann aber nicht schaden.

[+]

SEO-Tipp

Für Suchmaschinen ist vor allem der Titel und die erste Beschreibung von Bedeutung. Zwar sind die großen Suchmaschinen bereits in der Lage, Text auf Bildern recht gut zu entziffern. Dass Sie hingegen die Abbildung als solche zuverlässig erkennen, ist noch Zukunftsmusik. Die Suchmaschine weiß also nur durch diese beiden Extraangaben, was auf dem Bild zu sehen ist. Sie tun damit auch Menschen einen großen Gefallen, die aufgrund einer Behinderung oder ihres Alters nicht in der Lage sind, sich die Bilder anzuschauen. Ein aussagekräftiger Titel hilft diesen Menschen schon ein großes Stück weiter.

Nicht alle Optionen wirken sich unmittelbar sichtbar auf das angezeigte Bild aus. TITEL und (die erste) BESCHREIBUNG verschwinden klammheimlich im Quelltext und stellen jeweils die Inhalte des *title*-Attributs bzw. des *ALT*-Attributs dar – sind also aus Sicht der Suchmaschinenoptimierung nicht zu vernachlässigen. Wirklich sichtbar ist aber erst die BESCHRIFTUNG, sofern Sie eine angeben. Denn hierdurch wird eine Bildunterschrift erzeugt. Wichtig hierbei ist, dass das von Ihnen gewählte oder selbst programmierte Theme auch mit derartigen Bildunterschriften umgehen kann. Das Standard-Theme kann es. Eine (zweite) BESCHREIBUNG können Sie hinzufügen, wenn Sie später gerne eine eigene Unterseite hätten, auf der man nähere Informationen zum Bild abrufen kann; dort kommt diese Beschreibung nämlich zum Zuge. Im Rahmen der URL bestimmen Sie, wohin ein Nutzer nach einem Klick auf das Bild gelangt. Wählen Sie hier Artikel-URL, wird eine separate Unterseite geöffnet, deren Inhalt die Datei ist. Die Ausgabe dieser Datei steuern Sie über die *attachment.php* in Ihrem Theme-Ordner. Sie können auch festlegen, dass es überhaupt nicht anklickbar ist. Über die GRÖSSE legen Sie, wie Sie sich sicher schon gedacht haben, die angezeigte Größe des Bildes fest. In der Regel empfiehlt es sich, ein Bild vor dem Upload bereits auf die richtige Größe zuzuschneiden, da hierdurch weniger Last auf dem Server pro Besucher entsteht und das Bild schneller lädt. Klicken Sie abschließend auf den Button IN ARTIKEL EINFÜGEN, um den Vorgang abzuschließen. Nun haben Sie Ihr erstes Bild in Ihren Blogartikel eingefügt (Abbildung 3.28).

Neu

Im Feld BESCHRIFTUNG können Sie seit Version 3.4 nun endlich auch HTML-Code verwenden! Das ist insbesondere dann nötig, wenn Sie Links einfügen möchten, zum Beispiel zur Quelle des Bildes.

Hinweis

An dieser Stelle möchte ich erwähnen, dass der Editor von WordPress zwar als *WYSIWYG-Editor* (**W**hat **Y**ou **S**ee **I**s **W**hat **Y**ou **G**et) bezeichnet wird; das stimmt aber nur bedingt. Zwar können Sie den Text wie in einem Textverarbeitungsprogramm auszeichnen und auch Bilder einfügen – das Layout hierfür übernimmt aber schließlich Ihr Theme. Fast niemals wird Ihr Text tatsächlich die gleiche Schriftgröße aufweisen, das Fenster die gleiche Breite wie der *Content-Bereich* Ihres Themes haben und das Bild einfach herrenlos über dem Text schweben. Machen Sie sich also keine Sorgen, wenn Ihr Artikel im Editor noch nicht ganz so schön aussieht, ein gutes Theme erledigt stets den Rest.

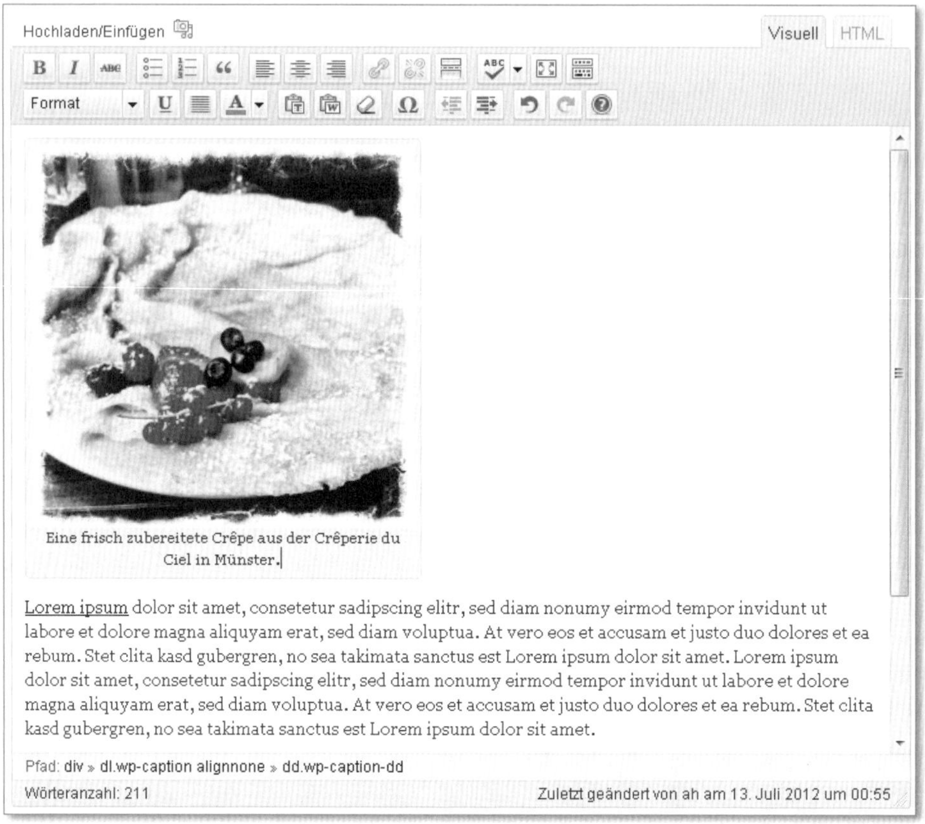

Hochladen/Einfügen

Visuell   HTML

B *I* ABC ☰ ☰ " ☰ ☰ ☰ ∅ ∅ ⊞ ABC▾ ⊡ ⊞

Format ▾ U ☰ A ▾ ☐ ☐ ⊘ Ω ⇥ ⇤ ↺ ↻ ⓪

Eine frisch zubereitete Crêpe aus der Crêperie du
Ciel in Münster.|

Lorem ipsum dolor sit amet, consetetur sadipscing elitr, sed diam nonumy eirmod tempor invidunt ut
labore et dolore magna aliquyam erat, sed diam voluptua. At vero eos et accusam et justo duo dolores et ea
rebum. Stet clita kasd gubergren, no sea takimata sanctus est Lorem ipsum dolor sit amet. Lorem ipsum
dolor sit amet, consetetur sadipscing elitr, sed diam nonumy eirmod tempor invidunt ut labore et dolore
magna aliquyam erat, sed diam voluptua. At vero eos et accusam et justo duo dolores et ea rebum. Stet clita
kasd gubergren, no sea takimata sanctus est Lorem ipsum dolor sit amet.

Pfad: div » dl.wp-caption alignnone » dd.wp-caption-dd

Wörteranzahl: 211   Zuletzt geändert von ah am 13. Juli 2012 um 00:55

Abbildung 3.28 So sieht das eingefügte Bild nun im Editor aus.

Eine weitere, äußerst nützliche Funktion des WordPress-Editors befindet sich in der oberen rechten Bildschirmecke: Dort können Sie zwischen der *HTML-Ansicht* und der *visuellen Ansicht* hin- und herwechseln (Abbildung 3.29).

Abbildung 3.29 Visuell oder HTML – was hätten Sie gern?

Die HTML-Ansicht (Abbildung 3.30) ist vor allem dann unverzichtbar, wenn Sie bestimmte HTML-Elemente in Ihren Blogartikel einfügen möchten, die der Editor ausnahmsweise nicht per Button zur Verfügung stellt. Es kann auch schon einmal vorkommen, dass der visuelle Editor nicht ganz so möchte wie Sie. Dann können Sie über die HTML-Ansicht schnell nachbessern, und alles ist wieder in Ordnung. Absätze werden dort übrigens nicht mittels <p>...</p> dargestellt, sondern einfach durch eine leere Zeile; das erhöht die Übersichtlichkeit, schränkt aber auch die Möglichkeiten ein.

Abbildung 3.30 So sieht ein Text in der HTML-Ansicht aus. Die Icons sind insgesamt auch ein wenig langweiliger geworden.

Auszug

Wenn Sie möchten, können Sie Ihrem Blogartikel ein kleines *Exzerpt*, also einen Auszug, hinzufügen (Abbildung 3.31). Dieses wird vor allem in Ihrem RSS-Feed dazu verwendet, einen Einleitungstext anzuzeigen. Es kann aber genauso gut in Ihr Theme integriert werden.

Abbildung 3.31 Der Auszug ist nicht mehr als ein Exzerpt Ihres Textes, kann aber vielseitig verwendet werden.

Trackbacks senden

Trackbacks sind eine tolle Erfindung des Blogzeitalters. Jedes Mal wenn Sie einen Artikel schreiben, der sich auf einen anderen Blogartikel irgendwo auf irgendeine Weise bezieht, können Sie die URL zum Artikel einfach in dieses Feld eingeben (Abbildung 3.32). Sobald Sie Ihren Artikel veröffentlichen, wird das fremde Blog darüber informiert. Üblicherweise erscheint dann auch ein Link zu Ihrem Blog als Trackback gekennzeichnet unter dem entsprechenden Artikel des verlinkten Autors.

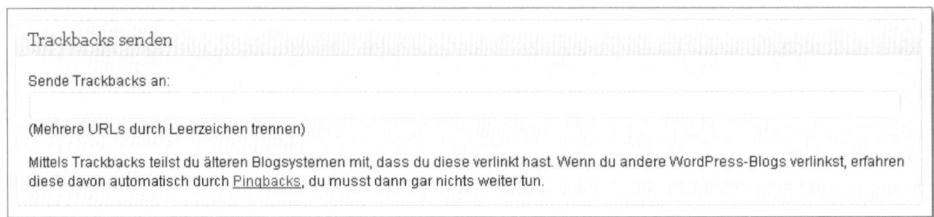

Abbildung 3.32 Trackbacks vernetzen Blogs untereinander am besten.

Sie können also einerseits hoffen, dass der Autor auf Ihr Blog aufmerksam wird und möglicherweise in einem eigenen Eintrag auf Ihr Blog hinweist. Andererseits besteht durch so einen Trackback natürlich auch immer die Möglichkeit, interessierte Leser des anderen Blogs für sich zu gewinnen. Das funktioniert übrigens besser, wenn das verlinkte Blog nicht gerade zu der Top Ten der deutschen Blogs zählt. Denn dann finden sich unter den meisten Artikeln bereits so viele Trackbacks anderer Blogs, dass Sie dort kaum noch auffallen werden (Abbildung 3.33).

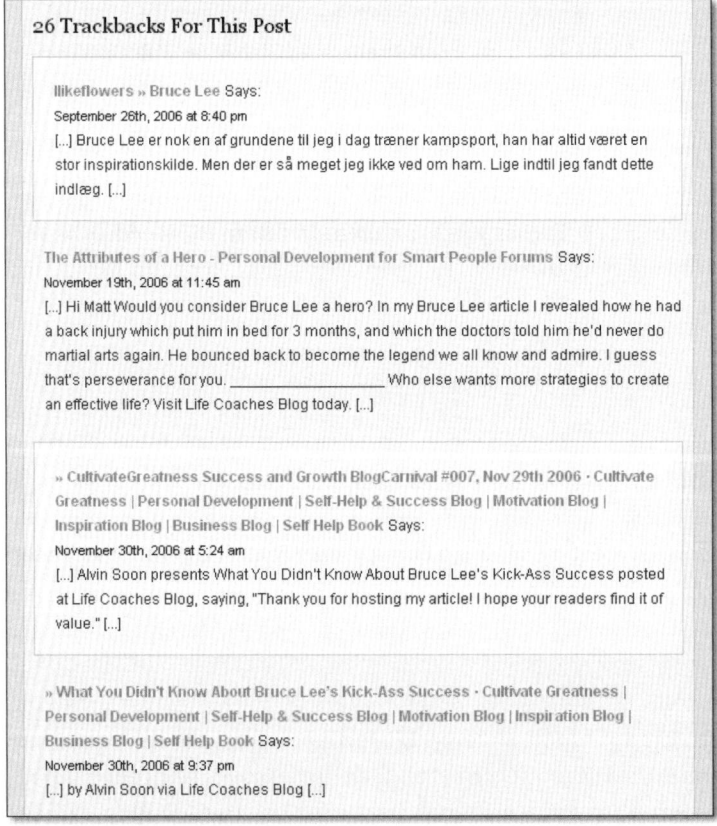

Abbildung 3.33 Bei 26 Trackbacks dürfte die Aufmerksamkeit anderer Leser eher mäßig ausfallen.

Benutzerdefinierte Felder

BENUTZERDEFINIERTE FELDER – auch *Custom Fields* genannt – spielten vor allem in früheren Versionen noch eine größere Rolle. Damals war es nicht möglich, eigene Artikeltypen (sogenannte *Custom Post Types*) mit eigenen Eingabefeldern zu erstellen. Die Problematik wurde bislang über die benutzerdefinierten Felder gelöst (Abbildung 3.34).

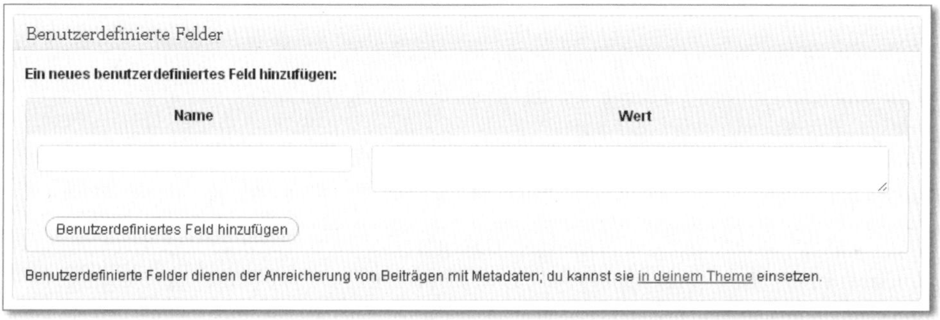

Benutzerdefinierte Felder

Ein neues benutzerdefiniertes Feld hinzufügen:

Name	Wert

(Benutzerdefiniertes Feld hinzufügen)

Benutzerdefinierte Felder dienen der Anreicherung von Beiträgen mit Metadaten; du kannst sie in deinem Theme einsetzen.

Abbildung 3.34 Mit benutzerdefinierten Feldern fügen Sie Ihren Blogartikeln zusätzliche Informationen hinzu.

Mittels dieser Felder können Sie dem Blogbeitrag weitere Daten hinzufügen, für die kein Feld vorgesehen worden ist – beispielsweise *META-Keywords*. Im Feld NAME geben Sie in diesem Fall einfach »meta_keywords« ein, in das Feld WERT den Beschreibungstext für diesen speziellen Blogartikel. Im Theme können Sie dann mithilfe der Funktion `get_post_meta(<ID-des-Beitrags>, 'meta_keywords ')` auf diese Werte zugreifen und im *META-Tag* »keywords« die Begriffe automatisch ausgeben lassen.

Diskussion

Natürlich müssen Sie auf Ihrem eigenen Blog nicht erlauben, dass jeder Mensch seinen Senf zu Ihren Beiträgen abgeben kann. Das können Sie in den EINSTELLUNGEN unter DISKUSSION sogar gänzlich verbieten oder an bestimmte Voraussetzungen knüpfen. Sie haben jedoch auch die Möglichkeit, Kommentare und Trackbacks nur für bestimmte Beiträge zu deaktivieren (Abbildung 3.35).

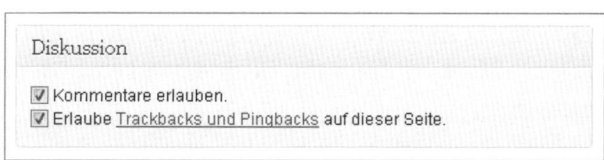

Diskussion

☑ Kommentare erlauben.
☑ Erlaube Trackbacks und Pingbacks auf dieser Seite.

Abbildung 3.35 Aktivieren oder deaktivieren Sie Kommentare und Trackbacks pro Blogbeitrag.

Autor

Wie Sie wissen, ist WordPress in der Lage, mehrere Autoren zu beschäftigen. Um festzulegen, welcher Autor welchen Beitrag geschrieben hat, wählen Sie diesen einfach in dem entsprechenden Dropdown-Feld aus (Abbildung 3.36).

Abbildung 3.36 Ändern Sie den Autor des jeweiligen Blogbeitrags.
Leider gibt es hier nur einen. Schade.

Revisionen

WordPress speichert Ihre Beiträge regelmäßig und automatisch. Es legt Ihre erneuten Speicherungen aber auch separat ab, und zwar unter REVISIONEN (Abbildung 3.37). Sobald Sie Ihren Artikel erneut speichern, erscheint dort eine weitere Revision. So können Sie einen älteren Zustand wiederherstellen, falls Sie sich einmal verklickt, verschrieben oder verlöscht haben. Diese Funktion kann Ihnen unter Umständen viele Stunden voller Arbeit und Ärger ersparen, erinnern Sie sich beizeiten an ihre Existenz.

Abbildung 3.37 Die Revisionen zeigen auch: Hier wird noch um 00:35 Uhr gearbeitet. Oder so.

Veröffentlichen

In WordPress können Sie die Veröffentlichung Ihrer Blogbeiträge sehr genau steuern (Abbildung 3.38). Sie können Beiträge zunächst als Entwürfe speichern oder – empfehlenswert bei einem größeren Redaktionsteam – den Beitragsstatus auf AUSSTEHENDES REVIEW setzen, wenn dieser noch lektoriert werden muss. Des Weiteren können Sie auch die Sichtbarkeit beeinflussen, also ob der Artikel öffentlich oder zunächst nur privat sichtbar sein soll. Auch ein Passwortschutz lässt sich hier implementieren. Oder setzen Sie den Beitrag doch einfach als *Sticky Post* auf Ihre Startseite, damit neue Beiträge ihn nicht von der Spitze verdrängen (die Option nennt sich DIESEN ARTIKEL AUF DER STARTSEITE HALTEN). Ihrer Fantasie sind hier keine Grenzen gesetzt.

Empfehlenswert ist vor allem die Datierungsfunktion. Hiermit können Sie ein Veröffentlichungsdatum für den Beitrag festlegen, ohne dass Sie sich zu dem Zeitpunkt selbst an Ihrem PC befinden müssten. WordPress veröffentlicht den Beitrag vollautomatisch zu der angegebenen Zeit. Das ist besonders nützlich, wenn Sie Artikel vorschreiben (das haben wir uns alle schon einmal vorgenommen). Sie müssen sich dann nicht mehr darum kümmern, regelmäßig die Beiträge freizuschalten, sondern delegieren die Aufgabe einfach an Ihre treue Software.

Abbildung 3.38 WordPress bietet in diesem kleinen Abschnitt zahlreiche Funktionen, probieren Sie ruhig alle einmal aus.

Formatvorlagen

Formatvorlagen dienen dazu, verschiedene Beitragstypen zu definieren und diese auf unterschiedliche Art und Weise in Ihr Theme einzubauen (Abbildung 3.39). So können Sie zum Beispiel eine Statusmitteilung, ein Zitat oder einen Link einfügen und diese Ausgabe abhängig von der Formatvorlage formatieren. Manche von Ihnen kennen diese Vorgehensweise unter Umständen von *Tumblr (http://www.tumblr.com)*.

Abbildung 3.39 Verschiedene Formatvorlagen stehen Ihnen im Standard-Theme zur Auswahl.

Kategorien

Die Anzahl der Beiträge kann schon bald überhandnehmen. Für Besucher ist es nicht gerade übersichtlich, Hunderte von Blogbeiträgen in einer langen Liste angezeigt zu bekommen. Die Chance, dass jemand zu den älteren, aber dennoch lesenswerten durchdringt, ist äußerst gering. Kategorisieren Sie die Beiträge hingegen (Abbildung 3.40), können Ihre Besucher durch die Kategorien navigieren und sich nur die entsprechenden Artikel ihrer jeweiligen Lieblingskategorie anzeigen lassen. So gelangen auch vermeintlich verstaubte Veröffentlichungen wieder ans Tageslicht.

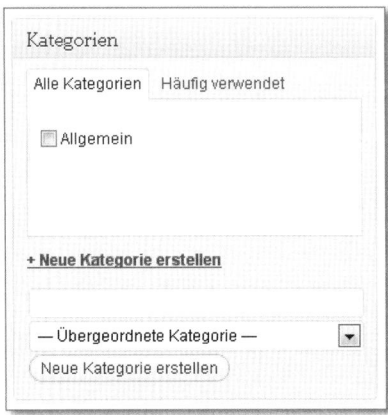

Abbildung 3.40 Die Kategorie »Allgemein« dient als Auffangbecken für alle kategorielosen Beiträge. Gönnen Sie sich ruhig ein paar aussagekräftigere Kategorien über »Neue Kategorie hinzufügen«.

Schlagwörter

Sie mögen Kategorien nicht? Die sind so unflexibel und starr? Keine Sorge, dafür gibt es ja *Tags* (Schlagwörter). Ich weigere mich übrigens konsequent, ausschließlich von Schlagwörtern in diesem Buch zu sprechen. Sprechen Sie einmal mit anderen Blogautoren, und verwenden Sie die Bezeichnung Schlagwörter – Sie werden in überwiegend skeptische Gesichter schauen. Manche englischen Begriffe haben sich einfach eingebürgert, und Tags sind schon fast zu einer Philosophie avanciert.

Durch die Tags können Sie Ihre Blogbeiträge aber genauso gut – wenn nicht sogar besser – strukturieren. Besucher Ihres Blogs haben auch hier die Möglichkeit, sich nur Beiträge einzelner Tags anzeigen zu lassen. Die Idee hinter Tags ist aber, dem Beitrag eher viele als wenige davon hinzuzufügen. Alle Schlagwörter Ihres Textes können und sollten Sie als Tags hinzufügen, Ihre Besucher werden es Ihnen danken (Abbildung 3.41).

Tags und Kategorien schließen sich übrigens nicht zwangsläufig aus. Es bietet sich an, Beiträge grob nach Kategorien zu sortieren und Tags eher für die Feinstrukturierung zu verwenden.

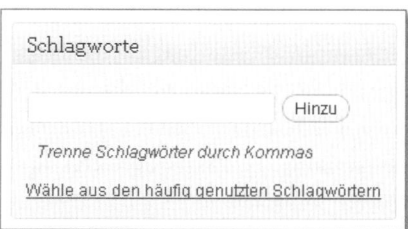

Abbildung 3.41 Mit Tags lassen sich Beiträge viel feinmaschiger sortieren, als dies mit Kategorien möglich oder sinnvoll wäre.

Artikelbild

Zu guter Letzt bietet WordPress auch die Möglichkeit, jedem Beitrag ein eigenes Artikelbild zu spendieren. Wenn Sie einige gute Blogs kennen, werden Sie vermutlich schon festgestellt haben, dass jeder Beitrag meist von einem Bild eingeleitet wird – entweder eingebettet in den Text oder direkt darüber. Das ist auch durchaus empfehlenswert, da (aussagekräftige) Bilder für den Leser stets einen guten Einstieg in den Text bieten. Die Artikelbild-Funktion ermöglicht es Ihnen, ein solches Bild festzulegen (Abbildung 3.42).

Hierzu muss in Ihrem Theme allerdings ein Bereich definiert sein, in dem das Bild schließlich angezeigt wird. Diese Funktion nützt Ihnen also nur etwas, wenn an einer bestimmten Stelle regelmäßig ein Platz für Bilder vorgesehen ist; andernfalls lässt sich ein Bild meist genauso gut über die Medienfunktionen einbinden. Wie Sie Ihr Theme »artikelbildfähig« machen, erfahren Sie in Kapitel 4, »Ein eigenes Theme programmieren«, noch ganz genau.

Abbildung 3.42 Das Artikelbild können Sie sowohl in dem Beitrag selbst als auch in Artikelarchiven auf unterschiedliche Arten anzeigen lassen, das macht das Feature so mächtig.

Größe	⊙ **Miniaturbild** (150 × 150)
	⦿ **Mittelgroß** (300 × 300)
	⊙ **Groß** (584 × 584)
	⊙ **Vollständige Größe** (1954 × 1954)
	(In Artikel einfügen) Als Artikelbild nutzen Löschen

Abbildung 3.43 Ein Klick auf »Als Artikelbild nutzen« genügt, um das Bild als solches zu deklarieren.

Nachdem Sie auf Artikelbild festlegen geklickt haben, öffnet sich das Fenster für den Medien-Upload. Dort haben Sie natürlich wieder die Wahl, ein Bild hochzuladen, eine externe URL als Quelle anzugeben oder ein bereits hochgeladenes Bild aus Ihrer Mediathek auszuwählen. In jedem Fall müssen Sie auf Als Artikelbild nutzen klicken (Abbildung 3.43), ganz gleich für welche Variante Sie sich entscheiden. Erst dann gilt dieses Bild als Artikelbild, wie Sie es in Abbildung 3.44 sehen.

Abbildung 3.44 So könnte Ihr zukünftiges Artikelbild einmal aussehen.

Sie wissen nun alles, was Sie zum Verfassen eines neuen Artikels wissen müssen. Spielen Sie ruhig ein wenig mit den einzelnen Optionen herum, um sie besser kennenzulernen.

3.3.3   Kategorien

Kategorien können Sie nicht nur aus Ihren Blogbeiträgen heraus erstellen, sondern auch separat. Unter Artikel • Kategorien stehen auch alle bislang erstellten Kategorien zur Verwaltung bereit.

Möchten Sie eine neue Kategorie anlegen, füllen Sie einfach das in Abbildung 3.45 angezeigte Formular aus. Name ist die Kategoriebezeichnung, wie sie auch Ihren Besuchern angezeigt wird. Slug ist üblicherweise der Kategoriename, aber übersetzt in ein URL-kompatibles Format. Das bedeutet, dass die Wörter kleingeschrieben und Leerzeichen durch Bindestriche ersetzt werden. Durch gezieltes Anpassen des Slugs können Sie die Adresse zum jeweiligen Kategoriearchiv beeinflussen. Über das Auswahlmenü Übergeordnet können Sie die Kategorie einer anderen Kategorie unterordnen, also eine Hierarchie erstellen. Eine Beschreibung ist wie üblich optional, kann aber wahlweise später in Ihrem Kategoriearchiv angezeigt werden und sich daher durchaus als nützlich erweisen.

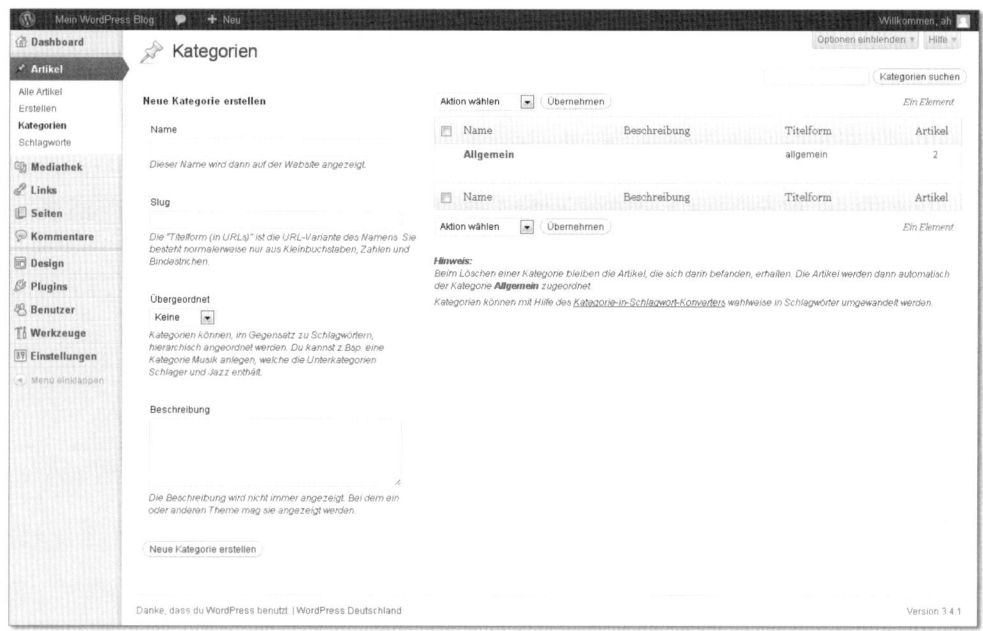

Abbildung 3.45 Verwalten Sie Ihre Kategorien, oder fügen Sie neue hinzu.

3.3.4   Schlagwörter

Die Verwaltung von Tags verhält sich genauso wie die von Kategorien; Sie finden sie unter ARTIKEL • SCHLAGWÖRTER (Abbildung 3.46). Bis auf die Tatsache, dass Sie Tags nicht hierarchisch anordnen können, sind die beiden Formen identisch.

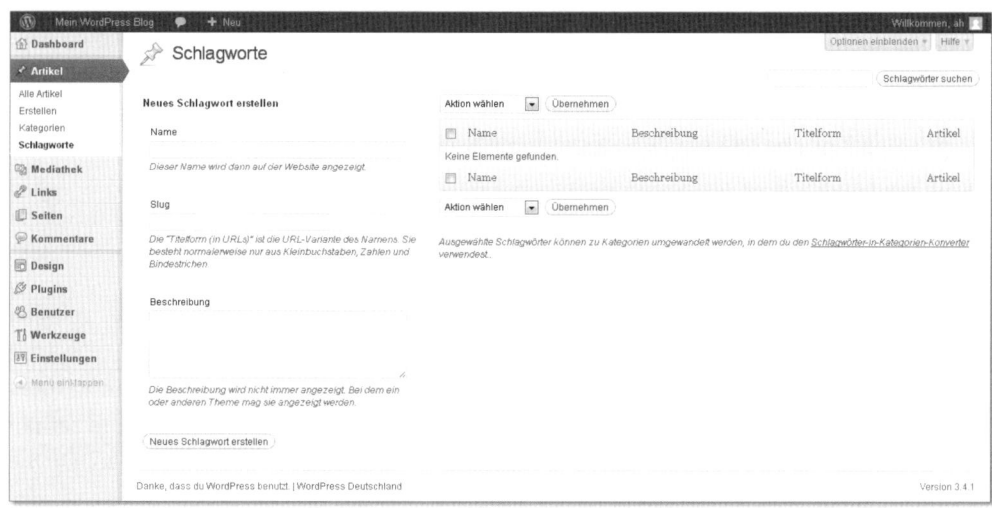

Abbildung 3.46 Die Verwaltung der Tags funktioniert praktisch genauso wie die der Kategorien.

3.4   Mediathek

In der *Mediathek* sind all Ihre hochgeladenen Mediadateien zu finden (Abbildung 3.47). Die Bilder, die Sie im vorigen Abschnitt innerhalb des Blogartikels hochgeladen haben, finden sich selbstverständlich auch dort wieder.

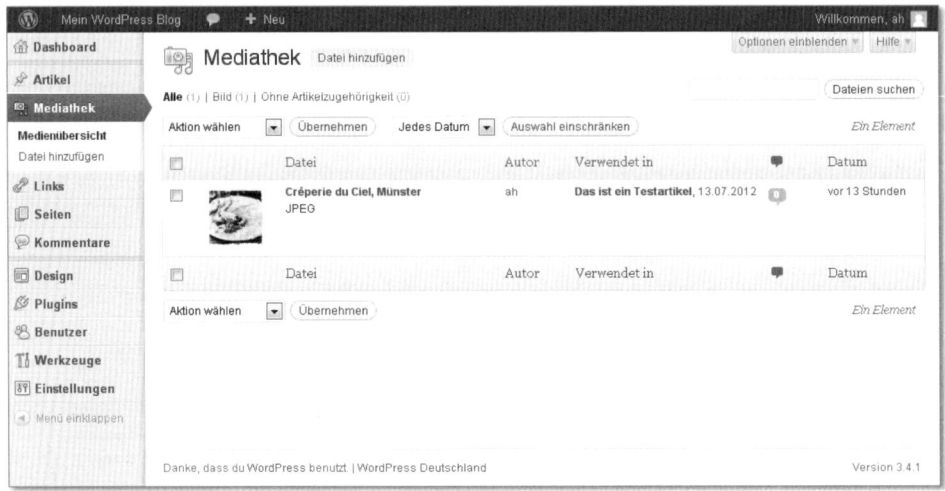

Abbildung 3.47 Alle Mediadateien finden Sie in der Mediathek übersichtlich zusammengestellt.

In der MEDIENÜBERSICHT können Sie einen Überblick über Ihre Mediathek gewinnen. Klicken Sie den Titel des Objekts an, um sich seine Details anzuschauen oder sie gegebenenfalls zu ändern. Hilfreich ist das auch, wenn Sie herausfinden möchten, wo genau die Datei gespeichert ist.

Unter DATEI HINZUFÜGEN können Sie, wie der Name wieder einmal sagt, eine neue Datei zu Ihrer Mediathek hinzufügen. Das funktioniert genauso, wie Sie es im vorigen Abschnitt beim Erstellen eines neuen Blogartikels bereits gelernt haben.

3.5   Links

Unter dem Menüpunkt LINKS können Sie eine eigene Link-Sammlung anlegen (Abbildung 3.48), soweit dies für Sie sinnvoll ist. Bei Blogs ist es üblich, eine solche anzulegen und in die *Sidebar* zu integrieren. So zeigt man zum einen seinen Respekt und seine Wertschätzung gegenüber anderen Blogs, zum anderen kann man seinen eigenen Lesern hiermit weitere interessante Informationsquellen aufzeigen. Ob Sie dieses Feature benötigen, liegt letztlich an Ihnen und Ihrem Webprojekt.

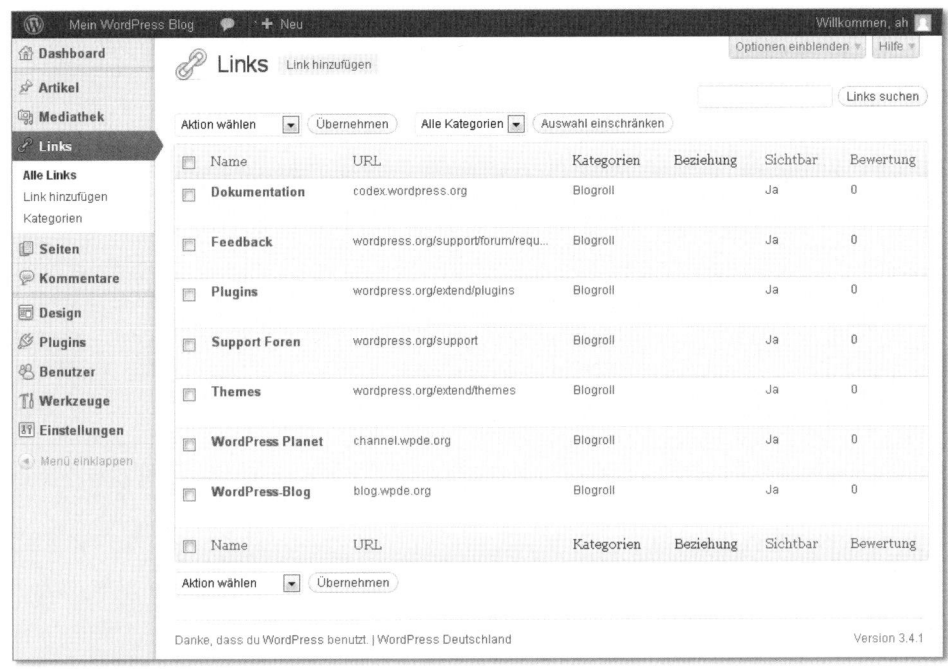

Abbildung 3.48 WordPress legt vorsichtshalber schon einmal einige Links an.

3.5.1   Link hinzufügen

Hinter LINK HINZUFÜGEN vermuten Sie sicher das wahrscheinlich kürzeste Formular in ganz WordPress: Titel, URL und ein Button, um das Ganze zu speichern. Doch weit gefehlt, ein unglaublich langes Formular wartet darauf, von Ihnen ausgefüllt zu werden (Abbildung 3.49). Lassen Sie sich hiervon aber nicht entmutigen, natürlich müssen Sie nicht alle Daten angeben.

Neben der Angabe von NAME, WEB-ADRESSE und einer optionalen BESCHREIBUNG können Sie Ihre Links sogar kategorisieren. Planen Sie ein sehr umfangreiches Link-Archiv mit 50 oder mehr Links, bietet sich diese Funktion auch wirklich an. Unter TARGET können Sie bestimmen, wie der Link später geöffnet werden soll, wenn ein Besucher darauf klickt.

Der Abschnitt LINK-BEZIEHUNGEN mutet zuerst ein wenig seltsam an. Das ist hingegen sehr interessant, wenn Ihr Link auf eine Person hindeutet. Hier können Sie nun mehr oder weniger exakt angeben, in welcher Beziehung Sie zu dieser Person stehen. *XFN* – das *XHTML Friends Network* – hat hierfür einen Standard geschaffen, indem diese Informationen in Form eines rel-Attributes im HTML-Quelltext hinterlegt werden. Das sieht im offiziellen Beispiel etwa so aus:

```
<a href="http://jeff.example.org" rel="friend met">…</a>
```

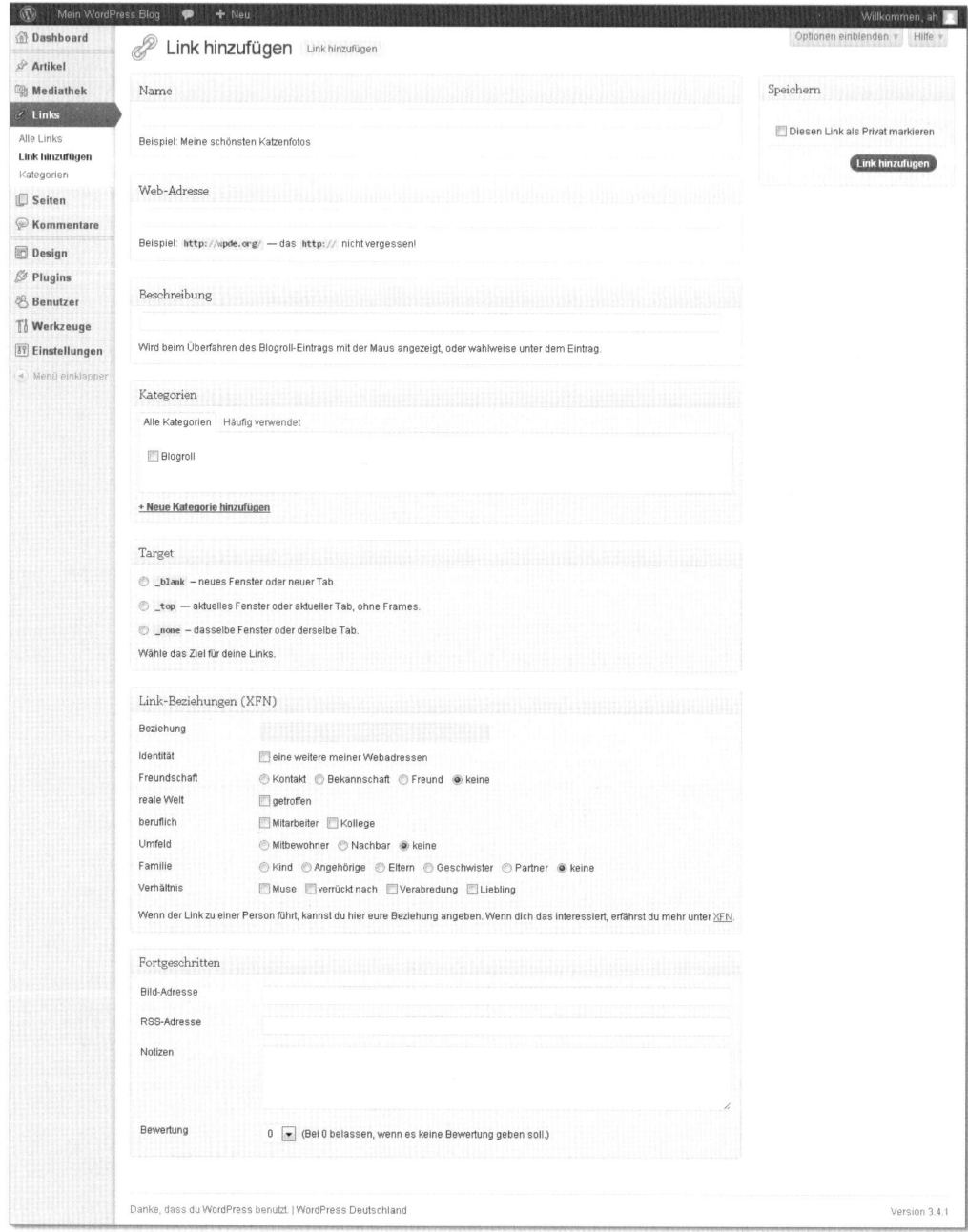

Abbildung 3.49 Unglaublich, was man über einen einzelnen Link alles wissen kann.

Letztlich soll hiermit die Vernetzung auf eine andere, neue Ebene getragen werden. Unter *http://gmpg.org/xfn/* finden Sie weitere Informationen darüber, ob *XFN* für

Ihr Blog von Vorteil sein kann. Für den Moment können Sie es aber getrost in Ihren »Später«-Ordner verschieben.

Für Link-Enthusiasten gibt es zudem noch die Möglichkeit, fortgeschrittene Optionen festzulegen. Beispielsweise können Sie dem Link eine BILD-ADRESSE und eine RSS-ADRESSE zuordnen, NOTIZEN zum Link anlegen und sogar eine BEWERTUNG abgeben.

Sind Sie zufrieden mit dem Ergebnis, dann dürfen Sie über den Button LINK HINZU-FÜGEN nun ebendieses tun.

3.5.2   Kategorien

Wie oben beschrieben, können Sie Ihre Links auch kategorisieren. Die entsprechende Verwaltung dieser Kategorien finden Sie unter dem gleichnamigen Menüpunkt (Abbildung 3.50). Da die Oberfläche fast identisch mit der Kategorieverwaltung Ihrer Blogbeiträge ist, erspare ich Ihnen an dieser Stelle weitere Ausführungen.

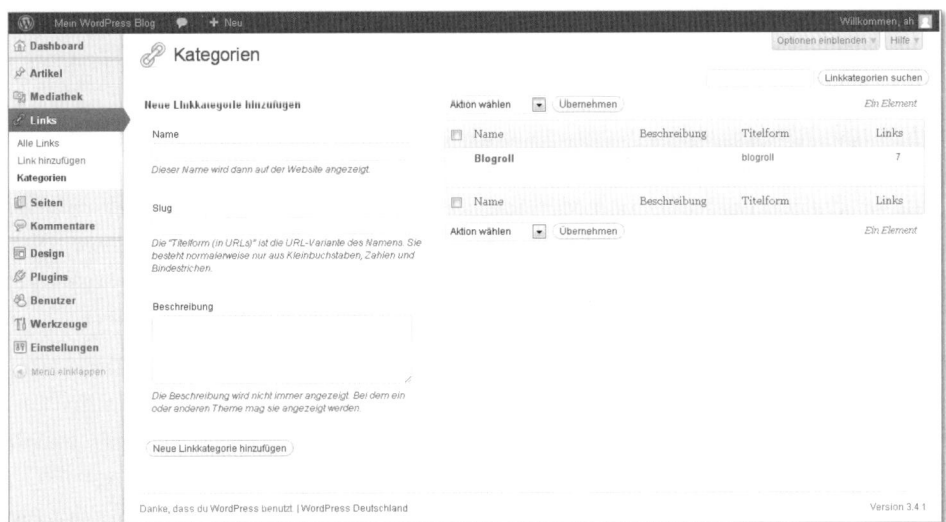

Abbildung 3.50 Die Kategorieverwaltung dürfte Ihnen schon bekannt vorkommen.

3.6   Seiten

Seiten sind nicht nur eine Ergänzung zu Ihren Blogartikeln, sondern bilden das Gerüst Ihrer Website. Man könnte sagen, dass in WordPress alles, was kein Blogartikel ist, eine statische Seite darstellt. Wenn Sie eine Website umsetzen, wird diese oft nicht nur aus einem Blog bestehen, sondern enthält auch eine Startseite, vielleicht noch eine Produktübersicht, eine Seite zur Kontaktaufnahme und – nicht zu vergessen – den liebsten Abmahngrund erfolgloser Wettbewerber: das Impressum. Alle diese Inhalte werden in WordPress mittels statischer Seiten realisiert. Und zu Ihrem Glück funktionieren die fast genauso wie Blogartikel.

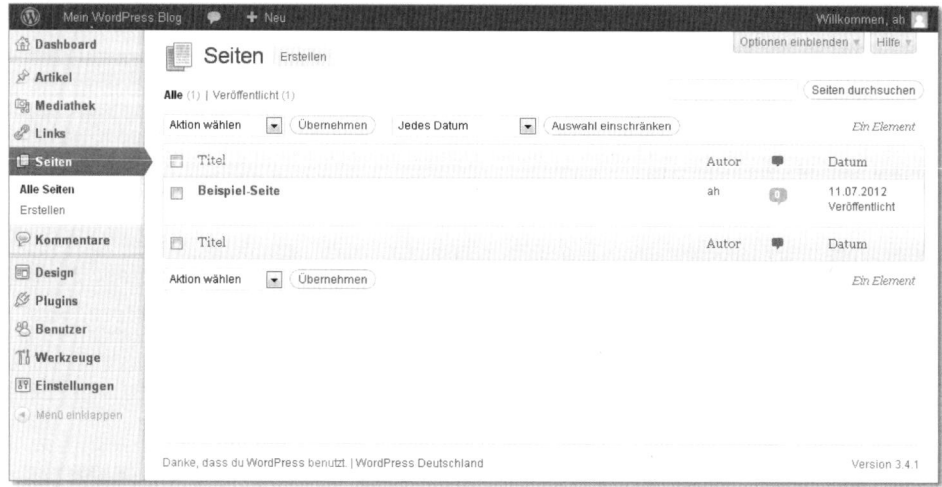

Abbildung 3.51 Über die Seitenverwaltung können Sie bereits erstellte Seiten bearbeiten.

Die Übersichtsseite zeigt Ihnen, ähnlich wie auch schon bei den Blogbeiträgen, eine Auflistung Ihrer bislang erstellten Seiten an (Abbildung 3.51). Sie können entweder diese bearbeiten oder über den Menüpunkt ERSTELLEN eine neue Seite erschaffen (Abbildung 3.52). Wie bereits angesprochen, funktioniert das Erstellen einer Seite prinzipiell wie das Erstellen eines Blogartikels. Daher möchte ich an dieser Stelle nur die wenigen wesentlichen Unterschiede deutlich machen und näher erläutern.

Auf den ersten Blick ist Ihnen wahrscheinlich aufgefallen, dass im Vergleich zum Erstellen eines Artikels bei dem Seitenformular einiges fehlt. Es gibt hier nämlich keinen *Auszug*, keine *Trackbacks*, keine *Kategorien* und auch keine *Tags*. Das ist auch gar nicht nötig, weil alle diese Dinge vor allem in Zusammenhang mit Blogartikeln Sinn ergeben. Da ein RSS-Feed für einzelne Seiten, deren Inhalt sich kaum oder nie ändert, vermutlich weniger sinnvoll ist, brauchen Sie sich gar nicht erst die Mühe zu machen, sich extra einen Auszug auszudenken. Trackbacks sind ihrer Natur nach ja schon etwas Blogeigenes. Und die Sortierung von Seiten findet üblicherweise auch nicht mithilfe von Kategorien oder Tags statt, sondern in Form eines Menüs. Sie sehen, die Entwickler haben sich etwas dabei gedacht.

Es ist aber auch etwas Neues hinzugekommen, was Sie bisher noch nicht kannten. Der Abschnitt ATTRIBUTE ist nun mit an Bord – standardmäßig auf der rechten Seite in der Mitte angeordnet. Die dort angebotenen Funktionen sind übrigens wirklich hilfreich für Ihre Seiten, Sie werden sehen (Abbildung 3.53).

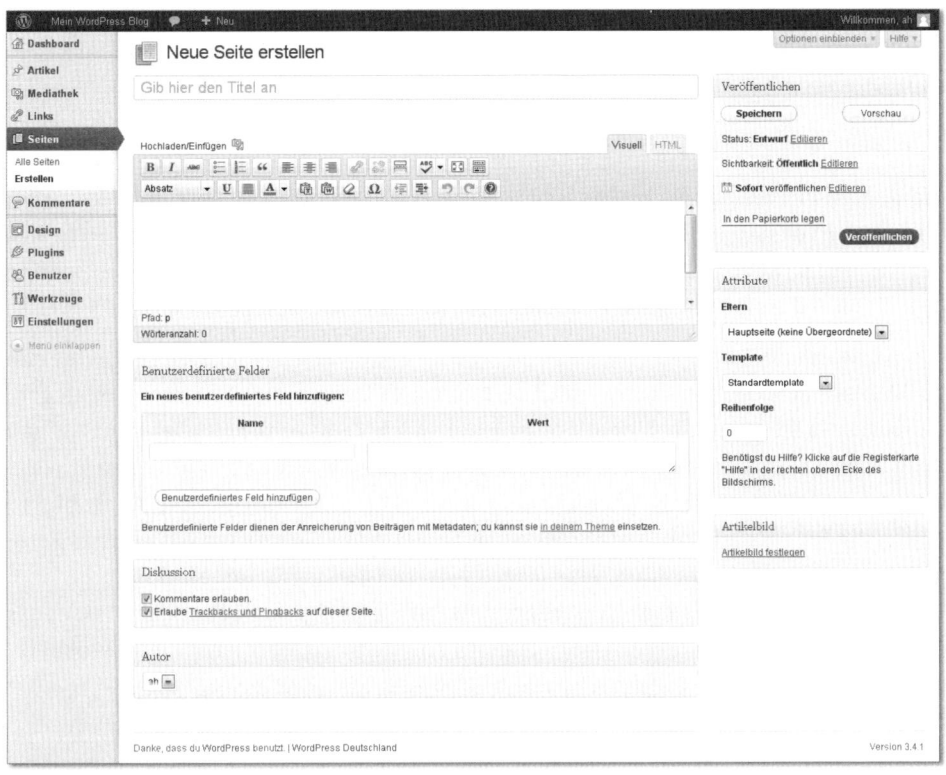

Abbildung 3.52 Sieht dem Hinzufügen eines Blogartikels zum Verwechseln ähnlich.

Abbildung 3.53 Drei Funktionen, die für die meisten Websites unabdingbar sind, helfen Ihnen bei der Strukturierung Ihrer Seiten.

Das Auswahlfeld ELTERN hilft Ihnen dabei, eine übergeordnete Seite festzulegen (ähnlich wie bei Kategorien). Nehmen wir an, Sie haben auf Ihrer Website bereits eine Seite, die sich »Leistungsspektrum« nennt. Dort bieten Sie beispielsweise »Webdesign«, »Suchmaschinenoptimierung« und »Klassisches Marketing« an. Für diese einzelnen Gebiete hätten Sie nun natürlich auch gerne jeweils eine eigene Unterseite, die aber selbstverständlich dem Leistungsspektrum untergeordnet sein soll. Hier kommt nun das Auswahlfeld ELTERN ins Spiel. Wählen Sie dort einfach die Seite aus, der Sie die aktuelle Seite unterordnen möchten und schon haben Sie eine schöne Hierarchie – die sich übrigens auch in Ihrem Menü wiederspiegeln sollte.

Das Auswahlfeld TEMPLATE lässt Sie ein eigenes Seitendesign für diese spezielle Seite auswählen. In WordPress ist es üblich, ein einziges Design für alle Seiten anzulegen; genauso wie Sie eines für Blogartikel anlegen. Nicht jede Seite soll aber vom Aufbau her identisch sein. Es mag durchaus mal eine Seite geben, die vom üblichen Einerlei abweichen und ein wenig Abwechslung in die Website bringen soll. Auch hieran haben die Entwickler von WordPress gedacht: Erstellen Sie einfach ein eigenes Template, und wählen Sie es dann aus dieser Auswahlliste aus. Schon erscheint die Seite im neuen Design. Wie Sie das anstellen, müssen Sie übrigens noch nicht wissen; das erfahren Sie später in Kapitel 4, »Ein eigenes Theme programmieren«, versprochen.

Über die REIHENFOLGE können Sie Seiten derselben Ebene sortieren. Kommen wir zu unserem Beispiel mit dem Leistungsspektrum und seinen Unterseiten zurück. Sie haben nun in folgender Reihenfolge die Seiten erstellt: zuerst »Suchmaschinenoptimierung«, danach »Webdesign« und dann »Klassisches Marketing«. In dieser Reihenfolge erscheint das Ganze dann wahrscheinlich auch in Ihrem Menü, wenn Sie es nicht alphabetisch sortiert haben. Sie können Menüeinträge aber auch anhand ihrer Reihenfolge sortieren lassen, und genau diese legen Sie hier fest. Um wieder Ordnung in das Chaos zu bringen, weisen Sie einfach der Seite »Suchmaschinenoptimierung« die »2« zu, der Seite »Webdesign« die »1« und der Seite »Klassisches Marketing« die »3«.

[+]

Tipp zur Reihenfolge

Welche Zahlen Sie bei der Reihenfolge wählen, bleibt Ihnen überlassen. Sie können auch 54, 55, 56 wählen, wenn Ihnen der Sinn danach steht. Ob die Seiten 1 bis 53 bestehen, spielt dabei keine Rolle. Ich möchte Ihnen aber einen Tipp geben, wie Sie die Reihenfolge möglichst zukunftssicher gestalten – denn Sie wissen ja nie, ob nicht vielleicht mal eine Seite hinzukommt. Und schon müssten Sie alle Zahlen neu sortieren. Gehen Sie einfach in Zehnerschritten vor. Die erste Seite bekommt den Wert »10«, die zweite »20«, die dritte »30« usw. Kommt eine Seite hinzu, ordnen Sie sie einfach genau in der Mitte ein. Soll Ihre neue Seite beispielsweise zwischen den Seiten 1 und 2 stehen, geben Sie ihr einfach den Wert »15«. So haben Sie immer noch

Spielraum, wenn selbst dazwischen noch einmal eine Seite passen muss. Das müssen Sie natürlich nicht so machen, aber sagen Sie später nicht, ich hätte sie nicht gewarnt.

3.7   Kommentare

Kommentare sind *das* Mittel in WordPress, um sich über Beiträge auszutauschen. Leider sind nicht alle Kommentare so beschaffen, dass man sie gerne auf seiner Website anzeigt. Ich spreche nicht von angemessener Kritik, sondern eher von rüden Beschimpfungen oder gar Spam. Jeder Blogbetreiber hat mindestens mit einem dieser beiden Problemfälle schon Bekanntschaft gemacht. Die ersten Spam-Kommentare stellen sich meist schon nach kürzester Zeit ein. Zuerst hat man noch die Hoffnung, es würde sich tatsächlich jemand für das interessieren, was man dort von sich gibt. Dann die nüchterne Wahrheit: Es war nur ein Script, kein neuer Freund, Fan oder Follower.

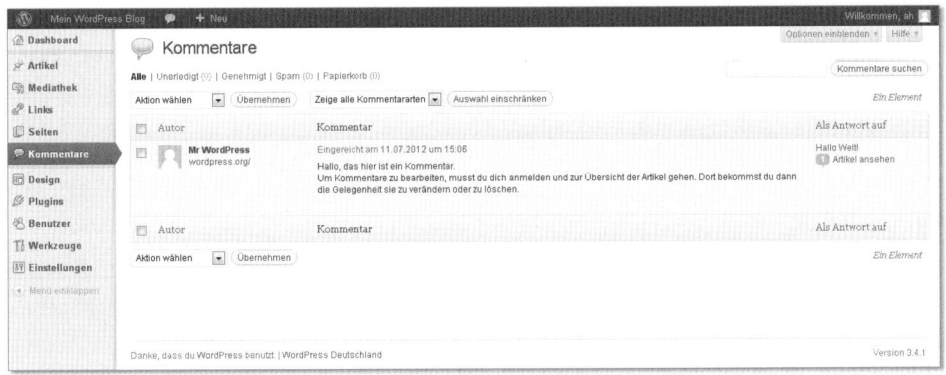

Abbildung 3.54 Machen Sie Spammern und anderen Nervensägen den Garaus, indem Sie ihre Kommentare einfach in den Papierkorb verfrachten.

Damit Sie sich derartiger Kommentare entledigen können, gibt es die Kommentarübersicht. Dort können Sie Kommentare entweder als Spam markieren oder am besten gleich in den Papierkorb werfen (Abbildung 3.54). Wenn Sie später ein Plugin, wie zum Beispiel *Akismet*, installieren, übernimmt dieses für Sie bereits einen Großteil der Arbeit. Kommentare, die offensichtlich aus Spammer-Hand kommen, werden automatisch als Spam deklariert. Diese können Sie sich dann beizeiten anschauen und eventuelle Falschdeklarierungen wieder rückgängig machen. Die Kommentare sind aber zumindest erst einmal aus dem Verkehr gezogen.

[+] **Spam erkennen**

Die Kommentare, mit denen Spammer Blogs überfluten, werden übrigens immer besser. Das soll kein Lob für diese äußerst zweifelhafte »Berufsgruppe« sein, sondern eher ein Hinweis an Sie. Manchmal passen die abgegebenen Kommentare einfach durch ein bisschen Zufall so gut, dass man meint, es handele sich tatsächlich um den Kommentar eines echten Menschen. Zumindest wenn man noch neu im Bloggeschäft ist. Solche Scharlatane erkennen Sie aber schnell an der angegebenen URL: Links zu Glücksspielen, Viagra oder Ähnlichem deuten auf schwarze Schafe hin. Die können Sie getrost löschen. Auch wahllos erscheinende E-Mail-Adressen oder viele Beiträge von ein und derselben IP-Adresse können unter Umständen auf Spam hindeuten.

3.8 Design

So langsam nähern wir uns der Individualisierung Ihres Blogs bzw. Ihrer Website. Der Menüpunkt DESIGN ermöglicht Ihnen eine sehr flexible und leichte Art und Weise, das Design Ihrer Website zu verändern. Hier können Sie Ihr *Theme* wechseln oder auch direkt ein neues suchen und installieren. Sie können auch Änderungen daran vornehmen oder Ihre Menüs verwalten.

3.8.1 Themes

Themes sind das Gewand Ihrer Website. In den Theme-Dateien stecken alle Informationen über das Design, also das HTML-Gerüst, die CSS-Dateien, etwaige JavaScript-Dateien und natürlich die Bilder. Über den Menüpunkt THEMES gelangen Sie zur Theme-Verwaltung (Abbildung 3.55). Dort können Sie zwischen allen installierten Themes wechseln, was direkt nach der Installation von WordPress ziemlich genau der Anzahl zwei entsprechen dürfte (*Twenty Eleven* und *Twenty Ten*).

Ein Theme installieren

Das ist aber nicht schlimm, schließlich können Sie über den Registerreiter THEMES INSTALLIEREN sehr detailliert nach weiteren Themes suchen und diese prompt installieren (Abbildung 3.56). Lassen Sie sich beispielsweise empfohlene oder neue Themes anzeigen. Oder nutzen Sie einfach die detaillierte Suchfunktion.

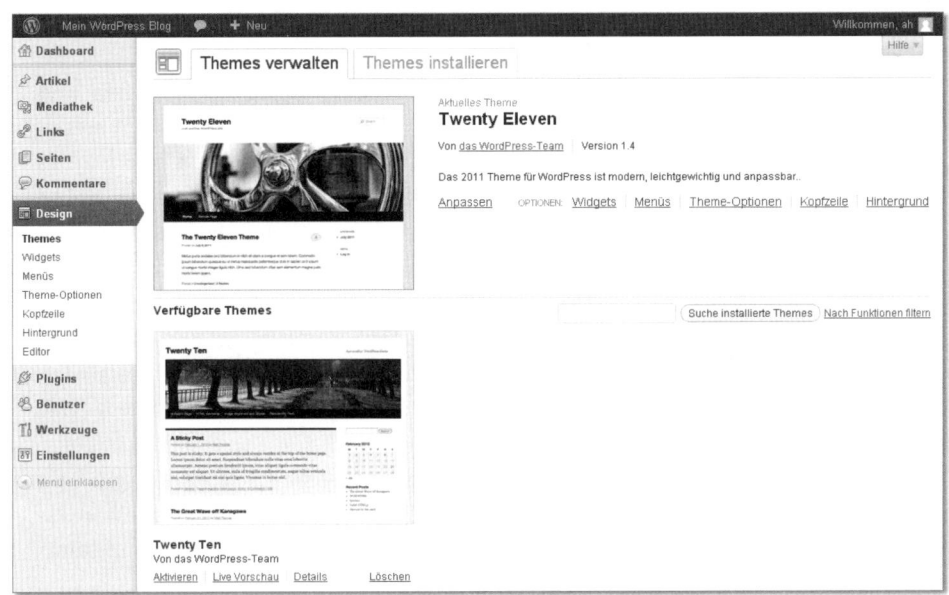

Abbildung 3.55 Bislang befinden sich hier nur zwei Themes, das können Sie allerdings schnell ändern.

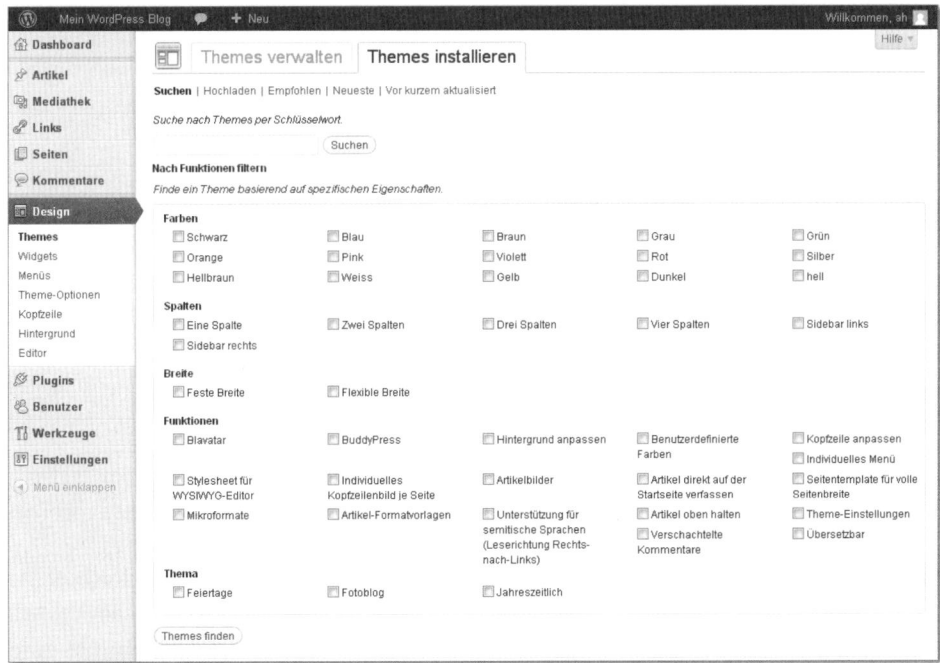

Abbildung 3.56 So finden auch Sie das passende Theme für Ihre Website.

[+]

WordPress als Baukastensystem?

WordPress ist eigentlich ein (professionelles) Content-Management-System und richtet sich in erster Linie an Entwickler, die eine Website oder ein Blog damit betreiben wollen. WordPress ist insofern kein klassisches Baukastensystem, wie man es vielleicht von diversen Internet- oder Serverprovidern her kennt. Dennoch eignet sich WordPress aufgrund der zahlreichen kostenlosen und auch kostenpflichtigen Themes hervorragend auch für all diejenigen, deren HTML- und CSS-Kenntnisse ein wenig eingerostet sind (oder für die, die sich sicher sind, diese beiden Abkürzungen schon einmal irgendwo im Palandt gelesen zu haben). Wenn ich im Buch behaupte, dass **jeder** mit WordPress seine eigene Website und sein eigenes Blog erstellen kann, dann meine ich genau diesen Abschnitt, diesen Teil von WordPress: Das Installieren von Themes. Mit nur wenigen Klicks haben Sie eine voll funktionsfähige Website. Und das Beste: Die WordPress-Theme-Designer sind üblicherweise richtig begabt. Die Qualität der Themes übersteigt die Qualität nahezu aller Baukastensysteme um Längen. Und dann wird es ja auch noch angetrieben vom besten Content-Management-System – was will man mehr?

Ich habe mich einfach mal auf der Seite der empfohlenen Themes umgeschaut, und siehe da, ich bin auch recht schnell fündig geworden. Das Theme *Platform* von *arpowers* finde ich für den Anfang schon einmal nicht schlecht (Abbildung 3.57).

Abbildung 3.57 Das Theme »Platform« wirkt modern, zeitlos und nicht zu überfrachtet.

Damit Sie nicht die Katze im Sack installieren, können Sie sich schon einmal eine Vorschau anzeigen lassen. Diese zeigt Ihnen mehr Details als das kleine Bildchen über dem Titel (Abbildung 3.58).

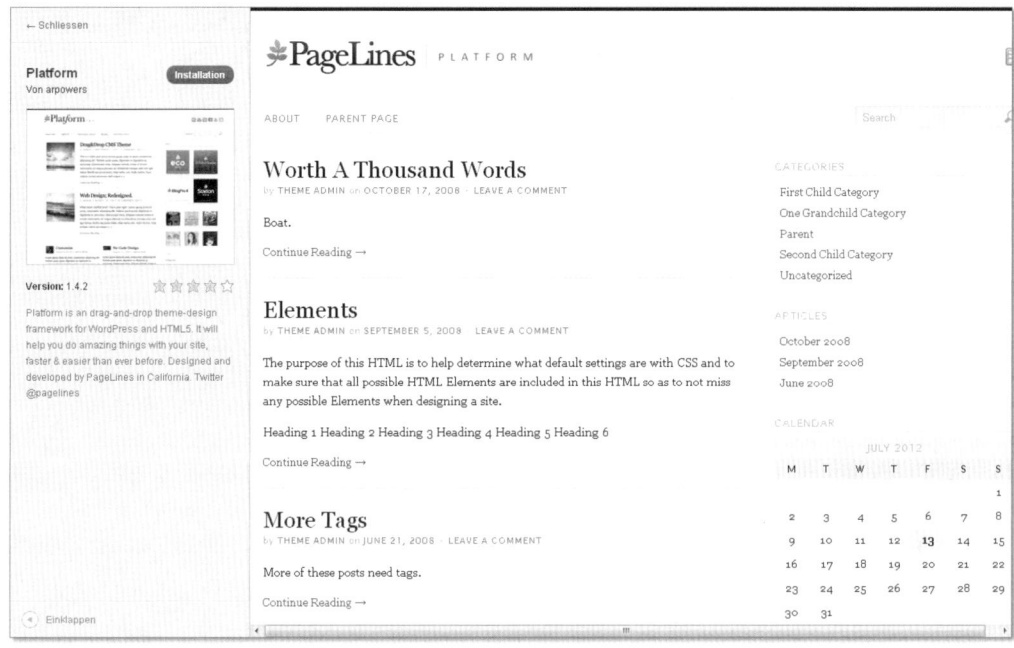

Abbildung 3.58 Die Vorschau des Themes kann Sie durchaus vor der ein oder anderen Fehlinstallation bewahren.

Ein Klick auf INSTALLATION lädt das Theme herunter und installiert es auch gleich für Sie (Abbildung 3.59). Aktiviert ist es übrigens aus Sicherheitsgründen noch nicht. Das müssen Sie explizit selbst machen (Abbildung 3.60).

Abbildung 3.59 Die Installation eines Themes geht recht schnell. Sie können es von hier gleich aktivieren.

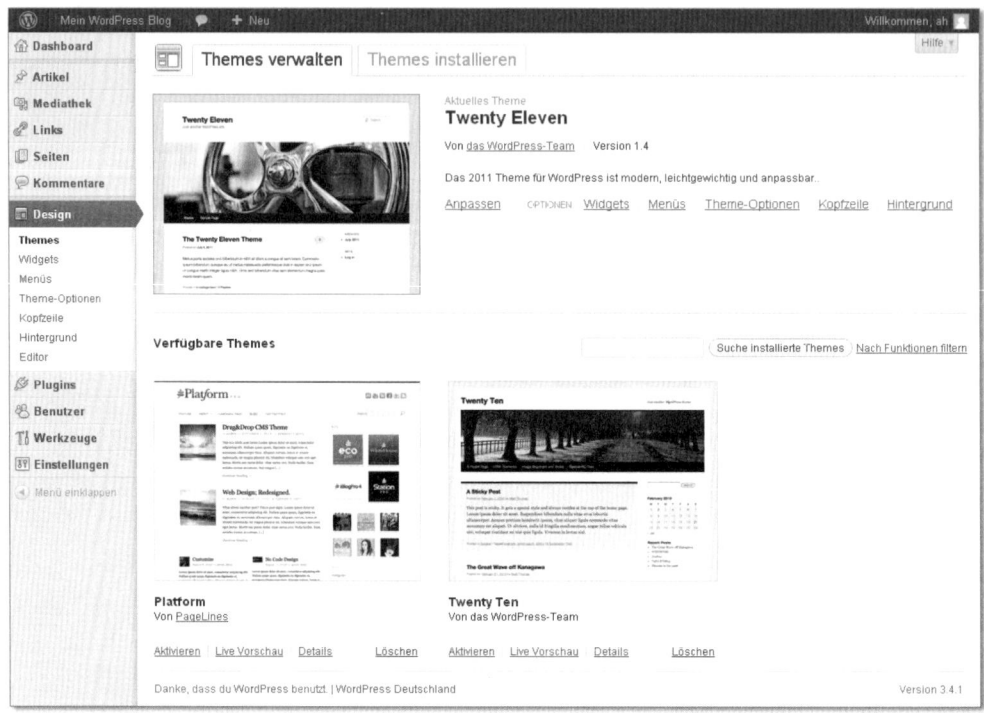

Abbildung 3.60 Das Theme ist nun auch in Ihrer Theme-Verwaltung zu sehen und kann von dort aus ebenfalls aktiviert und bei Bedarf auch deaktiviert werden.

Doch mit dem Aktivieren des Themes ist es meist noch nicht getan. Viele Themes bringen von Haus aus eine äußerst detaillierte und meist auch komfortable Konfigurationsoberfläche mit (Abbildung 3.61). Dort können Sie nach Herzenslust die wichtigsten Optionen vornehmen, wie zum Beispiel Ihr eigenes Logo einzufügen oder Farben Ihren Wünschen anzupassen. Das funktioniert alles ein wenig nach dem Trial-and-Error-Prinzip: Probieren Sie einfach die Funktionen aus, jedes Theme ist einzigartig und bietet Ihnen andere.

Wenn Sie einen Blick auf Ihr Theme und auch auf etwaige Änderungen werfen möchten, die Sie vorgenommen haben, dann klicken Sie einfach oben links auf den Titel Ihres Blogs. Über diesen Link gelangen Sie von überall aus immer zu Ihrem Frontend (Abbildung 3.62). Die Auswahl der WordPress-Themes ist riesengroß. Dabei gibt es nicht nur diejenigen des offiziellen »WordPress Repository«, sondern auch unzählige Websites mit kostenpflichtigen Themes, so genannten »Premium Themes« (z. B. *http://themeforest.net*). Der Name ist allerdings ein wenig irreführend. »Premium« bedeutet hierbei nicht unbedingt außerordentlich gut, sondern lediglich kostenpflichtig. Es gibt viele herausragende Themes, die keinen Cent kosten. Auch gibt es sicher einige kostenpflichtige, von denen man besser die Finger lassen sollte. Lassen Sie sich also von der Bezeichnung nicht verunsichern und bewerten Sie letztlich die inhaltliche Qualität.

Abbildung 3.61 Schon wieder so viele Optionen … Diese sind aber von Theme zu Theme unterschiedlich umfangreich.

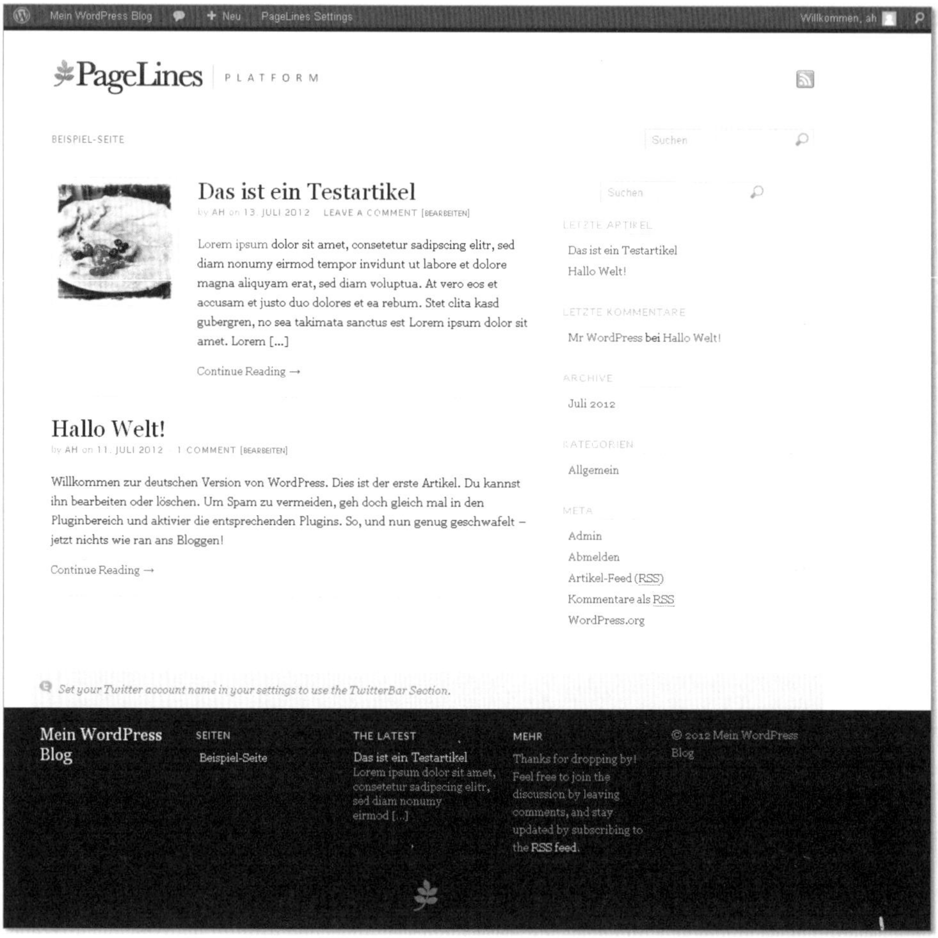

Abbildung 3.62 Das neue Frontend: Gar nicht schlecht für das erste Theme, meinen Sie nicht auch?

[+]   Hinweis

Das Theme *Platform* habe ich der Übersichtlichkeit halber wieder deaktiviert. Es sollte nur als Beispiel dienen. Im Buch geht es nun wie vorher weiter mit dem Standard-Theme *Twenty Eleven*, um nicht diejenigen auszuschließen, die das andere Theme nicht installiert haben.

Das Theme live anpassen

In WordPress 3.4 ist eine neue Funktion hinzugekommen, mit der Sie Ihr Theme »live« anpassen können. Ihre Änderungen werden also unmittelbar in einem Vorschaufenster sichtbar. Um dorthin zu gelangen, klicken Sie auf der Theme-Übersicht

(DESIGN • THEMES) auf ANPASSEN (Abbildung 3.63). Das Theme muss aktiviert sein, damit diese Option freigeschaltet ist.

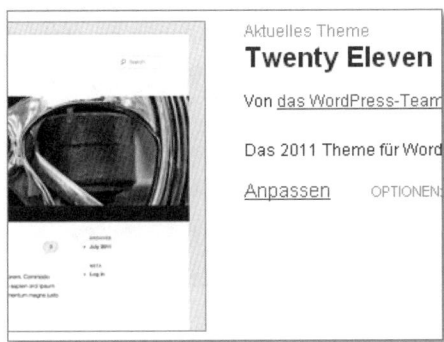

Abbildung 3.63 So passen Sie das Theme in der Live-Ansicht an.

Nach dem Klick gelangen Sie unmittelbar zur Live-Ansicht, die Ihnen je nach Theme mitunter zahlreiche Möglichkeiten eröffnet (Abbildung 3.64).

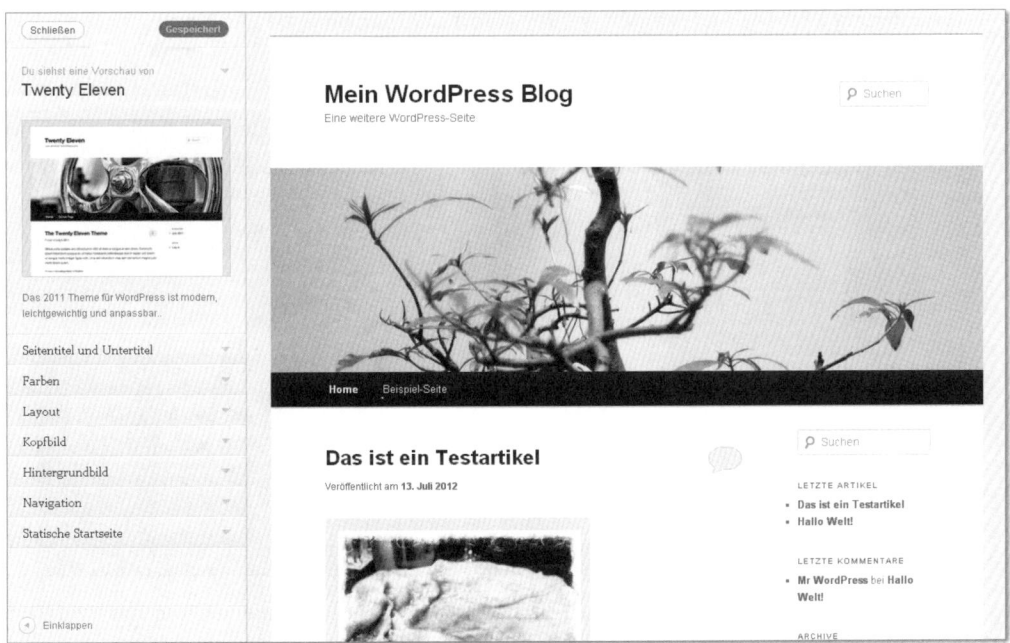

Abbildung 3.64 In der Sidebar nehmen Sie die Änderungen vor; rechts im Vorschaufenster können sie die dadurch bewirkte Veränderung sofort sehen.

Unter SEITENTITEL UND UNTERTITEL können Sie logischerweise selbige bearbeiten. Dort sehen Sie, dass es nicht nötig ist, die Änderungen zu speichern, damit Sie sichtbar werden (Abbildung 3.65).

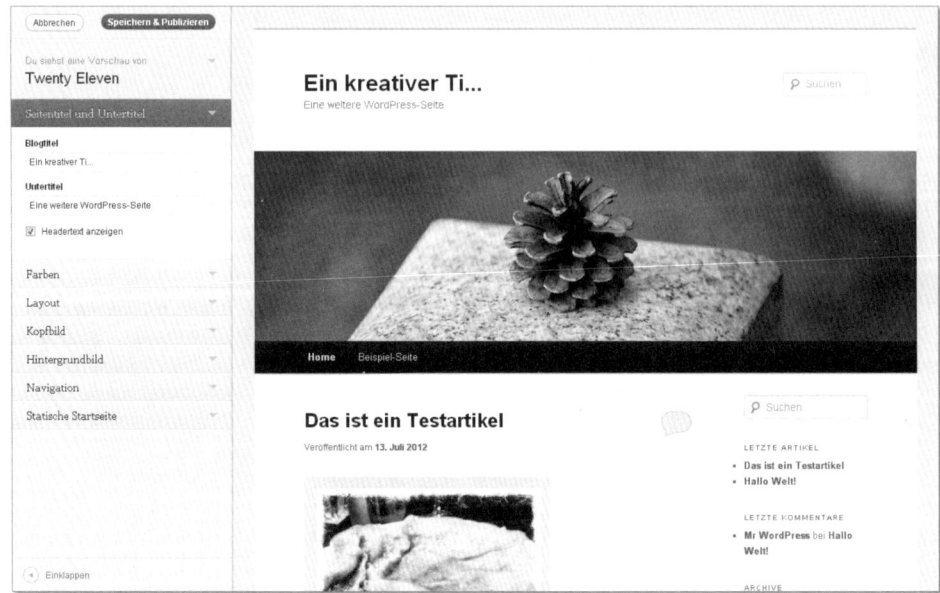

Abbildung 3.65 Die Änderungen werden sofort sichtbar, ohne zu speichern.

Im nächsten Abschnitt FARBEN können Sie bei *Twenty Eleven* zwischen einem hellen und einem dunklen Farbschema wechseln, die Textfarbe in der Kopfzeile anpassen sowie eine andere Hintergrund- und Linkfarbe festlegen (Abbildung 3.66).

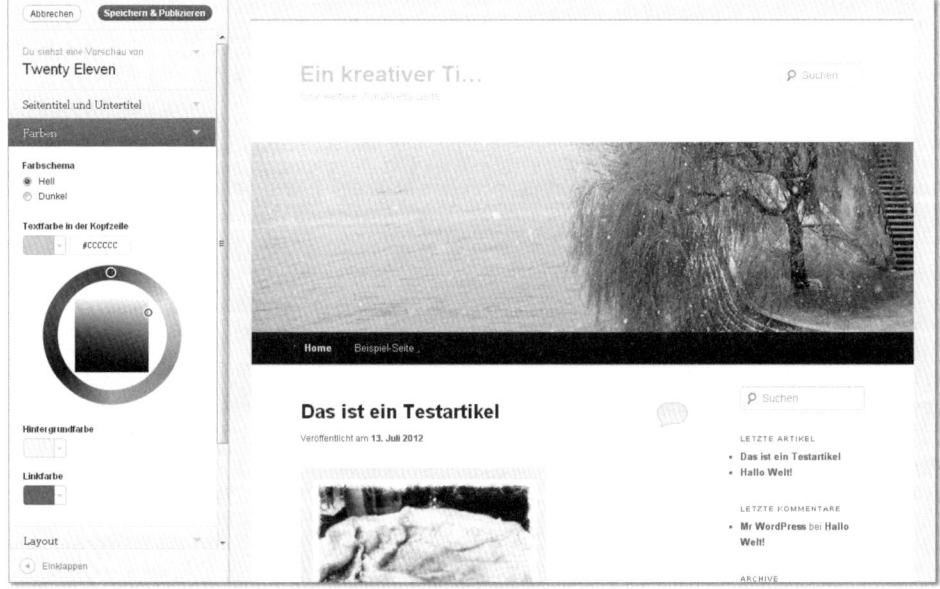

Abbildung 3.66 Eine blasse Überschrift für blasse Inhalte

Das LAYOUT können Sie insoweit verändern, dass Sie die Position von Inhalt und Sidebar vertauschen oder das Layout gänzlich einspaltig gestalten können (Abbildung 3.67).

Abbildung 3.67 Öfter mal eine andere Blickweise

Oder tauschen Sie doch einfach mal das KOPFBILD aus. Es stehen eine ganze Menge anderer Bilder zur Verfügung (Abbildung 3.68).

Abbildung 3.68 Die Bahn passt einfach besser zur Crêpe.

Sie können auch schnell Ihr eigenes hochladen – alles direkt in der Live-Ansicht. Genauso selbstverständlich können Sie auch das Hintergrundbild anpassen (Abbildung 3.69).

Abbildung 3.69 Laden Sie ein neues Hintergrundbild hoch.

Auch die Navigation lässt sich über die Live-Ansicht anpassen. Wählen Sie einfach aus, welche Sie gerne aktivieren möchten (Abbildung 3.70). Sie wollen kein Blog mehr, sondern stattdessen eine »richtige« Website betreiben? Sie möchten WordPress als vollwertiges CMS nutzen? Kein Problem. Legen Sie einfach eine statische Startseite fest, und betreiben Sie das Blog unter einem anderen Menüpunkt (Abbildung 3.71). Hierfür ist es nötig, dass Sie mindestens zwei statische Seiten erstellt haben; zum einen die künftige Startseite, zum anderen eine Blogseite, die sozusagen als Container dient und daher ohne Inhalt sein sollte.

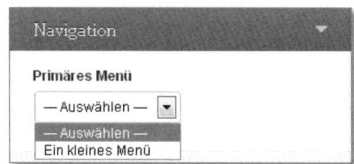

Abbildung 3.70 Wählen Sie das Menü aus, welches auf der Website erscheinen soll.

Abbildung 3.71 Lassen Sie eine statische Seite als Startseite anzeigen, und wählen Sie aus, auf welcher Seite die Artikel angezeigt werden sollen.

Wenn Sie fertig sind, klicken Sie einfach auf SPEICHERN & PUBLIZIEREN. Oder auf ABBRECHEN, wenn Sie sich ähnliche gestalterische Fehleinschätzungen geleistet haben, wie ich im obigen Beispiel.

3.8.2   Widgets

Widgets sind kleinere und größere Bausteine, mit denen Sie Ihre WordPress-Website bestücken können. Erst sie machen es möglich, dass die Website wirklich selbstständig über die Administrationsplattform verändert werden kann. Typische Widgets sind beispielsweise ein Menü, ein Kalender oder auch eine sogenannte *Tag-Wolke* (ihre Tags werden in unterschiedlichen Schriftgrößen, gemessen an der Häufigkeit ihrer Verwendung, eingeblendet, deren Umriss manchmal dem einer Wolke ähnelt).

Damit Sie Widgets verwenden können, muss Ihr Theme Widget-fähig sein (wie das funktioniert, erfahren Sie in Abschnitt 4.3.4, »Das Theme Widget-fähig machen«). Ist diese Voraussetzung allerdings erfüllt, ist das Hinzufügen und Entfernen von Widgets wirklich ein Kinderspiel (Abbildung 3.72).

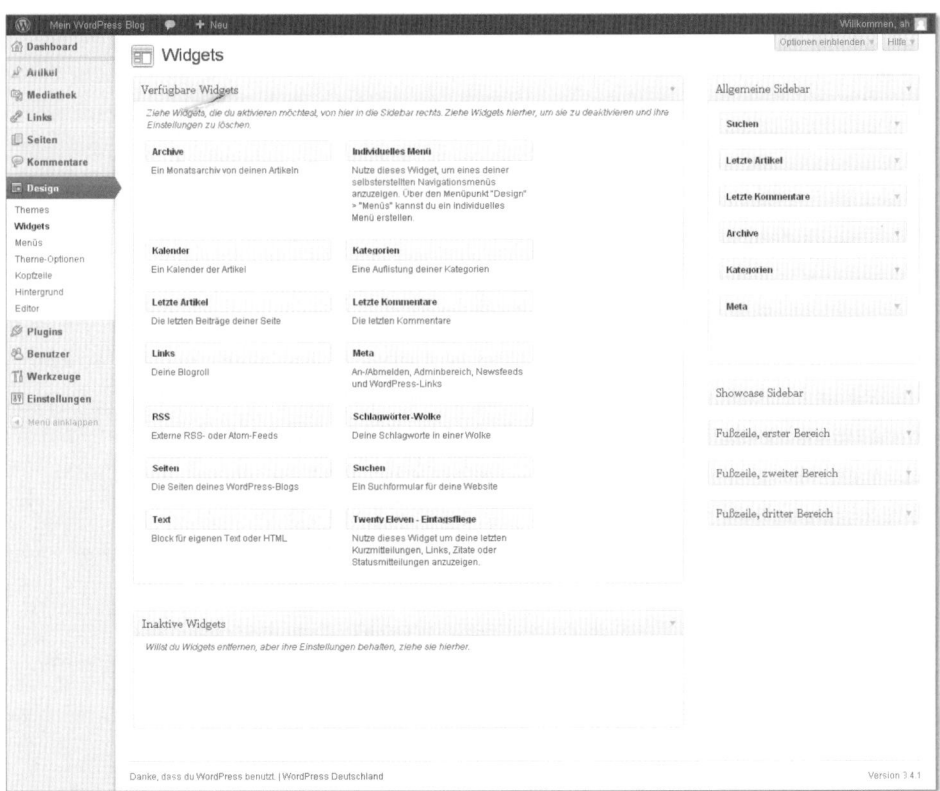

Abbildung 3.72 Fügen Sie Widgets hinzu, indem Sie sie vom linken Fenster in die rechte Seitenleiste ziehen.

Im linken Fenster VERFÜGBARE WIDGETS der Widgets-Übersicht finden Sie alle derzeit verfügbaren Widgets. Derzeit deshalb, weil Sie später durchaus in der Lage sind, die Auswahl über Erweiterungen zu ergänzen. Sprich, Plugins können Widgets hinzufügen und bieten Ihnen die komfortable Möglichkeit, ihre Position und Anzeige auf diese Weise zu verändern.

Indem Sie die einzelnen Widgets per Drag & Drop zum Beispiel in die ALLGEMEINE SIDEBAR schieben, fügen Sie sie dieser hinzu. Das funktioniert natürlich auch andersherum: Möchten Sie Widgets entfernen, ziehen Sie diese einfach aus dem Widget-Bereich heraus. Möchten Sie die Einstellungen behalten, sollten Sie das Widget allerdings in das Kästchen INAKTIVE WIDGETS ziehen. Im Widget-Bereich selbst können Sie durch einen Klick auf den Pfeil rechts neben dem Widget weitere Optionen freischalten (Abbildung 3.73).

Abbildung 3.73 Über den Pfeil rechts neben dem Widget schalten Sie weitere nützliche Optionen frei.

Ein Theme kann durchaus mehrere Widget-Bereiche haben. Wenn Sie bei der Programmierung eines Themes konsequent auf die Einbindung von Widget-Bereichen achten, können Sie fast alle Elemente Ihrer Website auf diese Weise ordnen. So könnten Sie beispielsweise eine horizontale Leiste haben, in der sich das Menü befindet; auf der rechten Seite könnte sich noch eine Sidebar befinden und ganz unten – natürlich – würde auch noch ein *Footer* sein. Dann könnten Sie aus drei Widget-Bereichen wählen und diese unabhängig voneinander mit Widgets bestücken.

[+]

Hinweis

Bitte bedenken Sie, dass WordPress neuerdings die Widgets auch bei einem Theme-Wechsel speichert. Wenn Sie also ein neues (oder Ihr eigenes) Theme installieren und alles sieht aus, als hätte eine Bombe eingeschlagen, dann kehren Sie noch einmal zu der Widgets-Sektion zurück und werfen Sie alles raus, was hier nicht hingehört. Manche »Verbesserungen« von WordPress muss man übrigens nicht zwingend nachvollziehen.

3.8.3 Menüs

Ist Ihnen im vorigen Abschnitt schon das Widget INDIVIDUELLES MENÜ aufgefallen? Selbstverständlich können Sie in WordPress auch eigene Menüs einbinden und bearbeiten. So selbstverständlich ist das übrigens gar nicht, richtig einfach ist das erst seit WordPress 3.0. Das Styling des Menüs findet übrigens nicht in WordPress selbst statt. Die Software gibt das Menü lediglich in einer ganz spartanischen HTML-Liste aus, immer auf die gleiche Art und Weise. Die unterschiedliche Beschaffenheit des Menüs kontrollieren Sie reinweg über CSS-Styling, ganz gleich ob Sie nun ein horizontales, vertikales, verschachteltes oder sonst wie kreatives Menü erstellen wollen. Manchmal ist es dafür erforderlich, dass Sie mehrere Menüs erstellen, beispielsweise bei besonders umfangreichen Menüs, die mehrere Kategorien abbilden und die auf einen Blick einen vollständigen Überblick über die Website gewähren sollen. Das Styling findet aber weiterhin nur in CSS statt, nicht in WordPress. Wenn Sie ein fertiges Theme verwenden, müssen Sie sich darum aber natürlich keine Gedanken machen.

Um ein neues Menü anzulegen, geben Sie zunächst einen Namen für das Menü ein und klicken dann auf MENÜ ERSTELLEN (Abbildung 3.74). Es wird nun durch einen neuen Registerreiter repräsentiert. Nach dem Erstellen werden auch die noch inaktiven Kästchen auf der linken Seite zum Leben erweckt (Abbildung 3.75).

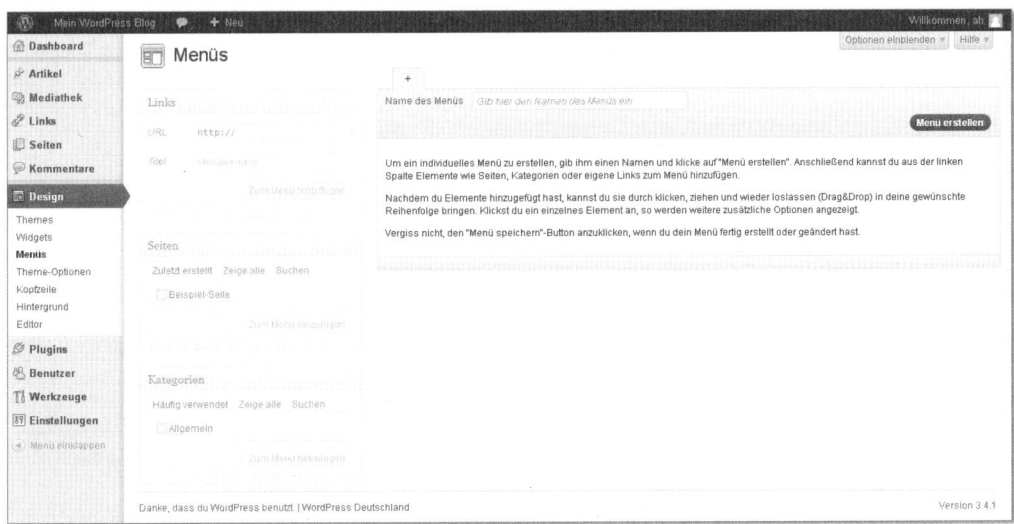

Abbildung 3.74 Menüs zu bearbeiten, ist in WordPress 3.0 so einfach wie nie zuvor.

Im obersten Kästchen namens ANORDNUNG IM THEME können Sie nun festlegen, in welchem Widget-Bereich das frisch erstellte Menü erscheinen soll (Abbildung 3.76). Im Theme wurden hierzu Menübereiche definiert, an denen das Menü schließlich eingebunden wird. Sie können das Menü aber auch über die Widgets an den richtigen Platz bringen.

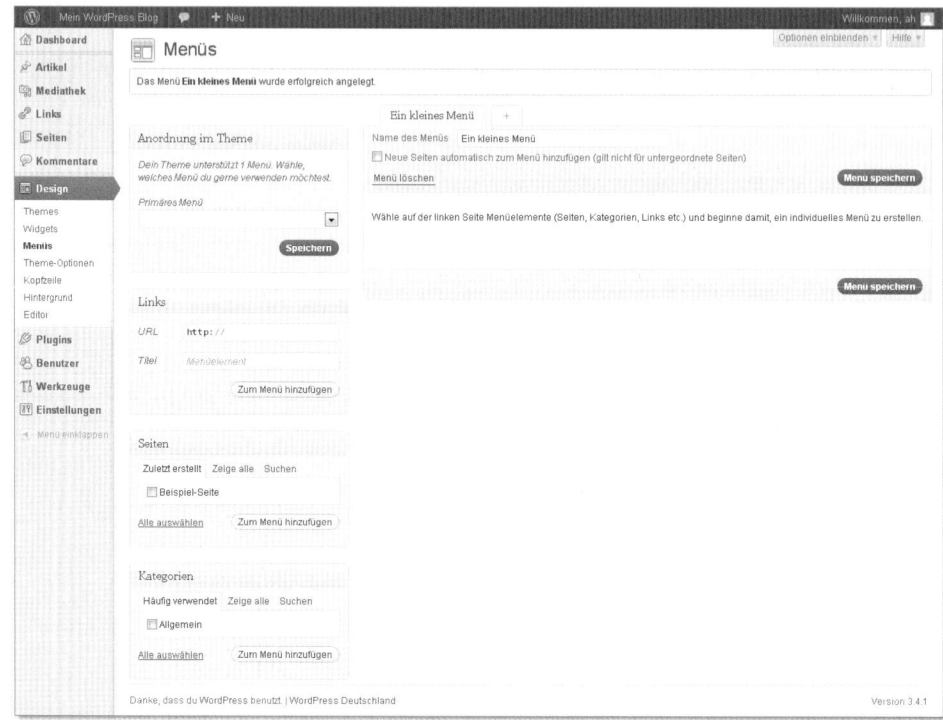

Abbildung 3.75 Nach dem Speichern des Menüs kommen weitere Optionen hinzu.

Abbildung 3.76 Wählen Sie aus, welches Ihrer erstellten Menüs
(momentan nur eines) in welchem Menübereich angezeigt werden soll.

Die übrigen Kästchen – LINKS (Abbildung 3.77), SEITEN (Abbildung 3.78), KATEGORIEN
(Abbildung 3.79) – stellen die einzelnen Elemente dar, die Sie Ihrem Menü hinzufügen können. Über das Kästchen LINKS fügen Sie Ihrem Menü typischerweise einen
externen Link hinzu; geben Sie hierzu einfach die Adresse und einen beliebigen
Namen ein, unter dem der Link später erscheinen soll. Über SEITEN können Sie jede
statische Seite Ihrer Website dem Menü hinzufügen, über KATEGORIEN dementsprechend einen Link zu einer Kategorie Ihres Blogs.

Abbildung 3.77 Fügen Sie Ihrem Menü einen Link zu einer beliebigen Website hinzu.

Abbildung 3.78 Mehr Seiten hat die Website leider noch nicht, es wird also ein kleines Menü.

Abbildung 3.79 Sie können ganz leicht auch Blogkategorien zu Ihrem Menü hinzufügen.

Vergessen Sie bitte nicht, am Ende auf MENÜ SPEICHERN zu klicken, damit die Mühe nicht umsonst war.

Theme-Optionen

Twenty Eleven kommt mit eigenen Theme-Optionen daher (Abbildung 3.80). Sie können zwischen zwei Farbschemata wählen, die LINKFARBE festlegen und sich sogar eines von drei Layouts aussuchen.

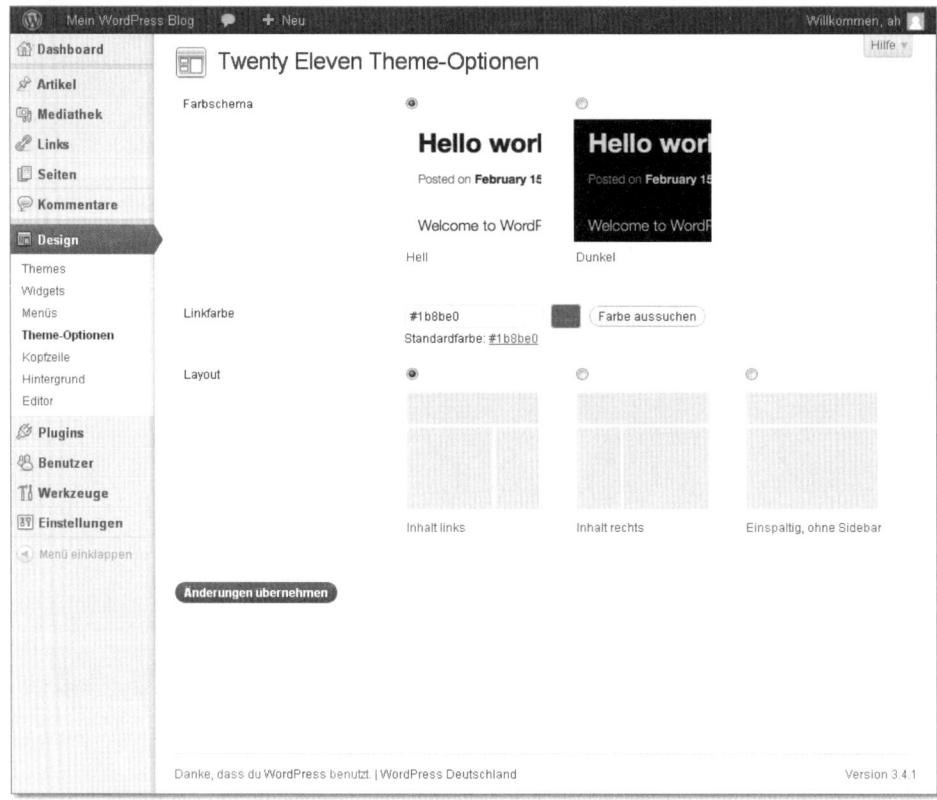

Abbildung 3.80 Ein Theme (fast) nach Wunsch

3.8.4   Kopfzeile

Die Optionen der KOPFZEILE (Abbildung 3.81) gehören ebenfalls zum WordPress-Standard-Theme. Sie werden durch ein recht breites Panoramabild repräsentiert, welches Sie an dieser Stelle ändern können. Das Team von WordPress war so nett, Ihnen schon eine kleine Vorauswahl zu liefern.

Sie können aber selbstverständlich auch ein eigenes Bild hochladen, und zwar im Abschnitt BILD WÄHLEN. Sollte das Bild nicht exakt 1.000 × 288 Pixel groß sein, ist das übrigens nicht weiter schlimm. WordPress lässt Sie das Bild im nächsten Schritt noch zuschneiden.

Über KEIN BILD VERWENDEN wird das Bild gänzlich aus der Kopfzeile entfernt. BILD ZURÜCKSETZEN stellt das Standardkopfzeilenbild wieder her, falls Sie mit Ihrem Ergebnis einmal nicht zufrieden sein sollten. Darüber hinaus können Sie wählen, ob ein Text angezeigt werden soll und – wenn ja – welche Farbe Sie sich hierfür wünschen.

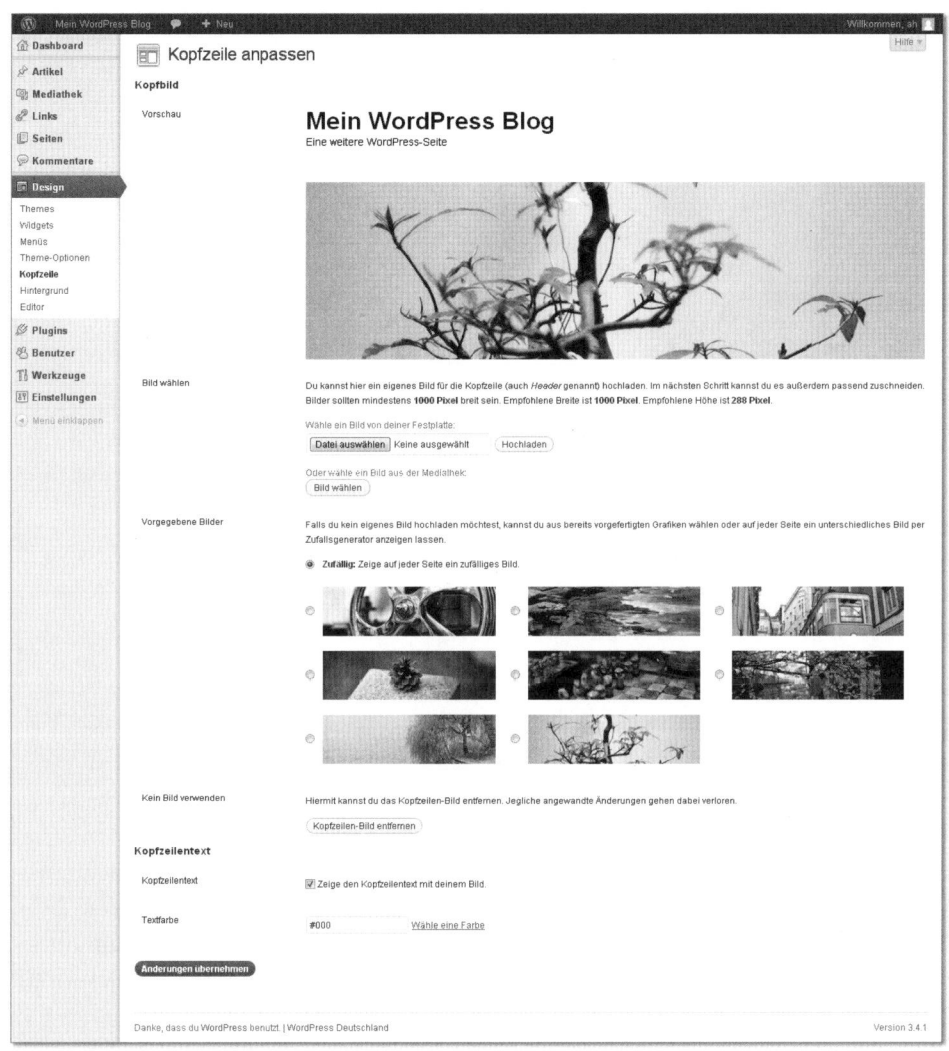

Abbildung 3.81 Hier können Sie aus vorgefertigten Kopfzeilenbildern auswählen oder ein eigenes hochladen.

3.8.5 Hintergrund

Unter dem Navigationspunkt HINTERGRUND haben Sie die Möglichkeit, einen anderen Hintergrund bzw. eine andere Hintergrundfarbe festzulegen, zumindest für die mitgelieferten Standard-Themes (Abbildung 3.82).

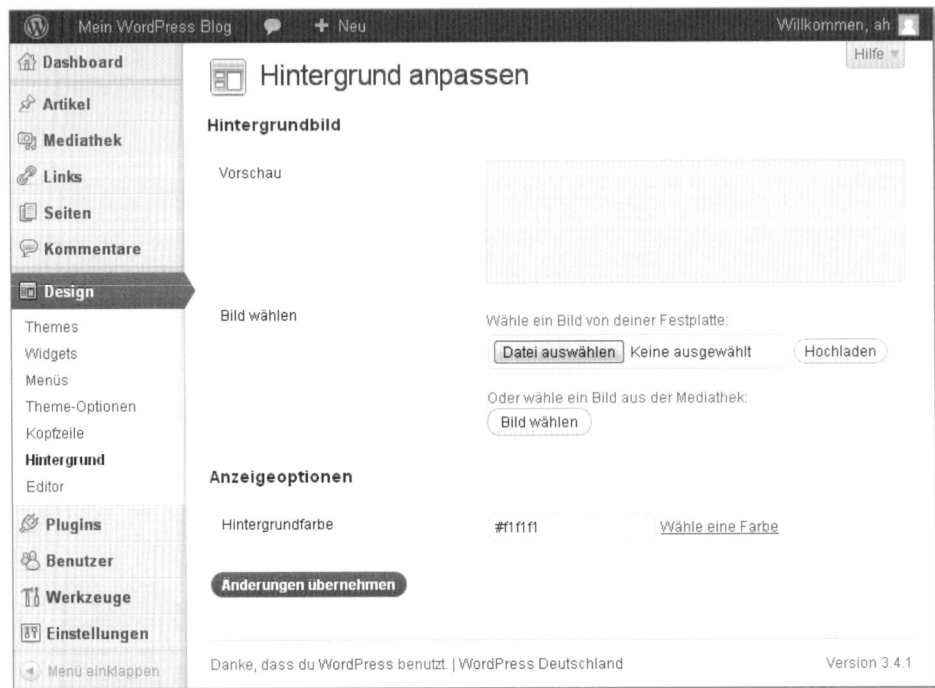

Abbildung 3.82 Bestimmen Sie einen Hintergrund, zum Beispiel ein grelles Pink, um Besucher von Ihrer Website dauerhaft fernzuhalten.

Wählen Sie entweder ein Hintergrundbild von Ihrer Festplatte aus, und laden Sie es hoch, oder legen Sie einfach nur eine andere Farbe fest. Diese wird über einen eindeutigen Hexadezimalcode definiert. Wenn Sie dabei nur an »Hex, Hex!« denken, dann klicken Sie doch neben dem Feld einfach auf WÄHLE EINE FARBE, und schon öffnet sich ein kleiner *Color Picker*, über den Sie sich Ihre persönliche Lieblingsfarbe aussuchen können.

3.8.6   Editor

Nützlicherweise bietet Ihnen WordPress auch gleich einen Editor an, mit dem Sie die einzelnen Theme-Dateien bearbeiten können. Dass hierfür dann doch entsprechende HTML- und CSS-Kenntnisse nötig sind, muss ich Ihnen vermutlich nicht sagen, das werden Sie sehr schnell sehen (Abbildung 3.83).

Im Hauptfenster wird Ihnen der Dateiinhalt angezeigt. Oben rechts können Sie aus einem Auswahlfeld das zu bearbeitende Theme wählen, falls Sie mehrere installiert haben. Darunter finden Sie dann eine Auflistung aller Theme-Dateien, die Sie durch einen Klick öffnen und dann bearbeiten können.

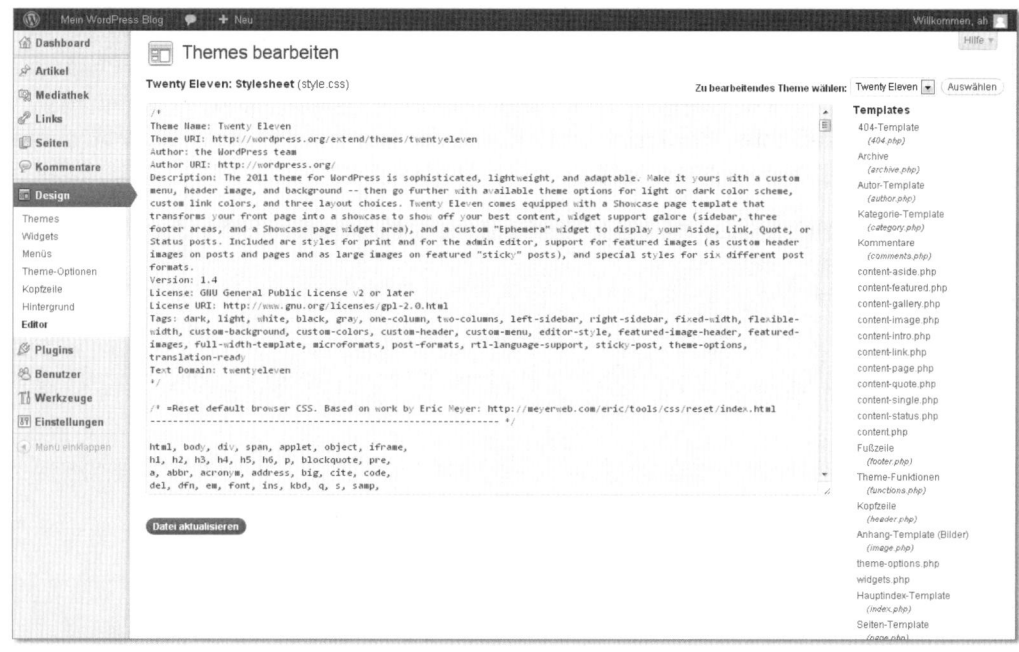

Abbildung 3.83 Im Editor können Sie schnell etwas am Theme-Code ändern.

Hinweis

Eines möchte ich zum Theme-Editor gerne loswerden. Es ist natürlich sehr einfach, dort »mal schnell« etwas anzupassen. Dafür existiert er ja schließlich auch. Bedenken Sie aber immer, dass sich dieser kurzfristige Vorteil später rächen kann. Gerade wenn Sie eigene Themes bearbeiten, die Sie eigentlich auf Ihrer Festplatte verwalten, ist die Version des Themes dann auf dem Server aktueller als auf Ihrem PC, wenn Sie den Editor verwenden. Sie müssten dann die entsprechenden Dateien erst wieder vom Server herunterladen, um die Aktualität auf Ihrem PC zu gewährleisten. Einfacher erscheint es hier, von vornherein die Theme-Dateien auf der Festplatte zu bearbeiten und im Anschluss hochzuladen. So können Sie die Änderungen auch erst einmal problemlos in der heimischen Entwicklungsumgebung testen.

3.9   Weitere Funktionen mit Plugins

Mithilfe von Plugins können Sie WordPress um weitere Funktionen erweitern. Plugins und Themes werden auch häufig unter dem Sammelbegriff Erweiterungen zusammengefasst. Plugins sind überwiegend kostenfrei und können sogar direkt über die Administrationsoberfläche ausgesucht und installiert werden.

3.9.1   Installierte Plugins

Unterschieden wird zwischen installierten und aktivierten Plugins. Ein Plugin zu installieren, bedeutet zunächst einmal nur, dass die entsprechenden Dateien in den Plugin-Ordner Ihres WordPress-Systems geladen werden. Erst durch das Aktivieren werden diese Dateien auch bei jedem Start geladen.

Abbildung 3.84 Zwei Plugins sind von Anfang an mit dabei.

Zum Start bringt WordPress schon einmal zwei Plugins mit (Abbildung 3.84): *Akismet* und *Hello Dolly*, wobei Sie das Letztere nicht unbedingt ernst nehmen müssen. Es zeigt auf Ihrer Website verschiedene Strophen des Liedes *Hello Dolly* von Louis Armstrong an und wird schon seit etlichen WordPress-Versionen aus nostalgischen Gründen immer wieder mit installiert. Es steht Ihnen selbstverständlich frei, dieses Plugin zu löschen, falls Sie kein Fan von Herrn Armstrong sind. Solange es nicht aktiviert ist, stört es allerdings auch nicht.

Akismet hingegen ist sogar äußerst nützlich. Es kümmert sich nämlich darum, Ihre Blogkommentare frei von Spam zu halten. Hierzu vergleicht es die Kommentare mit seiner riesigen Datenbank, um Spammer ausfindig zu machen. Das klappt in der Regel auch sehr gut, weshalb ich für Akismet eine eindeutige Empfehlung aussprechen möchte; besonders zu Anfang, wo Sie vermutlich noch kein alternatives Plugin in der Hinterhand haben, können Sie stets auf die solide Leistung von Akismet vertrauen. Bedenken Sie aber, dass Akismet derzeit nur für den privaten Bereich kostenfrei ist. Betreiber kommerzieller Projekte sollten sich unter *http://akismet.com/* über entsprechende Kosten informieren.

[!]

Akismet und Datenschutz

Akismet in Deutschland zu verwenden, ist rechtlich nicht ganz unproblematisch. Durch das Verwenden von Akismet wird jeder abgegebene Kommentar samt den Daten des Nutzers an einen Server in den USA gesendet, wo dieser (automatisch) auf Spam überprüft wird. In Deutschland ist zumindest eine Einwilligung des Nutzers zu dieser Aktion vor dem Absenden des Kommentars notwendig. Sollten Sie sich nicht sicher sein, ob Ihre Implementation von Akismet den rechtlichen Anforderungen genügt, ist es ratsam, im Zweifel auf eine Installation zu verzichten. Weitere Informationen zur rechtlichen Lage in Deutschland erhalten Sie von Ihrem Rechtsanwalt und dem folgenden Artikel aus dem WordPress-Deutschland-Blog:

http://blog.wordpress-deutschland.org/2011/04/20/akismet-und-datenschutz-einwilligung-per-opt-in-notwendig.html

Um ein bereits installiertes Plugin zu aktivieren, klicken Sie einfach auf den entsprechenden Link AKTIVIEREN. Bei manchen Plugins ist die Arbeit damit auch schon getan. Die meisten benötigen hingegen noch eine etwas tiefer gehende Anpassung an die eigenen Wünsche oder bieten diese zumindest optional an. Es kann mitunter schon einmal schwierig erscheinen, die Konfigurationsoptionen eines Plugins zu finden. Entwickler können diese nämlich praktisch überall im Menü »verstecken«. Nützlicherweise befindet sich heutzutage schon des Öfteren ein Link zur Konfiguration in der Beschreibung des einzelnen Plugins auf der Plugin-Übersichtsseite. Ist dies nicht der Fall, müssen Sie entweder suchen oder in den Erläuterungen zu dem jeweiligen Plugin nachschauen. Meistens wird ein Untermenüpunkt zu EINSTELLUNGEN vom Plugin erzeugt, das hat sich allgemein so eingebürgert.

3.9.2   Installieren

Wenn Sie neugierig sind, welche Plugins der Markt noch zu bieten hat, klicken Sie zunächst auf den Navigationspunkt INSTALLIEREN. Dort haben Sie eine Vielzahl von Möglichkeiten, neue Plugins zu installieren (Abbildung 3.85).

Über SUCHEN können Sie nach Ihnen bekannten Plugin-Titeln oder einfach nach Begriffen, wie zum Beispiel »Spam«, suchen, um sich die entsprechenden Plugins anzeigen zu lassen.

Natürlich können Sie Plugins auch mittels einer Website herunterladen, zum Beispiel unter *http://wordpress.org/extend/plugins/*. Ein so heruntergeladenes Plugin können Sie nun entpacken und die Dateien per Hand auf Ihren Server laden. Diese gehören in den Ordner */wp-content/plugins/*. Viel einfacher geht das aber, wenn Sie auf Ihrer Administrationsoberfläche unter INSTALLIEREN einfach auf HOCHLADEN klicken. Dort können Sie das heruntergeladene ZIP-Archiv ganz leicht installieren.

Abbildung 3.85 Wählen Sie aus Tausenden von kostenlosen Plugins.

Zusätzlich können Sie noch unter EMPFOHLEN, POPULÄR oder KÜRZLICH AKTUALI-SIERT stöbern, was sich vor allem zu Anfang empfiehlt, um einen Blick für die gängigsten und wichtigsten Plugins zu bekommen. Tun Sie sich keinen Zwang an, und installieren Sie ruhig einige davon in Ihrer lokalen Testumgebung. Probieren geht hier wie so oft über Studieren.

Zu Testzwecken habe ich mir unter den populären Plugins einfach mal das *Google XML Sitemaps Plugin* von Arne Brachhold ausgesucht (Abbildung 3.86). Als ambitionierter Website-Betreiber kommen Sie wahrscheinlich um dieses nützliche Plugin ohnehin kaum herum. Es erstellt automatisch eine standardkonforme Sitemap-Datei, die Links zu all Ihren Unterseiten enthält. Über diese Datei informiert das Plugin schließlich noch alle gängigen Suchdienste. So ist gewährleistet, dass diese alle Ihre Unterseiten finden, auch wenn sie einmal nicht direkt auf Ihrer Website verlinkt sein sollten.

Um es zu installieren, klicken Sie einfach nur auf JETZT INSTALLIEREN, und WordPress übernimmt den Rest (Abbildung 3.87).

Abbildung 3.86 »Google XML Sitemaps« ist äußerst nützlich, wenn es um eine grundsätzliche Suchmaschinenoptimierung Ihrer Website geht.

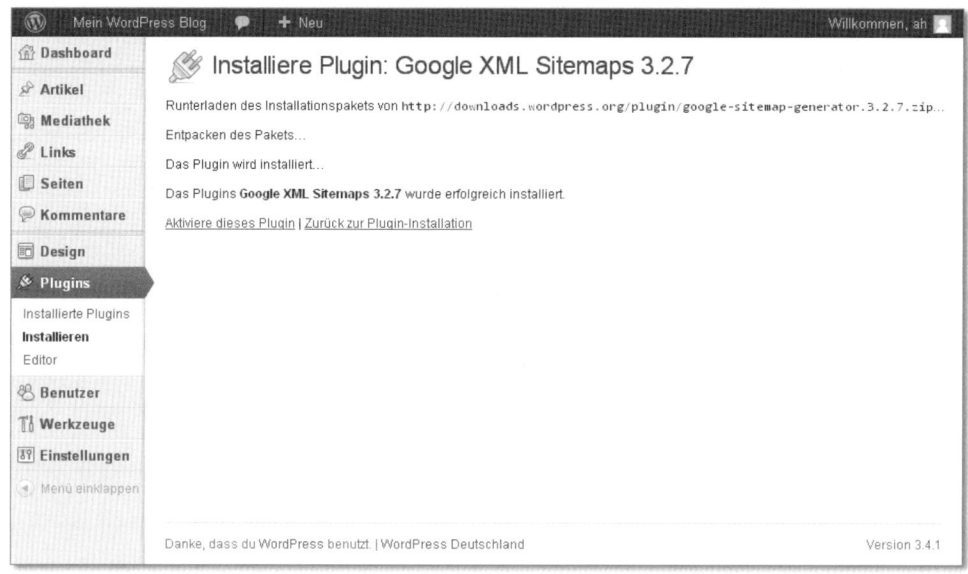

Abbildung 3.87 WordPress installiert ein neues Plugin ganz automatisch für Sie.

Natürlich bringt ein nur installiertes Plugin noch nicht allzu viel. So aktiviert man es üblicherweise auch direkt über den Link unter der Installationsroutine: AKTIVIERE DIESES PLUGIN. Das können Sie aber natürlich auch später noch über die Plugin-Übersichtsseite machen.

Die Konfigurationsoptionen zu diesem Plugin finden Sie übrigens unter EINSTEL-LUNGEN • XML-SITEMAP. Dort haben Sie die Möglichkeit, Ihre Sitemap genau zu kon-figurieren und diese das erste Mal zu veröffentlichen (Abbildung 3.88).

Keine Sorge, auf die Konfiguration der besten und empfehlenswertesten Plugins gehe ich in Kapitel 7, »Plugins«, noch ausführlicher ein, übrigens auch auf die Google XML-Sitemap. Mehr verrate ich hier aber noch nicht.

Lassen Sie sich aber bitte nicht durch teilweise sehr umfangreiche Optionen verunsi-chern oder demotivieren. Es kann passieren, dass man »nur mal schnell« ein Plugin installiert, um einen gewünschten Effekt zu erzielen, und sich sich dann plötzlich hunderten von Optionen gegenüber sieht. In aller Regel hat der Plugin-Autor bereits die aus seiner Sicht empfehlenswerten Einstellungen vorausgewählt. Sie müssen also nur noch das anpassen, was Sie gegebenenfalls anders lösen möchten. Außer-dem haben Sie ja auch bei den meisten Plugins die Möglichkeit, sich schon vor der Installation über den Funktionsumfang zu informieren. Bietet das Plugin für Ihre Zwecke zu viele Funktionen (das können Sie an Funktionslisten oder eventuell ver-fügbaren Screenshots oftmals schnell erkennen), suchen Sie vielleicht besser nach einer kompakteren Alternative. Bei WordPress gibt es meist mehrere Plugins, die das gleiche Problem auf unterschiedliche Arten zu lösen versuchen.

Abbildung 3.88 Es ist nicht unüblich, dass Ihnen ein Plugin derart viele Optionsmöglich-
keiten bietet. Manche kommen aber sogar ohne eine einzige aus.

3.9.3   Editor

Der Editor für Plugins funktioniert ähnlich wie der Editor für Themes. Oben rechts können Sie aus dem Auswahlfeld das Plugin auswählen, dessen Code Sie editieren möchten (Abbildung 3.89). Darunter finden Sie dann eine Auflistung sämtlicher Plugin-Dateien. Bevor Sie ein Plugin bearbeiten und Ihren Wünschen anpassen, empfiehlt es sich, dieses zu deaktivieren.

Falls Sie sich fragen, wann man den Code eines Plugins bearbeiten muss, kann ich Sie beruhigen: Grundsätzlich gar nicht. Es kann allerdings schon einmal vorkommen, dass Ihnen zum Beispiel eine Ausgabe, die durch ein Plugin generiert wird, aus irgendeinem Grund nicht passt. Viele Autoren lassen Sie die Ausgabe mittlerweile über die Optionen genau anpassen, manche verzichten aber darauf und wählen einfach ihren eigenen Weg. Zum Beispiel nutzt ein Plugin möglicherweise HTML-Tabellen, während Ihnen eine Liste viel lieber wäre. Dann können Sie das unter Umständen im Plugin-Code selbst ändern. Aber Vorsicht: Hierfür übernehmen Sie ganz allein die Verantwortung. Ein weiterhin funktionsfähiges Plugin kann nicht gewährleistet werden. Bedenken Sie außerdem, dass diese Dateien voraussichtlich beim nächsten Update wieder überschrieben werden und Sie die Anpassungen dann erneut vornehmen müssen.

Abbildung 3.89 Das Editieren von Plugin-Code ist natürlich nur ratsam, wenn Sie wissen, was Sie tun. PHP-Kenntnisse lohnen sich also.

3.10 Benutzer

Wie bei jedem guten CMS können Sie natürlich auch bei WordPress Ihre Benutzer verwalten (Abbildung 3.90). Benutzer ist hierbei ein Sammelbegriff sowohl für die Administratoren und Mitarbeiter Ihrer Website als auch für alle anderen angemeldeten Besucher. WordPress unterscheidet diese Gruppen nicht und zeigt allen grundsätzlich die gleiche Administrationsoberfläche an; dem Administrator mehr, dem normalen Benutzer weniger Optionen.

Sie können WordPress so einrichten, dass jeder Besucher sich registrieren kann. Außer der Möglichkeit, sich ein Profil anzulegen, bietet einem so eine Registrierung allerdings noch nicht so viel. Glücklicherweise kann auch diese Funktionalität später nachgerüstet werden, so dass Sie mit WordPress tatsächlich in der Lage sind, eine Community aufzubauen. Schauen Sie sich einfach in dem reichhaltigen Plugin-Archiv auf der WordPress-Website nach einer passenden Erweiterung für Ihre Website um.

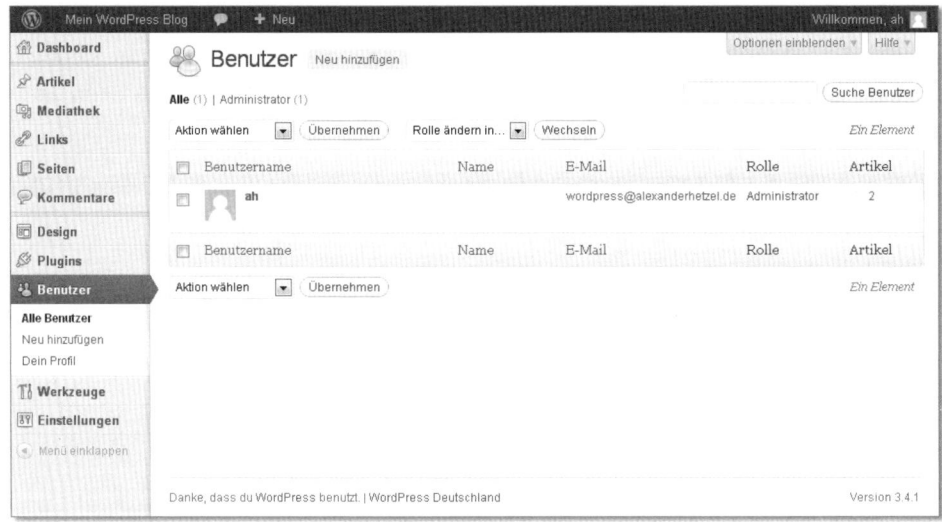

Abbildung 3.90 Der Anblick ist ernüchternd: erst ein Benutzer!

3.10.1 Hinzufügen

Wenn Sie WordPress frisch installiert und die entsprechende Einstellung nicht vorgenommen haben, so weist WordPress Sie bei dem Anlegen eines neuen Benutzers kurz darauf hin, dass sich Besucher aktuell nicht selbst registrieren können. Dort wird Ihnen aber auch schon ein Link zu der Option angezeigt, die dieses Problem für Sie beheben kann, sofern Sie das möchten.

Andernfalls haben Sie natürlich die Möglichkeit, eigene Benutzer anzulegen (Abbildung 3.91). Erforderlich für eine Registrierung sind prinzipiell nur BENUTZERNAME,

E-Mail und Passwort. Auf Wunsch wird der neue Benutzer auch gleich mit seinen Benutzerdaten per E-Mail versorgt.

Sie können dem neuen Benutzer auch eine sogenannte Rolle zuweisen. Vorausgewählt ist Abonnent, der erst einmal so gut wie gar keine Rechte hat. Maximum ist der Administrator, der unbeschränkten Zugriff auf die WordPress-Installation hat. Das Wörtchen »unbeschränkt« sollte Warnung genug sein, diesen Titel nur sehr überlegt zu vergeben.

Es bietet sich im Übrigen an, nur einen Administratoren-Account anzulegen und diesen nur für diese Zwecke zu nutzen. Zum Schreiben sollte jeder, auch der eigentliche Betreiber der Website, einen Redakteurs- oder gar Autoren-Account besitzen.

So können Sie die einzelnen Rollen voneinander abgrenzen (in absteigender Reihenfolge der Fähigkeiten):

- **Administrator**: Kann alle Funktionen uneingeschränkt nutzen.
- **Redakteur**: Kann alle Seiten und Beiträge aller Benutzer erstellen, editieren, löschen und veröffentlichen.
- **Autor**: Kann nur eigene Beiträge erstellen, editieren, löschen und veröffentlichen.
- **Mitarbeiter**: Kann eigene Beiträge nur erstellen, editieren und löschen, aber nicht selbstständig veröffentlichen.
- **Abonnent**: Kann nur sein eigenes Profil anpassen.

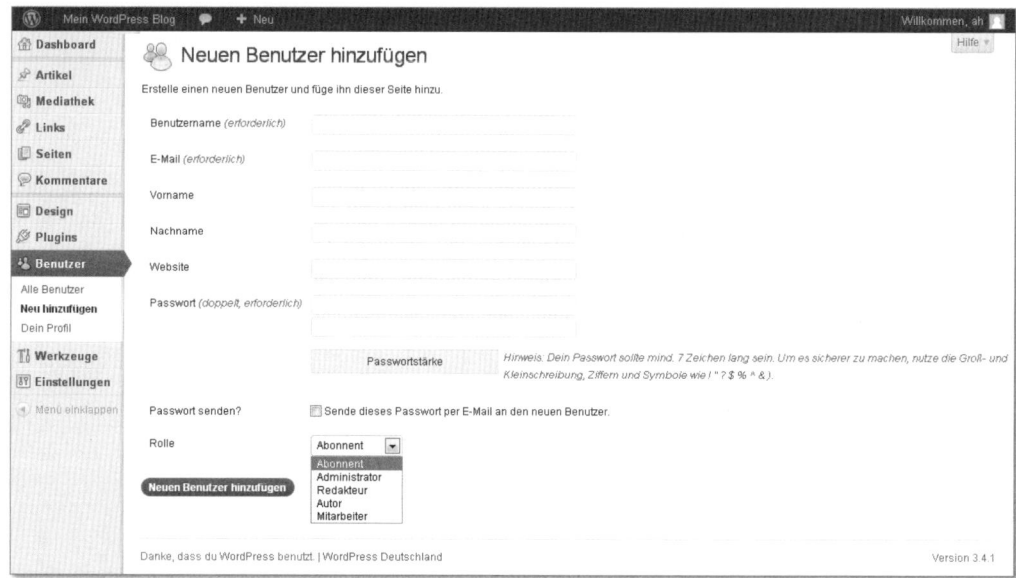

Abbildung 3.91 Benutzer können Sie auch schnell und komfortabel selbst hinzufügen.

3.10.2   Dein Profil

Unter dem Menüpunkt DEIN PROFIL können Sie Ihre eigenen Daten ändern und sogar um einige Punkte erweitern, die bei der Registrierung noch nicht verfügbar waren (Abbildung 3.92).

So können Sie beispielsweise festlegen, dass Sie den *WYSIWYG-Editor* nicht verwenden möchten, welchen WordPress Ihnen standardmäßig beim Verfassen von Seiten und Beiträgen anzeigt. Auch können Sie zwischen zwei verschiedenen Farbprofilen im Administrationsmenü wechseln sowie Tastaturkürzel für die Kommentarmoderation aktivieren (Tabelle 3.1).

Letzteres ist vor allem dann sinnvoll, wenn Sie stets sehr viele Kommentare zu Ihren Beiträgen erhalten. Dann können Sie hiermit schneller durch die Kommentare navigieren und diese schließlich moderieren.

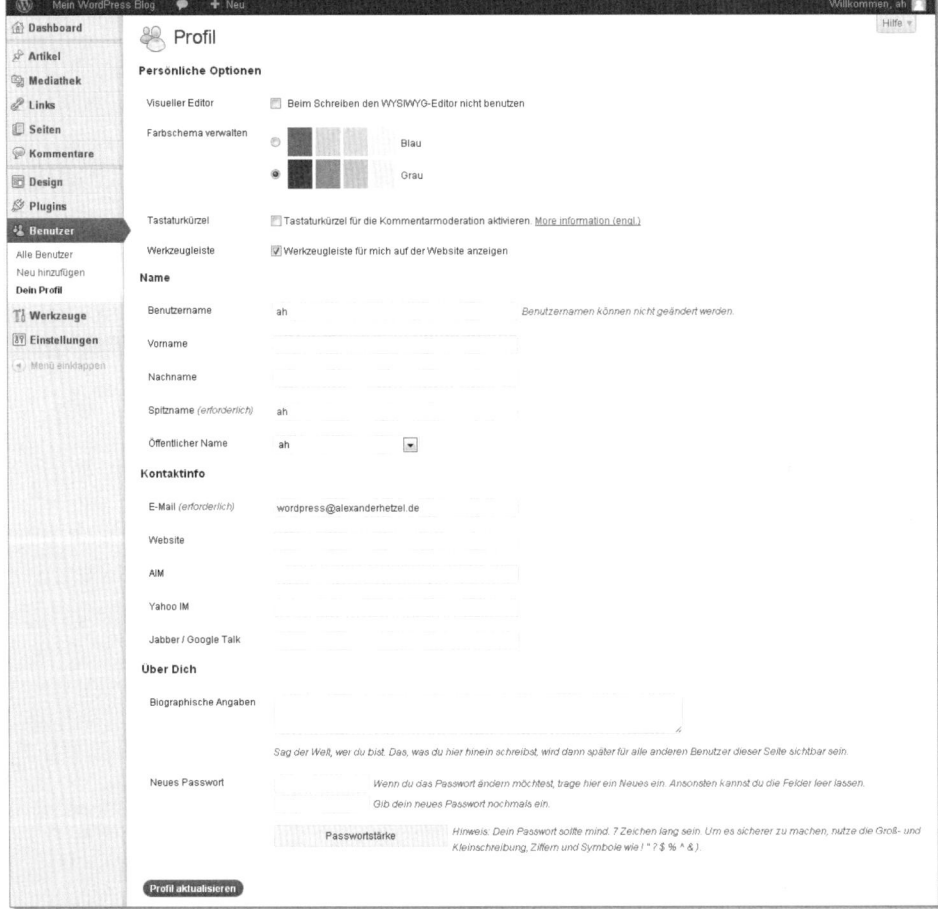

Abbildung 3.92 Indem Sie Ihr Profil bearbeiten, können Sie bislang noch versteckte Optionen freischalten.

Taste	Aktion
J	einen Kommentar weiter nach unten markieren
K	einen Kommentar weiter nach oben markieren
A	markierten Kommentar genehmigen
S	markierten Kommentar als Spam bezeichnen
D	markierten Kommentar löschen
U	markierten Kommentar zurückweisen (Warteschlange)
R	auf markierten Kommentar antworten (Abbruch durch $\boxed{\text{Esc}}$)
Q	Kommentar direkt bearbeiten

Tabelle 3.1 Tastaturkürzel für die Kommentarmoderation

Ein relativ neues Feature ist die *Admin-Bar* (Abbildung 3.93). Diese wird standardmäßig bei jedem neuen Nutzer auf der Website angezeigt. Hier haben Sie die Möglichkeit, diese Admin-Bar entweder ganz zu deaktivieren oder für die Website bzw. den Administrationsbereich anzuzeigen.

Abbildung 3.93 Die Admin-Bar finde ich persönlich sehr praktisch.
Sie ist aber Geschmackssache. Darum können Sie sie auf Wunsch deaktivieren.

3.11 Werkzeuge

Der kleine Werkzeugkasten von WordPress dient vor allem als Sammelstelle für Funktionen, die sonst nirgendwo hinpassen. Es kann also auch passieren, dass Sie WordPress jahrelang nutzen, ohne diesen jemals zu Gesicht zu bekommen, auch wenn manche Funktionen unter Umständen recht nützlich sein können.

3.11.1 Press This

Sie bloggen üblicherweise über Themen, zu welchen Sie auf anderen Websites inspiriert werden? Dann lohnt sich vielleicht der Einsatz von *Press This* (Abbildung 3.94), einem sogenannten *Bookmarklet*. Ein Bookmarklet ist prinzipiell nicht mehr als ein Lesezeichen in Ihrem Browser, jedoch mit einer weiteren Funktion. Press This beispielsweise öffnet auf Knopfdruck ein kleines Fenster, mit dem Sie sofort über den aktuellen Seiteninhalt bloggen können. In diesem Fenster ist dann bereits der Titel vorausgefüllt und auch ein Link zur entsprechenden Website ist im Editor verlinkt (Abbildung 3.95). Es spart also ein wenig Zeit – aber nur ein wenig.

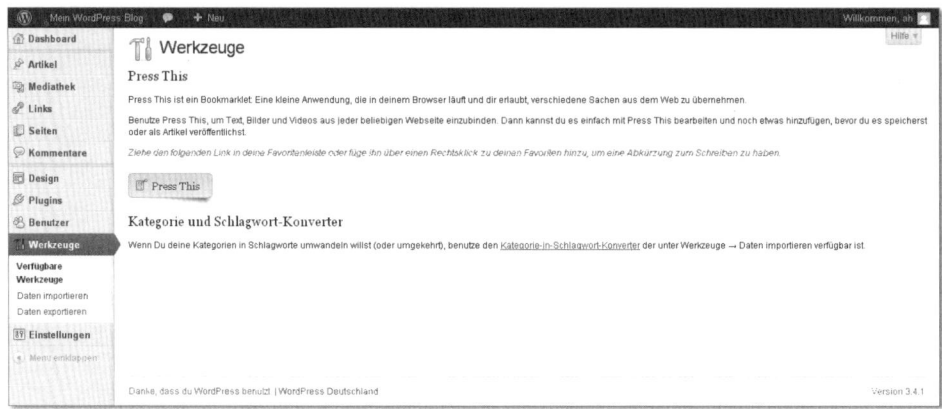

Abbildung 3.94 Bookmarklet oder Konverter, was hätten Sie gerne?

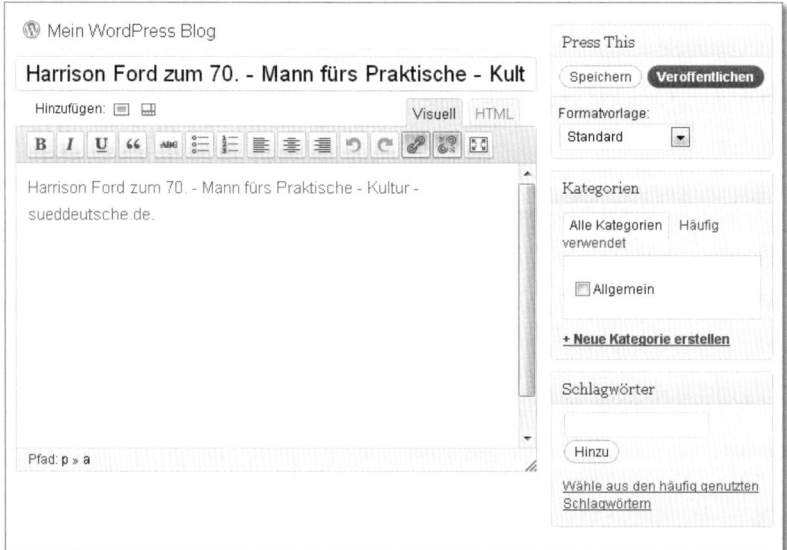

Abbildung 3.95 Ob »Press This« Sie wirklich produktiver macht, müssen Sie selbst entscheiden.

Um das Bookmarklet hinzuzufügen, können Sie entweder den Button einfach mit der Maus in Ihre Lesezeichenleiste ziehen, oder Sie klicken mit der rechten Maustaste auf den Button, dann öffnet sich ein Textfeld mit einigem Code. Erstellen Sie in Ihrem Browser einen neuen Lesezeicheneintrag, und kopieren Sie anschließend diesen Code dort hinein. Ich schätze, das Hineinziehen in die Lesezeichenleiste geht schneller.

3.11.2   Kategorie- und Schlagwort-Konverter

Es kann schon einmal vorkommen, dass man sein ganzes System infrage stellt. Zum Beispiel hat man so viele Kategorien erstellt, dass man diese eigentlich eher als Tags bezeichnen könnte. Oder es fällt einem auf, dass fünf Tags vielleicht doch etwas zu wenig sind und diese daher eher als Kategorien durchgehen. Welches Szenario sich bei Ihnen auch immer ereignet hat, Sie können mithilfe des Konverters Kategorien in Tags oder Tags in Kategorien umwandeln. Klingt nicht sonderlich spannend, erfüllt aber seinen Zweck. Ein Klick auf KONVERTER führt Sie zum Menüpunkt DATEN IMPORTIEREN, wo Sie unter anderem diesen Konverter installieren können.

3.11.3   Daten importieren

Gerade Blogger, die von einer anderen Plattform umsteigen, profitieren von der Möglichkeit, Daten in WordPress zu importieren (Abbildung 3.96). Hatten Sie vorher beispielsweise ein Blog bei *Blogger.com*, so können Sie die dort verfassten Artikel über ein Tool importieren. Auch aus WordPress exportierte Daten können hier importiert werden. Nicht dort aufgelistete Import-Tools können Sie natürlich über das Plugin-Verzeichnis beliebig nachinstallieren.

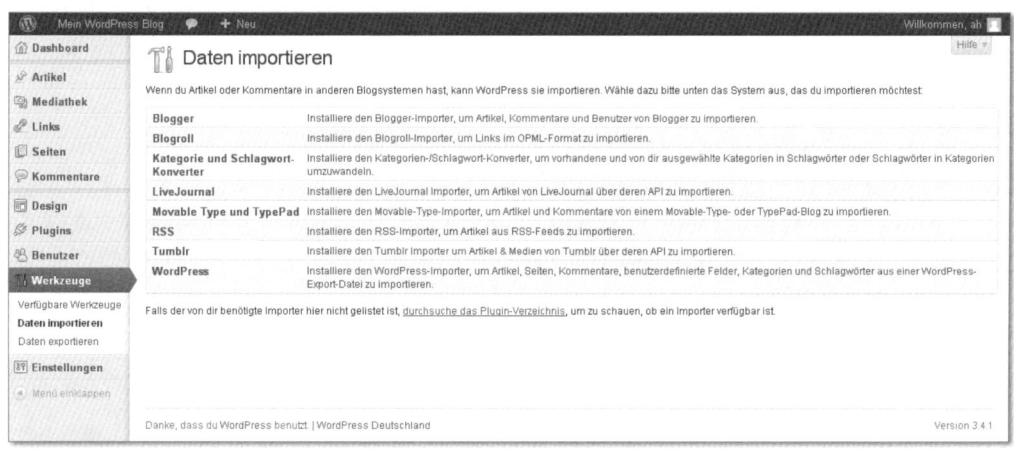

Abbildung 3.96 Importieren Sie Daten aus verschiedensten Quellen in Ihre WordPress-Installation.

3.11.4   Daten exportieren

Im vorigen Abschnitt habe ich Ihnen gezeigt, dass Sie Daten nach WordPress importieren können, unter anderem auch die einer bestehenden WordPress-Installation.
Doch wie im echten Leben auch muss vor dem Importieren etwas exportiert werden.

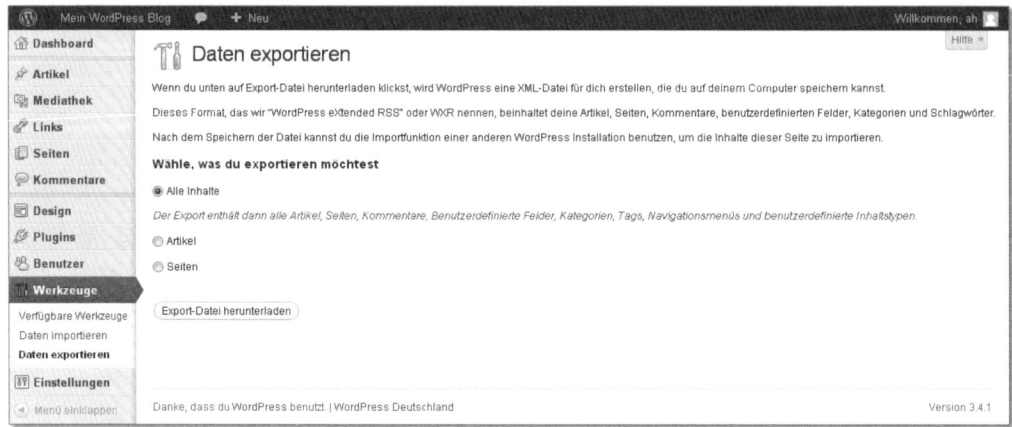

Abbildung 3.97 Exportieren Sie all Ihre Beiträge und vieles mehr bequem in eine WXR-
Datei.

Unter DATEN EXPORTIEREN können Sie die Inhalte Ihres WordPress-Blogs in eine
WXR-Datei schreiben lassen (Abbildung 3.97) und später wieder importieren. Es
besteht übrigens ein Unterschied zwischen der Exportfunktion und einem Backup.
Die Exportfunktion sollten Sie dann nutzen, wenn Sie ein ganz anderes Blog aufsetzen und manche oder alle Ihre bisherigen Artikel dort weiterverwenden möchten.
Das Backup bietet sich immer dann an, wenn Sie Ihre aktuelle WordPress-Installation
vollständig sichern möchten (inklusive aller Einstellungen), um diese im Notfall wiederherstellen zu können. Der Export ist also optional, das Backup obligatorisch.

3.12   Einstellungen

WordPress lässt sich sehr flexibel konfigurieren. Unter dem Menüpunkt EINSTEL-
LUNGEN finden Sie zahlreiche Optionen, mit denen Sie WordPress Ihren Wünschen
anpassen können.

3.12.1   Allgemein

Alle Grundeinstellungen können Sie unter dem Menüpunkt ALLGEMEIN vornehmen
(Abbildung 3.98). Vom BLOGTITEL über die URL bis hin zur ZEITZONE befindet sich
alles Grundlegende hier drin.

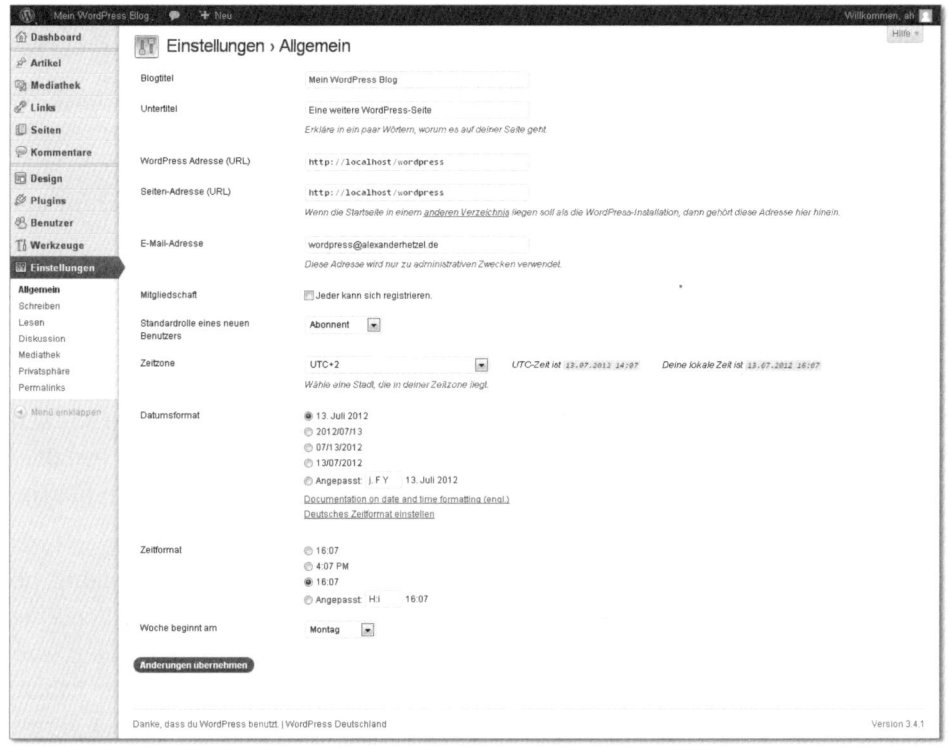

Abbildung 3.98 Diese Einstellungen sollten Sie zuerst auf Ihre Richtigkeit hin überprüfen.

Der UNTERTITEL ergänzt Ihren Blogtitel um eine Kurzbeschreibung, die in vielen Themes unter dem Titel angezeigt wird. Danach folgen die WORDPRESS-ADRESSE und die SEITEN-ADRESSE. In den meisten Fällen sind diese beiden URLs identisch. Aber mal angenommen, Sie möchten Ihre Website *http://www.beispiel.de* mit Word-Press betreiben, WordPress selbst aber der Übersichtlichkeit wegen in einem Unterordner installieren, zum Beispiel *http://www.beispiel.de/wordpress/*. Die Website soll inklusive WordPress unter *http://www.beispiel.de* erreichbar sein, lediglich die Dateien sollen also in den Unterordner wandern. Die WORDPRESS-ADRESSE ist dann der direkte Pfad zum Unterordner – hier also *http://www.beispiel.de/wordpress/* – und die SEITEN-ADRESSE ist der Pfad zur Hauptdomain – hier *http://www.beispiel.de*.

Nur wenn Sie hier unterschiedliche Adressen angeben, ist es nötig, dass Sie auch die *index.php* in Ihrem WordPress-Hauptverzeichnis anpassen. Ändern Sie hier die Zeile

```
require('./wp-blog-header.php');
```

in

```
require('./wordpress/wp-blog-header.php');
```

und beachten Sie, dass wordpress dann durch den entsprechenden Namen des Unterordners ersetzt werden muss, sollte dieser anderslautend sein. Falls es hierbei Probleme gibt, bietet es sich an, die Permalinks einmal zu aktualisieren, unter EINSTELLUNGEN • PERMALINKS.

Neben E-MAIL-ADRESSE und STANDARDROLLE können Sie in den Grundeinstellungen auch noch alle Zeiteinstellungen treffen. Damit endet aber auch schon der Umfang der allgemeinen Einstellungen.

3.12.2   Schreiben

Alle EINSTELLUNGEN, die sich mit dem Verfassen Ihrer Inhalte beschäftigen, finden Sie logischerweise unter dem Menüpunkt SCHREIBEN (Abbildung 3.99). Dort können Sie einerseits den Editor anpassen, (ebenfalls) das *Press-This-Bookmarklet* installieren, Einstellungen für das *E-Mail-Bloggen* treffen, Möglichkeiten des Fernpublizierens schaffen und *Ping-Dienste* eintragen.

Die Größe des Editors kann hier genauso festgelegt werden wie die Einstellung, ob Smileys wie J in Grafiken umgewandelt werden oder Textzeichen bleiben sollen. Eine Standardkategorie für Artikel lässt sich ebenso festlegen wie eine für Links. Dort werden dann Artikel bzw. Links einsortiert, für die Sie beim Publizieren vergessen haben, etwas Spezifischeres festzulegen. Press This habe ich bereits in Abschnitt 3.11.1, »Press This«, ausführlich besprochen.

Sie können Blog-Beiträge auch VIA E-MAIL SCHREIBEN. Ob Sie diese Funktion benötigen, hängt von Ihrem Einsatzgebiet ab. In Zeiten von *Smartphone-Apps* dürfte die Wichtigkeit dieser Funktion aber stark abgenommen haben. Falls Sie keine andere Möglichkeit zum Bloggen außer über das Schreiben von E-Mails haben, ist sie aber natürlich Gold wert.

Um die Funktion nutzen zu können, müssen Sie zuvor ein geheimes *POP3-E-Mail-Konto* einrichten. Die Daten tragen Sie im entsprechenden Formular ein und legen noch eine Standardkategorie für die hierüber zu veröffentlichenden Artikel fest. Jede E-Mail, die Sie fortan an diese Adresse senden, wird nun automatisch in Ihrem Blog veröffentlicht.

Das FERNVERÖFFENTLICHEN bedeutet nicht zwingend, dass Sie sich hierzu von Ihrem PC entfernen müssen. Es umfasst alle Dienste, die sich von außerhalb in das WordPress-System einklinken. Nicht jeder empfindet das Artikelschreiben in WordPress als komfortabel, und so gibt es viele Dienste und Programme, mit denen Sie das Schreiben eventuell etwas angenehmer gestalten können. Die benötigten Schnittstellen können Sie hier per Mausklick freischalten (bitte bei der entsprechenden Software nachschauen). Diese sind aus Sicherheitsgründen standardmäßig deaktiviert. Warum dem Feind eine Hintertür öffnen, die man gar nicht benötigt?

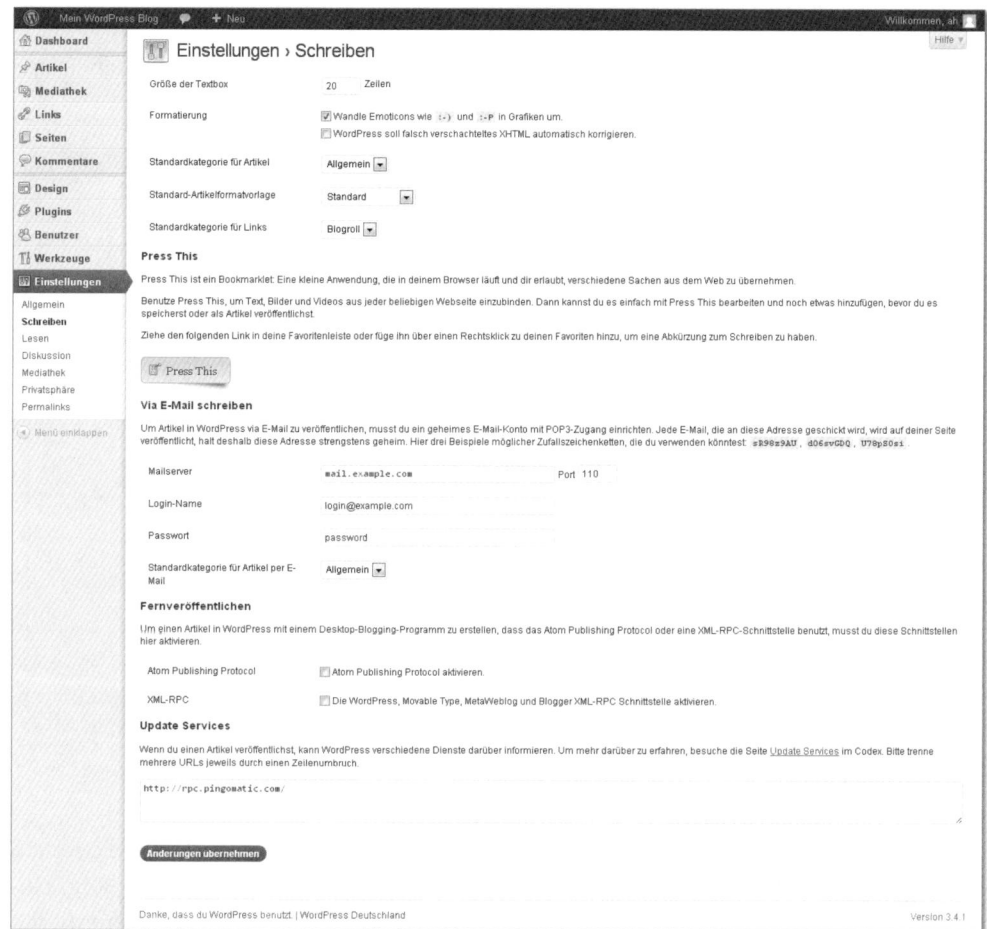

Abbildung 3.99 Alles, was Sie zum Schreiben brauchen, können Sie hier bequem anpassen. Nur, was macht hier eigentlich »Press This« schon wieder?

Die UPDATE SERVICES – auch *Ping-Dienste* genannt – sind wohl das Interessanteste auf dieser EINSTELLUNGEN-Seite. Jedes Mal wenn Sie einen Blogbeitrag schreiben, können Sie nämlich externe Dienste über eben dieses grandiose Ereignis informieren. Diese wiederum veröffentlichen einen Link zu diesem Artikel entweder selbst oder informieren einfach weitere Ping-Dienste über Ihre Publikation. Das kann schon einmal sinnvoll sein, wenn Sie gern ein paar Besucher mehr hätten. Es gibt – vor allem im englischsprachigen Raum – einige Nutzer dieser Plattformen, die sich hierüber über interessante Artikel auf dem Laufenden halten. Es kann also nicht schaden, dort die wichtigsten Dienste einzutragen. Per Google finden Sie für Ihren Zweck viele Listen geeigneter Ping-Dienste. Eine Aufzählung in diesem Buch wäre wohl bei der Veröffentlichung schon wieder veraltet, und eine verstaubte Liste möchte ich Ihnen nur ungern anbieten.

3.12.3   Lesen

Unter LESEN finden Sie alle Einstellungen, die sich auf die Anzeige Ihrer Blogbeiträge beziehen (Abbildung 3.100).

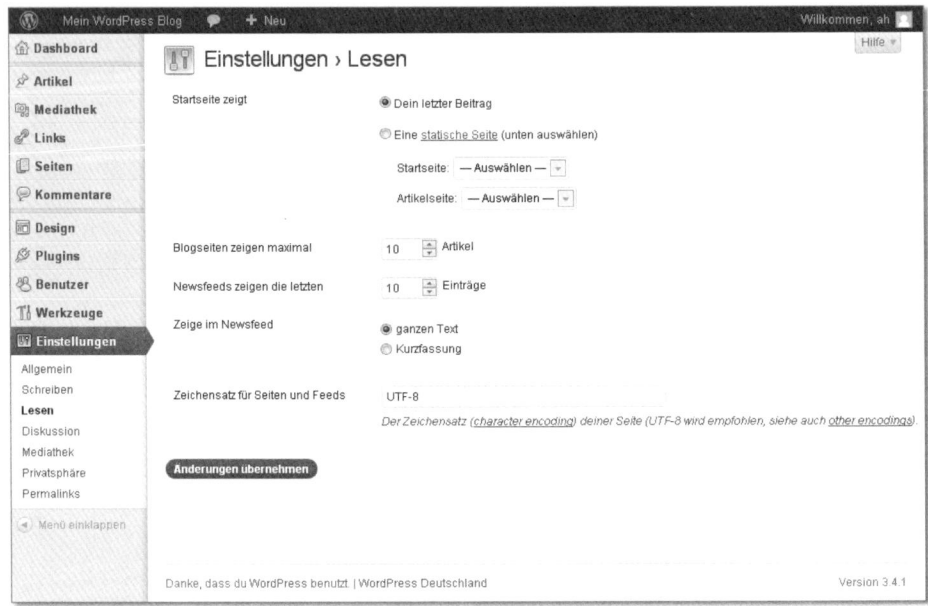

Abbildung 3.100 Die Einstellungsmöglichkeiten für das Lesen Ihrer Artikel

Die STARTSEITE legt fest, ob Ihre Internetpräsenz eine Website mit Blog ist oder ein Blog mit Website. Bislang wurde WordPress überwiegend für ganz normale Blogs eingesetzt, auf deren Startseite einfach die aktuellsten Artikel gelistet waren. Für diesen Zweck ist die Option DEIN LETZTER BEITRAG die Richtige. Zunehmend wird Word-Press aber für »richtige« Websites in Form eines *Content-Management-Systems* (*CMS*) eingesetzt, selbst wenn für diese nicht einmal ein Blog vorgesehen ist. In dem Fall kommt die zweite Option zum Zug. Legen Sie zuallererst zwei neue statische Seiten an, bevor Sie diese Option verwenden. Ganz gleich wie Sie diese auch nennen, sollte die eine Ihre (statische) Startseite darstellen und die andere einfach nur eine leere Seite für Ihre (dynamischen) Blog-Artikel sein, sozusagen als Platzhalter. Sie benötigt keinen Inhalt. Danach kehren Sie zu dieser EINSTELLUNGEN-Seite zurück und aktivieren die Option EINE STATISCHE SEITE. Wählen Sie dort unter STARTSEITE und ARTIKELSEITE die beiden entsprechenden, soeben erstellten Seiten aus.

Zudem können Sie noch festlegen, wie viele Blogeinträge maximal auf einer Seite angezeigt werden sollen oder wie viele Einträge Ihr *Newsfeed* umfassen soll. Für das Newsfeed können Sie daneben noch bestimmen, ob Sie Ihren Abonnenten den gesamten Beitrag bereitstellen oder lediglich eine Kurzfassung. Der Zeichensatz lässt sich ebenfalls exakt benennen.

[+]

3

Tipp

Es gibt einen viel diskutierten Streit darüber, ob man im Newsfeed nun den ganzen Text oder nur eine Kurzfassung anzeigen sollte. Der volle Text bietet den Vorteil, dass Ihre Abonnenten ganz bequem über ihren Feedreader all Ihre Texte lesen können. Der Nachteil ist, dass sie dadurch auch nicht zwingend Ihre Website besuchen müssen, um weiterlesen zu können. Außerdem können andere Websites Ihre Beiträge so ganz leicht einlesen und selbst (als ihre eigenen) veröffentlichen. Die Kurzfassung hingegen kann Leser wiederum verärgern, weil Sie es von den meisten Blogs gewohnt sind, den gesamten Text geliefert zu bekommen. Sie gönnen Ihnen dann ihre Klicks nicht. Der benutzerfreundliche Weg liegt aber eindeutig darin, den gesamten Text im Newsfeed zu veröffentlichen. Und im Mittelpunkt Ihres Blogs oder Ihrer Website sollte immer der Benutzer stehen – nicht die Statistik und auch nicht irgendwelche Content-Diebe. Dann werden Sie am Ende mehr Klicks ernten, als Sie zuvor dachten.

3.12.4   Diskussion

Im Folgenden möchte ich nur einige Einstellungen der Optionsseite DISKUSSION (Abbildung 3.101) herausgreifen und erklären, die für Blogeinsteiger nicht unbedingt selbsterklärend sind. Was es bedeutet, eine E-Mail zu erhalten, sobald jemand einen Kommentar schreibt, wird sich wohl (hoffentlich) keiner meiner Leser fragen. WordPress hat hier schon sehr gute Arbeit geleistet, indem die meisten Optionen allein durch ihre Bezeichnung bereits sehr verständlich sind.

VERSUCHE JEDES IN ARTIKELN VERLINKTE WEBLOG ZU BENACHRICHTIGEN: In Ihren Artikeln werden Sie zwangsläufig auch andere Websites und Blogs verlinken. Auch wenn Sie natürlich die Möglichkeit haben, für jeden Beitrag gesonderte Trackbacks einzutragen, kann es unter Umständen komfortabler sein, einfach alle verlinkten Websites zu benachrichtigen. Diese Option kann je nach Link-Aufkommen das Veröffentlichen von Beiträgen aber stark verlangsamen.

VERSCHACHTELTE KOMMENTARE IN [X] EBENEN ORGANISIEREN: Mittlerweile können Sie in WordPress auch Kommentare kommentieren. Gut, das konnten Sie prinzipiell schon immer, indem Sie sich inhaltlich auf den vorigen Kommentar bezogen. Nun können Sie Ihre Kommentare aber auch optisch dem anderen Kommentar unterordnen (Abbildung 3.102). Sie kennen diese Funktion vermutlich schon von vielen anderen Blogs her. Mithilfe dieser Option können Sie nun festlegen, wie viele Kommentarebenen maximal untereinander angeordnet werden dürfen. Dies ist wichtig, da sich kaum ein Design um beliebig viele Ebenen erweitern lässt. Ein grafischer Ausbruch wird so vermieden.

Abbildung 3.101 Wow! Die Diskussion auf Ihrem Blog können Sie wirklich sehr detailliert steuern. Das ist aber auch nötig.

Breche Kommentare in Seiten um, mit [x] Top-Level-Kommentaren pro Seite und zeige die [y] Seite standardmässig an. Die [z] Kommentare sollen oben stehen: Vielbesuchte und vielkommentierte Blogs können ganz schön unübersichtlich sein. Darum bietet Ihnen WordPress an, Kommentare auf mehrere Unterseiten zu verteilen. Hiermit nehmen Sie die entsprechenden Einstellungen vor. Top-Level-Kommentare sind hierbei alle Kommentare exklusive der verschachtelten Kommentare.

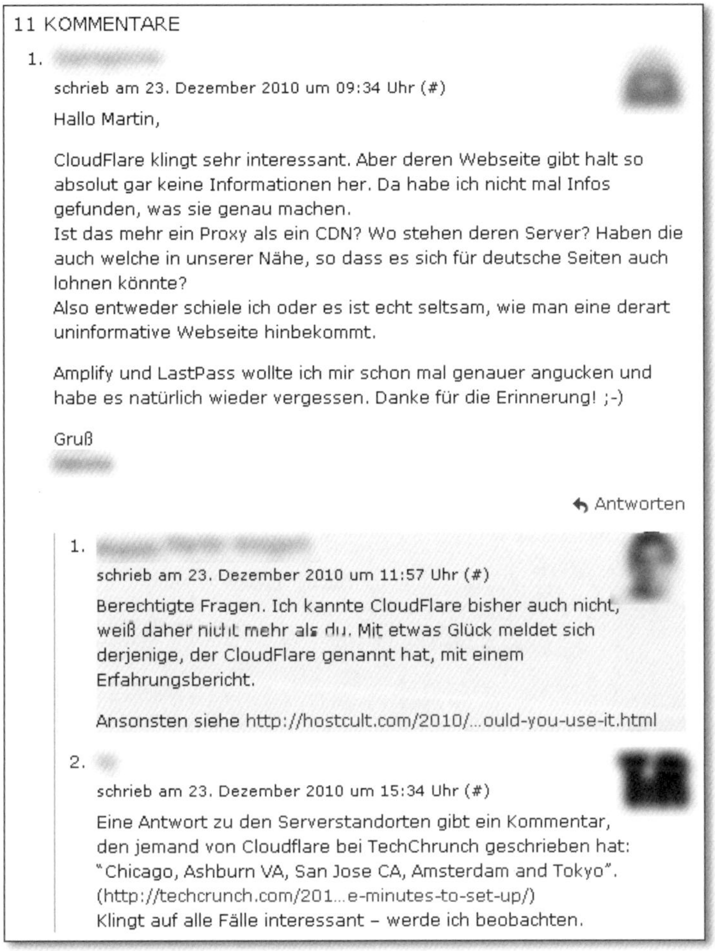

> 11 KOMMENTARE
>
> 1. ▨▨▨▨▨
>   schrieb am 23. Dezember 2010 um 09:34 Uhr (#)
>
>   Hallo Martin,
>
>   CloudFlare klingt sehr interessant. Aber deren Webseite gibt halt so
>   absolut gar keine Informationen her. Da habe ich nicht mal Infos
>   gefunden, was sie genau machen.
>   Ist das mehr ein Proxy als ein CDN? Wo stehen deren Server? Haben die
>   auch welche in unserer Nähe, so dass es sich für deutsche Seiten auch
>   lohnen könnte?
>   Also entweder schiele ich oder es ist echt seltsam, wie man eine derart
>   uninformative Webseite hinbekommt.
>
>   Amplify und LastPass wollte ich mir schon mal genauer angucken und
>   habe es natürlich wieder vergessen. Danke für die Erinnerung! ;-)
>
>   Gruß
>   ▨▨▨▨
>
>   ↩ Antworten
>
>   1. ▨▨▨▨▨▨▨
>   schrieb am 23. Dezember 2010 um 11:57 Uhr (#)
>
>   Berechtigte Fragen. Ich kannte CloudFlare bisher auch nicht,
>   weiß daher nicht mehr als du. Mit etwas Glück meldet sich
>   derjenige, der CloudFlare genannt hat, mit einem
>   Erfahrungsbericht.
>
>   Ansonsten siehe http://hostcult.com/2010/...ould-you-use-it.html
>
>   2. ▨
>   schrieb am 23. Dezember 2010 um 15:34 Uhr (#)
>
>   Eine Antwort zu den Serverstandorten gibt ein Kommentar,
>   den jemand von Cloudflare bei TechChrunch geschrieben hat:
>   "Chicago, Ashburn VA, San Jose CA, Amsterdam and Tokyo".
>   (http://techcrunch.com/201...e-minutes-to-set-up/)
>   Klingt auf alle Fälle interessant – werde ich beobachten.

Abbildung 3.102 Ein Beispiel für verschachtelte Kommentare aus einem
Beitrag auf netzwertig.com

Im Rahmen der Kommentarmoderation und der Kommentar-Blacklist können Sie verschiedene Regeln für die Behandlung von Kommentaren festlegen. Die
Kommentare mit den Wörtern, die Sie in das entsprechende Feld eintragen, landen
dann entweder wieder in der Warteschlange oder werden gleich als Spam markiert.
Diese Wörter können zum Beispiel Inhalte, Namen, URLs, E-Mail-Adressen oder IPs
sein. Seien Sie bei IPs aber vorsichtig. Denn oft versteckt sich die Belegschaft eines
ganzen Unternehmens hinter einer einzigen IP-Adresse. Schließen Sie einen aus,
schließen Sie alle aus. Das ist sicherlich nicht bei allen Unternehmen gewünscht.

Avatare – in diesem Zusammenhang auch *Gravatare* genannt – sind kleine Profilbilder, die neben den Kommentaren auf Ihrem Blog eingeblendet werden können.
Unter *http://www.gravatar.com* können Sie sich einen Account erstellen und diesen

mit einem Bild verknüpfen. Dieser wird dann fortan neben all Ihren Blogkommenta-
ren auf allen Blogs angezeigt, die dieses Feature aktiviert haben (und deren Jugend-
schutzeinstellungen es entspricht). Legen Sie hier fest, ob Sie Gravatare überhaupt
unterstützen möchten, welchem Jugendschutzgrad diese entsprechen müssen, um
angezeigt zu werden, und welches Icon für alle Kommentatoren ohne einen Grava-
tar-Account verwendet werden soll.

3.12.5   Mediathek

Die MEDIATHEK haben Sie ja bereits kennengelernt. Auch hierfür können Sie einige
Standardeinstellungen festlegen, die den Umgang mit der Mediathek erleichtern
können (Abbildung 3.103).

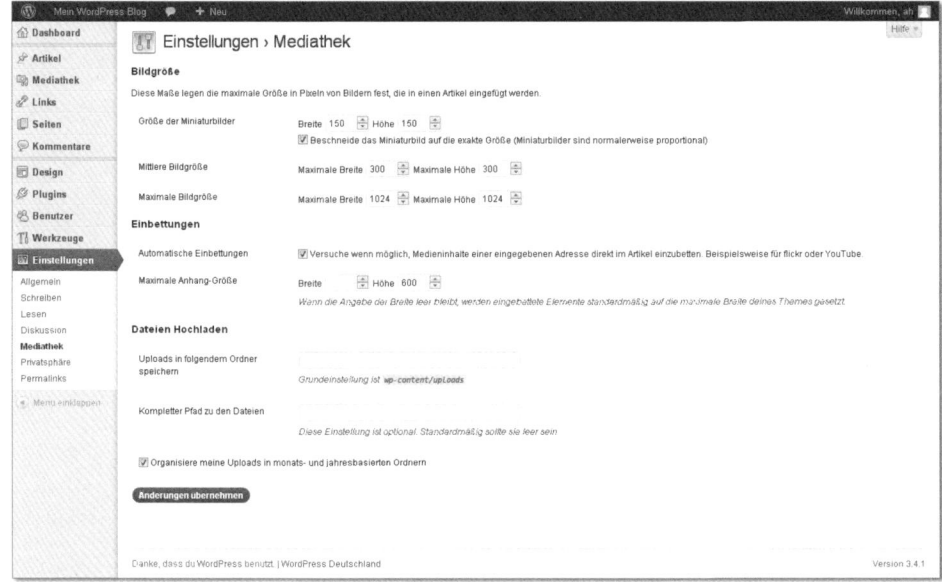

Abbildung 3.103 Auch die Verwendung der Mediathek können Sie Ihren Vorstellungen
anpassen.

Bilder können Sie über die Mediathek in verschiedenen Größen einfügen. Hier stellen Sie unter BILDGRÖSSE die einzelnen Breiten und Höhen für Minaturbilder
(*Thumbnails*) und mittelgroße Bilder ein. Auch die maximale Bildgröße können Sie
hier festlegen, vorzugsweise, damit kein unkundiger Autor einfach das Design Ihres
sorgsam gestalteten Blogs mit einem riesigen Bild sprengt.

Manchmal möchten Sie aber beispielsweise ein Video einbetten. EINBETTUNGEN bietet Ihnen hier die entsprechenden Einstellungsmöglichkeiten. Standardmäßig werden alle *Klartext-URLs* zu einem Medium in Ihre Artikel eingebettet. Entsprechende
maximale Breiten- und Höhenangaben können Sie selbstverständlich auch festlegen.

Schließlich können Sie noch unter DATEIEN HOCHLADEN die Pfade zum Upload-Ordner anpassen und diesen in Jahres- und Monatsordner unterteilen.

3.12.6 Privatsphäre

Ob es nötig war, für die PRIVATSPHÄRE eine eigene EINSTELLUNGEN-Seite einzurichten? Hier gibt es nämlich nur eine einzige Option, die Sie treffen können. Entweder halten Sie Ihre Website vor Suchmaschinen versteckt, oder Sie gestatten ihnen den Zugriff (Abbildung 3.104). Das war es auch schon.

Abbildung 3.104 Google zulassen oder aussperren? Das ist hier die Frage.

3.12.7 Permalinks

Die PERMALINKS sind vor allem aus Sicht der Suchmaschinenoptimierung äußerst interessant. Unter ihnen versteht man direkte Links zu einer Seite oder einem Artikel Ihrer Website. Die Struktur dieser URLs können Sie hier festlegen (Abbildung 3.105).

Abbildung 3.105 Permalinks können Ihre Suchmaschinenoptimierung drastisch verbessern.

Grundsätzlich können Sie aus verschiedenen vorgefertigten Optionen wählen. Die erste standardmäßige Option empfiehlt sich nicht gerade:

http://www.ihre-website.de/?p=123

Die URL ist kryptisch, mit ihr können weder Besucher noch Suchmaschinen etwas anfangen. Sie sollten also auf jeden Fall eine der Optionen wählen, die zumindest auch den Seiten- oder Artikelnamen mit in die URL aufnimmt. Relevante Keywords im Titel werden von Suchmaschinen wohlwollend berücksichtigt. Für das Testblog habe ich eine benutzerdefinierte Struktur gewählt, und zwar die eindeutige *ID* des Beitrags, gefolgt vom Titel des Artikels. Das hat den Hintergrund, dass WordPress die Artikel schneller aus der Datenbank auslesen kann, wenn es sie zuerst nach der eindeutigen ID ausfiltert und nicht nach dem Namen. Die ID voranzustellen kann also einen (kleinen) Geschwindigkeitsschub bedeuten.

Sie können aber auch mithilfe der Platzhalter in Tabelle 3.2 ganz eigene Strukturen erfinden.

Platzhalter	Bedeutung
%year%	Erscheinungsjahr des Beitrags
%monthnum%	Erscheinungsmonat als Zahl
%day%	Erscheinungstag als Zahl
%hour%	Erscheinungsstunde als Zahl
%minute%	Erscheinungsminute als Zahl
%second%	Erscheinungssekunde als Zahl
%postname%	Titel (bzw. dessen Kurzform) des Beitrags
%post_id%	eindeutige ID des Beitrags
%category%	Kategorie (bzw. deren Kurzform) des Beitrags
%tag%	Tag (bzw. dessen Kurzform) des Beitrags
%author%	Autor des Beitrags

Tabelle 3.2 Platzhalter für die URL-Struktur

Schließlich können Sie auch noch spezifizieren, wie die URLs zu Kategorien und Tags gestaltet werden sollen. Ihre Besucher können sich alle Beiträge einer Kategorie oder eines Tags anzeigen lassen, indem sie auf selbige klicken. Diese Seiten benötigen natürlich auch eine Adresse. Hier legen Sie fest, welche Bezeichnung vor dem Kategorie- oder Tag-Namen stehen soll.

Ein Beispiel:

*http://www.ihre-website.de/***kategorien***/allgemein/*

oder auch

*http://www.ihre-website.de/***tags***/cindy-crawford/*

Kapitel 4
Ein eigenes Theme programmieren

Eine der Königsdisziplinen in WordPress ist das Erstellen eines eigenen Themes. Dass das gar nicht so schwer ist, wissen Sie am Ende dieses Kapitels.

Wenn Sie sich ein Buch zum Thema WordPress kaufen, ist die Chance sehr groß, dass Sie die Software selbst in Ihre Websites einbinden möchten. Daher ist das *Theming* die Königsdisziplin in WordPress. In diesem Kapitel lernen Sie alle Grundlagen für die Erstellung eigener Themes auf Basis einer HTML-Vorlage.

Das bedeutet, dass ich nun grundlegende HTML- und CSS-Kenntnisse voraussetze. Wenn Sie WordPress lediglich installieren, einrichten und mit einem fertigen Theme versehen möchten, können Sie dieses Kapitel getrost überspringen. Es ist nur für diejenigen geeignet, die schon eigenständig eine Website auf HTML-/CSS-Basis entwickelt und umgesetzt haben.

Für dieses Kapitel benötigen Sie also zunächst eine HTML-Vorlage. Die kann sich an dem Layout der in diesem Kapitel behandelten HTML-Vorlage orientieren, aber auch gänzlich Ihrer Fantasie entspringen. Mit WordPress können Sie schließlich so gut wie jede Website umsetzen. Dennoch möchte ich Ihnen raten, ein Design zu entwickeln, was zumindest die Elemente dieses Beispiels beinhaltet. So lernen Sie am einfachsten und schnellsten, wie die Theme-Entwicklung funktioniert, und müssen nicht immer gedanklich zwischen Ihrem Design und dem im Buch vorgestellten unterscheiden.

Alternativ finden Sie die HTML-Vorlage auch auf der Buch-CD. Sie haben also die Möglichkeit, die folgende Website originalgetreu nachzubauen, was sich für das erste eigene Theme auch wirklich empfiehlt. In Kapitel 15, »Praxisbeispiele«, werden Sie noch viele andere Beispiele für Websites kennenlernen, die Sie unter Anleitung dieses Buches umzusetzen lernen. Wenn Sie gleich ein bestimmtes Projekt verwirklichen möchten, können Sie auch direkt in Kapitel 15 einsteigen. Es ist so konzipiert, dass Sie kaum Vorkenntnisse benötigen. Wenn Sie allerdings das Theming von Grund auf lernen möchten, beginnen Sie am besten genau hier.

[+]

Wichtiger Hinweis für Nutzer von WordPress 3.3 oder neuer

Mit WordPress 3.3 hat eine neue Funktion Einzug gehalten, die mitunter für Verwirrung bei der Nutzung von Themes sorgen kann. Wenn Sie nun das Theme Ihrer Website wechseln, bleiben die Widgets erhalten. Wenn Sie also beispielsweise ein Menü als Widget eingebunden hatten und möglicherweise auch noch eine Ansicht der »letzten Kommentare« auf Ihrem Blog, dann werden diese nicht wie früher durch einen Wechsel des Themes deaktiviert. Das hat den Vorteil, dass Sie beispielsweise nach dem Wechsel zu einem »Wartungs-Theme« die Widgets nicht wieder alle einzeln hinzufügen müssen. Das hat aber auch einen entscheidenden Nachteil: Wenn Sie nun ein gänzlich neues Theme aktivieren (also zum Beispiel eines der Beispiele aus diesem Buch), dann bleiben die Widgets ebenfalls erhalten. Auch bei einer frischen WordPress-Installation (hier werden dann die Standard-Widgets des Ausgangs-Themes weiterverwendet).

Das bedeutet, dass die Themes, die Sie verwenden, gegebenenfalls etwas »zerstört« aussehen können, sobald Sie diese aktivieren. In diesem Fall sollten Sie unbedingt alle Widgets aus den jeweiligen Widget-Bereichen im Backend unter DESIGN • WIDGETS entfernen.

Dies sollte aber nur problematisch sein, wenn Sie ein neues Theme aktivieren, das Widget-Bereiche verwendet. In jedem Falle lohnt es sich aber, die alten Widgets, wie oben beschrieben, zu entfernen, sobald Sie mit einem neuen Theme durchstarten möchten.

4.1   So funktioniert die Gestaltung in WordPress

Am Ende dieses Kapitels werden Sie vermutlich sagen: »So schwer war das gar nicht.« WordPress macht es Ihnen wirklich leicht, eigene Themes zu programmieren. Sie müssen keine eigene »Theme-Sprache« erlernen, stattdessen wird auf ein ganz simples System gesetzt, dass ich Ihnen nun kurz darstellen möchte.

Themes bestehen natürlich aus verschiedenen Dateien. Ihre HTML-Vorlage setzen Sie grundsätzlich erst einmal mit lediglich vier verschiedenen Dateien um. Bei den meisten Blogs ist der Aufbau immer der gleiche: Sie haben einen Kopfbereich (*Header*), einen Inhaltsbereich (*Content*), eine Seitenleiste (*Sidebar*) und einen Fußbereich (*Footer*). Und genau das sind auch Ihre vier Dateien, die Sie für das Grundgerüst benötigen: *header.php*, *index.php*, *sidebar.php* und *footer.php*. Sie haben keine Seitenleiste in Ihrem Blog? Kein Problem, dann lassen Sie die *sidebar.php* einfach weg. So einfach ist WordPress.

Die *index.php* ist eine sogenannte Inhaltsdatei. Sie bestimmt das Aussehen einer ganz bestimmten Art von Seite, die auf Ihrer Website eingebunden wird. Im Fall der *index.php* ist es die Blogstartseite. Üblicherweise findet man dort lediglich eine Auflistung der letzten fünf bis zehn Artikel des Blogs. Wenn Sie auf den Titel einer dieser Beiträge klicken, gelangen Sie zur Einzelansicht des Beitrags. Das Aussehen dieser regelt die *single.php*. Genauso verhält es sich für echte statische Unterseiten, hierfür ist die *page.php* zuständig. Für die Anzeige der Suchergebnisse gibt es die *search.php*. Sie sehen, wie das Spiel gespielt wird. Jeder Abschnitt Ihrer Website wird durch eine bestimmte Datei im Theme-Ordner repräsentiert.

In Abbildung 4.1 können Sie die einzelnen Dateien in der Übersicht sehen. Sie benötigen nicht immer alle davon. Wenn Sie beispielsweise eine Website ohne Blog- oder News-Funktion planen, können Sie vollständig auf die sieben Dateien verzichten, die unter Blogfunktion aufgeführt sind. Und das ist schon eine ganze Menge Holz. Eine klassische Website können Sie so in kürzester Zeit umsetzen.

Hinweis

Dass Sie die Dateien unter Blogfunktion in Abbildung 4.1 nicht benötigen, wenn Sie eine Website ohne Blog umsetzen, stimmt nicht ganz. WordPress verlangt zumindest die Existenz einer *index.php*, um das Theme als solches anzuerkennen. Hierfür genügt aber eine leere Datei. Wenn Sie Ihr Theme also später aktivieren möchten und es von WordPress nicht zur Auswahl angezeigt wird, denken Sie unbedingt an diese Infobox!

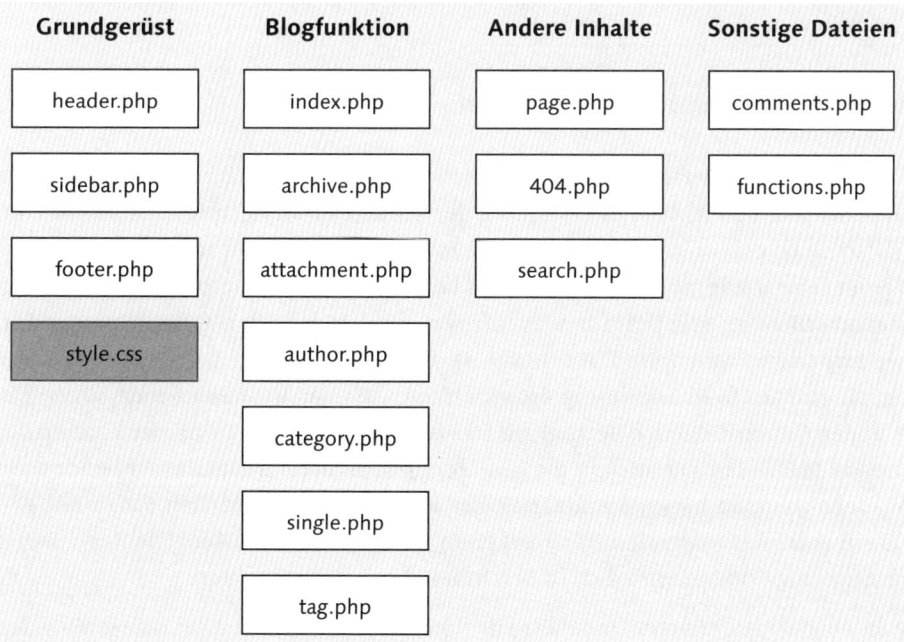

Grundgerüst	Blogfunktion	Andere Inhalte	Sonstige Dateien
header.php	index.php	page.php	comments.php
sidebar.php	archive.php	404.php	functions.php
footer.php	attachment.php	search.php	
style.css	author.php		
	category.php		
	single.php		
	tag.php		

Abbildung 4.1 Die einzelnen Theme-Dateien in der schematischen Übersicht

Eine Sonderrolle spielt die *functions.php*, die Sie ebenfalls nicht zwingend benötigen. Hier gehören alle PHP-Funktionen hinein, die Sie ausschließlich für dieses Theme verwenden möchten. Sie stehen automatisch im ganzen Theme zur Verfügung. Die *functions.php* wird also praktisch vor die Klammer gezogen. Außerdem ist eine *style.css* zwingend erforderlich. Sie haben zwar die Möglichkeit, Ihre CSS-Dateien auch anders zu nennen oder gar auf mehrere aufzuteilen, WordPress benötigt aber dennoch die *style.css*, so dass Sie dort die anderen CSS-Dateien einfach per @import-Funktion einbinden sollten.

Doch wie wird die HTML-Vorlage nun auf die einzelnen Dateien – *header.php*, *index.php*, *sidebar.php* und *footer.php* – aufgeteilt? Schauen Sie sich dazu zunächst Abbildung 4.2 an.

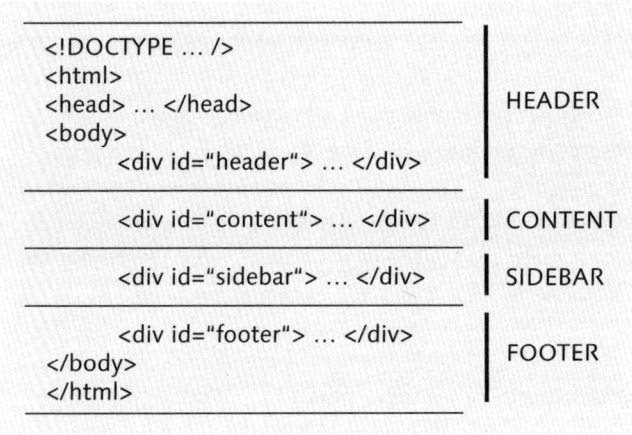

Abbildung 4.2 Das Grundgerüst Ihrer Website

Sie sehen dort eine mögliche Variante, die HTML-Vorlage einzuteilen. Idealerweise sollten Sie dies bereits bei der Erstellung der Vorlage berücksichtigen. Alles bis zum Inhaltsbereich gehört grundsätzlich in die *header.php*. Hier kommt alles hinein, was auf jeder Seite wiederholt werden soll. Das hat den Vorteil, dass Sie etwaige Änderungen später nicht in jeder Datei ändern müssen, sondern hierfür nur die Anpassung an einer zentralen *header.php*-Datei nötig ist. Der Content sollte so wenig HTML wie möglich enthalten. In Abbildung 4.2 sehen Sie, dass das umschließende <div>-Tag mit in den Content-Bereich gelangt ist. Das ist nicht zwingend nötig. Sie können das öffnende <div>-Element auch in die *header.php* verschieben und das schließende in die *sidebar.php*. So haben Sie idealerweise keinen HTML-Code, den Sie unnötigerweise in jeder der folgenden Inhaltsdateien wiederholen müssten. Die Regel lautet also: So wenig Code wie möglich in den Inhaltsbereich verfrachten.

Die Sidebar und der Footer sind dann die logische Konsequenz. Hier müssen Sie den Code nicht so trennscharf voneinander abgrenzen. Beide Dateien gibt es nämlich üblicherweise nur in einer Ausführung, so dass eine unnötige Codeverdopplung ausgeschlossen ist.

4.2 Die Vorbereitung

Voraussetzung ist zunächst einmal ein installiertes WordPress. Den Theme-Ordner finden Sie im Verzeichnis */wp-content/themes/*. Hier erstellen Sie einfach einen neuen Ordner für Ihr Theme; in diesem Beispiel heißt er *fc*. Sie können eine Abkürzung – wie hier – verwenden oder den Namen Ihrer Website ausschreiben. Ein paar kleine Tipps sollten Sie aber nach Möglichkeit beherzigen: nur Kleinschreibung, keine Leer- oder Sonderzeichen. Wenden Sie bei der Namensvergabe des Ordners alle Regeln an, die Sie auch schon von der Erstellung einer HTTP-Adresse her kennen. Statt »Mein erstes Theme« beschränken Sie sich also besser auf »mein-erstes-theme«.

In WordPress selbst müssen Sie zunächst keine weiteren Einstellungen treffen. Am besten verwenden Sie eine ganz frische WordPress-Installation. Wenn Sie die Möglichkeit haben, empfiehlt sich aber frühzeitig eine korrekte Einstellung der Permalinks. Diese nehmen Sie bekanntermaßen im Backend unter EINSTELLUNGEN • PERMALINKS vor. Im folgenden Beispiel setze ich auf die folgende BENUTZERDEFINIERTE PERMALINKSTRUKTUR:

```
/%post_id%/%postname%/
```

Sie können Ihrer Kreativität aber natürlich freien Lauf lassen. Eine detaillierte Anleitung zur Erstellung einer Permalink-Struktur finden Sie übrigens in den Abschnitten 3.12.7, »Permalinks«, und 9.3.5., »Permalinks«. Als Nächstes teilen Sie Ihre HTML-Vorlage entsprechend ein. Ich zeige Ihnen nun zunächst das Design, an dem ich Ihnen in diesem Kapitel das Theming näherbringen möchte. Danach werfen Sie einen Blick in den HTML-Code, und ich zeige Ihnen, wo Sie in diesem Fall die Einschnitte setzen sollten – so bekommen Sie schon mal ein Gefühl dafür.

Das Beispiel ist, wie Sie in Abbildung 4.3 sehen können, schon relativ gut bestückt. Sie könnten damit praktisch gleich online gehen. Das war mir im Rahmen dieses Kapitels auch wichtig. Es soll nicht weit über die Grundlagen hinausgehen; es sollte Sie aber trotzdem dadurch motivieren, dass am Ende eine verwertbare Website dabei herauskommt.

Sie können die einzelnen Teile des Themes auch später noch beliebig austauschen. Verwenden Sie es doch einfach als Grundlage für Ihre eigenen Ideen und stellen Sie die Module ein wenig um, passen Sie Schriftarten an und tauschen Sie gegebenenfalls Bilder aus bzw. fügen Sie neue hinzu. So haben Sie ein solides Grundkonzept, das Sie trotzdem effektiv und kreativ nach Ihren eigenen Vorstellungen erweitern und anpassen können.

Abbildung 4.3 So soll das Endprodukt dieses Kapitels einmal aussehen.

Abbildung 4.4 Das Menü der Beispiel-Website

Sie werden lernen, ein Menü wie in Abbildung 4.4 zu erstellen. Dieses wird dynamisch eingebunden, so dass Sie oder Ihr Kunde es später ganz leicht im Backend von WordPress nach Belieben verändern können. Anhand der Menüpunkte können Sie schon erkennen, dass dies kein reines Blog, sondern eine echte Website mit Blogfunktion wird. Da aber nicht jeder immer eine komplette Website umsetzen möchte, sondern oft »nur« ein Blog, wird dieser Schritt erst ganz am Ende dieses Kapitels vorgenommen. Das heißt, zunächst lernen Sie anhand des Beispiels die Erstellung eines klassischen Blogs. Dies wird – wenn Sie möchten – in einem nächsten Schritt CMS-fähig gemacht und in eine »echte« Website verwandelt.

Ein wundervoller Tag

Alexander Hetzel   27.08.2011   Allgemein   123 Kommentare

Lorem ipsum dolor sit amet, consetetur sadipscing elitr, sed diam nonumy eirmod tempor invidunt ut labore et dolore magna aliquyam erat, sed diam voluptua. At vero eos et accusam et justo duo dolores et ea rebum. Stet clita kasd gubergren, no sea takimata sanctus est Lorem ipsum dolor sit amet. Lorem ipsum dolor sit amet, consetetur sadipscing elitr, sed diam nonumy eirmod tempor invidunt ut labore et dolore magna aliquyam erat, sed diam voluptua. At vero eos et accusam et justo duo dolores et ea rebum. Stet clita kasd gubergren, no sea takimata sanctus est Lorem ipsum dolor sit amet.

Lorem ipsum dolor sit amet, consetetur sadipscing elitr, sed diam nonumy eirmod tempor invidunt ut labore et dolore magna aliquyam erat, sed diam voluptua. At vero eos et accusam et justo duo dolores et ea rebum. Stet clita kasd gubergren, no sea takimata sanctus est Lorem ipsum dolor sit amet. Lorem ipsum dolor sit amet, consetetur sadipscing elitr, sed diam nonumy eirmod tempor invidunt ut labore et dolore magna aliquyam erat, sed diam voluptua. At vero eos et accusam et justo duo dolores et ea rebum. Stet clita kasd gubergren, no sea takimata sanctus est Lorem ipsum dolor sit amet. Weiterlesen...

Abbildung 4.5 Auflistung der Blogartikel

Des Weiteren zeige ich Ihnen natürlich, wie Sie die Ausgabe von Blogartikeln (Abbildung 4.5) steuern. Auf der Blogstartseite erscheinen diese mit Nennung des Autors, des Datums, der Kategorie und der Anzahl der abgegebenen Kommentare.

Die Sidebar beginnt mit der Auflistung der Blogkategorien (Abbildung 4.6). Diese wird später, wenn ich Ihnen zeige, wie Sie die Website CMS-fähig machen, einem Submenü auf den statischen Seiten weichen.

Abbildung 4.6 Kategorieauflistung in der Sidebar

Abbildung 4.7 Anzeige der letzten Blogartikel

In die Sidebar gehört natürlich auch noch die Anzeige der aktuellsten Blogartikel (Abbildung 4.7). So können Ihre Besucher von jeder Seite aus auf Ihre neuesten Beiträge mit nur einem Klick zugreifen.

An das Ende der Sidebar kommt noch ein kleiner Text, der dem unbedarften Besucher einen kurzen Überblick gibt, was er hier eigentlich findet (Abbildung 4.8). Dieser Text kann später ganz leicht aus dem Backend angepasst werden.

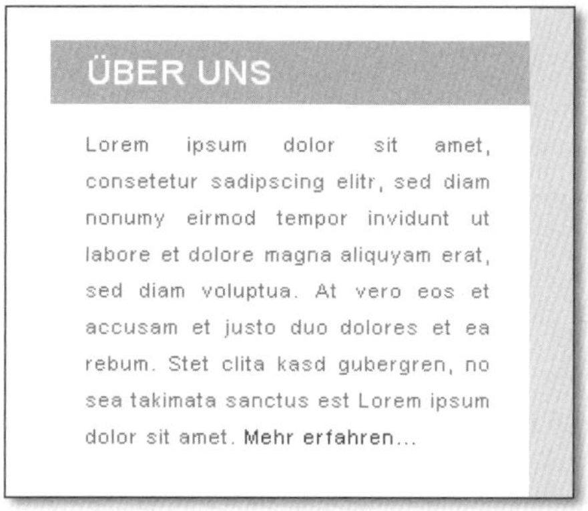

ÜBER UNS

Lorem ipsum dolor sit amet, consetetur sadipscing elitr, sed diam nonumy eirmod tempor invidunt ut labore et dolore magna aliquyam erat, sed diam voluptua. At vero eos et accusam et justo duo dolores et ea rebum. Stet clita kasd gubergren, no sea takimata sanctus est Lorem ipsum dolor sit amet. Mehr erfahren...

Abbildung 4.8 Ein kleiner Infotext rundet die Sidebar ab.

Abbildung 4.9 Der Footer beginnt mit einer Tagcloud.

Es wäre zu schade, den *Footer* lediglich mit einem Copyright-Hinweis zu versehen. Hier können noch viele interessante Funktionen versteckt werden. Zum Beispiel eine Tagcloud, wie Sie sie in Abbildung 4.9 sehen können. Im Rahmen einer Tagcloud werden alle Tags, die Sie in Ihrem Blog verwenden, alphabetisch aufgelistet. Je häufiger ein bestimmtes Tag verwendet wurde, desto größer ist die Schrift, in der es dargestellt wird. Durch diese Ungleichmäßigkeit sieht das Ergebnis oft einer Wolke ähnlich.

Abbildung 4.10 Die letzten Kommentare im Footer

Um auch den restlichen Platz des Footers noch auszunutzen, wird dort eine Auflistung der letzten abgegebenen Kommentare platziert (Abbildung 4.10). Manche Blogs verwenden eine solche Auflistung, um den Besuchern zu zeigen, dass hier kräftig diskutiert wird und dass die Besucher herzlich eingeladen sind, daran teilzunehmen.

[+] **Darf ich das Theme verwenden?**

Vielleicht stellt sich Ihnen die Frage, ob Sie das hier verwendete Theme so einfach für Ihre eigenen Zwecke gebrauchen dürfen oder ob Sie es am Ende wieder ordentlich zurück in seine Verpackung legen und zurückschicken müssen. Keine Sorge, verwenden Sie das Theme ruhig für Ihre eigenen, privaten oder kommerziellen Projekte, wenn es Ihnen gefällt. Nur versprechen Sie mir, dass Sie nicht plötzlich anfangen, es an irgendein Theme-Repository als Ihr eigenes zu verkaufen.

Bedenken Sie aber, dass das Theme hierfür noch ein paar Anpassungen benötigen wird. Je nachdem, was für Beiträge Sie veröffentlichen möchten, müssen Sie die Stylesheets noch stark erweitern, damit es Ihren Ansprüchen gerecht wird, zum Beispiel um Listenformatierungen, weitere Überschriftebenen oder die Darstellung von Zitaten.

Der Code dieser HTML-Vorlage sieht wie in Listing 4.1 aus:

```
01   <!DOCTYPE html PUBLIC "-//W3C//DTD XHTML 1.0
     Transitional//EN" "http://www.w3.org/TR/xhtml1/DTD/xhtml1-
     transitional.dtd">
02   <html xmlns="http://www.w3.org/1999/xhtml">
03   <head>
04   <title></title>
05   <meta http-equiv="Content-Type" content="text/html;
     charset=utf-8" />
06   <link rel="Stylesheet" type="text/css" href="reset.css" />
07   <link rel="Stylesheet" type="text/css" href="style.css" />
08   </head>
09   <body>
10   <div id="header-bar"></div>
11   <div id="page">
12       <div id="header">
13           <img src="images/logo.gif" width="61" height="73"
             alt="Fictitious Company">
14           <span>Fictitious/Company</span>
15           <ul>
16               <li><a href="">Startseite</a></li>
17               <li>(...)</li>
18           </ul>
19       </div>
20       <div id="main">
21           <div id="banner">
22               <img src="images/banner.gif" width="940"
                 height="320" alt="Wir lassen Sie nicht im Regen
                 stehen..." />
23           </div>
24           <div id="content">
25   <!-- ENDE: header.php -->
26               <div class="entry">
27                   <h2><a href="">Ein wundervoller Tag</a></h2>
28                   <p class="blogmeta"><a href="">Alexander
                     Hetzel</a> <a href="">27.08.2011</a> <a
                     href="">Allgemein</a> <a href="">
                     123 Kommentare</a></p>
29                   <p>Lorem ipsum (...)p>
30                   <p>Lorem ipsum (...)
                     <a href="">Weiterlesen...</a></p>
31               </div>
32   <!-- ENDE: Content -->
33           </div>
```

```
34              <div id="sidebar">
35              <div class="widget">
36                  <h6>Kategorien</h6>
37                  <ul class="submenu">
38                      <li><a href="">Allgemein</a></li>
39                      <li>(...)</li>
40                  </ul>
41              </div>
42              <div class="widget">
43                  <h6>Aus dem Blog</h6>
44                  <ul class="articles">
45                      <li><a href="">Das ist ein fantastisch
                         geschriebener Beitrag aus unserem
                         Blog</a></li>
46                      <li>(...)</li>
47                  </ul>
48              </div>
49              <div class="widget">
50                  <h6>Über uns</h6>
51                  <p class="about-us">Lorem ipsum (...)
                     <a href="">Mehr erfahren...</a></p>
52              </div>
53              </div>
54  <!-- ENDE: Sidebar -->
55              <div class="clear"></div>
56          </div>
57  </div>
58  <div id="footer-bar">
59      <div id="footer">
60          <div id="tagcloud">
61              <h6>Eine kleine Tagcloud</h6>
62              <a href="" style="font-size: 8pt;">also</a>,
63              <a href="">(...)</a>,
64          </div>
65          <div id="last-comments">
66              <h6>Kommentare</h6>
67              <ul>
68                  <li><a href="">Alexander Hetzel</a> bei
                     <a href="">Das ist ein unglaublich
                     lesenswertes Blog!</a></li>
69                  <li>(...)</li>
70              </ul>
71          </div>
```

```
72          <div class="clear"></div>
73       </div>
74    </div>
75    </body>
76    </html>
77    <!-- ENDE: footer.php -->
```

Listing 4.1 Die vollständige HTML-Vorlage

Okay, ich gebe zu, die Vorlage ist lang. Aber die Länge ist realistisch, wenn Sie die Vorlage wirklich bis ins Detail vorbereiten. Sie sehen anhand der HTML-Kommentare in den Zeilen 25, 32, 54 und 77, welcher Code jeweils in welche Datei gehört. Wie gesagt, können Sie hier natürlich variieren; dies entspricht einfach meiner Empfehlung für diese spezielle Vorlage. In den Zeilen 24/25 können Sie außerdem gut sehen, dass der <div>-Container, der den Content-Bereich trägt, noch mit in die *header.php* gezogen wird. Das schließende Element (Zeile 33) muss dann entsprechend in die *sidebar.php* eingefügt werden. So bleibt der Content-Bereich schön leer und aufgeräumt. Der Rest kommt dann einfach in die *footer.php*.

Wie genau die einzelnen Teile nun für die Dateien aufgeteilt und optimiert werden, erfahren Sie im nächsten Abschnitt. Dieser Abschnitt sollte Ihnen nur einen ersten Überblick liefern über das, was gleich noch kommt.

4.3   So erstellen Sie ein eigenes Theme

Wenn Sie noch keinen Unterordner in Ihrem Theme-Verzeichnis erstellt haben, dann holen Sie dies bitte spätestens jetzt nach. Im Folgenden zeige ich Ihnen zuerst, wie Sie Ihre HTML-Vorlage 1:1 in das Grundgerüst Ihres WordPress-Themes verwandeln. Danach können Sie das Theme bereits testweise das erste Mal aktivieren, um zu schauen, ob die Vorlage richtig funktioniert. Im Anschluss bringe ich Ihnen bei, wie Sie die weiteren Inhaltsseiten Ihren Wünschen entsprechend so anpassen, dass sie mit der Vorlage konform gehen. Nachher machen wir aus dem Blog noch gemeinsam eine »richtige« Website, wir verwandeln WordPress also in ein echtes CMS. Danach folgen noch ein paar Tipps für die weitere Theme-Entwicklung.

Hinweis für Leser ohne PHP-Kenntnisse

Wie gesagt, sind PHP-Kenntnisse bei der Erstellung von Themes von Vorteil; sie sind aber nicht zwingend. Damit Sie es etwas leichter haben, hier ein paar Tipps. PHP-Code kann in HTML einfach eingebettet werden und wird durch <?php eingeleitet und mit ?> abgeschlossen; alles, was dazwischen steht, wird als PHP-Code behandelt. Ein Funktionsaufruf in PHP hat stets den Aufbau funktionsname().

Innerhalb der Klammer können dieser Funktion vorher festgelegte Parameter, mit Komma voneinander getrennt, übergeben werden, üblicherweise in Anführungszeichen. Abgeschlossen wird ein Befehl (zum Beispiel ein Funktionsaufruf) mit einem Semikolon. Bei WordPress-Themes ist es üblich, zwischen zwei verschiedenen Arten des Funktionsaufrufs zu unterscheiden, die ich Ihnen gerne an der Funktion the_title() deutlich machen möchte. Wenn Sie diese Funktion einfach so aufrufen, dann wird der Titel des Beitrags direkt ausgegeben. Das ist aber nicht immer gewünscht. Manchmal möchte man diesen in einer Variablen speichern und später ausgeben. Dann schreibt man vor diese Funktion ein get, woraus dann in diesem Beispiel get_the_title() wird. Das funktioniert mit sehr vielen Funktionen in WordPress, aber eben nicht mit allen. Dieses Verhalten hat übrigens mit PHP selbst nicht viel zu tun, sondern ist WordPress eigen. Wenn Sie Interesse am Erlernen von PHP haben – was immer sinnvoll ist –, dann gibt es bei Galileo Computing sehr viel gute Literatur zu diesem Thema, zum Beispiel von Stefan Reimers und Gunnar Thies.

4.3.1   Einbinden der HTML-Vorlage

Erstellen Sie in Ihrem Theme-Unterverzeichnis nun die vier Dateien *header.php*, *index.php*, *sidebar.php*, *footer.php*. In dieser Reihenfolge erkläre ich Ihnen nun auch die inhaltliche Zusammensetzung dieser Dateien. Alle Dateien, die wir in diesem Kapitel erstellen, gehören übrigens in diesen Ordner. Falls dies einmal nicht so sein sollte, weise ich Sie gesondert darauf hin.

header.php – der Kopfbereich Ihrer Website

Kopieren Sie nun den vollständigen Kopfbereich Ihrer HTML-Vorlage in die *header.php*, genau bis zu dem Einschnitt, an dem der Content-Bereich beginnt. Entfernen Sie dann etwaige Beispieltexte, und setzen Sie hierfür nach Wunsch einen Platzhalter in Form eines HTML-Kommentars. In diesem Beispiel sieht der Header-Bereich nun wie in Listing 4.2 aus:

```
01   <!DOCTYPE html PUBLIC "-//W3C//DTD XHTML 1.0
     Transitional//EN" "http://www.w3.org/TR/xhtml1/DTD/xhtml1-
     transitional.dtd">
02   <html xmlns="http://www.w3.org/1999/xhtml">
03   <head>
04   <title></title>
05   <meta http-equiv="Content-Type" content="text/html;
     charset=utf-8" />
06   <link rel="Stylesheet" type="text/css" href="reset.css" />
07   <link rel="Stylesheet" type="text/css" href="style.css" />
```

```
08    </head>
09    <body>
10    <div id="header-bar"></div>
11    <div id="page">
12        <div id="header">
13            <img src="images/logo.gif" width="61" height="73"
              alt="Fictitious Company">
14            <span>Fictitious/Company</span>
15            <div class="widget">
16                <!-- Menü -->
17            </div>
18        </div>
19        <div id="main">
20            <div id="banner">
21                <img src="images/banner.gif" width="940"
                  height="320" alt="Wir lassen Sie nicht im Regen
                  stehen..." />
22            </div>
23            <div id="content">
```

Listing 4.2 Die vollständige header.php

Die *header.php* ist damit aber noch nicht fertig. Der Vorlage fehlen noch einige dynamische Elemente. In Zeile 04 können Sie sehen, dass das <title>-Tag noch leer ist. Um es dynamisch durch WordPress befüllen zu lassen, bieten sich insbesondere zwei Funktionen an: Die Funktion bloginfo('name') gibt den Namen Ihrer Website aus, wie Sie ihn unter EINSTELLUNGEN • ALLGEMEIN im Backend festgelegt haben. Die Funktion wp_title() gibt den Titel der aktuellen Seite aus. Dieser können drei Parameter übergeben werden: Der erste legt fest, welcher Separator, also welches Trennzeichen, neben dem Titel ausgegeben werden soll. Der dritte Parameter bestimmt, ob das Zeichen rechts oder links (left, right) ausgegeben werden soll. Der zweite Parameter kann 1 oder 0 sein und bestimmt, ob der Titel ausgegeben werden soll oder ob Sie ihn beispielsweise nur in einer Variablen speichern möchten (in diesem Fall natürlich 1). So sieht das Ganze dann in Aktion aus (Listing 4.3):

```
<title><?php wp_title('|', 1, 'right'); ?> <?php bloginfo('name'); ?></title>
```

Listing 4.3 Die Formatierung des <title>-Tags in der header.php

In den Zeilen 06 und 07 von Listing 4.2 befinden sich Referenzen auf die Stylesheets. Die relative URL, die im Rahmen der Vorlage noch funktioniert hat, klappt unter WordPress allerdings nicht mehr. Warum ist das so? Als Sie Ihre Vorlage entwickelt haben, da haben Sie vermutlich alle Dateien im selben Ordner untergebracht: *index. html*, *style.css* etc. Zwar liegen nun *header.php* und *style.css* immer noch im selben

Verzeichnis, allerdings wird die *header.php* nicht direkt aufgerufen, sondern nur eingebunden. Wenn Ihre Website unter *http://www. example.com* zu erreichen ist, befindet sich Ihre *style.css* ja eben nicht unter *http://www.example.com/style.css*, sondern vielmehr unter *http://www.example.com/wp-content/themes/theme-name/style.css*. Das müssen Sie bei jeder Referenz berücksichtigen. Eine Möglichkeit besteht nun darin, diesen Link einfach »hart zu coden«, sprich die Adresse direkt einzugeben. Wenn Sie die Website allerdings erst lokal auf Ihrem PC entwickeln und später online stellen möchten, ist das nur unnötig viel Arbeit. Sie müssten am Ende alle URLs updaten. Einfacher ist es, Sie nehmen eine Funktion in WordPress, die immer den absoluten Pfad zum Stylesheet-Verzeichnis ausgibt, nämlich `get_stylesheet_directory_uri()`. Diese Funktion – vergessen Sie nicht das `echo` davor – gibt den Pfad zu dem Ordner aus, in dem sich die *style.css* befindet, also den Pfad zum Theme-Verzeichnis. Wie Sie gleich sehen werden, können Sie sich diese Funktion auch woanders noch zunutze machen. Passen Sie die Pfade zu Ihren Stylesheet-Dateien wie in Listing 4.4 an:

```
01    <link rel="Stylesheet" type="text/css" href="<?php echo
      get_stylesheet_directory_uri(); ?>/reset.css" />
02    <link rel="Stylesheet" type="text/css" href="<?php echo
      get_stylesheet_directory_uri(); ?>/style.css" />
```

Listing 4.4 Anpassung der Stylesheet-URLs in der header.php

Im Beispiel habe ich die *reset.css* und die *style.css* einzeln in die *header.php* eingebunden. Wie gesagt, können Sie auch einfach alle weiteren CSS-Dateien per `@import` in die *style.css* einbinden, das ist Geschmackssache.

[+]

Hinweis

Jedes Mal, wenn Sie eine Funktion wie `get_stylesheet_directory_uri()` verwenden, wird eine Abfrage gestartet, die nach der entsprechenden URL sucht. Das mag einem für eine so simple Sache wie den Pfad zu einer Stylesheet-Datei etwas aufwendig erscheinen, zumal sich dieser ja nicht gerade oft ändert. Sie können alternativ in Ihrer *wp-config.php* auch einfach eine Konstante definieren und dieser den Pfad zu Ihrem Theme-Verzeichnis zuweisen, entweder über die obige Funktion oder per Hand.

Im letzteren Fall müssten Sie die Konstante zwar trotzdem anpassen, wenn sich die URL ändert, aber eben nur bei einer einzigen Konstante, und Sie sparen sich selbst die eigentlich unnötige einmalige Abfrage per `get_stylesheet_directory_uri()`. Eine Konstante definieren Sie beispielsweise wie folgt:

```
<?php define( 'PATH_TO_THEME' , get_stylesheet_directory_uri() ); ?>
```

oder

```
<?php define('PATH_TO_THEME', 'http://www.example.com/wp-content/themes/
themename' ); ?>
```

Die Ausgabe im Theme erfolgt dann über `<?php echo PATH_TO_THEME; ?>/style.css ?>` (es hat sich eingebürgert, dass Konstanten in Großbuchstaben geschrieben werden, um sie von Variablen abzugrenzen). Das Ganze spart Ihnen nun unter Umständen ein paar Millisekunden beim Seitenaufbau – und die addieren sich schnell zu ein paar Sekunden, wenn Sie auch weiterhin auf derartige »Fallstricke« achten.

Ähnlich verfahren Sie nun auch noch mit den URLs zu dem Logo in Zeile 13 und zum Bild in Zeile 21. Wenn Sie den Namen des Blogs in Zeile 14 noch durch die Funktion `<?php bloginfo('name'); ?>` ersetzen, dann können Sie diesen später einfach über das Backend unter EINSTELLUNGEN • ALLGEMEIN ändern. Außerdem können Sie sowohl um das Bild als auch um den Text noch einen Link auf die Startseite setzen; das erleichtert die Navigation für die Nutzer erheblich. Zudem sollten Sie noch die Pfade Verwaltung der Pingbacks und zum RSS-Feed der Vollständigkeit halber hinzufügen, am besten direkt unter die Stylesheet-Angaben (Listing 4.5):

```
01    <link rel="pingback" href="<?php bloginfo('wpurl'); ?>
      /xmlrpc.php" />
02    <link rel="alternate" type="application/rss+xml"
      title="RSS-Feed" href="<?php bloginfo('wpurl'); ?>/feed/" />
```

Listing 4.5 Die Pfade zu xmlrpc.php und zum RSS-Feed

Des Weiteren fehlt noch ein Hook, den Sie in jedes Theme integrieren sollten: `wp_head()`. Nur dann ist sichergestellt, dass es auch mit etwaigen Plugins bzw. mit WordPress selbst korrekt funktioniert. Über diese Schnittstelle ist es WordPress nämlich möglich, eigenen Code in Ihr `<head>`-Tag einzubinden. Fügen Sie diesen Hook am besten direkt vor dem schließenden `</head>`-Tag ein.

Hooks

Hooks werden Ihnen überall in WordPress begegnen. Sie ermöglichen Ihnen die einfache Einbindung von Funktionen an der gewünschten Stelle des Systems. Wenn im Rahmen eines Themes also ein Hook aufgerufen wird, dann »hakt« sich dieser an der ausgewählten Stelle ein (hier im Head) und gibt dort die entsprechenden Anweisungen aus, die WordPress für den Head-Bereich vorsieht. In der Plugin-Programmierung können Sie Hooks später umgekehrt dazu nutzen, um eine Ihrer Funktionen in den Kern-Programmiercode von WordPress an einer Stelle einzuhaken.

> Wenn Sie also beispielsweise den Text eines Blogartikels bearbeiten, zum Beispiel fett drucken möchten, dann muss logischerweise diese »Fettdruck-Funktion« aufgerufen werden, bevor der Text ausgegeben wird; also an einer bestimmten Stelle. Dafür sind die Hooks gedacht.

In Listing 4.6 sehen Sie nun das Ergebnis dieser kleinen Optimierung und können schauen, ob Sie alles richtig gemacht haben (die Zeilen mit Änderungen sind fett markiert):

```
01   <!DOCTYPE html PUBLIC "-//W3C//DTD XHTML 1.0
     Transitional//EN" "http://www.w3.org/TR/xhtml1/DTD/xhtml1-
     transitional.dtd">
02   <html xmlns="http://www.w3.org/1999/xhtml">
03   <head>
04   <title><?php wp_title('|', 1, 'right'); ?> <?php
     bloginfo('name'); ?></title>
05   <meta http-equiv="Content-Type" content="text/html;
     charset=utf-8" />
06   <link rel="Stylesheet" type="text/css" href="<?php
     echo get_stylesheet_directory_uri(); ?>/reset.css" />
07   <link rel="Stylesheet" type="text/css" href="<?php
     echo get_stylesheet_directory_uri(); ?>/style.css" />
08   <link rel="pingback" href="<?php bloginfo('wpurl');
     ?>/xmlrpc.php" />
09   <link rel="alternate" type="application/rss+xml"
     title="RSS-Feed" href="<?php bloginfo('wpurl'); ?>
     /feed/" />
10   <?php wp_head(); ?>
11   </head>
12   <body>
13   <div id="header-bar"></div>
14   <div id="page">
15      <div id="header">
16         <a href="<?php bloginfo('url'); ?>">
            <img src="<?php echo
            get_stylesheet_directory_uri(); ?>
            /images/logo.gif" width="61" height="73"
            alt="Fictitious Company"></a>
17         <span><a href="<?php bloginfo('url'); ?>">
            <?php bloginfo('name'); ?></a></span>
18         <div class="widget">
19            <!-- Menü -->
```

```
20            </div>
21        </div>
22        <div id="main">
23            <div id="banner">
24                <img src="<?php echo
                  get_stylesheet_directory_uri();
                  ?>/images/banner.gif" width="940"
                  height="320" alt="Wir lassen Sie nicht im
                  Regen stehen..." />
25            </div>
26            <div id="content">
```

Listing 4.6 Die vollständige und optimierte header.php

Das Menü fehlt noch, sagen Sie? Dazu kommen wir noch in Abschnitt 4.3.4, »Das Theme Widget-fähig machen«.

index.php – Ihre Blogstartseite

Die *index.php* ist die Datei, die WordPress einbindet, wenn es die Startseite Ihres Blogs anzeigen möchte. Üblicherweise werden hier die letzten Blogbeiträge chronologisch absteigend aufgelistet. Buttons für die vorige bzw. die nächste Seite ermöglichen es dem Nutzer, auch ältere Artikel ans Tageslicht zu bringen. In jeder Inhaltsdatei – so auch in der *index.php* – müssen sowohl Header, Sidebar als auch Footer manuell eingebunden werden. In Listing 4.7 sehen Sie, was ich meine:

```
01   <?php get_header(); ?>
02   <h1 class="archive">Fictitious Company Blog</h1>

03   <?php if ( have_posts() ) :
     while ( have_posts() ) : the_post(); ?>

04   <div class="entry">
05       <h2><a href="<?php the_permalink(); ?>" title="Lesen Sie
         &quot;<?php the_title(); ?>&quot;
         vollständig"><?php the_title(); ?></a></h2>
06       <p class="blogmeta"><?php the_author_posts_link(); ?>
         <a href="<?php bloginfo('url'); ?>/archiv/">
         <?php the_time("d.m.Y"); ?></a>
         <?php the_category(', '); ?>
         <?php comments_popup_link('Keine Kommentare',
         '1 Kommentar','% Kommentare','','Kommentare geschlossen'); ?></p>
07       <?php the_content('Weiterlesen...'); ?>
08   </div>
```

```
09    <?php endwhile; else: ?>
10    <p>Es wurden leider keine Beiträge gefunden.</p>
11    <?php endif; ?>

12    <p><?php posts_nav_link(' | ','&laquo; Ältere Artikel',
      'Neuere Artikel &raquo;'); ?></p>

13    <?php get_sidebar(); ?>
14    <?php get_footer(); ?>
```

Listing 4.7 Die vollständige index.php

Die Dateien des Grundgerüsts werden über get_header(), get_sidebar() und get_footer() in den Zeilen 01, 13 und 14 eingebunden. Wenn diese Dateien in einer anderen Reihenfolge eingebunden werden sollen, tun Sie sich keinen Zwang an. Ist die Sidebar bei Ihnen auf der linken Seite, muss get_sidebar() logischerweise vor dem Code der *index.php*, aber nach dem Aufruf von get_header() eingebunden werden.

In Zeile 03 sehen Sie eine Abfrage, man nennt diese gemeinhin auch *Loop*. Sie fragt ab, ob überhaupt Beiträge existieren, und, wenn ja, gibt sie diese so lange aus, bis das Limit erreicht ist. Das Limit ist festgelegt durch die Option BLOGSEITEN ZEIGEN MAXIMAL [X] ARTIKEL, die Sie im Backend unter EINSTELLUNGEN • LESEN finden. Diese Loop wird auf der *single.php* oder der *page.php* ganz genauso eingebunden – auch wenn dort das Limit natürlich bei 1 liegt. Alles, was nach dieser Abfrage folgt, bestimmt, wie die Blogartikel aussehen werden. Da es sich hier um eine while-Schleife handelt, wird der folgende Code für jeden einzelnen auszugebenden Blogbeitrag wiederholt, bis die Schleife in Zeile 09 beendet wird.

[+] **Hinweis für Leser ohne PHP-Kenntnisse**

Bei Themes bekommen Sie es unweigerlich mit etwas PHP-Code zu tun. Sie müssen PHP hierfür nicht unbedingt gänzlich verstehen, denn diese »Codeschnipsel«, die im Rahmen der Themes verwendet werden, sind immer die gleichen. Es genügt also, zu wissen, welche Aufgabe sie haben und an welche Stelle sie gehören.

In Zeile 03 von Listing 4.7 bekommen Sie es schon gleich mit der Loop zu tun, die die Ausgabe der Blogartikel steuert:

```
<?php if ( have_posts() ) :
while ( have_posts() ) : the_post(); ?>
(...)
<?php endwhile; else: ?>
(...)
<?php endif; ?>
```

Zunächst beginnt dieses Konstrukt mit einer if-Abfrage, also einer WENN-Klausel. Wenn die Bedingung erfüllt ist, die dahinter in Klammern steht – also die Funktion have_posts() positiv zurückgegeben wird –, nur dann soll der Rest ausgeführt werden. Mit anderen Worten: Nur wenn Beiträge da sind, können diese auch ausgegeben werden, denn nur dann wird die Funktion have_posts() eine positive Rückmeldung erzeugen.

Ist die Rückmeldung positiv, geht es im nächsten Schritt zur while-Schleife: Solange das, was in den runden Klammern steht, erfüllt ist, rufe die Funktion the_post() auf. Diese gibt nämlich jeweils einen Beitrag aus, nach dem Schema, welches Sie danach festlegen können (hier dargestellt durch die erste Auslassung).

Durch endwhile wird die while-Schleife beendet. Aber natürlich wird der obige Code vorher solange (while) wiederholt, wie die Bedingung noch zutreffend ist (also noch Beiträge vorhanden sind). Die if-Schleife wird an dieser Stelle noch nicht beendet, stattdessen wird ein else-Argument angefügt. Hier wird also festgelegt, was zu tun ist, wenn schon die if-Abfrage am Anfang gescheitert ist, wenn also keine Blogartikel vorhanden sind.

Für diesen Fall können Sie beispielsweise die Meldung ausgeben lassen, dass keine Blogartikel gefunden wurden (hier gekennzeichnet durch die Auslassung). Aber auch die if-Schleife muss beendet werden, und das geschieht ganz zum Schluss mit endif.

Die while-Schleife hat mit der if-Abfrage rein gar nichts zu tun, das sind zwei vollkommen unterschiedliche Paar Schuhe. Sie sind hier nur kombiniert worden. Wenn die if-Abfrage positiv ist, wird die while-Schleife in Gang gesetzt. Wenn die if-Abfrage negativ ist, passiert das, was im else-Argument festgelegt worden ist.

Von Zeile 04 bis Zeile 08 findet also das Layouten des einzelnen Blogartikels statt. Der Titel des Beitrags (Zeile 05) wird in ein <h2>-Tag gekleidet. Er wird über die Funktion the_title() ausgegeben. Im Link-Tag machen wir uns die Funktion the_permalink() zunutze, die den direkten Link zum Blogbeitrag ausgibt.

In Zeile 06 folgen einige Details zum Artikel, wie Autor, Datum, Kategorie und Anzahl der Kommentare. Jedes dieser Elemente verlinkt auf eine separate Seite. Ein Klick auf den Autor führt den Besucher auf eine Seite, die alle Artikel eben jenes Autors anzeigt. Ein Klick aufs Datum führt ins Archiv, über die Kategorie kommt man zu allen Artikeln jener Kategorie, und über einen Klick auf die Kommentare gelangt der Nutzer eben genau dorthin. Diese Seiten müssen wir später noch gestalten. Der Autor wird samt Link zum Autorenarchiv über die Funktion the_author_posts_link() ausgegeben. Die Funktion the_time("d.m.Y") gibt das Datum in der Form aus, wie es als Parameter übergeben wurde. In diesem Fall also »Tag.Monat.Jahr«. Die Funktion the_category(', ') gibt die Kategorie aus, in die der Blogbeitrag einsortiert worden ist. Sind es mehrere, so werden diese durch das als Parameter übergebene Trennzeichen – hier ein Komma – voneinander getrennt. comments_popup_link('Keine Kommentare', '1 Kommentar', '% Kommentare', '', 'Kommentare geschlossen') gibt die Anzahl der Kommentare als Link aus. Die ersten drei Parameter legen fest, was ausgegeben werden soll, wenn 1. kein Kommentar, 2. ein Kommentar oder 3. mehr als ein Kommentar vorhanden sind. Der vierte Parameter ist eine optionale CSS-Klasse für den Link (hier leer), der fünfte Parameter bestimmt die Ausgabe für den Fall, dass die Kommentare geschlossen sind. Um die Anzahl der Kommentare auszugeben, können Sie sich im Rahmen der Parameter dieser Funktion des Prozentzeichens bedienen.

Die Ausgabe des Inhalts folgt unmittelbar in Zeile 07 über die Funktion the_content('Weiterlesen...'), der Sie einen Parameter übergeben können, der den Titel des Weiterlesen-Links trägt.

In Zeile 09 endet die while-Schleife. Wenn keine Beiträge gefunden wurden, wird ein alternativer Text in Zeile 09 festgelegt, der dem Besucher in dem Fall angezeigt wird.

Zeile 12 sorgt schließlich dafür, dass Ihre Besucher auch zwischen den Seiten navigieren können, wenn mehr Blogartikel existieren, als auf einer Seite dargestellt werden können. Die Funktion posts_nav_link(' | ', '« Ältere Artikel', 'Neuere Artikel »') erhält hierfür drei Parameter. Der erste ist das Trennzeichen, der zweite das, was als Label für die »vorige Seite« angezeigt werden soll, und das dritte ist schlussendlich das Label für die »nächste Seite«. Sie können hier gerne HTML verwenden. Die kleine Navigation sieht in diesem Beispiel aus wie in Abbildung 4.11.

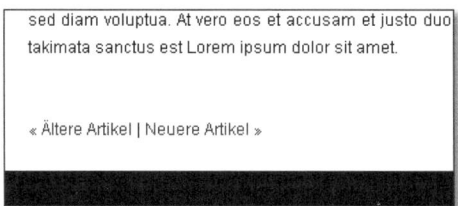

Abbildung 4.11 Links für die vorige und die nächste Seite

sidebar.php – die Seitenleiste

Die Sidebar haben Sie ja gerade schon in die *index.php* eingebunden. Nun müssen Sie noch dafür sorgen, dass darin auch etwas angezeigt wird. Der Code des Beispiels für die *sidebar.php* sieht aus wie in Listing 4.8:

```
01          </div>
02          <div id="sidebar">
03          <div class="widget">
04              <h6>Kategorien</h6>
05              <ul class="submenu">
```

```
06                  <!-- Kategorien -->
07              </ul>
08          </div>
09          <div class="widget">
10              <h6>Aus dem Blog</h6>
11              <ul class="articles">
12                  <!-- Letzte Artikel -->
13              </ul>
14          </div>
15          <div class="widget">
16              <h6>Über uns</h6>
17              <!-- Über uns -->
18          </div>
19      </div>
```

Listing 4.8 Die vollständige sidebar.php (wird später erweitert)

Der Code sieht noch ein wenig roh aus. Die Beispieltexte habe ich, wie in der *header. php*, durch Platzhalter ersetzt. So kann man während der Theme-Programmierung die ganze Zeit sehen, wo noch etwas fehlt, und wird nicht durch *Dummytexte* fehlgeleitet. Die Kategorieauflistung, die letzten Artikel und der Über-uns-Text werden später mittels eines Widgets eingefügt. Das erkläre ich Ihnen in Abschnitt 4.3.4, »Das Theme Widget-fähig machen«. Belassen Sie es für den Anfang bei diesem groben HTML-Gerüst.

footer.php – der Fußbereich Ihrer Website

Den Abschluss des Grundgerüsts bildet die *footer.php*. Sie enthält all den abschließenden Code, den wir noch nirgendwo unterbringen konnten. Er sieht aus wie in Listing 4.9:

```
01          <div class="clear"></div>
02      </div>
03  </div>
04  <div id="footer-bar">
05      <div id="footer">
06          <div id="tagcloud">
07              <h6>Eine kleine Tagcloud</h6>
08              <!-- Tagcloud -->
09          </div>
10          <div id="last-comments">
11              <h6>Kommentare</h6>
12              <ul>
13                  <!-- Letzte Kommentare -->
14              </ul>
15          </div>
```

```
16              <div class="clear"></div>
17          </div>
18      </div>
19      <?php wp_footer(); ?>
20      </body>
21      </html>
```

Listing 4.9 Die vollständige footer.php (wird später erweitert)

Beim Footer fügen Sie einfach nur die Funktion `wp_footer()` wie in Zeile 19 hinzu, damit WordPress diesen eigenständig erweitern kann. Die Platzhalter in den Zeilen 08 und 13 werden auch hier später noch durch die entsprechenden Widgets ersetzt. Überprüfen Sie nun noch einmal, ob Sie den gesamten notwendigen Code der HTML-Vorlage verwendet und nicht irgendwo ein schließendes `</div>`-Element oder Ähnliches vergessen haben.

> **[+]**
>
> **Hinweis**
>
> Wenn Sie möchten, können Sie natürlich auch schon jetzt beginnen, die Widgets für Header, Sidebar und Footer einzubauen. Springen Sie dazu einfach zu Abschnitt 4.3.4, »Das Theme Widget-fähig machen«, und ziehen Sie diesen vor. Sie können dann später an dieser Stelle weitermachen.

style.css – das Design in einer Datei

Die *style.css* enthält die gesamten Style-Angaben Ihrer Website und ist zwingende Voraussetzung für ein funktionierendes Theme. Wie gesagt, können Sie auch noch weitere CSS-Dateien in Ihren Code einbinden oder direkt per `@import` in Ihre *style.css*. Sie benötigen die *style.css* aber auf jeden Fall. Außerdem ist es empfehlenswert, der Datei einen PHP-Kommentar des folgenden Aufbaus in Listing 4.10 voranzustellen:

```
/**
 * Theme Name:     Fictitious Company Theme
 * Theme URI:      http://www.fcompany.com
 * Description:    Theme der ersten Generation für Fictitious Company.
 * Author:         Alexander Hetzel
 * Author URI:     http://www.galileocomputing.de
 * Version:        1.0
 */
```

Listing 4.10 Dieser Code sollte an den Anfang Ihrer style.css.

Über diesen Code haben Sie die Möglichkeit, Ihrem Theme einige Informationen mitzugeben und es zu brandmarken. Die Informationen erscheinen dann später auf der Aktivierungsseite für das Theme. So ist es unter vielen leichter zu identifizieren.

[+]

4

reset.css – alles auf Normalzustand

Die *reset.css* ist nicht zwingender Bestandteil eines WordPress-Themes, auch wenn Sie dieser Datei im Laufe dieses Buches immer wieder am Rande begegnen werden. Meiner Meinung nach ist Webdesign ohne eine solche Datei gar nicht möglich. Sie setzt nämlich alle CSS-Werte zurück, die ja bekanntlich jeder Browser ein klein wenig anders behandelt. So haben Sie zumindest grundlegend eine ebene Basis, auf der Sie aufbauen können. Binden Sie sie entweder (wie hier) in die *header.php* mit ein oder per @import an den Anfang der *style.css*. Sie sollte allerdings vor dem restlichen Stylesheet-Code geladen werden. Eine gute *reset.css* finden Sie mehr oder weniger regelmäßig aktualisiert unter *http://meyerweb.com/eric/tools/css/* des CSS-Meisters Eric Meyer. Oder Sie nehmen einfach die auf der Buch-CD.

screenshot.png – um alles abzurunden

Bevor Sie das Theme im nächsten Schritt aktivieren, können Sie schon einmal einen Screenshot Ihrer HTML-Vorlage in der Größe 240 x 180 Pixel und im PNG-Format anfertigen. Diesen speichern Sie dann ebenfalls in Ihrem Theme-Unterverzeichnis unter dem Dateinamen *screenshot.png* ab. Dieser Schritt ist weder notwendig noch müssen Sie ihn zwingend an dieser Stelle machen. Sie können die Website auch später »fotografieren« und ihn der Vollständigkeit halber am Ende einfügen. Der einzige Zweck, den er hat, ist, die Seite im Backend, auf der Sie das Theme aktivieren, ein wenig schöner zu gestalten. Ein solcher Screenshot macht sich also insbesondere dann gut, wenn Sie die Website für einen Kunden entwerfen oder Ihr Theme später einmal verkaufen möchten.

Aktivieren Sie das Theme

Damit Sie im Folgenden die Programmierung des Themes besser nachvollziehen können, sollten Sie das Theme nun schon einmal aktivieren. Das »Herumklicken« wird allerdings noch nicht funktionieren, da bislang ja lediglich die Blogstartseite fertig ist. Sie können das Puzzle aber nun besser wachsen sehen. Gehen Sie hierzu im

Backend einfach auf DESIGN • THEME, und klicken Sie bei Ihrem Theme auf AKTIVIE-
REN (siehe auch Abbildung 4.12).

Abbildung 4.12 Aktivieren Sie Ihr neues Theme.

Danach kommt dann der Moment der Wahrheit: Haben Sie alles richtig eingebunden, oder fehlt doch ein `</div>`? Oder hat alles funktioniert wie in Abbildung 4.13?

Abbildung 4.13 Das Grundgerüst live

Das Grundgerüst ist nun fertig und das Theme aktiviert. Nun zeige ich Ihnen, wie Sie es vervollständigen, wie Sie also die restlichen Inhaltsdateien programmieren.

4.3.2   Layout der restlichen Inhaltsdateien

Glücklicherweise hat WordPress noch ein wenig mehr zu bieten als nur eine Auflistung der letzten Blogartikel. Das möchte alles aber natürlich vernünftig programmiert werden. In den folgenden Abschnitten möchte ich Ihnen zeigen, wie Sie alle weiteren Inhaltsdateien programmieren können. Hierbei geht es zum Beispiel um die Darstellung statischer Seiten, einzelner Blogartikel, Kategorie- bzw. Tag-Archive oder auch Suchergebnisseiten. Sie werden feststellen, dass hier viel Copy & Paste im Spiel sein wird. Der Aufbau ist einfach häufig so ähnlich, dass es nicht lohnen würde, alles von Zeile 01 an neu zu schreiben. Oft müssen nur geringfügige Änderungen, wie eine neue Überschrift, vorgenommen werden. Das liegt auch daran, dass WordPress ein sehr intelligentes Theme-System hat.

Nehmen Sie als Beispiel die Seite für Suchergebnisse. Diese können Sie individuell gestalten. Müssen Sie aber nicht. Existiert keine *search.php*, verwendet WordPress einfach die *index.php*. Und wenn wir mal ehrlich sind, ist zwischen diesen beiden Darstellungen kein besonders großer Unterschied. Beide stellen eine gewisse Anzahl an Blogartikeln dar; die eine die letzten, die andere die Ergebnisse einer Suche. Aber sehen Sie selbst.

page.php – das Layout für die statischen Seiten

Als Erstes ist das Design für die statischen Seiten dran. Das benötigen Sie nicht nur, wenn Sie eine voll funktionsfähige Website erstellen und WordPress als CMS nutzen möchten. Bedenken Sie, dass Sie auch als Blogbetreiber in Deutschland ein Impressum benötigen, wenn Sie nicht ganz viele Briefe vom Anwalt bekommen möchten (für Menschen mit wenig Post vielleicht eine Überlegung wert, aber sicherlich nicht jedermanns Sache). Außerdem bietet es sich für ein Blog auch an, eine kleine Über-uns-Seite zu veröffentlichen oder eine Kontaktseite anzubieten. Um die *page.php* kommen Sie also zumeist nicht herum. Und so wie in Listing 4.11 sieht sie aus:

```
01   <?php get_header(); ?>

02   <?php if ( have_posts() ) :
     while ( have_posts() ) : the_post(); ?>

03   <div class="entry">
04       <h1><?php the_title(); ?></h1>
05       <?php the_content('Weiterlesen...'); ?>
06   </div>
```

```
07    <?php endwhile; endif; ?>

08    <?php get_sidebar(); ?>
09    <?php get_footer(); ?>
```

Listing 4.11 Die vollständige page.php

Die *page.php* ist eine Abwandlung der *index.php*. Aber was ist genau anders? Die Einbindung von Header, Sidebar, Footer sowie die Abfrage in Zeile 02 sind geblieben. Die Ausgabe der Seite in den Zeilen 03 bis 06 ist ein wenig geschrumpft. So habe ich die Zeile mit den Metadaten entfernt, da diese auf einer statischen Seite meist nicht besonders interessieren. Die Ausgabe ist also sehr entschlackt und bietet nun nur noch einen (nicht verlinkten) Titel, dieses Mal im <h1>-Format, sowie den Inhalt. Dieses Mal ist in Zeile 07 die Abfrage auch komplett beendet. Es wird kein Alternativtext angeboten, wenn die Seite nicht gefunden wurde – dafür gibt es ja später die *404.php*, die immer dann aufgerufen wird, wenn eine Seite nicht existiert. Die *404.php* ist übrigens auch die einzige Inhaltsdatei, die die *page.php* an Einfachheit noch einmal unterbietet, aber das werden Sie gleich noch sehen.

WordPress bietet Ihnen an, statische Seiten auf mehrere Einzelseiten aufzuteilen, also eine sogenannte *Paginierung*. Falls Sie diese benötigen, können Sie sie ganz einfach in Ihr Theme integrieren, indem Sie den folgenden Code aus Listing 4.12 an geeigneter Stelle in Ihre *page.php* aufnehmen. Fügen Sie diesen Code zum Beispiel direkt nach der Formatierung der Ausgabe ein (nach Zeile 06) oder wo immer es Ihnen beliebt – Hauptsache innerhalb der Loop.

```
01    <?php $args = array(
02        'before'          => '<p>' . __('Seiten:'),
03        'after'           => '</p>',
04        'link_before'     => '',
05        'link_after'      => '',
06        'next_or_number'  => 'number',
07        'nextpagelink'    => 'Nächste Seite',
08        'previouspagelink' => 'Vorige Seite',
09        'pagelink'        => '%',
10        'more_file'       => '',
11        'echo'            => 1 ); ?>
12    <?php wp_link_pages( $args ); ?>
```

Listing 4.12 Paginierung für die page.php

Die Funktion für die Ausgabe der Paginierung steht ausschließlich in Zeile 12 von Listing 4.12: wp_link_pages(). Um die Übergabe der Parameter aber ein wenig übersichtlicher zu gestalten, wird dieser Funktion einfach ein Array übergeben, das wir zuvor in den Zeilen 01 bis 11 definieren. Tabelle 4.1 soll Ihnen veranschaulichen, was die einzelnen Parameter bedeuten. Sie sind immer nach dem Schema Schlüssel => Wert aufgebaut.

Schlüssel	Wert
before	(HTML-)Ausgabe *vor* der Ausgabe der Seiten
after	(HTML-)Ausgabe *nach* der Ausgabe der Seiten
link_before	(HTML-)Ausgabe *vor* jedem einzelnen Link
link_after	(HTML-)Ausgabe *nach* jedem einzelnen Link
next_or_number	Sollen Seitenzahlen oder eine Schaltfläche »nächste Seite« angezeigt werden? Mögliche Werte sind next oder number.
nextpagelink	Wie soll der Link-Text für die »nächste Seite« lauten?
previouspagelink	Wie soll der Link-Text für die »vorige Seite« lauten?
pagelink	Wie soll die Beschriftung der Seitenzahlen lauten? Sie können hier das Prozentzeichen % als Platzhalter für die jeweilige Seitenzahl verwenden. Also zum Beispiel Seite % für »Seite 3«.
more_file	Seite, auf die die Links verweisen sollen. Standard ist hier die aktuelle Seite.
echo	Soll die Paginierung auch tatsächlich ausgegeben werden, oder möchten Sie sie vielleicht nur in einer Variablen speichern? Standardwert ist hier 1.

Tabelle 4.1 Bedeutung der Paginierungsparameter

Nun haben Sie die Möglichkeit, Ihre statischen Seiten auf mehrere Seiten zu verteilen. Über die gerade eingeflochtene Paginierung können Sie dann zwischen den Seiten hin- und hernavigieren. Jetzt bleibt noch eine Frage offen: Wie macht man eigentlich mehrseitige Unterseiten? Das funktioniert über ein sogenanntes *Quicktag*: <!--nextpage-->. Fügen Sie dies in der HTML-Ansicht (!) Ihres Editors in Ihren Seitentext an den Stellen ein, an denen Sie sich einen Seitenumbruch wünschen. Beispielhaft sehen Sie dies in Abbildung 4.14.

Wenn Sie dann in die visuelle Ansicht zurückwechseln, werden Sie sehen, dass WordPress genau weiß, was Sie mit dem Quicktag gemeint haben (siehe Abbildung 4.15).

Abbildung 4.14 Fügen Sie das Quicktag in der HTML-Ansicht in Ihren Editor ein.

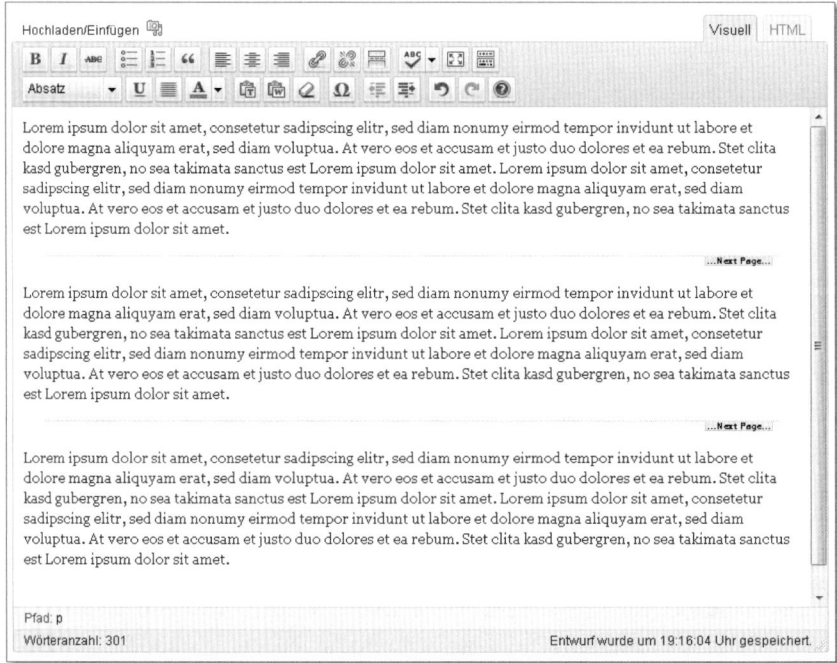

Abbildung 4.15 In der visuellen Ansicht wurden die Quicktags durch grafische Platzhalter ersetzt – ein Zeichen, dass es funktioniert hat.

Testen Sie die Paginierung ruhig, indem Sie eine neue statische Seite anlegen (Abbildung 4.16). Da bislang noch kein Menü existiert, müssten Sie diese aber testweise per Direkt-URL in Ihrem Browser aufrufen.

Abbildung 4.16 Die statische Seite samt Paginierung

single.php – die Einzelansicht Ihrer Blogbeiträge

Die Einzelansicht eines Blogartikels ist eine Mischung aus der *index.php* und der *page.php*. Es ist nur nötig, einen einzigen Beitrag anzuzeigen. Dieser enthält aber üblicherweise etwas mehr Informationen als eine statische Seite. In dem Beispiel in Listing 4.13 übernehme ich die Zeile mit den Meta-Informationen über den Artikel mit in die Einzelansicht. Hinzu kommt noch eine Anzeige der Tags.

```
01    <?php get_header(); ?>

02    <?php if ( have_posts() ) :
      while ( have_posts() ) : the_post(); ?>
03    <div class="entry">
04        <h1><?php the_title(); ?></h1>
05        <p class="blogmeta"><?php the_author_posts_link(); ?>
          <a href="<?php bloginfo('url'); ?>/archiv/">
```

```
        <?php the_time("d.m.Y"); ?></a>
        <?php the_category(', '); ?>
        <?php comments_popup_link('Keine Kommentare',
        '1 Kommentar','% Kommentare','',
        'Kommentare geschlossen'); ?></p>
06      <?php the_content('Weiterlesen...'); ?>
07      <p class="tags">Tags:
        <?php the_tags( '', ' &bull; ', '' ); ?>
08  </div>

09      <?php $args = array(
10          'before'            => '<p>' . __('Seiten:'),
11          'after'             => '</p>',
12          'link_before'       => '',
13          'link_after'        => '',
14          'next_or_number'    => 'number',
15          'nextpagelink'      => 'Nächste Seite',
16          'previouspagelink'  => 'Vorige Seite',
17          'pagelink'          => '%',
18          'more_file'         => '',
19          'echo'              => 1 ); ?>
20      <?php wp_link_pages( $args ); ?>

21  <?php endwhile; endif; ?>

22  <!-- Kommentarfunktion -->

23  <?php get_sidebar(); ?>
24  <?php get_footer(); ?>
```

Listing 4.13 Die vollständige single.php (wird später erweitert)

Die Zeilen 03 bis 07 sind, wie angekündigt, ein klein wenig angepasst. Der Beitragstitel ist im Gegensatz zur *index.php* nun Link-frei und in ein <h1>-Tag eingekleidet.
Die Artikelmetadaten sind erhalten geblieben. Hinzugekommen ist in Zeile 07 die
Ausgabe der zum Artikel gehörigen Tags. Dies geschieht über die Funktion the_tags(
'', ' • ', ''), die drei Parameter übergeben bekommt. Der erste bestimmt, was
vor dem Tags-Bereich ausgegeben werden soll, der dritte, was danach stehen soll. Der
zweite Parameter legt das Trennzeichen fest (siehe auch Abbildung 4.17).

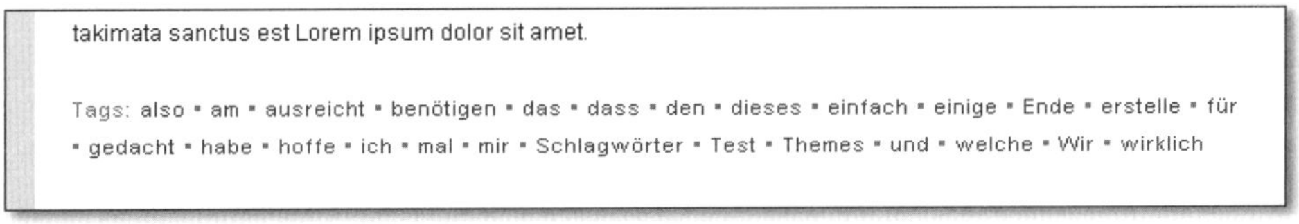

takimata sanctus est Lorem ipsum dolor sit amet.
Tags: also • am • ausreicht • benötigen • das • dass • den • dieses • einfach • einige • Ende • erstelle • für • gedacht • habe • hoffe • ich • mal • mir • Schlagwörter • Test • Themes • und • welche • Wir • wirklich

Abbildung 4.17 Die Tag-Funktion. Aufgabe: Bilden Sie einen sinnvollen Satz aus den oben gezeigten Stichworten.

In den Zeilen 09 bis 20 finden Sie die von der *page.php* bekannte Paginierung, falls Sie mehrseitige Artikel planen. Für nähere Informationen verweise ich Sie an dieser Stelle auf die Erläuterungen im Rahmen der *page.php*. In Zeile 22 zeigt Ihnen ein Platzhalter, wo später noch die Kommentarfunktion ihren Platz finden soll. Das Ergebnis sieht dann so aus, wie in Abbildung 4.18.

FICTITIOUS/COMPANY
WIR LASSEN SIE NICHT
IM REGEN STEHEN...
Testartikel Nr. 3
Alexander Hetzel
14.08.2011
Allgemein
Keine Kommentare
Lorem ipsum dolor sit amet, consetetur sadipscing elitr, sed diam nonumy eirmod tempor invidunt ut labore et dolore magna aliquyam erat, sed diam voluptua. At vero eos et accusam et justo duo dolores et ea rebum. Stet clita kasd gubergren, no sea takimata sanctus est Lorem ipsum dolor sit amet. Lorem ipsum dolor sit amet, consetetur sadipscing elitr, sed diam nonumy eirmod tempor invidunt ut labore et dolore magna aliquyam erat, sed diam voluptua. At vero eos et accusam et justo duo dolores et ea rebum. Stet clita kasd gubergren, no sea takimata sanctus est Lorem ipsum dolor sit amet.
Tags: also • am • ausreicht • benötigen • das • dass • den • dieses • einfach • einige • Ende • erstelle • für • gedacht • habe • hoffe • ich • mal • mir • Schlagwörter • Test • Themes • und • welche • Wir • wirklich
KATEGORIEN
AUS DEM BLOG
ÜBER UNS
EINE KLEINE TAGCLOUD
KOMMENTARE

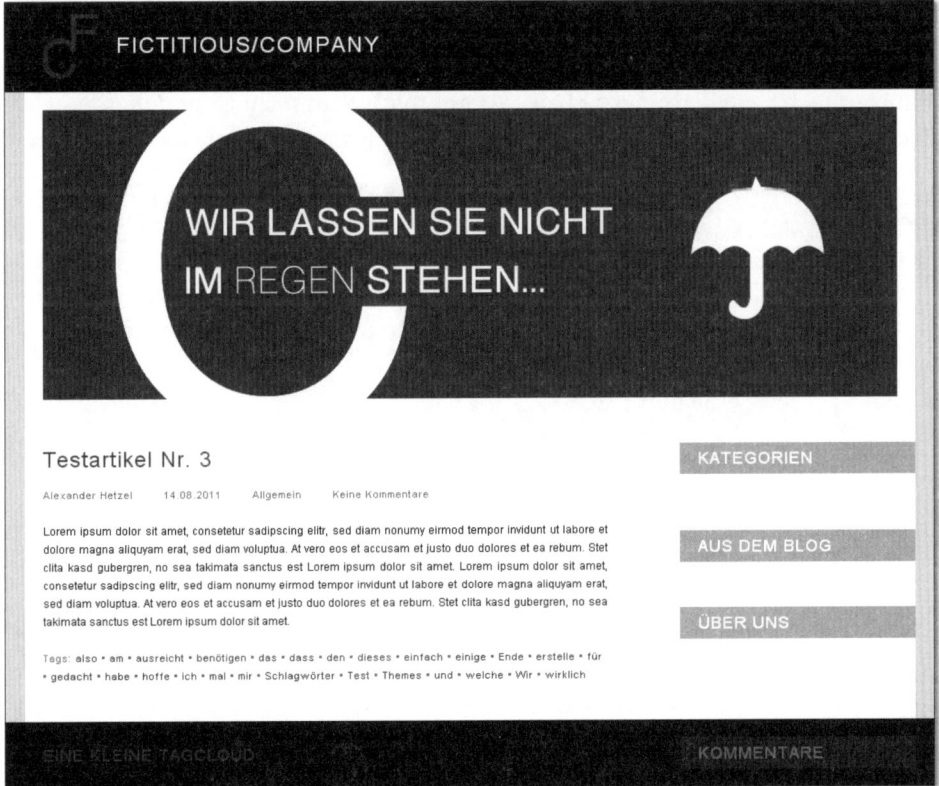

Abbildung 4.18 Die single.php in Aktion

404.php – wenn mal eine Seite fehlt

Ich hatte Ihnen etwas früher in diesem Kapitel versprochen, dass die *404.php* die *page.php* an Schlichtheit noch überbieten wird. Sehen Sie selbst (Listing 4.14):

```
01    <?php get_header(); ?>

02    <div class="entry">
03        <h1>404 - Seite nicht gefunden</h1>
04        <p>Leider konnte die von Ihnen angeforderte Seite nicht
          gefunden werden.</p>
05    </div>

06    <?php get_sidebar(); ?>
07    <?php get_footer(); ?>
```

Listing 4.14 Die vollständige 404.php

Sie ist so einfach, weil sie – abgesehen von der Einbindung des HTML-Gerüsts – keinerlei dynamische Elemente benötigt. Sowohl Titel als auch Text können Sie getrost
direkt in den Quelltext schreiben. Allerdings haben Sie die Möglichkeit, die Seite nicht
ganz so trostlos wie in meinem Beispiel in Abbildung 4.19 zu gestalten. Bieten Sie Ihren
Besuchern doch einfach ein paar Links als Alternative zur nicht gefundenen Seite an.
So stellen Sie sicher, dass die meisten Besucher nicht sofort wieder das Weite suchen.

Abbildung 4.19 Die 404-Fehlerseite steht in interessantem Kontrast zu dem Slogan auf
dem darüber prangenden Banner ...

archive.php und archives.php – ein Archiv für die verstaubten Artikel

Wenn der Archivinhalt eines bestimmten Zeitraums angezeigt werden soll, dann bindet WordPress die Datei *archive.php* ein. Im Rahmen dieses Beispiels wird aber eine weitere Datei benötigt, die zunächst einmal die verschiedenen Monate auflistet, in denen überhaupt Artikel geschrieben worden sind. Diese können Sie, daran angelehnt, einfach *archives.php* nennen oder ihr einen Namen Ihrer Wahl geben. Sie wird als Template fungieren, welches Sie in einem späteren Schritt einer statischen Seite zuweisen werden.

Entwerfen Sie zunächst die *archives.php*, also die Template-Datei. Denn als Erstes benötigen Sie schließlich eine Auflistung der Monate, die Sie dann anschließend anklicken können, um zur Darstellung der *archive.php* zu gelangen. In Listing 4.15 sehen Sie ihren Aufbau:

```
01   <?php
02   /*
03   Template Name: Archiv
04   */
05   ?>
06   <?php get_header(); ?>

07   <?php if ( have_posts() ) :
     while ( have_posts() ) : the_post(); ?>

08   <div class="entry">
09       <h1>Archiv</h1>
10       <ul class="archiv">
11           <?php wp_get_archives('type=monthly'); ?>
12       </ul>
13   </div>

14   <?php endwhile; endif; ?>

15   <?php get_sidebar(); ?>
16   <?php get_footer(); ?>
```

Listing 4.15 Die vollständige archives.php

Am Anfang der *archives.php* steht ein PHP-Kommentar, der unabdingbar ist. Er leitet nämlich das Template ein und macht es für WordPress als solches erkennbar. Welchen Namen Sie dem Template geben, ist letztlich aber Ihre Sache. Wichtig ist die Auflistung der Monate, die die Funktion wp_get_archives('type=monthly') in Zeile 11 übernimmt. Sie können den Parameter aber auch nach Wunsch in yearly, weekly oder auch daily abändern, wenn das besser zu Ihrem Blog passt. Durch die Funktion werden alle Monate, in denen ein Blogartikel veröffentlicht worden ist, im Listenformat ausgegeben.

Dieses Template müssen Sie aber nun noch einer statischen Seite zuweisen, damit Sie es auch aufrufen können. Gehen Sie hierzu ins Backend, erstellen Sie eine neue Seite namens »Archiv«, und wählen Sie die gerade erstellte Datei als Template aus (siehe Abbildung 4.20).

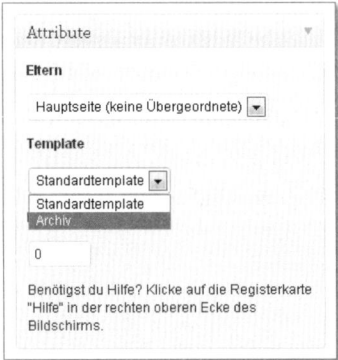

Abbildung 4.20 Wählen Sie das Template »Archiv« aus.

Erstellen Sie am besten gleich ein paar Blogartikel älteren Datums, um das Ganze zu testen. Es sollte dann etwa so aussehen wie in Abbildung 4.21.

Abbildung 4.21 Die Darstellung des Archivs in der archives.php

Nun zur *archive.php* (ohne »s«). Sie wird immer dann eingebunden, wenn jemand auf einen der Monate in Abbildung 4.21 klickt. Sie sieht wie in Listing 4.16 aus:

```
01    <?php get_header(); ?>

02    <h1 class="archive">Archiv:
      <?php single_month_title( ' ', true ); ?></h1>

03    <?php if ( have_posts() ) :
      while ( have_posts() ) : the_post(); ?>

04    <div class="entry">
05        <h2><a href="<?php the_permalink(); ?>" title="Lesen Sie
          &quot;<?php the_title(); ?>&quot;
          vollständig"><?php the_title(); ?></a></h2>
06        <p class="blogmeta"><?php the_author_posts_link(); ?>
          <a href="<?php bloginfo('url'); ?>/archiv/">
          <?php the_time("d.m.Y"); ?></a>
          <?php the_category(', '); ?>
          <?php comments_popup_link('Keine Kommentare',
          '1 Kommentar','% Kommentare','',
          'Kommentare geschlossen'); ?></p>
07        <?php the_content('Weiterlesen...'); ?>
08    </div>

09    <?php endwhile; else: ?>
10    <p>Es wurden leider keine Beiträge gefunden.</p>
11    <?php endif; ?>

12    <p><?php posts_nav_link(' | ','&laquo; Ältere Artikel',
      'Neuere Artikel &raquo;'); ?></p>

13    <?php get_sidebar(); ?>
14    <?php get_footer(); ?>
```

Listing 4.16 Die vollständige archive.php

In Zeile 02 wird zunächst der Monat des Archivs ausgegeben, das gerade angezeigt wird. Dies regelt die Funktion single_month_title(' ', true). Der erste Parameter ist das Trennzeichen, was sowohl vor dem Namen des Monats als auch vor der Jahreszahl eingebunden wird. Der zweite Parameter legt fest, ob der Titel ausgegeben werden soll. Ja, bitte. Es folgt eine Loop, wie Sie sie von der *index.php* her kennen. Das Resultat sehen Sie in Abbildung 4.22.

Abbildung 4.22 Nun werden nur die Artikel des jeweiligen Monats angezeigt.

Tipp

Sie können sich die zusätzliche Template-Datei *archives.php* sparen, wenn Sie die Auflistung der Monate beispielsweise in Ihre Sidebar oder Ihren Footer integrieren. Das funktioniert genau wie in der *archives.php* mit der Funktion wp_get_archives().

attachment.php – wenn eine Datei angezeigt werden soll

Eine der am seltensten genutzten Dateien ist zugegebenermaßen die *attachment. php*. Sie ist dafür da, ein einzelnes Bild oder eine andere eingebundene Datei in irgendeiner Form darzustellen. Darauf können Sie in den meisten Fällen zwar verzichten, zeigen möchte ich sie Ihnen aber trotzdem. Ihr Aufbau ist nicht ganz so einfach wie bei anderen Dateien, wie Sie in Listing 4.17 sehen:

```
01    <?php get_header(); ?>

02    <?php if ( have_posts() ) :
      while ( have_posts() ) : the_post(); ?>

03    <div class="entry">
04        <h1><?php the_title(); ?></h1>
05        <?php the_content('Weiterlesen...'); ?>

06        <?php
07            $metadata = wp_get_attachment_metadata();

08            // Datei ist ein Bild
09            if ( wp_attachment_is_image() ) {
10            $content_width = 620; // Maximale Breite des
              Content-Bereichs in Pixeln
11            if ($metadata['width'] <= $content_width) {
12            $image_width = $metadata['width']; }
13            else { $image_width = $content_width; }
14            echo "<p><img src='" . wp_get_attachment_url() . "'
              width='" . $image_width . "' /></p>";
15            echo "<p>Das Originalbild hat die Größe
16            <a href=" . wp_get_attachment_url() . "
              title='Originalbild &quot;" . get_the_title() .
              "&quot;'>" . $metadata['width'] . " x " .
              $metadata['height'] . "</a> Pixel.</p>";
```

```
17          // Datei ist kein Bild
18          } else {
19          echo "Hier geht es zum Download der Datei &raquo; <a
            href='" . wp_get_attachment_url() . "'
            title='Download &quot;" . get_the_title() .
            "&quot;'>" .
20          get_the_title() . "</a>.";
21          }
22      ?>
23  </div>

24  <?php endwhile; endif; ?>

25  <?php get_sidebar(); ?>
26  <?php get_footer(); ?>
```

Listing 4.17 Die vollständige attachment.php

Das Script von Zeile 06 bis 22 holt sich zunächst alle Informationen über die Datei, die nun angezeigt werden soll (das geschieht über die Funktion wp_get_attachment_metadata() in Zeile 07). Ist es ein Bild, wird der Code von Zeile 08 bis 16 ausgeführt, andernfalls der Code von Zeile 17 bis 21.

Das Einzige, was Sie an diesem Script anpassen müssen, ist die Zeile 10. Wenn Sie ein eigenes Theme entwickeln, legen Sie hier die Größe des Content-Bereichs in Pixeln fest. Denn das ist automatisch die maximale Breite des Bildes in der vergrößerten Ansicht. Daraufhin wird das Bild dann in der entsprechenden Größe angezeigt. Darunter wird noch ein Link zum Originalbild platziert, der auch die Maße des Originalbildes enthält. Ist die Datei kein Bild, so wird ein einfacher Downloadlink angeboten.

Um die Funktion zu testen, müssen Sie natürlich zunächst einmal ein Bild in einen Artikel einbinden. Achten Sie darauf, bei der URL die Artikel-URL zu wählen (wie in Abbildung 4.23 zu sehen).

Abbildung 4.23 Wählen Sie die Artikel-URL aus, wenn Sie möchten, dass die attachment.php bei einem Klick auf das Bild aufgerufen wird.

Eine Einbindung des Bildes wie hier sieht dann aus wie in Abbildung 4.24.

Abbildung 4.24 Wenn Sie auf das Bild im Artikel klicken, gelangen Sie zur Anzeige der attachment.php.

Durch einen Klick auf das Bild erscheint die Seite, die Sie in Abbildung 4.25 sehen.

Wie gesagt, ist diese *attachment.php* wirklich optional, weshalb Sie nicht allzu viel Zeit darauf verwenden sollten. Wenn man Dateien zum Download anbietet, setzt man ohnehin auf ein richtiges Download-Archiv. Und wenn man für Bilder eine Zoomfunktion anbieten will, gibt es dafür auch bessere Plugins, zum Beispiel *Lightbox Plus* (*http://wordpress.org/extend/plugins/lightbox-plus/*).

Abbildung 4.25 Das Bild wird nun so groß dargestellt, wie es der Content-Bereich noch ermöglicht. Darunter finden Sie einen Link zum Originalbild.

author.php – nur die Beiträge eines Autors anzeigen

In WordPress gibt es verschiedene Arten von Archiven. Je mehr Sie davon Ihren Besuchern zur Verfügung stellen, auf desto mehr Wegen können Ihre Artikel von diesen auch gefunden werden. Eines dieser Archive ist das Autorenarchiv. Hierüber können sich die Besucher die Artikel nur eines bestimmten Autors anzeigen lassen. So etwas werden Sie nun programmieren (Listing 4.18). Außerdem wird dort auch ein kleiner Text über den Autor zu finden sein.

```php
01   <?php get_header(); ?>

02   <?php $curauth = (isset($_GET['author_name'])) ?
     get_user_by('slug', $author_name) :
     get_userdata(intval($author)); ?>

03   <h1 class="archive">Autor:
     <?php echo $curauth->display_name; ?></h1>
04   <p><em><?php echo $curauth->description; ?></em></p>

05   <?php if ( have_posts() ) :
     while ( have_posts() ) : the_post(); ?>

06   <div class="entry">
07       <h2><a href="<?php the_permalink(); ?>" title="Lesen Sie
         &quot;<?php the_title(); ?>&quot;
         vollständig"><?php the_title(); ?></a></h2>
08       <p class="blogmeta"><?php the_author_posts_link(); ?>
         <a href="<?php bloginfo('url'); ?>/archiv/">
         <?php the_time("d.m.Y"); ?></a>
         <?php the_category(', '); ?>
         <?php comments_popup_link('Keine Kommentare',
         '1 Kommentar','% Kommentare','',
         'Kommentare geschlossen'); ?></p>
09       <?php the_content('Weiterlesen...'); ?>
10   </div>

11   <?php endwhile; else: ?>
12   <p>Es wurden leider keine Beiträge gefunden.</p>
13   <?php endif; ?>

14   <p><?php posts_nav_link(' | ','&laquo; Ältere Artikel',
     'Neuere Artikel &raquo;'); ?></p>

15   <?php get_sidebar(); ?>
16   <?php get_footer(); ?>
```

Listing 4.18 Die vollständige author.php

Die *author.php* beginnt in Zeile 02 mit einer Abfrage über die Daten desjenigen Autors, dessen Archivseite gerade aufgerufen worden ist. All diese Daten werden als Objekt in $curauth angelegt.

Die Funktion get_user_by() ist sehr nützlich, um auf verschiedenen Wegen an die Daten eines Nutzers zu kommen. Sie können – wie hier im Beispiel – mittels des Nutzer-Slugs (slug, einer Kurzform des Namens) auf die Daten zugreifen, aber auch mittels der E-Mail-Adresse (email) oder des Benutzernamens (login). Hierfür muss aber natürlich eine dieser Informationen bekannt sein. Sollte dies nicht der Fall sein, wird alternativ über die Funktion get_userdata() mittels der ID auf die Daten zugegriffen.

Die eingeschobene PHP-Funktion intval() sorgt übrigens nur dafür, dass auch wirklich ein sogenannter *Integer-Wert*, also eine reine Ganzzahl (keine Fließkommazahl oder gar Buchstaben oder Zeichen) übergeben werden und hat lediglich Sicherheitsgründe.

Sie können dieses Objekt nun nutzen, um zum Beispiel in Zeile 03 den Namen des Autors ($curauth->display_name) oder in Zeile 04 dessen Kurzbiografie ($curauth->description) anzeigen zu lassen. Das Objekt $curauth enthält aber noch wesentlich mehr Informationen. Die brauchbarsten davon finden Sie in Tabelle 4.2.

Eigenschaften des Objekts	Bedeutung
$curauth->ID	ID des Autors
$curauth->user_email	E-Mail-Adresse des Autors
$curauth->user_url	Webadresse des Autors
$curauth->display_name	Anzeigename des Autors
$curauth->first_name	Vorname des Autors
$curauth->last_name	Nachname des Autors
$curauth->nickname	Spitzname des Autors
$curauth->description	Biografie des Autors
$curauth->aim	Instant-Messenger-Kontakt »AIM« des Autors
$curauth->yim	Instant-Messenger-Kontakt »Yahoo IM« des Autors
$curauth->jabber	Instant-Messenger-Kontakt »Jabber/Google Talk« des Autors

Tabelle 4.2 Informationen des Objekts »$curauth«

Wenn es fertig ist, sieht das Ganze aus wie in Abbildung 4.26.

Abbildung 4.26 Das Autorenarchiv inklusive Kurzbeschreibung

category.php – das Kategoriearchiv

Das Kategoriearchiv ist nichts anderes als das Autorenarchiv, nur dass eben nach Kategorien sortiert wird. Auch hier soll unter dem Titel der Kategorie noch eine kleine Beschreibung Platz finden (Listing 4.19).

```
01    <?php get_header(); ?>

02    <h1 class="archive">Kategorie:
      <?php single_cat_title(); ?></h1>
03    <?php echo category_description(); ?>

04    <?php if ( have_posts() ) :
      while ( have_posts() ) : the_post(); ?>
```

```
05    <div class="entry">
06        <h2><a href="<?php the_permalink(); ?>" title="Lesen Sie
          &quot;<?php the_title(); ?>&quot;
          vollständig"><?php the_title(); ?></a></h2>
07        <p class="blogmeta"><?php the_author_posts_link(); ?>
          <a href="<?php bloginfo('url'); ?>/archiv/">
          <?php the_time("d.m.Y"); ?></a>
          <?php the_category(', '); ?>
          <?php comments_popup_link('Keine Kommentare',
          '1 Kommentar','% Kommentare','',
          'Kommentare geschlossen'); ?></p>
08        <?php the_content('Weiterlesen...'); ?>
09    </div>

10    <?php endwhile; else: ?>
11    <p>Es wurden leider keine Beiträge gefunden.</p>
12    <?php endif; ?>

13    <p><?php posts_nav_link(' | ','&laquo; Ältere Artikel',
      'Neuere Artikel &raquo;'); ?></p>

14    <?php get_sidebar(); ?>
15    <?php get_footer(); ?>
```

Listing 4.19 Die vollständige category.php

Den Titel der aktuellen Kategorie können Sie direkt über die Funktion `single_cat_title()` ausgeben lassen. Für die Kategoriebeschreibung gibt es das Äquivalent in Form von `category_description()`. Diese gibt allerdings automatisch schon einen HTML-Absatz mit aus, so dass Sie kaum Möglichkeiten haben, diesen gezielt über eine Klasse zu formatieren. Binden Sie ihn dafür zum Beispiel in einen `<div>`-Bereich ein, und sprechen Sie den Absatz dann als untergeordnetes Element darüber an, wenn Sie die Formatierung anpassen möchten.

Der Rest des Codes kommt Ihnen vermutlich schon bekannt vor und wahrscheinlich zu den Ohren heraus. Aber ich hatte Sie gewarnt: Es gibt viel Copy & Paste …

Wie in Abbildung 4.27 sieht das Ganze dann aus.

Abbildung 4.27 Das Kategoriearchiv für die Kategorie »Allgemein«

tag.php – das Stichwortarchiv

Das Tag-Archiv ist praktisch das Kategoriearchiv in Grün. Sie können die *category. php* hier gut kopieren und in *tag.php* umbenennen. Passen Sie ein paar Kleinigkeiten an, und schon ist sie fertig (Listing 4.20):

```
01    <?php get_header(); ?>

02    <h1 class="archive">Tag: <?php single_tag_title(); ?></h1>
03    <?php echo tag_description(); ?>

04    <?php if ( have_posts() ) :
      while ( have_posts() ) : the_post(); ?>
```

```
05    <div class="entry">
06        <h2><a href="<?php the_permalink(); ?>" title="Lesen Sie
          &quot;<?php the_title(); ?>&quot;
          vollständig"><?php the_title(); ?></a></h2>
07        <p class="blogmeta"><?php the_author_posts_link(); ?>
          <a href="<?php bloginfo('url'); ?>/archiv/">
          <?php the_time("d.m.Y"); ?></a>
          <?php the_category(', '); ?>
          <?php comments_popup_link('Keine Kommentare',
          '1 Kommentar','% Kommentare','',
          'Kommentare geschlossen'); ?></p>
08        <?php the_content('Weiterlesen...'); ?>
09    </div>

10    <?php endwhile; else: ?>
11    <p>Es wurden leider keine Beiträge gefunden.</p>
12    <?php endif; ?>

13    <p><?php posts_nav_link(' | ','&laquo; Ältere Artikel',
      'Neuere Artikel &raquo;'); ?></p>

14    <?php get_sidebar(); ?>
15    <?php get_footer(); ?>
```

Listing 4.20 Die vollständige tag.php

Zeilen 02 und 03: Aus `single_cat_title()` wird `single_tag_title()` und aus `category_description()` wird `tag_description()`. Mehr müssen Sie im Prinzip nicht tun, um aus dem Kategoriearchiv ein Tag-Archiv zu machen. Und so wie in Abbildung 4.28 sieht es aus.

Dass sie die Kategorie- und die Tagseite gleich gestalten können, heißt übrigens nicht, dass Sie es müssen. Deshalb existieren in WordPress ja gerade zwei Dateien hierfür. Es ist nur einfach so, dass man aufgrund der großen inhaltlichen Ähnlichkeit zwischen Kategorien und Tags hier oftmals auf das gleiche Layout setzt. Seien Sie hier aber ruhig kreativ. Stellen Sie sich die Frage: Wenn ich nach Beiträgen einer Kategorie suche, wie könnte ich mein Ziel am einfachsten erreichen? Und wenn ich nach Beiträgen zu einem Tag suche, könnte mir da eine andere Darstellung möglicherweise hilfreicher sein? Ein Anknüpfungspunkt an dieser Stelle wäre zum Beispiel, dass man durch eine auffallend andere Gestaltung als Nutzer sofort wüsste, ob man sich gerade in der Kategorie »Suchmaschinenoptimierung« befindet oder bei dem Tag (denn das kann ja mitunter unterschiedliche Ergebnisse oder Erwartungen hervorrufen).

Abbildung 4.28 Das Tag-Archiv am Beispiel des Stichwortes »Themes«

search.php – die Suchergebnisse anzeigen

Die Suchfunktion in WordPress besteht logischerweise aus zwei Teilen: dem Suchfeld und der Suchergebnisseite. Damit Besucher auf der Beispiel-Website überhaupt suchen können, muss dort zunächst ein Suchfeld integriert werden. Dieses Feld muss bestimmte Anforderungen erfüllen.

Hierzu öffnen Sie noch einmal die *sidebar.php*, um ihr über den Code aus Listing 4.21 ein Suchfeld hinzuzufügen:

```
01    <div class="widget">
02        <h6>Suche</h6>
03        <form role="search" method="get" id="searchform"
```

```
         action="<?php bloginfo('url'); ?>">
04            <input type="text" name="s" id="search-field" />
05            <input type="submit" value="suchen"
              id="search-button" />
06            <div class="clear"></div>
07        </form>
08    </div>
```

Listing 4.21 Die Suchfunktion in der sidebar.php

Für dieses Theme habe ich das Suchfeld noch in einen <div>-Bereich eingekleidet, wie er auch später für die Widgets verwendet wird. Das können Sie bei Ihrem eigenen Theme natürlich gerne weglassen. Ein echtes Widget ist die Suchfunktion in diesem Fall nämlich nicht.

Das <form>-Tag benötigt ein paar Elemente. Zum einen sollte das Attribut action auf <?php bloginfo('url'); ?> gesetzt werden, also auf die Startseite des Blogs. Zum anderen sollten Sie als method nur get verwenden. Das <input>-Eingabefeld muss außerdem den Namen s tragen. Bei dem Rest können Sie Ihrer Kreativität freien Lauf lassen.

Das Formular könnte dann mit ein wenig CSS so aussehen wie in Abbildung 4.29.

Abbildung 4.29 Das Suchformular in der Sidebar

Die Suchergebnisseite programmieren Sie in der *search.php*. Wenn diese nicht vorhanden ist, nimmt WordPress aber auch gerne die *index.php* als Alternative. Beides funktioniert, aber über die *search.php* können Sie die Ausgabe noch besser Ihren Wünschen anpassen. Zum Beispiel wie in Listing 4.22:

```
01    <?php get_header(); ?>

02    <h1 class="archive">Ihre Suche nach:
      &quot;<?php echo get_search_query(); ?>&quot;</h1>

03    <?php if ( have_posts() ) :
      while ( have_posts() ) : the_post(); ?>
04    <div class="entry">
05        <h2><a href="<?php the_permalink(); ?>" title="Lesen Sie
```

```
        &quot;<?php the_title(); ?>&quot;
        vollständig"><?php the_title(); ?></a></h2>
06      <p class="blogmeta"><?php the_author_posts_link(); ?>
        <a href="<?php bloginfo('url'); ?>/archiv/">
        <?php the_time("d.m.Y"); ?></a>
        <?php the_category(', '); ?>
        <?php comments_popup_link('Keine Kommentare',
        '1 Kommentar','% Kommentare','',
        'Kommentare geschlossen'); ?></p>
07      <?php the_content('Weiterlesen...'); ?>
08  </div>

09  <?php endwhile; else: ?>
10  <p>Es wurden leider keine Beiträge gefunden.</p>
11  <?php endif; ?>

12  <p><?php posts_nav_link(' | ','&laquo; Ältere Artikel',
    'Neuere Artikel &raquo;'); ?></p>

13  <?php get_sidebar(); ?>
14  <?php get_footer(); ?>
```

Listing 4.22 Die vollständige search.php

Gut, die Anpassung der *search.php* im Vergleich zur *index.php* ist marginal, aber nicht ganz unwichtig. In Zeile 02 wird der vom Besucher eingegebene Suchbegriff über die Funktion get_search_query() noch einmal ausgegeben. So kann er sehen, ob er sich zum Beispiel vertippt hat.

Sie können die Seite natürlich noch ganz individuell Ihren Wünschen anpassen. Wie wäre es zum Beispiel mit einem Text, der vor oder nach den Suchergebnissen angezeigt wird, für den Fall, dass der Besucher nichts Interessantes unter den Ergebnissen findet? Fügen Sie diesen einfach vor oder nach der Loop in die *search.php* ein.

[+]

Tipp

Sie können ganz leicht dafür sorgen, dass der eingegebene Suchbegriff nach dem Absenden im Suchfeld stehen bleibt (okay, streng genommen wird er erneut eingefügt). Bedienen Sie sich dabei einfach der Funktion get_search_query(), und fügen Sie folgendes Attribut dem Suchfeld in der *sidebar.php* hinzu:

(...) value="<?php echo get_search_query(); ?>" (...)

So wie in Abbildung 4.30 könnte die Suchergebnis-Seite schließlich aussehen.

Abbildung 4.30 Die Suche nach »Hallo« ergibt immerhin einen Treffer.

Sie haben es fast geschafft. Alle Inhaltstypen sind nun eigens für das Theme programmiert worden. Was fehlt, ist noch eine Kommentarfunktion sowie die Widgets für
Header, Sidebar und Footer.

4.3.3   Die Kommentarfunktion einbauen

Die Kommentarfunktion integrieren Sie in Ihr WordPress-Theme in drei Schritten.
Zunächst müssen Sie in der *single.php* den Kommentarbereich einbinden. Näher
ausgestalten können Sie diesen Bereich in der *comments.php*. Dort können Sie auch
das Layout des Kommentarformulars anpassen. Um das Layout der Kommentare zu
verändern, benötigen Sie eine eigene Funktion in der *functions.php*.

Anpassen der single.php

Um die Kommentarfunktion in die *single.php* einzubinden, entfernen Sie dort bitte den Platzhalter (sofern Sie einen gesetzt haben), und fügen Sie Folgendes am Ende der Datei ein – vor der Einbindung der Sidebar bzw. des Footers, aber nach der Loop:

```php
<?php comments_template(); ?>
```

Das war es schon: Die Funktion `comments_template()` erledigt erst einmal alles Übrige. Die Kommentarfunktion ist nun für die Einzelansicht aller Artikel eingebunden. Das Gleiche können Sie übrigens auch in der *page.php* machen, wenn Sie denn Seiten kommentierbar machen möchten.

Die Kommentarfunktion anpassen in der comments.php

Als Nächstes erstellen Sie die Datei *comments.php* und fügen den folgenden, zugegebenermaßen nicht ganz kurzen Code aus Listing 4.23 dort ein:

```
01    <div id="comments">
02    <?php if ( post_password_required() ) : ?>
03    <p class="nopassword">
      Bitte geben Sie das Passwort ein, um Kommentare zu lesen.</p>
04    </div>
05    <?php return; endif; ?>

06    <div id="content-form">
07    <?php
08    $fields =  array(

09        'author' => '<p class="comment-form-author">
10        <label for="author">Ihr Name
          <em>(erforderlich)</em></label>
11        <input id="author" name="author" type="text" value="' .
          esc_attr( $commenter['comment_author'] ) . '" size="30"
          ' . $aria_req . ' /></p>',

12        'email'  => '<p class="comment-form-email">
13        <label for="email">Ihre E-Mail-Adresse
          <em>(erforderlich, wird aber nicht
          veröffentlicht)</em></label>
14        <input id="email" name="email" type="text" value="' .
          esc_attr(  $commenter['comment_author_email'] ) . '"
          size="30"' . $aria_req . ' /></p>',

15        'url'    => '<p class="comment-form-url">
```

```
16      <label for="url">Ihre Website</label>
17      <input id="url" name="url" type="text" value="' .
        esc_attr( $commenter['comment_author_url'] ) . '"
        size="30" /></p>',
18    );

19    comment_form( array(
20        'fields' => apply_filters(
21                    'comment_form_default_fields', $fields ),
22        'label_submit' => 'Beitrag kommentieren',
23        'title_reply' => '<h6>Beitrag kommentieren</h6>',
24        'comment_notes_before' => '',
25        'comment_notes_after' => ''
26        ) );

27    ?>
28    </div>

29    <?php if ( have_comments() ) : ?>

30    <?php if ( get_comment_pages_count() > 1 &&
      get_option( 'page_comments' ) ) : ?>
31    <div class="navigation">
32    <div class="nav-previous">
      <?php previous_comments_link( '&laquo; Ältere
      Kommentare' ); ?></div>
33    <div class="nav-next">
      <?php next_comments_link( 'Neuere Kommentare &raquo;' ); ?>
      </div>
34    </div>
35    <?php endif; ?>

36    <div id="content-comments">
37        <h6>Alle Kommentare</h6>
38        <ul>
39        <?php
        wp_list_comments('type=all&callback=callback_comment');
        ?>
40        </ul>
41    </div>
```

```
42    <?php if ( ! comments_open() ) : ?>
43    <p class="nocomments">Die Kommentarfunktion ist leider
      deaktiviert.</p>
44    <?php endif; ?>

45    <?php endif; ?>
46    </div>
```

Listing 4.23 Die vollständige comments.php

Der Code der *comments.php* ist bei Weitem nicht so kompliziert, wie er auf den ersten Blick aussieht. In den Zeilen 02 bis 05 wird lediglich eine Vorkehrung für den Fall getroffen, dass der Beitrag passwortgeschützt ist und daher auch keine Kommentare ohne Passworteingabe angezeigt werden dürfen.

In den Zeilen 08 bis 18 wird ein $fields-Array erstellt, welches gleich dazu benutzt wird, das Aussehen des Kommentarformulars anzupassen. Sie weisen dem Array immer erst den Schlüssel in Form des Feldnamens des Kommentarformulars zu. Dann weisen Sie diesem Schlüssel einen Wert zu, der den HTML-Code des Feldes enthält. Zur Auswahl stehen die Felder author, email und url.

```
'author' -> '<p class="comment-form-author">

            <label for="author">Ihr Name
            <em>(erforderlich)</em></label>

            <input id="author" name="author"
            type="text" value="' .
            esc_attr( $commenter['comment_author'] ) . '"
            size="30" ' . $aria_req . ' /></p>'
```

Es ist hier maximal nötig, <label> ein wenig anzupassen. Alles andere lässt sich hervorragend mit CSS lösen. Von Zeile 19 bis 26 wird die Funktion comment_form() aufgerufen, die – Sie dachten es sich sicher schon – das Kommentarformular ausgibt. Vorher übergeben Sie dieser Funktion aber noch ein Array mit Parametern. Zunächst wird das soeben erstellte $labels-Array per Filter übergeben:

```
'fields' => apply_filters(
            'comment_form_default_fields', $fields )
```

Durch diesen Filter werden die Standardfelder des Formulars mit Ihren neuen überschrieben. Danach folgen noch ein paar weitere Parameter, die ebenfalls die Formularausgabe beeinflussen:

```
'label_submit' => 'Beitrag kommentieren',
'title_reply' => '<h6>Beitrag kommentieren</h6>',
'comment_notes_before' => '',
'comment_notes_after' => ''
```

Über `label_submit` bestimmen Sie, was auf dem Absenden-Button stehen soll. Die Überschrift des Formulars passen Sie über `title_reply` an. Üblicherweise gibt Word-Press vor dem Formular noch einen Hinweis aus, dass die E-Mail-Adresse nicht veröffentlicht wird, und nach dem Formular, welcher HTML-Code verwendet werden darf. Wenn Sie, wie ich, finden, dass das unnötig ist und das Formular nur aufbläht – oder wenn Sie bessere Ideen für Texte haben –, dann können Sie diese über `comment_notes_before` und `comment_notes_after` anpassen.

In Zeile 30 kommt dann endlich die Abfrage, ob überhaupt Kommentare für diesen Beitrag zur Verfügung stehen. Auf dem Fuße folgt die (optionale) Navigation für den Fall, dass Sie im Backend die Kommentare auf mehrere Seiten aufgeteilt haben:

```php
<?php if ( get_comment_pages_count() > 1 &&
    get_option( 'page_comments' ) ) : ?>
<div class="navigation">
<div class="nav-previous">
    <?php previous_comments_link( '&laquo; Ältere
    Kommentare' ); ?></div>
<div class="nav-next">
    <?php next_comments_link( 'Neuere Kommentare &raquo;' ); ?>
    </div>
</div>
<?php endif; ?>
```

Erst ab Zeile 36 von Listing 4.23 – um genau zu sein in Zeile 39 – werden tatsächlich die Kommentare ausgegeben, und zwar über die Funktion:

```php
wp_list_comments('type=all&callback=callback_comment')
```

Der `wp_list_comments()` übergeben Sie zum einen den Parameter `type` und setzen diesen auf `all`, damit nicht nur Kommentare, sondern auch Trackbacks angezeigt werden. Wichtig ist, dass Sie noch eine Callback-Funktion angeben. Denn nur so können Sie die Darstellung eines Kommentars auch selbst beeinflussen. Nämlich ganz leicht, indem Sie in der *functions.php* einfach eine Funktion mit dem Namen eben jenes Callbacks erstellen.

Am Ende der *comments.php* finden Sie noch eine Abfrage, ob Kommentare deaktiviert worden sind. Dies wird dem Besucher dann entsprechend ausgegeben.

Abbildung 4.31 vermittelt Ihnen den Eindruck, wie ein Kommentarformular aussehen könnte.

Abbildung 4.31 Sieht doch ganz schick aus, das Kommentarformular.

Die Darstellung der einzelnen Kommentare verändern

Um die Darstellung der einzelnen Kommentare anzupassen, erstellen Sie nun die
Datei *functions.php* in Ihrem Theme-Unterverzeichnis (sofern Sie dies nicht schon
getan haben) und fügen dort den folgenden Code aus Listing 4.24 als Grundgerüst
ein, den Sie später noch Ihren Wünschen anpassen können:

```
01   <?php
02   function callback_comment( $comment, $args, $depth ) {
03       $GLOBALS['comment'] = $comment; ?>
04       <li <?php comment_class(); ?>
           id="li-comment-<?php comment_ID() ?>">

05           <?php echo get_avatar( $comment, $size='64' ); ?>
06           <p class="comment-author">
             <?php echo get_comment_author_link(); ?></p>
07           <p class="comment-meta">
             <?php echo get_comment_date("d.m.Y"); ?>,
             <?php echo get_comment_time(); ?> Uhr</p>
```

```
08              <?php comment_text(); ?>
09              <div class="clear"></div>
10    <?php
11              }
12    ?>
```

Listing 4.24 Der Code für die Kommentarausgabe in der functions.php

Sie erstellen also zunächst wie in Zeile 02 eine sogenannte Callback-Funktion, die Sie ja zuvor in der *comments.php* schon eingebunden haben. Dieser müssen Sie die folgenden Parameterangaben gestatten: $comment, $args, $depth.

Die Kommentare werden als Listen-Item ausgegeben. In Zeile 05 konfigurieren Sie die Darstellung der Gravatare mittels der Funktion get_avatar(). Hier können Sie über den Parameter size noch die Größe in Pixeln festlegen. Wenn Sie keine Gravatare wünschen und diese im Backend deaktiviert haben, können Sie diese Zeile getrost löschen.

Der Name des Autors wird über die Funktion get_comment_author_link() ausgegeben. Er wird automatisch mit der angegebenen Webadresse verlinkt. Die Funktion get_comment_date("d.m.Y") gibt das Datum, die Funktion get_comment_time() die Uhrzeit des Kommentars aus. Die Ausgabe des Kommentartextes erledigt comment_text() für Sie.

Dieser Code wird nun immer dann verwendet, wenn ein Kommentar auf Ihrem Blog ausgegeben werden soll. Wenn Sie die Callback-Funktion weglassen (dann aber bitte auch aus der *comments.php* den entsprechenden Parameter entfernen), wird Word-Press seine eigene Standardausgabe verwenden. Und die Ausgabe, wie der Nutzer sie sieht, zeigt Abbildung 4.32.

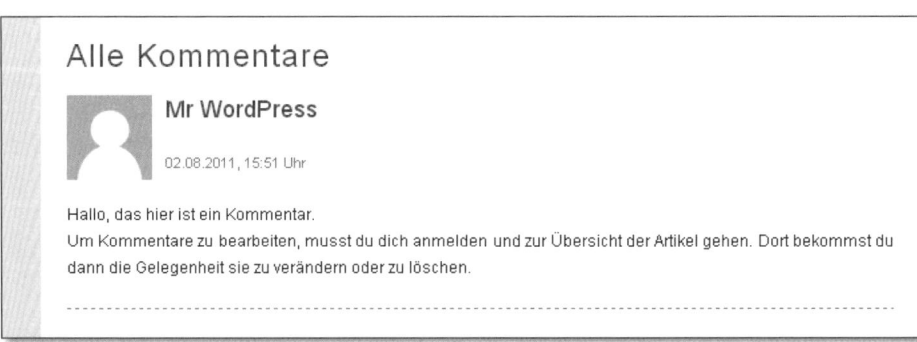

Abbildung 4.32 Ein einzelner Kommentar, ein wenig mit CSS gestaltet

Die Gesamtkomposition aus Beitrag, Formular und Kommentar sieht in diesem Beispiel dann aus wie in Abbildung 4.33.

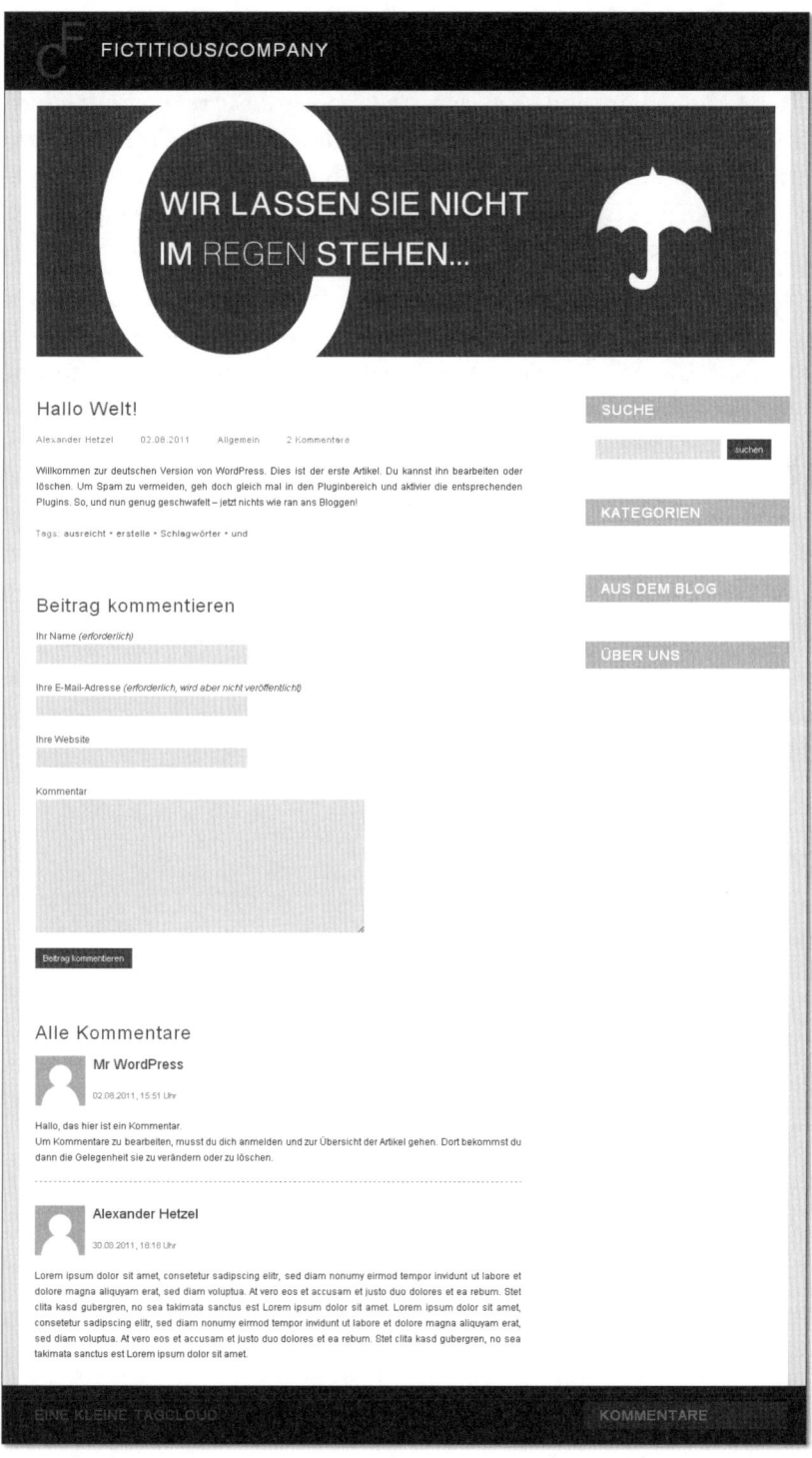

Abbildung 4.33 Die komplette Ansicht eines Beitrags mit Kommentarfunktion

4.3.4   Das Theme Widget-fähig machen

Bislang hat Ihr Blog noch kein Menü, keine Auflistung der Kategorien, der letzten Beiträge, der letzten Kommentare und noch keine Tagcloud. In diesem Abschnitt lernen Sie, wie Sie genau das ändern können. Der Reihe nach werden Sie die Widgets zur *header.php*, *sidebar.php* und *footer.php* hinzufügen und so Ihr Blog vervollständigen. Das Schöne an Widgets ist, dass Sie sie, sofern Sie sie einmal eingerichtet haben, ganz leicht aus dem Backend heraus anpassen können.

Insofern sind Widgets immer dann besonders gut geeignet, wenn jemand die Website später bedienen soll, der nicht so versiert ist wie Sie. Also zum Beispiel ein Kunde oder ein Käufer Ihres Themes. Diesen Aufwand geht man für sich selbst oft nicht ein. Da man ja auch weiß, dass Widgets die Website stärker verlangsamen, als wenn Sie die einzelnen Abfragen direkt in den Code schreiben würden. Aber seien wir ehrlich: Haben Sie nach zwei Jahren noch Lust, alten Code zu durchforsten, um eine Anpassung in Ihrer Sidebar vorzunehmen? Genau, vermutlich nicht. Deshalb sollten Sie den Einsatz von Widgets ruhig auch dann berücksichtigen, wenn Sie das Blog oder die Website nur für sich selbst aufsetzen. Die Geschwindigkeitseinbußen muss dann eben ein schnellerer Server wieder reinholen – oder eine ganze Serverfarm.

Sie müssen die Widget-Bereiche zunächst in der *functions.php* Ihres Themes deklarieren. Für dieses Beispiel-Theme benötigen Sie die Bereiche »Menu«, »Sidebar« und »Footer«. Legen Sie diese in der *functions.php* wie in Listing 4.25 an:

```
01    <?php

02    if ( function_exists('register_sidebar') ) {

03    register_sidebar(array( 'name' => 'Menu',
04                            'description' => '',
05                            'before_widget' =>
                              '<div class="widget">',
06                            'after_widget' => '</div>',
07                            'after_title' => '</h6>'));

08    register_sidebar(array( 'name' => 'Sidebar',
09                            'description' => '',
10                            'before_widget' =>
                              '<div class="widget">',
11                            'after_widget' => '</div>',
12                            'before_title' => '<h6>',
13                            'after_title' => '</h6>'));

14    register_sidebar(array( 'name' => 'Footer',
```

```
15                        'description' => '',
16                        'before_widget' =>
                          '<div class="widget">',
17                        'after_widget' => '</div>',
18                        'before_title' => '<h6>',
19                        'after_title' => '</h6>'));
20   }
21   ?>
```

Listing 4.25 Hinzufügen von Widget-Bereichen in der functions.php

Über die Funktion `register_sidebar()` werden alle drei Widget-Bereiche angelegt. Sie können dieser Funktion weitere Parameter als Array übergeben. Diese möchte ich Ihnen kurz in Tabelle 4.3 vorstellen.

Schlüssel	Wert
name	Name des Widgets (diesen benötigen Sie später noch, wenn Sie den registrierten Widget-Bereich in Ihr Theme an der entsprechenden Stelle einbauen möchten)
description	eine optionale Beschreibung des Widget-Bereichs, die später im Backend angezeigt wird
before_widget	HTML-Code, der *vor* jedem Widget eingebunden werden soll
after_widget	HTML-Code, der *nach* jedem Widget eingebunden werden soll
before_title	HTML-Code, der *vor* dem Titel eines jeden Widgets eingebunden werden soll
after_title	HTML-Code, der *nach* dem Titel eines jeden Widgets eingebunden werden soll

Tabelle 4.3 Parameter für die Registrierung von Widget-Bereichen

Erst wenn Sie den obigen Code in Ihre *functions.php* eingefügt haben, steht Ihnen im Backend unter DESIGN • WIDGETS eben dieser Bereich zur Verfügung. Zuvor erhalten Sie eine Fehlermeldung, dass keine Widgets in Ihrem Theme aktiviert seien. Damit etwaige Widgets aber auch angezeigt werden, müssen Sie zuvor noch die gerade registrierten Bereiche in Ihrem Theme verankern. WordPress weiß zwar nun, welche Bereiche Sie registriert haben, aber nicht, wo diese ihren Platz im Theme haben.

Das Menü einbinden

In der *header.php* befindet sich schon ein Platzhalter dort, wo das Menü vorgesehen ist. Wenn Sie in der *functions.php* den umliegenden HTML-Code für das Widget bereits mit registriert haben, dann benötigen Sie diesen in der *header.php* nun nicht mehr. Fügen Sie an der Stelle, an der das Menü erscheinen soll, einfach den Code aus Listing 4.26 ein:

```
01   <?php if ( !function_exists('dynamic_sidebar') ||
     dynamic_sidebar('Menu') ) : ?>
02   <?php endif; ?>
```

Listing 4.26 Der Widget-Bereich »Menü« in der header.php

Diesen Code können Sie immer überall dort verwenden, wo ein registrierter Widget-Bereich Ihrem Theme zugeordnet werden soll. Tauschen Sie dann einfach am Ende von Zeile 01 von der Funktion dynamic_sidebar() den Parameterwert 'Menu' durch den Namen des registrierten Widgets aus. Am Beispiel dieses Themes sieht der eingebundene Code dann so aus wie in Listing 4.27:

```
01   (...)
02   <div id="header">
03       <a href="<?php bloginfo('url'); ?>">
         <img src="<?php echo get_stylesheet_directory_uri(); ?>
         /images/logo.gif" width="61" height="73"
         alt="Fictitious Company"></a>
04       <span><a href="<?php bloginfo('url'); ?>">
         <?php bloginfo('name'); ?></a></span>
05       <?php if ( !function_exists('dynamic_sidebar') ||
         dynamic_sidebar('Menu') ) : ?>
06       <?php endif; ?>
07   </div>
08   (...)
```

Listing 4.27 Der <div>-Bereich »header« in der header.php mit eingefügtem Widget-Bereich

Nun erstellen Sie ein paar statische Seiten im Backend, mit denen Sie das Menü gleich füllen können. Hier bieten sich zum Beispiel die Seiten »Fictitious Company« (als Über-uns-Seite) und »Kontakt« an.

Begeben Sie sich jetzt im Backend zu DESIGN · MENÜS. Erstellen Sie dort nun zunächst ein neues Menü, wie sie es in Abbildung 4.34 sehen.

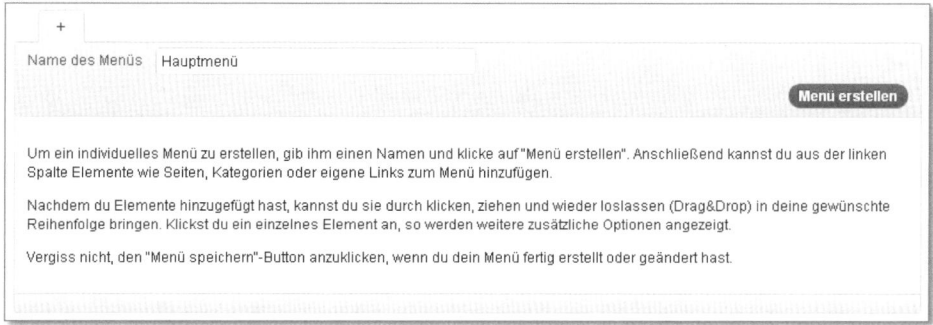

Abbildung 4.34 Ein neues Menü

Danach fügen Sie alle Seiten hinzu, die Sie im Hauptmenü haben möchten (Abbildung 4.35).

Abbildung 4.35 Hinzufügen der Unterseiten

Um einen Link zur Blogstartseite einzufügen, können Sie einen Link zum Menü hinzufügen (siehe Abbildung 4.36). Diesen müssen Sie allerdings entsprechend anpassen, wenn Ihr Blog später online geht.

Abbildung 4.36 Hinzufügen der Blogstartseite

Zu guter Letzt bringen Sie die Menüeinträge, wenn nötig, noch in die richtige Reihenfolge und speichern das Ganze ab (Abbildung 4.37).

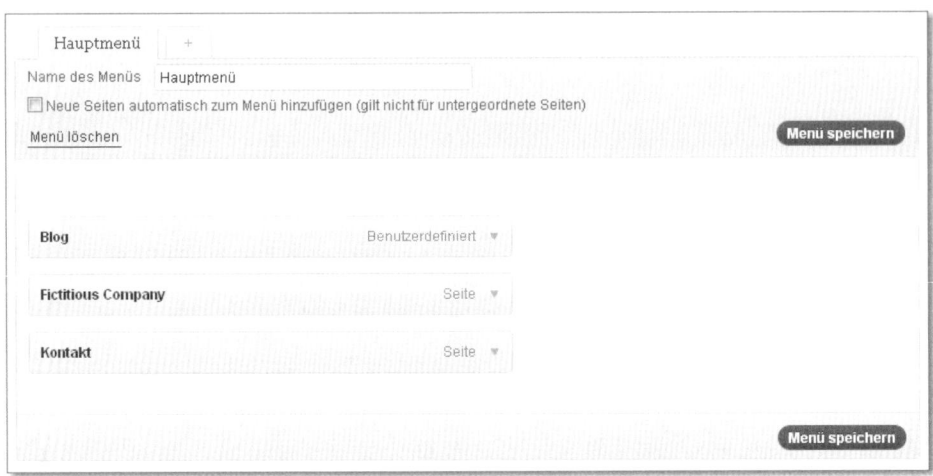

Abbildung 4.37 Schnell noch die Reihenfolge anpassen und abspeichern

Damit dieses Menü nun in Ihren Widget-Bereich eingebunden wird, gehen Sie bitte zunächst zu DESIGN • WIDGETS. Fügen Sie dort Ihrem Widget-Bereich MENÜ das sogenannte INDIVIDUELLE MENÜ hinzu. Lassen Sie den Titel einfach leer, wählen Sie das gerade erstellte Menü aus der Dropdown-Liste aus, und speichern Sie ab (Abbildung 4.38).

Abbildung 4.38 Das Menü zum Widget-Bereich hinzufügen

Durch einen Blick auf Ihr Blog im Frontend werden Sie sofort sehen, dass das Einbinden des Menüs hervorragend geklappt hat (Abbildung 4.39).

Abbildung 4.39 Das Menü lebt!

Die Sidebar anpassen

Die Sidebar soll schon ein paar mehr Widgets aufweisen als der Header. Aber trotzdem bleibt die Vorgehensweise nahezu gleich. Den Widget-Bereich haben Sie ja bereits in der *functions.php* registriert. Nun ist es erforderlich, auch diesen im Theme zu verankern, natürlich in der *sidebar.php*.

Falls Sie dieses Theme nachbauen, dann entfernen Sie dort nun die ganzen zuvor erstellen Widget-Bereiche (ausgenommen die Suchfunktion), und ersetzen Sie sie durch den folgenden Code aus Listing 4.28:

```
01   <?php if ( !function_exists('dynamic_sidebar') ||
     dynamic_sidebar('Sidebar') ) : ?>
02   <?php endif; ?>
```

Listing 4.28 Code, um den Widget-Bereich in der sidebar.php zu markieren

Zusammengefügt sieht die *sidebar.php* dann so aus wie in Listing 4.29:

```
01       </div>
02       <div id="sidebar">
03       <div class="widget">
04           <h6>Suche</h6>
05           <form role="search" method="get" id="searchform"
             action="<?php bloginfo('url'); ?>">
06               <input type="text" name="s"
                 id="search-field" value="<?php
                 echo get_search_query(); ?>" />
07               <input type="submit" value="suchen"
                 id="search-button" />
08               <div class="clear"></div>
09           </form>
10       </div>
11       <?php if ( !function_exists('dynamic_sidebar') ||
         dynamic_sidebar('Sidebar') ) : ?>
12       <?php endif; ?>
13       </div>
```

Listing 4.29 Die vollständige sidebar.php

Danach begeben Sie sich im Backend wieder zu Design • Widgets, um die Sidebar nach Ihren Wünschen auszugestalten. Um das geplante Theme-Design zu realisieren, benötigen Sie eine Auflistung der Kategorien, der letzten Artikel sowie einen kleinen individuellen Text. Diesen fügen Sie nun der Reihe nach dem Widget-Bereich Sidebar hinzu.

Fügen Sie zunächst das Widget KATEGORIEN in die Sidebar ein (Abbildung 4.40). Als Titel genügt das Wörtchen »Kategorien«, außerdem können Sie wahlweise noch den KATEGORIEN-ZÄHLER aktivieren, denn dann wird neben jeder Kategorie die Anzahl der darin enthaltenen Beiträge angezeigt. Die anderen beiden Optionen sind für dieses Design eher weniger zu gebrauchen.

Abbildung 4.40 Das Kategorien-Widget hinzufügen

Speichern Sie ab, und schauen Sie im Frontend, ob alles geklappt hat (wie in Abbildung 4.41).

Abbildung 4.41 Die Anzeige der Kategorien im Frontend

Als nächsten Schritt fügen Sie das Widget LETZTE ARTIKEL der Sidebar hinzu. Geben Sie diesem einen Titel – zum Beispiel »Aus dem Blog« –, und legen Sie die Anzahl der anzuzeigenden Blogartikel fest, beispielsweise wie in Abbildung 4.42.

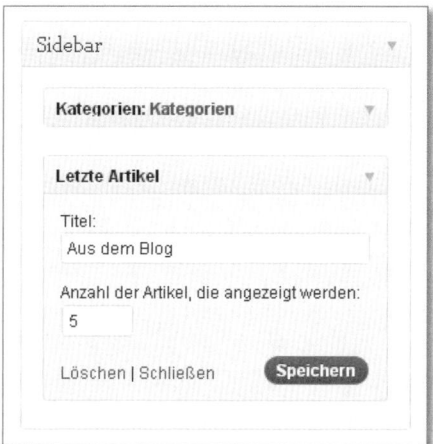

Abbildung 4.42 Die letzten Artikel als Widget hinzufügen

Ein Blick auf das Frontend verrät: Alles hat wunderbar geklappt (Abbildung 4.43).

Abbildung 4.43 Anzeige der letzten Blogbeiträge in der Sidebar

Als letztes Widget fehlt nun nur noch die Textbox mit dem kleinen Intro-Text. Fügen Sie hierzu das Widget TEXT der Sidebar hinzu (Abbildung 4.44).

Wie Sie auf Abbildung 4.44 sehen können, dürfen Sie hier auch gerne mit HTML arbeiten. Der eingebundene Link funktioniert beispielsweise einwandfrei. Auch der Rest wurde ordentlich umgesetzt (Abbildung 4.45).

Nun haben Sie die Sidebar endlich fertig eingerichtet. Sie können von nun an die Widgets nach Belieben austauschen und verändern, ohne dass dazu ein erneuter Eingriff in den Code nötig wäre.

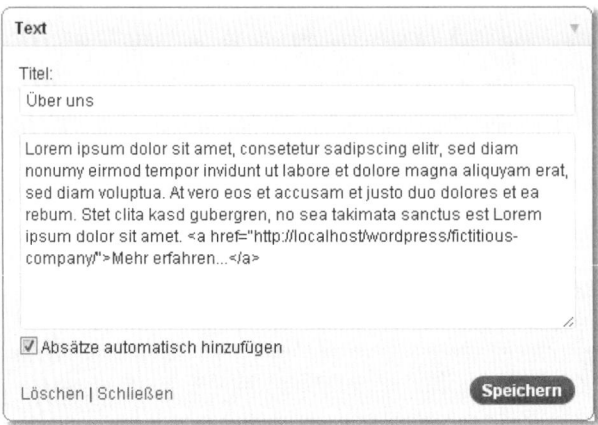

Abbildung 4.44 Ein Text-Widget zur Sidebar hinzufügen

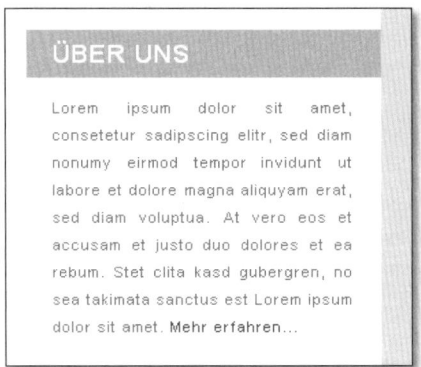

Abbildung 4.45 Das Text-Widget in Aktion

Den Footer mit Widgets bestücken

Schließlich muss auch der Footer noch »fit gemacht« werden. Ihm fehlen noch eine Tagcloud und eine Auflistung der letzten Kommentare, die im Blog abgegeben worden sind. Genau wie beim Menü und der Sidebar verankern Sie zunächst den Widget-Bereich im Theme, indem Sie den folgenden Code aus Listing 4.30 an der gewünschten Stelle in die *footer.php* einfügen:

```
01   <?php if ( !function_exists('dynamic_sidebar') ||
     dynamic_sidebar('Footer') ) : ?>
02   <?php endif; ?>
```

Listing 4.30 Widget-Code für die footer.php

Die vollständige *footer.php* sieht danach wie in Listing 4.31 aus:

```
01            <div class="clear"></div>
02        </div>
03    </div>
04    <div id="footer-bar">
05    <div id="footer">
06        <?php if ( !function_exists('dynamic_sidebar') ||
          dynamic_sidebar('Footer') ) : ?>
07        <?php endif; ?>
08        <div class="clear"></div>
09    </div>
10    </div>
11    </body>
12    </html>
```

Listing 4.31 Die vollständige footer.php

Begeben Sie sich nun ein letztes Mal ins Backend zu DESIGN · WIDGETS. Fügen Sie dem Widget-Bereich FOOTER nun zunächst das Widget SCHLAGWÖRTER-WOLKE hinzu (siehe Abbildung 4.46).

Fügen Sie Ihren Beiträgen testweise einige Tags hinzu, um zu sehen, ob die Einbindung geklappt hat (Abbildung 4.47).

Schlussendlich fügen Sie dem Footer noch das Widget LETZTE KOMMENTARE hinzu (Abbildung 4.48).

Abbildung 4.46 Die Tagcloud als Widget

217

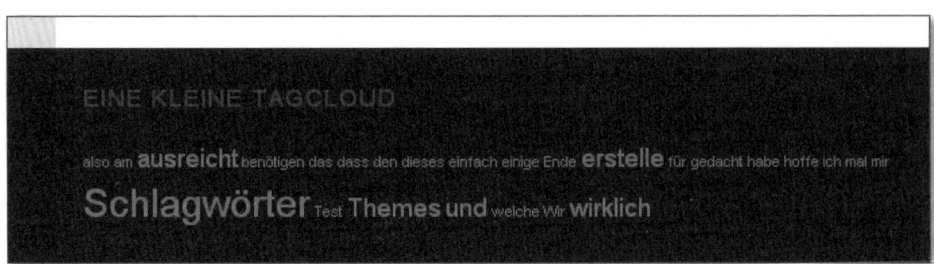

Abbildung 4.47 Die Tagcloud in Aktion

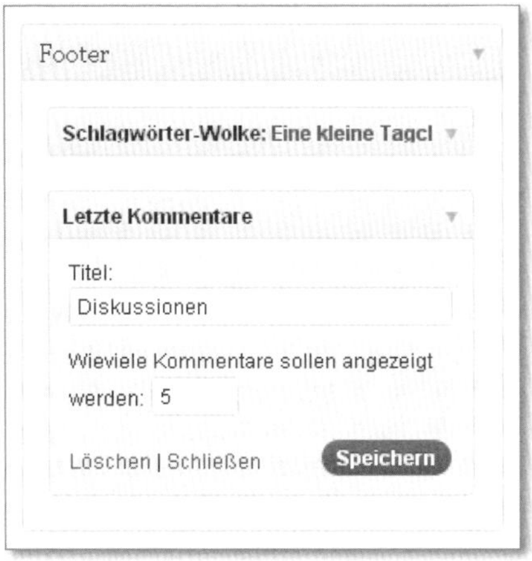

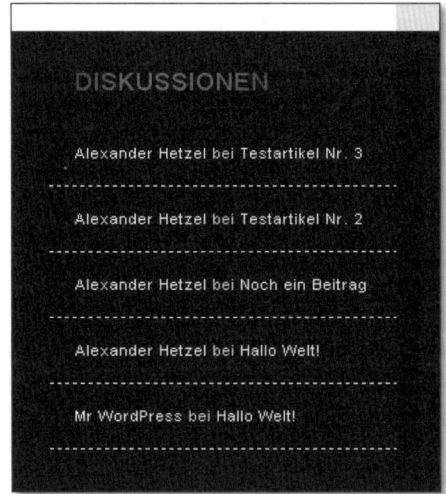

Abbildung 4.48 Das Widget »Letzte Kommentare«

Die Ansicht der letzten Kommentare könnte dann so aussehen wie in Abbildung 4.49.

Abbildung 4.49 Die letzten Kommentare

Hinweis

Wahrscheinlich werden sich die Widgets nicht so verhalten, wie Sie das in der HTML-Vorlage geplant haben. Es wird also nötig sein, die Stylesheets entsprechend an das eingebundene Widget anzupassen. Schauen Sie hierzu im Quelltext nach, wie WordPress bei dem jeweiligen Widget die Ausgabe formatiert, und berücksichtigen Sie dies in Ihrer *style.css*.

Sie haben nun alle Widgets in Ihr Blog eingefügt und es damit vervollständigt.

4.3.5   Aus dem Blog eine Website machen

Um nun aus dem simplen Blog eine »richtige« Website zu machen, müssen Sie Word-Press in ein CMS verwandeln. Das ist nicht besonders schwer, die meiste Arbeit haben Sie bereits hinter sich. Für eine vollständige Website benötigen Sie noch ein paar Unterseiten mehr. Außerdem sollte die Sidebar in der Lage sein, ein Submenü darzustellen.

Weitere Seiten hinzufügen

Legen Sie zunächst einige Seiten an. Sie benötigen in jedem Fall eine Startseite und eine Seite namens »Blog«. Fügen Sie zudem noch eine weitere Seite hinzu (hier »Leistungsspektrum«), der Sie einige Unterseiten zuweisen. Das Ganze sollte ungefähr so aussehen wie in Abbildung 4.50.

Machen Sie WordPress zum CMS

Begeben Sie sich nun im Backend zu EINSTELLUNGEN · LESEN. Dort aktivieren Sie die Option EINE STATISCHE SEITE ALS STARTSEITE NUTZEN. Wählen Sie als STARTSEITE Ihre Startseite und als ARTIKELSEITE die Seite »Blog« aus. Speichern Sie ab. Das war es schon. Mehr ist nicht nötig, um aus WordPress ein CMS zu machen. Wir wollen aber noch ein wenig mehr aus der Website herausholen.

Das Menü anpassen

Als Nächstes sollten Sie dafür sorgen, dass die frisch angelegten Seiten auch im Menü erscheinen. Gehen Sie hierfür zu DESIGN · MENÜS im Backend, und fügen Sie die fehlenden Seiten (Startseite, Blog und Leistungsspektrum) Ihrem Hauptmenü hinzu. Die »Blog«-Seite, die Sie vorhin angelegt haben, können Sie nun löschen. Das sollte dann so aussehen wie in Abbildung 4.51.

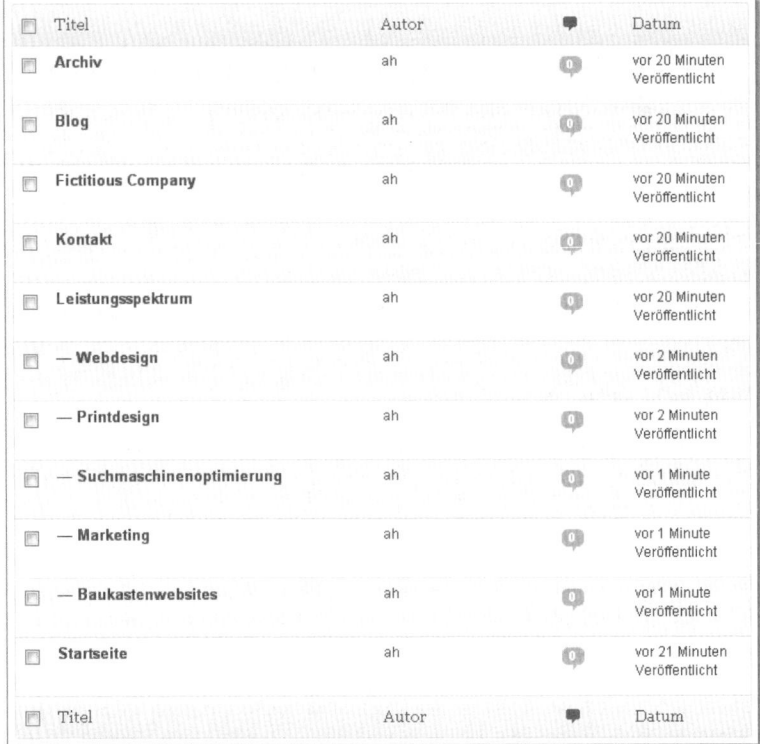

Titel	Autor	💬	Datum
Archiv	ah	0	vor 20 Minuten Veröffentlicht
Blog	ah	0	vor 20 Minuten Veröffentlicht
Fictitious Company	ah	0	vor 20 Minuten Veröffentlicht
Kontakt	ah	0	vor 20 Minuten Veröffentlicht
Leistungsspektrum	ah	0	vor 20 Minuten Veröffentlicht
— Webdesign	ah	0	vor 2 Minuten Veröffentlicht
— Printdesign	ah	0	vor 2 Minuten Veröffentlicht
— Suchmaschinenoptimierung	ah	0	vor 1 Minute Veröffentlicht
— Marketing	ah	0	vor 1 Minute Veröffentlicht
— Baukastenwebsites	ah	0	vor 1 Minute Veröffentlicht
Startseite	ah	0	vor 21 Minuten Veröffentlicht
Titel	Autor	💬	Datum

Abbildung 4.50 Alle Seiten sind angelegt.

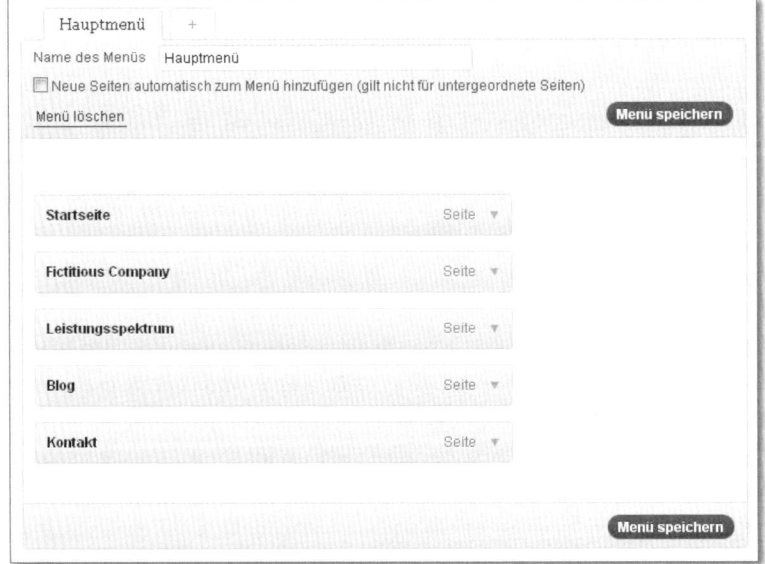

Abbildung 4.51 Das verbesserte Menü

Das neue Menü (Abbildung 4.52) sieht doch schon viel mehr nach echter Business-website aus, finden Sie nicht?

Abbildung 4.52 Das neue Menü in Aktion; das Blog wirkt nun ein wenig untergeordnet.

Die Sidebar umgestalten

Eines stört bei dieser Website noch: die Sidebar. Sie zeigt immer noch diese ganzen Widgets an, die irgendwie noch nicht zum neuen Businessprofil der Website passen. Den Widget-Bereich, den Sie eben erstellt haben, beschränken Sie nun auf alle Seiten des Blogs – oder einfacher: auf alle Seiten, die nicht statisch sind. An deren Stelle tritt auf allen statischen Seiten dann ein kleines Submenü.

Hierzu ist eine Anpassung der *sidebar.php* nötig. Tauschen Sie dort den eingefügten Widget-Bereich durch folgenden Code aus Listing 4.32 aus:

```
01   <?php
02   if ( is_page() ) {
03       if($post->post_parent)
04           $children =
             wp_list_pages("title_li=&child_of=".
             $post->post_parent."&echo=0");
05       else
06           $children =
             wp_list_pages("title_li=&child_of=".
             $post->ID."&echo=0");
07       if ($children) {
08       echo "<h6>Submenü</h6>";
09       echo "<ul id='submenu'>";
10       echo $children;
11       echo "</ul>";
12       }
13   } else {
14       if ( !function_exists('dynamic_sidebar') ||
         dynamic_sidebar('Sidebar') ) :
15       endif;
16   } ?>
```

Listing 4.32 Der neue Widget-Bereich in der sidebar.php

In Zeile 02 des Codes wird zunächst abgefragt, ob sich der Besucher gerade auf einer statischen Seite befindet. Wenn ja, geht es in Zeile 03 weiter, wenn nicht, in Zeile 14. Mit anderen Worten: Auf einer statischen Seite wird ein Submenü angezeigt, auf einer nichtstatischen Seite der Widget-Bereich.

Um das Submenü korrekt darzustellen, folgt in Zeile 03 eine weitere Abfrage, die überprüft, ob die aktuelle Seite eine Elternseite hat. Wenn das so ist, werden in die Variable $children alle Unterseiten der Elternseite mithilfe der Funktion wp_list_ pages() geladen, andernfalls alle Unterseiten der aktuellen Seite.

Wenn dann – auf welchem Wege auch immer – Unterseiten geladen werden konnten (Zeile 07), wird das Submenü einfach ausgegeben. Hat die Abfrage am Anfang jedoch ergeben, dass der Besucher sich gar nicht auf einer statischen Seite befindet, kommt eben der Code aus den Zeilen 14 und 15 zum Zug.

Wenn Sie sich also nun zum Beispiel auf die Seite »Leistungsspektrum« begeben, sieht das Ganze so aus wie in Abbildung 4.53.

Abbildung 4.53 Die neue Sidebar für statische Seiten

Damit haben Sie in wenigen Minuten aus dem ehemaligen Standalone-Blog eine voll funktionstüchtige Website mit eingebautem Blog gemacht.

4.3.6   Was Sie sonst noch über Themes wissen sollten

Sie sind nun in der Lage, aus Ihrer HTML-Vorlage eine vollwertige WordPress-Website zu erstellen. Der Bereich Theming ist aber so groß, dass man problemlos ein eigenes Buch darüber schreiben könnte. Ein paar Kleinigkeiten möchte ich Ihnen deshalb noch vorstellen, die häufig im Zusammenhang mit Themes auftauchen. So lernen Sie in diesem Abschnitt noch, wie man benutzerdefinierte Felder und auch Artikelbilder in das Theme integriert oder wie man mit Templates arbeitet.

Ich bin Anfänger und möchte mein fertiges Theme anpassen

Mit HTML und CSS haben Sie nicht viel am Hut? Sie haben ein fertiges Theme installiert und möchten nun wissen, wie Sie geringfügige Anpassungen vornehmen können, weil Ihnen zum Beispiel eine Textfarbe nicht passt? Kein Problem. Alle Style-Informationen befinden sich üblicherweise in der *style.css*-Datei eines jeden Themes, welche Sie im Verzeichnis */wp-content/themes/xyz/* finden (»xyz« steht hierbei für den Name des Themes). Es kann sein, dass dort per @import-Funktion weitere Style-Dateien eingebunden sind; die erkennen Sie jeweils an der Endung *.css* und können Sie mithilfe des darin angegebenen Pfades ganz leicht ausfindig machen. Üblicherweise gibt es aber, wie gesagt, nur eine *style.css*.

Hier kommen Sie ganz ohne CSS-Kenntnisse allerdings nicht sehr weit. Als Hilfe können Sie beispielsweise in *Google Chrome* mit der rechten Maustaste auf das Element klicken, das Sie gerne verändern möchten und dann im Kontextmenü auf ELEMENT UNTERSUCHEN klicken. Es öffnet sich eine HTML/CSS-Ansicht, die Ihnen zumindest schon einmal zeigt, wo genau sich das besagte Element im Quelltext befindet und welche Style-Angaben darauf angewendet werden. Diese können Sie sogar zum Test live verändern (sie werden allerdings nicht gespeichert). Für *Firefox* können Sie eine solche Funktion über die Erweiterung *Firebug* (*https://addons.mozilla.org/de/firefox/addon/firebug/*) nachrüsten.

Doch auch wenn Sie Anfänger sind, lohnt es sich dennoch, einmal das Themes-Kapitel zu lesen. Lassen Sie sich nicht von den Anforderungen abschrecken. Auch wenn Sie vielleicht nicht alles verstehen, so bekommen Sie dennoch einen Einblick, wie die einzelnen Theme-Dateien bei WordPress zusammenspielen. Der Aufbau ist nämlich bei allen Themes gleich, und so können Sie auch bei Ihrem Theme unter Umständen notwendige Anpassungen vornehmen.

[+]

Hinweis für Vorsichtige

Das Editieren von Dateien eines Themes ist immer so eine Sache. Sobald ein Update erscheint und Sie es installieren, werden Ihre sorgfältig gemachten Änderungen überschrieben. Damit das nicht passieren kann, gibt es seit WordPress 3.0 sogenannte *Child-Themes*. Hierdurch können Sie ein Basis-Theme als Ausgangsbasis verwenden und weitere Änderungen in einem separaten Ordner unterbringen. Wie das funktioniert, erfahren Sie im folgenden Abschnitt.

Erst mal klein anfangen – Child-Themes für Anfänger

Die *Child-Themes* sind eine Errungenschaft aus Version 3.0. Sie ermöglichen, ein bestehendes Theme anzupassen, ohne es selbst zu verändern. Mit anderen Worten: Sie erstellen für das Theme, das Sie verändern wollen, einen eigenen Ordner, dort kommen dann nur die Dinge rein, die geändert werden sollen, und WordPress ist so intelligent, die richtige Mischung aus beidem zu finden.

Diese Funktion bietet sich immer dann an, wenn das ursprüngliche Theme unangetastet bleiben soll, Sie aber dennoch Änderungen vornehmen möchten, die nur über die Theme-Basis möglich sind (für die also keine Option im Rahmen des Backends vorhanden ist). Dann wird ein Child-Theme praktisch, da die originalen Dateien nicht überschrieben werden müssen. So macht ein Update des Original-Themes Ihre Arbeit nicht plötzlich zunichte. Für Anfänger ist es interessant, da sie beim ursprünglichen Theme auf diese Weise nichts kaputtmachen können. Klappen die Änderungen nicht, deaktiviert man einfach das Child-Theme und reaktiviert das Original-Theme. Schon ist alles wieder in Ordnung.

Um ein Child-Theme zu erstellen, legen Sie zunächst einen neuen Ordner in Ihrem Theme-Ordner an, also unter */wp-content/themes/*. Ich möchte ein Child-Theme zu TwentyEleven machen und nenne das Verzeichnis *mein-twenty-eleven* (die Namensgebung spielt zunächst keine Rolle).

Als Erstes müssen Sie nun eine *style.css* in diesem Ordner anlegen – die ist zwingend erforderlich. Und muss auch folgenden Kopf beinhalten (Listing 4.33):

```
/**
 * Theme Name:     Mein TwentyEleven
 * Theme URI:      http://www.galileocomputing.de
 * Description:    Child-Theme von TwentyEleven.
 * Author:         Alexander Hetzel
 * Author URI:     http://www.galileocomputing.de
 * Template:       twentyeleven
 * Version:        1.0.0
 */
@import url('../twentyeleven/style.css');
```

Listing 4.33 Der Kopf der neuen style.css

Der Wert von `Template` ist unabdingbar. Hier muss der exakte Ordnername des Themes stehen, zu dem Sie ein Child-Theme anlegen möchten.

Nun können Sie nach Belieben neue Theme-Dateien anlegen, und WordPress wird stets die neuen verwenden. Sollte eine Datei nicht vorhanden sein, so greift WordPress einfach auf das Basis-Theme zurück, so dass Sie nur die Dateien neu anlegen müssen, die Sie ändern möchten. Bei der *style.css* werden durch die `@import`-Anweisung die Styles des Basis-Themes geladen.

Wenn Sie gänzlich darauf verzichten müssen, entfernen Sie die Anweisung einfach. Dann haben Sie wieder ein »weißes Blatt«.

Sie können das Child-Theme ganz normal im Backend über Design • Themes aktivieren (Abbildung 4.54).

Abbildung 4.54 Aktivieren des Child-Themes

Bislang sieht der Titel des TwentyEleven-Themes aus wie in Abbildung 4.55.

Abbildung 4.55 So sieht der Titel bei TwentyEleven standardmäßig aus.

Im Beispiel habe ich einfach weitere CSS-Angaben zur *style.css* hinzugefügt (Listing 4.34):

```
...
01   h1 {
02         font-family: Georgia;
03         text-transform: uppercase;
04   }
...
```

Listing 4.34 Weitere Angaben in /wp-content/themes/mein-twenty-eleven/style.css

Nach dieser geringfügigen Änderung – im Child-Theme-Ordner ist, wie gesagt, lediglich eine *style.css* mit dem oben genannten Kopf und den im vorangegangenen Listing hinzugefügten Erweiterungen erstellt worden – sieht die Überschrift nun aus wie in Abbildung 4.56.

Abbildung 4.56 Das veränderte Twenty-Eleven

So können Sie nun mit den anderen Theme-Dateien ebenfalls verfahren.

Benutzerdefinierte Felder (Custom Fields) in das Theme einbauen

Benutzerdefinierte Felder sind eine tolle Möglichkeit, einem Beitrag oder einer Seite zusätzliche Informationen beizufügen. Wie man diese »befüllt«, haben Sie bereits in Kapitel 3, »Die Administrationsoberfläche«, gelernt. Nun möchte ich Ihnen gerne zeigen, wie Sie die entsprechenden Daten abrufen, das ist nämlich ganz leicht.

Man unterscheidet bei benutzerdefinierten Feldern grundsätzlich zwischen *Key* und *Value*. Der Key ist der Name (oder Schlüssel) des Feldes, während Value den Wert darstellt. Um einen Wert auszulesen, greifen Sie zu folgender Funktion:

```
get_post_meta($post_id, $key, $single);
```

$post_id ist hierbei natürlich die ID des Beitrags oder der Seite. Hier können Sie in der Regel $post->ID eingeben, um die ID automatisch einsetzen zu lassen.

$key ist der Name Ihres Feldes.

$single kann entweder true oder false sein. Bei true wird ein einzelner Wert als String zurückgegeben, bei false (oder falls sie es weglassen) ein *Array*. Ein Beispiel, mit dem Sie den Wert des Feldes »mein-erstes-feld« ausgeben können:

```php
<?php echo get_post_meta($post->ID, 'mein-erstes-feld', true); ?>
```

Artikelbilder in das Theme einbinden

Außerdem haben Sie in Kapitel 3 gelernt, wie Sie einem Beitrag ein Artikelbild hinzufügen. Diese Funktion wird aber nicht von jedem Theme unterstützt, von diesem Beispiel-Theme bislang auch nicht. Deshalb würden Sie nun, wenn Sie einen neuen Beitrag erstellen wollten, dort keine Möglichkeit finden, ein solches Artikelbild hinzuzufügen.

Um WordPress mitzuteilen, dass Ihr Theme Artikelbilder unterstützen soll, öffnen Sie die *functions.php* und fügen dort den folgenden Code aus Listing 4.35 ein:

```php
01   <?php
02   if ( function_exists('add_theme_support')) {
03   add_theme_support('post-thumbnails');
04   }
?>
```

Listing 4.35 Code zur Aktivierung der Artikelbilder für die functions.php

Über die Funktion add_theme_support() wird die Unterstützung für die Artikelbildausgabe für Ihr Theme aktiviert.

Um das Bild schließlich auszugeben, müssen Sie ebenfalls einen Codeschnipsel den Dateien hinzufügen, die es anzeigen sollen. Das könnten zum Beispiel die *single.php* und die *index.php* sein, aber auch die Archivdateien oder die Suchergebnisse kommen hierfür in Frage. Am Beispiel der *single.php* fügen Sie das Artikelbild am besten direkt vor der Ausgabe des Inhalts ein (Listing 4.36):

```php
01   <h2><?php the_title(); ?></h2>
02   <?php
03   if ( function_exists('has_post_thumbnail') &&
     has_post_thumbnail() ) {
04   the_post_thumbnail();
```

```
05   }
06   ?>
07   <?php the_content(); ?>
```

Listing 4.36 Auszug aus der single.php mit integriertem Artikelbild
(Änderungen in Fettdruck)

Zunächst wird mittels der Funktion has_post_thumbnail() überprüft, ob überhaupt
ein Artikelbild für den Beitrag gesetzt wurde. Wenn ja, wird es im Anschluss mit
the_post_thumbnail() ausgegeben.

Templates richtig einsetzen

In diesem Kapitel haben wir bereits ein *Template* eingesetzt, und zwar bei der Darstellung des Archivs (*archive.php*). Ein Template ermöglicht es Ihnen, für eine spezielle statische Seite ein eigenes Design festzulegen. Hierzu müssen Sie nur eine neue
Datei in Ihrem Theme-Ordner erstellen, deren Dateiname nach Möglichkeit von den
Namen der Standard-Theme-Dateien abweicht. So könnten Sie zum Beispiel als Webdesigner oder Künstler – ja, Sie haben Recht, das ist das Gleiche – eine Datei namens
portfolio.php anlegen. Dort hinein kommt zuallererst ein Kommentar, an dem
WordPress das Template als solches erkennt (Listing 4.37):

```
<?php /* Template Name: Portfolio */ ?>
```

Listing 4.37 Die erste Zeile der portfolio.php

Von nun an können Sie dieses Template bei jeder statischen Seite über Ihre Administrationsoberfläche auswählen und es der jeweiligen Seite zuweisen. Unterhalb des
Kommentars kann dann nach Belieben die Ausgabe der Datei gestaltet werden.

Templates bieten sich immer dann an, wenn das Design einer Seite vom üblichen
Design (der *page.php*) abweichen soll. Auf diese Weise haben Sie einfach mehr
Gestaltungsspielraum und können vor allem all die vielen WordPress-Funktionen im
Quelltext nutzen. Selbst ein eigener Widget-Bereich nur für diese Datei ist denkbar.
Sie sehen, die Möglichkeiten sind praktisch grenzenlos.

Tipp

Sie müssen Templates nicht zwingend auf diese Weise einbinden. Es gibt noch eine
etwas einfachere Methode. Angenommen, Sie möchten eine statische Seite anders
gestalten als die anderen. Dann suchen Sie sich einfach die ID dieser Seite heraus
(im Backend mit dem Mauszeiger über den Titel der Seite fahren, die ID wird in der
Statusleiste angezeigt) und nennen die Template-Datei zum Beispiel *page-81.php*.

Dieses Schema funktioniert bei vielen anderen Dateien auch, zum Beispiel *category-4.php* oder *single-995.php*.

Das Theme durch Formatvorlagen individualisieren

Seit WordPress 3.1 gibt es die Möglichkeit, eigene Blogbeiträge durch Formatvorlagen (Post Formats) ein bisschen individueller zu gestalten. Kennen Sie Tumblr (*http://www.tumblr.com*)? Dann kennen Sie auch die verschiedenen Formate, in denen Sie einen Beitrag dort ablegen können: Foto, Zitat, Link usw.

Das Gleiche bietet Ihnen nun auch WordPress. Mit relativ wenig Aufwand können Sie Formatvorlagen in Ihrem Theme nachrüsten. Dazu sind drei Schritte nötig. Zunächst müssen Sie in der *functions.php* überhaupt erst einmal die Möglichkeit freischalten, Formatvorlagen zu verwenden. Dies tun Sie mit dem Code aus Listing 4.38:

```php
<?php
add_theme_support( 'post-
formats', array( 'aside', 'gallery', 'link', 'quote', 'video', 'image', 'status',
'chat', 'audio' ) );
?>
```

Listing 4.38 Dieser Code muss in die functions.php

Dort sehen Sie auch bereits die verschiedenen Formate, die zur Auswahl stehen (fett markiert). Entfernen Sie einfach diejenigen aus der Liste, die Sie nicht interessieren (das macht es später übersichtlicher). Sobald Sie diesen Code hinzugefügt haben, erscheint bei jedem Blogbeitrag auch schon die Auswahl (Abbildung 4.57).

Abbildung 4.57 Die unterschiedlichen Formatvorlagen

Im Folgenden sehen Sie eine kurze Liste mit allen zur Verfügung stehenden Formaten samt ihrem *Shorttag*, das Sie nicht nur für den Code in der *functions.php* brauchen werden:

- ▶ Standard
- ▶ Kurzmitteilung (aside)
- ▶ Galerie (gallery)
- ▶ Link (link)
- ▶ Zitat (quote)
- ▶ Video (video)
- ▶ Bild (image)
- ▶ Statusmitteilung (status)
- ▶ Chatprotokoll (chat)
- ▶ Audio (audio)

Nun kommt der Trick. Sie müssen nun die *index.php* anpassen und damit auch alle gleichartigen Dateien, die eine Auflistung der Blogbeiträge beinhalten, wie zum Beispiel die *search.php*, *category.php*, *tag.php*, *author.php* oder *archive.php*. Das Folgende gilt also für alle diese Dateien gleichermaßen.

Bislang stand in der *index.php* der Code für die Ausgestaltung des Beitrags (Listing 4.39):

```
01  <?php if ( have_posts() ) :
02  while ( have_posts() ) : the_post(); ?>

03  <div class="entry">
04      <h2><a href="<?php the_permalink(); ?>"
        title="Lesen Sie &quot;<?php the_title(); ?>
        &quot; vollständig"><?php the_title(); ?>
        </a></h2>
05      <p class="blogmeta">
        <?php the_author_posts_link(); ?>
        <a href="<?php bloginfo('url'); ?>/archiv/">
        <?php the_time("d.m.Y"); ?></a>
        <?php the_category(', '); ?>
        <?php comments_popup_link('Keine Kommentare',
        '1 Kommentar','% Kommentare','','Kommentare
        geschlossen'); ?></p>
06      <?php the_content('Weiterlesen...'); ?>
07  </div>

08  <?php endwhile; else: ?>
```

Listing 4.39 Ausschnitt aus der index.php

Den fett gedruckten Code – also aus den Zeilen 03 bis 07 – müssen Sie nun ausschneiden und in eine neue Datei einfügen: *content.php*. Anstelle des Codes in der *index.php* (und den anderen oben gelisteten Dateien) kommt an die Stelle nun ein anderer Code (Listing 4.40):

```
01   <?php if ( have_posts() ) :
     while ( have_posts() ) : the_post(); ?>

02        <?php get_template_part( 'content',
          get_post_format() ); ?>

03   <?php endwhile; else: ?>
```

Listing 4.40 Der neue Codeabschnitt für die index.php

Sie ersetzen also die Zeilen 03 bis 07 der alten *index.php* durch die Zeile 02 der neuen *index.php*. Der Code der alten *index.php* wandert dabei in die *content.php*.

So viel zum Grundprinzip. Nun ist alles wie vorher, denn die *content.php* wird aufgerufen, wenn keine bestimmte Formatvorlage ausgewählt worden ist oder keine Formatierung dafür zur Verfügung steht.

Nun müssen aber noch die gewünschten Formatvorlagen gestaltet werden. Dazu erstellen Sie für jede Formatvorlage eine eigene Datei nach dem Schema *content-shorttag.php* (die Shorttags finden Sie oben in der Liste).

Wenn Sie also beispielsweise eine Formatvorlage für Zitate erstellen wollen, dann lautet das Shorttag »quote« und die zugehörige Datei *content-quote.php* usw.

In die neue Datei können Sie nun prinzipiell erst einmal den Code aus der *content.php* kopieren und ihn dann Ihren Wünschen anpassen. Sie können dort natürlich auch eigene CSS-Klassen verwenden. Ich habe das beispielhaft einmal für die Zitate gemacht (Listing 4.41):

```
01   <div class="entry quote">
02      <blockquote>
03         <?php the_content('Weiterlesen...'); ?>
04      </blockquote>
05      <p>Zitat von: <a href="<?php the_permalink(); ?>"
        title="Lesen Sie &quot;<?php the_title(); ?>&quot;
        vollständig"><?php the_title(); ?></a></p>
06   </div>
```

Listing 4.41 Die vollständige content-quote.php

In die *content*-Dateien kommt wirklich reiner HTML-Code. Es ist kein weiterer PHP-Code nötig. Im Beispiel habe ich den Beitrag mit dem Zitat in `<blockquote>` beginnen und den Titel in Form des Autors erst am Ende einblenden lassen (Abbildung 4.58 und Abbildung 4.59).

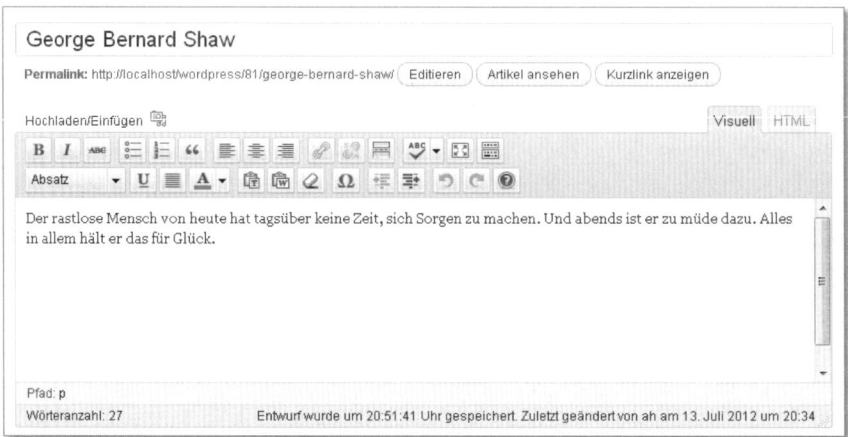

Abbildung 4.58 So sieht das Zitat im Backend aus …

Abbildung 4.59 … und so auf der Blogstartseite.

Sie sehen im obigen Code, dass ich dem äußeren `div` eine weitere CSS-Klasse hinzugefügt habe, über die ich das komplette Zitat stylen konnte. Das hätte man sicher besser, schöner, intelligenter machen können – aber das ist nun Ihre Aufgabe. Denken Sie sich interessante Formatvorlagen aus, und setzen Sie sie um. Nach dem gleichen Prinzip können Sie nun alle weiteren Formatvorlagen Ihren Wünschen anpassen.

Kapitel 5
Die Blogfunktion

WordPress ist aus einer simplen Blogfunktion heraus entstanden.
Was diese zu bieten hat und wofür Sie sie einsetzen können, erfahren
Sie nun.

Dass WordPress mittlerweile einem CMS gleichkommt, haben wir vor allem den flei-
ßigen Entwicklern rund um das Projekt zu verdanken. Ursprünglich war WordPress
nur eine kleine Software zum alltäglichen Schreiben, was wir heute gemeinhin als
Bloggen bezeichnen. Dieser Blogfunktion ist WordPress treu geblieben und hat sie
stetig erweitert. Erfahren Sie in diesem Kapitel, was die Blogfunktion von WordPress
ausmacht und wie Sie sie für Ihre Zwecke einsetzen können.

5.1   Was ist ein Blog und wozu benötige ich das?

Das Wort Blog kommt von Weblog und bedeutet so viel wie Onlinetagebuch. Die ersten Blogs tauchten Mitte der 1990er Jahre auf. Sie können damit Dinge aus Ihrem
Leben berichten, interessante Links posten und sogar Ihr Projekt oder Unternehmen
bekannter machen.

5.1.1   Das private Blog

Ursprünglich wurden Blogs rein privat genutzt, für die Veröffentlichung der persönlichen Gedanken. Mittlerweile versucht fast jeder, der ein eigenes Blog hat, sich zum
Experten für ein Thema zu machen (ein gelungenes Beispiel für ein Expertenblog
sehen Sie in Abbildung 5.1). Das muss übrigens gar keinen kommerziellen Hintergrund haben. Die Blogger genießen den Ruhm und die Aufmerksamkeit, die ihnen
zuteilwerden.

Finanziert wird das ganze entweder aus dem eigenen Geldbeutel oder über Werbeanzeigen (ein Beispiel sehen Sie in Abbildung 5.2), die je nach Menge der regelmäßigen
Besucher die Kosten decken oder sogar Gewinn erwirtschaften können. Hierzulande
fällt der Gewinn noch eher mäßig aus; in den USA hingegen gibt es nicht wenige, die
aufgrund des Bloggens ihren eigentlichen Job kündigen konnten. Wenn Sie hierzu-

lande als privater Blogger Ihre Serverkosten durch Werbeeinnahmen decken können, dann dürfen Sie aber bereits stolz auf sich sein.

RSS | COMMENT RSS

law blog

UDO VETTER

HOME | TWITTER | ARCHIV | IMPRESSUM

9.1.2011 Stapelweise Gerichtsbeschlüsse

Die Aufregung ist groß, verständlicherweise. Twitter soll an die US-Regierung sämtliche
Nutzerdaten über WikiLeaks-Aktivisten und WikiLeaks-Sympathisanten herausgeben.
Grundlage ist der Beschluss eines US-Bundesgerichts. Dieser Beschluss ist überhaupt erst
bekanntgeworden, nachdem sich Twitter erfolgreich gegen eine Geheimhaltungsauflage
gewehrt hat. WikiLeaks selbst twittert heute morgen sogar, alle 637.000 Follower des
WikiLeaks-Accounts müssten damit rechnen, dass Ihre Kontaktinformationen und
Verbindungsdaten an die US-Behörden geliefert werden.

Übertragen auf Deutschland ist so ein Gerichtsbeschluss juristisch kein großes Ding – von
der politischen Dimension und der Zahl möglicher Betroffener mal abgesehen. Auch bei
uns werden tagtäglich stapelweise Gerichtsbeschlüsse erlassen und vollstreckt. Darin
werden Provider und soziale Netzwerke zur Herausgabe aller Daten des Nutzers
verpflichtet, die sich auf den Servern befinden. Hierzu gehören dann auch nicht nur die
sogenannten Bestandsdaten (Benutzerkonto, Logindaten), sondern auch alle Inhalte, die
sich in den Mailboxen und auf Profilseiten befinden.

Abbildung 5.1 Der Jurist Udo Vetter bloggt über alles, was ihm in seinem Alltag begegnet, und
positioniert sich damit automatisch als erster Ansprechpartner in Strafsachen (lawblog.de).

5.1.2   Das kommerzielle Blog

Es gibt verschiedene Möglichkeiten, mit einem Blog Geld zu verdienen. Naheliegend
ist vor allem die Werbung. Dabei hängt der Erfolg aber insbesondere von der Anzahl
der regelmäßigen Besucher ab. Da es weltweit rund 200 Millionen Blogs gibt, ist das
Herausstechen aus der Masse nicht gerade leicht. Die meisten Nutzer lesen ohnehin
schon bis zu 100 Blogs täglich, da nimmt man selbstverständlich nicht gleich jeden
Newcomer in seine Liste auf. Hat sich der Erfolg hingegen erst einmal eingestellt, so
ist es auch möglich, direkte Werbepartner für das Blog zu ergattern, deren Entloh-
nung durchaus höher sein kann als die der Google-AdWords-Kampagne.

Abbildung 5.2 Spreeblick finanziert sich nicht nur über Werbung, sondern auch über einen eigenen Fanshop (spreeblick.com).

Die interessanteste Möglichkeit, ein Blog zu nutzen, stellt allerdings das Unternehmensblog dar. Es ist fast schon Gang und Gäbe, dass ein Unternehmen heute ein Blog, eine Facebook-Seite und einen Twitter-Account hat. Vor allem kleinere Unternehmen und Unternehmer versuchen hierdurch, auf sich aufmerksam zu machen. Und das häufig mit Erfolg. Anstatt Werbung einzublenden, versucht man, die Menschen auf seine Produkte oder Dienstleistungen aufmerksam zu machen.

5.1.3   Wie Unternehmensblogs funktionieren

Idealerweise ist das Blog rund um Ihr Produkt- oder Dienstleistungssortiment aufgebaut. Es informiert potenzielle Kunden über Aktuelles aus Ihrem Unternehmen sowie aus Ihrer »Szene« und gibt Tipps & Tricks zur Anwendung.

Ein Beispiel ist das sehr populäre Blog des Lebensmittelherstellers *FRoSTA*, zu finden unter *www.frostablog.de* (Abbildung 5.3). Dort werden regelmäßig interessante Informationen über Produkte online gestellt, aber auch Hintergrundinformationen veröffentlicht und Kunden nach Ihrer Meinung zu neuen Produkten befragt. FRoSTA hat das Bloggen als ideales Kommunikationsmittel zwischen Unternehmen und Kunden für sich perfektioniert. Das Unternehmen profitiert von der gesteigerten Aufmerksamkeit und der unmittelbaren Kritik, die Kunden auf der anderen Seite von den interessanten Geschichten, der enormen Transparenz sowie der Möglichkeit, ihre Meinung wirksam kundtun zu dürfen.

Abbildung 5.3 Das FRoSTA-Blog zeigt, wie man es richtig macht (frostablog.de).

Und das Wichtigste: Das Blog ist nicht zensiert, und die Beiträge werden nicht erst von findigen Werbetextern vorgeschrieben. FRoSTA hat für sich entdeckt, dass Authentizität das Wichtigste ist, und das schätzen die Kunden sehr. Anstelle von Agenturmitarbeitern schreiben also FRoSTA-Mitarbeiter – und zwar jeder nach seinem eigenen Geschmack.

5.1.4   Die Vorteile von Blogs

Die Unternehmen mussten sich schon etwas einfallen lassen, um im Internet präsent zu sein. Früher wurden unzählige Unterseiten mit langweiligen Jahresberichten und schnöden, wochenlang ausgeklügelten Produktinformationen veröffentlicht, um nun durch zügig heruntergeschriebene und formlose Blogbeiträge ersetzt zu werden. Beide Strategien versprechen mehr Unterseiten und damit eine höhere Suchmaschinenrelevanz, also auch mehr Möglichkeiten, gefunden zu werden. Bei den immer wieder gleichen Themen und Informationen ist diese Relevanz natürlich eher mäßig ausgefallen. Die Blogartikel hingegen brillieren durch Vielfalt, die sich auch auf den Suchergebnisseiten widerspiegelt. Durch die unvorstellbaren Wort- und Satzkreationen entstehen immer neue Keywords, die man sich so nie hätte ausdenken können. Und so landet man auch bei vielen bislang eher unbekannten Suchbegriffen an oberster Stelle, die zwar allein nicht viele, aber in der Masse eine beträchtliche Anzahl an Zugriffen bescheren können.

Ein Vorteil der Blogs ist also das regelmäßige Produzieren neuer Unterseiten, was sich positiv auf das Ranking der Website auswirkt. Nur haben die Unterseiten beim Bloggen in der Regel einen Sinn und werden auch gerne gelesen. Voraussetzung sind allerdings Authentizität, interessante Informationen und im Idealfall ein guter Schreibstil.

Ein anderer Vorteil liegt in der Nähe zu den Lesern. Mit kaum einem anderen Instrument können Sie so starke Kundenbeziehungen aufbauen, wie mit einem Blog. Ganz gleich, wo Ihre Kunden leben und Ihre Produkte in Anspruch nehmen, mit einem Blog erreichen Sie sie notfalls weltweit. Während bei Twitter und Facebook eher die Präsenz im Vordergrund steht, kann man sich mithilfe eines Blogs wirklich mitteilen. Leser und (potenzielle) Kunden können die Beiträge kommentieren und so direkt mit dem Hersteller oder Anbieter in Kontakt treten.

Außerdem bietet das Bloggen eine faszinierende Chance, um sich in überschaubarer Zeit in seinem Spezialgebiet zum Experten zu machen. Was früher mindestens ein gedrucktes Buch und viel gute Presse erforderte, geht heute fast zum Nulltarif im Internet. Die niedrigen Barrieren erschweren das Ganze allerdings wieder dadurch, dass diese Möglichkeit sehr viele Menschen in Anspruch nehmen. Es ist also nötig geworden, seine Nische sehr klug zu wählen und vor allem am Ball zu bleiben – denn nur wer regelmäßig über einen langen Zeitraum bloggt, kann am Ende die meisten seiner Mitstreiter hinter sich lassen. Nur die wenigsten halten das Schreiben lange genug durch, bis eine nennenswerte Anzahl an Besuchern auf dem Blog erscheint und sich ein (guter) Ruf bildet. Der Großteil der Blogs wird bereits vor dem ersten Kommentar schon wieder eingestampft.

5.2   Kommentare und Trackbacks

Ein wichtiges Instrument beim Bloggen sind Kommentare und *Trackbacks* (Abbildung 5.4 und Abbildung 5.5). Kommentare ermöglichen den direkten Kontakt zu den eigenen Lesern, Trackbacks hingegen den Kontakt zu fremden Lesern.

Ein Trackback ist im Prinzip nur eine automatisierte Mitteilung, die an ein fremdes Blog gesendet werden kann, sofern Sie selbst einen Beitrag schreiben, der sich auf einen Beitrag des fremden Blogs bezieht. Üblicherweise wird dieser Trackback dann in Form eines Kommentars unter diesem Beitrag des fremden Blogs platziert, und Sie haben die Möglichkeit, ganz neue Leser auf Ihre Seite zu locken. Es versteht sich aber von selbst, dass es zum guten Ton gehört, dementsprechend auch einen Link von Ihrem Beitrag auf den fremden Beitrag zu setzen. Ansonsten laufen Sie Gefahr, dass Ihr Trackback wieder gelöscht wird. Und Sie riskieren Ihren Ruf.

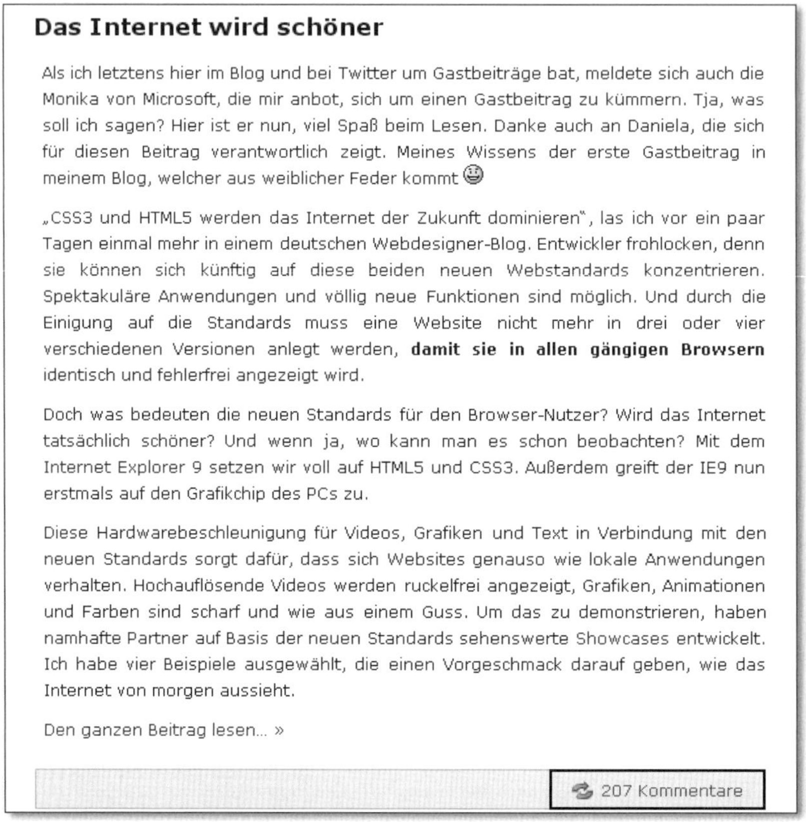

Das Internet wird schöner

Als ich letztens hier im Blog und bei Twitter um Gastbeiträge bat, meldete sich auch die Monika von Microsoft, die mir anbot, sich um einen Gastbeitrag zu kümmern. Tja, was soll ich sagen? Hier ist er nun, viel Spaß beim Lesen. Danke auch an Daniela, die sich für diesen Beitrag verantwortlich zeigt. Meines Wissens der erste Gastbeitrag in meinem Blog, welcher aus weiblicher Feder kommt 😃

„CSS3 und HTML5 werden das Internet der Zukunft dominieren", las ich vor ein paar Tagen einmal mehr in einem deutschen Webdesigner-Blog. Entwickler frohlocken, denn sie können sich künftig auf diese beiden neuen Webstandards konzentrieren. Spektakuläre Anwendungen und völlig neue Funktionen sind möglich. Und durch die Einigung auf die Standards muss eine Website nicht mehr in drei oder vier verschiedenen Versionen anlegt werden, **damit sie in allen gängigen Browsern** identisch und fehlerfrei angezeigt wird.

Doch was bedeuten die neuen Standards für den Browser-Nutzer? Wird das Internet tatsächlich schöner? Und wenn ja, wo kann man es schon beobachten? Mit dem Internet Explorer 9 setzen wir voll auf HTML5 und CSS3. Außerdem greift der IE9 nun erstmals auf den Grafikchip des PCs zu.

Diese Hardwarebeschleunigung für Videos, Grafiken und Text in Verbindung mit den neuen Standards sorgt dafür, dass sich Websites genauso wie lokale Anwendungen verhalten. Hochauflösende Videos werden ruckelfrei angezeigt, Grafiken, Animationen und Farben sind scharf und wie aus einem Guss. Um das zu demonstrieren, haben namhafte Partner auf Basis der neuen Standards sehenswerte Showcases entwickelt. Ich habe vier Beispiele ausgewählt, die einen Vorgeschmack darauf geben, wie das Internet von morgen aussieht.

Den ganzen Beitrag lesen... »

207 Kommentare

Abbildung 5.4 Einige wenige Blogs genießen das Privileg, häufig gelesen und kommentiert zu werden (stadt-bremerhaven.de).

GRAVATAR
DannyBoy sagt
Kommentar am 9. Januar 2011 um 23:48 geschrieben.
2 Trackback(s)
Jan 9, 2011: Gastbeiträge, Heuchler, Spinner und Hinterwäldler | die metzger der muse
Jan 9, 2011: Kommentar: Mach bitte Licht in der Höhle | blogger, blogosphere, shit storm | der Webarchitekt

Abbildung 5.5 Trackbacks und Kommentare werden häufig separat angezeigt, um den Kommentarfluss nicht zu stören (stadt-bremerhaven.de).

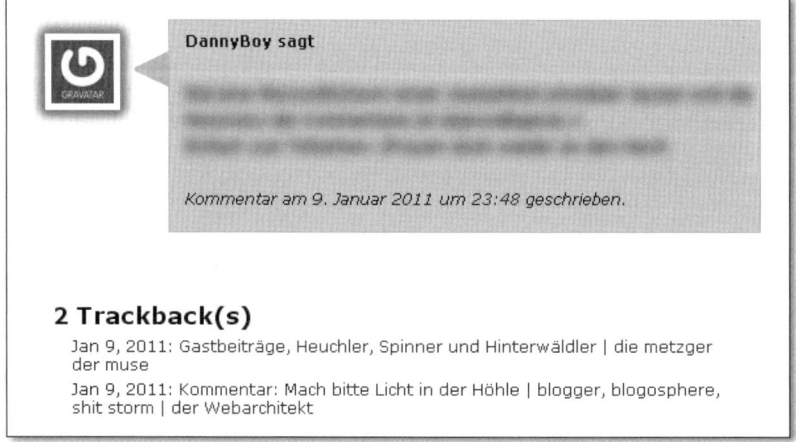

Wie Sie einen Trackback bei einem neuen Beitrag setzen, können Sie in Kapitel 3, »Die Administrationsoberfläche«, nachlesen.

5.3   RSS-Feeds

Wenn ich mich mit Menschen unterhalte, die nicht ganz so webaffin sind, dann blicke ich bei dem Stichwort *RSS-Feeds* in viele ratlose Gesichter. Spreche ich aber von den kleinen orangefarbenen Icons mit den Viertelkreisen, dann weiß (fast) jeder, was ich meine (Abbildung 5.6).

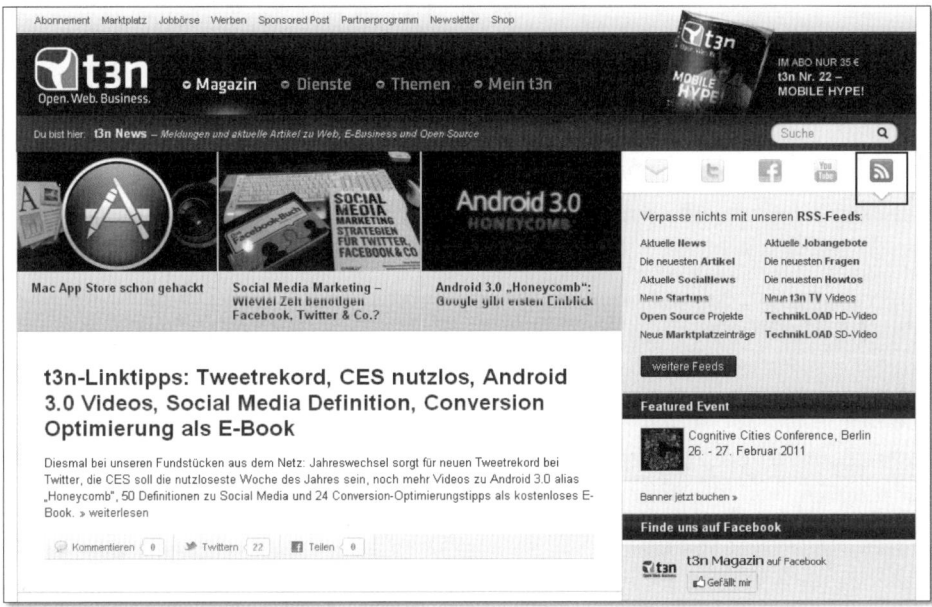

Abbildung 5.6 Die kleinen orangefarbenen Icons sind von kaum einem Blog wegzudenken (t3n.de/news/).

Feeds sind eine tolle Erfindung. Stellen Sie sich vor, Sie lesen gerne ca. 50 Blogs regelmäßig. Das wäre für heutige Verhältnisse sogar noch recht wenig. Wenn Sie nun jedes einzelne Blog persönlich aufsuchen und jedes Mal nachschauen müssten, ob sich dort neue Beiträge befinden, dann würde das ganz schön viel Zeit in Anspruch nehmen. Eine Erleichterung bieten da Feeds. Diese informieren Sie immer nur dann, wenn es einen neuen Beitrag eines Ihrer abonnierten Blogs gibt. Schreibt einer der Autoren einmal nichts, dann taucht das Blog auch nicht in der Liste auf, und Sie verschwenden nicht Ihre wertvolle Zeit. Bei bis zu zehn Blogs ist diese Funktion vielleicht vernachlässigbar; je mehr Blogs Sie jedoch regelmäßig lesen, desto lohnenswerter und zeitsparender sind Feeds.

Feeds können Sie mithilfe eines *Feedreaders* (kostenlos) abonnieren und lesen. Je nach Einstellung der abonnierten Blogs können Sie direkt im Feedreader entweder den ganzen Beitrag oder ein Exzerpt lesen, um dann mittels Klick auf den Titel zum vollständigen Beitrag zu gelangen. Mögliche Feedreader sind zum Beispiel Google Reader (*www.google.de/reader/*) oder Netvibez (*www.netvibez.com/de*).

Ihr eigenes Feed können Sie übrigens über *http://www.ihre-adresse.de/feed/* aufrufen. Ausgeben können Sie die Adresse über WordPress automatisch mit folgenden Funktionen:

- `bloginfo( 'atom_url' )` – Adresse Ihres *Atom-Feeds*
- `bloginfo( 'atom rss2_url' )` – Adresse Ihres *RSS2-Feeds*
- `bloginfo( 'atom rss_url' )` – Adresse Ihres *RSS-Feeds*

RSS, RSS2 und Atom sind unterschiedliche Protokolle, die letztendlich aber das Gleiche tun: Die aktuellsten Beiträge Ihrer Lieblingsblogs in Ihren Feedreader zu transportieren. Das RSS2-Feed ist heute der Quasistandard unter den Feeds, so dass man grundsätzlich nur noch vom RSS-Feed oder ganz allgemein vom Feed spricht.

5.4   Permalinks

Blogs funktionieren nur deshalb so gut, weil andere Blogs auf fremde Beiträge verweisen können. Hierdurch entsteht eine riesige Verkettung von Blogs und Websites untereinander, deren Synergieeffekte den Traffic nur so fließen lassen. Dies ist aber nur möglich, weil alle Beiträge unter einer permanent verfügbaren URL erreichbar sind; diese nennt man *Permalinks*.

Stellen Sie sich vor, ein anderer Blog würde einfach nur auf die Startseite eines Blogs verlinken, weil er dort heute einen so spannenden Artikel gelesen hat. Der wäre aber spätestens in der nächsten Woche schon nicht mehr dort zu finden, da neuere Artikel ihn bereits verdrängt hätten. Durch den Permalink können Blogautoren direkt auf andere Beiträge verweisen, von denen Sie sich (halbwegs) sicher sein können, dass sie auch morgen noch unter dieser URL erreichbar sein werden.

Für die Suchmaschinen ist vor allem wichtig, dass Sie lesefreundliche Permalinks verwenden. Das bedeutet einfach nur, dass Ihr Permalink nicht nur aus einer einzigen langen Zahl, sondern aus möglichst vielen relevanten Keywords bestehen sollte. Von Suchmaschinen bekommen diese Links dann einen kleinen Bonus. Als Suchender klickt man diese Links auch wesentlich häufiger an, da man auf einen Blick bereits auf den Inhalt der Seite schließen kann und ein solcher Link vertrauenerweckender wirkt. Durch lesefreundliche Permalinks können Sie die Klickrate deutlich steigern.

Kapitel 6

Seitentypen

Seitentypen sind neu in WordPress und versetzen Sie in die Lage, beliebige Seitentypen selbst als Vorlage zu kreieren und stets darauf zurückzugreifen.

Wenn man davon spricht, dass WordPress nun ein taugliches *CMS* ist, dann hat das viele Gründe. Ein besonders wichtiger ist die Einführung der *Seitentypen* (*Custom Post Types*) in Version 3.0. Auf kaum ein Feature wurde so sehnsüchtig gewartet. Warum? Ganz einfach. Bislang waren Sie bei WordPress darauf angewiesen, entweder einen Blogbeitrag oder eine statische Seite anzulegen. Das ist ein ziemlich starres Konzept für die vielfältigen Webprojekte, die darauf warten, von uns umgesetzt zu werden. Erst das neue Feature ermöglicht nun das Erstellen ganz eigener Seitentypen, die Sie an die Bedürfnisse Ihrer Website anpassen können.

6.1 Was sind Seitentypen?

Wie der Name schon vermuten lässt, sind Seitentypen eigene Beitragstypen. Sie sind also nicht mehr darauf angewiesen, einen Blogbeitrag oder eine Seite anzulegen, sondern können einen ganz eigenen *Post Type* hinzufügen. Dieser lässt sich beliebig ausgestalten.

Beispielsweise können Sie dem Seitentyp eigene Formularfelder zuweisen, die der Autor dann bei der Erstellung ausfüllen muss oder kann. Das erleichtert die Arbeit mit mehreren Autoren enorm, da man ihnen das Schema nicht mehr erklären muss, sondern die Vorlage einfach die erforderlichen Eingaben abfragt. Haben Sie einen Unterbereich namens »Portfolio« auf Ihrer Website, dann können Sie Ihre Mitarbeiter über die Vorlage genau die einzelnen Informationen eingeben lassen, die bei jedem Projekt dort auftauchen sollen. Über die *Themes* können Sie diese Informationen dann einmalig gestalten – in Zukunft werden sie dann automatisch auf diese Weise formatiert.

Auch können Sie ganz eigene *Taxonomien* erstellen. Das sind im Prinzip Kategorisierungen, die übrigens in ihrem Umfang nicht begrenzt sind. So können Sie also auch festlegen, dass ein Seitentyp in vielerlei Form kategorisiert werden kann. Nehmen wir als Beispiel einen Shop für Computer. Stellen wir uns der Einfachheit halber vor, ein Computer lässt sich auf drei Wege kategorisieren: Einmal über die Leistung des

Prozessors, einmal über die Menge des Arbeitsspeichers und einmal über die Größe des beigefügten Monitors. Ja, das ist sehr banal, aber als Beispiel dürfte es genügen.

Nun könnten Sie festlegen, dass jeder Seite, die über den Seitentyp »Computer« erstellt wird, auf dreierlei Weise kategorisiert werden kann. Wie bei einem Blogbeitrag haben Sie dann die Möglichkeit, für jedes Produkt auszuwählen, wie hoch beispielsweise die Prozessorleistung des Computers ist. Im Gegensatz zum Blogbeitrag haben Sie aber neben der einen Kategorisierung noch mehrere, nämlich in unserem Fall die Einordnung nach Arbeitsspeicher und die nach Monitorgröße. Und wenn sie wollen, können Sie gern noch 500 weitere Taxonomien hinzufügen – auch wenn das nur mäßig sinnvoll erscheint.

Außerdem sind Seitentypen leichter zu implementieren, als ein Konstrukt aus statischen Seiten und Beiträgen zu generieren. Bislang war man darauf angewiesen, für alles Beiträge zu erstellen, diese dann zu kategorisieren und eben für jeden Bereich einer Website nur bestimmte Kategorien anzuzeigen. Je nachdem wie komfortabel das Ganze für den Besucher sein sollte, war dies mit erheblichem Aufwand verbunden oder auch gar nicht möglich.

Sie können sich Seitentypen also wie einen großen Baukasten vorstellen, mit dem Sie die Administrationsoberfläche für bestimmte Beiträge so gestalten können, wie Sie möchten. Sie brauchen keinen Editor? Raus damit. Sie brauchen aber noch drei zusätzliche Eingabefelder und einige Kategorisierungen? Rein damit. So einfach ist das Prinzip der Seitentypen.

6.2   Anwendungsbereiche

Nun fragen Sie sich vielleicht, wofür Sie Seitentypen benötigen. Oder ob das überhaupt für Ihre Zwecke geeignet ist, wo Sie doch vielleicht ohnehin der einzige sind, der Ihre Website pflegt.

Grundsätzlich kann man sagen, dass Seitentypen immer nützlich sind. Auch wenn Sie Ihre Website ganz allein verwalten, so müssen Sie sich nur einmal in die Registrierung dieser Seitentypen hineinarbeiten und können fortan immer von der erstellten Vorlage profitieren. Je umfangreicher die Anforderungen Ihrer Website sind, desto interessanter werden Seitentypen. Denn viele Bereiche einer Website werden nicht ständig gepflegt. Wenn Sie später noch einmal diesen einen vernachlässigten Bereich überarbeiten möchten, wissen Sie vielleicht nicht mehr, nach welchem Schema Sie bei den Beiträgen hierfür vorgegangen sind. Seitentypen erleichtern diese Arbeit ungemein. Außerdem sind sie, wie gesagt, oft leichter zu implementieren als einen *Workaround* über die Blogbeiträge zu schaffen.

Der Anwendungsbereich für Seitentypen ist praktisch unbegrenzt. Aber lassen Sie sich dieses Feature durch ein paar Beispiele schmackhaft machen.

6.2.1   Ein FAQ-Bereich

Wenn Sie nun einen Bereich für die am häufigsten gestellten Fragen Ihrer Kunden mit WordPress umsetzen wollten, wie würden Sie das tun? Sie werden vermutlich nicht gleich auf eine Lösung kommen; die ist nämlich alles andere als leicht. Sie könnten eine statische Seite erstellen, auf der Sie alle Fragen auflisten. Für jede der Fragen müssten Sie dann eine eigene Seite erstellen, die Sie dieser Hauptseite unterordnen und dort dann die Frage wiederholen und die entsprechende Antwort geben. Das ist schon ziemlich umständlich.

Viel einfacher wäre da die Lösung über Seitentypen. Sie erstellen einen Seitentyp namens »FAQ«. Die Vorlage besteht ganz banal nur aus »Frage« und »Antwort«. Sie erstellen eine statische Seite, auf der alle Fragen ausgegeben und mit den Antworten verlinkt werden. Das Ganze machen Sie ein einziges Mal. Von nun an müssen Sie in Ihrer Administrationsoberfläche nur auf FAQ • ERSTELLEN klicken, eine Frage samt Antwort eingeben und WordPress übernimmt den Rest.

Diesen Seitentyp könnten Sie später noch durch ein paar raffinierte Funktionen ergänzen, zum Beispiel Sprungmarken, die es dem Leser erlauben, über ein Inhaltsverzeichnis mit einem Klick zur gewünschten Antwort zu gelangen. Ebenfalls wäre eine Kategorisierung denkbar, wenn Ihr FAQ-Bereich droht, aus allen Nähten zu platzen. Hierbei wäre dann wieder vorstellbar, auf der Startseite kategorieübergreifend eine Top Ten der häufigsten Fragen vorzustellen. Und so weiter und so fort. Seitentypen – gerade auch in Verbindung mit Plugins – bieten Ihnen unendliche Möglichkeiten.

6.2.2   Ein Event-Bereich

Sie sind Ausrichter verschiedenster Events. Sie möchten gerne eine Sektion auf Ihrer Website haben, auf der alle diese Events samt Informationen aufgelistet werden. Nun könnten Sie ähnlich vorgehen wie schon bei dem FAQ-Bereich und erst eine Hauptseite für alle Events erstellen, die Sie dann alle per Hand mit der jeweiligen Unterseite des jeweiligen Events verknüpfen müssen.

So ein Event hat aber die Eigenart, dass es ziemlich viele Informationen darüber zu veröffentlichen gibt. Die sind bei den meisten Events aber immer von der gleichen Art. Sie müssten also nun jedes Mal all diese Informationen von Hand eingeben. Veranstaltungsort, Anfangszeit, Endzeit, Beschreibung, Wegbeschreibung und vieles, vieles mehr. Sie werden sich vermutlich insofern schon Arbeit ersparen, indem Sie so eine Unterseite einmal erstellen, den Inhalt kopieren und für das nächste Event weiterverwenden. Sie müssen aber jedes Mal alle Daten entfernen und wieder neu einfügen. Das ist nicht nur sehr unprofessionell, sondern auch mühsam.

Seitentypen schaffen hier Abhilfe, indem sie für alle diese Daten eigene Felder zur Verfügung stellen, die Sie nur noch auszufüllen brauchen.

6.2.3   Fachartikel

Wenn Sie eine Website erstellen und sich für WordPress entschieden haben, dann darf ich Ihnen vermutlich auch ein gewisses Interesse an der Veröffentlichung eigener Artikel attestieren. Führen Sie lediglich ein Blog, ist dort meist alles gemischt: Alltägliche Ereignisse und Neuigkeiten paaren sich mit Fachartikeln zu bestimmten Themen und mit lustigen oder nervigen You-Tube-Videos. Das ist auch gut so, das macht ein echtes Blog aus.

Haben Sie aber vor, eine »richtige« Website (sorry, liebe Blogger, ihr wisst, was ich meine) zu erstellen, dann finden Besucher diesen Mix vielleicht etwas befremdlich. Auf vielen Websites sieht man daher einen Bereich für das Blog und einen für Fachartikel.

Diese Fachartikel sind aber ein wenig kompliziert umzusetzen. Es sind keine statischen Seiten, weil Sie kategorisiert werden wollen und allgemein auch eher an Blogbeiträge erinnern. Blogbeiträge verwenden wir aber schon für das Blog.

Mögliche Lösungen sind hier entweder wieder das Erstellen einer statischen Seite mit ganz vielen Unterseiten – das ist ziemlich mühselig und langweilig. Oder Sie erstellen Blogbeiträge in einer bestimmten Kategorie, die dann ausschließlich unter Fachartikeln ausgegeben werden. Schon etwas besser, aber immer noch mühselig, und es bleibt der plagende Gedanke, ob das nicht noch besser geht. Und es geht natürlich besser. Zumindest jetzt.

Sie erstellen einfach einen Seitentyp für Fachartikel. Dort können Sie dann beliebige Kategorisierungen festlegen und auch ansonsten das *Look and Feel* genauso gestalten wie bei einem Blogbeitrag. Nur haben Sie jetzt eine eigene Sektion in Ihrer Administrationsoberfläche dafür, wo Sie nach Herzenslust Fachartikel erstellen können, die WordPress dann unabhängig von den Blogbeiträgen verarbeitet.

Sie sehen, man kann fast alles mit Seitentypen machen. Immer wenn Sie der Meinung sind, dass Sie nicht wissen, wie Sie einen bestimmten Bereich Ihrer Website umsetzen sollen oder dass dieser Bereich sich weder in statische Seiten noch in Blogbeiträge quetschen lässt, dann dürften Seitentypen die Lösung sein. Schauen wir uns nun an, wie man so etwas in die Tat umsetzt.

6.3   Seitentypen registrieren

Die wahren Möglichkeiten der Seitentypen werden Sie vor allem dann erkennen, wenn Sie sie selbst einmal ausprobieren. Das werden wir nun gemeinsam tun. Ein neuer Seitentyp muss erst einmal im System registriert werden, damit Sie diesen nutzen können. Interessanterweise ist das auch die einzige »Magie«, die dahintersteckt. Sofort nach der Registrierung können Sie im *Backend* bereits damit beginnen, den Seitentyp mit Inhalten zu füllen. Als Beispiel habe ich mich für den Seitentyp

»Produkte« entschieden, da dieser sehr häufig benötigt wird und man daran die Eigenheiten sehr gut erläutern kann.

Wie jeder Code, der unser Theme in das System eingreifen lässt, kommt auch der folgende in unsere *functions.php*. Ich zeige Ihnen nun einmal den »Brocken« Code, der dort hineingehört (Listing 6.1), und erkläre ihn wie üblich im Anschluss:

```
01   add_action( 'init', 'add_cpt_produkte' );

02   function add_cpt_produkte() {

03   $labels = array(
04       'name' => _x('Produkte', 'post type general name'),
05       'singular_name' => _x('Produkt',
         'post type singular name'),
06       'add_new' => _x('Hinzufügen', 'Produkt'),
07       'add_new_item' => __('Neues Produkt hinzufügen'),
08       'edit_item' => __('Produkt bearbeiten'),
09       'new_item' => __('Neues Produkt'),
10       'view_item' => __('Produkt ansehen'),
11       'search_items' -> __('Nach Produkten suchen'),
12       'not_found' => __('Keine Produkte gefunden'),
13       'not_found_in_trash' =>
14       __('Keine Produkte im Papierkorb'),
15       'parent_item_colon' => ''
16   );

17   $supports = array( 'title',
18                      'editor',
19                      'thumbnail',
20                      'excerpt');

21   $args = array(
22       'labels' => $labels,
23       'public' => true,
24       'publicly_queryable' => true,
25       'show_ui' => true,
26       '_builtin' => false,
27       'show_in_menu' => true,
28       'query_var' => true,
29       'rewrite' => array("slug" => "produkte"),
30       'capability_type' => 'post',
31       'hierarchical' => false,
32       'has_archive' => true,
```

```
33      'hierarchical' => false,
34      'menu_position' => 20,
35      'supports' => $supports
36  );

37  register_post_type('produkt',$args);

38  }
```

Listing 6.1 Registrierung eines Seitentyps in der functions.php

Die eigentliche »Magie«, von der ich eben sprach, passiert wie so häufig wieder nur in wenigen Zeilen. In Zeile 01 teilen wir WordPress zunächst mit, es möge beim Start bitte unsere Funktion `add_cpt_produkte()` aufrufen, die wir dann auch gleich in den restlichen Zeilen des Listings näher spezifizieren werden. Am Ende, in Zeile 37, registrieren wir dann erst den Seitentyp mithilfe der Funktion `register_post_type()`. Dieser übergeben wir zwei Parameter: Als Erstes den Namen unseres Seitentyps, danach die Argumente in Form eines *Arrays*.

[!]

Arrays

In diesem Abschnitt ist immer wieder von Arrays die Rede. Wie Sie sich denken können, sind diese ein Konstrukt in PHP, und zwar stellen sie erweiterte Variablen dar. Während Sie in Variablen immer nur einen Wert speichern können, sind Arrays hier unbegrenzt. Es gibt numerische und assoziative Arrays. Die assoziativen bestehen aus Schlüssel-Wert-Paaren, die numerischen nur aus Werten.

Numerisches Array: `$array = array('Wert_1', 'Wert_2‘);`

Assoziatives Array: `$array = array('Schluessel_1' => 'Wert_1', 'Schluessel_2' => 'Wert_2');`

Wo wir gerade bei Arrays sind: Um die Werte auszulesen, reicht es natürlich nicht aus, wie bei Variablen einfach nur den Namen des Arrays zu schreiben, also hier `$array`. Sie müssen bei den numerischen Arrays mithilfe von Indizes auf die Werte zugreifen: `$array[0]`, `$array[1]`, `$array[2]`, usw. Bedenken Sie, dass die numerischen Arrays in ihrer Zählweise bei 0 beginnen und nicht bei 1. Hier kommt man am Anfang schnell durcheinander.

Die assoziativen Arrays werden abgerufen wie folgt: `$array['Schluessel_1']`, `$array['Schluessel_2']`, `$array['Schluessel_3']` usw.

Das sollte als Einstieg in die Welt der Arrays vorerst genügen.

Der Sprung gleich zu Anfang in die letzte Zeile war nötig, um den ganzen vorherigen Code zu verstehen. Dieses Array `$args`, welches wir dort übergeben, wird von Zeile 03 bis einschließlich Zeile 36 definiert – wir machen dort nichts anderes. Das eigentliche Array wird zwar erst ab Zeile 21 definiert, davor erstellen wir aber schon zwei andere Arrays mit Parametern, die wir dann später in das $args-Array einbinden werden. Das ist nicht zwingend nötig – wir könnten die Informationen auch direkt in $args festlegen –, aber es ist übersichtlicher. Auch wenn es sich gerade sehr unübersichtlich anhört.

Nehmen wir uns als Erstes das $labels-Array in den Zeilen 03 bis 16 vor. WordPress kennt den Begriff, den wir für unseren Seitentyp verwenden, natürlich nicht. Zumal die Muttersprache der Software ohnehin Englisch ist. Daher müssen wir der Software mitteilen, wie es den Begriff verwenden soll. Die entsprechenden Schlüssel-Wert-Paare dürften selbsterklärend sein. Wenn nicht, ersetzen Sie doch einfach in meinen Vorformulierungen den Namen des Seitentyps mit Ihrem eigenen. Die Werte bezeichnen immer nur einzelne Schaltflächen oder andere Ausgaben im Backend, die Sie schon von den Beiträgen oder statischen Seiten her kennen.

Im Array $supports – Zeilen 17 bis 20 – legen wir fest, welche Funktionen der Seitentyp unterstützen soll. Hier gibt es praktisch für jedes Modul, welches Sie auch vom Anlegen der Seiten bzw. Beiträge her kennen, eine Entsprechung. Nutzen Sie Tabelle 6.1 als Referenz, und ändern Sie das Array nach Ihren eigenen Wünschen ab.

Parameter	Beschreibung
title	Feld für den Titel
editor	der Editor
author	Auswahlfeld für den Autor
thumbnail	Möglichkeit, Artikelbild festzulegen
excerpt	Textauszug
trackbacks	Trackbackfunktion
custom-fields	benutzerdefinierte Felder (Custom Fields)
comments	Kommentarfunktion
revisions	Speicherung von Revisionen
page-attributes	Möglichkeit, ein Template festzulegen und die Menüreihenfolge zu bestimmen

Tabelle 6.1 Parameter für das $supports-Array

In den Zeilen 21 bis 36 folgt nun, wie bereits angekündigt, das eigentliche $args-Array, was wir dann später bei der Registrierung übergeben. In den Zeilen 22 und 35 können

Sie sehen, dass wir dort die beiden zuvor erstellten Arrays – $labels und $supports – einbetten. Wie gesagt, tun wir dies nur der Übersichtlichkeit halber. Sie könnten theoretisch die Werte auch einfach dort direkt einbinden. Was die einzelnen Parameter bedeuten, schlüsselt am besten Tabelle 6.2 auf. Darin finden Sie auch noch ein paar weitere Parameter, die für Sie nützlich sein könnten.

Parameter	Beschreibung
label (Standard: Name des Seitentyps)	der Name Ihres Seitentyps in der Mehrzahl
labels	die Bezeichnung im Backend, Übergabe des $labels-Arrays
description	eine kurze Beschreibung, worum es bei dem Seitentyp geht
public (Standard: false)	Legt den Standardwert für die noch folgenden vier Parameter fest: publicly_queriable show_ui show_in_nav_menus exclude_from_search Mögliche Werte: true oder false
publicly_queryable (Standard: entspricht public)	Legt fest, ob die Inhalte des Seitentyps vom Frontend aus abgefragt werden können.
exclude_from_search (Standard: entspricht dem Gegenteil von public)	Soll der Seitentyp bei der Suche ausgeschlossen werden?
show_ui (Standard: entspricht public)	Soll dieser Seitentyp über das Administrationsmenü erreichbar sein?
show_in_menu (Standard: null)	Soll dieser Seitentyp im Menü der Administrationsoberfläche auftauchen?

Tabelle 6.2 Parameter für das $args-Array

Parameter	Beschreibung
menu_position (Standard: null, direkt unter »Kommentare«)	Wenn er im Menü auftauchen soll, wo genau? 5 – direkt unter »Beiträge« 10 – direkt unter »Mediathek« 20 – direkt unter »Seiten« 60 – unter dem ersten Trennstrich 100 – unter dem zweiten Trennstrich
menu_icon (Standard: null, Beitrags-Icon wird verwendet)	Pfad zum Icon, welches im Menü neben der Bezeichnung angezeigt werden soll
hierarchical (Standard: false)	Legt fest, ob es Eltern- und Kindelemente geben kann, ob der Seitentyp also hierarchisch aufgebaut ist.
supports	Welche Funktionen unterstützt der Seitentyp (hier wird das $support-Array übergeben)?
taxonomies	Übergeben Sie hier ein Array für die Registrierung eigener Taxonomien (darum kümmern wir uns in einem der folgenden Abschnitte noch).
has_archive (Standard: false)	Ermöglicht das Führen eines Archivs für den Seitentyp.
rewrite	Hier legen Sie das Format für die Permalinks innerhalb des Seitentyps fest. Übergeben Sie ein Array mit den folgenden Parametern: slug – Trennwort in der URL (zum Beispiel .../produkte/...) with_front – wenn Sie Ihrer Permalink-Struktur eine Bezeichnung vorangestellt haben, zum Beispiel /blog/, dann wird dieses bei diesem Seitentyp ebenfalls vorangestellt, sofern Sie hier true wählen.
show_in_nav_menus (Standard: entspricht public)	Kann der Seitentyp als Menüpunkt ausgewählt werden, wenn Sie ein dynamisches Menü festlegen?
_builtin	Ist der Seitentyp ein natives Element? Das sollten Sie entweder weglassen oder mit false belegen, da ein Seitentyp ja eigentlich nie nativ ist.

Tabelle 6.2 Parameter für das $args-Array (Forts.)

6

Das soll nur eine Auflistung der wichtigsten Parameter sein. Die anderen werden Sie mit allergrößter Wahrscheinlichkeit nicht benötigen. Unter *http://codex. wordpress. org/Function_Reference/register_post_type* finden Sie bei Interesse eine aktuelle und vollständige Aufzählung.

Das war auch schon alles, was Sie für die Registrierung eines neuen Seitentyps tun müssen. Wenn Sie nun einen Blick auf Ihre Administrationsoberfläche werfen, werden Sie folgenden Menü-Eintrag entdecken (Abbildung 6.1).

Abbildung 6.1 Der neue Menü-Eintrag Ihres Seitentyps im Backend

Wenn Sie auf PRODUKTE klicken, sehen Sie wie üblich zunächst eine Auflistung aller angelegten Inhalte. Zu Testzwecken habe ich dort schon einmal einen Eintrag angelegt (Abbildung 6.2).

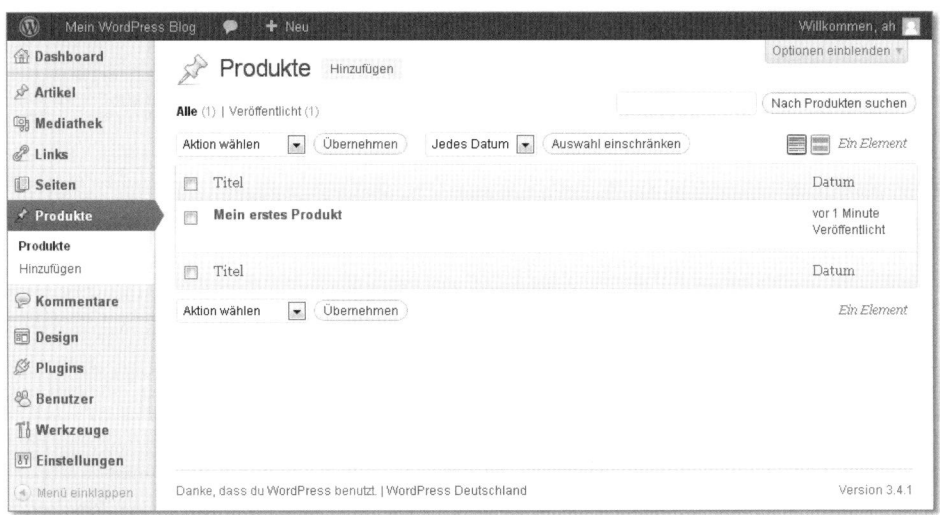

Abbildung 6.2 Die Produktübersicht

Ein ebenfalls gewohntes Bild bietet sich Ihnen, wenn Sie nun auf HINZUFÜGEN klicken (Abbildung 6.3). Dort sehen Sie jetzt allerdings nur die Bereiche, die Sie zuvor im $support-Array festgelegt haben.

In den folgenden Abschnitten erfahren Sie, wie Sie Ihren Seitentyp noch weiter ausbauen können. Sie lernen, wie Sie eigene Datenfelder einbinden, Taxonomien festlegen und wie Sie das Ganze am Ende in Ihrem Theme ausgeben.

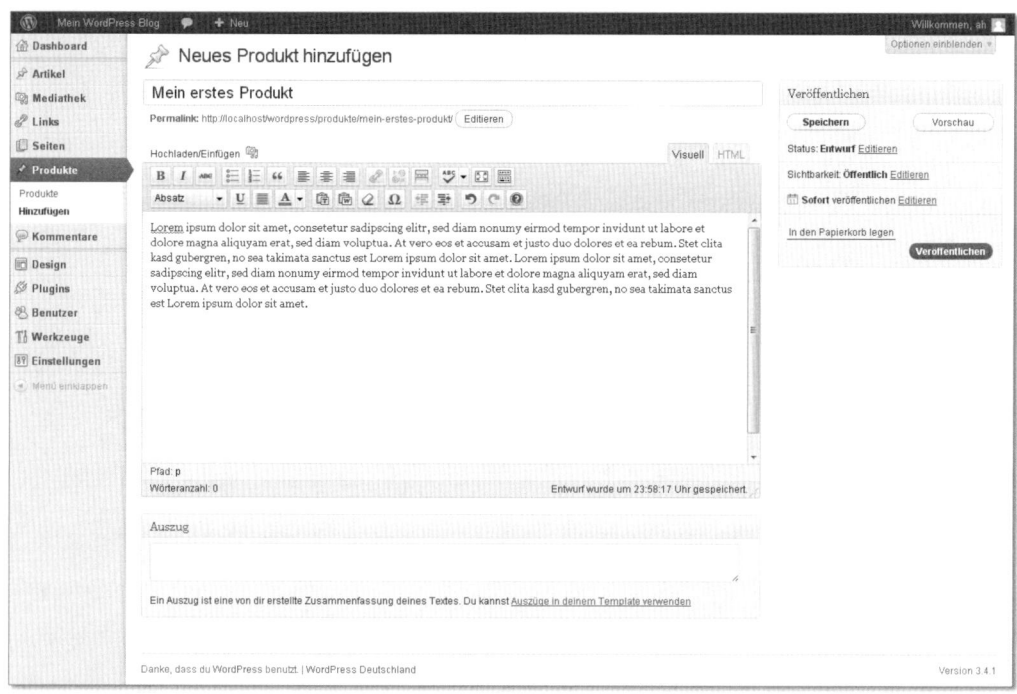

Abbildung 6.3 Das Hinzufügen eines neuen Produkts funktioniert problemlos, und, wie Sie sehen, auch unsere Permalinks.

6.4   Den Seitentyp mit Datenfeldern bestücken

Seitentypen wären ziemlich langweilig, wenn Sie das Eingabeformular nicht um eigene Datenfelder erweitern könnten. In unserem Produktbeispiel bietet es sich an, ein eigenes Feld für den Preis zu haben. Außerdem möchten wir dem Produkt noch eine eigene Kurzbeschreibung hinzufügen, die wir dann später im Theme als *Teaser* verwenden können. Ja, Sie haben Recht, dafür könnten wir theoretisch auch das Exzerpt nehmen, aber Sie möchten mir ja nicht mein Beispiel kaputtmachen, oder?

Wir arbeiten weiterhin ausschließlich in der *functions.php* (Listing 6.2):

```
01   add_action("admin_init", "cpt_produkt_meta_boxen");
02   add_action('save_post', 'cpt_produkt_daten_speichern');

03   function cpt_produkt_meta_boxen(){
04       add_meta_box("preis-meta", "Preis",
         "cpt_produkt_feld_preis", "produkt", "side", "high");
05       add_meta_box("kurzbeschreibung-meta", "Kurzbeschreibung",
         "cpt_produkt_feld_kurzbeschreibung", "produkt", "side",
         "high");
```

```
06   }

07   function cpt_produkt_feld_preis(){
08       global $post;
09       $custom = get_post_custom($post->ID);
10       $preis = $custom["preis"][0];
11       echo '<input name="preis" value="' . $preis . '" />
         &euro;';
12   }

13   function cpt_produkt_feld_kurzbeschreibung(){
14       global $post;
15       $custom = get_post_custom($post->ID);
16       $kurzbeschreibung = $custom["kurzbeschreibung"][0];
17       echo '<textarea name="kurzbeschreibung">
         ' . $kurzbeschreibung . '
         </textarea>';
18   }

19   function cpt_produkt_daten_speichern(){
20       global $post;
21       update_post_meta($post->ID, "preis", $_POST["preis"]);
22       update_post_meta($post->ID, "kurzbeschreibung",
         $_POST["kurzbeschreibung"]);
23   }
```

Listing 6.2 Zwei neue Datenfelder für den Seitentyp, functions.php

In den ersten beiden Zeilen binden wir zunächst zwei add_action()-*Hooks* ein. Der erste übergibt die Funktion cpt_produkt_meta_boxen(), die bei jedem Aufruf der Administrationsoberfläche ausgeführt werden soll (admin_init). Der zweite übergibt die Funktion cpt_produkt_daten_speichern(), die schließlich beim Speichern des Beitrags (save_post) berücksichtigt werden soll. Im Folgenden werden diese Funktionen dann logischerweise definiert. Sie erinnern sich: Diese Funktionen nennt man Hooks, weil sie sich an bestimmten Stellen im System einhaken.

In den Zeilen 3 bis 6 fügen wir dann unter dem Mantel der Funktion cpt_produkt_meta_boxen() zwei Metaboxen mithilfe der Funktion add_meta_box() hinzu. Eine Metabox ist praktisch ein Kästchen oder ein Modul im Formular zum Hinzufügen eines Produkts. Diese Funktion erwartet folgende Parameter:

```
add_meta_box
( $id, $title, $callback, $page, $context, $priority, $callback_args );
```

Eine kurze Erläuterung der möglichen Parameter:

- ▸ `$id` – einzigartiges HTML-ID -Attribut für das Backend
- ▸ `$title` – der angezeigte Titel der Metabox
- ▸ `$callback` – Funktion, die das HTML (für die Felder) ausgibt
- ▸ `$page` – Name des Seitentyps
- ▸ `$content` – Platz, an dem die Box angezeigt werden soll (normal, advanced oder side)
- ▸ `$priority` – welche »Platzpriorität« hat die Box gegenüber den anderen Boxen (high oder low)?
- ▸ `$callback_args` – hier können Sie Ihrer Callback-Funktion, wenn erwünscht, weitere Parameter übergeben.

In den Zeilen 07 bis 12 folgt dann die Deklaration einer Funktion für unsere erste Metabox, nämlich `cpt_produkt_feld_preis()`. Sie gibt lediglich das HTML-Feld aus, welches dann in der entsprechenden Metabox im Backend angezeigt wird. Die Zeilen 08 bis 10 sorgen lediglich dafür, den Inhalt dieses Feldes der Variablen `$preis` zuzuweisen, sofern dieser zuvor gespeichert worden sein sollte. In Zeile 11 geben wir dann schließlich das Feld selbst aus.

Genau das Gleiche passiert nun noch einmal in den Zeilen 13 bis 18, dieses Mal allerdings im Rahmen der Funktion `cpt_produkt_feld_kurzbeschreibung()` und mit etwas abgeänderten Werten. Außerdem geben wir dieses Mal eine `textarea` statt eines `input`-Feldes aus, um optisch ein wenig mehr Platz zu haben.

Die Zeilen 19 bis 23 beinhalten schlussendlich noch die zweite Funktion, die wir ganz am Anfang per Hook eingebunden haben. Diese soll die eigegebenen Daten speichern. Das geschieht mithilfe der Funktion `update_post_meta()`, der wir jeweils die drei Parameter Beitrags-ID, Name des Feldes und Inhalt des Feldes übergeben.

Und durch diese verhältnismäßig wenigen Zeilen Code haben wir unserem Seitentyp zwei brandneue Felder hinzugefügt (Abbildung 6.4).

Abbildung 6.4 Nun können Sie jedem Produkt einen Preis und eine eigene Kurzbeschreibung hinzufügen. Der Preis ist Verhandlungssache.

6.5   Eigene Taxonomien entwerfen

Zu guter Letzt werden wir unseren neuen Seitentyp nun noch um zwei Kategorisierungen erweitern. Die Produkte sollen später sowohl nach Leistungen als auch nach ihrer Preisklasse sortiert werden können. Hierzu begeben wir uns wieder in die *functions.php* (Listing 6.3):

```
01    add_action( 'init', 'cpt_reg_tax' );

02    function cpt_reg_tax() {

03    register_taxonomy( "Leistungen",
04        array( "produkt" ),
05        array( "hierarchical"      => true,
06                "label"            => "Leistungen",
07                "singular_label"   => "Leistung",
08                "rewrite"          => true));

09    register_taxonomy( "Preisklasse",
10        array( "produkt" ),
11        array( "hierarchical"      => true,
12                "label"            => "Preisklasse",
13                "singular_label"   => "Preisklasse",
14                "rewrite"          => true));

15    }
```

Listing 6.3 Registrierung der Taxonomien, functions.php

Eine neue Kategorisierung wird immer über die Funktion `register_taxonomy()` angelegt. Diese führt zumindest in der WordPress-Version, die Grundlage dieses Buches ist, gelegentlich zu Problemen, wenn sie direkt aufgerufen wird. Daher schalten wir einen sogenannten *init*-Hook davor, der dieses Problem behebt. Es mag sein, dass die Entwickler dieses Problem in einer zukünftigen Version beseitigen werden; es kann aber genauso gut passieren, dass dies zur offiziellen Lösung avanciert.

Mit dieser Vorgehensweise sollten Sie aber auf der sicheren Seite sein. Um den Hook nutzen zu können, müssen wir die beiden `register_taxonomy()`-Funktionen in eine eigene Funktion einbetten (siehe Zeile 02).

Die Funktion `register_taxonomy()` erwartet schließlich drei Parameter:

1. den Namen der Kategorisierung
2. ein Array oder String für die Seitentypen, die hiervon unterstützt werden sollen
3. ein Array mit weiteren Parametern

Die wichtigsten Einstellungen für den dritten Parameter treffen wir bereits in unserem Beispiel:

- hierarchical – darf die Taxonomie hierarchisch aufgebaut sein, wie es für eine Kategorie üblich ist, oder sollen alle Elemente auf einer Ebene stehen wie bei Tags?
- label – Name der Taxonomie in der Mehrzahl
- singular_label – Name der Taxonomie in der Einzahl
- rewrite – den Rewrite-Mechanismus ein- oder ausschalten, der für die lesefreundliche Generierung der URL zuständig ist

So leicht lässt sich eine neue Kategorisierung zu unserem Seitentyp hinzufügen. In Aktion sieht das Ganze dann so aus wie in Abbildung 6.5.

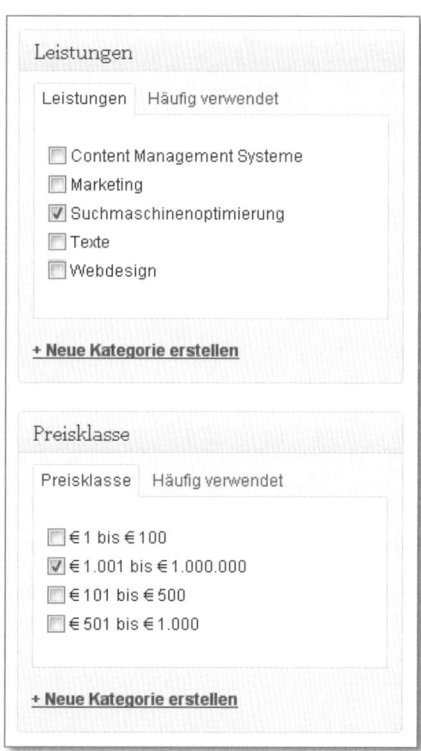

Abbildung 6.5 Zwei neue Taxonomien für unsere Produkte

6.6   Die Übersichtsseite anpassen

Mit einigen Zeilen Code können Sie sogar die Übersichtsseite der Produkte anpassen. Auf der Übersicht der Blogartikel werden uns bislang Autor, Kategorien und Tags angezeigt. Alles Dinge, mit denen wir bei unseren Produkten wenig oder gar nichts

anfangen können. Viel zielführender wäre es doch, könnten wir den Preis des Produkts sowie seine Kurzbeschreibung anzeigen lassen – also praktisch die beiden neu
hinzugefügten Felder. Nichts leichter als das, Sie werden schon sehen (Listing 6.4):

```
01   add_filter("manage_edit-produkt_columns",
02   "cpt_produkt_spalten");
03   add_action("manage_posts_custom_column",
04   "cpt_produkt_neue_spalte");

05   function cpt_produkt_spalten($columns){
06      $columns = array(
07              "cb" => "<input type=\"checkbox\" />",
08              "title" => "Produktname",
09              "preis" => "Preis",
10              "kurzbeschreibung" => "Kurzbeschreibung",
11              "date" => "Hinzugefügt"
12      );

13      return $columns;
14   }

15   function cpt_produkt_neue_spalte($column){
16      global $post;

17      if ("preis" == $column) {
18         $custom = get_post_custom();
19         echo $custom["preis"][0];
20      }

21      elseif ("kurzbeschreibung" == $column) {
22         $custom = get_post_custom();
23         echo $custom["kurzbeschreibung"][0];
24      }
25   }
```

Listing 6.4 Anpassen der Übersichtsseite in der functions.php

In den Zeilen 01 bis 04 teilen wir WordPress zunächst wieder einmal mit, dass wir mit
den folgenden Funktionen in sein System eingreifen wollen, dass wir die Ausgabe der
Übersichtsseite für die Produkte also selbst gestalten möchten. Der Filter-Hook heißt
`manage_edit-[name-ihres-seitentyps]_columns` und ist für die Anzeige der Spalten des
jeweiligen Seitentyps zuständig. Sollte Ihr Seitentyp nicht »produkt« heißen, so
ändern Sie dies im Filter-Hook einfach ab. Ich habe den Seitentyp aus didaktischen
Gründen »produkt« und nicht »produkte« genannt, um den Namen vom Slug, also der
Kurzform, abzugrenzen. Der Filter ruft schließlich die Funktion `cpt_produkt_spal-`

ten() auf. Der Action-Hook hingegen lässt uns neue Spalten festlegen, auf die wir für die Übersicht zugreifen können, und ruft die Funktion cpt_produkt_neue_spalte() auf.

Von Zeile 05 bis 14 definieren wir die Funktion cpt_produkt_spalten(), welche die Ausgabe der Spalten auf der Übersichtsseite steuert. Darin befüllen wir ein Array namens $columns mit den einzelnen Spalten. Der Schlüssel steht für die interne Bezeichnung, der Wert wird mit dem gefüllt, was auf der Seite später angezeigt werden soll, er entspricht also dem Titel. Der Schlüssel cb steht hierbei für die Checkbox, die sich stets am Anfang jeder Zeile befindet. Die Schlüssel title und date sind ebenfalls bekannt und sind auch für unsere Produktseite sehr nützlich. Neu hingegen sind preis und kurzbeschreibung, die wir ja bereits als Felder angelegt haben.

Die Zeilen 15 bis 25 befassen sich schließlich mit der Funktion cpt_produkt_neue_ spalte(), die dafür sorgt, dass die Inhalte für die Spalten preis und kurzbeschreibung überhaupt existieren und für die Funktion cpt_produkt_spalten() zur Verfügung stehen. Hierzu wird per *if-clause* abgefragt, ob es sich jeweils um den Preis oder um die Kurzbeschreibung handelt, deren Inhalt nun in der Tabelle ausgegeben werden soll. Danach wird das Feld ausgelesen und per echo ausgegeben. Dahinter steckt kein großer Zauber, aber es funktioniert einwandfrei (Abbildung 6.6).

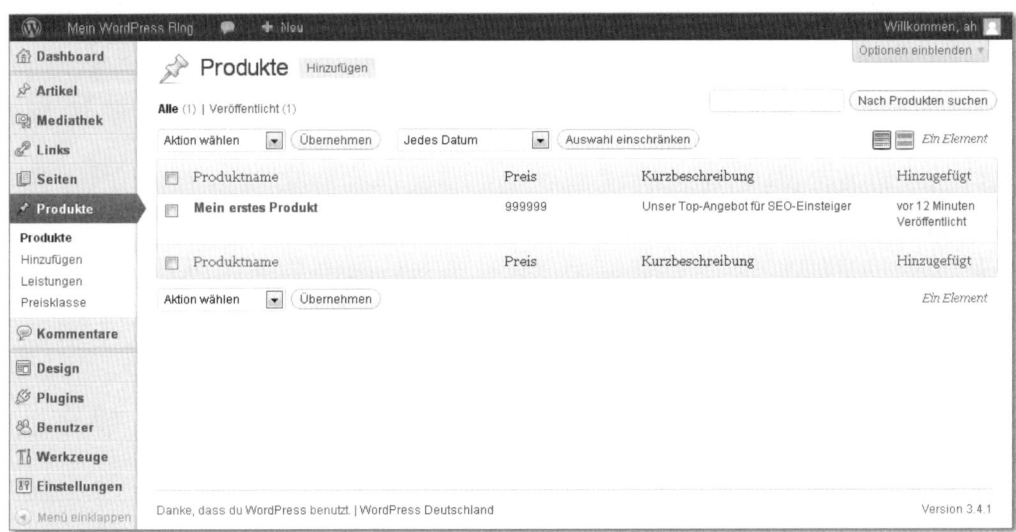

Abbildung 6.6 So sieht die Produktübersicht aus, wenn sie fertig ist.

6.7   Das Theme anpassen

So ein Seitentyp bringt uns bis zum jetzigen Zeitpunkt aber erst einmal gar nichts – schließlich können wir ihn noch nicht auf unserer Website anzeigen lassen. Das werden wir nun ändern, indem wir unser Theme entsprechend anpassen. In unserem Fall müssen wir hierzu fünf Schritte verfolgen:

1. eine Seite anlegen, auf der alle Produkte angezeigt werden (Produktübersicht)
2. einen Menüpunkt zur Produktübersicht anlegen
3. die Einzelansicht für ein Produkt entwerfen
4. eine Kategorieseite für die Leistungen erstellen
5. eine Kategorieseite für die Preisklassen erstellen

6.7.1   Die Produktübersicht anlegen

Um eine Anlaufstelle zu haben, von der wir auf alle Produkte über das Frontend zugreifen können, bietet es sich an, zuerst eine Produktübersichtsseite anzulegen (Listing 6.5), die wir dann im nächsten Schritt auch noch im Menü verlinken werden. Aber eines nach dem anderen.

```php
01   <?php get_header(); ?>
02   <div id="content">
03   <h2 class="entry-title">Unsere Produkte</h2>
04   <ul>

05   <?php
06   query_posts('post_type=produkt&post_status=publish');

07   if ( have_posts() ) : while ( have_posts() ) : the_post();
08   ?>

09   <li><?php the_date('d.m.Y'); ?> -
10   <a href="<?php the_permalink(); ?>" title="Lesen Sie
11   &quot;<?php the_title(); ?>&quot;"><strong>
12   <?php the_title(); ?></strong></a></li>

13   <?php endwhile; endif; wp_reset_query(); ?>

14   </ul>
15   </div>
16   <?php get_sidebar(); ?>
17   <?php get_footer(); ?>
```

Listing 6.5 Die vollständige archive-produkt.php

Legen Sie zunächst eine Datei namens *archive-produkt.php* in Ihrem Theme-Verzeichnis an. Die Seitentypenfunktion von WordPress ist so intelligent, diese Datei automatisch für die Übersichtsseite über Ihre Produkte zu verwenden. Mit anderen Worten, diese Datei wird immer dann aufgerufen, wenn Sie im Browser *http://www. ihre-domain.de/produkte/* eingeben. Für die Bestimmung der URL wird nämlich das Slug verwendet, welches Sie beim Registrieren des Seitentyps weiter oben festgelegt haben (hier also »produkte«). Der Dateiname muss, damit das funktioniert, eine Zusammensetzung aus dem Wort »archive« und dem Namen des Seitentyps (hier »produkt«) sein, verbunden durch einen Bindestrich.

Die meisten Elemente dürften Ihnen aus den vorigen Theme-Dateien bekannt vorkommen. Ich möchte bei dem Beispiel-Theme auch nicht unnötig kompliziert vorgehen. Spannend wird es erst wieder ab Zeile 07, wo sich die eigentliche Programmlogik befindet. Mittels der Funktion `query_posts()` können wir uns unsere ganz eigene *Loop* basteln. Hiermit suchen wir nun ausschließlich nach Beiträgen, deren Seitentyp »produkt« ist und die bereits veröffentlicht worden sind. Letzterer Parameter ist sehr wichtig und wird oft vergessen; dies hätte dann zur Folge, dass auch Ihre unfertigen Beiträge der breiten Leserschaft in all ihrer Unperfektion angezeigt werden würden. Das kann niemand ernstlich wollen.

Von Zeile 07 bis 13 wird die gebastelte Loop schließlich ausgegeben. In den Zeilen 09 bis 12 erkennen Sie schon unser typisches Archivlistenlayout wieder: Pro Listenpunkt wird einfach nur das Datum des Beitrags ausgegeben samt verlinktem Titel.

In Zeile 13 endet die Loop, gefolgt von einem `wp_reset_query()`. Diese Funktion rufen wir zur Sicherheit auf, um die aktuelle Query zu zerstören, damit diese nicht andere Querys beeinträchtigt. Damit ist die Erstellung der Übersichtsseite abgeschlossen.

Wenn Sie die Produktübersicht hingegen lieber unter einer anderen bzw. zusätzlichen URL erreichbar machen möchten, können Sie hierfür natürlich auch ein entsprechendes Template anlegen, zum Beispiel über den folgenden PHP-Kommentar am Beginn der Datei:

```php
<?php /* Template Name: Produktübersicht */ ?>
```

Dann erstellen Sie im Backend einfach nur eine neue Seite, weisen dieses Template zu und legen die von Ihnen gewünschte URL im Permalink fest, zum Beispiel */produkte-uebersicht/*. Wie das aussehen könnte, zeigt Abbildung 6.7. Das ist aber natürlich vollkommen optional und in der Regel nicht notwendig. Bestimmte Umstände könnten es aber einmal erforderlich machen, dass die Übersichtsseite derart ausgelagert wird.

Über die URL *http://www.ihre-domain.de/produkte/* (oder Ihre Alternativ-URL, falls Sie ein Template genutzt haben) können Sie nun auf die Übersicht zugreifen. Ich habe schon einmal ein Produkt hinzugefügt, deshalb sieht das Beispiel bei mir wie in Abbildung 6.8 aus.

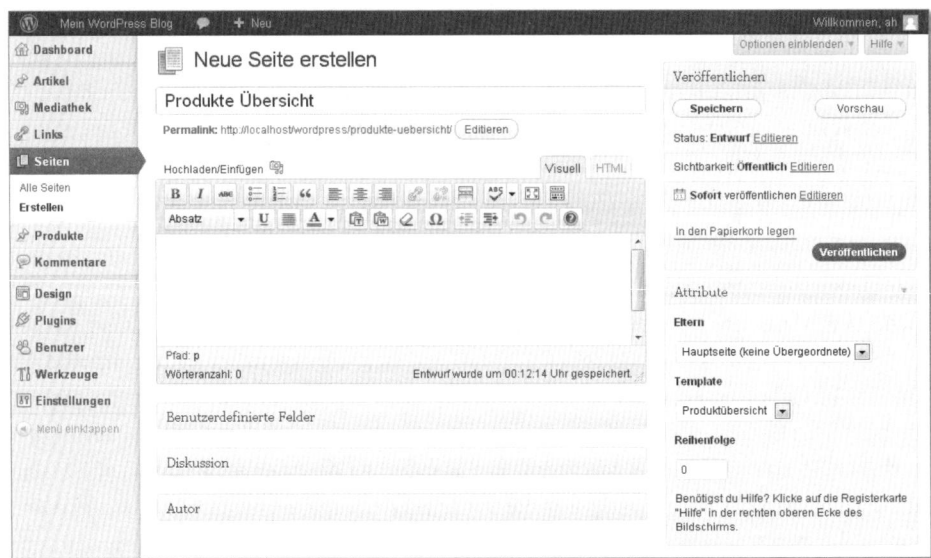

Abbildung 6.7 Hier sehen Sie die alternative Übersichtsseite, die aber im Backend eigens angelegt werden muss.

Abbildung 6.8 Eine Auflistung aller Produkte in der Produktübersicht

6.7.2   Einen Menüpunkt zur Produktübersicht anlegen

Legen wir noch kurz einen Menüpunkt an, um den Weg zur Produktübersicht so komfortabel wie möglich zu gestalten. Gehen Sie hierzu im Backend auf DESIGN • MENÜS, und fügen Sie die Seite UNSERE PRODUKTE (oder eben den Punkt mit dem Titel Ihrer Übersichtsseite) per Klick auf ZUM MENÜ HINZUFÜGEN Ihrem Hauptmenü hinzu (Abbildung 6.9). Passen Sie gegebenenfalls den angezeigten Namen des Menüpunktes noch an, indem Sie mit einem Klick auf den Pfeil daneben die weiteren Optionen öffnen. Klicken Sie anschließend auf MENÜ SPEICHERN.

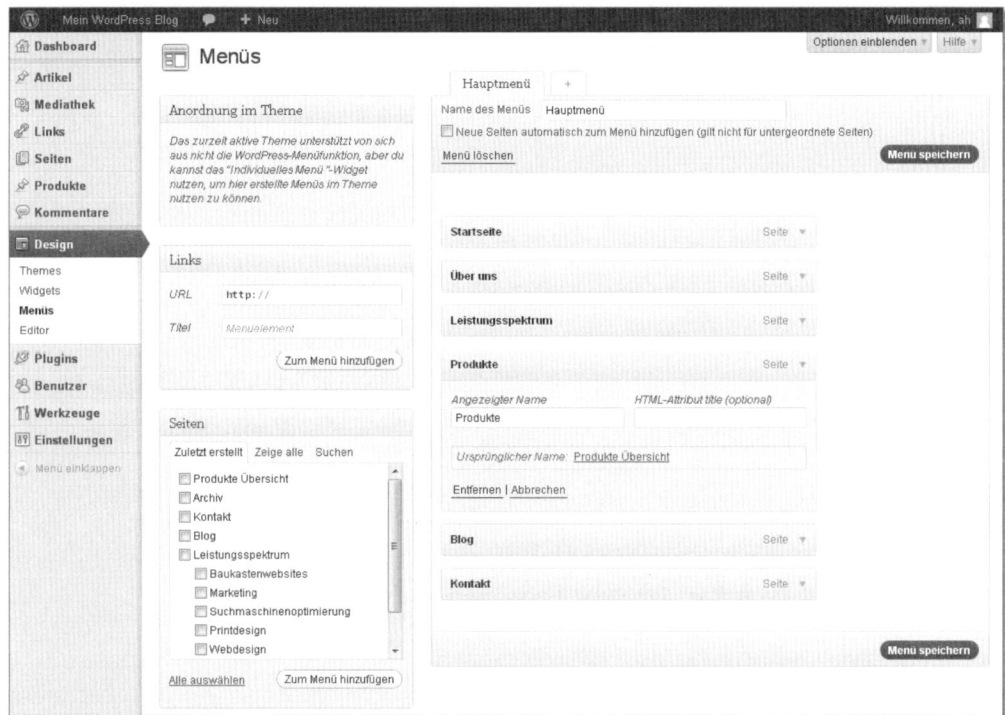

Abbildung 6.9 So leicht binden Sie Ihre neue Produktübersicht in Ihr Hauptmenü ein.

6.7.3   Die Einzelansicht eines Produkts programmieren

Kümmern wir uns nun darum, dass die einzelnen Produkte nach einem Klick darauf auch vernünftig angezeigt werden (Listing 6.6). Wenn Sie nichts weiter tun, so wird einfach die *single.php* zur Anzeige verwendet. Das ist in den meisten Fällen schon einmal besser als gar nichts, aber für unseren Fall nicht zweckdienlich. Wozu haben wir schließlich diese atemberaubenden neuen Felder programmiert, wenn sie nun nicht angezeigt werden?

```
01   <?php get_header(); ?>
02   <div id="content">
```

```
03    <?php if ( have_posts() ) :
      while ( have_posts() ) : the_post(); ?>

04    <?php $custom_fields = get_post_custom( $post->ID ); ?>

05    <h2><?php the_title(); ?>
      (<?php echo $custom_fields["preis"][0]; ?> &euro;)</h2>

06    <?php
07    if ( function_exists('has_post_thumbnail') &&
      has_post_thumbnail() ) {
08        the_post_thumbnail();
09    }
10    ?>
11    <p><strong>Kurzbeschreibung:</strong><br /><em>
      <?php echo $custom_fields["kurzbeschreibung"][0];
      ?></em></p>

12    <?php the_content(); ?>

13    <?php
14    $leistungen = get_the_term_list( $post->ID, 'Leistungen' );
15    $preisklasse = get_the_term_list( $post->ID, 'Preisklasse'
      );
16    ?>
17    <p>Leistungen: <?php echo $leistungen; ?></p>
18    <p>Preisklasse: <?php echo $preisklasse; ?></p>

19    <?php endwhile; endif; ?>

20    </div>
21    <?php get_sidebar(); ?>
22    <?php get_footer(); ?>
```

Listing 6.6 Die vollständige single-produkt.php

Damit WordPress die richtige Datei für die Anzeige der Einzelprodukte wählt, müssen Sie den Dateinamen nach einem bestimmten Schema anlegen: *single-[name-des-seitentyps].php* – in unserem Fall also *single-produkt.php*. Grundsätzlich bedienen Sie sich zwar des üblichen Gerüsts der *single.php*, jedoch nicht ohne einige wichtige Modifikationen.

In Zeile 04 – innerhalb der Loop – speichern wir alle Werte der benutzerdefinierten Felder dieses Produkts (dazu zählen auch unsere angelegten Felder »Preis« und

»Kurzbeschreibung«) in der Variablen `$custom_fields`. Diese wird automatisch zu einem Array umgewandelt, da die Funktion `get_post_custom()` ein solches zurückgibt.

In der Zeile 05 greifen wir nämlich bereits das erste Mal auf eines unserer Felder zurück, und zwar auf den Preis. Dieser versteckt sich in `$custom_fields["preis"][0]`. Sie sehen schon, dass der erste Index der Name des Feldes und der zweite Index eine 0 ist, für das erste (und einzige) Element dieses Feldes.

Das Gleiche machen wir in Zeile 11 noch einmal, nur dass wir nun auf unser Feld namens »Kurzbeschreibung« zurückgreifen.

Nach der Ausgabe der Kurzbeschreibung und des Produkttextes geben wir in den Zeilen 13 bis 18 noch die Taxonomien namens »Leistungen« und »Preisklasse« aus. Das geschieht mithilfe der Funktion `get_the_term_list()`, die als Parameter mindestens die ID des Produkts und den Namen der Taxonomie beinhaltet (auf Groß- und Kleinschreibung achten!).

So schnell kann es gehen, und wir haben eine Vorlage für die Einzelansicht aller unserer Produkte. Wie das nun aussieht, fragen Sie sich? Das zeige ich Ihnen gerne (Abbildung 6.10).

Abbildung 6.10 Die Einzelansicht unseres unschlagbaren SEO-Komplettpakets. Da bekommt der Begriff Kampfpreis eine ganz neue Bedeutung …

6.7.4   Die Anzeige der Leistungen-Taxonomie gestalten

Wie Sie in Abbildung 6.10 sehen können, sind sowohl die Leistungskategorie als auch die Preisklasse anklickbar. Lassen Sie uns nun gemeinsam die Seite gestalten, die nach einem Klick darauf angezeigt werden soll (Listing 6.7):

```
01   <?php get_header(); ?>
02   <div id="content">

03   <?php $term = get_term_by( 'slug', get_query_var( 'term' ),
     get_query_var( 'taxonomy' ) ); ?>

04   <h2 class="page-title"><?php echo $term->name; ?></h2>

05   <?php if (have_posts()) : ?>
06   <ul><?php query_posts(
     'post_type=produkt&post_status=publish&
     leistungen=' . $term->slug . ''); ?>
07   <?php while (have_posts()) : the_post(); ?>

08   <li><?php the_date('d.m.Y'); ?> -
     <a href="<?php the_permalink(); ?>" title="Lesen Sie
     &quot;<?php the_title(); ?>&quot;">
     <strong><?php the_title(); ?></strong></a></li>

09   <?php endwhile; endif; ?></ul>

10   </div>
11   <?php get_sidebar(); ?>
12   <?php get_footer(); ?>
```

Listing 6.7 Die vollständige taxonomy-leistungen.php

Auch für den Dateinamen der Taxonomie-Datei gibt ein spezielles Schema: *taxonomy-[name-der-taxonomie].php*, in unserem Beispiel entsprechend *taxonomy-leistungen.php*.

In Zeile 03 speichern wir in der Variablen $term ein Objekt, welches einige Informationen über die jeweilige Kategorie enthält. Hierzu nutzen wir die Funktion get_term_by(). Am Namen der Funktion können Sie vielleicht schon erkennen, dass wir als ersten Parameter angeben müssen, nach welchem Feld (by) die Suche nach der Kategorie aufgeschlüsselt werden soll. Wir haben hier die Wahl zwischen slug, name oder id. Wir wählen hier slug. Der zweite Parameter ist dann der Slug der Kategorie (zum Beispiel »suchmaschinenoptimierung«), der dritte Parameter ist der Name der Taxonomie (zum Beispiel »Leistungen«). Diese beiden letzten Werte bekommen wir über die Funktion get_query_var() direkt aus der *Query*.

Diese Objekt $term können wir nun flexibel nutzen. In Zeile 04 geben wir mit $term->name den Namen der Kategorie aus.

In den Zeilen 05 bis 09 basteln wir uns dann wieder unsere ganz eigene Loop. In Zeile 06 übergeben wir wieder einmal der Funktion query_posts() all die Eigenschaften, die unsere Suche ausmachen. Zuerst übergeben wir den Namen des Seitentyps und die Voraussetzung, dass das Produkt veröffentlicht worden sein muss. Danach hängen wir einfach den Namen der Taxonomie an (hier leistungen), gefolgt von dem Slug der Kategorie, welchen wir uns aus dem $term-Objekt holen.

Denken Sie daran, hier keinesfalls auf $term->name, sondern immer auf $term->slug zurückzugreifen. Zwar funktioniert die Anfrage auch häufig mit dem Namen, aber das ist gerade das Fatale daran. Es funktioniert nämlich nur so lange, wie der Name und das Slug identisch sind und dieser keine Sonderzeichen oder Leerzeichen enthält. Bei unseren Leistungen würde es also zum aktuellen Zeitpunkt noch funktionieren, spätestens gleich bei der Preisklasse würden wir mit dem €-Zeichen und den ganzen Leerzeichen aber einige Probleme bekommen. Wählen Sie hier also immer das Slug, das ist nicht nur die einzig korrekte Variante ist, sondern erspart Ihnen auch viel Ärger.

In Zeile 08 haben wir dann wieder unsere übliche Archivlistenausgabe der einzelnen Produkte. Und so wie in Abbildung 6.11 sieht das Ganze jetzt im Frontend aus.

Abbildung 6.11 Klickt nun jemand auf die Leistungskategorie, erhält er eine ordentliche Auflistung aller relevanten Produkte.

6.7.5   Die Anzeige der Preisklassen-Taxonomie gestalten

So weit so gut. Die Ansicht für die Produkte einer Leistung haben wir nun erfolgreich umgesetzt. Was nun noch fehlt, ist die Ansicht für Produkte einer Preisklasse. Wie Sie sich vermutlich denken können, ist diese fast identisch mit dem Beispiel aus dem vorigen Abschnitt. Da liegen Sie auch vollkommen richtig; lediglich ein kleiner Parameter darin muss abgewandelt werden. Und wir benötigen natürlich eine neue Datei, die hier den Namen *taxonomy-preisklasse.php* trägt.

Kopieren Sie am besten die Datei *taxonomy-leistungen.php*, und nennen Sie diese entsprechend um. Passen Sie dann die Zeile 06 wie in Listing 6.8 an:

```
06   <ul><?php query_posts(
     'post_type=produkt&post_status=publish&
     preisklasse=' . $term->slug . ''); ?>
```

Listing 6.8 Die Zeile 06 der taxonomy-preisklasse.php

Abbildung 6.12 Wenn Sie wollen, dann könnten Sie der Preisklassen-Ansicht nun noch ein ganz anderes Layout verpassen als der Leistungen-Ansicht.

Sie müssen nur das Wörtchen leistungen in preisklasse ändern, und schon haben Sie eine funktionierende Ansicht aller Produkte einer Preisklasse (Abbildung 6.12).

Damit sind wir am Ende des Einblicks zu Seitentypen angelangt – allerdings nur am Ende des Kapitels. Denn es gibt praktisch unendlich viele Möglichkeiten und Varianten, in denen Sie Seitentypen nutzen können. Bedienen Sie sich Ihrer Fantasie, und probieren Sie einfach drauflos.

[+]   6

Funktioniert etwas nicht?

Dann probieren Sie doch einmal, im Backend unter EINSTELLUNGEN • PERMALINKS eben jene zu aktualisieren. Dadurch verschwinden vielerlei Probleme auf wundersame Weise. Versuchen Sie es.

Kapitel 7
Plugins

Plugins sind eine wunderbare Möglichkeit, um Ihr Theme um beliebige Funktionen zu erweitern. Eine gute Auswahl an Plugins kann Ihre Website erheblich aufwerten. Eine schlechte Auswahl hingegen kann teils katastrophale Folgen haben.

Es gibt so viele Plugins für WordPress, dass Sie es vermutlich niemals schaffen werden, alle von ihnen auszuprobieren. Das ist aber auch nicht schlimm, denn nicht alle Plugins sind auch wirklich gut. Ich möchte Ihnen im Rahmen dieses Kapitels die Vor- und Nachteile von Plugins näherbringen und Ihnen ein Gespür dafür vermitteln, woran Sie ein gutes Plugin erkennen.

7.1 Was sind Plugins?

Plugins sind nichts anderes als Erweiterungen für WordPress. Diese können Sie in die unterschiedlichsten Kategorien einteilen. So gibt es Plugins, die ausschließlich Ihre Arbeit im Backend verrichten. Andere machen das Kommentieren Ihrer Beiträge komfortabler. Wieder andere bekämpfen Spam oder erweitern Ihre Blogartikel um eine Liste ähnlicher Beiträge, die den Leser vielleicht interessieren könnten.

WordPress bringt logischerweise von Haus aus nur ein Grundgerüst mit. Denn die Anforderungen an ein Content-Management-System sind von Projekt zu Projekt verschieden. Würden alle häufig genutzten Plugins mit aufgenommen werden, wäre WordPress dermaßen aufgebläht, dass es kaum noch verwendbar wäre.

Es ist also wichtig, eine gute Auswahl zu treffen. Nicht jedes Plugin ist automatisch auch gut oder erfüllt Ihre Anforderungen. Drei gute Plugins sind mehr wert als zehn schlechte.

7.2 Vor- und Nachteile von Plugins

Der große Vorteil von Plugins ist, dass sie unglaublich flexibel sind. Es gibt bereits für fast jede Anforderung eines, und falls nicht, kann es eigenhändig programmiert werden. Plugins sind die Schnittstelle von WordPress, um Nutzer in den Systemcode eingreifen zu lassen. Dort, wo die Möglichkeiten von Themes enden, beginnt die Funktion der Plugins. Manchmal überschneiden sich diese aber auch. So gibt es einige Plugins, die vor allem für Nutzer gedacht sind, die selbst nicht am Theme herumbasteln können oder wollen. Ein Beispiel hierfür ist eine Leiste von Social-Media-Buttons. Diese könnten Sie ganz leicht selbst in Ihr Theme integrieren. Oder Sie nutzen einfach eines der vielen Plugins.

Hier wird auch zugleich einer der größten Nachteile von Plugins deutlich. Jedes Plugin bedeutet zusätzliche Rechen- und Ladezeit. Je mehr Plugins Sie verwenden, desto langsamer wird auch Ihre Website. Unter anderem deshalb sprach ich am Anfang von katastrophalen Folgen. Es gibt Blogger, die an die 100 Plugins verwenden und sich später wundern, weshalb das Blog so langsam ist. Das muss wohl am Hosting-Paket liegen.

Auch ist nicht automatisch jedes Plugin vertrauenswürdig. Die Installation geschieht auf eigene Gefahr. Natürlich würden schwarze Schafe aufgrund des öffentlich einsehbaren Codes schnell entlarvt werden. Das heißt aber nicht, dass alle Plugins frei von Schadcode sind.

Wahrscheinlicher ist allerdings, dass Plugins einfach nur schlecht programmiert sind. Nicht jeder ist ein professioneller PHP-Entwickler. Die meisten entwickeln Plugins hobbymäßig. Hierdurch kann es passieren, dass Plugins Ihre Website nicht nur unnötig verlangsamen, sondern sogar für Fehler sorgen. Daher ist es ratsam, Plugins zunächst in der eigenen Entwicklungsumgebung und nicht live auf dem Server zu testen.

Sie sollten ein Plugin ohnehin erst einmal anpassen, bevor Sie es den Massen zugänglich machen. Die wenigsten Plugins funktionieren »einfach so«. Viele müssen zumindest an einer Stelle in irgendeiner Weise angepasst werden. In den angenehmsten Fällen geschieht dies direkt über das Backend. Häufig müssen Sie aber auch Anpassungen im Theme vornehmen. Schlimmstenfalls müssen Sie den Code des Plugins selbst editieren, um die Einstellung vorzunehmen.

Plugins können Ihnen viel Arbeit abnehmen, sie können Ihnen aber auch sehr viel Arbeit machen. Wägen Sie also die Vor- und Nachteile eines jeden Plugins gut ab, bevor Sie es einsetzen.

7.3   Die richtige Auswahl eines Plugins

Nicht jedes Plugin benötigen Sie auch wirklich. Fragen Sie sich, ob die Funktion des Plugins entweder für Sie oder für Ihre Besucher von erheblichem Nutzen ist. Spielereien sind zwar ganz nett, sollten aber immer auch zielführend sein. Sind sie es nicht, verlangsamen sie die Website unnötig und stellen nur eine weitere Fehlerquelle dar.

Können Sie die Funktion des Plugins reproduzieren, ohne es selbst einsetzen zu müssen? Viele Dinge können Sie auch einfach direkt in Ihr Theme programmieren, ohne hierzu auf ein Plugin zurückgreifen zu müssen.

Hat das Plugin viele Downloads und gute Bewertungen? Nun gut, das ist nicht immer ein ausschlaggebendes Kriterium. An Kommentaren und Bewertungen von Nutzern können Sie aber häufig schon gut ablesen, ob das Plugin etwas taugt, und vor allem, ob es für Ihre Anforderungen geeignet ist. Ein Plugin, welches für Sie nur einen Kompromiss darstellt, ist oft nicht für Ihre Zwecke geeignet.

Wenn Sie nun immer noch der Meinung sind, dass Sie das Plugin unbedingt benötigen, dann testen Sie es vor dem Einsatz auf Ihrem Server möglichst erst in Ihrer Entwicklungsumgebung. Oder schalten Sie Ihre Website zumindest in den Wartungsmodus (hierzu stelle ich Ihnen im folgenden Abschnitt noch ein nützliches Plugin vor). Nichts ist unprofessioneller als eine Website, an der live herumgeschraubt wird.

Im folgenden Abschnitt stelle ich Ihnen zehn Plugins vor, die sich in der Vergangenheit als sehr nützlich erwiesen haben. Aber auch hier gilt: Installieren Sie nicht bedenkenlos all diese Plugins. Fast alle unterliegen einem Wandel, sie werden ständig gepflegt und erweitert. Das heißt, was heute noch funktioniert, kann morgen schon wieder zu Problemen führen.

7.4   Die zehn wichtigsten Plugins

Ja, ich gebe es zu, der Titel dieses Abschnitts ist möglicherweise etwas irreführend. Schließlich kann ich unmöglich wissen, welche Plugins für Ihr Projekt am wichtigsten sind. Aber diese Auflistung soll Ihnen als Inspiration dienen und Ihnen gleichzeitig die Einrichtung dieser Plugins nahebringen.

Die Installation aller folgenden Plugins ist denkbar einfach. Gehen Sie im Backend einfach auf PLUGINS • INSTALLIEREN, und suchen Sie dort nach dem Titel des jeweiligen Plugins. Mit einem Klick auf JETZT INSTALLIEREN ist das Plugin installiert und kann nun von Ihnen aktiviert und konfiguriert werden.

7.4.1   Akismet – Anti-Spam-Tool für Ihre Kommentare

Akismet von *Automattic* hat eine sehr einfache und zugleich sehr komplexe Aufgabe: Es beschützt Ihre Blogkommentare vor Spam. Hierzu gleicht es alle auf Ihrer Website abgegebenen Kommentare mit seiner riesigen Datenbank ab und verschiebt die kritischen Kommentare in Ihren Spam-Ordner. Dabei lernt die Software jedes Mal dazu, wenn irgendwo irgendein Blog einen neuen Spam-Kommentar erhält.

Nachdem Sie das Plugin aktiviert haben, benötigen Sie einen sogenannten Akismet API-Key. Diesen erhalten Sie kostenfrei unter *http://akismet.com/wordpress/*. Akismet ist nämlich kostenfrei, solange Sie es für private Zwecke einsetzen. Was viele nicht wissen ist, dass es bei kommerzieller Nutzung kostenpflichtig wird. Das liegt wohl daran, dass kaum jemand die Akismet-Website besucht, nachdem er sich irgendwann einmal, vor vielen, vielen Jahren einen solchen Key erstellt hat. Denn installiert ist es ja von Haus aus bereits.

Diesen Key müssen Sie nur noch eintragen. Dieser Pflicht können Sie unter PLUGINS • AKISMET-KONFIGURATION nachkommen. Geben Sie dort den Key ein, und klicken Sie auf EINSTELLUNGEN AKTUALISIEREN (Abbildung 7.1). Schon ist Akismet bereit, den Spam-Kommentaren auf Ihrem Blog den Kampf anzusagen.

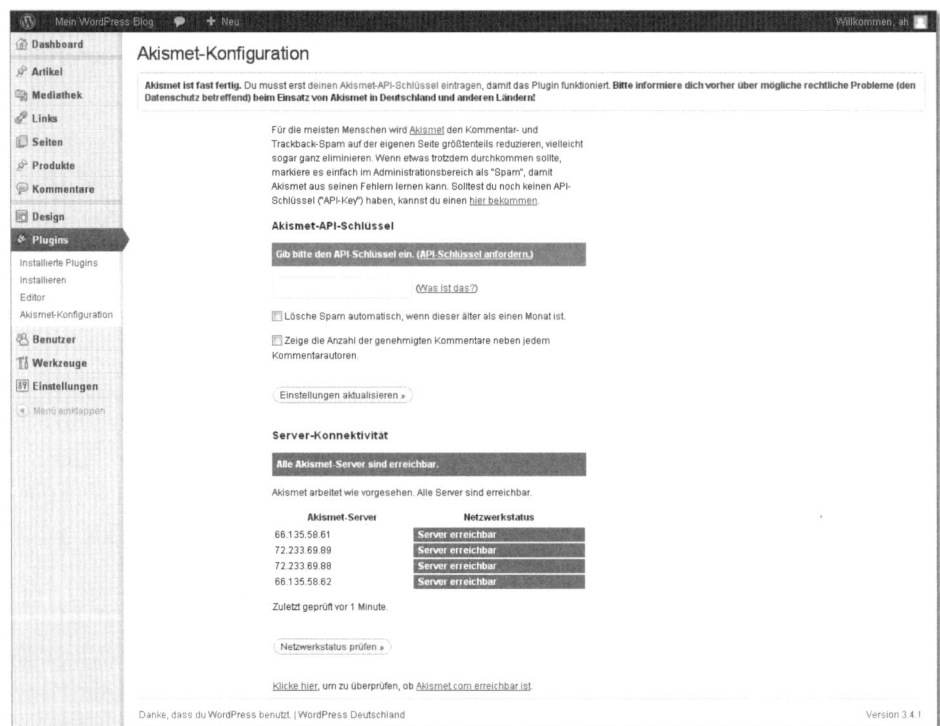

Abbildung 7.1 Nach Eingabe Ihres Keys ist Akismet sofort einsatzbereit. Weiter unten sehen Sie den derzeitigen Serverstatus.

[+]

Hinweis

Bitte beachten Sie die Hinweise zu Akismet und Datenschutz in Abschnitt 3.9.1, »Plugins«.

7.4.2 Contact Form 7 – komfortabel Kontaktformulare erstellen

Contact Form 7 von *Takayuki Miyoshi* ermöglicht es Ihnen, Kontaktformulare in allen erdenklichen Variationen auf Ihrer Website zu veröffentlichen. Von Textfeldern über Radiobuttons bis hin zu Captchas oder gar Datei-Uploads lässt dieses Plugin keine Wünsche offen.

Nach der Aktivierung des Plugins finden Sie im Backend-Menü einen eigenen Reiter namens FORMULAR. Hierüber können Sie Ihre Formulare administrieren (Abbildung 7.2).

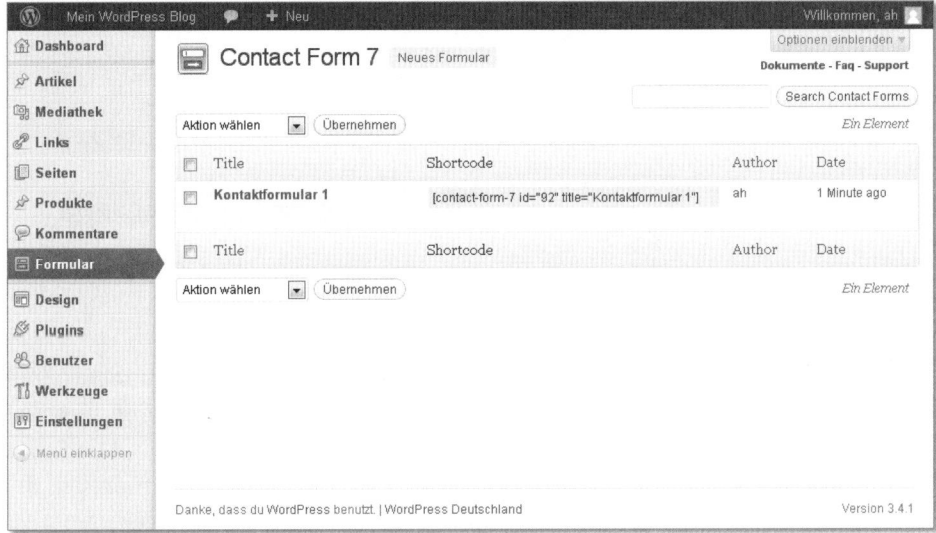

Abbildung 7.2 Hier bietet Ihnen das Plugin eine Übersicht über alle angelegten Formulare.

Nach einem Klick auf den Titel eines bestehenden Formulars oder auf NEUES FORMULAR gelangen Sie zur Einzelansicht.

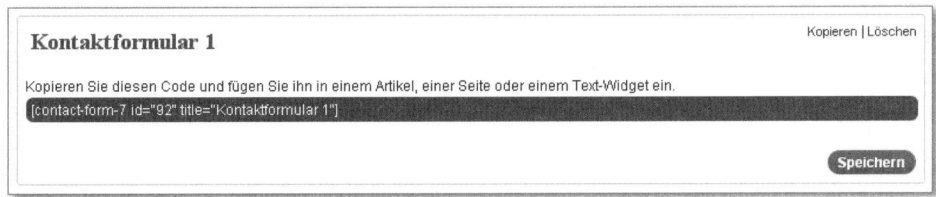

Abbildung 7.3 Den Formularkopf bearbeiten

In der ersten Box eines neuen Formulars können Sie durch einen Klick auf den Titel diesen bearbeiten. Darunter finden Sie ein gewöhnungsbedürftig-schönes, braunes Feld (Abbildung 7.3). Den Text in diesem Feld müssen Sie in eine statische Seite (oder auch einen Blogbeitrag) kopieren, damit das Formular dort angezeigt wird.

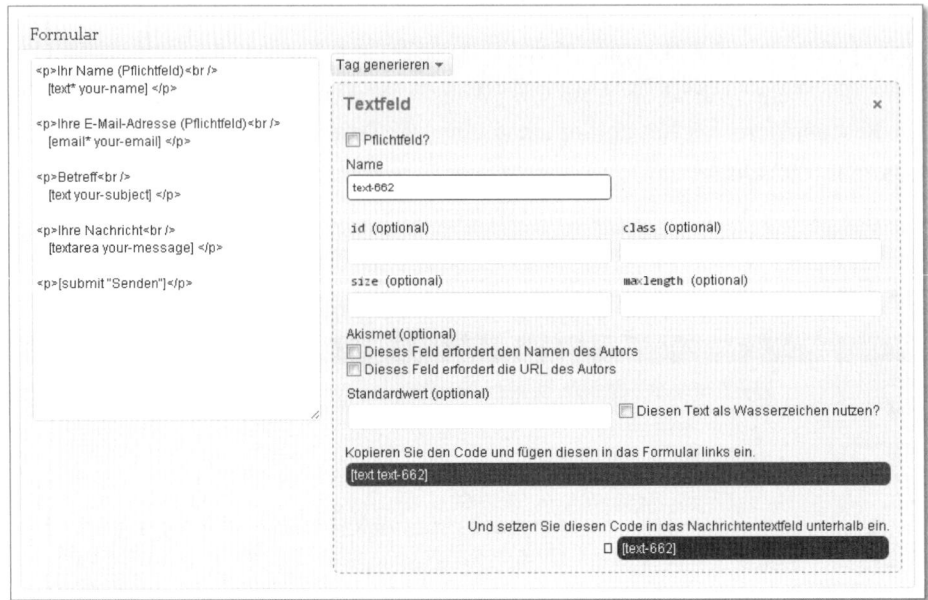

Abbildung 7.4 Das Formular anpassen

In der nächsten Box folgen die spezifischen Einstellungen für das Formular (Abbildung 7.4). Links können Sie den HTML-Quelltext des Formulars samt den Platzhaltern für die Felder editieren. Rechts oben haben Sie ein kleines Dropdown-Menü, aus dem heraus Sie ein neues Feld erstellen können. Nach der Auswahl öffnen sich die weiteren Optionen darunter. Hierbei gilt immer das gleiche Prinzip: Nach dem Ausfüllen der Optionen kopieren Sie den Code aus dem braunen Feld in die Maske auf der linken Seite – dort wo das Feld später im Formular erscheinen soll. Den Text aus dem grünen Feld benötigen wir im nächsten Schritt.

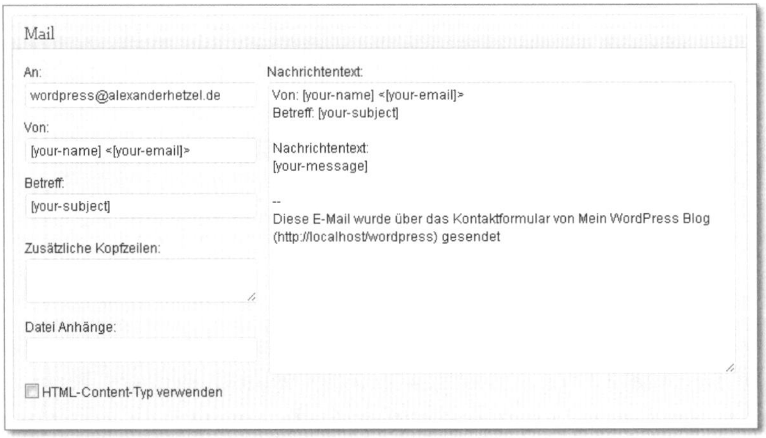

Abbildung 7.5 Die E-Mail-Einstellungen anpassen

In der folgenden Box können Sie die E-Mail-Einstellungen anpassen (Abbildung 7.5). Auf der linken Seite finden Sie allgemeine Informationen wie Absender, Empfänger, Betreff und vieles mehr. Auf der rechten Seite befindet sich ein Feld für den E-Mail-Text. Hier kommt nun das grüne Feld von eben ins Spiel. Dessen Text können Sie nämlich dort hineinkopieren. An der Stelle erscheint dann der Inhalt, den der Absender des Formulars übermittelt hat – also beispielsweise sein Name.

Abbildung 7.6 Weitere E-Mails versenden

Sie können mit Contact Form 7 natürlich nicht nur eine einzige E-Mail pro Formular versenden. Sollen mehrere E-Mails des gleichen Formats an mehrere Adressen versendet werden, bietet es sich an, nur eines der Formulare zu verwenden und einfach mehrere Empfänger-Adressen mit einem Komma separiert einzutragen. Möchten Sie hingegen zwei gänzlich verschiedene E-Mails versenden, dann eignet sich hierfür das Formular MAIL (2) sehr gut (Abbildung 7.6). Ein Beispiel für dessen Verwendung gebe ich Ihnen auch gerne. Angenommen, Sie haben ein ganz normales Anfrage-Kontaktformular erstellt, über das potenzielle Kunden Kontakt mit Ihnen aufnehmen können. Dann bietet es sich an, zunächst eine E-Mail mit Informationen über den Absender an Sie selbst zu senden. Das ist die Grundfunktion des Formulars. Sie können nun aber noch das zweite Formular nutzen, um dem Absender auch eine E-Mail zukommen zu lassen. Zum Beispiel könnten Sie ihm mitteilen, dass die Anfrage angekommen ist und dass Sie sich so schnell wie möglich darum kümmern werden.

Das Formular MAIL (2) funktioniert genauso wie das erste, darum erspare ich mir weitere Ausführungen hierzu. Denken Sie nur daran, einen Haken bei VERWENDE MAIL (2) zu machen.

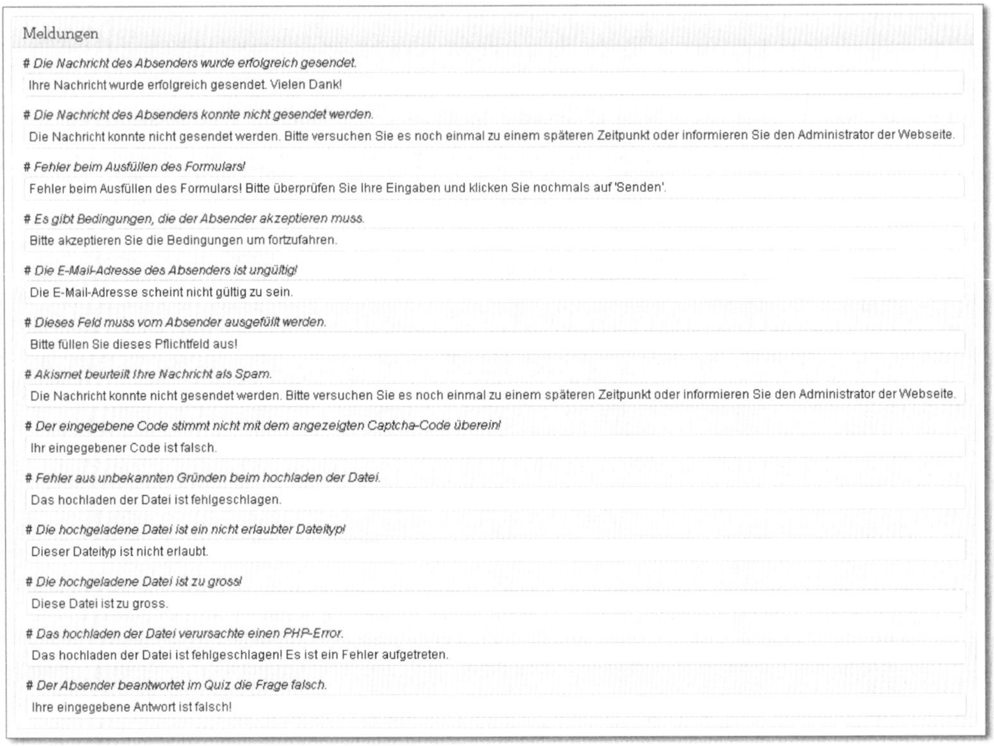

Meldungen
Die Nachricht des Absenders wurde erfolgreich gesendet.
Ihre Nachricht wurde erfolgreich gesendet. Vielen Dank!
Die Nachricht des Absenders konnte nicht gesendet werden.
Die Nachricht konnte nicht gesendet werden. Bitte versuchen Sie es noch einmal zu einem späteren Zeitpunkt oder informieren Sie den Administrator der Webseite.
Fehler beim Ausfüllen des Formulars!
Fehler beim Ausfüllen des Formulars! Bitte überprüfen Sie Ihre Eingaben und klicken Sie nochmals auf 'Senden'.
Es gibt Bedingungen, die der Absender akzeptieren muss.
Bitte akzeptieren Sie die Bedingungen um fortzufahren.
Die E-Mail-Adresse des Absenders ist ungültig!
Die E-Mail-Adresse scheint nicht gültig zu sein.
Dieses Feld muss vom Absender ausgefüllt werden.
Bitte füllen Sie dieses Pflichtfeld aus!
Akismet beurteilt Ihre Nachricht als Spam.
Die Nachricht konnte nicht gesendet werden. Bitte versuchen Sie es noch einmal zu einem späteren Zeitpunkt oder informieren Sie den Administrator der Webseite.
Der eingegebene Code stimmt nicht mit dem angezeigten Captcha-Code überein!
Ihr eingegebener Code ist falsch.
Fehler aus unbekannten Gründen beim hochladen der Datei.
Das hochladen der Datei ist fehlgeschlagen.
Die hochgeladene Datei ist ein nicht erlaubter Dateityp!
Dieser Dateityp ist nicht erlaubt.
Die hochgeladene Datei ist zu gross!
Diese Datei ist zu gross.
Das hochladen der Datei verursachte einen PHP-Error.
Das hochladen der Datei ist fehlgeschlagen! Es ist ein Fehler aufgetreten.
Der Absender beantwortet im Quiz die Frage falsch.
Ihre eingegebene Antwort ist falsch!

Abbildung 7.7 Die Meldungen konfigurieren

Was wäre ein Kontaktformular wert, das keine Erfolgs- oder Misserfolgsmeldungen an den Nutzer ausgibt? Nicht viel. Die jeweiligen Meldungen können Sie in der Box MELDUNGEN konfigurieren (Abbildung 7.7). Für jeden möglichen Fall gibt es dort schon eine Vorauswahl, die Sie dann an Ihre Vorlieben anpassen können. Die Eingaben dürften selbsterklärend sein.

Seite bearbeiten
Erstellen
Kontakt
Permalink: http://localhost/wordpress/kontakt/
Editieren
Seite ansehen
Hochladen/Einfügen
Visuell
HTML
b
i
link
b-quote
del
ins
img
ul
ol
li
code
more
nachschlagen
Tags schließen
Vollbild
[contact-form-7 id="92" title="Kontaktformular 1"]
Wörteranzahl: 100
Zuletzt geändert von ah am 13. Juli 2012 um 19:25

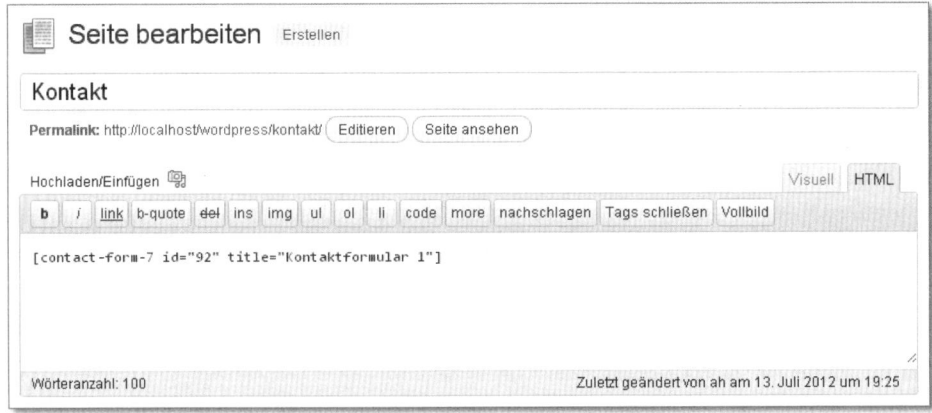

Abbildung 7.8 So einfach binden Sie das Formular in eine Seite ein.

Am Ende speichern Sie das Formular noch mit einem Klick auf – wer hätte es gedacht
– SPEICHERN. Vergessen Sie nicht, das Formular noch in eine Seite oder einen Artikel
einzubinden. Das geht, wie oben beschrieben, ganz leicht. Sie kopieren einfach den
Code aus dem braunen Textfeld am Anfang der Einzelansicht und fügen ihn in eine
beliebige Seite in der HTML-Ansicht (!) ein (Abbildung 7.8).

Tipp

Es kann vorkommen, dass Sie ein Kontaktformular direkt in Ihr Theme integrieren
möchten. Dies würde allerdings nicht funktionieren, indem Sie den Text aus dem
braunen Feld einfach in Ihr Theme kopieren. Hierfür gibt es aber eine andere Lösung
– nutzen Sie einfach die Funktion `do_shortcode()`:

```php
<?php
echo do_shortcode( '[contact-form 92 "Kontaktformular 1"]' );
?>
```

Der Funktion `do_shortcode()` übergeben Sie einfach den entsprechenden Parameter nach folgendem Schema:

```
[contact-form <ID> "<Titel>"]
```

7.4.3   Antispam Bee – die Alternative zu Akismet

Das Plugin Akismet ist einiger Kritik ausgesetzt. Die eine ist datenschutzrechtlicher
Natur, denn Akismet speichert Daten auf ausländischen Servern. Die andere rührt
von den Kosten her, denn Akismet ist zumindest für den kommerziellen Gebrauch
gebührenpflichtig. Eine tolle Alternative ist *Antispam Bee* vom bekannten Plugin-
Autor *Sergej Müller*. Bei diesem Plugin findet laut Angaben des Autors keine Speicherung im Ausland statt. Der Autor selbst sagt dazu: »Allein zur Ermittlung des Stand-
ortes übermittelt Antispam Bee die lose IP-Adresse des Kommentators an die API des
genannten Online-Dienstes. Weitere Werte sind kein Bestandteil der Übertragung.
Die Einstellung ist optional und im Auslieferungszustand nicht aktiv.« (Quelle: *http://
playground.ebiene.de/antispam-bee-wordpress-plugin/*) Außerdem ist das Plugin
kostenfrei und in der Anzahl seiner Funktionen sehr umfangreich, wie Sie gleich
sehen werden.

Die Einstellungen zum Plugin finden Sie unter EINSTELLUNGEN • ANTISPAM BEE
(Abbildung 7.9).

Unter dem Registerreiter ALLGEMEIN finden Sie die ersten groben Einstellungen des
Plugins (Abbildung 7.9).

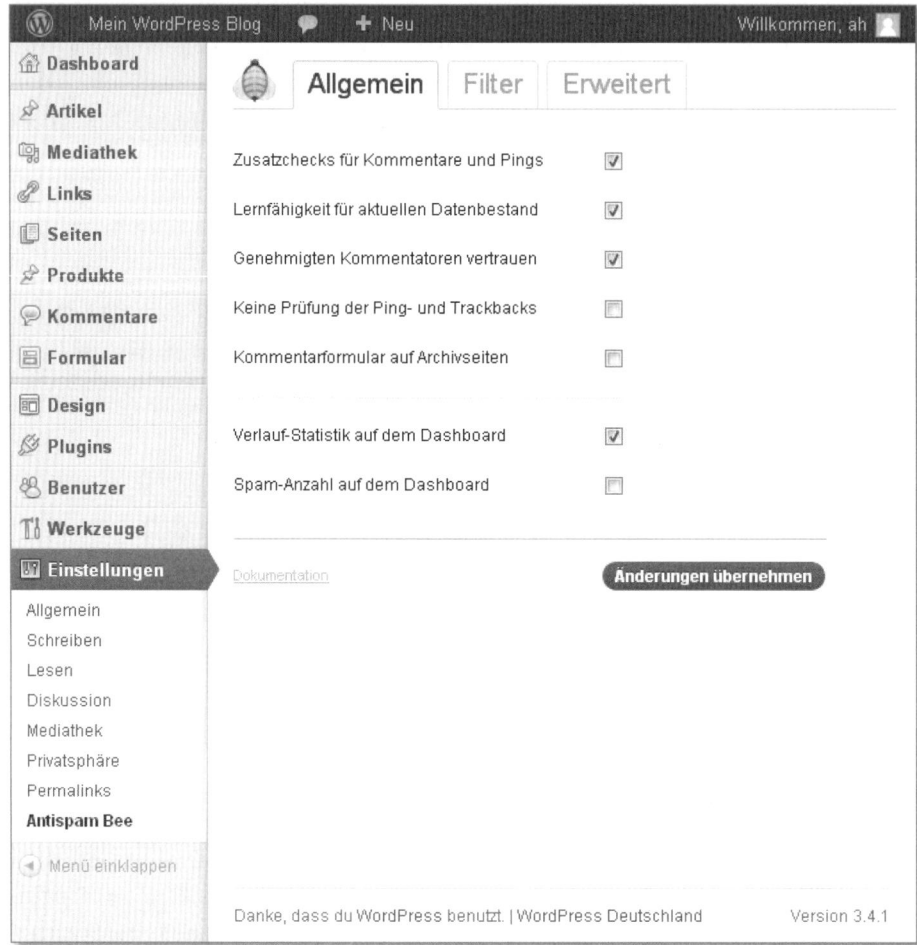

Abbildung 7.9 Die Optionsseite »Allgemein« von Antispam Bee

Zusatzchecks für Kommentare und Pings

Bei dieser strengeren Form der Kontrolle werden zusätzliche Netzwerkinformationen des Kommentators für die Überprüfung herangezogen. Sollte es zu oft falschen Alarm geben, probieren Sie, diese Einstellung zu deaktivieren.

Lernfähigkeit für aktuellen Datenbestand

Die IP-Adresse des Kommentators wird dahingehend überprüft, ob bei Ihrer Word-Press-Installation im lokalen Datenbestand bereits ein anderer Spam-Kommentar mit derselben IP-Adresse gefunden werden konnte. Diese Einstellung bietet sich allerdings nicht an, wenn die IP-Adressen gekürzt, überschrieben oder entfernt werden. Außerdem ist es hierfür nötig, dass Sie Spam nur als Spam markieren und nicht gleich löschen; andernfalls gäbe es keinen Datenbestand, auf den das Plugin zurückgreifen könnte. Daher sollten Sie auch bei der Option »Spam markieren, nicht löschen« im Registerreiter ERWEITERT einen Haken setzen.

Genehmigten Kommentatoren vertrauen

Kommentatoren, die bereits freigeschaltete Kommentare aufweisen können, werden gar nicht mehr kontrolliert. Wenn Sie sorgfältig bei der Freischaltung Ihrer Kommentare arbeiten, bietet sich diese Option an. Auf Dauer wird dadurch die Spam-Erkennung immer genauer (bzw. gibt es weniger falschen Alarm).

Keine Prüfung der Ping- und Trackbacks

Ping- und Trackbacks enthalten viel seltener Spam als Kommentare; einfach deshalb, weil diese Form des Spams aufwendiger wäre und man nie sicher sein kann, dass das »gegnerische« Blog überhaupt Trackbacks oder Pingbacks unterstützt. Wenn Sie diese Option aktivieren, werden beide von der Überprüfung ausgenommen.

Kommentarformular auf Archivseiten

Üblicherweise wird das Kommentarformular nur bei Blogbeiträgen, seltener auch bei statischen Seiten angezeigt. Hier überprüft das Plugin aber standardmäßig die Kommentare. Sollten Sie hingegen das Kommentarformular auch auf Archivseiten eingebunden haben, müssen Sie diese Option ebenfalls aktivieren.

Verlauf-Statistik auf dem Dashboard

Sie möchten einen Überblick über Ihren Kommentarspam der letzten 30 Tage? Kein Problem. Aktivieren Sie hier das entsprechende Dashboard-Widget.

Spam-Anzahl auf dem Dashboard

Soll das Plugin die Kommentare nur als Spam markieren, aber nicht löschen (siehe Registerreiter ERWEITERT), dann ist es auch möglich, die Gesamtanzahl der Spambeiträge auf dem Dashboard anzuzeigen. Aktivieren Sie hierzu diese Option.

Im nächsten Registerreiter – FILTER – finden Sie drei weitere Optionen (Abbildung 7.10).

Länder blockieren bzw. erlauben

Das Plugin bietet Ihnen sogar die Möglichkeit, Kommentare aus bestimmten Ländern explizit zu verbieten oder zu erlauben. Hierzu wird die IP-Adresse des Kommentators an den Service hostip.info weitergeleitet (Achtung: Das könnte aus datenschutzrechtlichen Gründen problematisch sein!). Sobald Sie die Option aktivieren, werden darunter weitere Optionen freigeschaltet (Abbildung 7.11).

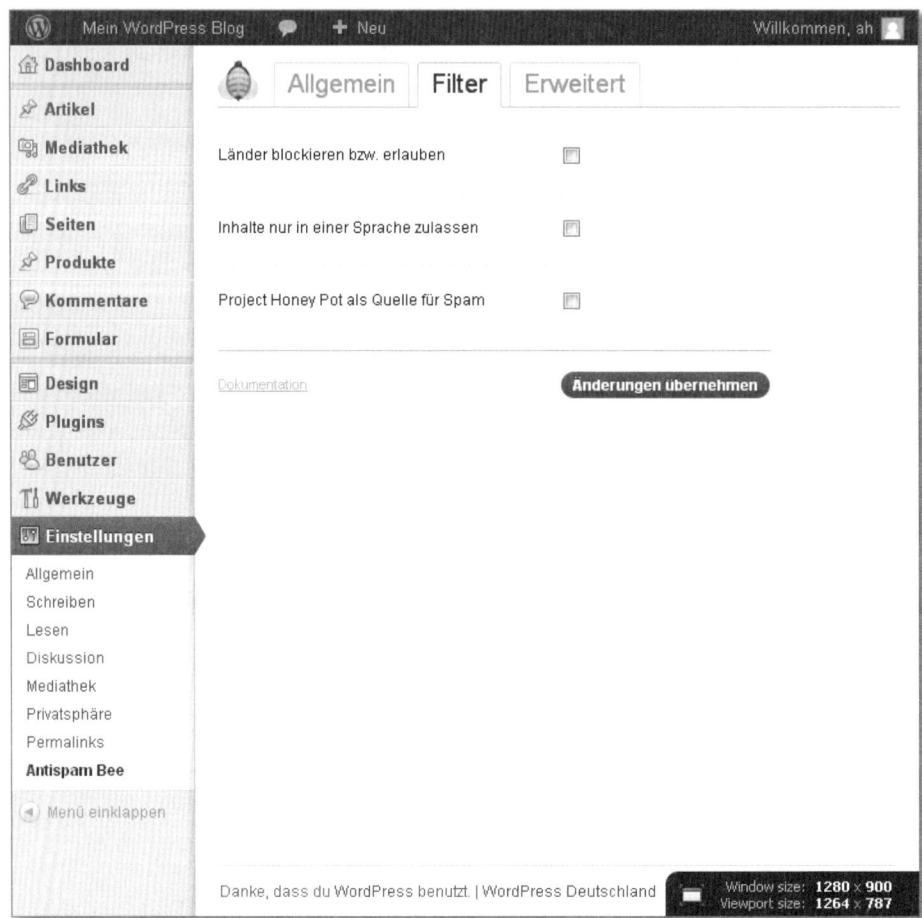

Abbildung 7.10 Der Registerreiter »Filter« von Antispam Bee

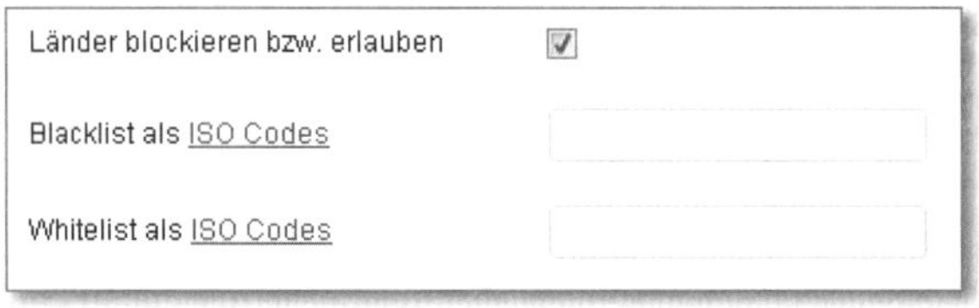

Abbildung 7.11 Eine Blacklist und eine Whitelist stehen zur Verfügung.

Sie haben nun die Möglichkeit, entweder eine Blacklist mit verbotenen Ländern oder eine Whitelist mit erlaubten Ländern zu füllen. Achtung: Erlaubt ist nur die Befüllung eines der beiden Felder. Eingetragen wird doch nicht der Name des Landes, sondern der jeweilige ISO-Code, den Sie zum einen über den angebrachten Link erreichen oder unter der Adresse *http://www.iso.org/iso/country_names_and_code_elements*.

Inhalte nur in einer Sprache zulassen

Kennen Sie das? Sie betreiben ein deutschsprachiges Blog, und Nutzer kommentieren plötzlich auf Englisch? Oder auf Chinesisch? Bei manchen Blogs, die sehr international ausgerichtet sind, ist dies durchaus erwünscht. Wer allerdings nur deutsche Leser hat, kann getrost den Rest als Spammer betrachten (oder zumindest als unerwünschte Kommentatoren). Denn Kommentare in unterschiedlichen Sprachen stören in der Regel den Lesefluss und stammen üblicherweise von Spammern. Wenn Sie alle nicht-deutschsprachigen Kommentare verbieten wollen (zur Auswahl stehen derzeit auch noch die Sprachen Englisch, Französisch, Italienisch und Deutsch), aktivieren Sie diese Option, und wählen Sie die entsprechende Sprache aus (Abbildung 7.12). Doch Vorsicht: Das Plugin greift hier auf einen Service von Google namens »Translate« zurück, um die Sprache zu bestimmen; es ist nicht klar, wohin die Daten genau übertragen werden.

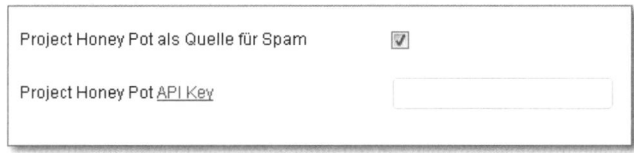

Abbildung 7.12 Wählen Sie eine Sprache.

Project Honey Pot als Quelle für Spam

Das Project Honey Pot ist eine Sammlung von IP-Adressen bekannter Spammer. Auf Wunsch gleicht das Plugin die IP-Adresse der Kommentatoren mit dem Bestand des Project Honey Pot ab. Auch hier ist allerdings Vorsicht geboten: Die IP-Adresse wird (in modifizierter Form) an das Projekt übertragen. Wollen Sie die Option dennoch aktivieren, benötigen Sie einen persönlichen API-Schlüssel (Abbildung 7.13) von der Website des Projekts: *http://www.projecthoneypot.org/*.

Abbildung 7.13 Tragen Sie hier den nötigen API-Key ein.

Die letzte Optionsseite versteckt sich schließlich hinter dem Registerreiter ERWEITERT (Abbildung 7.14).

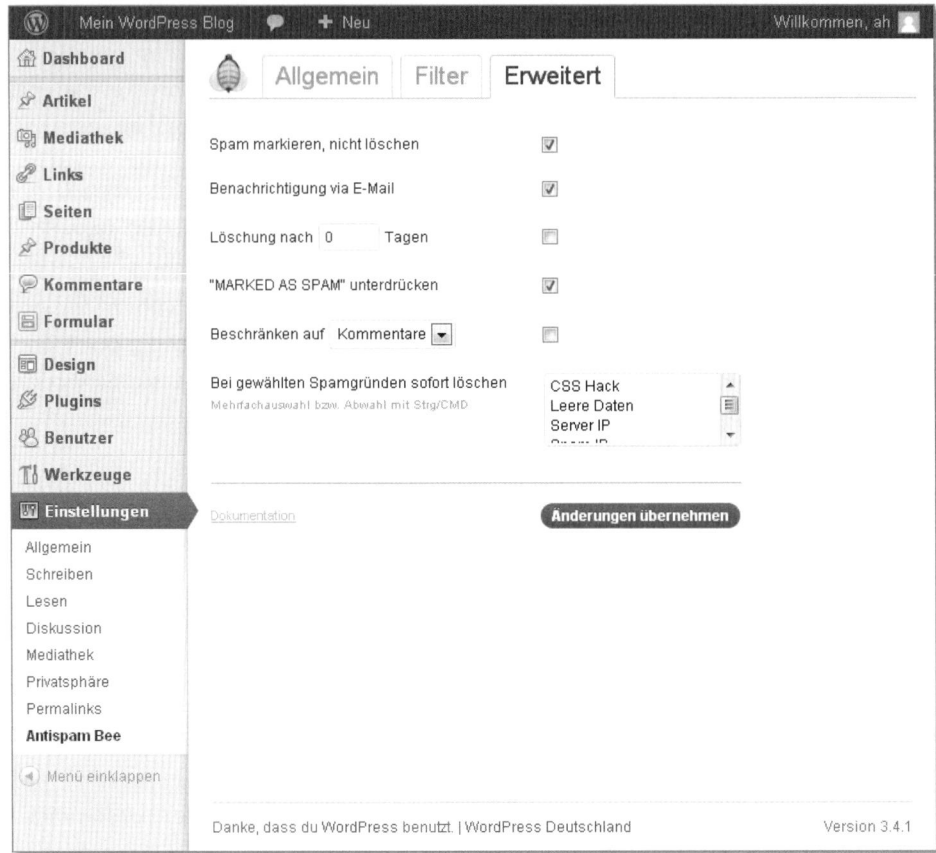

Abbildung 7.14 Der Registerreiter »Erweitert« von Antispam Bee

Die folgenden Optionen stehen zur Verfügung.

Spam markieren, nicht löschen

Aktivieren Sie diese Option, werden potenzielle Spam-Kommentare und -Trackbacks nicht direkt gelöscht, sondern nur als Spam markiert. Diese Option sollten Sie unbedingt aktivieren, allein um nicht die Wirkung anderer Funktionen dieses Plugins zu unterwandern. Die im Folgenden vorgestellten Funktionen sind nur verfügbar (und sinnvoll), wenn diese Option aktiviert ist.

Benachrichtigung via E-Mail

Wenn Sie bei jedem Spam-Kommentar eine Nachricht per E-Mail erhalten möchten, sollten Sie diese Option aktivieren.

Löschung nach [0] Tagen

Um Ihnen die Administration zu erleichtern, können Sie eine Löschung der Spam-Kommentare nach X Tagen aktivieren. So müssen Sie nicht auf jeden neuen Spam-

Kommentar reagieren, sondern können einfach nur dann eingreifen, wenn es falschen Alarm gab. Bedenken Sie aber, dass der eigene Datenbestand dadurch schrumpft und manche Funktionen nur eingeschränkt funktionieren können.

»MARKED AS SPAM« unterdrücken

Wenn Sie nicht möchten, dass jedem als Spam eingestuften Kommentar die Phrase »MARKED AS SPAM BY ANTISPAM BEE« (inklusive Grund der Einordnung) angefügt wird, aktivieren Sie diese Option.

Beschränken auf [Kommentare]

Diese Option feinjustiert die vorangegangene Option SPAM MARKIEREN, NICHT LÖSCHEN. Standardmäßig werden alle Kommentare und Trackbacks nur als Spam markiert, aber nicht gelöscht. Über diese Option können Sie dieses Verhalten verändern, indem Sie sie aktivieren und per SELECT-Feld auf einen bestimmten Typ beschränken. Wenn Sie also dort KOMMENTARE auswählen, dann würden beispielsweise Trackbacks direkt gelöscht werden, Kommentare aber nur als Spam markiert.

Bei gewählten Spamgründen sofort löschen

Antispam Bee unterscheidet nach Verdachtsgründen:

- CSS Hack
- Leere Daten
- Server IP
- Spam IP
- Ländercode
- Project Honey Pot
- Kommentarsprache

Diese Einteilung können Sie sich zunutze machen, um sich selbst die Administration zu erleichtern. Wenn Sie einem oder mehreren (Mehrfachauswahl durch `Strg`) dieser Gründe vertrauen, dann können Sie über diese Option festlegen, dass Kommentare, die wegen eines der aktivierten Gründe als Spam eingestuft wurden, direkt gelöscht und nicht nur als Spam markiert werden.

[+]

Wichtiger Hinweis zur Nutzung von Antispam Bee

Überprüfen Sie nach der Aktivierung des Plugins unbedingt die Funktionstüchtigkeit aller Kommentarformulare! Bekannte Probleme treten bei gleichzeitiger Nutzung von Antispam Bee und *inzioSEO* sowie *All-in-One Event Calendar* auf. Eine Kombination eines dieser beiden Plugins mit Antispam Bee sollte daher nach Möglichkeit vermieden werden.

Hinweis zu DoFollow

Vormals wurde an dieser Stelle das Plugin *DoFollow* von *Denis de Bernardy* vorgestellt. Da dieses allerdings mittlerweile veraltet ist, hat Antispam Bee seinen Platz in der Liste der wichtigsten Plugins eingenommen, weil ich eine (datenschutzkonforme und kostenfreie) Alternative zu Akismet ebenfalls für sehr wichtig erachte. Es steht Ihnen aber selbstverständlich frei, DoFollow zu testen.

7.4.4 Google XML Sitemaps – suchmaschinenoptimierte Sitemaps erstellen

Google XML Sitemaps von *Arne Brachhold* ist ein fantastisches Plugin, welches vollautomatisch eine Sitemap Ihrer Website für Suchmaschinen erstellt. Anhand derer können Google & Co. später Ihre Unterseiten indexieren, ohne dass diese zwingend auf Ihrer Website verlinkt sein müssen. Sie dient also dazu, dass die Suchmaschinen auf jeden Fall über die Existenz all Ihrer Unterseiten informiert werden. Heutzutage kommen Sie um eine solche Sitemap kaum noch herum, weshalb ich Ihnen dieses Plugin näher vorstellen möchte.

Konfigurieren können Sie es nach dem Aktivieren unter EINSTELLUNGEN • XML-SITEMAP.

Gleich zu Anfang können Sie Ihre Sitemap zum ersten Mal generieren (Abbildung 7.15). Danach finden Sie in dieser Box Informationen zur erstellten Sitemap und die Möglichkeit, sie erneut generieren zu lassen. Dies ist aber normalerweise nicht nötig, da diese bei Änderungen an Ihrer Website automatisch neu generiert wird.

> Die Sitemap wurde bisher noch nicht erzeugt.
>
> Die Sitemap wurde noch nicht erstellt. Klick hier um sie das erste mal zu erstellen.
>
> Falls es beim Generieren der Sitemap Probleme gibt, kannst Du die Debug Funktion verwenden um mehr über die auftretenden Fehler zu erfahren.
>
> There is a new beta version of this plugin available which supports the new multi-site feature of WordPress as well as many other new functions! More information and download

Abbildung 7.15 Generieren Sie Ihre erste Sitemap.

Hinweis

Auf Abbildung 7.15 finden Sie auch einen Hinweis auf eine neue Beta-Version, die die Multisite-Funktion von WordPress unterstützen wird. Da sich diese Plugin-Version allerdings noch im Betastadium befindet, wird sie in dieser Auflage noch nicht berücksichtigt. Sollte Sie diese Funktion allerdings interessieren, können Sie der Beta-Version ruhig eine Chance geben.

Die grundlegende Konfiguration Ihrer Sitemap nehmen Sie unter ALLGEMEINE EIN-
STELLUNGEN vor (Abbildung 7.16). Die Voreinstellungen funktionieren in der Regel
einwandfrei, Sie können sie guten Gewissens übernehmen. Sollten Sie Probleme mit
dem Plugin haben, können Sie versuchen, in den ERWEITERTEN EINSTELLUNGEN das
Speicherlimit oder das Zeitlimit zu erhöhen (mögliche Werte werden in Klammern
hinter der Option angezeigt). Außerdem können Sie notfalls auch noch den MYSQL-
STANDARD-MODUS aktivieren, wenn es zu Problemen kommt. Dieser benötigt allerdings mehr Speicher.

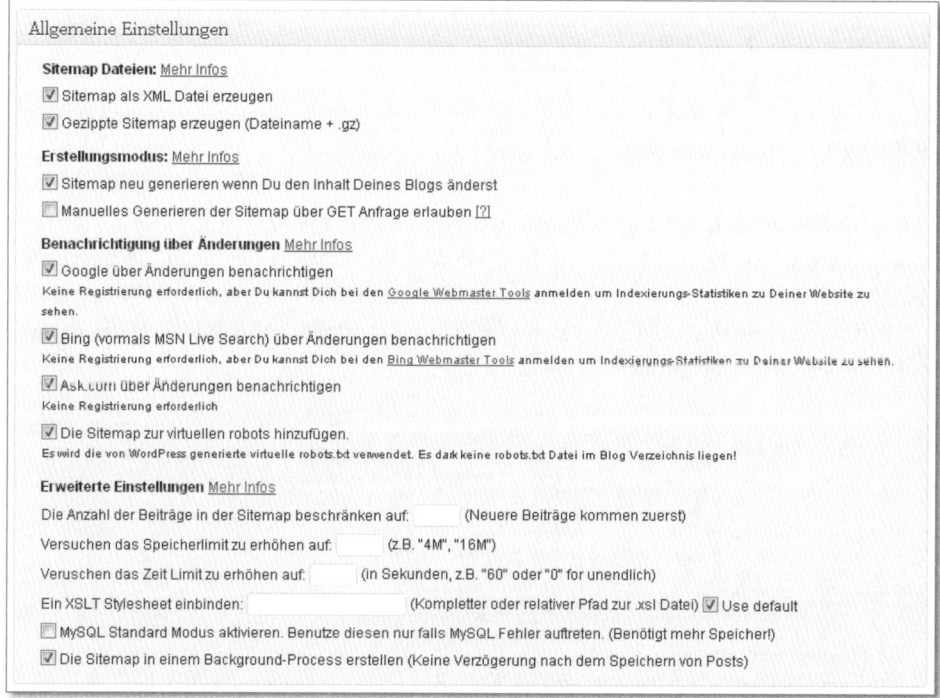

Abbildung 7.16 Allgemeine Einstellungen zur Sitemap

WordPress ist nicht überall. Und so kann es auch auf Ihrer Website vorkommen, dass
Sie einzelne Teile ausgelagert haben, beispielsweise eine nette, kleine Applikation.
Diese Seiten, die nicht schon automatisch zur Sitemap hinzugefügt werden, können
Sie unter ZUSÄTZLICHE SEITEN angeben (Abbildung 7.17). Der Generator übernimmt
sie dann bei der nächsten Erstellung.

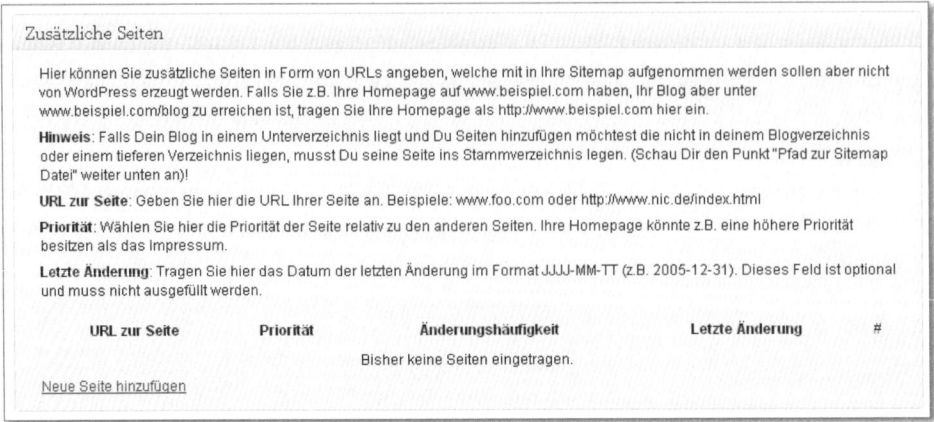

Abbildung 7.17 Zusätzliche Seiten zur Sitemap hinzufügen

Sie können einzelnen Beiträgen automatisch eine gewisse Priorität zuweisen. Unter PRIORITÄT DER BEITRÄGE legen Sie fest, wie die Popularität der Beiträge bestimmt oder ob auf eine automatische Berechnung verzichtet werden soll (Abbildung 7.18). In dem Fall haben alle Beiträge die gleiche Priorität. Standardmäßig wird auf die Anzahl der Kommentare abgestellt.

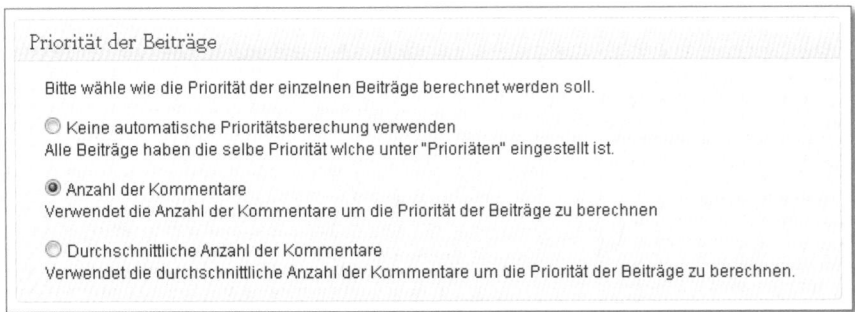

Abbildung 7.18 Priorität der Beiträge bestimmen

Das Plugin ist in der Lage, den Pfad zur Sitemap-Datei selbst zu erkennen. Andernfalls haben Sie unter PFAD DER SITEMAP DATEI aber auch die Möglichkeit, einen separaten Pfad festzulegen (Abbildung 7.19).

Über den Menüpunkt INHALT DER SITEMAP können Sie einzelne Bereiche Ihrer Website bewusst aus der Sitemap heraushalten (Abbildung 7.20). Außerdem haben Sie die Möglichkeit, automatisch das letzte Änderungsdatum hinzufügen zu lassen, so dass die Suchmaschinen erkennen können, wann ein Inhalt das letzte Mal geändert worden ist.

Abbildung 7.19 Pfad zur Sitemap-Datei festlegen

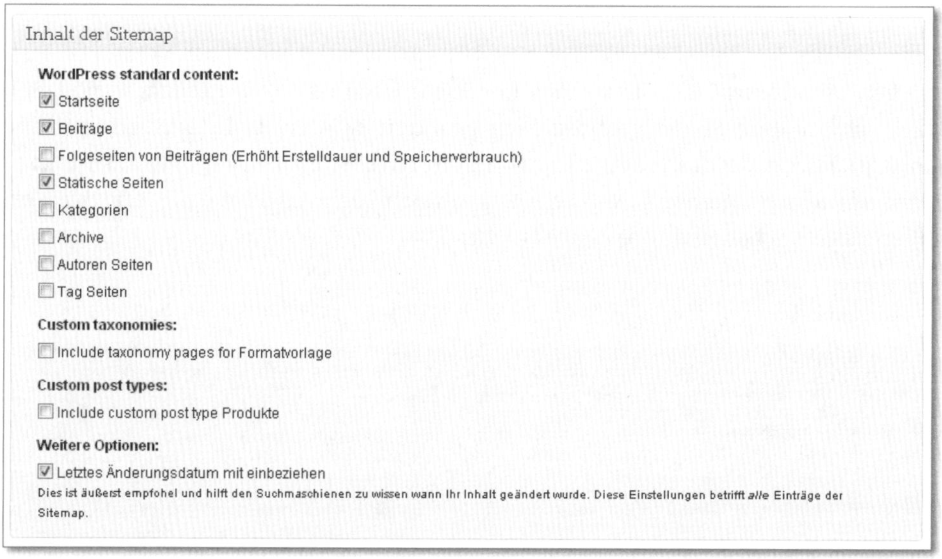

Abbildung 7.20 Inhalte der Sitemap definieren

Sie sind der Meinung, Google muss nicht alles wissen? Dann schließen Sie spezielle Kategorien, Seiten oder Beiträge einfach aus (Abbildung 7.21). Kreuzen Sie hierfür entweder die entsprechenden Kategorien an, oder geben Sie eine kommaseparierte Auflistung aller IDs von Seiten und Beiträgen, die Sie ausschließen möchten, im Feld darunter ein.

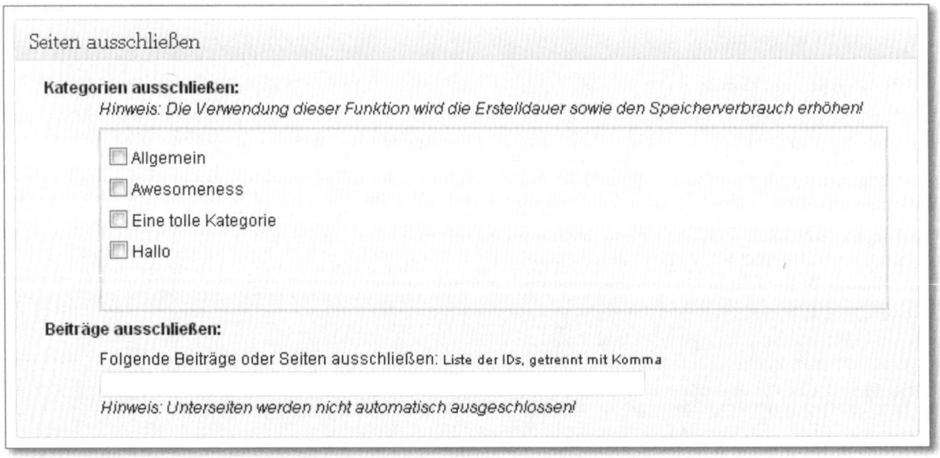

Abbildung 7.21 Seiten explizit von der Sitemap ausschließen

Zudem haben Sie die Möglichkeit, eine ÄNDERUNGSFREQUENZ für Inhaltstypen festzulegen (Abbildung 7.22). Sie können der Suchmaschine also mitteilen, wie oft Beiträge oder andere Seiten grundsätzlich geändert werden, um der Suchmaschine einen Richtwert für das erneute Crawling Ihrer Website zu liefern. Ob das funktioniert, ist fraglich. Niemand weiß zu 100 %, ob sich Suchmaschinen an derartige Vorgaben halten. Schaden dürfte es aber nicht.

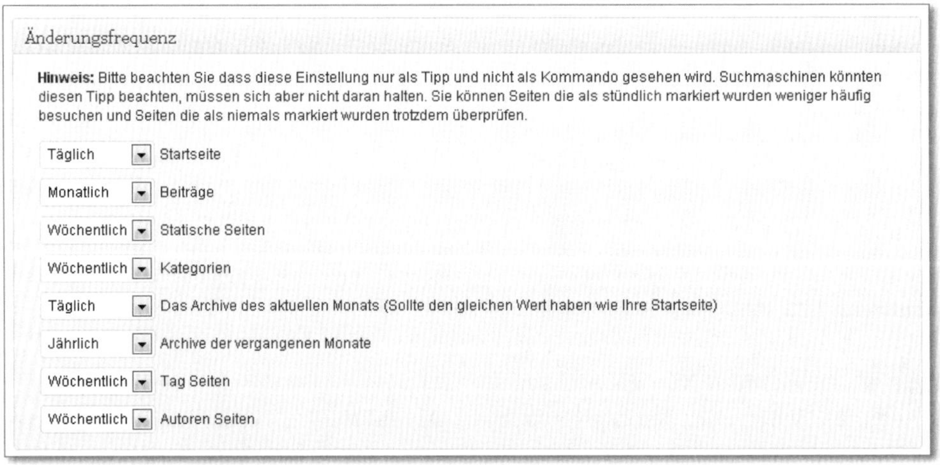

Abbildung 7.22 Die Änderungsfrequenz angeben

Eben haben Sie schon festgelegt, wie die Priorität der Beiträge innerhalb der Sitemap bestimmt werden soll. Über den Menüpunkt PRIORITÄTEN können Sie nun Prioritäten für sämtliche Inhaltstypen festlegen (Abbildung 7.23). Nach einem Klick auf ÄNDERUNGEN SPEICHERN sind Sie auch schon fertig.

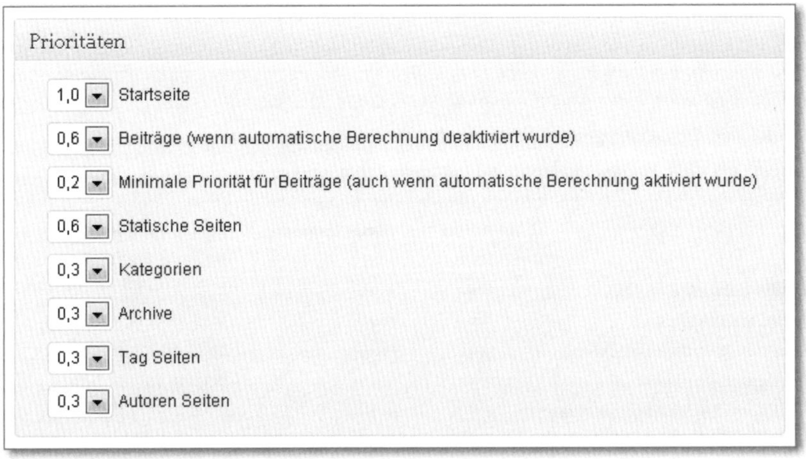

Prioritäten

1,0 ▾ Startseite

0,6 ▾ Beiträge (wenn automatische Berechnung deaktiviert wurde)

0,2 ▾ Minimale Priorität für Beiträge (auch wenn automatische Berechnung aktiviert wurde)

0,6 ▾ Statische Seiten

0,3 ▾ Kategorien

0,3 ▾ Archive

0,3 ▾ Tag Seiten

0,3 ▾ Autoren Seiten

Abbildung 7.23 Prioritäten für die Inhaltstypen festlegen

Möchten Sie einmal sehen, wie so eine Sitemap aussieht? Dann generieren Sie Ihre Sitemap doch einmal testweise (Abbildung 7.24).

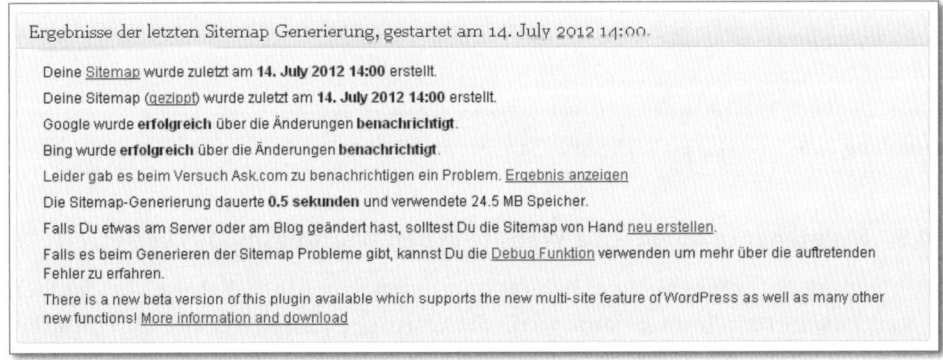

Ergebnisse der letzten Sitemap Generierung, gestartet am 14. July 2012 14:00.

Deine Sitemap wurde zuletzt am **14. July 2012 14:00** erstellt.

Deine Sitemap (gezippt) wurde zuletzt am **14. July 2012 14:00** erstellt.

Google wurde **erfolgreich** über die Änderungen **benachrichtigt**.

Bing wurde **erfolgreich** über die Änderungen **benachrichtigt**.

Leider gab es beim Versuch Ask.com zu benachrichtigen ein Problem. Ergebnis anzeigen

Die Sitemap-Generierung dauerte **0.5 sekunden** und verwendete 24.5 MB Speicher.

Falls Du etwas am Server oder am Blog geändert hast, solltest Du die Sitemap von Hand neu erstellen.

Falls es beim Generieren der Sitemap Probleme gibt, kannst Du die Debug Funktion verwenden um mehr über die auftretenden Fehler zu erfahren.

There is a new beta version of this plugin available which supports the new multi-site feature of WordPress as well as many other new functions! More information and download

Abbildung 7.24 Sitemap testweise generieren (dass hier ein Fehler bei der Benachrichtigung von Ask.com aufgetreten ist, liegt nicht am Plugin, sondern an Ask.com – die Sitemap funktioniert dennoch)

Ihre Sitemap können Sie unter *www.ihre-domain.de/sitemap.xml* aufrufen, soweit Sie nichts anderes bestimmt haben. Das sieht dann beispielsweise so aus wie in Abbildung 7.25.

XML Sitemap

This is a XML Sitemap which is supposed to be processed by search engines like Google, MSN Search and YAHOO.

It was generated using the Blogging-Software WordPress and the Google Sitemap Generator Plugin by Arne Brachhold.

You can find more information about XML sitemaps on sitemaps.org and Google's list of sitemap programs.

URL	Priority	Change Frequency	LastChange (GMT)
http://localhost/wordpress/	100%	Daily	2012-07-13 17:51
http://localhost/wordpress/produkte-uebersicht/	60%	Weekly	2012-07-13 22:13
http://localhost/wordpress/81/george-bernard-shaw/	20%	Monthly	2012-07-13 18:34
http://localhost/wordpress/leistungsspektrum/baukastenwebsites/	60%	Weekly	2012-07-13 17:51
http://localhost/wordpress/leistungsspektrum/marketing/	60%	Weekly	2012-07-13 17:51
http://localhost/wordpress/leistungsspektrum/suchmaschinenoptimierung/	60%	Weekly	2012-07-13 17:51
http://localhost/wordpress/leistungsspektrum/printdesign/	60%	Weekly	2012-07-13 17:51
http://localhost/wordpress/leistungsspektrum/webdesign/	60%	Weekly	2012-07-13 17:51
http://localhost/wordpress/blog/	60%	Weekly	2012-07-13 17:51
http://localhost/wordpress/leistungsspektrum/	60%	Weekly	2012-07-13 17:51
http://localhost/wordpress/fictitious-company/	60%	Weekly	2012-07-13 17:38
http://localhost/wordpress/1/hallo-welt/	100%	Monthly	2012-07-13 17:37
http://localhost/wordpress/archiv/	60%	Weekly	2012-07-13 17:25
http://localhost/wordpress/kontakt/	60%	Weekly	2012-07-13 17:25
http://localhost/wordpress/6/das-ist-ein-testartikel/	20%	Monthly	2012-07-12 22:55

Generated with Google Sitemap Generator Plugin for WordPress by Arne Brachhold. This XSLT template is released under GPL.

Abbildung 7.25 Eine beispielhafte Sitemap

7.4.5 Maintenance Mode – die Website in den Wartungsmodus versetzen

Maintenance Mode von *Michael Wöhrer* hilft Ihnen dabei, Ihre Website vor fremden Blicken zu schützen. Immer dann, wenn Sie Wartungen Ihrer Website durchführen, neue Funktionen und Plugins integrieren oder sonst etwas daran verändern, können Sie den Maintenance Mode einschalten und Ihre Besucher bekommen eine eigens hierfür gestaltete Seite zu sehen, bis die Arbeiten abgeschlossen sind. Währenddessen können Sie selbst die Website aber weiterhin ohne Einschränkungen nutzen und alle beliebigen Änderungen vornehmen.

Sobald Sie das Plugin aktiviert haben, finden Sie die Konfiguration unter EINSTELLUNGEN • MAINTENANCE MODE.

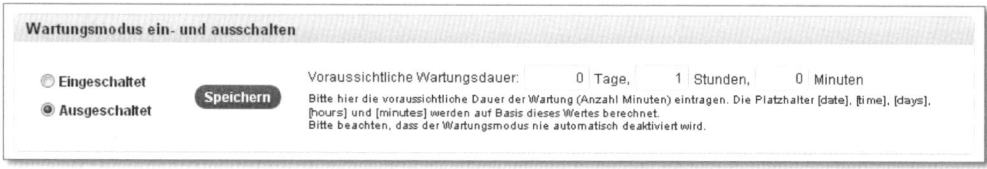

Abbildung 7.26 Maintenance Mode ein- oder ausschalten

Die erste Box dient lediglich dazu, den Wartungsmodus ein- oder auszuschalten (Abbildung 7.26). Zudem können Sie noch eine Wartungsdauer angeben, die Ihren Besuchern dann angezeigt wird.

Abbildung 7.27 Die angezeigte Meldung bearbeiten

Per Grundeinstellung zeigt Maintenance Mode eine vorgefertigte Meldung in einem eigenen Design an. Diese Meldung können Sie unter Meldung detailliert anpassen (Abbildung 7.27).

Außerdem können Sie bestimmen, welche Art von Seite Ihren Besuchern im Falle einer Wartung angezeigt werden soll (Abbildung 7.28). Standard-Theme zeigt den in Abbildung 7.27 formatierten Text an. WordPress Login-Theme zeigt die Anmeldemaske an, so dass sich alle Website-Betreiber anmelden können, um die eigentliche Website zu sehen. Verwende die 503.php vom Theme-Verzeichnis ist meiner Meinung nach die sinnvollste Option. Sie ermöglicht es Ihnen, eine eigene Theme-Datei für die Wartungsseite zu erstellen, diese als *503.php* in Ihrem Theme-Ordner abzuspeichern und fortan zu verwenden. So sind Sie im Design der Seite in keinster Weise eingeschränkt.

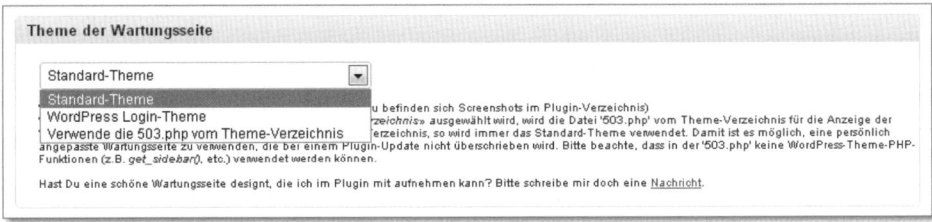

Abbildung 7.28 Das Theme der Wartungsseite festlegen

Zugriff auf das Blog-Frontend und die Administration (Backend)

Standardmäßig haben nur eingeloggte Administratoren (genauer gesagt: User mit der Capability «manage_options») Vollzugriff auf das Blog-Frontend und sehen keine Wartungsseite wenn der Wartungsmodus aktiviert ist. Dieses Recht kann hier verändert werden:

Zugriff auf das Blog-Frontend mit der Capability (Rolle):   «manage_options» (Administrator)   ▼

Standardmäßig hat jeder angemeldete User (genauer gesagt: User mit der Capability «read») Zugang zur WordPress-Administration (Back-end) wenn der Wartungsmodus aktiviert ist. Du kannst dies in der folgenden Option einschränken:

Zugang zur Administration/Backend mit Capability (Rolle):   «read» (Registrierter Leser)   ▼

Abbildung 7.29 Zugriffsrechte der Mitarbeiter anpassen

Eine Website wird sehr häufig nicht nur von einer einzigen Person gepflegt. Aber wer soll denn nun die Wartungsseite sehen, und wer darf die Live-Ansicht begutachten? Über den Menüpunkt ZUGRIFF AUF DAS BLOG-FRONTEND UND DIE ADMINISTRA-TION (BACKEND) können Sie festlegen, welche Rechte benötigt werden, um zur Live-Ansicht zugelassen zu werden (Abbildung 7.29). Außerdem können Sie auch den Zugriff auf das Backend selbst noch beschränken, falls dies nötig sein sollte.

Pfade, die immer erreichbar sein sollen

Hier können Pfade angegeben werden, die immer erreichbar sein sollen (also bei denen keine Wartungsmodus-Seite erscheinen soll). Mehrere Pfade bitte mit einem Zeilenumbruch (ENTER) trennen.
Beispiel: Um http://site.com/about/ auszuschließen, /about/ eingeben.
Hinweis: Um die Startseite auszuschließen, einfach [HOME] eingeben.

☐ Aktiviere Feeds
☐ Ermögliche Trackbacks
☐ Ermögliche die Veröffentlichung via XML-RPC

Abbildung 7.30 Ständig erreichbare Pfade definieren

Nur weil Sie einen Teil Ihrer Website umbauen, bedeutet das nicht immer auch gleich, dass Ihre ganze Website deshalb gesperrt werden muss. Tragen Sie in das Feld unter PFADE, DIE IMMER ERREICHBAR SEIN SOLLEN einfach alle URLs ein, die weiterhin erreichbar sein sollen – getrennt durch einen Zeilenumbruch (Abbildung 7.30). Außerdem können Sie per Klick noch Feeds aktivieren sowie Trackbacks und die Veröffentlichung via XML-RPC ermöglichen.

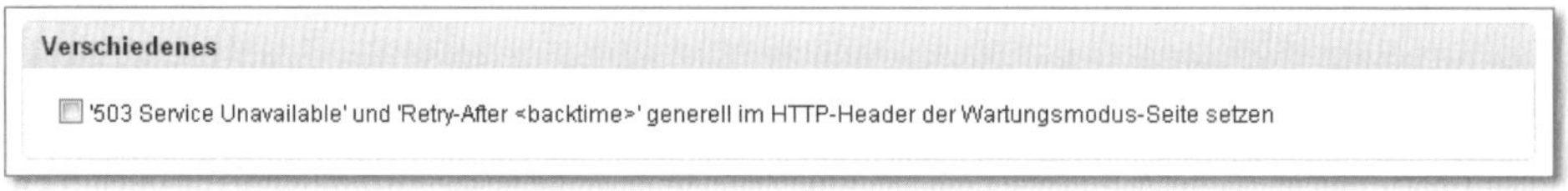

Verschiedenes

☐ '503 Service Unavailable' und 'Retry-After <backtime>' generell im HTTP-Header der Wartungsmodus-Seite setzen

Abbildung 7.31 HTTP-Header anpassen

Mit der einzigen Option in der letzten Box VERSCHIEDENES können Sie das Plugin anweisen, beim Aufruf der Wartungsseite generell eine 503-Statusmeldung zu senden – also den Hinweis, dass die Seite gerade nicht erreichbar ist – sowie eine Zeitspanne zu übergeben, nach der die Seite voraussichtlich wieder erreichbar sein wird (Abbildung 7.31). Das Ganze sieht in der Standardeinstellung in unserem Beispiel dann wie in Abbildung 7.32 aus.

Abbildung 7.32 Die Wartungsseite in der Standardeinstellung (nicht schön, aber das können Sie ja ändern)

7.4.6   Broken Link Checker – keine toten Links mehr

Das Plugin *Broken Link Checker* von *Janis Elsts* ist unglaublich praktisch, um tote Links auf Ihrer Website aufzuspüren. So werden Suchmaschinen nicht mehr fehlgeleitet und Besucher gelangen auch an die richtige Stelle. Unbezahlbar ist das Plugin auch bei einem Relaunch der alten Website.

Die Einstellungen des Plugins finden Sie unter EINSTELLUNGEN • LINK CHECKER. Die Optionen verstecken sich hinter diversen Registerreitern. Beginnen wir mit dem ersten.

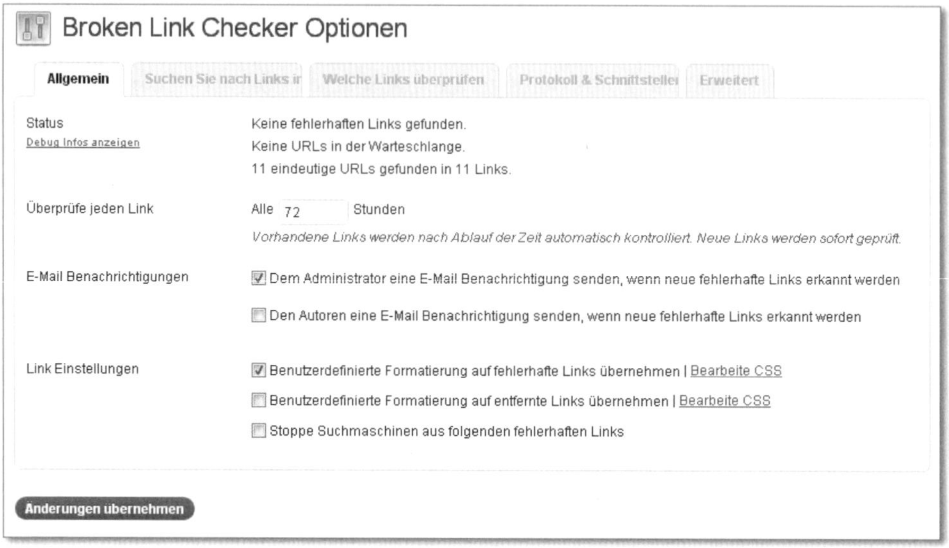

Abbildung 7.33 Das Register »Allgemein« von Broken Link Checker

Unter dem Registerreiter ALLGEMEIN (Abbildung 7.33) finden Sie zunächst allgemeine Informationen zu den derzeit gefundenen Links: Wie viele sind auf Ihrer Website, wie viele davon sind fehlerhaft?

Darüber hinaus können Sie festlegen, in welchen Zeitabständen jeder Link überprüft werden soll und wann Sie E-Mail-Benachrichtigungen erhalten möchten.

Im Übrigen haben Sie die Möglichkeit, die Formatierung defekter oder entfernter Links anzupassen (Abbildung 7.34).

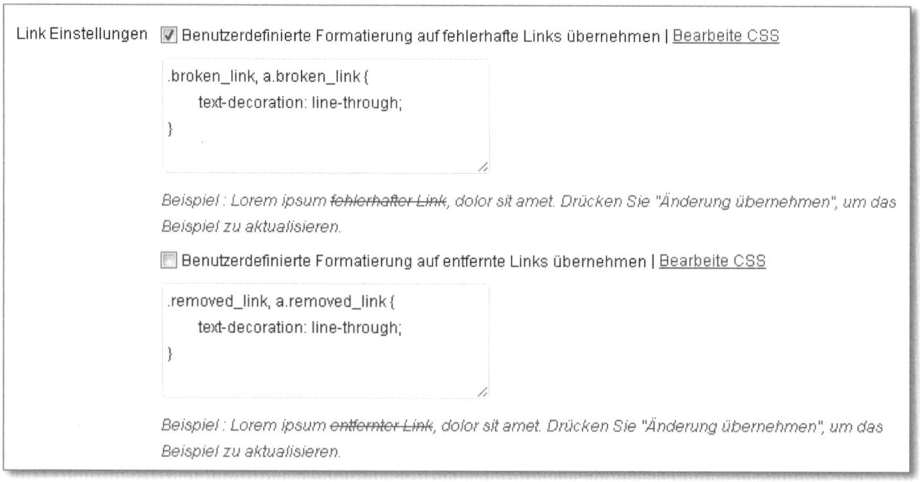

Abbildung 7.34 Passen Sie die Formatierung von defekten oder entfernten Links mittels CSS an.

Wann immer das Plugin einen fehlerhaften Link findet, versieht es diesen mit einer bestimmten CSS-Klasse. Die Style-Angaben hierzu können Sie durch einen Klick auf Bearbeite CSS verändern. Standardmäßig wird der Text einfach durchgestrichen. Bei fehlerhaften Links bleibt die Verlinkung erhalten, bei gelöschten wird der Link entfernt, der Linktext aber durchgestrichen. Passen Sie die Angaben an Ihre Vorlieben an.

Mittels der Option Stoppe Suchmaschinen aus folgenden fehlerhaften Links ist gemeint, dass fehlerhafte Links mit einem nofollow-Attribut versehen werden, so dass Suchmaschinen ihnen nicht folgen.

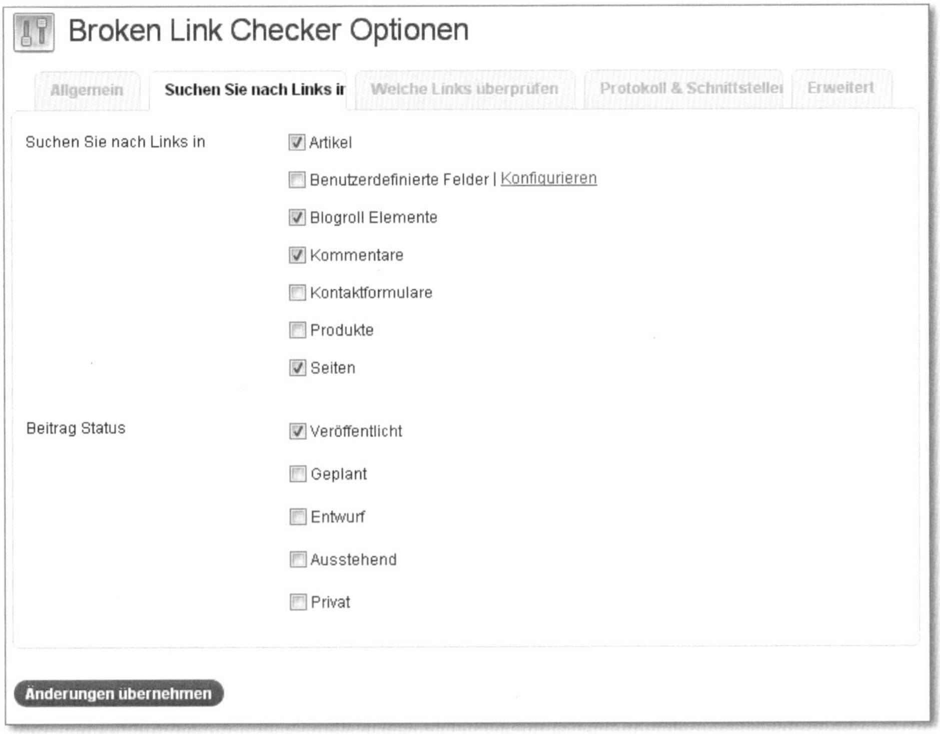

Abbildung 7.35 Das Register »Suchen Sie nach Links in...« von Broken Link Checker

Im nächsten Register – Suchen Sie nach Links in... (Abbildung 7.35) – können Sie festlegen, wo genau das Plugin nach Links suchen darf und wo nicht. Einerseits können Sie dies nach Inhaltstypen festlegen (Artikel, Seiten, Kommentare usw.), andererseits nach dem Status der Beiträge (wenn Sie Artikel bei der vorigen Option aktiviert haben). So können beispielsweise im Entwurf befindliche Beiträge von der Überprüfung ausgeschlossen werden.

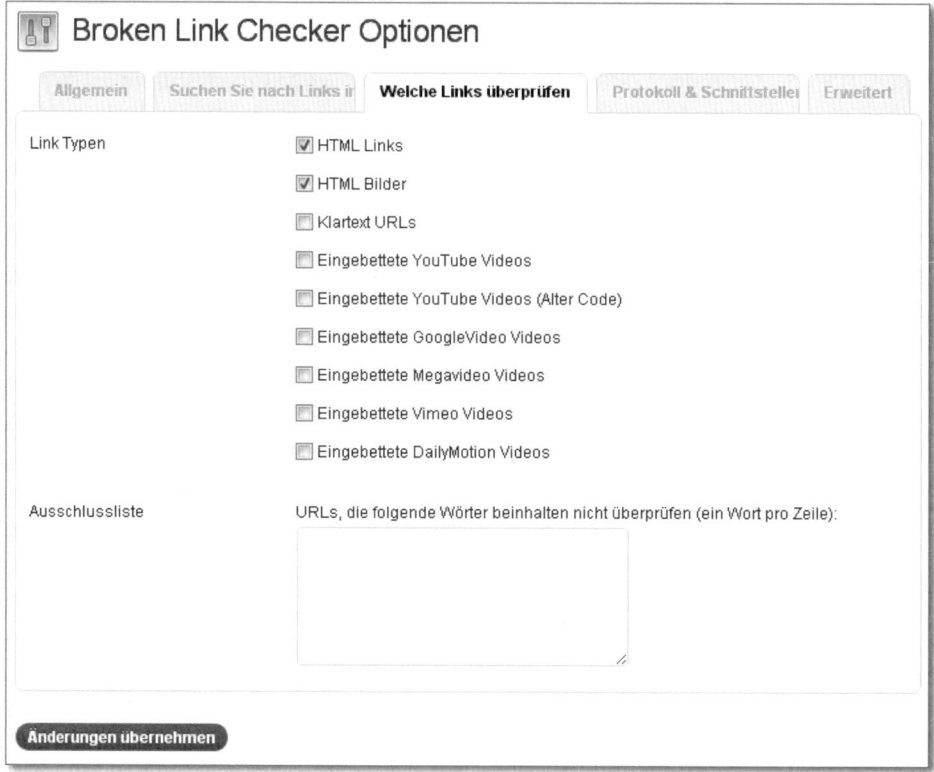

Abbildung 7.36 Das Register »Welche Links überprüfen« von Broken Link Checker

Darüber hinaus können Sie im Register WELCHE LINKS ÜBERPRÜFEN (Abbildung 7.36) festlegen, welche Arten von Links überprüft werden dürfen. Standardmäßig werden HTML LINKS und HTML BILDER durchsucht; es ist aber auch möglich, KLARTEXT URLs sowie die Adresse von EINGEBETTETEN YOUTUBE-VIDEOS und vieles andere ebenfalls auf Richtigkeit hin überprüfen zu lassen. Außerdem gibt es eine AUS-SCHLUSSLISTE, über die Sie URLs von der Prüfung ausschließen können, die bestimmte Wörter beinhalten (fügen Sie bitte ein Wort pro Zeile ein).

Unter dem Registerreiter PROTOKOLL UND SCHNITTSTELLEN (Abbildung 7.37) können Sie zwischen verschiedenen Formen der Überprüfung wählen. Zunächst ist standard-mäßig HTTP aktiviert. So ist es aber auch möglich, defekte Links über die entspre-chenden API-Schnittstellen zum Beispiel von YouTube oder RapidShare zu erkennen.

Und schließlich gibt es noch, wie so oft, die erweiterten Einstellungen unter dem Rei-ter ERWEITERT (Abbildung 7.38). Legen Sie bei ZEITÜBERSCHREITUNG die Zeit fest, die ein normaler Link zum Laden benötigen darf, bevor er als defekt deklariert wird. Außerdem können Sie bei LINK MONITOR einstellen, wann Links überprüft werden dürfen.

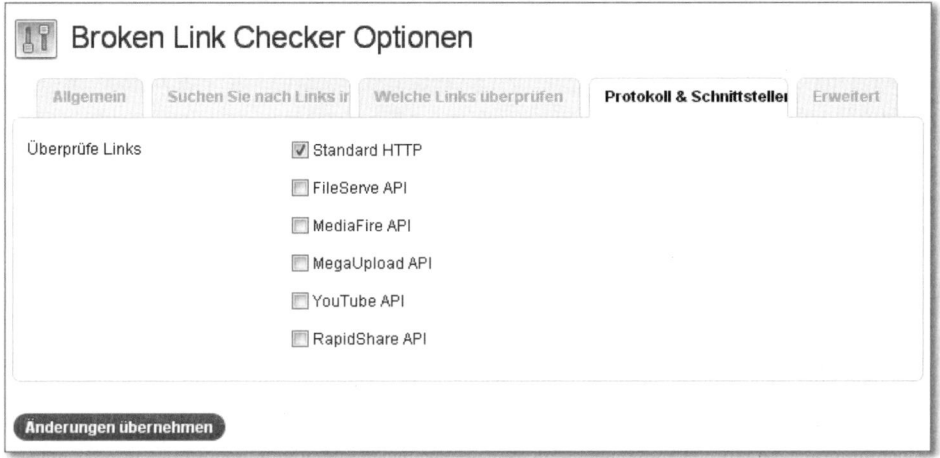

Abbildung 7.37 Das Register »Protokoll und Schnittstellen« von Broken Link Checker

Broken Link Checker Optionen

| Allgemein | Suchen Sie nach Links ir | Welche Links überprüfen | Protokoll & Schnittstelle | **Erweitert** |

Zeitüberschreitung   [30] Sekunden

Links die länger zum laden brauchen als hier eingetragen, gelten als fehlerhaft.

Link Monitor   ☑ Ununterbrochen arbeiten, während das Dashboard geöffnet ist

     ☑ Stündlich im Hintergrund arbeiten

Max. Ausführungszeit   [300] Sekunden

Das Plugin arbeitet in regelmässigen Abständen im Hintergrund. Ihre Beiträge werden auf Links analysiert, entdeckte URLs geprüft und andere zeitaufwendige Aufgaben ausführt. Hier können Sie einstellen, wie lange die Instanzen laufen sollen, bevor sie gestoppt werden.

Server Belastungsgrenze   [Nicht verfügbar]

Das Ladelimit funktioniert nur auf Linux Systemen wo `/proc/loadavg` vorhanden und zugänglich ist.

Erneute Überprüfung erzwingen   (Überprüfe alle Seiten noch einmal)

Die "Nuklear Option". Klicken Sie auf diese Schaltfläche, um die Link-Datenbank des Plugins zu leeren und die gesamte Website neu aufzubauen.

[Änderungen übernehmen]

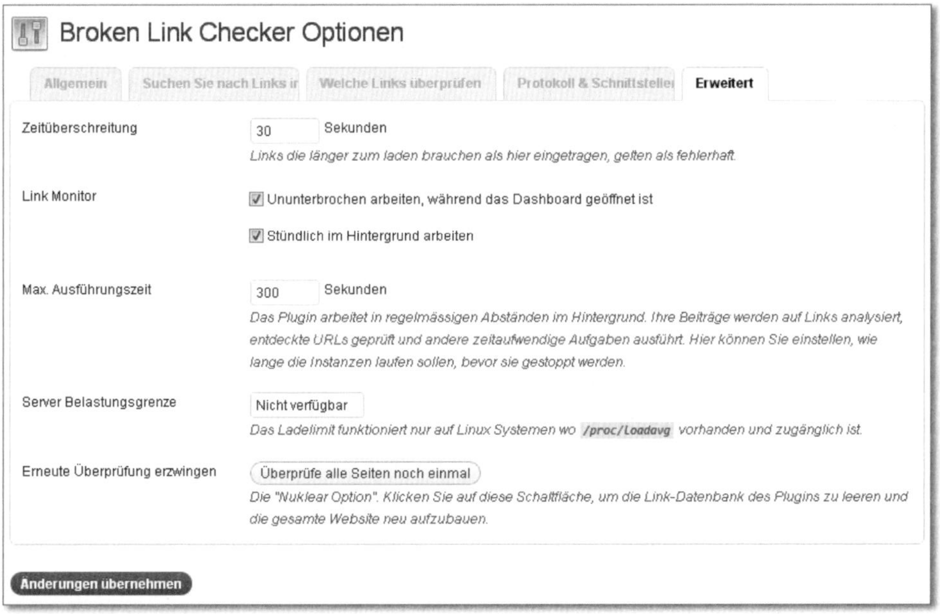

Abbildung 7.38 Das Register »Erweitert« von Broken Link Checker

Standardmäßig während das Dashboard geöffnet ist sowie stündlich im Hintergrund. Deaktivieren Sie diese Optionen entsprechend, wenn dies zulasten Ihrer Serverperformance geht (Sie können das Plugin auch ganz deaktivieren und nur bei Bedarf wieder aktivieren; das wäre sicherlich die ressourcenschonendste Vorgehensweise). Um die Performance zu stabilisieren, können Sie auch die MAX. AUSFÜHRUNGSZEIT des Plugins reduzieren. Die SERVER BELASTUNGSGRENZE hingegen wird

Ihnen nur auf Linux-Systemen angezeigt, auf denen /proc/Loadavg vorhanden ist. Und wenn Sie schlussendlich den Drang verspüren sollten, die ganze Datenbank von Broken Link Checker einmal komplett zu leeren und alle Links erneut zu überprüfen, können Sie auch eine ERNEUTE ÜBERPRÜFUNG ERZWINGEN.

Für den schnellen Überblick über die Gesundheit Ihrer Links können Sie übrigens das passende Widget im Dashboard heranziehen (Abbildung 7.39).

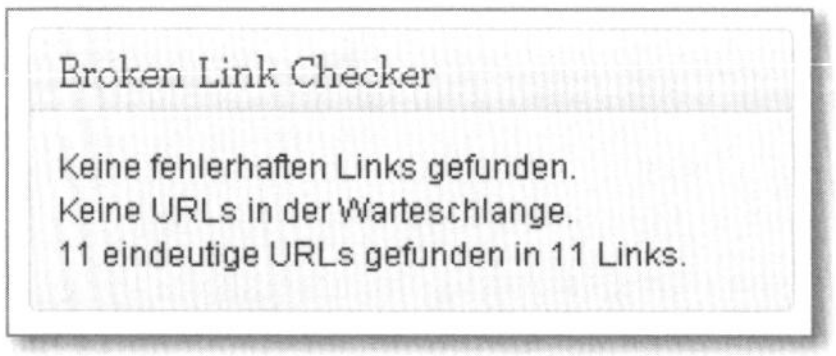

Broken Link Checker

Keine fehlerhaften Links gefunden.
Keine URLs in der Warteschlange.
11 eindeutige URLs gefunden in 11 Links.

Abbildung 7.39 Das Widget im Dashboard gibt schnell Auskunft über den derzeitigen Status der Links Ihrer Website.

Hinweis zu Subscribe to Comments
Das Plugin *Subscribe to Comments* von *Mark Jaquith* aus der 1. Auflage ist derzeit leider als veraltet anzusehen, weshalb der Broken Link Checker seinen Platz eingenommen hat. Auch dieser sollte nämlich auf keiner WordPress-Website fehlen. Es steht Ihnen aber selbstverständlich frei, Subscribe to Comments zu testen.

7.4.7   WP-DB-Backup – ein Backup Ihrer Datenbank durchführen

WP-DB-Backup von *Austin Matzko* ist ein schlanker Backup-Manager für Ihre Word-Press-Datenbank. Erstellen Sie innerhalb weniger Sekunden ein Backup Ihrer Word-Press-Tabellen, ohne sich erst in Ihre Datenbankverwaltung zu begeben, oder lassen Sie sich regelmäßig ein Backup per E-Mail zusenden.

Sobald Sie das Plugin aktiviert haben, können Sie dessen Einstellungen unter WERK-ZEUGE • BACKUP vornehmen.

Legen Sie zunächst fest, welche Tabellen überhaupt gesichert werden sollen und auf welche Sie getrost verzichten können (Abbildung 7.40). Auf der rechten Seite finden Sie noch weitere Tabellen, die nicht standardmäßig zu WordPress gehören, aber dennoch wichtig sein könnten. In der Regel gehören diese zu Ihren Plugins und sollten auf jeden Fall mit gesichert werden.

Sie können nun sofort ein Backup erstellen (Abbildung 7.41). Dieses können Sie entweder direkt auf dem Server speichern, herunterladen oder sich per E-Mail senden lassen.

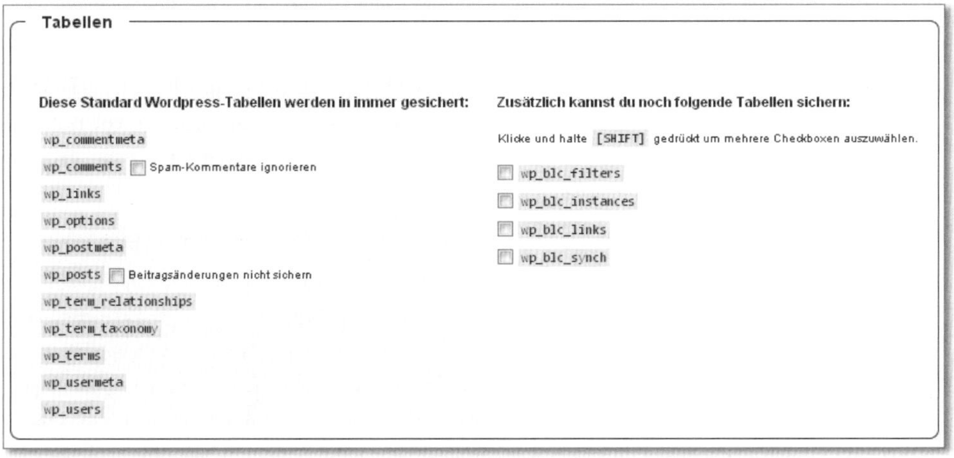

Abbildung 7.40 Was soll überhaupt gesichert werden?

Abbildung 7.41 Machen Sie hier sofort ein Backup.

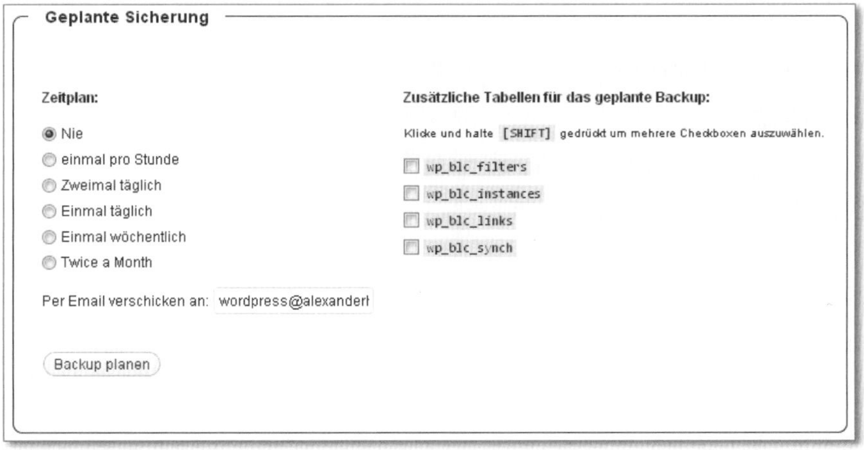

Abbildung 7.42 Terminplan für Backups festlegen

Selbstverständlich können Sie auch fortan keinen Gedanken mehr an Backups verschwenden und sich diese einfach regelmäßig per E-Mail zusenden lassen. Geben Sie hierzu einfach an, wie oft Sie gern ein Backup per E-Mail hätten (Abbildung 7.42). Dies sollten Sie davon abhängig machen, wie oft Sie Ihre Website updaten. Zweimal täglich oder gar stündlich dürfte aber eher engagierten Website-Betreibern bzw. großen Websites vorbehalten sein.

Hinweis

Auch das Plugin WP-DB-Backup ist schon seit einiger Zeit nicht mehr aktualisiert worden, funktioniert meiner Erfahrung nach aber immer noch recht gut. Es ist vor allem sehr einfach zu bedienen und sollte deshalb meiner Meinung nach weiter unter den wichtigsten Plugins bleiben. Ein Backup der Datenbank können Sie aber natürlich auch problemlos via phpMyAdmin vornehmen.

7.4.8 WP-CleanUmlauts2 – richtig mit Umlauten umgehen

WP-CleanUmlauts2 von *Jürgen Schulze* ist ein Pflicht-Plugin für jeden, der eine deutsche WordPress-Website betreibt. WordPress hat nämlich große Probleme, mit Umlauten in Permalinks umzugehen. Es macht aus einem »ä« ein »a«, wobei ein »ae« doch viel schöner und zielführender wäre. Um nicht diese abgehackten Buchstaben ertragen zu müssen, gibt es dieses kleine, aber sehr nützliche Plugin. Die Konfigurationsoptionen dieses Plugins finden Sie unter EINSTELLUNGEN · UMLAUTE (Abbildung 7.43).

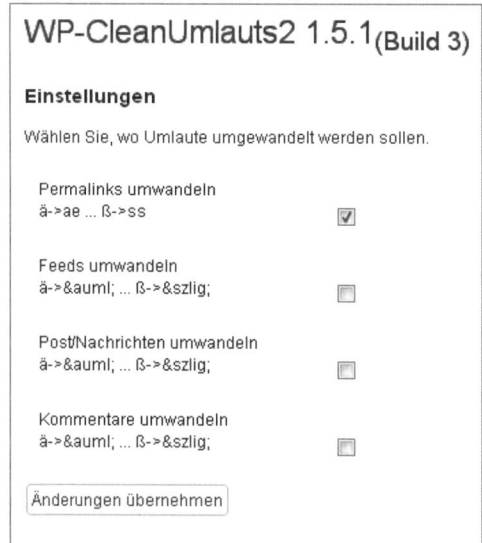

Abbildung 7.43 Passen Sie an, wo Umlaute umgewandelt werden sollen.

Sie können dort die Orte anpassen, an denen Umlaute umgewandelt werden sollen. Üblicherweise geschieht dies nur bei Permalinks, doch bspw. auch bei Feeds oder Kommentaren ist dies möglich.

> **Hinweis**
>
> WP-CleanUmlauts2 funktioniert trotz seines Alters immer noch sehr zuverlässig. Probieren Sie es einfach aus.

7.4.9   WP-Paginate – Ihrem Blog echte Seitenzahlen hinzufügen

WP-Paginate von *Eric Martin* macht aus den scheußlichen Voriger-Beitrag- und Nächster-Beitrag-Links eine schöne Paginierung mit echten Seitenzahlen. Dies ist vor allem für Leser einfacher nachzuvollziehen, denen Blogs nicht so geläufig sind. Und es sieht auch einfach cooler aus.

Nachdem Sie das Plugin aktiviert haben, können Sie die jeweiligen Einstellungen unter EINSTELLUNGEN · WP-PAGINATE vornehmen. Zudem müssen Sie Ihr Theme noch anpassen, dazu aber gleich mehr.

WP-Paginate

Pagination Label:	Seiten:	The text/HTML to display before the list of pages.
Previous Page:	&laquo;	The text/HTML to display for the previous page link.
Next Page:	&raquo;	The text/HTML to display for the next page link.

Abbildung 7.44 Grundeinstellungen von WP-Paginate

Im ersten Abschnitt können Sie zunächst festlegen, durch welche Bezeichnung die Ausgabe der Seitenzahlen eingeleitet werden soll (Abbildung 7.44). Außerdem bestimmen Sie hier das Zeichen, welches als Zurück- und Weiter-Schaltfläche dienen soll.

Über BEFORE MARKUP und AFTER MARKUP können Sie die Paginierung in ein HTML-Tag einbetten (Abbildung 7.45). MARKUP-DISPLAY legt fest, ob dieses HTML-Tag auch angezeigt werden soll, wenn es gar keine Seitenzahlen gibt, die ausgegeben werden könnten. WP-PAGINATE CSS FILE ist dafür zuständig, grundsätzlich auf die Datei *wp-paginate.css* zurückzugreifen, sofern Sie nicht eine gleichnamige Datei in Ihrem Theme-Ordner erstellt haben. Über PAGE RANGE definieren Sie die Anzahl der Seiten, die maximal vor und nach der aktuellen Seite angezeigt werden sollen. PAGE ANCHORS hingegen legt fest, wie viele Seitenzahlen in jedem Fall am Anfang und am Ende angezeigt werden sollen. Wie viele Seitenzahlen mindestens angezeigt werden sollen, bevor eine Auslassung (...) eingefügt wird, regelt schließlich PAGE GAP.

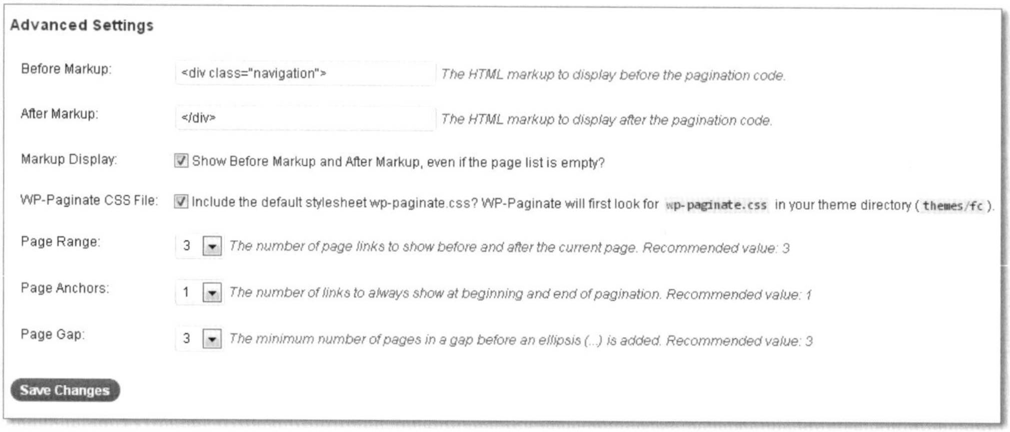

Abbildung 7.45 Weitere Optionen für die Darstellung

```
01   <?php
02   if(function_exists('wp_paginate')) {
03       wp_paginate();
04   }
05   ?>
```

Listing 7.1 Code, den Sie in die index.php einfügen müssen

Damit WP-Paginate seinen Dienst überhaupt verrichten kann, ist es nötig, dass Sie Ihr Theme anpassen. Wo Sie den Code aus Listing 7.1 einfügen, hängt von Ihrem Theme ab. Überall, wo eine Limitierung der Beiträge pro Seite greift, muss dieser Codeschnipsel hinzugefügt werden. In unserem Beispiel ist dies lediglich die *index.php*. Bei Ihnen könnten aber auch noch die Archiv-, Kategorie-, Tag- oder Suchergebnisseiten in Frage kommen.

Wichtig ist, dass Sie die Funktionen previous_posts_link() und next_posts_link() überall dort aus Ihrem Theme entfernen, wo Sie WP-Paginate anwenden; andernfalls haben Sie zwei Paginierungen, was meist nicht gewollt ist.

Das Ganze sieht dann übrigens so wie in Abbildung 7.46 aus, wenn es fertig ist.

Wenn Sie möchten, können Sie nun noch eine Datei *wp-paginate.css* in Ihrem Theme-Ordner erstellen und das Layout Ihren Wünschen anpassen.

Abbildung 7.46 Die fertige Paginierung

7.4.10   Weitere Plugins

Weitere Plugins finden Sie überall im Buch. Zum Beispiel das Plugin *W3 Total Cache* in Abschnitt 12.2.4, »Google Analytics«, *WordPress SEO* in Abschnitt 9.4, »WordPress SEO Plugin by Yoast – die optimale Suchmaschinenoptimierung«, und viele weitere. Im nun folgenden Kapitel lernen Sie sogar, ein Plugin selbst zu programmieren.

Kapitel 8
Plugins selbst programmieren

Wenn Sie sich bis hierhin durchgekämpft haben, dann dürften Sie nun bereit sein, eigene Plugins für WordPress zu programmieren. In diesem Kapitel programmieren wir gemeinsam ein kleines, aber nützliches Plugin.

Hat man sich erst einmal eine Weile mit WordPress beschäftigt, eigene *Themes* gebastelt und Hunderte *Plugins* verwendet, dann möchte man irgendwann einmal in die Königsklasse aufsteigen. Ich spreche (oder schreibe) hier von dem eigenhändigen Programmieren eines Plugins. Dass Sie hierfür gewisse *PHP-Kenntnisse* mitbringen müssen, dürfte Ihnen vermutlich bekannt sein.

In diesem Kapitel möchte ich Ihnen eine Einführung in die Programmierung von Plugins bieten. Zunächst vermittle ich Ihnen einige Grundkenntnisse, bevor wir uns dann gemeinsam an die Erstellung Ihres ersten richtigen Plugins machen. Ich konnte mich selbst immer am besten motivieren, etwas zu lernen, wenn ich danach etwas Sinnvolles mit dem Produkt anfangen konnte. Daher möchte ich mit Ihnen gleich ein »richtiges« Plugin programmieren, eines, das Sie danach durchaus auf Ihrer Website verwenden oder als Basis für eine Weiterentwicklung nutzen könnten. Es ist keine herausragende programmiertechnische Leistung, aber es funktioniert. Was das ist, werden Sie gleich noch erfahren. Zudem werden wir für dieses Plugin am Ende ein *Widget* programmieren.

8.1   Vorwissen

Wenn Sie sich an die Erstellung eines Plugins wagen, dann gehe ich davon aus, dass Sie sich bereits im *Plugin-Archiv* von *www.wordpress.org* umgesehen haben, ob es ein solches Plugin vielleicht schon gibt. Das Rad müssen Sie nicht unbedingt neu erfinden. Manchmal bleibt einem aber auch das nicht erspart ...

Bevor Sie mit dem Programmieren eines Plugins beginnen, sollten Sie sich zudem einen Plan machen. Der kann alles sein, von der Planung auf einer Serviette bis hin zu einem umfangreichen *UML-Diagramm*. Wichtig ist nur, dass Sie grob wissen, was Sie eigentlich programmieren wollen und welche Anforderungen Sie an das Produkt stellen.

8.1.1   Was Sie vor der Erstellung wissen sollten

Ein Plugin muss sich stets in Ihrem *Plugin-Verzeichnis (/wp-content/plugins/)* oder einem Unterverzeichnis davon befinden, sonst wird es von WordPress nicht erkannt. Verzichten Sie aber wenn möglich darauf, die Plugin-Datei einfach in das Plugin-Hauptverzeichnis zu legen, da hierdurch die Übersichtlichkeit beeinträchtigt werden könnte. Es spricht nichts dagegen, grundsätzlich für jedes Plugin einen eigenen Ordner zu erstellen. Die Hauptdatei sollte den Namen des Plugins haben – Leerzeichen ersetzen Sie einfach durch Bindestriche – und selbstverständlich auf *.php* enden.

Sie werden nicht umhin kommen, Ihrem Plugin einen Namen zu geben, und auch innerhalb des Codes werden Sie Ihre Klassen und Funktionen auf irgendeine Weise benennen müssen. Achten Sie hierbei darauf, dass die Namensdeklaration möglichst eindeutig ist. Möchten Sie ein Plugin programmieren, welches »Just An Awesome Plugin« heißen soll, bietet es sich an, alle Funktionen mit »jaap_« zu beginnen, als Abkürzung für den Plugin-Namen. Sollte Ihnen das nicht genügen, können Sie Ihre Initialen noch voranstellen. Hans-Walter Schröder könnte seine Funktionen also stets mit »hws_jaap_« beginnen; das scheint mir auf den ersten Blick ziemlich sicher vor einer Namenskollision zu sein.

Bevor Sie mit der Programmierung beginnen, sollten Sie unbedingt in Ihrer *wp-config.php* (in Ihrem WordPress-Hauptverzeichnis) `define('WP_DEBUG', false);` in `define('WP_DEBUG', true);` ändern. So ist gewährleistet, dass Sie alle Fehlermeldungen angezeigt bekommen, sollten welche hervorgerufen werden. Nach der Programmierung sollten Sie dies allerdings wieder rückgängig machen; für den Live-Betrieb ist diese Einstellung keinesfalls geeignet.

8.1.2   Einige WordPress-Grundkenntnisse

Dreh- und Angelpunkt der Plugin-Programmierung ist die *WordPress Plugin API* – die offizielle Schnittstelle für Plugins. Die Dokumentation hierzu – zu finden unter *http://codex.wordpress.org/Plugin_API* – sollten Sie sich unbedingt zu Gemüte führen, um das System besser kennenzulernen.

Im Rahmen dieser API können Sie zwischen *Filter-* und *Action-Hooks* unterscheiden. Mittels dieser Hooks nehmen Sie Kontakt zur Schnittstelle auf. Mithilfe von Filter-Hooks können Sie Daten filtern; das können beispielsweise Texte sein. Wenn Sie also von einem Plugin aus auf die Ausgabe von Inhalten zugreifen möchten, dann ist ein Filter-Hook die richtige Wahl. Der Action-Hook hingegen sorgt dafür, dass in bestimmten Bereichen eine neue Funktion zur Verfügung steht. Möchten Sie also entweder im Rahmen Ihres Plugins oder über Ihr Theme auf eine Funktion zugreifen, so sollten Sie diese mit dem Action-Hook initialisieren.

Die Syntax des Hooks ist ziemlich simpel (Listing 8.1):

```
01   add_filter( $filter, $callback_function, $prioritaet,
     $parameter );
02   add_action( $action, $callback_function, $prioritaet,
     $parameter );
```

Listing 8.1 Die Syntax der Hooks in der WordPress-API

Die Platzhalter $filter und $action sind jeweils festgelegte Bereiche innerhalb von WordPress. Wollen Sie zum Beispiel auf den Inhalt von Beiträgen zugreifen, dann ist der Filterbereich the_content() (ähnlich dem Namen der Funktion in Ihrem Theme). Möchten Sie im Kopfbereich Ihres Themes eine neue Funktion zur Verfügung stellen, dann ist der Action-Bereich hierfür wp_head(). Es gibt unzählige weitere Bereiche, die Sie frei verwenden können. Eine aktuelle Auflistung finden Sie unter *http://codex. wordpress.org/Plugin_API/Filter_Reference* bzw. unter *http://codex.wordpress.org/ Plugin_API/Action_Reference*.

Über die $prioritaet legen Sie fest, wann die Funktion im Verhältnis zu anderen Funktionen aufgerufen wird. Der Standardwert ist hier 10. Der Wert 9 würde früher, der Wert 11 später ausgeführt werden.

$parameter legt die Anzahl der Argumente fest, die der Funktion übergeben werden können. Diese Zahl und die tatsächliche Anzahl der Argumente dieser Funktion müssen zwingend übereinstimmen.

8.1.3 Zugriff auf die Datenbank

WordPress verfügt über ein Datenbankobjekt, welches Sie innerhalb Ihres Plugins verfügbar machen müssen, um es nutzen zu können. Dies geschieht über global $wpdb; und ermöglicht Ihnen Zugriff auf diverse Eigenschaften und Methoden. In Tabelle 8.1 finden Sie die wichtigsten Methoden.

Methode	Code
normale Query	$wpdb->query()
einen Wert auslesen	$wpdb->get_var()
eine Zeile auslesen	$wpdb->get_row()
eine Spalte auslesen	$wpdb->get_col()
mehrere Zeilen auslesen	$wpdb->get_results()
neue Zeile einfügen	$wpdb->insert()

Tabelle 8.1 Methoden für den Zugriff auf die Datenbank

Methode	Code
Zeile aktualisieren	`$wpdb->update()`
Prepare-Syntax verwenden	`$wpdb->prepare()`
Informationen über Spalte bekommen	`$wpdb->get_col_info()`

Tabelle 8.1 Methoden für den Zugriff auf die Datenbank (Forts.)

Sie können auf die Tabellennamen von WordPress übrigens sehr leicht zugreifen (Tabelle 8.2).

Tabelle	Code
Beiträge	`$wpdb->posts`
Benutzer	`$wpdb->users`
Kommentare	`$wpdb->comments`
Links	`$wpdb->links`
Optionen	`$wpdb->options`
Metadaten-Beitrag	`$wpdb->postmeta`
Metadaten-Benutzer	`$wpdb->usermeta`
Kategorien/Tags	`$wpdb->terms`
Taxonomien	`$wpdb->term_taxonomy`
Beziehung zwischen Beitrag und Kategorie/Tag	`$wpdb->term_relationships`

Tabelle 8.2 Zugriff auf die Tabellennamen in WordPress

Jedenfalls sollten Sie aber das `$wpdb->prefix` jedem Tabellenaufruf voranstellen, da dies von Benutzer zu Benutzer variieren kann.

8.1.4   Der Kopf der Plugin-Datei

Eine Plugin-Datei beginnt immer auf die gleiche Weise; andernfalls würde WordPress diese Datei nicht als Plugin erkennen und schlichtweg ignorieren. Der Kopf besteht aus einem großen Kommentarblock, der einige Informationen über das Plugin selbst enthält (Listing 8.2):

```
01   <?php
02   /*
03   Plugin Name: <Name Ihres Plugins>
04   Plugin URI: <Website des Plugins>
05   Description: <Beschreibung des Plugins>
06   Version: <Version des Plugins>
07   Author: <Name des Autors>
08   Author URI: <Website des Autors>
09   Update Server: <URL zum Updateserver>
10   Min WP Version: <Minimale WP-Version, mit der es
     funktioniert>
11   Max WP Version: <Maximale WP-Version, mit der es
     funktioniert>
12   */
13   ?>
```

Listing 8.2 Kopf einer Plugin-Datei

Die drei letzten Eigenschaften Update Server, Min WP Version und Max WP Version sind nur nötig, wenn Sie eine automatische Installation bereitstellen möchten. Alle Versionsbezeichnungen haben immer das Format 1.0 oder 1.1.1 – als Update-Server wird ein vollständiger Pfad benötigt.

8.2   Ihr erstes Plugin: My Greatest Posts

Wir wollen uns nicht lange mit der Theorie aufhalten, denn Theorie ist bekanntlich langweilig. Stattdessen stürzen wir uns nun direkt in die Erstellung unseres allerersten Plugins. Viele Blogbetreiber möchten auf ihrem Blog gerne eine Auflistung der beliebtesten Beiträge haben. Zu Recht, schließlich haben diese ja schon einmal viele Besucher angezogen und sollen es natürlich weiterhin tun. Daher schreiben wir ein einfaches Plugin, welches genau diese Aufgabe erfüllt.

Zuvor möchte ich allerdings noch erwähnen, dass dieses Plugin keinesfalls der Weisheit letzter Schluss ist und dass es auch viele ähnliche Plugins bereits gibt, die auch noch wesentlich leistungsfähiger sind. Es geht mir hier nur darum, Ihnen an einem praktischen Beispiel die Plugin-Programmierung näherzubringen. Das Plugin zu verbessern, zu erweitern und ökonomischer zu machen, wird dann Ihre Aufgabe für die Zukunft sein.

8.2.1   Vorüberlegungen

Wie könnten wir so ein Plugin nun genau realisieren? Die Anforderungen sind glasklar: Das Plugin soll die Aufrufe aller Blogbeiträge (und nur die der Blogbeiträge) zählen, in der Datenbank speichern und anhand dieser Werte eine Liste ausgeben. Zudem soll es ein *Widget* geben, welches sich einfach einbinden lässt. Für dieses Widget soll der Benutzer den Titel und die Anzahl der angezeigten Beiträge frei bestimmen können.

Mein Ansatz für dieses Problem ist folgender: Wir erstellen eine eigene Tabelle nur für die *Pageviews*. Die Daten könnte man zwar auch in der Tabelle für die *Metadaten* der Beiträge speichern, ich möchte Ihnen aber gerne zeigen, dass man auch sehr einfach neue Tabellen anlegen kann. Bei jedem Aufruf eines Blogbeitrags wird überprüft, ob bereits eine Zeile für diesen Beitrag besteht. Ist eine vorhanden, wird der Wert der Pageviews um 1 erhöht. Ist noch keine Zeile da, wird Sie erstellt mit einem Pageview-Wert von 1. Die Tabelle hat nur zwei Spalten: `post_id` und `post_views`.

Anhand dieser Tabelle erstellen wir dann eine Funktion, die in der Lage ist, die Einträge nach den `post_views` zu sortieren und die entsprechenden Informationen über den jeweiligen Beitrag herauszusuchen und am Ende eine Liste dieser Beiträge auszugeben.

Das Widget schließlich soll zwei Optionen haben: Ein Feld, um den Titel anzupassen, und eines, um die Anzahl der angezeigten Beiträge zu ändern.

8.2.2   Los gehts

Zunächst erstellen Sie einen Ordner *my-greatest-posts* innerhalb von */wp-content/ plugins/*. Darin erstellen Sie eine Datei namens *my-greatest-posts.php* – Ihre einzige benötigte Datei.

Der Kopf dieser Datei sieht in meinem Beispiel wie in Listing 8.3 aus:

```
01   <?php
02   /*
03   Plugin Name: My Greatest Posts
04   Plugin URI: http://www.alexanderhetzel.de
05   Description: Zählt die Pageviews jedes Blogbeitrags und gibt
06   die meistbesuchten aus
07   Version: 1.0
08   Author: Alexander Hetzel
09   Author URI: http://www.alexanderhetzel.de
10   */
11   ?>
```

Listing 8.3 Kopf der my-greatest-posts.php

Wenn Sie möchten, können Sie das Plugin jetzt schon aktivieren. Es hat allerdings noch keine Funktion.

8.2.3   Die Action-Hooks hinzufügen

Unsere Datei beginnt mit der Deklarierung der Action-Hooks. Wie Sie gelernt haben, benötigen wir hierzu mindestens eine Bestimmung des Bereichs und eine Funktion für diesen Bereich (Listing 8.4):

```
12    <?php
13    add_action( 'widgets_init', 'mgp_widget_load' );
14    add_action( 'wp_footer', 'ah_mgp_counter' );
15    register_activation_hook( __FILE__, 'ah_mgp_install' );

16    // Wie viele Beiträge sollen angezeigt werden?
17    $default_number = 5;
```

Listing 8.4 Action-Hooks und Standardanzahl, my-greatest-posts.php

Der erste Action-Hook in Zeile 13 initialisiert das Widget, welches wir gleich noch programmieren werden. Der zweite Hook ruft eine Funktion im Footer auf, die die Aufrufe eines Beitrags zählt. Der dritte und letzte Hook – register_activation_hook() – ist ein besonderer Hook, der nur bei der Aktivierung des Plugins aufgerufen wird. Dort findet nämlich die Erstellung der Datenbanktabelle statt.

Außerdem legen wir in Zeile 17 einen Standardwert für die Anzahl der angezeigten Beiträge fest. Noch haben wir ja kein Widget, und nicht jeder möchte oder kann das Plugin später über ein Widget einbinden.

8.2.4   Erstellen einer neuen Tabelle

Da das Plugin die Daten in einer ganz neuen Tabelle speichern soll, muss diese natürlich zuvor angelegt werden (Listing 8.5). Dies soll immer dann geschehen, wenn das Plugin aktiviert wird. Aber natürlich nur dann, wenn die Tabelle nicht schon existiert.

```
18    function ah_mgp_install () {

19        global $wpdb;

20        // Tabellennamen bestimmen
21        $table_name = $wpdb->prefix . "my_greatest_posts";

22        // Existiert die Tabelle bereits?
23        if( $wpdb->get_var( "SHOW TABLES LIKE '$table_name'" ) !=
```

```
        $table_name ) {

24      // Wenn nein, Tabelle erstellen
25      $sql = "CREATE TABLE " . $table_name . " (
26              post_id bigint(11) NOT NULL,
27              post_views bigint(11) NOT NULL,
28              UNIQUE KEY post_id (post_id)
29              );";

30    require_once( ABSPATH . 'wp-admin/includes/upgrade.php' );
31    dbDelta( $sql );

32      }
33    }
```

Listing 8.5 Erstellung der Tabelle, my-greatest-posts.php

[!]

SQL

Das obige Listing verwendet Formulierungen der Datenbanksprache SQL. Natürlich wäre es vermessen, Ihnen im Rahmen eines Exkurses die gesamte Sprache beibringen zu wollen. Ich möchte Ihnen aber gerne einen kurzen Überblick über die wichtigsten Befehle dieser Sprache geben. Diese sind CREATE, SELECT, INSERT und UPDATE.

CREATE erstellt eine neue Tabelle. Mithilfe von SELECT können Sie alle oder einzelne Felder einer oder mehrerer Tabellen auslesen. Über INSERT können Sie Datensätze in die Tabelle eintragen, und UPDATE ermöglicht es Ihnen, diese Datensätze später wieder zu verändern.

Unsere erste Funktion namens ah_mgp_install() beginnt in Zeile 18. Sie ist dafür zuständig, die gewünschte Tabelle zu erstellen. In Zeile 19 holen wir uns noch das Datenbankobjekt von WordPress, während wir in Zeile 21 den Tabellennamen bestimmen. In Zeile 23 folgt eine Prüfung, ob die Tabelle schon existiert. Falls nicht, wird diese in den Zeilen 24 bis 31 erstellt.

8.2.5   Der Counter für die Pageviews

Als Nächstes müssen wir die Funktion programmieren, die alle Aufrufe eines Blogbeitrags zählt und in der Datenbank ablegt (Listing 8.6):

```
34    function ah_mgp_counter () {

35    // Nur bei Posts aufrufen
36    if ( is_single() ) {
```

```
37        global $wpdb;
38        global $post;

39        $post_id = $wpdb->escape( $post->ID );

40        $table_name = $wpdb->prefix . "my_greatest_posts";

41        // Folgenden Code nur ausführen,
42        // wenn die Tabelle auch existiert
43        if( $wpdb->get_var("SHOW TABLES LIKE '$table_name'") ==
          $table_name ) {

44        // Existiert die POST-ID bereits in der Datenbank?
45        $result = $wpdb->query( "SELECT * FROM " . $table_name .
          " WHERE post_id = '" . $post_id . "'" );

46        // Wenn ja, bestehenden Eintrag updaten
47        // und post_views +1 setzen
48        if ( $result ) {
49            $insert = $wpdb->query( "UPDATE " . $table_name .
              " SET post_views = post_views + 1 WHERE post_id = '" .
              $post_id . "'" );
50        }

51        // Wenn nein, Eintrag erstellen und auf 1 setzen
52        else {
53            $insert = $wpdb->query( "INSERT INTO " . $table_name .
              " SET post_id = '" . $post_id . "', post_views = 1" );
54        }
55        }
56    }
57    }
```

Listing 8.6 Zählen und Speichern der Pageviews, my-greatest-posts.php

Die Funktion wird ja, wie wir oben schon deklariert haben, automatisch im Footer aufgerufen. Das bedeutet aber, bei jeder Seite im Footer, ganz gleich ob es sich um einen Beitrag oder eine statische Seite handelt. Daher überprüfen wir in Zeile 36 zunächst, ob es sich um einen Blogbeitrag handelt. Nur wenn das der Fall ist, wird der ganze restliche Code dieser Funktion ausgeführt.

In Zeile 43 fragen wir sicherheitshalber ab, ob die Datenbanktabelle auch wirklich existiert. Nicht dass die irgendein findiger Systemadministrator bisweilen gelöscht hat. In Zeile 45 prüfen wir dann, ob für die ID des aktuellen Beitrags schon eine Zeile in der Tabelle existiert.

Existiert sie, dann setzen wir ab Zeile 48 den Wert der Zeile in der Spalte post_views um einen nach oben. Existiert jedoch noch keine Zeile für den Beitrag, dann erstellen wir diese nun ab Zeile 52 und legen ihren Wert direkt auf 1 fest.

Mehr macht diese Funktion nicht. Sie schaut nur in der Tabelle nach, ob eine Zeile für den gerade aufgerufenen Beitrag existiert. Falls ja, wird der Pageviews-Wert um 1 erhöht. Falls nicht, wird eine neue Zeile mit einem Pageviews-Wert von 1 erstellt.

8.2.6   Liste der am häufigsten besuchten Beiträge ausgeben

Nun benötigen wir noch eine Funktion, mit deren Hilfe wir die am häufigsten besuchten Beiträge ermitteln und ausgeben können (Listing 8.7):

```
58   function ah_mgp_get_top_posts ( $number = false ) {

59       global $wpdb;


60       // Wenn das Widget nicht genutzt wird,
61       // o. a. Standardwert setzen
62       if ( $number == false ) {
63           global $default_number;
64           $number = $default_number;
65       }

66       $table_name = $wpdb->prefix . "my_greatest_posts";

67       // Folgenden Code nur ausführen,
68       // wenn die Tabelle auch existiert
69       if( $wpdb->get_var( "SHOW TABLES LIKE '$table_name'" ) ==
         $table_name ) {

70       // Die x ($number) Posts mit den meisten Pageviews
71       // aus der Datenbank holen
72       $posts = $wpdb->get_results( "SELECT * FROM " .
         $table_name . " ORDER BY post_views DESC LIMIT " .
         $number, ARRAY_A );

73       // Die Posts als Liste zurückgeben
74       $output = "<ul>";
75       foreach ( $posts as $entry ) {
76           $the_post = $wpdb->get_row( "SELECT * FROM " .
             $wpdb->prefix . "posts WHERE ID = '" .
             $entry["post_id"] . "'" );
76a          $content = substr(htmlentities(
```

```
              $the_post->post_content), 0, 100);
76b           $content .= "...";
77            $output .= "<li><a href='" . get_permalink(
              $entry["post_id"] ) . "'><span class='pop-title'>" .
              $the_post->post_title  . "</span> |
              <span class='pop-excerpt'>" . $content . "
              </span></a></li>";
78        }
79        output .= "</ul>";

80        return $output;

81    }
82  }
```

Listing 8.7 Ausgabe der Top-Liste, my-greatest-posts.php

In den Zeilen 62 bis 65 überprüfen wir kurz, ob der Funktion ein Parameter übergeben wurde (das geschieht hier nur beim Einbinden über das Widget, dazu kommen wir gleich noch). Ist dies nicht der Fall, dann verwenden wir als maximale Anzahl den oben in der Datei angegebenen Standardwert. Andernfalls wird automatisch der vom Widget übergebene Parameter verwendet.

In Zeile 69 findet wie immer die obligatorische Überprüfung statt, ob die Tabelle existiert. In Zeile 72 werden die am häufigsten besuchten Beiträge aus der Datenbank geholt. Die Überprüfung und Eingrenzung findet hierbei vollständig in der *SQL-Abfrage* statt. Zunächst werden die Beiträge nach der Anzahl ihrer Pageviews sortiert, von denen wir dann nur die ersten fünf Stück haben wollen (oder so viele, wie der Wert von $number eben vorgibt). Die Zeilen werden als *assoziatives Array* ausgegeben, welches der Parameter ARRAY_A bezweckt.

In den Zeilen 74 bis 80 speichern wir die Liste schließlich in der Variablen $output und geben sie zurück. Hierfür werden die Titel der jeweiligen Beiträge anhand der gerade eben ermittelten IDs aus der Beitragstabelle von WordPress geladen. Mithilfe der ID und der Funktion get_permalink() sind wir in der Lage, auch innerhalb des Plugins auf die Permalinks der Beiträge zurückzugreifen. Da nicht nur der Titel, sondern auch ein Teil des Inhalts ausgegeben werden sollen, wird der Inhalt des Beitrags in Zeile 76b in der Variable $content gespeichert, mittels der Funktion substr() auf 100 Zeichen gekürzt, und schließlich werden noch etwaige HTML-Tags per htmlentities() unscharf gemacht (es könnte sonst passieren, dass das Design der gesamten Website zerstört wird, wenn die ersten 100 Zeichen des Beitrags HTML-Code enthalten). In Zeile 76b werden der Variable $content schließlich noch Auslassungspunkte hinzugefügt, damit der Besucher später eindeutig erkennen kann, dass der Text hier abgeschnitten worden ist.

In den Zeilen 77 bis 79 werden dann die soeben erarbeiteten Einzelteile zur Ausgabe ($output) zusammengefügt, um in Zeile 80 per return-Anweisung zurückgegeben zu werden.

8.2.7   Das Plugin direkt in das Theme einbinden

Solange wir noch kein Widget haben, können wir das Plugin aber dennoch testen, indem wir es direkt in unserem Theme einbinden, beispielsweise in der *sidebar.php*. Im Rahmen unserer Beispiel-Website fügen wir der *sidebar.php* einfach die folgenden Zeilen aus Listing 8.8 an, direkt vor dem letzten schließenden div-Tag:

```
01    <div class="widgetbereich">
02    <h6>Die beliebtesten Beiträge</h6>
03    <?php if(function_exists('ah_mgp_get_top_posts')) {
04    echo ah_mgp_get_top_posts();
05    } ?>
06    </div>
```

Listing 8.8 Ergänzung der sidebar.php

Das könnte dann wie in Abbildung 8.1 aussehen.

Abbildung 8.1 Es funktioniert: unsere fünf beliebtesten Beiträge!

8.3   Das Widget zum Plugin

Okay, okay, ich verstehe. Das ist Ihnen etwas zu holprig. Jetzt sollen Sie sich die Hände am Theme schmutzig machen und sogar noch in den Plugin-Code eingreifen, wenn Sie einmal die Anzahl der angezeigten Beiträge verändern möchten. Dann programmieren wir eben ein *Widget*; Sie haben es ja nicht anders gewollt.

Seit WordPress 2.8 können wir einfach eine bestehende *Widget-Klasse* aus WordPress migrieren, die schon die wichtigsten Voraussetzungen mit sich bringt, um uns einiges an Arbeit zu ersparen.

8.3.1   Das Widget registrieren

Erinnern Sie sich noch an den Anfang unserer Plugin-Datei? Dort haben wir die Funktion `mgp_widget_load()` per Action-Hook geladen, von der bislang aber noch jede Spur fehlt. Deshalb definieren wir diese nun schnell, sie hat auch nur eine einzige Anweisung (Listing 8.9):

```
83    function mgp_widget_load () {
84        register_widget( 'MGP_Widget' );
85    }
```

Listing 8.9 Registrierung des Widgets, my-greatest-posts.php

Die Funktion registriert lediglich ein Widget namens `MGP_Widget`. Der Name wird jetzt gleich noch von Bedeutung sein.

8.3.2   Das Widget definieren

Zunächst müssen wir eine Klasse namens `MGP_Widget` von der bestehenden Klasse `WP_Widget` migrieren. Danach folgt die Definition einer Funktion, die allgemeine Optionen festlegt (Listing 8.10):

```
86    class MGP_Widget extends WP_Widget
87    {

88    function MGP_Widget () {

89    $widget_options = array( 'classname' => 'mgpwidget',
      'description' => 'Ausgabe der beliebtesten Blog Posts' );

90    $this->WP_Widget( 'my-greatest-posts', 'My Greatest Posts',
```

```
     $widget_options );

91   }
```

Listing 8.10 Klassendefinition und Funktion MGP_Widget, my-greatest-posts.php

Zunächst eröffnen wir die Klasse `MGP_Widget` in Zeile 86 und migrieren diese explizit von der Klasse `WP_Widget`, welche WordPress netterweise für uns bereitstellt.

Danach legen wir eine Funktion an, die genauso heißt wie die Klasse, also auch `MGP_Widget`. Hierin legen wir in Zeile 89 die wichtigsten Optionen fest, wie einen Klassennamen und eine Beschreibung.

In Zeile 90 wird dann das Widget angelegt mit einer eindeutigen ID, dem Titel des Widgets (nicht dem Anzeigetitel der Ausgabe) und der Einbindung der zuvor angelegten Optionen.

> **[+]   Hinweis**
>
> Wundern Sie sich nicht, dass Sie in Zeile 91 nur eine schließende Klammer vorfinden, wo doch sowohl in Zeile 87 als auch in Zeile 88 eine öffnende Klammer zu sehen ist. Die Klammer der Klasse (Zeile 87) wird erst ganz am Ende der Datei wieder geschlossen, da alle folgenden Funktionen ihr zugehörig sind.

8.3.3   Ausgabe des Widgets

Die nächste Funktion bestimmt bereits, wie die Ausgabe des Widgets definiert sein soll. Es gibt also eine Überschrift und die Liste selbst aus. Sie erinnern sich, dass Sie festlegen können, wie sowohl das Widget selbst als auch die Überschrift in HTML eingekleidet werden sollen, also welche HTML-Tags diese Bereiche später umschließen? Auf diese Werte greifen wir nun mit $before_widget, $after_widget sowie $before_title und $after_title zurück (Listing 8.11):

```
92   function widget ( $args, $instance ) {
93      extract( $args );

94      // Optionen, die der Nutzer festlegt
95      $title = apply_filters( 'widget_title',
         $instance['title'] );
96      $number = $instance['number'];

97      // Ausgabe vor dem Widget
98      echo $before_widget;
```

```
99      // Titel des Widgets ausgeben
100     if ( $title ) {
101     echo $before_title . $title . $after_title;
102     }

103     // Liste der Beiträge ausgeben
104     echo ah_mgp_get_top_posts( $number );

105     //  Ausgabe nach dem Widget
106     echo $after_widget;

107   }
```

Listing 8.11 Ausgabe des Widgets, my-greatest-posts.php

Die obige Funktion muss widget() heißen; ihr werden die Argumente $args und $instance übergeben. In den Zeilen 95 und 96 finden Sie die beiden Werte, die der Nutzer später angeben kann. Wie er das macht, werden wir gleich noch in einer anderen Funktion festlegen. Hier greifen wir etwas unüblich allerdings schon auf diese Werte zurück und tun so, als ob es diese bereits gäbe.

In Zeile 98 startet die Ausgabe. Zunächst geben wir die HTML-Tags vor dem Widget-Bereich aus, die der jeweilige Benutzer für Widgets festgelegt hat. Diese Tags schließen wir in Zeile 106 auf die gleiche Art und Weise wieder.

Dazwischen wird in den Zeilen 100 bis 102, sofern vorhanden, der Titel ausgegeben, umschlossen von den benutzerdefinierten HTML-Tags. In Zeile 104 greifen wir auf unsere Plugin-Funktion ah_mgp_get_top_posts() zurück, der wir die Anzahl der gewünschten Beiträge übergeben, wie Sie der Benutzer für das Widget festgelegt hat.

8.3.4   Werte des Nutzers speichern

In der nun folgenden Funktion speichern wir die Werte, die der Nutzer eingegeben hat (Listing 8.12). Die haben wir zwar immer noch nicht, aber dafür haben wir ja eine große Portion Vorstellungskraft.

```
108   function update ( $new_instance, $old_instance ) {

109     $instance = $old_instance;

110     // Nutzereingaben säubern
111     $instance['title'] =
        strip_tags( $new_instance['title'] );
112     $instance['number'] =
```

```
      strip_tags( $new_instance['number'] );

113   return $instance;

114 }
```

Listing 8.12 Update-Funktion des Widgets, my-greatest-posts.php

Sie haben nun des Öfteren gesehen, dass im Code offenbar immer wieder von *Instanzen* die Rede ist. Hierin speichert WordPress die einzelnen Eigenschaften eines jeden Widgets.

Im Rahmen der Funktion update() säubern wir die Benutzereingaben zumindest rudimentär mit der Funktion strip_tags() von bösem Schadcode.

8.3.5 Das Widget-Formular

Zum Schluss geben wir dem Benutzer noch die Möglichkeit, die Eingaben, die wir in den Funktionen zuvor die ganze Zeit schon verwendet haben, auch endlich einzugeben (Listing 8.13):

```
115  function form ( $instance ) {

116    // Standardwerte festlegen
117    $defaults = array( 'title' => 'My Greatest Posts',
       'number' => '5' );

118    $instance = wp_parse_args( (array) $instance,
       $defaults );

119    ?>

120    <p>
121    <label for="
       <?php echo $this->get_field_id( 'title' ); ?>">
       Titel:</label>
122    <input type="text" id="
       <?php echo $this->get_field_id( 'title' ); ?>"
       name="<?php echo $this->get_field_name( 'title' ); ?>"
       value="<?php echo $instance['title']; ?>" class="widefat"
       />
123    </p>

124    <p>
```

```
125      <label for="
         <?php echo $this->get_field_id( 'number' ); ?>">
         Anzahl der Artikel:</label>
126      <input type="text" id="
         <?php echo $this->get_field_id( 'number' ); ?>"
         name="<?php echo $this->get_field_name( 'number' ); ?>"
         value="<?php echo $instance['number']; ?>"
         class="widefat" style="width:20  %;" />
127      </p>

128  <?php
129  }
130  }
131  ?>
```

Listing 8.13 Die Form-Funktion des Widgets, my-greatest-posts.php

In Zeile 117 definieren wir zunächst einige Standardwerte, damit der Benutzer beim Konfigurieren des Widgets vorausgefüllte Felder hat und nicht zwingend etwas eingeben muss. In Zeile 118 werden diese Daten dann mit den Benutzereingaben über die Funktion `wp_parse_args()` verglichen. Eingaben des Nutzers werden übernommen, ansonsten wird auf die Standardwerte zurückgegriffen.

In den Zeilen 120 bis 127 sind sie dann endlich, unsere Eingabefelder. Hier wird spätestens der Nutzen der Klasse `WP_Widget` deutlich: Die Methoden `get_field_id()` und `get_field_name()` liefern uns unmittelbar die passende ID bzw. den passenden Namen für das jeweilige Feld, ohne dass wir dies erst umständlich programmieren müssten. WordPress weiß also sofort, was es mit den Feldern anfangen soll.

Nun können wir das Widget bereits per Backend einbinden. Dazu müssen wir es aber zunächst einmal aus der *sidebar.php* entfernen, denn den hart codierten Aufruf benötigen wir ja nun nicht mehr.

Danach können Sie das Widget unter Design • Widgets zu Ihrer *Sidebar* oder einem anderen Widget-Bereich hinzufügen (Abbildung 8.2).

Abbildung 8.2 Das Einbinden des Widgets

Kapitel 9
Suchmaschinenoptimierung

In diesem Kapitel lernen Sie, was Suchmaschinenoptimierung aus heutiger Sicht bedeutet und wie Sie eine WordPress-Website professionell für Suchmaschinen optimieren.

Was für ein phänomenales Thema war *Suchmaschinenoptimierung* – auch kurz *SEO* genannt – in den vergangenen Jahren. Jeder wollte seine Website auf Platz 1 bei Google & Co. sehen, koste es was es wolle. Dabei war und ist es vielen egal, ob sie hierbei wirklich eine hilfreiche Website für den Besucher schaffen oder ob Sie die hohen Platzierungen durch zwielichtige Methoden erreichen. Manchen Firmen war es so wichtig, in Suchmaschinenoptimierung zu investieren, dass sie darüber hinaus die Erstellung einer Website vollends vergaßen.

Doch Suchmaschinenoptimierung hat sich grundlegend gewandelt. Mittlerweile spricht man daneben auch noch von *Suchmaschinenmarketing* (*SEM*) oder von *User Experience Optimization* (*UXO*). Um das Ganze zu vereinfachen, spreche ich im Folgenden einfach nur von *SEO* und meine dabei alles, was damit zusammenhängt.

9.1 SEO aus heutiger Sicht

Nicht wenige sind mittlerweile der Ansicht, dass Suchmaschinenoptimierung, wie es sie früher gab, heute nicht mehr existiert. Das mag daran liegen, dass sich vor allem die Suchmaschinen einem enormen Wandel unterzogen haben. Nehmen wir Google als Beispiel. Mittlerweile blendet Google neben den klassischen Suchergebnissen auch Ergebnisse aus der Bilder- und Videosuche ein, außerdem suchwortoptimierte Werbung oder auch aktuelle *Twitter-Diskussionen*. Es gibt heute also mehr als nur einen Weg, um in den Suchergebnissen sichtbar zu werden.

9.1.1 Google Instant

Zudem hat der Suchmaschinengigant mit *Google Instant* eine ganz neue Form des Sucherlebnisses geschaffen. Hierbei müssen Sie nur noch Teile des gewünschten Suchbegriffs eingeben, und schon lädt Google automatisch die Seite mit den entsprechenden Ergebnissen. Je nach Tippgeschwindigkeit wird so bei jedem neuen Buchstaben eine neue Ergebnisseite angezeigt. Unterstützt wird das Prozedere von den schon seit Längerem eingesetzten *Google Suggestions*, also Vorschlägen auf Basis der bislang eingegebenen Suchphrase. Diese Kombination macht das Suchempfinden wesentlich schneller und in der Regel auch zielführender. Vor allem, wenn Sie noch nicht genau wissen, wonach Sie eigentlich suchen.

9.1.2   Neue Herausforderungen

Diese Änderungen haben vor allem für Suchmaschinenoptimierer und Website-Betreiber drastische Konsequenzen. Während die einen nur ihre Inhalte auf *Keywords* hin optimieren, sind andere schon längst mit Bildern, Videos, *Twitter-Kurznachrichten* und Werbeanzeigen bei Google vertreten. In den Mittelpunkt rückt also vielmehr eine ganzheitliche Optimierung der Website, fernab vom bloßen Einbinden relevanter Keywords.

Mehr und mehr ins Rampenlicht rückt auch die Optimierung für Google Suggestions. Es wird nach Methoden gesucht, um relevante Suchbegriffe in den Vorschlägen zu platzieren, die zwangsläufig zur eigenen Website als erstem Ergebnis führen. Haben Sie also den ersten Platz für »Bio Shampoo aus Weizengras« inne, dann möchten Sie natürlich, dass dieser Suchbegriff vorgeschlagen wird, sobald jemand auch nur das Wörtchen »Bio« in die Suchmaske eintippt.

9.1.3   Personalisierte Suchergebnisse

Suchmaschinenoptimierung ist also facettenreicher geworden, aber auch schwieriger. Hinzu kommen die personalisierten Suchergebnisse. Google arbeitet nicht für Ihr Unternehmen, sondern für den Suchenden. Das bedeutet, dass Google nicht allzu viel daran gelegen ist, dass ein Unternehmen sich gegen seine Konkurrenz durchsetzen und auf die vordersten Plätze der Suchergebnisse gelangen kann. Google möchte dem Nutzer die relevantesten Informationen liefern, die es zu seiner Suchanfrage im Netz gibt. Daher testet Google seit einiger Zeit personalisierte Suchergebnisse.

Abhängig von den Informationen, die Google über Sie hat – also auch bislang eingegebene Suchphrasen – liefert es Ihnen unter Umständen andere Ergebnisse als Ihrem Kollegen. Diese Unterschiede können marginal sein, und das sind sie oft auch nur. Dennoch kann es vorkommen, dass die Website, die bei einem auf Platz 1 ist, bei dem anderen erst auf der zweiten Ergebnisseite auftaucht. Für Suchmaschinenoptimierer ist das ein Graus, der eine vernünftige Optimierung verhindert.

9.1.4   Trend: Konversionsoptimierung

Der Trend geht also zunehmend weg von der Suchmaschinenoptimierung hin zur *Konversionsoptimierung*. Hierbei geht es nicht mehr nur darum, möglichst viele (irrelevante) Besucher auf seine Website zu locken, sondern lediglich wenige relevante, von denen dann möglichst viele die gewünschte Aktion durchführen (das nennt man *Konversion*).

Ein Beispiel: Ihr Unternehmen bietet deutschlandweite Dienstleistungen, zum Beispiel das Portieren eines Designs in eine HTML/CSS-Vorlage. Klassische Suchmaschinenoptimierung würde – überspitzt gesagt – versuchen, das Unternehmen bei den Suchbegriffen »HTML« und »CSS« unterzubringen. Bei einem Erfolg hätte dies eine sehr hohe Besucherzahl zur Folge; die wenigsten davon würden sich aber für Ihre Dienstleistungen interessieren. Dennoch sind 1 % von 1.000.000 natürlich auch ein großer Interessentenkreis; es wird aber auf Masse statt auf Klasse gesetzt.

Die Konversionsoptimierer würden einen anderen Ansatz verfolgen. Sie würden zwar auch versuchen, die Website vernünftig zu positionieren, aber bei anderen, eventuell sogar einfacher zu erreichenden Suchbegriffen. Zum Beispiel »HTML-Vorlage aus Photoshop« oder Ähnlichem. Über derartige Suchbegriffe würden nun hauptsächlich relevante Besucher kommen, die sich zumindest schon einmal für die Portierung einer Photoshop-Datei in eine HTML-Vorlage interessieren. Der Kern guter Konversionsoptimierung liegt nun aber darin, so viele dieser Besucher wie möglich dazu zu bringen, Kontakt mit Ihrem Unternehmen aufzunehmen. Die Kontaktaufnahme ist also die zu erreichende Konversion bei dieser speziellen Website.

Wir haben also auf der einen Seite eine hohe Anzahl an Besuchern und eine niedrige Konversionsrate (klassische Suchmaschinenoptimierung) oder eine geringe Anzahl an Besuchern, aber eine umso höhere Konversionsrate (Konversionsoptimierung). Letztere ist der aktuelle Trend und man lehnt sich, denke ich, nicht zu weit aus dem Fenster, wenn man behauptet, dass diese Methode die nächsten Jahre das Internet nachhaltig prägen wird.

9.1.5   Was das für Sie bedeutet

Doch für was sollten Sie sich nun entscheiden? Lieber klassisch optimieren mit möglichst vielen Besuchern oder doch lieber Qualität vor Quantität mit der Konversionsoptimierung? Das hängt vor allem von Ihrer Zeit und Ihrem Budget ab. Wenn Sie grundsätzlich in der Lage sind, Ihre Website bei heißumkämpften Keywords zu platzieren, spricht nichts« gegen die konventionelle Optimierung. Das kostet allerdings viel Zeit und meistens auch viel Geld. Sind Sie dann noch in der Lage, auf dieser Basis eine gute Konversionsoptimierung vorzunehmen, haben Sie vermutlich das beste Ergebnis aus beiden Methoden.

Für alle anderen – und das dürften die meisten sein – bietet sich ein Schwerpunkt auf der Konversionsoptimierung an. Sprechen Sie gezielt die Nutzer an, die auf der Suche nach den Informationen sind, die Sie ihnen bieten. Lassen Sie sich nicht von monatlichen *Pageviews-Auswertungen* beeindrucken. Am Ende zählt einzig und allein, wie viele Konversionen Sie erzielt haben – übrigens auch bei großen Unternehmen. Die Zeiten, in denen allein auf die Anzahl der Seitenaufrufe geschaut wurde, sind buchstäblich gezählt. Sie kommen um eine Konversionsoptimierung also ohnehin nicht herum. Machen Sie es Ihren Besucher daher leicht, die gewünschten Informationen auf Ihrer Seite schnell zu finden und die von Ihnen gewollte Aktion durchzuführen (Kontaktaufnahme, Warenkorb etc.). Kümmern Sie sich dann um eine ausreichende Streuung Ihres Angebots in den Suchergebnissen, und zwar bei relevanten Keywords. So können Sie mit einem überschaubaren Aufwand die gleichen Ergebnisse erzielen, wie die klassische Suchmaschinenoptimierung sie nur mit weitaus höherem Aufwand erreichte.

9.2   WordPress ist ein guter Anfang

Mit der Entscheidung für WordPress haben Sie zumindest aus Sicht der Suchmaschinenoptimierung schon einmal alles richtig gemacht. Ja, WordPress bietet einige Vorteile, die nur schwer von der Hand zu weisen sind.

Zum Beispiel seien hier die großartigen Plugins zu nennen, die die Suchmaschinenoptimierung unterstützen. Ob Sie nun *wpSEO*, das *All in One SEO Pack* oder *Headspace 2* einsetzen – es gibt viele Möglichkeiten, Ihre Website sichtbar zu machen.

Außerdem wird durch *Ping-Dienste* und *Trackbacks* die Kommunikation gestärkt. News-Seiten werden über Ihre neuen Beiträge informiert, während Sie auf anderen Blogs einen kleinen Hinweis hinterlassen können, dass Sie etwas Ähnliches beizutragen haben. Diese kleinen Gimmicks können die Vernetzung schon ein ganzes Stück vorantreiben.

WordPress bietet Ihnen außerdem von Haus aus suchmaschinenfreundliche *Permalinks*; in anderen *Content-Management-Systemen* müssen Sie eine solche Funktion erst noch aufwendig nachrüsten.

Ein weiterer Vorteil von WordPress ist die Liebe von Google zu dieser Software. Okay, das lässt sich nicht beweisen. Aber gänzlich leugnen lässt es sich auch nicht, dass Google eine gewisse Affinität zu Websites auf WordPress-Basis hat. Vielleicht liegt es daran, dass diese viel öfter guten Content bieten als dass sie schädliche Inhalte bereithalten. Für Spammer ist WordPress nicht gerade die erste Wahl. Man kann also gut und gerne behaupten, dass der Einsatz dieser Software das Vertrauen von Google in Ihre Website stärkt – wenn auch nur ein klein wenig.

9.3   Grundlegende SEO-Techniken

Doch wie können Sie Ihre Website nun am besten für Suchmaschinen optimieren? Sie haben jetzt sehr viel Theorie gelesen, jetzt möchten Sie selbstverständlich gern ein wenig Praxisluft schnuppern.

Grundsätzlich ist nicht nur die Wahl von WordPress wichtig, sondern auch die Wahl, ein Blog einzusetzen. Im Laufe des Buches habe ich ja öfter erwähnt, dass WordPress ebenfalls ein tolles CMS darstellt, auch für Websites ohne Blog. Ich möchte Ihnen aber dringend raten, dennoch eines zu führen.

9.3.1   Führen Sie ein Blog!

Aus dem Blickwinkel der Suchmaschinenoptimierung schlägt ein Blog gleich mehrere Fliegen mit einer Klappe. Google möchte von Ihnen viele hochwertige Inhalte, und das am besten regelmäßig. Außerdem ist es Google wichtig, dass viele andere Websites auf Sie verweisen und dass Ihre *interne Verlinkung* gut ist – also dass die Seiten Ihrer Website untereinander sinnvoll verlinkt sind. Ein Blog ist hierfür viel besser als ein statischer Bereich Ihrer Website.

Mal ehrlich: Wen interessiert schon eine Unternehmensphilosophie? Oder anders gefragt: Haben Sie schon einmal etwas gegoogelt und sind schließlich in einer Unternehmensphilosophie oder Ähnlichem fündig geworden? Vermutlich nicht. Diese Bereiche sind ganz nett, um potenzielle Interessenten mit Informationen zu erschlagen; sie sind zumeist aber nicht nützlich. Blogartikel hingegen können sogar sehr nützlich sein, vorausgesetzt, Sie produzieren interessante oder hilfreiche Inhalte. Sind Sie hierzu in der Lage, dann freut es nicht nur Google, dass viele Menschen auf Ihrer Seite nützliche Informationen finden. Auch andere Websites und Blogs werden auf Ihre Artikel verlinken. Sie bekommen also Googles guten Willen gleich zweimal mit nur einer Strategie. Zudem ist bei Blogartikeln – entsprechende Plugins oder Fleißarbeit vorausgesetzt – die interne Verlinkung sehr gut. Übrigens: Ein Blog zu führen ist manchmal viel effektiver als das Optimieren einzelner Seiten auf bestimmte Suchbegriffe. Natürlich sollten Sie Ihre Blogartikel möglichst immer auf einige wichtige Keywords hin optimieren – das Beste daran sind aber die ganzen zufälligen Suchbegriffe. Durch die immer neuen Artikel, die auf Ihrem Blog entstehen, sucht Google sich aus der Vielzahl der Wörter eine Unmenge an Suchbegriffen heraus; solche, die Ihnen vermutlich niemals eingefallen wären, nach denen aber tatsächlich Menschen suchen. Bei meinen Kunden kommt die Masse der Besucher üblicherweise über genau diese zufälligen Keywords. Sofern Sie sich ein sinnvolles, relevantes Thema gesucht haben, fließen die richtigen Keywords ganz von allein in den Text ein.

9.3.2   Optimieren Sie Ihre Texte

Zusätzlich zu den zufälligen Keywords sollten Sie Ihre Texte aber noch ganz gezielt auf bestimmte Wörter oder Phrasen hin optimieren. Nutzen Sie hierzu Tools wie das kostenlose *Google Keyword Tool (https://adwords.google.com/select/KeywordToolExternal)* oder eine kostenpflichtige *Keyword-Datenbank* (zum Beispiel *www.keyword-datenbank.de*). Nehmen Sie sich pro Text zwischen einem und maximal drei Keywords vor, die Sie häufiger darin einfließen lassen. Lassen Sie aber die Finger von irgendwelchen Theorien über Keyword-Dichte; die sind ganz schön veraltet. Je nach Länge des Textes sollte das Keyword mindestens drei- bis höchstens sechsmal darin vorkommen, zudem auch in Form üblicher Synonyme. Glauben Sie mir, das genügt. Google ist nicht auf den Kopf gefallen, wenn man das so sagen kann. Die Suchmaschine merkt bereits nach der ersten Nennung, dass es sich bei Ihrer Website um das Keyword dreht. Die zweite und dritte Nennung unterstreichen dies zusätzlich. Und bei langen Texten sind auch fünf bis sechs Nennungen noch natürlich. Danach wird es aber kritisch, und es kann sein, dass Ihr Text überoptimiert ist und gar nicht erst von Google gelistet wird.

Keyword-Optimierung wird ohnehin überbewertet; sie ist nur ein kleiner Faktor. Viele gute *Backlinks* tragen auch einiges zu einer guten Platzierung bei. Meiner Erfahrung nach scheint auch das Klicken der Nutzer auf den Link zu Ihrer Website von der Suchergebnisseite aus sowie deren Verweildauer eine wesentliche Rolle zu spielen. Aber das ist ja das Schöne an SEO, es gibt eigentlich nur Theorien und kaum Fakten. Halten Sie sich also am besten immer über aktuelle Strömungen auf dem Laufenden.

9.3.3   Der Titel Ihrer Seite

Der Titel jeder einzelnen Unterseite ist enorm wichtig. Hierbei geht es nicht nur um den Titel, welcher im *Title-Tag* festgelegt wird, sondern auch um das *h1-Tag*, welches Ihre Hauptüberschrift definiert. Google legt auf beides erhöhten Wert (mittlerweile auch auf *h2-Tags*). Sorgen Sie also dafür, dass dort immer unterstützende Informationen zu finden sind.

Der *HTML-Titel* Ihrer Seite sollte entweder mit dem Namen Ihrer Website (bzw. Ihres Unternehmens) oder dem Thema der Seite beginnen. Wenn Ihnen eine Stärkung Ihres Unternehmensnamens wichtig ist, dann sollten alle statischen Seiten hiermit beginnen, gefolgt von der Bezeichnung der Seite, zum Beispiel »ABC Company – unsere Philosophie«. Blogbeiträge sollten hingegen immer mit dem Beitragstitel beginnen, denn Google legt mehr Wert auf die Wörter des Titels, die am weitesten vorne stehen. Zudem werden von Suchmaschinen nur etwa die ersten 60 Zeichen angezeigt – danach wird rigoros abgeschnitten.

In Ihrem h1-Tag sollte sich zudem nicht einfach nur der Name Ihrer Website befinden, wie dies auf vielen Websites der Fall ist. Das h1-Tag ist die Hauptüberschrift einer jeden Seite und benötigt daher auch überall eine individuelle Bezeichnung. Verschenken Sie keine wertvollen Punkte, indem Sie hier nur Ihre Firma wiederholen.

9.3.4 Die META-Description

Es gibt eine Vielzahl an *META-Tags* – doch nur eines ist für die Suchmaschinenoptimierung wirklich relevant. Nicht einmal das *META-Keywords-Tag* bringt Ihnen einen Vorteil bei den großen Suchmaschinen; diese ignorieren es gänzlich. Das einzige, was Sie hierdurch erreichen, ist Ihre Konkurrenten über die von Ihnen verwendeten Keywords zu informieren. Das kann man gut und gerne als Wettbewerbsnachteil bezeichnen.

Das einzige META-Tag, welches Sie wirklich benötigen, ist die *META-Description* (Listing 9.1). Die ist dafür umso wichtiger. Google verwendet diese nämlich üblicherweise als Beschreibungstext in seinen Suchergebnissen. Wenn Sie keine META-Description angeben, bastelt Google sich selbst eine aus dem Inhalt Ihrer Seite. Das ist meist aber eher schlecht als recht. Nutzen Sie die META-Description als Werbebotschaft für den Inhalt der Unterseite, um potenzielle Besucher davon zu überzeugen, sich diese Seite anzusehen. Ein wenig Werbepsychologie ist hier durchaus erlaubt.

```
<meta name="description" content="Beschreibung Ihrer Seite...">
```

Listing 9.1 Syntax der META-Description

9.3.5 Permalinks

Nutzen Sie die Macht der Permalinks. WordPress bietet so eine fantastische Unterstützung für suchmaschinenfreundliche Permalinks, diese sollten Sie unbedingt nutzen. Welche Syntax Sie hierbei verwenden, bleibt natürlich Ihnen überlassen.

Das Wichtigste ist, dass der Titel der Seite darin Platz findet. Ob Sie ein Datum voranstellen, ist Geschmackssache. Aus Performancegründen ist es aber nicht ratsam, den Permalink mit dem Titel oder dem Namen der Kategorie zu beginnen. WordPress hat es dann schwerer, die benötigten Informationen aus der Datenbank zu suchen. Sie erleichtern WordPress die Arbeit ein ganzes Stück, wenn Sie den Permalink entweder mit einem Datum oder der Seiten-ID beginnen. Ich persönlich bevorzuge hier die Seiten-ID, da das Datum immer etwas über die Aktualität des Beitrags aussagt und schlimmstenfalls Benutzer von einem sehr guten Beitrag fernhält, nur weil dieser vielleicht schon etwas älter ist. Eine Beispielsyntax (Listing 9.2):

```
/%post_id%/%postname%/
```

Listing 9.2 Syntax für <Beitrags-ID>, gefolgt von <Beitragstitel>

Mithilfe der folgenden Platzhalter in Tabelle 9.1 können Sie Ihre Permalink-Struktur nach Ihren Wünschen selbst gestalten.

Platzhalter	Bedeutung
%year%	das Erscheinungsjahr des Beitrags in vier Ziffern (2011)
%monthnum%	der Erscheinungsmonat in zwei Ziffern (08)
%day%	der Erscheinungstag (16)
%hour%	Stunde der Erscheinungsuhrzeit
%minute%	Minute der Erscheinungsuhrzeit
%second%	Sekunde der Erscheinungsuhrzeit
%post_id%	ID des Beitrags
%postname%	Titel des Beitrags
%category%	Slug der Kategorie
%tag%	Slug des Tags
%author%	Autor des Beitrags

Tabelle 9.1 Platzhalter für die Permalink-Struktur

Auch wenn Sie die obigen Platzhalter gerne beliebig verwenden dürfen, so empfiehlt es sich dennoch, aus Performancegründen die Struktur nicht mit einem der folgenden Platzhalter zu *beginnen*:

▶ %postname%

▶ %category%

▶ %tag%

▶ %author%

9.3.6   Sorgen Sie für Backlinks!

Backlinks sind Links, die andere auf Ihre Website setzen. Diese sind besonders wertvoll, da Google daran Ihre Popularität bemisst, Ihren sogenannten *Page Rank*. Bekommen Sie hochwertige Backlinks (also Links von aus Googles Sicht bedeutenden Websites) und eine gewisse Anzahl hiervon, kann sich das sehr positiv auf Ihre Suchmaschinenpositionierungen auswirken.

Um Backlinks zu bekommen, gibt es mindestens so viele Strategien, wie es Websites gibt. Leider funktionieren nur die wenigsten davon. Grundsätzlich gilt: Guter Inhalt generiert gute Links. Doch gerade am Anfang lassen diese doch eine beträchtliche Zeit auf sich warten. Zögern Sie also nicht, andere Blogbetreiber direkt auf sich aufmerksam zu machen und Ihnen Ihre Artikel nahezulegen. Dies sollten Sie stets freundlich machen und die Blogger nicht belästigen. Nur wenn Sie wirklich einen interessanten Beitrag haben, der auch für den entsprechenden Blogger und vor allem für dessen Leser von Interesse ist, sprechen Sie ihn ruhig an. Mit ein wenig Glück verlinkt er ihn. Wer nicht fragt, bekommt auch keine Antwort.

Sie können auch *Social-Media-Tools*, wie beispielsweise Twitter oder Facebook, nutzen, um auf Ihre Website aufmerksam zu machen. Auch Google-AdWords-Werbung, klassische Zeitungsanzeigen oder Flyer-Werbung können funktionieren; das hängt sehr von Ihrer Zielgruppe ab. Wichtig ist aber, dass Sie überhaupt Menschen auf Ihre Website aufmerksam machen – vor allem solche, die auch eine eigene Website betreiben. Wenn Sie dann noch gute Inhalte aufweisen können, dürften dabei auch ein paar Backlinks herausspringen. Zumindest haben Sie aber ein paar Leser mehr.

Schließlich bleibt Ihnen noch *Linkbait*, also *virales Marketing*. Erregen Sie (positive oder negative) Aufmerksamkeit, und die Links kommen von ganz allein. So leicht sich das zunächst anhört, so schwer ist es tatsächlich. Nicht wenige versuchen Tag für Tag, für Skandale zu sorgen, ohne dass es ihnen gelingt. Denken Sie dran: Wenn Sie oder ich Tabus brechen, ist das möglicherweise noch nicht so interessant, wie wenn Madonna Tabus bricht. Im schlimmsten Fall kann also selbst der größte Skandal niemanden interessieren. Besser sind ohnehin virale Kampagnen, die ein positives Licht auf Sie werfen, auch wenn vielfach propagiert wird, dass es ja eigentlich gar keine schlechte Publicity gäbe, denn Publicity sei schließlich Publicity.

Vermeiden Sie außerdem Backlinks aus sogenannter »schlechter Nachbarschaft«, das bedeutet von *Linkfarmen* oder ähnlichen Websites, die einfach nur eine große Anzahl an Links, aber keine Inhalte bereitstellen. Auch das Kaufen von Links ist nicht gerade ratsam, da es zum einen sehr kostspielig werden kann und Google auch solche Strategien recht schnell entlarvt, wenn man dabei nicht aufpasst.

9.3.7 Nutzen Sie Web Analytics

Suchmaschinenoptimierung bringt Ihnen nicht allzu viel, wenn Sie nicht wissen, was auf Ihrer Website vor sich geht. Denn dann erfahren Sie nie, welche Ihrer Aktionen tatsächlich zu erhöhtem Besucheraufkommen geführt hat. Nutzen Sie also eine gute *Web-Analytics-Software*.

Google Analytics kann ich aus mehreren Gründen nicht empfehlen. Zum einen ist es zumindest zum aktuellen Zeitpunkt, während ich dieses Buch schreibe, datenschutzrechtlich sehr bedenklich. Zum anderen sind die Statistiken (noch) nicht sekundengenau. Sie werden erst später aktualisiert, so dass Sie nie erfahren, was jetzt gerade in diesem Moment auf Ihrer Website los ist.

Alternativen gibt es viele, doch die sind zumeist kostenpflichtig. Ich persönlich setze gerne *etracker* ein, welches ich Ihnen auch empfehlen kann. Es ist in der kleinsten Variante schon für einen überschaubaren monatlichen Obolus zu haben, bietet aktuell 100 %ige Datenschutzkonformität (laut Aussage der etracker GmbH) und ist zudem sekundengenau und sehr übersichtlich. Sie können es ja einmal kostenlos drei Wochen unter *www.etracker.com/de/* ausprobieren. Alternativen sind beispielsweise *Nedstat* (*www.nedstat.de*), *Sitemeter* (*www.sitemeter.com*) oder *Piwik* (*www.piwik.org*). Letzteres installieren Sie auf Ihrem eigenen Server und sind daher unabhängig von fremden Servern; es ist zudem kostenlos.

9.4 WordPress SEO Plugin by Yoast – die optimale Suchmaschinenoptimierung

Das Plugin WordPress SEO von Yoast ist wirklich eines der besten Plugins, das Sie Ihrer WordPress-Website spendieren können. Es ist zwar kostenlos, doch das tut der Qualität keinen Abbruch. Ganz im Gegenteil. Neben den üblichen Features hat Yoast dort auch einige nette Ideen eingebaut, wie zum Beispiel eine Beitragsvorschau, die Ihnen anzeigt, wie diese spezielle Unterseite später bei Google als Listing aussehen wird, wenn Sie diese oder jene Einstellung treffen. Wenn Sie sich für WordPress SEO entscheiden, benötigen Sie auch kein weiteres Sitemap-Plugin mehr. Das ist alles schon integriert.

Damit das Plugin seine Wirkung entfalten kann, müssen Sie sicherstellen, dass zwei Dinge in Ihrem Theme (in der *header.php*) enthalten sind. Zum einen muss vor dem schließenden </head>-Tag der Aufruf <?php wp_head(); ?> enthalten sein. Zum anderen muss das <title>-Tag wie folgt aussehen:

```
<title><?php wp_title(''); ?></title>
```

9.4.1 Dashboard

Nach der Installation finden Sie unter dem eigenen Menüpunkt SEO zunächst ein eigenes Dashboard nur für dieses Plugin vor (Abbildung 9.1).

Neben ein paar Infos und Werbung enthält es auch bereits die ersten Einstellungsmöglichkeiten. So können Sie sich mittels einer Tour durch das Plugin führen lassen oder die Grundeinstellungen später wiederherstellen, falls Sie mal einen Fehler gemacht haben sollen. Außerdem lassen sich unter dem Punkt SECURITY auch die erweiterten Optionen für Autoren und Redakteure entfernen (dazu kommen wir am Ende dieses Abschnitts). Sollten Sie Ihren Autoren also eher nicht vertrauen, bietet es sich an, hier die Macht einzugrenzen. Schließlich können Sie, falls zur Hand, auch gleich die Verifizierungsschlüssel für die wichtigsten Suchmaschinen und Tools hinterlegen, zum Beispiel für Google Webmaster Tools.

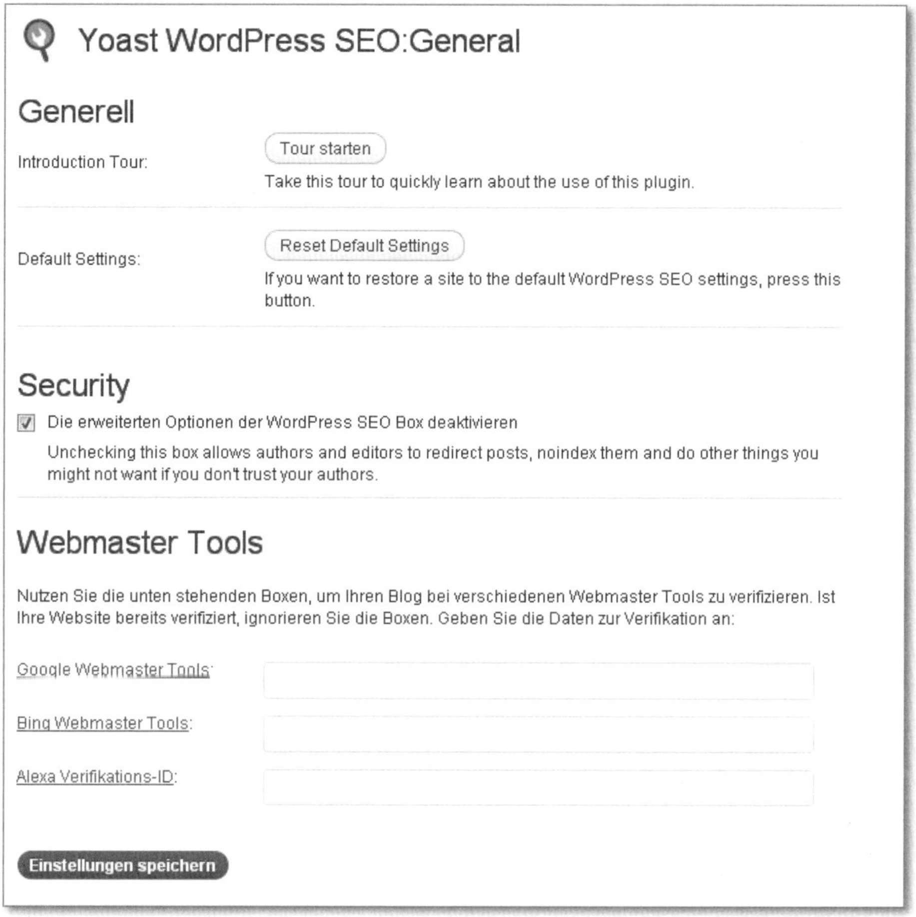

Abbildung 9.1 Das Dashboard von WordPress SEO

9.4.2   Titles & Metas

Unter dem Menüpunkt Titles & Metas finden Sie mehrere Registerreiter. Bei Gene-rell (Abbildung 9.2) legen Sie zunächst fest, ob Sie ein Überschreiben der Titel erzwingen wollen. Sollte Ihr Theme also nicht den entsprechenden Hook in der *hea-der.php* mitbringen, wie am Anfang dieses Abschnitts erwähnt, dann können Sie das Überschreiben hier dennoch erzwingen.

Im Abschnitt Sitewide meta settings gibt es vier Optionen:

Noindex subpages of archives

Wenn Ihre Archiv-Seiten mehrere Seiten haben und Sie nicht möchten, dass diese in den Suchergebnissen angezeigt werden, dann aktivieren Sie diese Option.

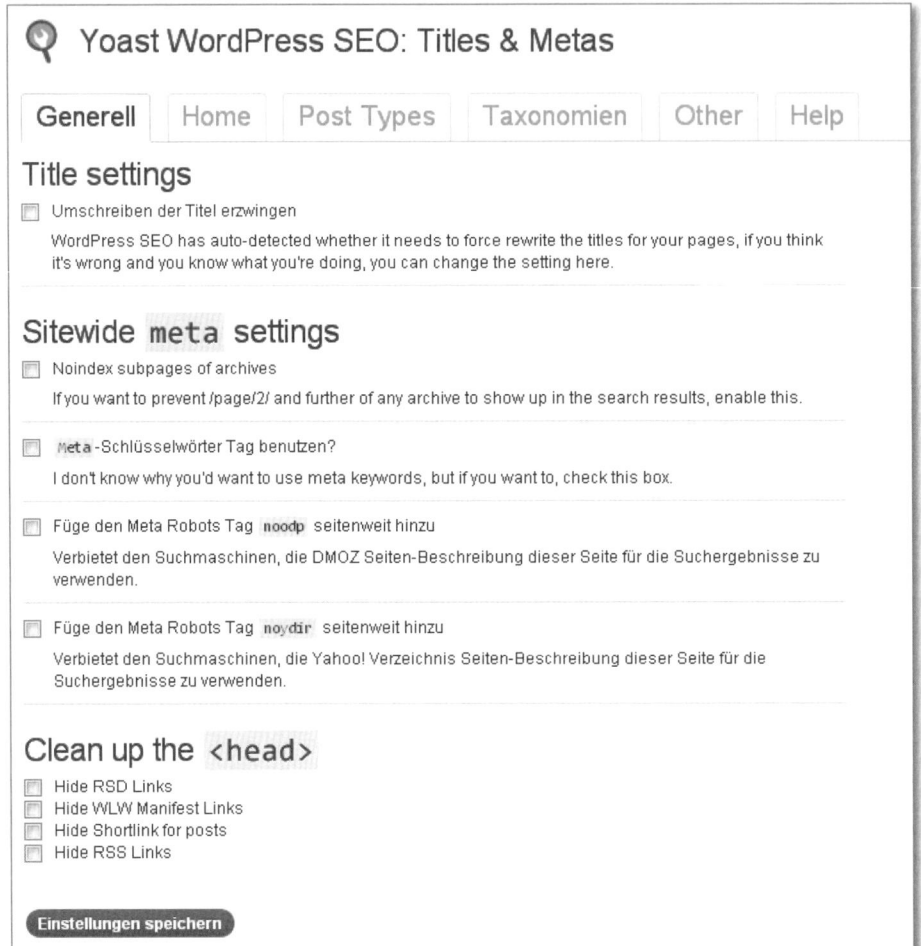

Abbildung 9.2 Allgemeine Einstellungen

Meta-Schlüsselwörter Tag benutzen

Die META-Keywords werden heute nachweislich von kaum einer Suchmaschine mehr ausgewertet. Google, Bing, Yahoo überlesen die Angaben, die dort stehen. Es gibt nur vereinzelte Meta-Suchmaschinen, die diese Angaben noch verwenden, und auf die können Sie in 99,9 % der Fälle getrost verzichten, wenn Sie nicht gerade in einer ganz bestimmten Nische, deren Leser diese Suchmaschinen verwenden, unterwegs sind. Nur falls Sie dennoch META-Keywords verwenden wollen, aktivieren Sie diese Option.

Füge den Meta Robots Tag noodp seitenweit hinzu

Wenn Sie diese Option aktivieren, verbieten Sie den Suchmaschinen, für Ihre Website eine Beschreibung des DMOZ-Archives anzuzeigen.

Füge den Meta Robots Tag noydir seitenweit hinzu

Hier gilt das Gleiche wie bei der Option zuvor, nur dass hier auf das Yahoo Directory zurückgegriffen wird.

Im Abschnitt CLEAN UP THE <HEAD> können Sie wählen, welche versteckten Angaben WordPress weiterhin im <head>-Bereich Ihrer Website unterbringen darf:

▶ HIDE RSD LINKS: Wenn Sie keine externen Editoren verwenden, um Artikel für Ihr Blog zu verfassen, können Sie dies ruhig anklicken.

▶ HIDE WLW MANIFEST LINKS: Wenn keiner der Autoren Windows Live Writer verwendet, können Sie hier ebenfalls einen Haken machen.

▶ HIDE SHORTLINK FOR POSTS: Entfernt den Shortlink eines Beitrags.

  `<link rel='shortlink' href='http://localhost/wordpress/?p=32' />`

▶ HIDE RSS LINKS: Wenn Sie sich wirklich sicher sind, dass Sie keine RSS-Feeds nutzen oder nutzen möchten, können Sie diese hier ebenfalls deaktivieren.

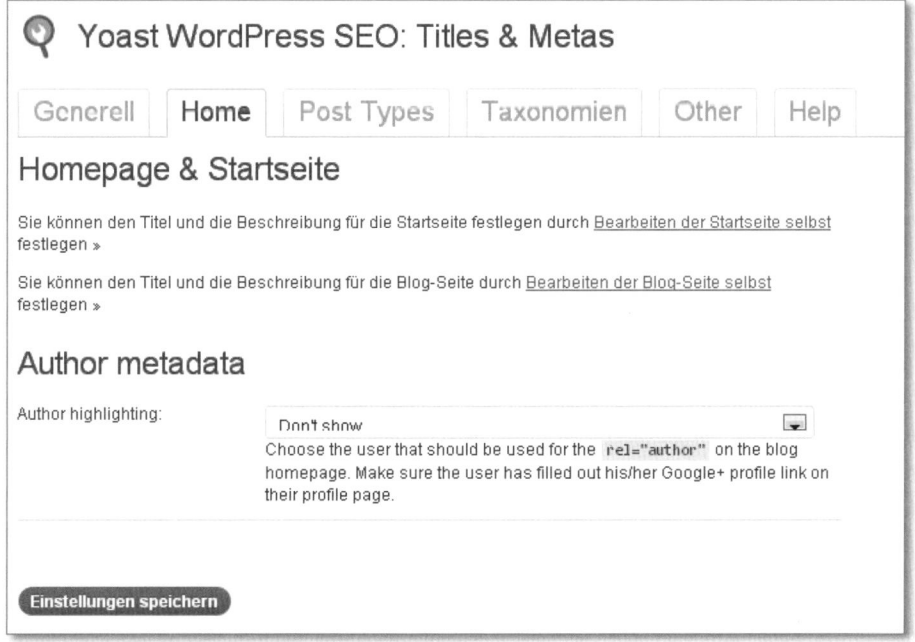

Abbildung 9.3 Homepage & Startseite

Das Register HOME ist recht überschaubar (Abbildung 9.3). Zum einen finden Sie hier Links zur Bearbeitungsansicht Ihrer Startseite und Blogstartseite. Dort können Sie nämlich auf Wunsch das <title>-Tag gesondert anpassen (dazu am Ende des Abschnitts mehr). Sie können sogar auswählen, welcher Benutzer in der Metaangabe rel=author genannt werden soll.

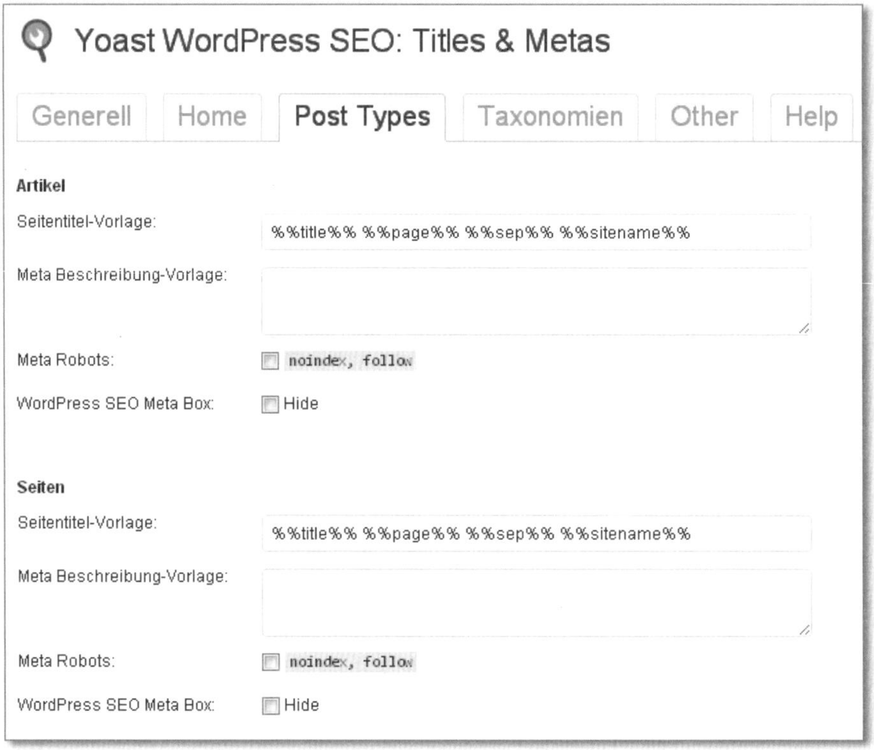

Abbildung 9.4 Post Types: Artikel und Seiten

Im Register POST TYPES (Abbildung 9.4 und Abbildung 9.5) beginnt nun endlich die Namensgebung für die einzelnen Seitentypen. Jede Website braucht einen Titel, der sich im `<title>`-Tag befindet, und eine Beschreibung, die sich in der META-Description befindet. Diese beiden Faktoren sind absolut grundlegend für jede Form der Suchmaschinenoptimierung. Das Plugin hilft Ihnen dabei, diese beiden Angaben zu generieren. Sie können für den Titel abhängig vom Seitentyp eine Vorlage generieren, die Sie dann nur in Einzelfällen einmal überschreiben müssen, sollte diese ausnahmsweise nicht passen. Und genauso können Sie auch eine Vorlage für die META-Description hinterlegen, auf die zurückgegriffen wird, wenn keine separate angelegt wurde (das ist immer noch besser, als gar keine Description zu verwenden).

Ich möchte Ihnen aber dennoch dringend dazu raten, dass Sie bei jeder Unterseite eine individuelle META-Description angeben und sich nur in Ausnahmefällen auf die Vorlage verlassen. Google sieht es gar nicht gern, wenn mehrere Unterseiten sich dieselbe Description teilen. Außerdem: Versetzen Sie sich doch einmal in die Lage eines Suchenden, der die Description im Rahmen der Suchergebnisse liest. Verleitet ihn wirklich eine allgemeine Vorlage dazu, gerade Ihre Seite anzuklicken?

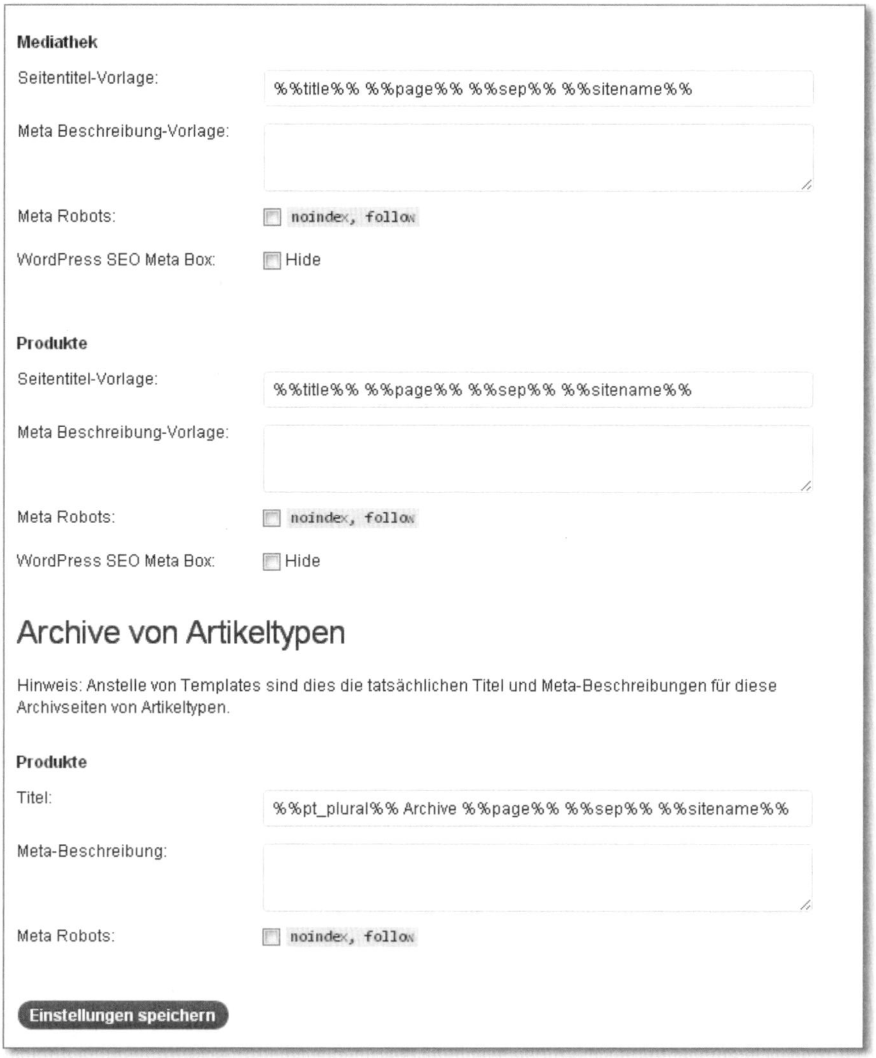

Mediathek

Seitentitel-Vorlage:

%%title%% %%page%% %%sep%% %%sitename%%

Meta Beschreibung-Vorlage:

Meta Robots: ☐ noindex, follow

WordPress SEO Meta Box: ☐ Hide

Produkte

Seitentitel-Vorlage:

%%title%% %%page%% %%sep%% %%sitename%%

Meta Beschreibung-Vorlage:

Meta Robots: ☐ noindex, follow

WordPress SEO Meta Box: ☐ Hide

Archive von Artikeltypen

Hinweis: Anstelle von Templates sind dies die tatsächlichen Titel und Meta-Beschreibungen für diese Archivseiten von Artikeltypen.

Produkte

Titel:

%%pt_plural%% Archive %%page%% %%sep%% %%sitename%%

Meta-Beschreibung:

Meta Robots: ☐ noindex, follow

Einstellungen speichern

Abbildung 9.5 Post Types: Mediathek und weitere benutzerdefinierte Seitentypen sowie Archive von benutzerdefinierten Seitentypen

Um die Seitentitel-Vorlage anzupassen, können Sie die folgenden Platzhalter aus Tabelle 9.2 verwenden.

Platzhalter	Bedeutung
%%date%%	Datum des Beitrags/der Seite
%%title%%	Titel des Beitrags/der Seite

Tabelle 9.2 Platzhalter für die Seitentitel

Platzhalter	Bedeutung
%%sitename%%	Name Ihres Blogs
%%sitedesc%%	Beschreibung Ihres Blogs
%%excerpt%%	Auszug des Beitrags/der Seite (mit Auto-Generierung, wenn keine existiert)
%%excerpt_only%%	Auszug des Beitrags/der Seite (ohne Auto-Generierung)
%%tag%%	Name des Tags
%%category%%	Name der Kategorie
%%category_description%%	Beschreibung der Kategorie
%%tag_description%%	Beschreibung des Tags
%%term_description%%	Beschreibung der Taxonomie
%%term_title%%	Titel der Taxonomie
%%pt_single%%	das Label für den Namen Ihres Custom Post Types in der Einzahl
%%pt_plural%%	das Label für den Namen Ihres Custom Post Types in der Mehrzahl
%%modified%%	Datum der letzten Bearbeitung eines Beitrags/ einer Seite
%%id%%	ID des Beitrags/der Seite
%%name%%	Name des Autors
%%userid%%	ID des Autors
%%searchphrase%%	Suchbegriff
%%currenttime%%	aktuelle Uhrzeit
%%currentdate%%	aktuelles Datum
%%currentmonth%%	aktueller Monat
%%currentyear%%	aktuelles Jahr
%%page%%	derzeitige Seitenzahl (zum Beispiel page 2 of 4)

Tabelle 9.2 Platzhalter für die Seitentitel (Forts.)

Platzhalter	Bedeutung
%%pagetotal%%	Anzahl der Seiten
%%pagenumber%%	derzeitige Seitenzahl (nur Zahl)
%%caption%%	Beschreibung des hochgeladenen Anhangs (des Bildes, der Datei)
%%focuskw%%	Focus Keyword
%%cf_<custom-field-name>%%	Wird mit dem Wert eines benutzerdefinierten Feldes ersetzt (Beispiel: %%cf_anmerkungen%%).
%%ct_<custom-tax-name>%%	Falls Sie eine benutzerdefinierte Taxonomie verwenden, wird hiermit die Kategorie bzw. werden die Kategorien des Beitrags ausgegeben (Beispiel: %%ct_preise%%) (beachten Sie, dass im Gegensatz zum vorigen Platzhalter hier ein »ct« am Anfang steht und kein »cf«).
%%ct_desc_<custom-tax-name>%%	Wird durch die Beschreibung der jeweiligen benutzerdefinierten Taxonomie ersetzt (Beispiel: %%ct_desc_preise%%).
%%sep%%	der »Separator«, den Sie in Ihrem wp_title()-Tag im <head> Ihrer Website als Parameter festgelegt haben

Tabelle 9.2 Platzhalter für die Seitentitel (Forts.)

Nehmen wir einmal an, Sie möchten, dass bei statischen Seiten immer zuerst der Name Ihrer Website genannt wird, gefolgt von einem Separator (meist ein Trennstrich) und dann dem Titel der Seite. Dann sähe das im Text so aus:

Porsche | Modelle

Übersetzt in Platzhaltersprache hieße das:

%%sitename%% %%sep%% %%title%%

Nehmen wir jetzt einmal weiter an, bei Ihren Blogbeiträgen soll dies genau andersherum sein, also zunächst der Titel des Beitrags und dann erst der Separator sowie der Titel Ihrer Website. Im Text sähe das dann so aus:

VW schluckt Porsche: Bald Passat Panamera? | Porsche

Die passende Platzhalterreihenfolge wäre dann:

%%title%% %%sep%% %%sitename%%

Haben Sie alle Seitentitel angepasst, dann können Sie noch eine vorgefertigte META-Description festlegen, bestimmen, ob Suchmaschinen Seiten dieses Seitentyps auch indexieren dürfen, und Sie können die SEO-Box für jeden einzelnen Seitentyp verstecken. Diese werde ich Ihnen am Ende noch vorstellen.

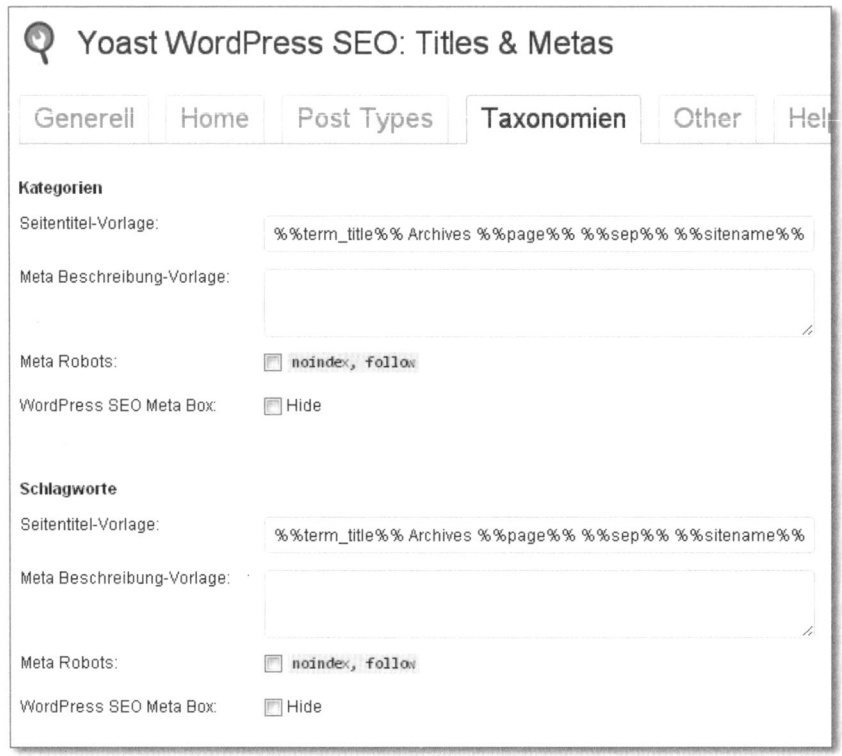

Abbildung 9.6 Taxonomien: Kategorien und Schlagworte

Seien Sie im Übrigen vorsichtig bei der Option noindex, follow. Das Aktivieren dieser Option veranlasst Google und andere Suchmaschinen, die Seiten nicht in den Index aufzunehmen (den Links auf der Seite wird allerdings trotzdem gefolgt). Überlegen Sie sich bei der Suchmaschinenoptimierung Ihrer Website genau, welche Bereiche indexiert werden sollen und welche nicht. Aus Sicht des Problems »Duplicate Content« kann es tatsächlich sinnvoll sein, Bereiche von der Indexierung auszuschließen. Wenn das Blogarchiv die gleichen Inhalte anzeigt wie das Datumsarchiv und das Autorenarchiv, sollten Sie die letzten beiden womöglich nicht indexieren lassen, damit Google nicht den Eindruck erweckt, sie würden mit demselben Inhalt unter mehreren URLs gelistet sein wollen. Ein ähnliches Problem bietet sich beim Kategorie- und Tagarchiv. Eines davon sollten Sie gegebenenfalls von der Indexierung ausschließen.

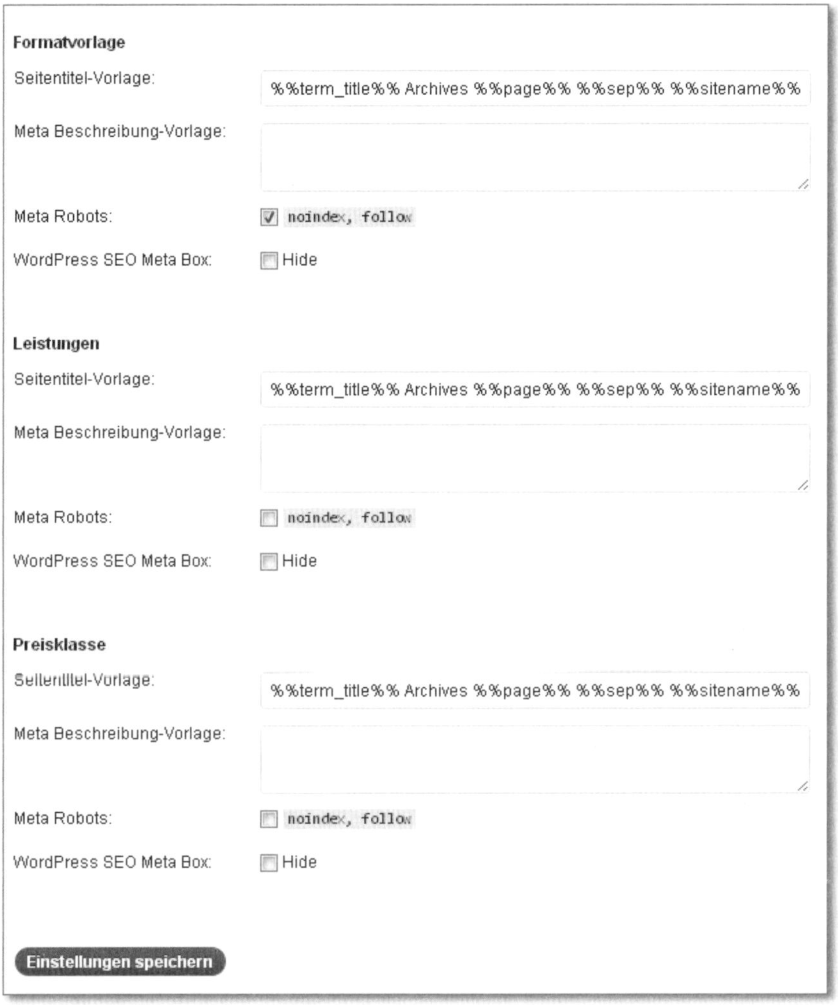

Formatvorlage

Seitentitel-Vorlage:

%%term_title%% Archives %%page%% %%sep%% %%sitename%%

Meta Beschreibung-Vorlage:

Meta Robots: ☑ noindex, follow

WordPress SEO Meta Box: ☐ Hide

Leistungen

Seitentitel-Vorlage:

%%term_title%% Archives %%page%% %%sep%% %%sitename%%

Meta Beschreibung-Vorlage:

Meta Robots: ☐ noindex, follow

WordPress SEO Meta Box: ☐ Hide

Preisklasse

Seitentitel-Vorlage:

%%term_title%% Archives %%page%% %%sep%% %%sitename%%

Meta Beschreibung-Vorlage:

Meta Robots: ☐ noindex, follow

WordPress SEO Meta Box: ☐ Hide

Einstellungen speichern

Abbildung 9.7 Taxonomien: Formatvorlage und benutzerdefinierte Taxonomien

Das Gleiche können Sie nun im Register TAXONOMIEN (Abbildung 9.6 und Abbildung 9.7) auch noch einmal für die Kategorisierungen auf Ihrer Website vornehmen: zum einen natürlich für Kategorien und Schlagworte im Allgemeinen, dann noch einmal für die Formatvorlagen und die benutzerdefinierten Taxonomien Ihrer Seitentypen im Besonderen – sofern vorhanden.

Zu guter Letzt können Sie all das auch noch einmal unter dem Registerreiter OTHER (Abbildung 9.8) für das AUTOR-ARCHIV, das DATUMS-ARCHIV, die SUCH-SEITEN und die 404-Fehlerseite festlegen.

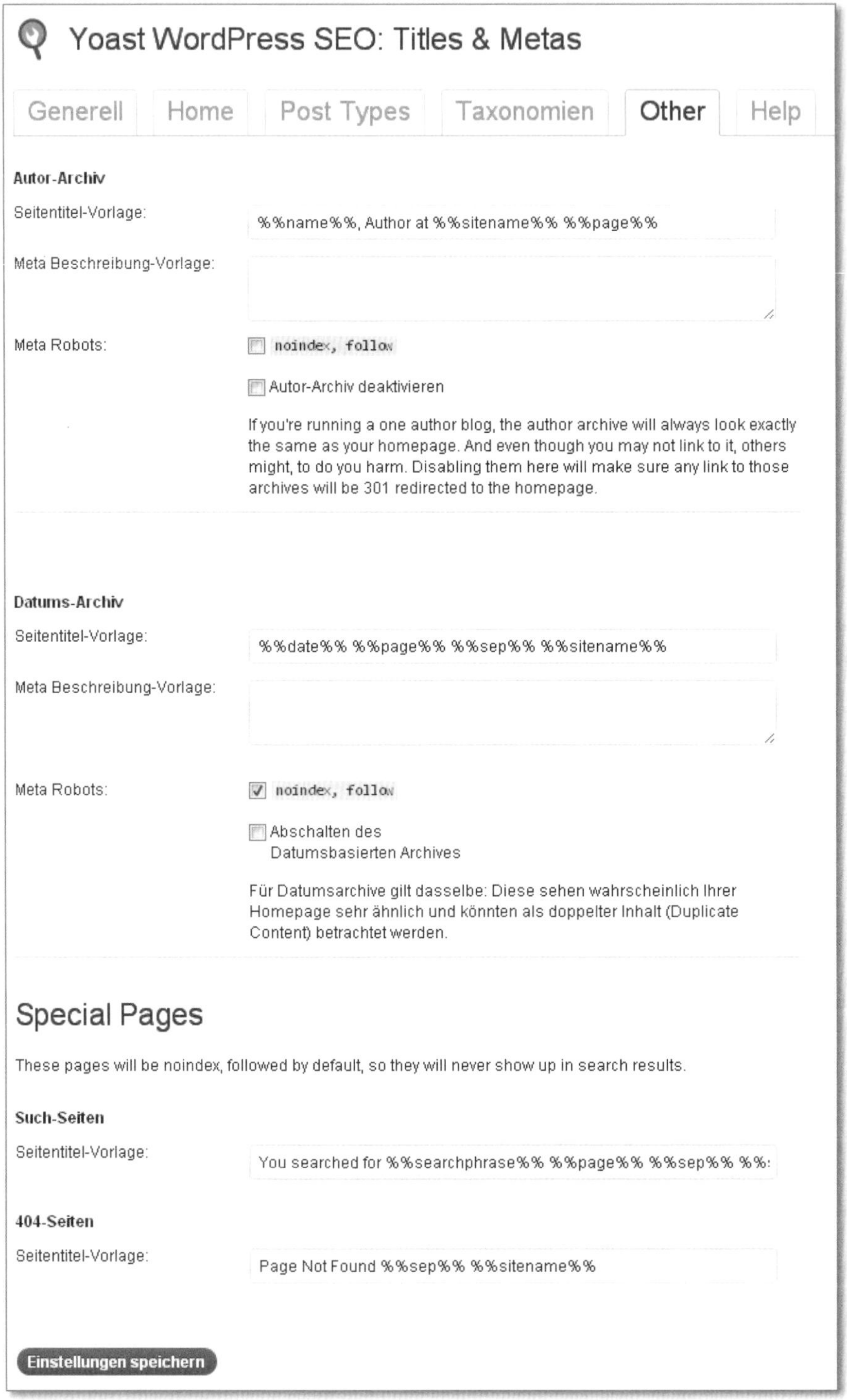

Abbildung 9.8 Other

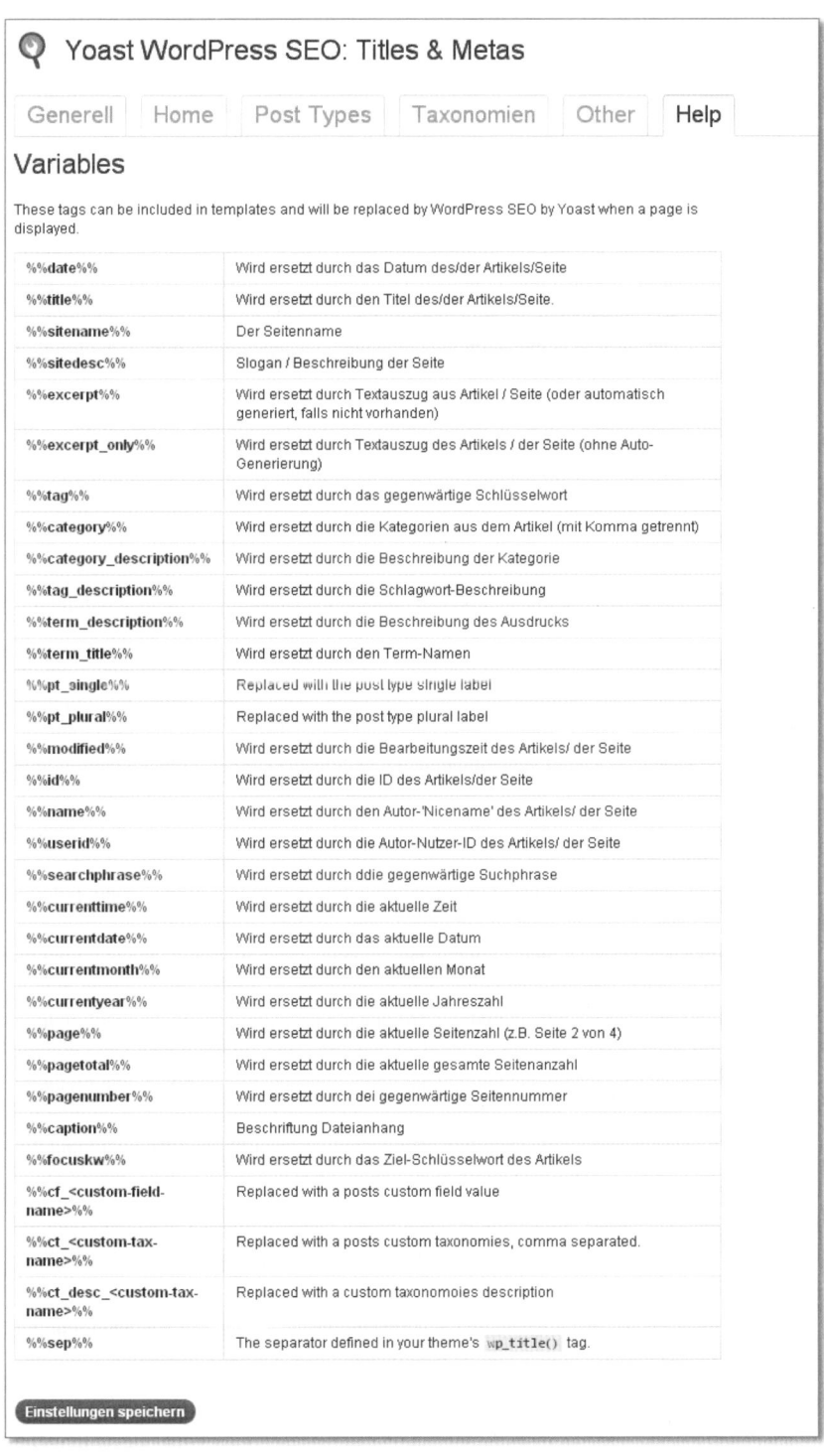

Abbildung 9.9 Hilfe: Die Platzhalter (kommen)

Im Register HILFE (Abbildung 9.9) versteckt sich noch die oben bereits genannte Auflistung aller möglichen Platzhalter. Zugegebenermaßen mit dem Vorteil, dass Sie sie
von dort auch gleich kopieren können.

9.4.3   Social

Sie nutzen Facebook? Nun, niemand ist perfekt. Aber immerhin ermöglicht Ihnen
WordPress SEO, dass Ihre Beiträge in der Facebook-Timeline geposted werden können. Auch eine Twitter-Integration wurde umgesetzt (Abbildung 9.10).

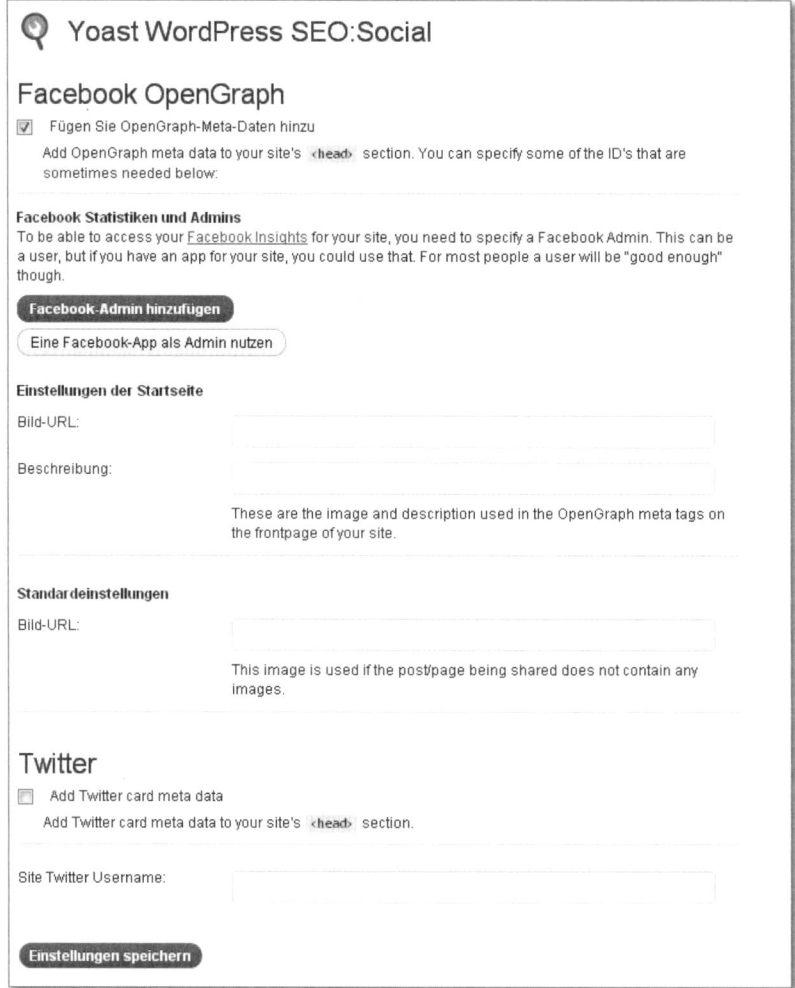

Abbildung 9.10 Social

Über die Option FÜGEN SIE OPENGRAPH-META-DATEN HINZU werden dem Kopfbereich Ihrer Website die Metadaten für OpenGraph hinzugefügt.

Wenn Sie auch Ihre Facebook-Statistiken via *Facebook Insights* abrufen möchten, müssen Sie einen FACEBOOK-ADMIN HINZUFÜGEN oder wahlweise auch eine FACE-BOOK-APP ALS ADMIN NUTZEN.

Für Ihre Startseite können Sie eine eigene BILD-URL und BESCHREIBUNG hinterlegen, die in den OpenGraph-Meta-Angaben hinterlegt werden. Sollte ein Beitrag oder eine Seite einmal kein Bild enthalten, können Sie sogar ein Standardbild hierfür hinterlegen.

Twitter greift bei der Medienimplementierung im Rahmen der »erweiterten Tweets« ebenfalls auf OpenGraph-Daten zurück. Sie können aber zusätzlich eigene Twitter-Card-Meta-Daten hinzufügen. Aktivieren Sie dazu die entsprechende Option, und geben Sie den Twitter-Benutzernamen im Feld darunter ein, der das Äquivalent zu Ihrer Website darstellt.

9.4.4   XML-Sitemaps

WordPress SEO bietet Ihnen unter dem Menüpunkt XML-SITEMAPS ein eigenes Sitemap-Feature (Abbildung 9.11). Ein weiteres Sitemap-Plugin wird hierdurch also überflüssig.

Abbildung 9.11 XML-Sitemap

Zunächst müssen Sie die Funktion überhaupt aktivieren. Dann können Sie einstellen, ob Yahoo und Ask.com automatisch benachrichtigt werden sollen, falls Ihre Sitemap aktualisiert wurde. Unter ARTIKELFORMATVORLAGEN AUSSCHLIESSEN haben Sie die Möglichkeit, bestimmte Seitentypen von der Indizierung in der Sitemap auszuschließen. Ähnlich verfahren Sie unter TAXONOMIEN AUSSCHLIESSEN mit den Kategorisierungen und Formatvorlagen auf Ihrer Website.

9.4.5 Permalinks

Das Plugin lässt Sie auch einige spezifische Einstellungen hinsichtlich Ihrer Permalinks vornehmen. Diese finden Sie unter dem Menüpunkt PERMALINKS (Abbildung 9.12).

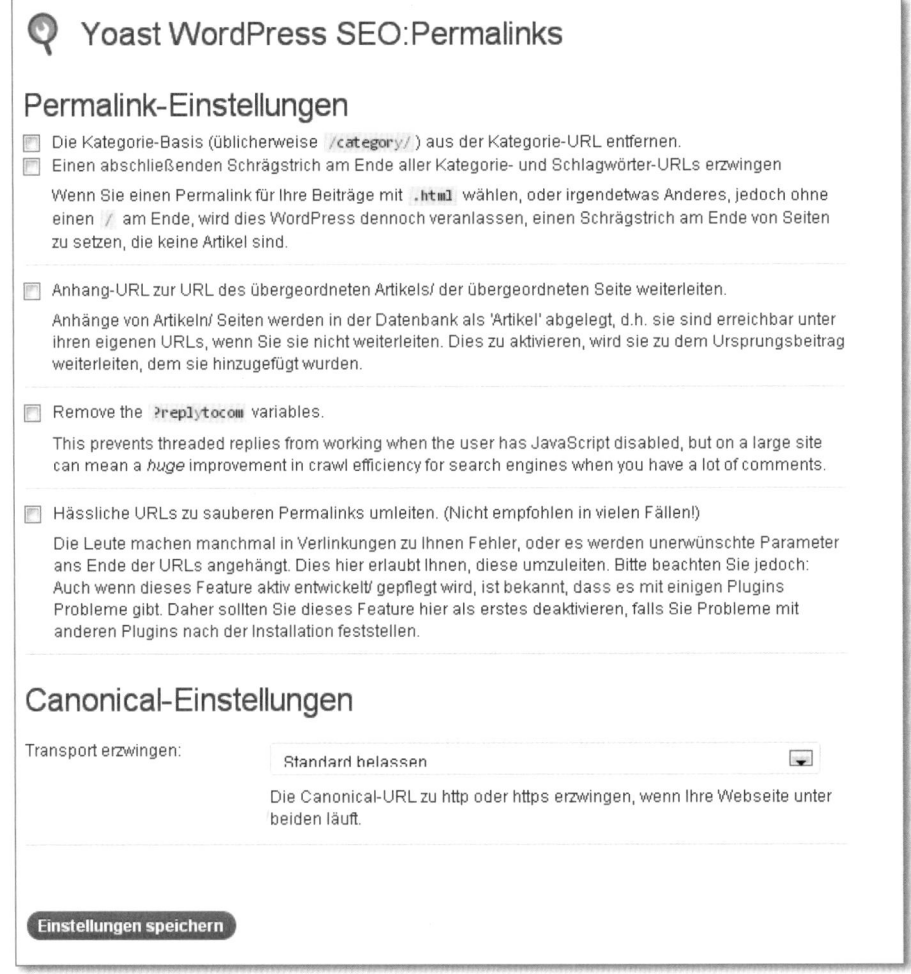

Abbildung 9.12 Permalinks

Die folgenden Optionen stehen zur Auswahl:

▶ Entfernen Sie auf Wunsch die Kategorie-Basis (zum Beispiel */kategorie/*) aus der Adresse Ihrer Kategorien.

▶ Zudem können Sie einen abschließenden Slash (»/«) am Ende Ihrer URLs erzwingen (die Option sollten Sie allerdings nicht aktivieren, wenn Sie festgelegt haben, dass Ihre Beiträge auf *.html* oder eine andere Endung ohne Slash enden sollen).

▶ Anhänge von Artikeln oder Seiten bekommen eine eigene URL zugewiesen. Wenn Sie dieses Verhalten nicht wünschen, dann können Sie über diese Option die URLs der Anhänge einfach auf die URL des Beitrags oder der Seite weiterleiten.

▶ Entfernen Sie die `?replytocom`-Variablen, wenn Sie die Effizienz des Suchmaschinen-Crawlings bei verschachtelten Kommentaren steigern wollen. Dies ist sinnvoll für größere Websites mit vielen Kommentaren. Es hat aber den Nachteil, dass verschachtelte Kommentare für Nutzer ohne JavaScript nicht mehr funktionieren.

▶ Sie können Links, die andere zu Ihnen setzen, durch das Plugin säubern lassen; sie werden dann korrekt umgeleitet. Sollte es aber zu Problemen (mit anderen Plugins) kommen, sollten Sie diese Option als Erstes wieder deaktivieren, da sie sich noch in der Entwicklung befindet.

▶ Schließlich können Sie noch die Canonical-URL entweder zu *http* oder *https* erzwingen, falls Ihre Website unter beiden Protokollen laufen sollte.

9.4.6   Interne Links

Unter dem Menüpunkt INTERNE LINKS (Abbildung 9.13) versteckt sich eine eigene Breadcrumb- oder Brotkrümel-Funktion. Breadcrumbs weisen dem Nutzer den Weg durch Ihre Website, indem (meist oben) der Pfad eingeblendet wird. Beispiel:

»Startseite » Leistungen » Webdesign » WordPress » Blogdesign«

Der Nutzer hat dann die Möglichkeit, hierüber mehrere Ebenen gleichzeitig zurückzuspringen und zu erkennen, wo genau er sich befindet.

Aktivieren Sie zunächst die Breadcrumb-Funktion. Legen Sie dann ein Trennzeichen fest (zum Beispiel »»«). Bei ANKERTEXT DER WEBSEITE legen Sie fest, wie die Startseite benannt werden soll (zum Beispiel ganz einfach »Startseite«). Falls Sie möchten, dass etwaige Zeichen dem Breadcrumb-Pfad vorangeschaltet werden sollen, fügen Sie diese bitte in das nächste Feld ein. Sie können auch ein eigenes Präfix für Archiv- und Suchseiten festlegen und eine Breadcrumb-Bezeichnung für 404-Fehlerseiten (»Seite nicht gefunden«). Außerdem steht es Ihnen frei, die Blogstartseite gänzlich aus der Breadcrumb-Navigation zu entfernen.

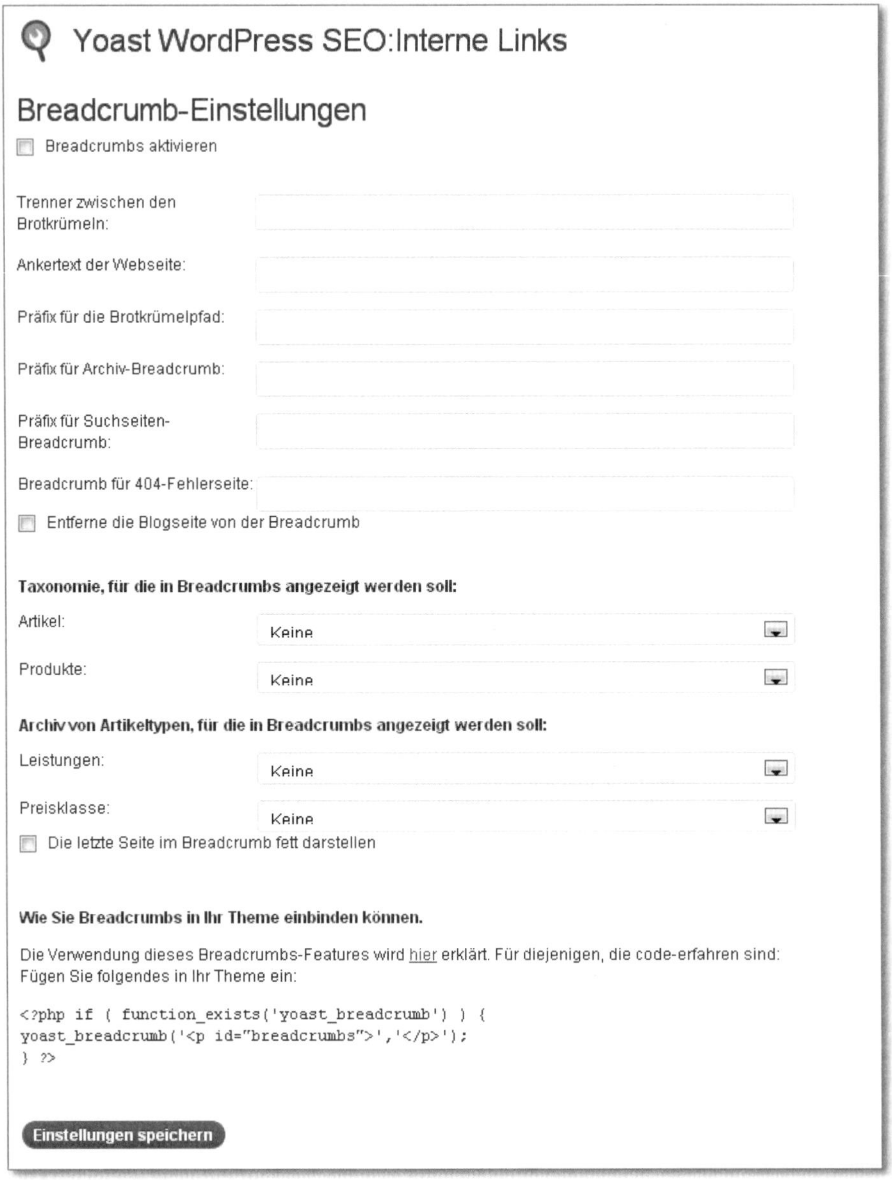

Yoast WordPress SEO:Interne Links

Breadcrumb-Einstellungen

☐ Breadcrumbs aktivieren

Trenner zwischen den
Brotkrümeln:

Ankertext der Webseite:

Präfix für die Brotkrümelpfad:

Präfix für Archiv-Breadcrumb:

Präfix für Suchseiten-
Breadcrumb:

Breadcrumb für 404-Fehlerseite:

☐ Entferne die Blogseite von der Breadcrumb

Taxonomie, für die in Breadcrumbs angezeigt werden soll:

Artikel:

Keine ▾

Produkte:

Keine ▾

Archiv von Artikeltypen, für die in Breadcrumbs angezeigt werden soll:

Leistungen:

Keine ▾

Preisklasse:

Keine ▾

☐ Die letzte Seite im Breadcrumb fett darstellen

Wie Sie Breadcrumbs in Ihr Theme einbinden können.

Die Verwendung dieses Breadcrumbs-Features wird hier erklärt. Für diejenigen, die code-erfahren sind:
Fügen Sie folgendes in Ihr Theme ein:

```php
<?php if ( function_exists('yoast_breadcrumb') ) {
yoast_breadcrumb('<p id="breadcrumbs">','</p>');
} ?>
```

(Einstellungen speichern)

Abbildung 9.13 Interne Links

Legen Sie im Folgenden fest, welche Taxonomien für welchen Seitentyp in der Breadcrumb-Navigation verwendet werden sollen. Andersherum legen Sie danach fest, welcher Seitentyp für Ihre benutzerdefinierten Taxonomien verwendet werden soll. Auf Wunsch können Sie die letzte Instanz in der Navigation fett darstellen lassen.

Die Breadcrumbs fügen Sie wie in Listing 9.3 an die entsprechende Stelle Ihres Themes (vorzugsweise in der *header.php*) ein:

```
01   <?php if ( function_exists('yoast_breadcrumb') ) {
02   yoast_breadcrumb('<p id="breadcrumbs">','</p>');
03   } ?>
```

Listing 9.3 Fügen Sie den Code dort ein, wo die Breadcrumb-Navigation eingebunden werden soll.

Passen Sie, wenn Sie möchten, den HTML-Code an, der per Parameter übergeben wird.

9.4.7   RSS

Über den Menüpunkt RSS (Abbildung 9.14) lässt sich die Ausgabe Ihres RSS-Feeds anpassen. So können Sie Inhalte bestimmen, die vor und nach jedem Eintrag im RSS-Feed ausgegeben werden soll. HTML ist ausdrücklich erlaubt.

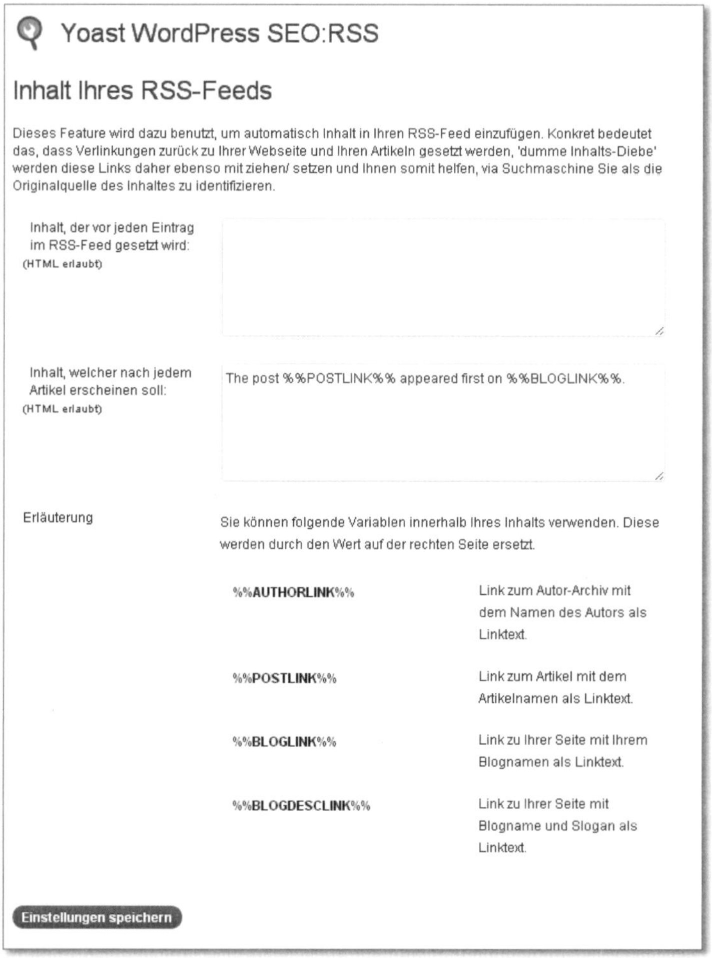

Abbildung 9.14 RSS

Zudem stehen Ihnen die in Tabelle 9.3 aufgeführten Platzhalter zur Verfügung.

Platzhalter	Beschreibung
%%AUTHORLINK%%	Link zum Autor-Archiv des jeweiligen Autors (Link-Text ist der Name des Autors)
%%POSTLINK%%	Link zum Beitrag mit dem Titel als Link-Text
%%BLOGLINK%%	Link zu Ihrer Website mit deren Namen als Link-Text
%%BLOGDESCLINK%%	Link zu Ihrer Website mit deren Namen und der Beschreibung als Link-Text

Tabelle 9.3 Platzhalter für den RSS-Feed-Text

9.4.8   Import & Export

Haben Sie schon andere Plugins zur Suchmaschinenoptimierung verwendet? Unter dem Menüpunkt IMPORT (Abbildung 9.15) können Sie die Einstellungen importieren.

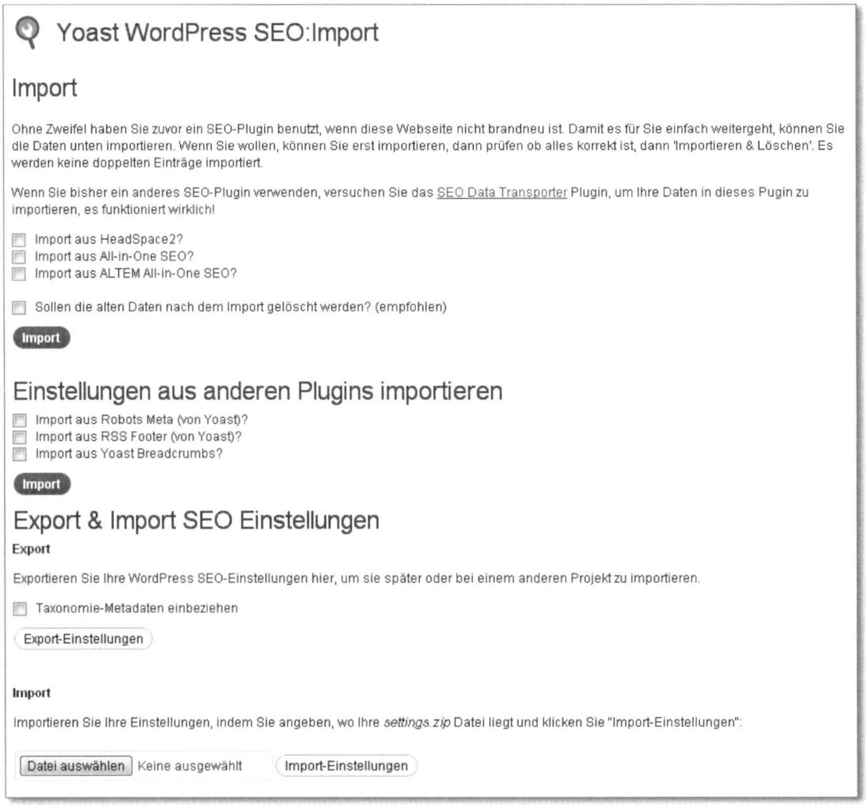

Abbildung 9.15 Import & Export

Natürlich haben Sie auch die Möglichkeit, Ihre WordPress-SEO-Einstellungen zu exportieren, um sie bei einem anderen Projekt zu importieren.

9.4.9   Dateien bearbeiten

Zu guter Letzt können Sie unter dem Menüpunkt FILES (Abbildung 9.16) den Inhalt Ihrer *.htaccess*-Datei bearbeiten. Hierbei sollten Sie aber definitiv wissen, was Sie tun.

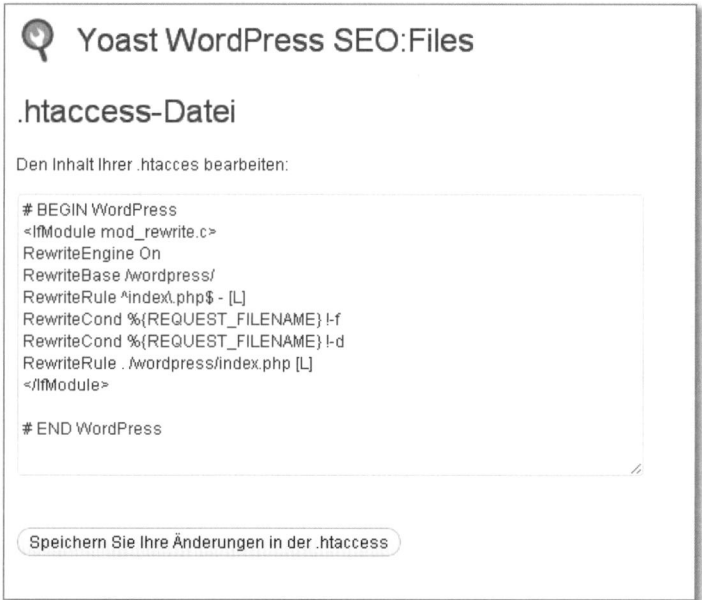

Abbildung 9.16 Dateien bearbeiten

9.4.10   WordPress SEO in der Artikelerstellung

Sie werden immer mal wieder auf Bestandteile von WordPress SEO in Ihrem Backend treffen. Ich möchte Ihnen aber kurz exemplarisch am Erstellen eines neuen Beitrags erklären, wie man es sinnvoll einsetzt.

Denn bisher haben Sie ja ausschließlich allgemeine Einstellungen für die Website getroffen. Sie haben das allgemeine Verhalten des Plugins hinsichtlich genereller Funktionen der Website bestimmt. Sie haben Vorlagen für bestimmte Arten von Unterseiten festgelegt. Aber Sie haben noch nicht das Verhalten einzelner, bestimmter Unterseiten angepasst. Immer dann, wenn eine Unterseite von der Vorlage abweichen soll, kommen die SEO-Optionen der Artikelerstellung ins Spiel. Dafür finden Sie im Backend nun einen eigenen SEO-Abschnitt unter jedem Beitrag und unter jeder Seite.

Abbildung 9.17 Allgemeine Einstellungen

WordPress SEO bietet Ihnen bei der Erstellung eines neuen Beitrags eine enorme Fülle an Einstellungsmöglichkeiten. Im Register Generell finden Sie zunächst die allgemeineren davon (Abbildung 9.17). Dort können Sie zunächst das hervorragende Snippet Vorschau sehen, welches ich schon angesprochen habe. Darunter können Sie ein sogenanntes Fokus Keyword festlegen. Das sollte das Keyword sein, auf das sich dieser Beitrag spezialisiert. Das Plugin überprüft dann eigenständig, ob es in den wichtigen Bereichen vorhanden ist und – wenn ja – wie oft. Darunter können Sie sogar das <title>-Tag nur für diesen speziellen Beitrag anpassen sowie eine eigene META Description vergeben.

Hinter dem unscheinbaren Reiter Seiten Analyse versteckt sich ein mächtiges Analysewerkzeug namens *Linkdex*, das Ihnen Aufschluss über die Qualität Ihres Beitrags hinsichtlich SEO gibt (Abbildung 9.18). Hier wird anhand des Focus Keywords ermittelt, wie effizient Sie es eingebunden haben. Weitere SEO-Aspekte werden ebenfalls berücksichtigt.

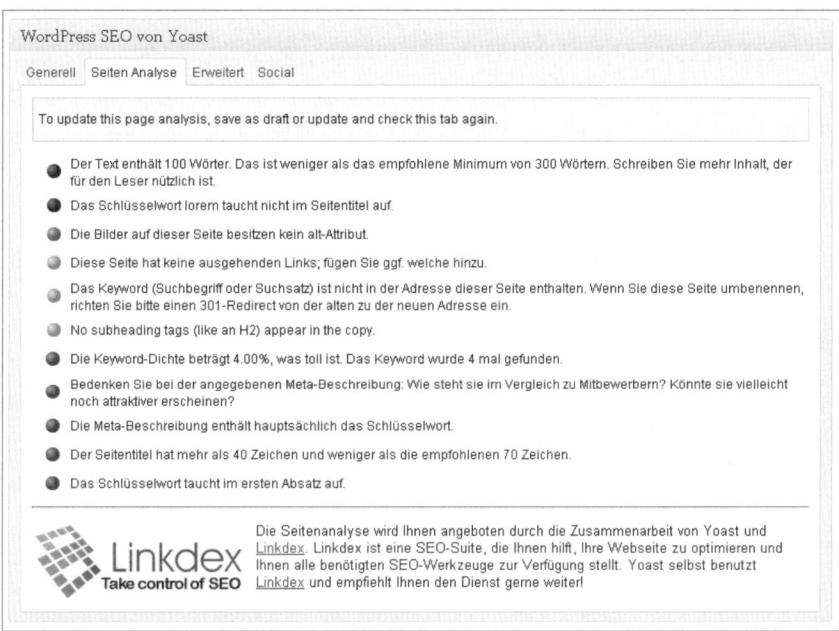

Abbildung 9.18 Die Analyse Ihres Beitrags

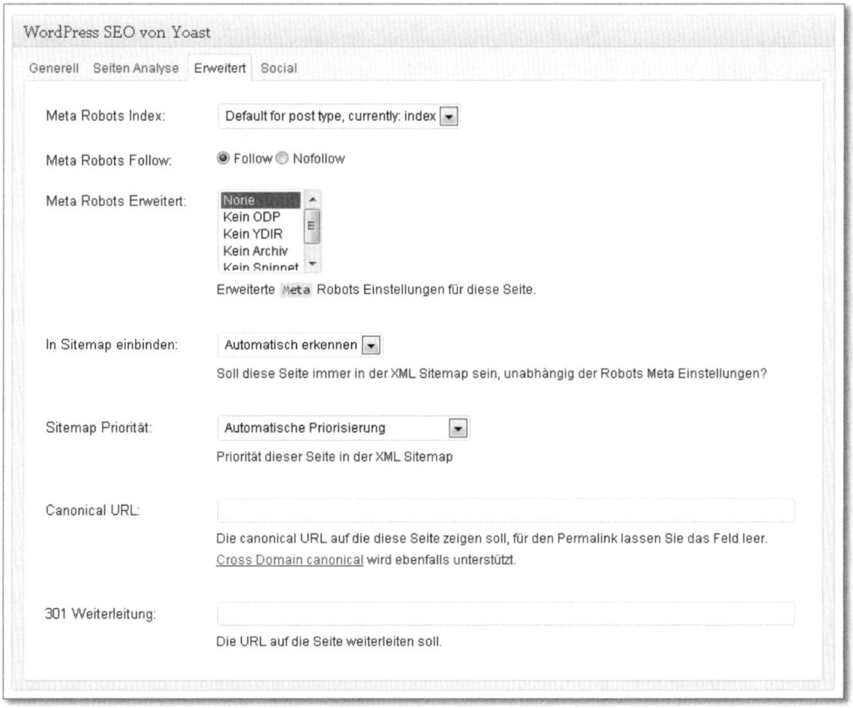

Abbildung 9.19 Erweiterte Einstellungen

Und wenn Ihnen das noch immer nicht genug ist, finden Sie unter dem Reiter ERWEI-TERT noch weitere Einstellungsmöglichkeiten (Abbildung 9.19). So können Sie eigens für diesen Beitrag ein noindex- oder nofollow-Tag vergeben. Außerdem können Sie weitere META-Robot-Tags, wie noodp, noydir, noarchive oder nosnippet hinzufügen. Bestimmen Sie darüber hinaus, ob die Seite oder der Beitrag Einzug in die Sitemap halten darf und welche Priorität die Seite bzw. der Beitrag innerhalb der Sitemap haben soll. Und Sie können eine eigene CANONICAL URL bestimmen oder eine 301 WEITERLEITUNG einrichten.

WordPress SEO von Yoast

Generell   Seiten Analyse   Erweitert   Social

Facebook - Beschreibung:

Wenn Sie die Meta-Beschreibung für das Teilen des Beitrages auf Facebook nicht benutzen wollen, jedoch stattdessen eine andere Beschreibung, dann geben Sie diese hier ein.

Google+ - Beschreibung:

Wenn Sie die Beschreibung nicht für Google+ nuzen möchten, aber eine andere Beschreibung bei Google+ möchten, geben Sie diese hier an.

Abbildung 9.20 Social

Der Reiter SOCIAL (Abbildung 9.20) führt die Implementierung von Social Media in WordPress SEO fort. Geben Sie für den Artikel oder die Seite eine eigene Beschreibung für den Fall an, dass Beitrag oder Seite bei Facebook bzw. Google+ geteilt werden.

Übrigens: Eine kleine Ampel zeigt Ihnen vor dem Veröffentlichen, ob Ihr Beitrag schon fit für die Suchmaschinen ist (Abbildung 9.21).

Abbildung 9.21 Der kleine SEO-Check

Sie sehen, mit dem WordPress-SEO-Plugin von Yoast bleiben keine SEO-Wünsche offen. Es ist so nahtlos in WordPress integriert, wie man es von Yoast kennt, und vor allem sehr durchdacht. Anderen Plugins fehlen hier einige wichtige Funktionen. Dafür haben sie wiederum andere, die nicht besonders sinnvoll sind. Für die gute Mischung und die hervorragende Umsetzung gibt es eine 1+.

9

Kapitel 10
WordPress absichern

WordPress wird zwar ständig verbessert und sicherer gemacht, aber 100 %ige Sicherheit bietet Ihnen keine Software. In diesem Kapitel gebe ich Ihnen einige Tipps, wie Sie diesem Traum zumindest einige Schritte näher kommen.

Solange Sie WordPress regelmäßig updaten, sind Sie grundsätzlich schon einmal auf einem sehr guten Weg. Das heißt aber nicht, dass man WordPress nicht noch ein Stückchen sicherer machen könnte. In diesem Kapitel möchte ich Ihnen gerne einige Möglichkeiten aufzeigen, mit denen Sie die Sicherheit auf Ihrer Website erhöhen und sich vor feindlichen Übernahmen weitestgehend schützen können. Gegen einen professionellen Hacker werden Sie allerdings noch ganz andere Geschütze auffahren müssen; so etwas sollten Sie dann aber auch Ihrem Systemadministrator überlassen.

10.1 Wählen Sie einen sicheren Admin-Benutzernamen

Mit einem Benutzernamen verhält es sich ähnlich wie mit einem Passwort: Er sollte leicht zu merken sein. Allerdings bringt Ihnen dieser einprägsame Name wenig, wenn Hacker ihn schnell erraten können. Namen wie »Admin«, »Administrator«, Ihr Vor-, Spitz- oder Nachname sind schlichtweg tabu.

Wählen Sie stattdessen etwas völlig anderes, am besten etwas, was mit Ihnen oder einem Administratorkonto so gut wie gar nichts zu tun hat. Seit WordPress 3.0 können Sie den Admin-Benutzernamen nun auch endlich bei der Installation ändern; das war vorher nicht möglich.

Den Benutzernamen einer bestehenden WordPress-Installation zu ändern, gestaltet sich schon etwas schwieriger – aber bei Weitem nicht unmöglich. Sie haben zwei Möglichkeiten: Entweder Sie greifen mit *phpMyAdmin* auf Ihre WordPress-Datenbank zu und begeben sich in die Tabelle users, wo Sie im Feld user_login den Benutzernamen ändern können. Oder Sie erstellen ganz einfach einen neuen Administrator-Account im Backend, löschen den alten und lassen Ihrem neuen Account alle Beiträge zuordnen.

10.2   Wählen Sie ein sicheres Passwort

So bequem »123«, »qwe« oder »Sonnenschein86« auch sind, so sicher ist auch ihre Untauglichkeit als Passwort. Geben Sie sich keinesfalls der Leichtfertigkeit eines solchen Passwortes hin; die Folgen können fatal sein. Ein sicheres Passwort sollte mindestens acht Zeichen haben und aus einem bunten Mix folgender Zeichen bestehen:

- ▶ Großbuchstaben
- ▶ Kleinbuchstaben
- ▶ Ziffern
- ▶ Sonderzeichen

Nur so können Sie eine möglichst hohe Passwortsicherheit gewährleisten. Natürlich sind auch diese Passwörter nicht unüberwindbar, es wird aber schon sehr, sehr schwer. Achten Sie darauf, dass Ihr Passwort nie ein Wort oder eine gängige Buchstaben- bzw. Zahlenkombination enthält. Sie können davon ausgehen, dass sich diese dann auch in den sogenannten *Hacker-Wörterbüchern* findet, mit denen diese versuchen werden, Ihr Passwort zu knacken. Es ist im Übrigen sinnvoll, das Passwort in unregelmäßigen Abständen zu ändern. Nur so können Sie gleichbleibend hohe Sicherheit gewährleisten.

> **Tipp**
> Wenn Sie Probleme haben, sich derartig komplizierte Passwörter zu merken, kann Ihnen vielleicht folgender Ratschlag helfen: Nehmen Sie sich einen Satz, der unter anderem Substantive, Zahlen und Sonderzeichen enthält, zum Beispiel: »Mein erster Fisch hat einmal 25 € gekostet!« Aus diesem Satz können Sie nun ein sicheres Passwort machen, indem Sie die Anfangsbuchstaben, Zahlen und Sonderzeichen extrahieren: »MeFhe25€g!« Das ist nun wirklich nicht mehr schwer zu merken, oder?

10.3   Schützen Sie die Administrationsoberfläche

Um Ihre Administrationsoberfläche zu schützen, sollten Sie sich nicht bloß auf das von WordPress bereitgestellte Login-Formular verlassen. Es ist sicherer, weitere Schutzmaßnahmen zu treffen. Ein Beispiel hierfür ist der Einsatz des Plugins *AskApache Password Protect*.

Es sorgt dafür, dass Sie vor dem Zugriff auf die Administrationsoberfläche bzw. den Ordner */wp-admin/* zusätzliche Zugangsdaten eingeben müssen, und zwar auf Ebene des *Apache-Servers*. Das heißt, die Abfrage der Zugangsdaten erfolgt *vor* dem Aufruf von PHP.

Das Schöne an dem Plugin ist, dass es WordPress selbst weitestgehend unberührt lässt. Die Änderungen finden lediglich in den beiden *.htaccess*-Dateien in Ihrem WordPress-Hauptverzeichnis und in */wp-admin/* statt. Falls Sie sich also einmal ausgeschlossen haben sollten – und das kann auch den Besten passieren – dann haben Sie nur die Möglichkeit, diese beiden Dateien zu editieren und den AskApache-Bereich daraus zu entfernen. Ein Deaktivieren des Plugins, während Sie ausgeschlossen sind, oder ähnliche Ansätze haben keinerlei Einfluss. Erinnern Sie sich also an diesen Absatz, wenn es soweit ist.

10.4   Schalten Sie alle Login-Fehlermeldungen ab

So sehr ich WordPress auch mag, eine Sache kann ich nicht ganz nachvollziehen. Ist Ihnen schon einmal aufgefallen, dass WordPress Ihnen dabei hilft, *Admin-Accounts* zu hacken? Nun gut, das ist vielleicht etwas überspitzt formuliert. Aber achten Sie einmal darauf, was passiert, wenn Sie zwar Ihren korrekten Benutzernamen eingeben, aber ein falsches Passwort. WordPress wird Ihnen sagen, dass das Passwort falsch ist.

Okay, mögen Sie nun denken, aber was soll daran denn so schlimm sein? Schlimm daran ist, dass WordPress Ihnen damit im Umkehrschluss mitteilt, dass der Benutzername schon einmal richtig war. Für einen Hacker ist dies keine unbedeutende Erleichterung, hat er es zu Anfang schließlich mit zwei unbekannten Variablen zu tun. WordPress verkürzt die Anzahl hierdurch allerdings auf nur noch eine, die dann auch noch irgendwie zu knacken sein dürfte.

Glücklicherweise gibt es eine ganz einfache Abhilfe. Sie können WordPress anweisen, gar keine Fehlermeldung mehr auszugeben. Das ist vielleicht nicht besonders benutzerfreundlich; aber eben auch nicht besonders hackerfreundlich.

Editieren Sie hierzu einfach die Datei *functions.php* Ihres Themes, und fügen Sie folgende Zeile hinzu:

```
add_filter('login_errors',create_function('$a', "return null;"));
```

10.5   Entfernen Sie die WordPress-Version aus Ihrem Quelltext

Eine weitere »Sicherheitslücke«, die leider in vielen Themes vorhanden ist, ist das Präsentieren der aktuellen WordPress-Version im Quelltext der Seite. Auch wenn es natürlich sehr nett ist, andere über die von Ihnen verwendete WordPress-Version zu informieren, so interessant ist diese Information unter Umständen auch für Hacker.

Jede WordPress-Version hat so ihre kleinen oder großen Sicherheitsmängel, die üblicherweise recht schnell behoben werden. Das heißt aber noch lange nicht, dass jeder auch seine WordPress-Installation auf dem neuesten Stand hält. Und so vergehen einige Versionssprünge, ohne dass man sie selbst miterlebt hätte. Findige Hacker können dann an dieser Statusmeldung im Quelltext erkennen, welche Version Sie nutzen, und schauen dann nach, welche Sicherheitslücken es in dieser Version gab. Und bevor Sie sich versehen können, sind sie auch schon im System.

Bei älteren Themes müssen Sie zunächst einmal das entsprechende META-Tag aus der *header.php* Ihres *Themes* entfernen; es sieht so aus:

```
<meta content="WordPress <?php bloginfo('version'); ?>" name="generator" />
```

In neueren Themes dürfte dieses META-Tag allerdings nicht mehr direkt vorhanden sein – aber indirekt. WordPress gibt es nämlich einfach automatisch aus, und zwar über die Funktion wp_head(), die sich in praktisch jedem Theme befindet. Bevor Sie nun anfangen, diese Funktion aus all Ihren Themes herauszureißen, fügen Sie lieber nur die folgende kleine Zeile der Datei *functions.php* in Ihrem Theme-Ordner hinzu:

```
remove_action('wp_head', 'wp_generator');
```

Diese Zeile entfernt die Versionsanzeige aus der Funktion wp_head(), so dass Sie diese Funktion weiterhin verwenden können (was Sie auch unbedingt tun sollten).

10.6   Verhindern Sie den Zugriff auf Ihre Ordner

Zudem sollte es nicht möglich sein, dass Hacker Zugriff auf die Inhalte Ihrer Ordner haben. Ein Zugriff darauf sollte unbedingt unterbunden werden, was auch gar nicht so schwierig ist. Entweder legen Sie in jedem Ordner eine leere *index.html* an, oder – viel einfacher – Sie fügen einfach die folgende Zeile Ihrer *.htaccess*-Datei hinzu:

```
Options All -Indexes
```

10.7   Schützen Sie Ihre wp-config.php

Auch Ihre *wp-config.php* sollten Sie besonders schützen, da diese Ihre sensiblen Datenbankzugangsdaten enthält. Das können Sie ganz leicht tun, indem Sie folgende Zeile zu Ihrer *.htaccess*-Datei hinzufügen:

```
<FilesMatch ^wp-config.php$>deny from all</FilesMatch>
```

10.8   Ändern Sie das Tabellen-Präfix

Um Angriffe auf Ihre Datenbank zu verhindern, sollten Sie zudem auch das *Tabellen-Präfix* ändern. Standardmäßig ist dies bei allen WordPress-Installationen wp_, falls Sie nicht explizit etwas anderes angegeben haben. Das ist also ziemlich durchschaubar. Bei einer neuen Installation geben Sie einfach vor der Installation (!) ein anderes Präfix in Ihrer *wp-config.php* an:

```
$table_prefix  = 'wp_';
```

Bei einer bestehenden Installation wird das Ganze schon ein wenig schwieriger. Es ist aber nach wie vor möglich, wenn Sie folgende Schritte beherzigen.

10.8.1   Anpassen der wp-config.php

Auch bei einer bestehenden Installation passen Sie zunächst die *wp-config.php* entsprechend an:

```
$table_prefix  = 'wp_';
```

Sie dürfen hierbei allerdings nur Zahlen, Kleinbuchstaben oder Unterstriche verwenden. Es bietet sich an, das wp_ beizubehalten, danach eine zufällige Zeichenfolge anzugeben und diese wieder mit einem Unterstrich abzuschließen, also beispielsweise: wp_verkw4qgb_.

10.8.2   Ändern der Präfixe aller Tabellen

Führen Sie nun die folgende SQL-Anweisung (zum Beispiel direkt in phpMyAdmin) aus, und passen Sie zuvor das Präfix so an, wie Sie es zuvor in Ihrer *wp-config.php* geschrieben haben (Listing 10.1):

```
RENAME table wp_commentmeta TO wp_verkw4qgb_commentmeta;
RENAME table wp_comments TO wp_verkw4qgb_comments;
RENAME table wp_links TO wp_verkw4qgb_links;
RENAME table wp_options TO wp_verkw4qgb_options;
RENAME table wp_postmeta TO wp_verkw4qgb_postmeta;
RENAME table wp_posts TO wp_verkw4qgb_posts;
RENAME table wp_terms TO wp_verkw4qgb_terms;
RENAME table wp_term_relationships TO wp_verkw4qgb_term_relationships;
RENAME table wp_term_taxonomy TO wp_verkw4qgb_term_taxonomy;
RENAME table wp_usermeta TO wp_verkw4qgb_usermeta;
RENAME table wp_users TO wp_verkw4qgb_users;
```

Listing 10.1 Führen Sie diese SQL-Anweisung aus.

Ändern Sie zuvor unbedingt alle Vorkommnisse von `wp_verkw4qgb_` in Ihr eigenes Präfix. Überprüfen Sie außerdem zuvor in phpMyAdmin, ob es noch weitere Tabellen gibt, zum Beispiel von Plugins. Fügen Sie diese dem obigen Listing einfach nach dem gleichen Schema hinzu. Danach sollten Sie in phpMyAdmin noch überprüfen, ob alle Tabellennamen korrekt geändert worden sind.

10.8.3   Anpassen der options- und usermeta-Tabelle

Es gibt aber noch weitere Vorkommnisse des Präfixes in Ihrer Datenbank, die geändert werden müssen, und zwar in der options- und in der usermeta-Tabelle. Durchsuchen Sie die beiden Tabellen mit den folgenden SQL-Anweisungen aus Listing 10.2 nach dem Präfix, und ändern Sie es entsprechend ab:

```
SELECT * FROM wp_verkw4qgb_options WHERE option_name LIKE '%wp_%'
SELECT * FROM wp_verkw4qgb_usermeta WHERE meta_key LIKE '%wp_%'
```

Listing 10.2 Suche nach Präfixen in den Tabellen »options« und »usermeta«

Führen Sie die beiden Zeilen einzeln aus, und ändern Sie die Suchergebnisse gemäß Ihrem Präfix ab. So stellen Sie sicher, dass Sie auch alle Plugin-Einträge sicher ändern.

Nach diesem Schritt sollten alle Präfixe geändert sein. Überprüfen Sie nun Ihr Frontend und Ihr Backend, ob noch alles richtig funktioniert. Wenn nicht, können Sie sich denken, was nun kommt: Gehen Sie auf Fehlersuche, oder rückabwickeln Sie die oben genannten Schritte.

10.9   Halten Sie Suchmaschinen von Ihren Verzeichnissen fern

Damit Suchmaschinen es sich nicht einfach in Ihren WordPress-Verzeichnissen bequem machen, können Sie deren Zugriff durch einen kleinen Eintrag in Ihrer *robots.txt* unterbinden (Listing 10.3):

```
User-agent: *
Disallow: /wp-*
Disallow: /feed/
Disallow: /trackback/
```

Listing 10.3 Eintrag in Ihrer robots.txt

Über den Befehl Disallow können Sie Suchmaschinen-Spidern verbieten, bestimmte Verzeichnisse zu besuchen.

10.10   Schalten Sie die Registrierung aus

In der Vergangenheit gab es Sicherheitslücken bei der Registrierung neuer Nutzer. Zwar sind diese wohl mittlerweile behoben, aber das trifft selbstverständlich nur auf die bekannten zu. Ob nicht noch irgendwo eine Lücke schlummert, weiß niemand. Wenn es auf Ihrer Website nicht nötig ist, dass Benutzer die Möglichkeit haben, sich selbst zu registrieren – dann schalten Sie diese Option einfach ab.

Gehen Sie hierzu im Backend auf EINSTELLUNGEN · ALLGEMEIN, und entfernen Sie dort den Haken bei JEDER KANN SICH REGISTRIEREN.

10.11   Updaten Sie WordPress regelmäßig

Halten Sie WordPress auf dem aktuellsten Stand! Man kann es nicht oft genug sagen. Es schwirren so viele Websites mit veralteten WordPress-Versionen im Netz herum, dass es Zeit wird, etwas dagegen zu tun. Fast jede neue Version bringt Sicherheitsupdates, die Sie nicht ignorieren sollten.

Updaten Sie außerdem auch Ihre Plugins (und gegebenenfalls Ihre Themes) regelmäßig. Auch dort können sich Sicherheitslücken verstecken, die möglicherweise mit einem neuen Update geschlossen worden sind.

10.12   Machen Sie regelmäßige Backups

Genauso wichtig wie eine aktuelle WordPress-Version sind regelmäßige Backups. Wenn es einem Hacker wirklich einmal gelingen sollte, Ihre Website mutwillig zu verunstalten, müssen Sie in der Lage sein, diese in kürzester Zeit wiederherzustellen.

Ein Backup ist ziemlich unkompliziert, wenn Sie hierfür ein Plugin verwenden, wie zum Beispiel das in Kapitel 7, »Plugins«, vorgestellte *WP-DB-Backup*. Außerdem sollten Sie immer eine aktuelle Version Ihres WordPress-Verzeichnisses (insbesondere *themes*, *uploads* und *wp-config.php*) auf Ihrem PC haben, schließlich kann auch dieses kompromittiert werden.

10.13   Zwingen Sie WordPress zu einer sicheren SSL-Verbindung

Falls Ihr Webhosting-Paket oder Server SSL unterstützt, sollten Sie auch davon Gebrauch machen. Sie können WordPress in wenigen Sekunden beibringen, in Zukunft eine sichere *SSL-Verbindung* für die Administrationsoberfläche zu nutzen.

Hierzu muss SSL allerdings auf Ihrem Apache eingerichtet sein. Fügen Sie einfach nur die folgende Zeile aus Listing 10.4 Ihrer *wp-config.php* hinzu:

```
define('FORCE_SSL_ADMIN', true);
```

Listing 10.4 SSL in Ihrer wp-config.php aktivieren

10.14   Nutzen Sie SFTP statt FTP

FTP ist ein ziemlich veraltetes Protokoll. Ihre Zugangsdaten werden hierbei unverschlüsselt übertragen und können von »jedem« mitgelesen werden. Die meisten Webhoster bieten daher mittlerweile schon einen Zugang über *SFTP* an. Kein Wunder, schließlich profitieren sie selbst auch von einer erhöhten Sicherheit. Fragen Sie also bei Ihrem Webhoster nach einem sicheren SFTP-Zugang, und nutzen Sie fortan dieses Protokoll in Ihrer FTP-Software.

10.15   Beobachten Sie Ihre Server-Logs

Hilfreich kann es zudem sein, regelmäßig einen Blick auf die *Server-Logs* zu werfen. Dort können Sie Häufungen von Zugriffen auf Dateien und Ordner, auf die eigentlich niemand außer Ihnen zugreifen sollte, frühzeitig erkennen und gegebenenfalls weitere Sicherheitsvorkehrungen treffen. Das Durchsehen von Logdateien ist nicht die schönste Freizeitbeschäftigung, sie hat aber viele Website-Betreiber schon vor Schlimmerem bewahrt.

Kapitel 11
Ihr Projekt online stellen

Ihre Website ist nun startbereit. Um sie von Ihrer Entwicklungsumgebung ins Netz zu bringen, sind nur noch wenige Schritte erforderlich.

Wenn Sie Ihre Website zunächst offline entwickelt haben, ist dieses Kapitel der nächste logische Schritt. Auf irgendeine Weise muss Ihre Website ja nun möglichst unkompliziert auf Ihren Webserver portiert werden. Einen schnellen und einfachen Weg möchte ich Ihnen hier gerne vorstellen.

Wenn Sie WordPress direkt auf dem Server installieren wollen

Die folgende Anleitung schildert Ihnen, wie Sie die lokal installierte Version von WordPress auf Ihren Server bekommen. Sollten Sie WordPress hingegen direkt auf dem Server installieren wollen, folgen Sie bitte der Anleitung aus Kapitel 2, »Installation«.

▸ Laden Sie WordPress herunter.

▸ Entpacken Sie die Datei.

▸ Erstellen Sie eine MySQL-Datenbank mit Passwort auf Ihrem Server.

▸ Passen Sie die *wp-config.php* aus dem WordPress-Hauptverzeichnis an, indem Sie die korrekten MySQL-Zugangsdaten dort eintragen.

▸ Laden Sie alle Dateien aus dem WordPress-Verzeichnis in das Hauptverzeichnis Ihrer Domain per FTP-Software hoch.

▸ Rufen Sie die Installationsroutine über *http://www.ihre-domain.de* oder *http://www.ihre-domain.de/wordpress/* auf, je nachdem, ob Sie WordPress in das Hauptverzeichnis oder einen Unterordner hochgeladen haben.

▸ Folgen Sie der Installationsanleitung, wie in Kapitel 2 beschrieben.

Falls Sie nicht wissen, wie man eine FTP-Software benutzt, möchte ich Ihnen Abschnitt 11.1.6, »Laden Sie die Dateien auf den Server«, ans Herz legen. Dort wird der Upload der Dateien ausführlich erklärt.

Da sich das Einrichten Ihres Servers und der MySQL-Datenbank von Provider zu Provider zum Teil stark unterscheidet, halten Sie sich hierzu bitte an die Anleitungen Ihres Serverproviders.

11.1   Von der Testumgebung auf den Server

Damit Ihre Website auch online abrufbar ist, müssen sowohl die WordPress-Installation samt Ihren Plugins und Themes als auch die Datenbank auf Ihren Webserver gehievt werden.

11.1.1   Die Theme-Dateien vorbereiten

Sie können Ihren WordPress-Ordner natürlich einfach auf den Server hochladen. Vorher sollten Sie aber noch ein paar Anpassungen vornehmen, damit die Installation gleich reibungslos über die Bühne geht.

Laden Sie zunächst all Ihre Theme-Dateien (sie befinden sich in einem namensgleichen oder -ähnlichen Verzeichnis in */wp-content/themes/.../*) in Ihren Editor, und passen Sie etwaige absolute Pfade gegebenenfalls an. Ändern Sie überall *http://localhost* in *http://www.ihre-richtige-domain.de*, sofern vorhanden. Das können Sie auch gut und gerne durch eine Suchen-und-Ersetzen-Funktion Ihres Editors erledigen lassen (die meisten Editoren, zum Beispiel Notepad++, bieten auch ein Suchen-und-Ersetzen in allen geöffneten Dateien gleichzeitig an). Das Ersetzen dieser URL müssen Sie vor allem dann vornehmen, wenn Sie nicht die WordPress-internen Template-Tags verwendet haben, um den jeweiligen Pfad – zum Beispiel zum Stylesheet – auszugeben. Wenn Sie keine Vorkommnisse von *http://localhost* finden, umso besser.

11.1.2   Die Datenbank exportieren

Um die Inhalte einer Datenbank in einer Datei zusammenzufassen, benötigen Sie zunächst direkten Zugriff auf die Datenbank, zum Beispiel über phpMyAdmin. Sie können natürlich auch gerne das *WP-DB-Backup Plugin* aus Kapitel 7, »Plugins«, oder ein anderes Plugin zum Datenbank-Backup verwenden. Ich möchte Ihnen an dieser Stelle aber auch den klassischen Weg des Datenbank-Exports zeigen.

Begeben Sie sich zunächst zu phpMyAdmin in Ihrer Testumgebung (*http://localhost/phpmyadmin/*). Loggen Sie sich gegebenenfalls ein. Wählen Sie dort (in der linken Seitenleiste) die Datenbank aus, in die Sie WordPress zu Anfang installiert haben. Klicken Sie danach auf den Menüreiter EXPORTIEREN.

Nun sollten Sie die Wahl zwischen einer schnellen und einer angepassten Installation haben (Abbildung 11.1).

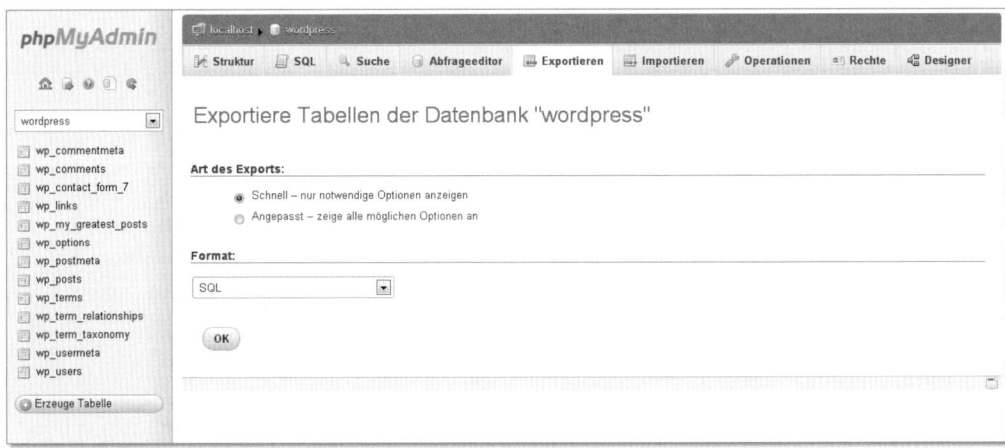

Abbildung 11.1 Die Export-Schnittstelle von phpMyAdmin

Wählen Sie hier bitte die Variante ANGEPASST (Abbildung 11.2). Nun erhalten Sie detailliertere Einstellungsmöglichkeiten.

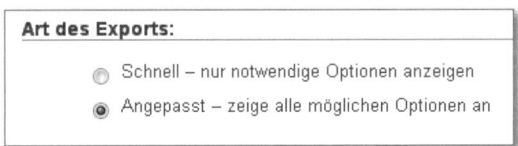

Abbildung 11.2 Einmal den angepassten Export für Individualisten, bitte!

Stellen Sie nun sicher, dass im folgenden Fenster alle Tabellen der Datenbank markiert sind (Abbildung 11.3). Klicken Sie, um sicherzugehen, auf ALLE AUSWÄHLEN.

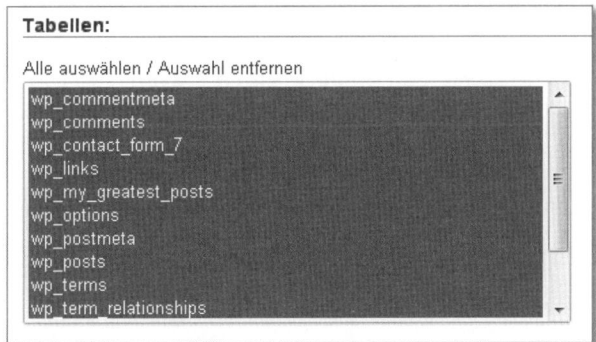

Abbildung 11.3 Wählen Sie alle Tabellen aus.

Im Abschnitt AUSGABE wählen Sie als Zeichencodierung nun noch UTF-8 und im Abschnitt FORMAT SQL aus (Abbildung 11.4).

Abbildung 11.4 Als Zeichencodierung nehmen Sie »utf-8«, als Format »SQL«.

Die FORMATSPEZIFISCHEN OPTIONEN können Sie bei den Grundeinstellungen belassen, soweit Sie nichts geändert haben. Hier verweise ich Sie auf Abbildung 11.5.

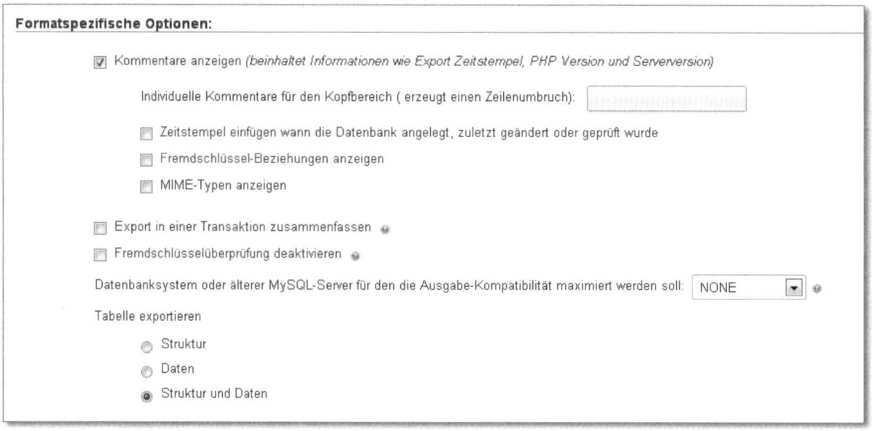

Abbildung 11.5 Lassen Sie hier alles, wie es ist.

Bei den OBJEKTERSTELLUNGSOPTIONEN setzen Sie bitte einen Haken vor DROP TABLE / VIEW / PROCEDURE / FUNCTION / EVENT-Befehl hinzufügen; das Häkchen bei CREATE PROCEDURE / FUNCTION / EVENT-Befehl hinzufügen können Sie getrost entfernen (Abbildung 11.6).

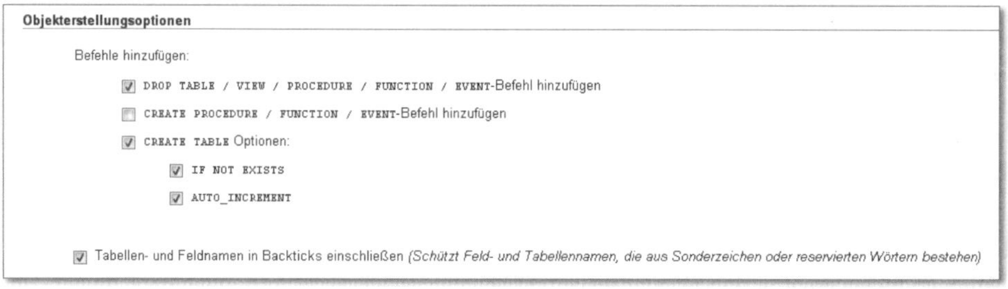

Abbildung 11.6 Setzen Sie ein Häkchen vor »Drop Table«.

Die Einstellungen der DATENEXPORT-OPTIONEN können Sie lassen, wie sie sind.

Abbildung 11.7 Alles bleibt beim Alten.

Anschließend klicken Sie auf OK, um den Export durchzuführen und die Datei auf Ihrer Festplatte zu speichern.

11.1.3   Eine Datenbank erstellen

Nun ist es erforderlich, dass Sie auf Ihrem Server eine MySQL-Datenbank mit Passwort erstellen. Allerdings muss ich Sie hier leider auf die Anleitungen und FAQs Ihres Providers verweisen, denn das Prozedere sieht überall sehr unterschiedlich aus. Nur selten werden Sie diese direkt per phpMyAdmin anlegen können. Die meisten Provider bieten im Rahmen ihrer Administrationsoberfläche die Möglichkeit, MySQL-Datenbanken zu erstellen. Merken Sie sich die Zugangsdaten, die benötigen wir nun.

11.1.4   Die wp-config.php anpassen

Duplizieren Sie die Datei *wp-config.php* aus Ihrem WordPress-Hauptverzeichnis. Nennen Sie die Kopie zum Beispiel *wp-config-server.php*, und rufen Sie sie in einem Editor auf. Fügen Sie dieser Datei nun die zwei folgenden Zeilen hinzu, am besten nach dem ersten Kommentarblock, aber vor den anderen Angaben (Listing 11.1):

```
define('WP_HOME', 'http://www.ihre-domain.de');
define('WP_SITEURL', 'http://www.ihre-domain.de');
```

Listing 11.1 Fügen Sie diese beiden Zeilen bitte Ihrer wp-config-server.php hinzu.

Passen Sie die beiden URLs Ihrer Domain an. In den meisten Fällen tragen Sie hier zweimal dasselbe ein. Eine Ausnahme besteht nur dann, wenn Sie WordPress in einem Unterordner Ihrer Domain installiert haben (zum Beispiel *http://www.ihre-*

domain.de/wordpress/), es aber von Ihrer Hauptadresse (*http://www.ihre-domain.de*) betreiben möchten. In diesem Fall geben Sie bei WP_HOME die Adresse *http://www.ihre-domain.de/wordpress/* an – also den Pfad direkt zum WordPress-Verzeichnis. Als WP_SITEURL definieren Sie dann *http://www.ihre-domain.de*. Ergänzendes hierzu lesen Sie bitte in Abschnitt 3.12.1, »Allgemein«.

Alternativ können Sie **später** auch in der Datenbank Ihres Servers diese beiden Werte ändern. Die Einträge finden Sie in der Tabelle options. Es gibt aber keinen zwingenden Grund, dies zu tun, da die oben genannte Variante wesentlich einfacher ist.

Außerdem passen Sie bitte noch die Daten zur MySQL-Datenbank an, die sich ja derzeit noch auf die Datenbank Ihrer Entwicklungsumgebung beziehen. Tragen Sie bei DB_NAME, DB_USER, DB_PASSWORD und DB_HOST die entsprechenden Daten ein, die Sie von Ihrem Serverprovider erhalten haben. Speichern nicht vergessen.

11.1.5   Die Datenbank importieren

Ob Sie zunächst die WordPress-Dateien auf den Server laden oder die Datenbank importieren, ist vollkommen Ihnen überlassen. Da wir uns gerade schon an die Datenbanken gewöhnt haben, machen wir einfach mal mit denen weiter.

Das Importieren ist noch einfacher als das Exportieren. Da Sie eben bereits eine Datenbank erstellt haben, begeben Sie sich nun einfach in phpMyAdmin auf Ihrem Server (!), und wählen Sie die vorhin neu erstellte Datenbank aus der linken Seitenleiste aus. Jetzt klicken Sie auf den Registerreiter IMPORTIEREN (Abbildung 11.8).

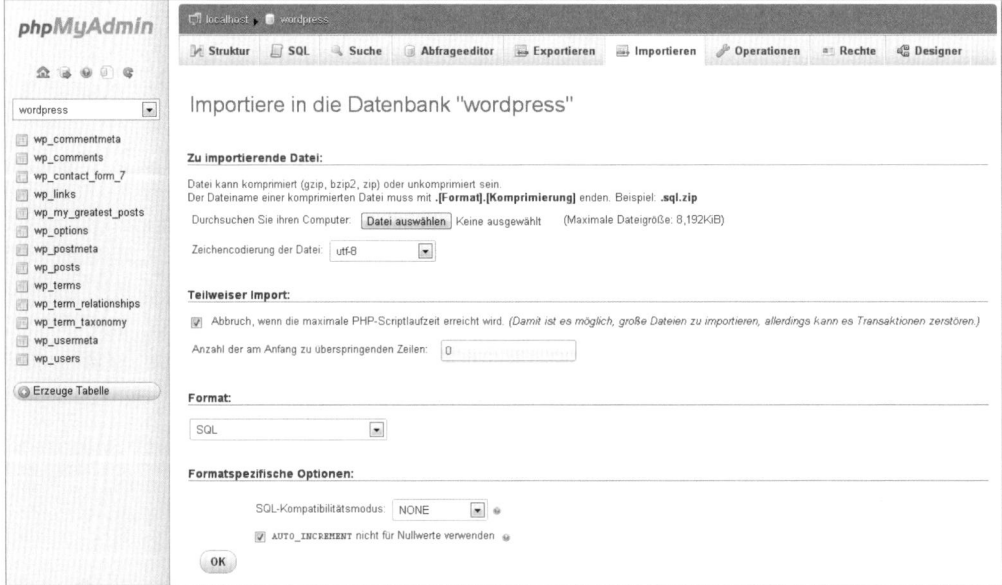

Abbildung 11.8   Wählen Sie die Datei aus, und klicken Sie auf OK.

Hinweis

Dort findet sich kein Reiter namens Importieren? Dann setzen Sie sich bitte mit Ihrem Serverprovider in Verbindung, und fragen Sie ihn, wo Sie eine MySQL-Datenbank importieren können. Möglicherweise finden Sie Hilfe auch schon im FAQ oder direkt in der Administrationsoberfläche. Für den unwahrscheinlichen Fall, dass Ihr Provider keinen Datenbankimport erlaubt ... wechseln Sie den Provider!

Wählen Sie die *.sql*-Datei aus, die Sie eben per Export erstellt haben, und gehen Sie sicher, dass der Zeichensatz UTF-8 und das Format SQL ausgewählt sind. Klicken Sie danach auf OK, um die Tabellen zu importieren.

11.1.6   Laden Sie die Dateien auf den Server

Schließlich sollten Sie natürlich auch noch die WordPress-Dateien auf Ihren Server hochladen. Das machen Sie mit einer FTP-Software, wie zum Beispiel dem kostenlosen *FileZilla*.

Klicken Sie nach dem Start als Erstes auf das Symbol für den Servermanager in der Toolbar (Abbildung 11.9), oder klicken Sie auf DATEI • SERVERMANAGER, oder rufen Sie ihn alternativ per Shortcut [Strg]+[S] auf.

Abbildung 11.9 Das Icon des Servermanagers von FileZilla

Klicken Sie nun auf NEUER SERVER (Abbildung 11.10).

Abbildung 11.10 Erstellen Sie einen neuen Server.

Geben Sie dem Kind einen Namen, und tragen Sie im rechten Teil des Fensters die IP Ihres Servers in das SERVER-Feld ein. Wählen Sie als Verbindungsart NORMAL, und fügen Sie die Zugangsdaten in die Felder darunter ein (Abbildung 11.11).

Anschließend klicken Sie auf VERBINDEN; die Einstellungen werden automatisch gespeichert, und eine Verbindung zum Server wird hergestellt. Sollte diese fehlgeschlagen sein, überprüfen Sie noch einmal die Einstellungen im SERVERMANAGER, oder wenden Sie sich notfalls an Ihren Serverprovider.

Abbildung 11.11 Der Server benötigt eine Adresse sowie Benutzernamen und Passwort.

Hat alles geklappt, können Sie sich nun den beiden großen Fenstern weiter unten zuwenden (Abbildung 11.12). Sie können dort schon Ordnerstrukturen erkennen. Um es einfach zu machen: Links ist Ihr Rechner, rechts ist der Server. Navigieren Sie im linken Fenster also zum WordPress-Verzeichnis auf Ihrem Rechner, und öffnen Sie es. Danach wählen Sie im rechten Fenster das Hauptverzeichnis Ihrer Domain aus.

Klicken Sie nun auf eine Datei im linken Fenster, und drücken Sie [Strg]+[A], um alle Dateien zu markieren. Ziehen Sie sie dann mit der Maustaste ins rechte Fenster (alternativ klicken Sie mit der rechten Maustaste auf die markierten Dateien und wählen HOCHLADEN).

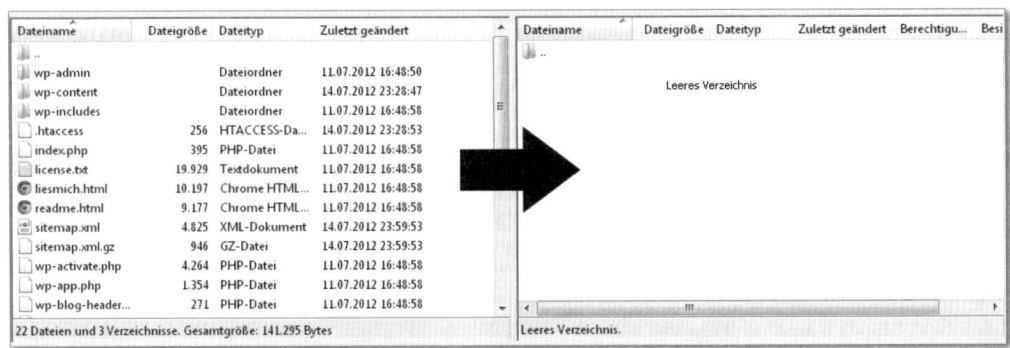

Abbildung 11.12 Laden Sie alle Dateien aus Ihrem WordPress-Verzeichnis hoch.

Der Upload kann trotz guter DSL-Leitung eine ganze Weile dauern, und zwar ein Vielfaches des Downloads des WordPress-Archivs. Es hat aber fast etwas Meditatives, auf die hochladenden Dateien und die sich alleine abarbeitende Warteschlange zu starren.

11.1.7   Die Installation abschließen

Bleiben Sie noch eine Minute in der FTP-Software, um genauer zu sein auf der rechten Seite, Ihrem Serverfenster. Benennen Sie nun noch die *wp-config.php* zum Beispiel in *wp-config-local.php* um. Und nennen Sie die vorhin erstellte *wp-config-server.php* nun *wp-config.php*. Sie haben nun immer beide Dateien zur Hand. Sollten Sie mit den Dateien vom Server einmal auf eine (andere) lokale Umgebung umziehen, dann müssen Sie die Dateien nur wieder zurückbenennen.

Um zu sehen, ob alles geklappt hat, rufen Sie nun *http://www.ihre-domain.de/wp-admin/* auf (bzw. *http://www.ihre-domain.de/wordpress/wp-admin/*, wenn Sie WordPress in einem Unterverzeichnis installiert haben). Loggen Sie sich ein.

Sie befinden Sie nun wieder im Dashboard Ihrer WordPress-Installation, dieses Mal aber auf Ihrem Server. Damit alles korrekt funktioniert, sollten Sie nun einmal zu EINSTELLUNGEN • PERMALINKS navigieren und diese aktualisieren. Danach sehen Sie sich im Backend und Frontend um, ob alles korrekt funktioniert.

11.2   Schützen Sie Ihre Website vor fremden Blicken

Das Onlinestellen eines Projekts verläuft oft nicht so reibungslos, wie man sich das erhofft. Irgendwo im Theme war dann doch noch eine URL falsch gesetzt, oder ein Plugin bereitet unerwartete Probleme. Wenn Sie meinen Ratschlag aus Kapitel 7, »Plugins«, angenommen haben, dann haben Sie bereits das Plugin *Maintenance Mode* installiert.

Den Wartungsmodus sollten Sie nun auch aktivieren, um Ihre Website zunächst vor fremden Blicken zu schützen. Nicht immer handelt es sich beim Onlinestellen einer neuen Website auch um eine brandneue URL. Bisherige Besucher sollten also nicht fehlgeleitet werden durch den Blick auf eine noch nicht vollendete Website.

11.3   Umfangreiches Testen der Website

Nachdem Sie sich in den Wartungsmodus manövriert haben, können Sie die Website nun in aller Ruhe testen, testen, testen. Nehmen Sie sich hierfür genügend Zeit. Testen Sie das Frontend in allen Facetten. Lassen Sie sich alle Seiten und Blogbeiträge anzeigen, und gehen Sie diese auf korrekte Formatierung hin durch. Überprüfen Sie alle Plugins auf ihre Funktion. Das bedeutet auch, dass Sie beispielsweise alle Kontaktformulare einmal probeweise absenden (das funktionierte ja auf dem lokalen Rechner mangels E-Mail-Server noch nicht). Testen Sie auch die Kommentarfunktion der Website sowie die Suche. Erst wenn Sie wirklich sicher sind, dass alle öffentlichen

Funktionen Ihrer Website reibungslos funktionieren, können Sie Ihre Website guten Gewissens freigeben.

Deaktivieren Sie nun den Wartungsmodus, und freuen Sie sich über (hoffentlich) viele Besucher.

Kapitel 12
Marketing und Tracking

Eine Website zu bauen, ist nicht schwer, sie erfolgreich zu machen, hingegen sehr. Lernen Sie die effektivsten Marketing- und Tracking-Methoden kennen, und führen Sie Ihre Website schon bald zum gewünschten Erfolg.

Es wäre zu schön, um wahr zu sein, würden Besucher ganz von allein eine neue Website entdecken und Ihre Produkte kaufen oder Ihre Dienstleistungen in Anspruch nehmen. Oder würden sie doch einfach nur freiwillig Ihr Blog lesen. In den Anfangszeiten des Internets war dieses Szenario gar nicht so unrealistisch. Heute hingegen wird das Netz tagtäglich von Websites überflutet, leider sind die meisten davon auch wirklich nicht zu gebrauchen.

Um aus dieser Masse an Websites hervorzustechen, müssen Sie nicht nur die Suchmaschinen, sondern in erster Linie andere Menschen darauf aufmerksam machen. Hierzu bedient man sich heutzutage eines Dreiklangs aus *Marketing*, *Tracking* und *Analyse*.

Im Rahmen des Marketings wird zunächst versucht, überhaupt erst einmal Besucher auf die Website zu lotsen. Unterschieden wird zwischen *Online-* und *Offline-Marketing*, welche sich wiederum in viele Einzelwerkzeuge unterteilen lassen. Es gibt schier unendlich viele Möglichkeiten, auf die eigene Website aufmerksam zu machen. Sie lernen nun die gängigsten Maßnahmen des Marketings kennen. Ein Schwerpunkt liegt hierbei auf *Google AdWords*, da dies für das Website-Marketing in aller Regel am effektivsten ist.

Damit Sie Ihre Marketing-Aktionen überprüfen können, gibt es das Tracking. Mithilfe einer Software werden die Daten Ihrer Besucher genauestens gespeichert. Nie war es so einfach, die Auswirkungen von Marketing-Aktionen derart genau zu messen. Früher ließ sich nur feststellen, wie viele Produkte gekauft oder Dienstleistungen in Anspruch genommen worden sind. Aber diejenigen, die vielleicht noch unschlüssig waren oder die sich gar gegen den Kauf entschieden haben, ja, von denen hat man meistens nie erfahren. Dadurch dass sich das Marketing aber nun auf den Besuch Ihrer Website richtet, erfahren Sie auch von denjenigen, die sich letztendlich nicht für Ihre Produkte oder Dienstleistungen entscheiden konnten. Ich zeige Ihnen in diesem Kapitel, wie Tracking funktioniert, welche Software sich hierzu eignet, und beleuchte für Sie den datenschutzrechtlichen Brennpunkt aus aktueller Sicht.

Das Aufzeichnen Ihrer Besucher allein ist aber noch nicht genug. Sie müssen die Daten schon analysieren und anhand dieser Analyse Ihre Website verbessern. Nur so hat das Tracking auch einen Sinn. Wie Sie auch ohne Vorkenntnisse Nutzen aus den Tracking-Statistiken ziehen können, erfahren Sie ebenfalls hier.

12.1   Marketing-Denkanstöße

Es gibt verschiedene Formen des Marketings. Früher hatten Sie ausschließlich die Möglichkeiten des Offline-Marketings – damals, als es noch gar kein Internet gab. Da war die Trickkiste noch sehr klein, und jeder bediente sich der gleichen Mittel. Gerade das Marketing des kleinen Geldbeutels war damals nicht besonders effektiv.

Heute hingegen gibt es das Online-Marketing, und endlich scheint die Zeit der kleinen Marketing-Budgets gekommen zu sein. Jeder hat eine Website, auf der er verschiedene Aktionen veranstalten kann, wo jeder Autor und Verlag zugleich sein und wofür jeder sogar zielgruppengenaue Anzeigen schalten kann, die sich auf wirklich jedes Budget zuschneiden lassen. Das klingt alles sehr einfach, nur leider ist es das nicht. Die Realität sieht anders aus. Jeder Ihrer Konkurrenten wird bereits eine Website haben, ein Blog führen und bei Google AdWords Anzeigen schalten – wenn Sie Pech haben.

Das bedeutet aber nicht, dass Sie dies nicht besser machen können als Ihre Kollegen. Zum einen gibt es viele Möglichkeiten im Online-Marketing, die diese vielleicht noch gar nicht entdeckt haben. Zum anderen gibt es einen großen Unterschied zwischen Anzeigen bei Google Adwords und Anzeigen bei Google Adwords, will heißen: Man kann dabei sehr, sehr viele Fehler machen. Und die meisten, die sich damit weder näher beschäftigt noch eine Agentur beauftragt haben, begehen eben diese Fehler am laufenden Band. Damit Ihnen das nicht passiert, lesen Sie diesen Abschnitt zum Thema Marketing.

Ich möchte Ihnen in diesem Kapitel einige Denkanstöße geben, wie Sie Ihre Website, aber auch Ihre Produkte, sinnvoll vermarkten können. Seien wir ehrlich, die meisten von uns benötigen keine umfangreichen Marktanalysen und müssen sich keine Gedanken über ihr *Social Responsibility Marketing* machen.

12.1.1   Website oder Blog?

Wenn Sie Ihre Website vermarkten möchten, stellt sich zunächst eine grundlegende Frage nach der Beschaffenheit Ihrer Internetpräsenz: Führen Sie ein Blog bzw. ein Artikelverzeichnis, oder bieten Sie Ihren Lesern (nur) eine Unternehmenspräsentation, also eine schlichte Website? Die Unterscheidung ist deshalb wichtig, da Besucher grundsätzlich nach einem Mehrwert im Internet suchen. Die wenigsten interessieren sich dafür, wie herzergreifend die Geschichte Ihres Unternehmens ist oder welche Philosophie Sie bei der Fertigung Ihrer Produkte verfolgen (auch wenn die Sympathie eines Unternehmens heute eine immer größere Rolle spielt). Diese Dinge sind zwar wichtiger Bestandteil einer umfassenden Internetpräsenz – Besucher lockt es aber noch lange nicht an. Sie müssen sich daher klarmachen, worin der Nutzen Ihrer Website für den Besucher liegt. Und diesen müssen Sie schließlich vermarkten. Ein Blog oder Artikelarchiv kann hier wahre Wunder bewirken. Sehr detaillierte Produktinformationen erfüllen diesen Zweck aber manchmal auch.

Ein Blog vermarktet man immer ein klein wenig anders als eine reine Unternehmens-Website. Für Blogs bieten sich häufig viel weitreichendere Möglichkeiten, wie die Veröffentlichung eigener Artikel in sogenannten Artikelarchiven, das Verfassen von Gastbeiträgen auf fremden Blogs oder ganz allgemein die viel offenere Aufnahme Ihrer Website durch die Internetgemeinde. Kaum ein gestandener Blogger wird seine Leser mit einem Hinweis auf eine ganz schlichte Unternehmenspräsenz langweilen; erwartet diese aber dort ein interessanter Artikel, sind Ihnen die Links anderer Blogs praktisch sicher. Und dass sich das sehr positiv auf Ihre Position in den Suchergebnissen auswirken kann, haben Sie ja spätestens in Kapitel 9, »Suchmaschinenoptimierung«, gelernt.

Im Gegensatz zu einer »normalen« Website, vermarktet sich ein Blog oft ganz von selbst, wenn man die nötige Geduld mitbringt. Ein Jahr sollten Sie Ihrem Blog aber mindestens geben, bevor dieses nennenswerten Traffic einfährt. Das ist ein häufiges Missverständnis zwischen Webdesigner und Kunden. Der Kunde erwartet, dass er mit dem vom Webdesigner groß angepriesenen Blog – einer Innovation sondergleichen – unmittelbar eine gut besuchte Website hat. Diese Fehleinschätzung liegt zum Teil an den völlig überzogenen Vorstellungen, welche Macht das Internet hat, zum Teil aber auch an einer möglicherweise etwas zu überschwänglichen Meinung des Webdesigners zum Thema Blogs. Fakt ist, dass es einige Blogs gibt, die praktisch von 0 auf 100 geschossen sind. Betrachtet man die Geschichte aber ganz genau, so wird man oft auf weitere Faktoren stoßen, die den Erfolg dieser Blogs maßgeblich mit beeinflusst haben. Grundsätzlich gilt: Es gibt Millionen von Blogs, warum sollte Ihrer also gleich auf Platz 1 landen? Geben Sie Ihrem Blog die Zeit, zu wachsen, die er benötigt. Und nutzen Sie stets mehrere verschiedene Wege, Ihre Website zu vermarkten.

Sollten Sie sich für ein Blog entschieden haben, so haben Sie sich automatisch der Qualität verpflichtet. Denn eines kann ich Ihnen fast garantieren: Mit schnell dahingeschriebenen Artikeln, die dem Nutzer weder interessante Einblicke ermöglichen, noch ihm irgendeinen Nutzen bringen, werden Sie nicht einmal langfristig Erfolge erzielen. Dies ist selbstverständlich auch wieder der enormen Masse an Blogs im World Wide Web geschuldet. Es gibt immer ein anderes Blog, welches zu Ihrem Themengebiet im Zweifel interessantere Artikel schreibt – behalten Sie dies stets im Hinterkopf. Achten Sie also bei jedem einzelnen Artikel darauf, dass er Ihrem Publikum einen echten Mehrwert bietet. Dieser kann durchaus auch im Zeitvertreib stecken; zeigen Sie Ihrem Leser aber auch dann die Mühe, die Sie darin investiert haben. Fragen Sie sich immer: Würde ich diesen Artikel selbst voller Interesse lesen, nachdem ich die Headline erspäht habe?

Haben Sie lediglich eine Unternehmenspräsenz ohne Blog, dann ist das natürlich kein Grund zur Verzweiflung. Ganz im Gegenteil: Die Zeit, die Sie andernfalls in das Schreiben von Blogartikeln investieren müssten, können Sie nun in andere Marketing-Maßnahmen stecken. Und davon gibt es sehr, sehr viele. Irgendwie müssen Sie es schaffen, Ihren Besuchern trotzdem einen Mehrwert zu bieten. Nehmen Sie die Deutsche Bahn als Beispiel. Sie bietet ihren Besuchern an, sich nach Zugfahrplänen zu erkundigen. Das ist auch der naheliegende Verwendungszweck ihrer Website. Wenn Sie also ein Produkt oder eine Dienstleistung anbieten, welche sich auf diese Weise bewerben lassen, dann sollte das Ihre erste Maßnahme sein. Sie können aber auch regelmäßig Gewinnspiele oder Rabattaktionen auf Ihrer Website anbieten. Diese gelten gemeinhin als guter Besuchermagnet. Voraussetzung ist aber auch hier, dass diese attraktiv sind. Sie sehen schon, dass es gerade im Internet darauf ankommt, dass Sie Ihren Kunden gegenüber ehrlich sind. Das sollte zwar die Grundvoraussetzung eines jeden Unternehmens sein, die Realität sieht aber anders aus.

Früher musste man seine Kunden noch nicht so ernst nehmen, da das Sprachrohr jener noch nicht all zu groß war. Heute werden Meinungen über Produkte schon im Internet diskutiert, bevor das Produkt überhaupt auf dem Markt ist (siehe Amazon. de-Kundenrezensionen). Seitdem das Internet seinen Siegeszug angetreten hat, hat man unweigerlich das Gefühl, dass negative Eigenschaften eines Unternehmens viel schneller ans Licht kommen. Dieser Schein trügt nicht. Behandeln Sie Ihre Kunden also auch im Internet als ernst zu nehmendes Gegenüber. Dies ist eine wesentliche Voraussetzung nicht nur für Ihren Unternehmenserfolg im Allgemeinen, sondern auch Ihren Erfolg im Internet im Besonderen.

Jedenfalls sollten Sie Ihren Besuchern umfangreiche und besonders detaillierte Produktinformationen anbieten, die diese anderswo nicht bekommen. Denn auch in Zeiten von Onlineshops gilt noch die Devise: Die meisten und aktuellsten Informationen bekomme ich direkt auf der Website des Herstellers. Setzen Sie sich dies als Ziel, und informieren Sie Ihre Kunden umfangreich über Ihre Produkte und Dienstleistungen. Bringen Sie Ihren Kunden den Spaß an Ihren Produkten näher, so wie Apple dies ständig zeigt. Werfen Sie beispielsweise mal einen Blick auf die Werbespots für das iPad 2. So vermittelt man dem Kunden ein unmittelbares Gefühl von »Das muss ich unbedingt haben«. Nach einem Besuch auf Ihrer Website muss Ihr Kunde Ihr Produkt verehren und idealerweise all sein Erspartes aufwenden, um es zu bekommen. Dann haben Sie die idealen Produktinformationen geboten.

Auch eine schlichte Website lässt sich also grundsätzlich vermarkten. Behalten Sie während der folgenden Seiten stets im Auge, welches Ziel Ihre Internetpräsenz verfolgt.

12.1.2   Omnipräsenz

Marketing macht man nicht, man lebt es. Nicht selten wird Marketing als ein weiterer lästiger Punkt auf der ohnehin schon langen To-Do-Liste betrachtet, als etwas, das man abhaken kann. Und so beschränkt sich gerade bei vielen kleineren Unternehmen die ganze Werbung auf die Verteilung einiger Flyer. Eigenes Briefpapier, individuelle Briefumschläge oder Visitenkarten? Fehlanzeige. Und genau da liegt ein großes Problem. Wenn Sie Werbung für Ihr Unternehmen und für Ihre Website machen möchten, dann muss Ihre Marke omnipräsent sein. Sie müssen jede sinnvolle Möglichkeit in Betracht ziehen, die sich Ihnen bietet, um auf Ihre Marke aufmerksam zu machen. Ich schreibe bewusst »sinnvoll«, da man es auch übertreiben kann. Werbung auf Autos ist so ein Beispiel. Ein edler Schriftzug aus silberfarbenen Edelstahllettern auf einer BMW-Limousine ist für einen Herrenausstatter auf der Düsseldorfer Kö mit hochwertigen Waren vielleicht noch interessant. Aber der gleiche Herrenausstatter tut sich wiederum keinen Gefallen, wenn er einen ähnlichen Schriftzug als billigen Folien-Aufkleber auf seinem Opel Vectra mit Erstzulassung 1994 anbringt. Nichts gegen den Opel Vectra, er bringt einen (vermutlich) auch ans Ziel – aber Sie sehen die Diskrepanz zwischen der beworbenen Marke und der Art der Werbung. Genauso verbieten sich minderwertige Flyer für hochwertige Waren. Menschen schließen von der Qualität der Werbung mindestens unterbewusst auf die Qualität der dahinterstehenden Produkte. Sie könnten also auch gleich Folgendes in die Produktbeschreibung setzen: Sehr teures Produkt, taugt aber nichts.

Omnipräsenz ist also wichtig, aber nur, wenn Sie eine entsprechende Professionalität aufweist. Und die Qualität, an der Sie Ihre Werbemaßnahmen messen sollten, ist die Qualität Ihrer Produkte. Und da packen Sie noch einmal 50 % oben drauf – denn wer bewirbt seine Produkte denn nicht besser als sie eigentlich sind?

Setzen Sie Ihr Logo auf sämtliche Briefe, die Ihr Haus verlassen; idealerweise auch gleich auf die Briefumschläge. Lassen Sie sich professionelle Visitenkarten anfertigen. Werben Sie mit hochwertigen Kugelschreibern, auf denen Ihre Werbung prangt. Zeigen Sie überall, dass es Sie gibt. Aber vermitteln Sie dabei stets einen positiven Eindruck.

12.1.3   Klassisches Marketing

Den ersten Gedanken an Marketing verbindet man sofort mit klassischer Werbung: Flyer, Direktmarketing, Zeitungsannoncen, ein Eintrag in den Gelben Seiten und vieles mehr. Vielleicht sogar ein Fernsehwerbespot. Diese Werbemaßnahmen haben immer funktioniert und funktionieren meistens auch heute noch. Das hängt ganz davon ab, was für ein Unternehmen oder was für eine Website Sie haben und wie Ihre Zielgruppe beschaffen ist.

Flyer sind eine sehr kostengünstige Möglichkeit, um möglichst schnell und lokal ein wenig Aufsehen zu erregen. Glauben Sie aber nicht, dass Ihnen das unmittelbar neue Kunden bringt. Ein Laden in der Innenstadt mag recht schnell von Flyern profitieren. Wird von den Interessenten aber mehr verlangt, als eine Straße weiter in das entsprechende Geschäft zu gehen, wird es schon schwieriger. Wenn Sie Glück haben, nehmen die Menschen Ihre Flyer mit nach Hause, das zeugt grundsätzlich schon einmal von Interesse. Aber dort haben sie erst einmal sehr viel Zeit, über Ihr Angebot nachzudenken. Oder um Sie gänzlich zu vergessen. Denn nicht jeder Flyer landet am Ende fein säuberlich in der Wiedervorlage auf dem Schreibtisch; meistens landen sie im Papierkorb. Daher müssen Sie, um einen neuen Kunden zu gewinnen, gut und gerne 100 Flyer verteilen – je nach Qualität und Preis Ihrer Produkte. Eine Website hingegen lässt sich wunderbar mit Flyern bewerben. Wenn Sie wirklich interessante Informationen auf Ihrer Website bieten und sich ein Besucheraufkommen noch nicht so recht einstellen mag, dann sind Flyer durchaus eine Alternative. Drucken Sie Ihre Website-URL und die einzigartigen Vorteile Ihrer Website möglichst professionell auf einige hundert oder tausend Flyer, und verteilen Sie diese vornehmlich an Ihre Zielgruppe. Je interessanter und vielleicht auch mysteriöser dieser Flyer ist, desto größeren Zulauf werden Sie haben. Denn das Eingeben einer Internetseite kostet grundsätzlich erst einmal nichts und ist gerade heute auch schnell erledigt; manche werden die Adresse möglicherweise gleich schon auf ihrem iPhone eingeben (oder auf dem Android, Blackberry oder Windows Phone 7 – um niemanden wegen seiner Vorlieben zu diskriminieren).

Direktmarketing ist die Form von Marketing, die uns Konsumenten am meisten nervt – deren Effektivität aber nicht zu leugnen ist. Ich spreche von Telefon-, E-Mail- und Werbebrief-Marketing. Wer kennt sie nicht, die freundlichen Anrufe am Nachmittag? Man denkt nichts Böses und hofft, dass sich hinter dem Anruf ein neuer Kunde verbirgt, der noch heute für sein Land eine Million Waschmaschinen bestellen möchte. Und tatsächlich verbirgt sich dahinter ein Inkasso-Unternehmen, welches Ihnen seine natürlich vollkommen gewaltfreien Lösungen vorstellen möchte. Doch auch beim Direktmarketing gilt: Nehmen Sie Ihre Zielgruppe ins Visier. Je feiner Sie diese bestimmen können, desto effektiver sind derartige Werbemaßnahmen. Bedenken Sie die Rechtslage in Deutschland. Sie können nicht einfach das Telefonbuch durchgehen und wahllos Leute anrufen; Gleiches gilt für Werbemails. Sie erhalten im Gegenzug unter Umständen horrende Abmahnungen. Bei Werbebriefen ist man da nicht so streng. Sicherheitshalber sollten Sie aber vor derartigen Werbemaßnahmen immer einen Rechtsanwalt konsultieren. Der rät Ihnen auch, welche Pflichtangaben

Sie möglicherweise einzuhalten haben. Nach der Konsultation ist zwar vermutlich Ihr gesamtes Werbebudget aufgebraucht, aber wenigstens bekommen Sie keine Abmahnungen.

Zeitungsannoncen sind, wie so vieles im Marketing, ein zweischneidiges Schwert. Manche machen sehr gute Erfahrungen, andere sehr schlechte. Das hängt natürlich maßgeblich davon ab, wie zielgruppenorientiert und kostspielig diese Werbung war. Eine ganzseitige Anzeige über Wochen in der FAZ ist zwar teuer, kann aber je nach Zielgruppe sehr effektiv sein. Eine kleine, einmalige Anzeige in der Lokalzeitung könnte Ihnen hingegen nicht einen einzigen neuen Kunden bringen. Leider können Sie nur ausprobieren, ob diese Form von Werbung für Sie funktioniert. Um die Schwelle für die potenziellen Kunden möglichst gering zu halten, sollten Sie erst einmal nur Ihre Website und noch nicht zwingend einzelne Produkte bewerben. Denn, wie oben schon angesprochen, geht man als Kunde schneller auf eine Website, bevor man Geld ausgibt (Ausnahmen bestätigen die Regel). Entscheiden Sie sich aber grundsätzlich lieber gegen eine einmalige größere Anzeige und lieber für eine dauerhafte kleinere. Lassen Sie sich von den Verlagen nicht über den Tisch ziehen. Diese ringen derzeit und wahrscheinlich auch in Zukunft um Kunden und sind meistens sehr kulant, wenn es um Rabatte geht.

Die Gelben Seiten waren früher die Anlaufstelle Nummer 1, wenn es um Werbung für das eigene Unternehmen ging. Schade nur, dass diesen Platz nun das Internet eingenommen hat und den Gelben Seiten heutzutage kaum noch eine nennenswerte Bedeutung zukommt. Als Arzt oder Restaurant lohnt es sich womöglich nach wie vor, da diese auch die betagtere Kundschaft ansprechen, die gerne noch schnell einen Blick in die Gelben Seiten wirft. Aber Sie können sich schon denken, dass diese Zielgruppe von Jahr zu Jahr kleiner wird. Wenn Sie die Kosten für einen Eintrag in den Gelben Seiten nicht scheuen, probieren Sie ruhig, dort Ihre Website zu vermarkten. Es wird keine Wunder bewirken, aber der ein oder andere mag doch zu Ihnen durchdringen. Eine klare Empfehlung stellt dies allerdings nicht dar.

Fernseh- und Kinowerbung ist ideal, um Ihre Zielgruppe sowohl visuell als auch auditiv anzusprechen. Auch **Radiowerbung** ist sehr interessant, da die Menschen sich davor meist nicht so sehr schützen (können). Wenige zappen beim Radiohören so häufig wie beim Fernsehen. Und in der Regel erreichen Sie auch mehr Menschen als mit Kinowerbung. Dafür ist letztere wiederum spottbillig. Fernsehwerbung dürfte für die meisten Budgets allerdings nicht in Frage kommen. Es genügt grundsätzlich schon eine kurze Werbeeinblendung, die neugierig auf Ihre Website macht. Auch hier gilt wieder: lieber häufiger und kürzer, als länger und seltener.

Sie sehen, es gibt viele verschiedene Möglichkeiten, um auf Ihr Unternehmen oder Ihre Website aufmerksam zu machen. Wichtig ist nun, die Pfade zu entdecken, die Ihre Konkurrenz noch nicht beschritten hat. Andernfalls können Sie sich nur abheben, wenn Sie in die gleichen Kommunikationswege mehr Zeit, Mühe und Geld investieren. Probieren Sie also ruhig etwas aus. Klassisches Marketing ist noch lange nicht überholt; auch wenn die Online-Werbung moderner und effektiver wirkt, so ist sie es im Einzelfall nicht immer.

12.1.4 Gastbeiträge

Lesen Sie häufig Blogs? Dann werden Ihnen mit Sicherheit schon einmal Gastbeiträge begegnet sein. Blogger nutzen das Werbemittel Gastbeiträge gerne und häufig, da es ein exzellentes Mittel darstellt, seine Leser gegenseitig weiterzuempfehlen. Okay, soweit nichts Neues, werden Sie sich denken. Gastbeiträge auf Blogs sind so alt wie Blogs selbst. Aber haben Sie auch schon an Gastbeiträge im Printbereich nachgedacht? Dort wird diese Form des Marketings schon naturgemäß wesentlich länger betrieben, nur fällt sie nicht stark auf wie im Internet. Es gibt unzählige Zeitungen, Zeitschriften und Blätter, die um (gute) Autoren ringen. Suchen Sie sich Medien aus, die von Ihrer Zielgruppe gelesen werden und mit denen Sie thematisch zumindest in irgendeiner Form verwandt sind. Überlegen Sie sich vielleicht sogar eine eigene Rubrik, in der Sie regelmäßig veröffentlichen können. Wichtig ist nur, dass am Ende jedes Beitrags eine Kurzbiografie über Sie folgt mit einem weiterführenden Link auf Ihre Website. Je interessanter und hilfreicher Ihre Artikel sind, desto mehr Leser werden sich auch auf Ihre Website wagen. Bieten Sie Informationen, die es so noch nicht gibt, die vielleicht sogar das Attribut innovativ verdienen, und teilen Sie sie mit einem ausgewählten Leserkreis – er wird es Ihnen danken.

Übrigens: Warum nicht mal einen Gastbeitrag für einen hochfrequentierten Newsletter schreiben? In der Regel besteht gerade bei Newslettern die größte Not, an gute Artikel zu kommen. Und es ist für Sie leichter, vielleicht sogar als neuer Autor eine der vorderen, höher frequentierten Headlines zu ergattern.

12.1.5 Online-Verzeichnisse

Online-Verzeichnisse sind sogenannte Webkataloge, die Websites kategorisch auflisten. In aller Regel werden diese von Hand gepflegt, weshalb ihnen zumindest in der Vergangenheit eine hohe Relevanz für Suchmaschinen zugeschrieben wurde. Die bekanntesten sind wohl das *Open Directory Project* von Mozilla (*DMOZ*) (*http://www.dmoz.de*) oder das (kostenpflichtige) *Yahoo Directory* (*http://dir.yahoo.com*).

Über diese Verzeichnisse kommen einerseits direkt Besucher, die dort nach einem speziellen Anbieter oder Hersteller oder einfach einer themenrelevanten Website gesucht haben. Andererseits sehen Suchmaschinen, wie eine Website thematisch einzuordnen ist und dass diese offenbar eine gewisse Relevanz hat, wenn sie in einem von Hand gepflegten (!) Verzeichnis auftaucht. Denn Spamwebsites sind dort in der Tat eher selten (je nach Qualität des Verzeichnisses).Ob Google diesen Faktor tatsächlich (noch) mit in die Ermittlung der Suchergebnisse einbezieht, ist aber fraglich. In das Yahoo Directory kommen Sie nämlich nicht, indem Sie Aufnahmekriterien erfüllen, sondern indem Sie bezahlen. Obwohl das natürlich auch eine Form der Auslese ist.

Es gibt zahlreiche Verzeichnisse im Internet – den Nutzen dieser müssen Sie aber für sich selbst herausfinden. So hängt es von Ihrer Zielgruppe ab, ob diese regelmäßig derartige Verzeichnisse nutzt, um auf neue Websites aufmerksam zu werden. Grundsätzlich liefern heute Suchmaschinen aber einfach die aktuelleren und relevanteren Websites. Und die Relevanz für die Suchmaschinenbetreiber dürfte auch eher von geringer Bedeutung sein. Manche Webdesigner schwören aber auf einen Eintrag im DMOZ. Testen Sie, was für Sie funktioniert.

Gerade im DMOZ ist die Aufnahme nicht gerade leicht. Viele berichten von sehr schwer zu erfüllenden Aufnahmekriterien. Glaubt man den Beiträgen in den hiesigen Foren, scheitern die meisten Anmeldungen. Dabei sind die Anforderungen, die das Anmeldeformular stellt, nicht allzu hoch. Wichtig ist nur, dass Sie es sich gut durchlesen und exakt entsprechend der Anleitung ausfüllen. Ist etwas falsch ausgefüllt, kann es sehr gut passieren, dass Ihr Antrag abgelehnt wird. Das Gemeine daran: Sie werden darüber in der Regel nicht informiert. Tun Sie sich aber selbst einen Gefallen, und warten Sie einige Monate, bevor Sie den Antrag erneut stellen. »Anmeldungs-Spammer« landen nämlich schnell auf der schwarzen Liste. Bedenken Sie, dass das DMOZ ein freiwilliges Projekt ist und nicht für jede Kategorie genügend Moderatoren zur Verfügung stehen. Es werden aber regelmäßig neue Moderatoren gesucht, vielleicht auch für Ihre »Lieblingskategorie« (Wink mit dem Zaunpfahl). Der wichtigste Tipp, den ich zum Thema DMOZ-Anmeldung einmal gelesen habe, ist eigentlich offensichtlich, wenn man darüber nachdenkt: Melden Sie Ihre Website nicht sofort an, wenn Sie fertig ist. Und schon gar nicht, wenn sie noch Baustellenbereiche enthält. Dieser Tipp meint vielmehr: Warten Sie einige Monate. Schreiben Sie einige Artikel, lassen Sie die Website wachsen, zeigen Sie, dass sie schon ein wenig länger im Netz ist – zum Beispiel durch aktuelle Nachrichten oder Aktionen. Und lassen Sie diese zuvor umfangreich von Google indexieren. Denn wenn einer der Moderatoren sieht, dass Ihre Website praktisch noch keine Inhalte und keine Leser hat, wird er sie auch nicht guten Gewissens in das Verzeichnis aufnehmen können. Denn dann spricht noch nichts für ihre Relevanz. Melden Sie Ihre Website also erst an, wenn Sie schon einen gewissen »Used-Look« aufweist.

12.1.6 Google AdWords

Google AdWords ist der erste Begriff, der uns heute zu Online-Marketing einfällt. AdWords ist so simpel wie genial: Ihre Werbeanzeigen werden dem Suchenden passend zu seinen Suchergebnissen angezeigt, während Sie für jeden Klick auf Ihre Website eine gewisse Gebühr an Google entrichten. Profitabel ist diese Vorgehensweise natürlich in allererster Linie für Google selbst: Denn Sie konkurrieren um die besten Werbeplätze mit anderen Website-Betreibern; die Plätze werden dann häufig an die meistbietenden vergeben. Wie relevant Ihre Anzeige ist, spielt bei dem Kampf um die beste Anzeigenposition aber ebenfalls eine große Rolle.

Der Preis pro Klick kann sich von wenigen Cent bis hin zu ein paar Euro bewegen. Das summiert sich schnell zu einer größeren Summe, wenn man hierbei nicht effektiv wirtschaftet. Es gilt, Keywords zu finden, auf die das Augenmerk Ihrer Konkurrenten noch nicht gefallen ist und die demnach noch sehr günstig zu haben sind. Relevant sollten sie aber dennoch sein, denn ansonsten werden Sie nicht durch (relevante) Klicks auf Ihre Website belohnt.

Doch nicht nur neben den offiziellen Google-Suchergebnissen kann Ihre Werbung erscheinen, sondern auch auf Websites Dritter. Denn Google bietet grundsätzlich jedem Website-Betreiber an, mit Werbeeinblendungen Geld zu verdienen. In diesem Fall streicht Google nicht den gesamten Gewinn ein, sondern gibt dem Einblendenden ein wenig davon ab. Um die wirtschaftliche Gesundheit von Google müssen Sie sich deshalb aber keine Sorgen machen. Diese Anzeigen können entweder in der üblichen Form von Text-Links auf fremden Websites erscheinen oder als Banner. Wenn Sie beispielsweise eine Anzeige für Zeitmanagement-Kurse schalten, werden Sie aber vermutlich nicht auf einer Website geschaltet, die sich offenbar mit dem Handwerk der Metzgerei beschäftigt. Google analysiert die einblendende Website und sucht anhand dieser Auswertung nach Werbung, die die dortigen Besucher interessieren könnte. Und Google wird darin von Tag zu Tag besser.

Da Google AdWords zugleich eine beliebte, aber auch (durch den Funktionsumfang) abschreckende Werbeform darstellt und es für einen Anfänger mitunter nicht ganz leicht ist, seine erste Anzeige zu erstellen, habe ich mir diese Werbeform herausgepickt und erkläre sie Ihnen im Folgenden ein wenig genauer. Bitte haben Sie Verständnis dafür, dass ich im Rahmen eines WordPress-Buches nicht jede Werbeform derart detailliert darstellen kann.

Account erstellen

Damit Sie bei Google AdWords eigene Anzeigen einstellen und schalten können, benötigen Sie zuallererst einen eigenen Google-Account. Diesen können Sie ganz bequem unter der folgenden URL anlegen:

https://www.google.com/accounts/NewAccount?hl=DE

Füllen Sie das dortige Formular einfach entsprechend Abbildung 12.1 aus; ich bin mir sicher, dass Ihnen dies keinerlei Probleme bereiten wird. Es empfiehlt sich, den

Haken bei WEBPROTOKOLL AKTIVIEREN aus Datenschutzgründen zu deaktivieren. Andernfalls zeichnet Google in Zukunft munter all Ihre Aktivitäten auf.

Bestätigen Sie die Account-Erstellung anschließend noch mit einem Klick auf den Link in der E-Mail, die Sie umgehend von Google erhalten werden. Danach können Sie sich unter der Adresse *http://adwords.google.de* mit Ihren neuen Kontodaten einloggen, wie Abbildung 12.2 zeigt.

Obwohl Sie sich ja gerade erst mit Ihrem Google-Account angemeldet haben, möchte Google von Ihnen jetzt erst wissen, ob Sie überhaupt einen Google-Account haben und ob dieser für Google Adwords verwendet werden soll. Der Einfachheit halber bejahen Sie diese Fragen und geben schlussendlich noch einmal Ihre Account-Daten an (Abbildung 12.3).

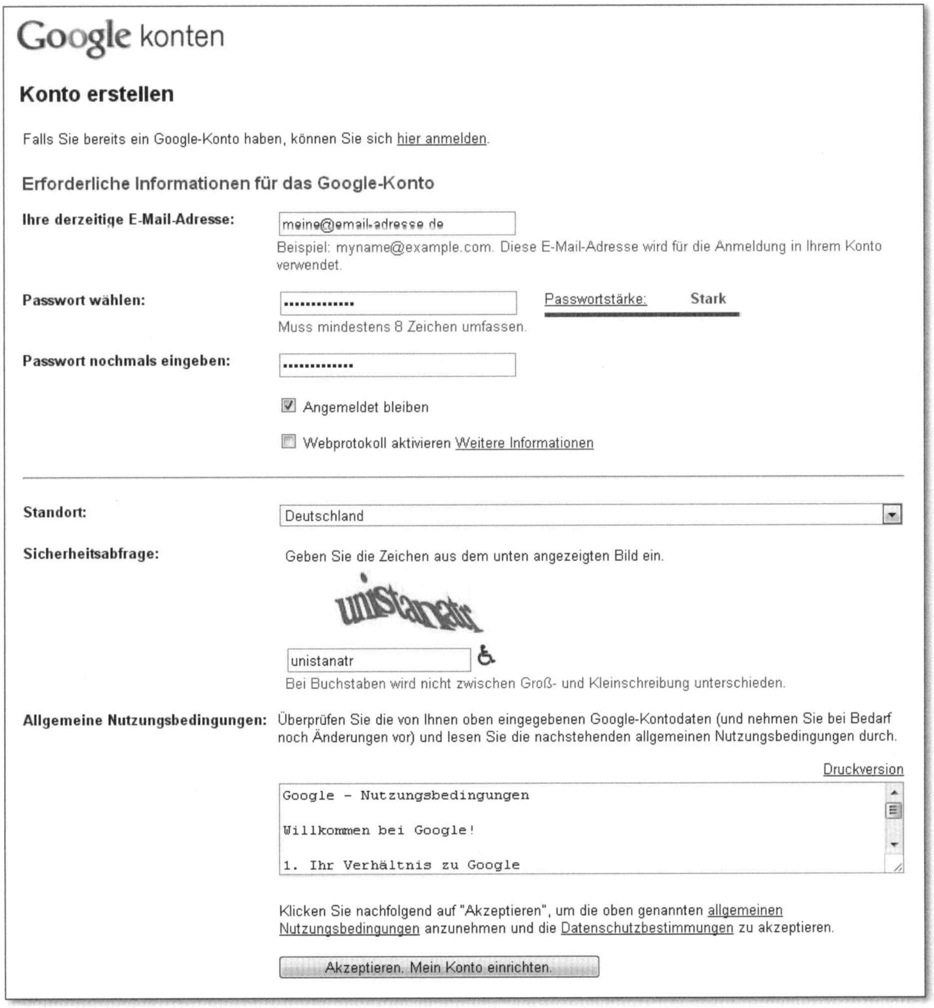

Abbildung 12.1 In 10 Sekunden zum Google-Account

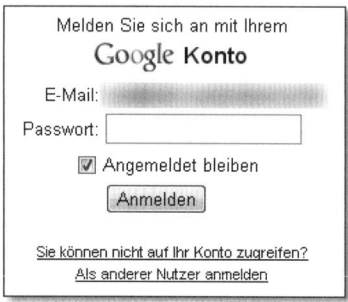

Abbildung 12.2 Die Anmeldemaske für Google Adwords

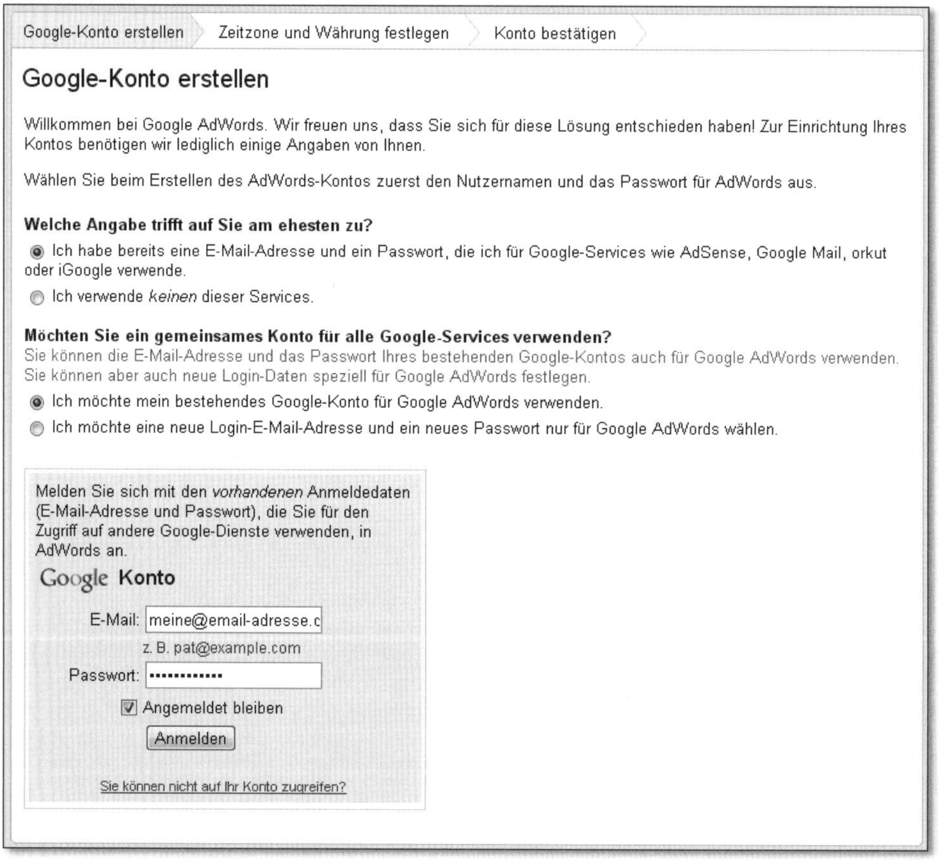

Google-Konto erstellen ⟩ Zeitzone und Währung festlegen ⟩ Konto bestätigen ⟩

Google-Konto erstellen

Willkommen bei Google AdWords. Wir freuen uns, dass Sie sich für diese Lösung entschieden haben! Zur Einrichtung Ihres Kontos benötigen wir lediglich einige Angaben von Ihnen.

Wählen Sie beim Erstellen des AdWords-Kontos zuerst den Nutzernamen und das Passwort für AdWords aus.

Welche Angabe trifft auf Sie am ehesten zu?

⦿ Ich habe bereits eine E-Mail-Adresse und ein Passwort, die ich für Google-Services wie AdSense, Google Mail, orkut oder iGoogle verwende.

○ Ich verwende *keinen* dieser Services.

Möchten Sie ein gemeinsames Konto für alle Google-Services verwenden?
Sie können die E-Mail-Adresse und das Passwort Ihres bestehenden Google-Kontos auch für Google AdWords verwenden. Sie können aber auch neue Login-Daten speziell für Google AdWords festlegen.

⦿ Ich möchte mein bestehendes Google-Konto für Google AdWords verwenden.

○ Ich möchte eine neue Login-E-Mail-Adresse und ein neues Passwort nur für Google AdWords wählen.

> Melden Sie sich mit den *vorhandenen* Anmeldedaten
> (E-Mail-Adresse und Passwort), die Sie für den
> Zugriff auf andere Google-Dienste verwenden, in
> AdWords an.
>
> Google **Konto**
>
> E-Mail: [meine@email-adresse.c]
> z. B. pat@example.com
> Passwort: [••••••••••]
> ☑ Angemeldet bleiben
> [Anmelden]
>
> Sie können nicht auf Ihr Konto zugreifen?

Abbildung 12.3 Google will sich noch einmal vergewissern, ob Sie das, was Sie da tun, auch wirklich möchten. Google denkt nicht immer logisch.

Es folgen einige Einstellungen zu Ihrer Zeitzone und Währung (Abbildung 12.4). Hier sollten Sie nicht aus Versehen etwas Falsches angeben, da diese Angaben später nicht mehr geändert werden können.

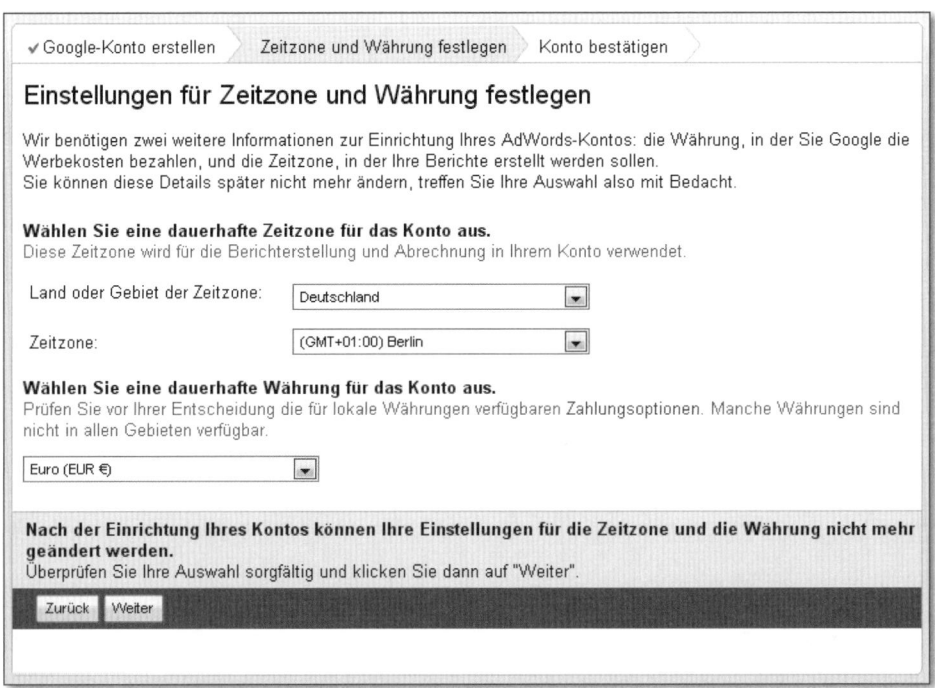

Abbildung 12.4 Google AdWords: Zeitzonen- und Währungs-Informationen

Zahlungsverkehr einrichten

Ihr Konto ist nun erstellt, und Sie können sich bei Google AdWords anmelden. Bevor Sie mit dem Geldausgeben (und hoffentlich auch Geldeinnehmen) loslegen können, benötigt Google von Ihnen allerdings noch Zahlungsinformationen. Diese können Sie unter dem Menüpunkt ABRECHNUNG · ABRECHNUNGSEINSTELLUNGEN eingeben.

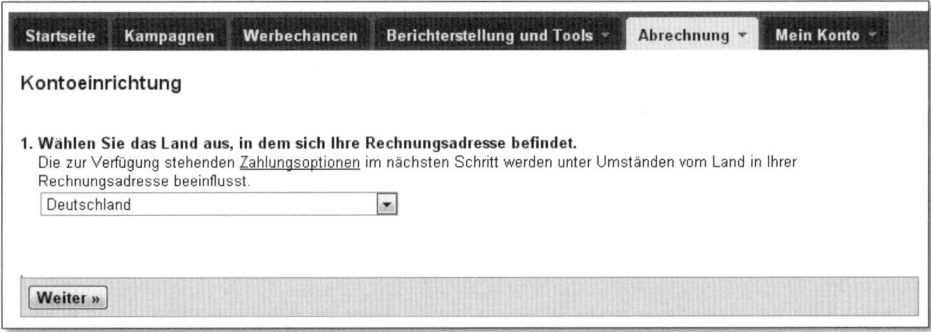

Abbildung 12.5 Bitte nennen Sie Google als Erstes das Land Ihrer Rechnungsadresse.

Dort geben Sie zunächst Ihr Land (Abbildung 12.5) und danach einige personen- bzw. unternehmensbezogene Daten an, wie Anschrift und gegebenenfalls Ihre Umsatz-steueridentifikationsnummer (Abbildung 12.6).

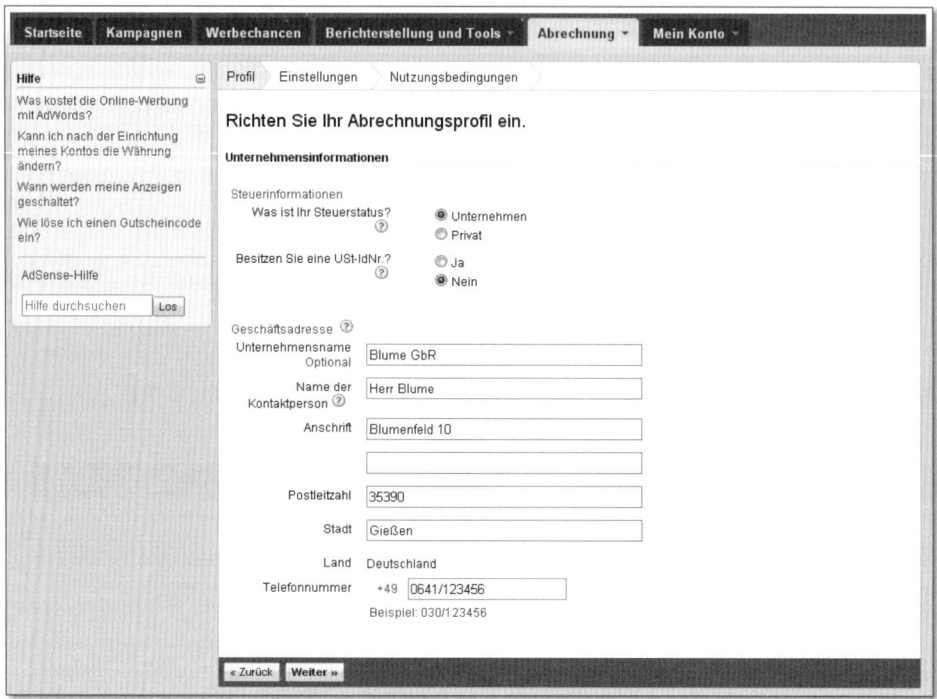

Abbildung 12.6 Im nächsten Schritt geben Sie noch spezifischere Daten für ebenjene Rech-nungsadresse an.

Nun folgen die Zahlungsoptionen (Abbildung 12.7). Dort haben Sie zunächst einmal die Wahl zwischen der automatischen und der manuellen Zahlung. Bei der automati-schen Zahlung werden die entstandenen Kosten einfach von Ihrem Bankkonto oder von Ihrer Kreditkarte abgebucht (natürlich können Sie hierfür ein Tageshöchstlimit festlegen). Bei der manuellen Zahlung hingegen liegt es an Ihnen, eine Überweisung durchzuführen, bevor Sie die Anzeigen mit eben diesem Budget schalten können. Die automatische Zahlung ist natürlich um einiges komfortabler und auch schneller.

Bei der automatischen Zahlung können Sie sich außerdem für Bankeinzug oder Kre-ditkarte entscheiden. Bedenken Sie, dass Sie, wenn Sie sich für den Bankeinzug ent-scheiden, noch einige Tage warten müssen, bis Sie endlich Anzeigen schalten können. Google erwartet nämlich von Ihnen, dass Sie dorthin eine eigenhändig unterschriebene Einzugsermächtigung per Post, Fax oder E-Mail senden. Selbst bei E-Mail-Versand dauert die Freischaltung fünf bis zehn Tage. Schneller geht es (der-zeit) nur bei Zahlung per Kreditkarte. Damit können Sie sofort Anzeigen schalten.

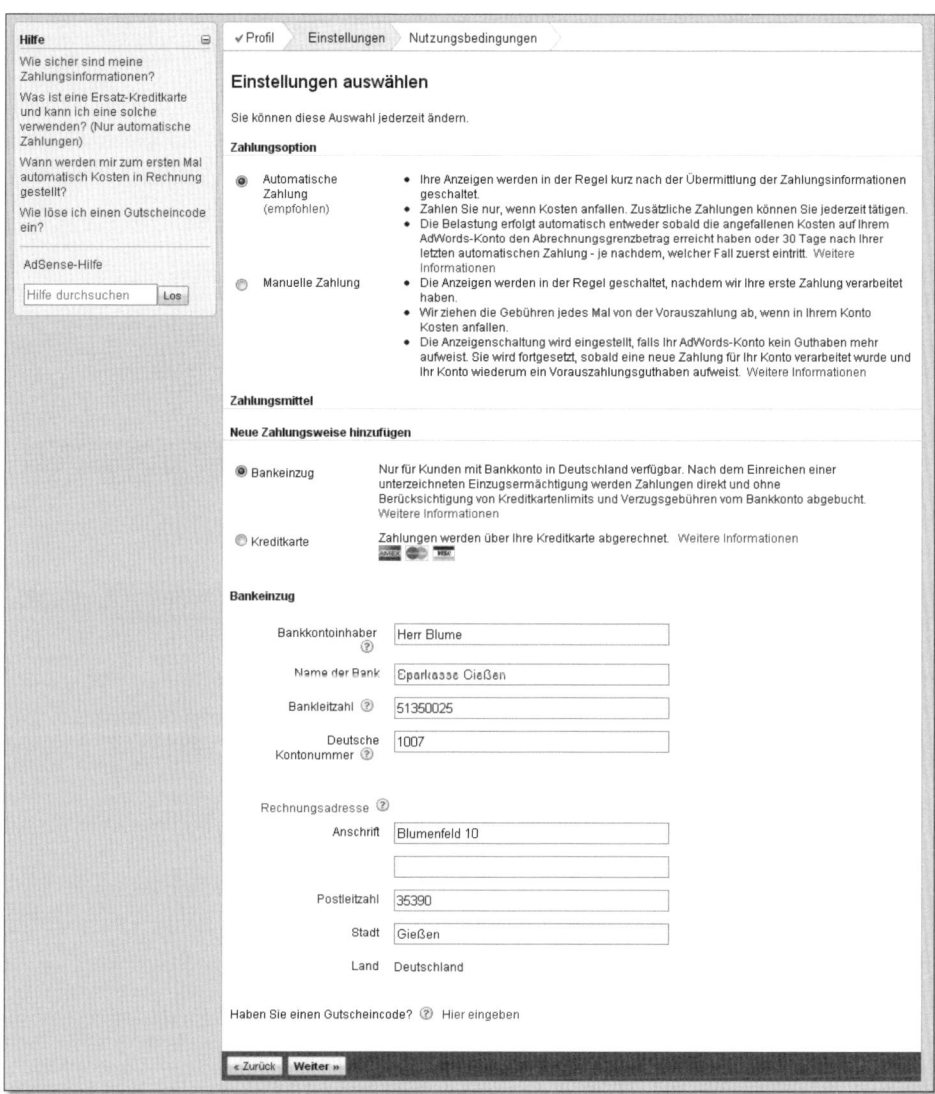

Abbildung 12.7 Wie würden Sie gerne zahlen?

Anschließend bestätigen Sie – natürlich erst nach der aufmerksamen Lektüre – Googles Nutzungsbedingungen (Abbildung 12.8). Auf der folgenden Seite werden Sie dann noch, sollten Sie sich für den Bankeinzug entschieden haben, darüber belehrt, wie Sie denn die Einzugsermächtigung drucken und versenden können (Abbildung 12.9). Andernfalls können Sie nun direkt mit dem Kreieren und Schalten Ihrer Anzeigen beginnen (das geht übrigens auch, wenn Ihr Bankkonto noch nicht freigeschaltet wurde; Sie können diese Anzeigen dann zwar noch nicht schalten, aber bereits erstellen).

Abbildung 12.8 Bestätigen Sie anschließend noch die Nutzungsbedingungen von Google.

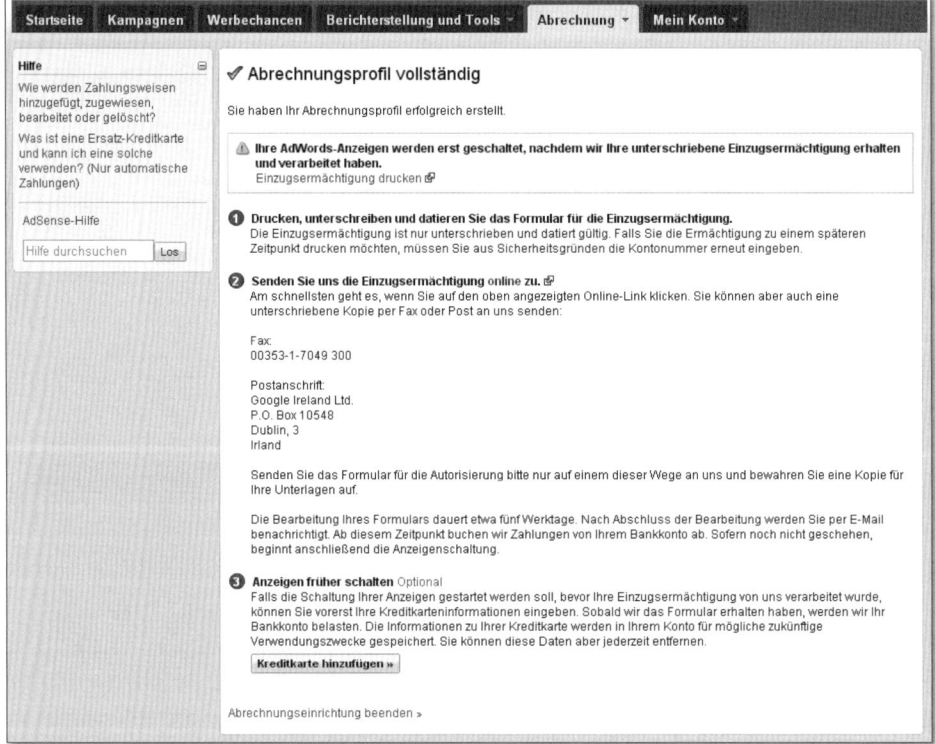

Abbildung 12.9 Sie sind fertig. Eventuell benötigt Google nun noch eine Einzugsermächtigung von Ihnen.

Ihre erste Kampagne erstellen

Nun möchten Sie mit Sicherheit Ihre erste eigene Kampagne erstellen. Hierfür sollten Sie sich, im Gegensatz zu mir, vorher überlegen, welches Produkt, welche Dienstleistung oder welche Website Sie eigentlich bewerben möchten, wie Sie das tun möchten und bei welchen Keywords Ihre Anzeigen auftauchen sollen.

Im Folgenden möchte ich Ihnen ein ganz einfaches Beispiel zeigen, wie Sie eine solche Kampagne anlegen können. Dabei gehe ich bewusst nicht auf alle Feinheiten von Google AdWords ein – dafür gibt es weitaus speziellere Literatur. Eine funktionsfähige Anzeige soll aber dennoch am Ende dabei herauskommen. Fangen Sie am besten gleich an!

Über den Menüpunkt Kampagnen • Neue Kampagne erstellen • Neue Kampagne gelangen Sie zur ersten Seite der Kampagnenerstellung (Abbildung 12.10). Lassen Sie sich nicht durch eventuell auftretende rote Warnboxen irritieren, die vor dem eigentlichen Formular auftreten können. Diese dienen nur der Warnung, dass Sie (im Falle des Bankeinzugs) noch kein freigeschaltetes Konto besitzen. Die Kampagne können Sie aber, wie gesagt, auch ohne ein Konto erstellen; nur eben nicht schalten.

Wählen Sie zunächst einen Kampagnentyp aus, zum Beispiel nur das Such-Werbenetzwerk, wenn Sie Ihre Kampagne ausschließlich neben den passenden Suchergebnissen präsentieren möchten.

Zudem können Sie einen Kampagnennamen und einen Standort wählen. Je spezifischer Ihr Standort ist, desto kleiner ist logischerweise auch die Anzahl der Suchenden, die Ihre Anzeige zu Gesicht bekommen. Wenn Sie eine sehr genaue (geografische) Kenntnis über Ihre Zielgruppe haben, kann diese Einstellung aber die Effektivität Ihrer Anzeigen drastisch erhöhen. Wählen Sie schließlich noch aus, welche Sprache Ihre Kunden sprechen.

Als Empfänger sollten Sie zunächst Alle verfügbaren Geräte auswählen, um niemanden wegen seiner Peripherie auszuschließen – außer Sie haben gewichtige Gründe, dies zu tun.

Unter Gebote und Budget können Sie nun einstellen, wie viel Ihnen diese Anzeige bzw. viel mehr ein Klick auf Ihre Website wert ist. CPC bedeutet dabei *Cost Per Click* und beschreibt den Preis, den Sie gewillt sind, pro Klick auf eine Anzeige zu bezahlen. Am einfachsten ist es, wenn Sie die CPC-Gebote automatisch einstellen. Legen Sie dann sinnvollerweise ein CPC-Gebotslimit fest. Beim Bieten um die besten Plätze können Sie Google so genaue Vorgaben machen, was Sie maximal gewillt sind, für einen Klick zu bezahlen. Google schöpft das Limit dabei selbstverständlich nur aus, wenn die anderen Gebote entsprechend hoch sind. Das Wichtigste ist aber Ihr Budget. Legen Sie hier fest, wie viel Euro Sie maximal pro Tag in Ihre Kampagne investieren möchten. Andernfalls kann es passieren, dass Ihnen horrende Kosten entstehen;

das möchte Google vermeiden. In meinem Beispiel habe ich ein CPC-Gebotslimit von € 0,10 festgelegt sowie ein Budget von € 10,00. Google bietet nun automatisch um die (später) von mir definierten Keywords, bietet aber pro Keyword nie mehr als 10 Cent pro Klick. Und insgesamt gibt Google für mich nicht mehr als € 10 pro Tag aus.

Diese Einstellungen reichen bereits für eine Kampagne aus. Aber probieren Sie ruhig auch die erweiterten Einstellungen aus, damit können Sie unter Umständen beeindruckende Ergebnisse erzielen. Bis zum Google-AdWords-Profi ist es aber ein weiter Weg.

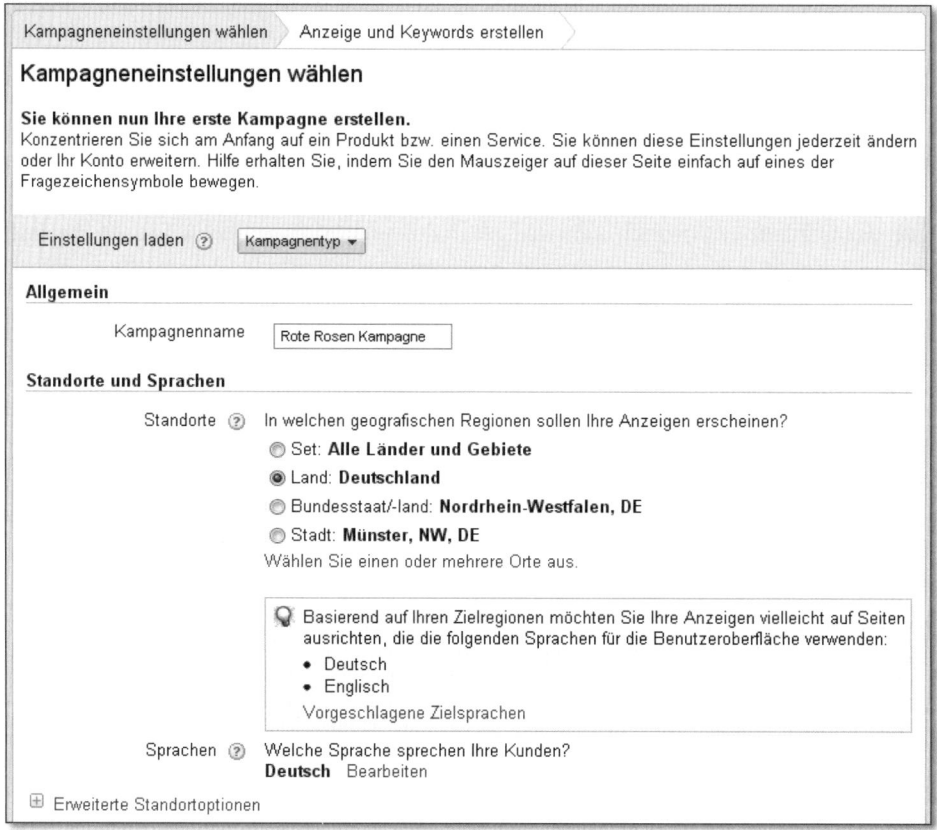

Abbildung 12.10 Erstellen Sie Ihre erste Kampagne.

Nach dem Speichern können Sie Ihre Anzeige näher ausgestalten (Abbildung 12.11). Ich habe mich für eine klassische TEXTANZEIGE entschieden, wie sie Ihnen vermutlich schon von den Google-Suchergebnissen her bekannt sein dürfte.

Ihnen stehen eine Überschrift, zwei Textzeilen sowie eine angezeigte URL zur Verfügung, um Ihre Anzeige zu gestalten. Dank der Vorschau sehen Sie sofort, wie sich Ihr Text auf die Darstellung der Anzeige auswirkt.

Direkt darunter können Sie die Keywords festlegen, bei denen Ihre Anzeige erscheinen soll – falls jemand das Suchwort eingibt und Sie zu den Bietenden gehören, die einen Platz ergattern konnten. Dies ist neben dem Anzeigentext der wichtigste Punkt in der Kampagnenerstellung. Machen Sie sich sorgfältig Gedanken darüber, bei welchen Suchergebnissen Ihre Anzeige einen Kaufanreiz auslösen oder Interesse wecken könnte. Sie können Ihre Keywords auch schätzen lassen. Aufschlussreicher ist hier aber das *Google Keyword Tool*, welches speziell für Google AdWords entwickelt worden ist und für die Suchmaschinenoptimierung eigentlich nur zweckentfremdet wird:

https://adwords.google.com/select/KeywordToolExternal

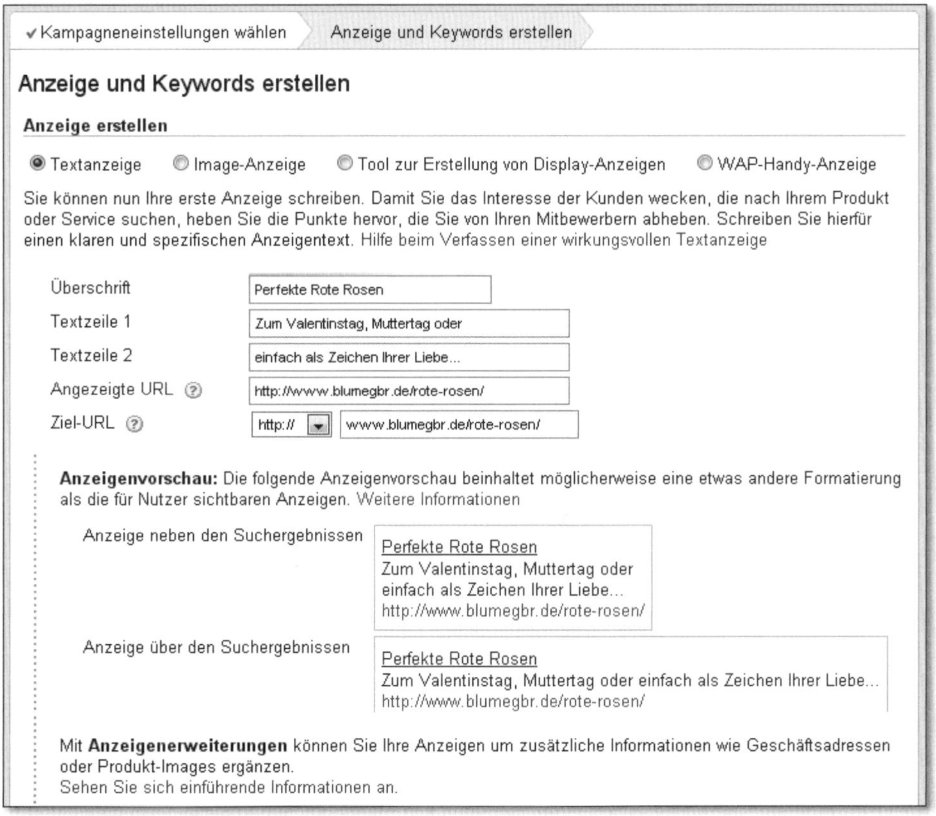

Abbildung 12.11 Gestalten Sie Ihre Anzeige nach Ihren Wünschen.

Speichern Sie nun Ihre Anzeige, wird diese automatisch aktiviert, und Ihnen wird eine Übersicht angezeigt, die zum jetzigen Zeitpunkt noch aus lauter Nullen bestehen sollte (Abbildung 12.12). Nach einiger Zeit finden Sie hier aber mehr oder weniger aufschlussreiche Statistiken, mit denen Sie Ihre Kampagne überwachen und verbessern können.

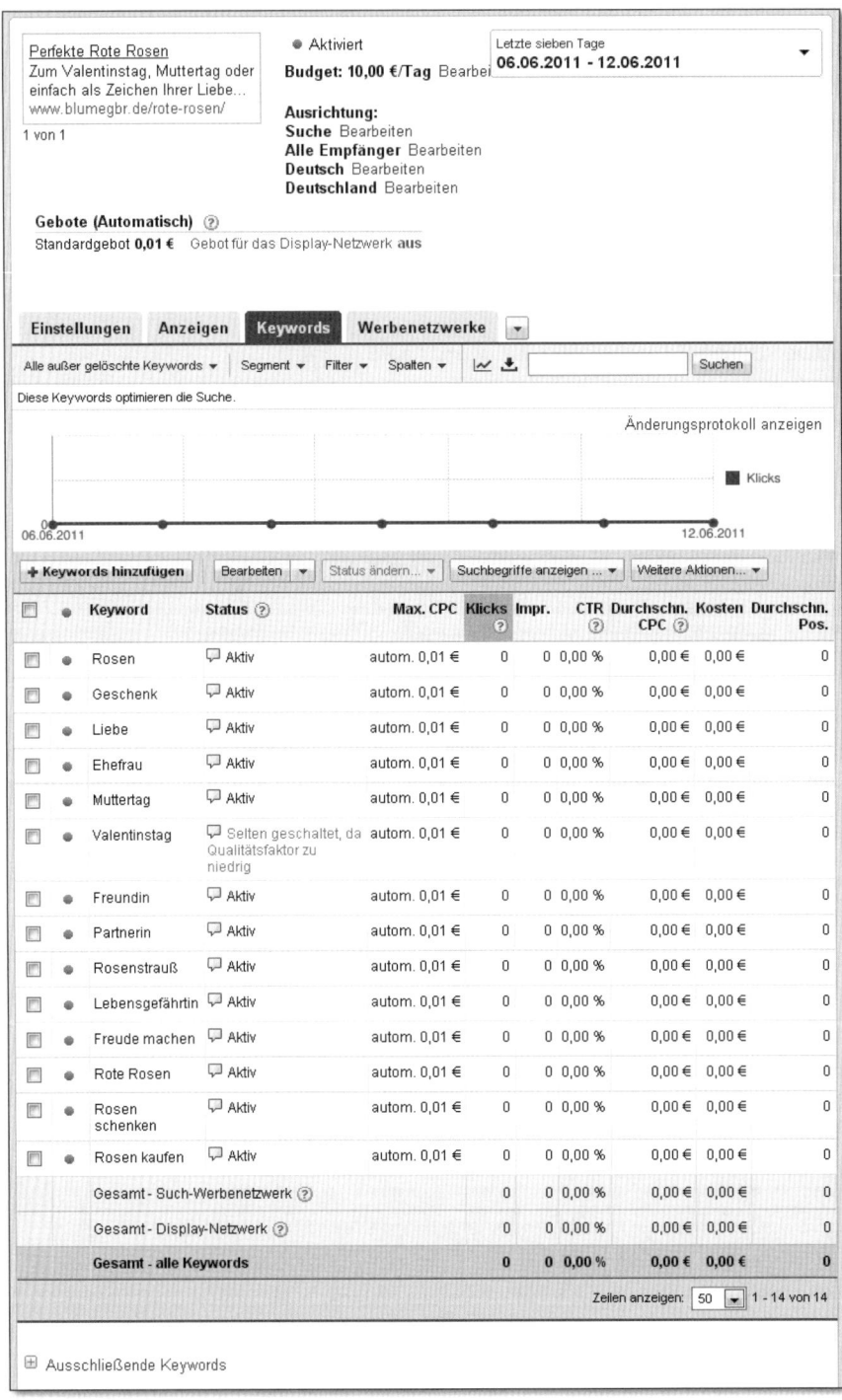

Abbildung 12.12 Google generiert für Sie Statistiken zu Ihren Kampagnen.
Das ist auch das Mindeste, was es für Sie tun kann.

Grundsätzlich gilt, dass eine Kampagne niemals fertig ist. Man bastelt und schraubt immer wieder daran herum, im festen Glauben, dass das eine oder andere Wörtchen im Anzeigentext oder ein neues, vielversprechendes Keyword einen wahren Besucheransturm auslösen wird. Das kann auch tatsächlich passieren – aber nicht von heute auf morgen. Geben Sie sich selbst Zeit, Google AdWords kennenzulernen und dieses mächtige Werkzeug beherrschen zu lernen. Und geben Sie Ihrer Anzeige die Zeit, die Sie braucht, um Gewinne einzufahren. Im Folgenden bekommen Sie genau dafür noch einige Tipps, damit Sie nicht am heutigen Tag schon das nächste Buch kaufen müssen.

Tipps für erfolgreiche Anzeigen bei Google AdWords

Es ist wirklich nicht ganz leicht, gute AdWords-Kampagnen zu erstellen. Das Thema ist viel komplexer, als man am Anfang meinen mag. Hierbei spielt nicht nur der gekonnte Umgang mit den zahlreichen Funktionen eine Rolle, sondern vor allem auch ein solides Marketing-Wissen. Im Gegensatz zu externen Marketing-Profis haben Sie aber einen entscheidenden Vorteil: Sie kennen Ihr Unternehmen/Ihre Website und damit Ihre Stärken einfach besser. Und auf die Kenntnis dieser kommt es entscheidend an, wenn Sie auf sich aufmerksam machen möchten. Im Folgenden möchte ich Ihnen einige grundlegende Tipps geben, mit denen Sie in das Thema AdWords starten können.

Überlegen Sie sich als Erstes ein Ziel. Welches Produkt, welche Dienstleistung, welche Website möchten Sie bewerben? Wie viele Zugriffe versprechen Sie sich von Ihrer Kampagne? Und wie viele der Besucher sollen am Ende eine bestimmte Aktion durchführen, zum Beispiel einen Kauf? Definieren Sie Ihr Ziel möglichst genau, denn nur so steuern Sie von Anfang an in die richtige Richtung. Es kommt dabei nicht darauf an, das Ziel perfekt zu formulieren; das können Sie später immer noch anpassen. Eine Marschrichtung sollten Sie aber haben.

Erstellen Sie nun zu diesem Ziel eine passende Keyword-Liste. Seien Sie hierbei nicht sparsam. Überlegen Sie sich alle möglichen Kombinationen von Suchbegriffen, die jemand eingeben könnte, der sich für Sie, Ihr Produkt oder Ihre Website interessiert. Vor allem zusammengesetzte Suchbegriffe sind sinnvoll, da sie in der Regel günstiger sind.

Sie sollten auch eine Liste mit negativen Keywords erstellen. Bei Eingabe dieser Begriffe, wird Ihre Anzeige dem Suchenden gerade nicht angezeigt. Wenn Sie beispielsweise ein kostenpflichtiges Produkt bewerben möchten, sollten Sie womöglich Begriffe wie »gratis« oder »kostenlos« auf Ihre Negativliste setzen. Denn die Menschen, die danach suchen, werden in den seltensten Fällen kaufen – sie kosten Sie aber im Zweifel viel Geld dadurch, dass sie auf die Anzeige klicken.

Beziehen Sie auch Rechtschreibfehler und ungewöhnliche Schreibweisen in Ihre Keyword-Liste mit ein. Menschen machen Fehler, vor allem bei der Google-Suche. Die einen wissen es nicht besser, den anderen ist es in der Hektik schlichtweg egal, denn Google korrigiert die Fehler eigenständig schon ziemlich gut, so dass auf übertriebenen Perfektionismus verzichtet werden kann. Lassen Sie falsch geschriebene Suchbegriffe außen vor, schneiden Sie sich aber unter Umständen wichtige Kundschaft ab.

Eine höhere Anzeigeposition bedeutet in der Regel auch ein höheres Besucheraufkommen auf Ihrer Website. Diese Positionen sind also zumeist erstrebenswert, allerdings auch nicht ganz billig. Neben dem Preis, den Sie gewillt sind, für die Anzeige zu zahlen, spielt auch die Relevanz Ihres Angebots für diesen Suchbegriff eine Rolle. Versuchen Sie also besser nicht, bei Suchbegriffen zu landen, die mit Ihrem Angebot inhaltlich wenig zu tun haben. Dann wird Google eine Relevanz verneinen und Sie trotz Zahlungsbereitschaft auf die unteren Plätze verbannen.

In Ihrer Anzeige sollten Sie generell lösungsorientiert und nicht problemorientiert sein. Schildern Sie lieber, wie Sie die Probleme Ihrer Kunden lösen können, anstatt deren Probleme zu umschreiben. Wecken Sie in Ihren potenziellen Kunden ein Verlangen, gerade Ihr Produkt kaufen zu wollen.

Bringen Sie das vom Suchenden eingegebene Keyword in der Titelzeile Ihrer Anzeige unter. Dadurch wirkt sie automatisch relevanter, was durch den automatischen Fettdruck dieser Wörter zusätzlich verstärkt wird. Auf so eine Anzeige wird eher geklickt, als wenn das Keyword nicht darin auftaucht. Um das entsprechende Keyword automatisch durch Google einbinden zu lassen, verwenden Sie den Platzhalter {Keyword:Alternativtext}. Für Alternativtext fügen Sie einfach einen Textbaustein ein, der erscheinen soll, wenn kein derartiges Keyword eingegeben worden ist, zum Beispiel: {Keyword:Rote Rosen}.

Erwähnen Sie am besten auch den Preis für Ihr Produkt direkt in der Anzeige. Das schreckt unter Umständen die »Kostenlossucher« ab, die nicht von Ihrer Negativliste erfasst wurden, da sie schlicht nicht zielgerichtet mit dem Begriff »kostenlos« gesucht haben. Auch diejenigen, deren Geldbeutel augenscheinlich für Ihre Produkte nicht ausreicht, können Sie somit recht gut ausschließen. Vermeiden Sie diese Strategie aber, wenn Sie Ihr Produkt auch in einer günstigen oder kostenlosen Version anbieten oder der Meinung sind, dass auch diese Kunden schon irgendwann kaufen werden. Feingefühl ist gefragt.

Beginnen Sie nun mit dem Erstellen Ihrer ersten Kampagne, und beherzigen Sie die oben genannten Tipps. Lassen Sie sich aber nicht entmutigen, wenn sich anfangs noch nicht der gewünschte Erfolg einstellt. Basteln Sie so lange an Ihrer Anzeige, bis sie perfekt ist, und eignen Sie sich bei Bedarf tiefer gehendes AdWords-Wissen an, zum Beispiel durch entsprechende Literatur.

12.1.7   Social Media Marketing

Ein weiteres vielversprechendes Marketing-Feld ist das der Social Media. Dazu zählen beispielsweise Facebook und auch Twitter. Je nach Zielgruppe eignen sich diese Werkzeuge hervorragend, um Ihre Website zu vermarkten. Social Media Marketing sollten Sie immer dann einsetzen, wenn ein überwiegender Teil Ihrer Zielgruppe diese Kanäle nutzt, um zu kommunizieren.

Facebook eignet sich wunderbar, um (potenzielle) Kunden darüber zu binden, dass sie Fan Ihres Unternehmens werden. Sie können Gewinnspiele oder Rabattaktionen veranstalten oder besondere Informationen veröffentlichen, die nur Ihre Facebook-Gemeinde lesen kann.

Twitter hingegen dient eher der unkomplizierten Informationsweitergabe. Sie benötigen keinen Account, um dort Nachrichten zu lesen. Und auch die Bedienung ist wesentlich weniger komplex als bei Facebook. Sie können Neuigkeiten über Ihr Unternehmen twittern, Ihre Leser (Follower) über frisch veröffentlichte Beiträge informieren und diesen mit Tipps und Tricks zu Ihren Produkten zur Seite stehen.

Die Einfachheit von Twitter ist der Vorteil dieses Netzwerks. Während Sie sich bei Facebook schon etwas Besonderes einfallen lassen müssen, um mit den anderen Unternehmen konkurrieren zu können, können Sie bei Twitter gleich loslegen. Denn hier kommt es wirklich nur auf Ihre Inhalte an – und nicht darauf, wer die schönste Unternehmensseite gestaltet oder die beste App programmiert hat. Bei Twitter haben Sie diese Möglichkeiten gar nicht. Das macht es für Sie und für Ihre Interessenten einfacher. Alles läuft über einen einzigen Kanal. Und Gewinnspiele können Sie hier ebenfalls veranstalten.

Für welches Instrument Sie sich letztendlich entscheiden – für Twitter, Facebook oder beide – ist allein Ihre Entscheidung. Machen Sie sich mit beiden vertraut, und finden Sie heraus, welche von Ihrer Zielgruppe besser angenommen wird. Stimmen Sie Ihre Social-Media-Aktivitäten auch darauf ab, was Sie dort bieten möchten und wie viel Zeit Sie haben. Social Media lohnt sich fast immer. Es ist aber, genau wie ein Blog, eine Geduldsprobe: Denn kurzfristige Ergebnisse dürfen Sie hier nicht erwarten, wenn Sie dies nicht mit anderen Werbemaßnahmen verknüpfen.

12.2   Tracking – die Besucher im Auge behalten

Tracking-Software zeichnet sowohl die Anzahl der Besucher Ihrer Website als auch deren Verhalten auf. So werden über jeden Besucher nicht nur geografische oder technische Daten (zum Beispiel welchen Browser dieser benutzt) erfasst, sondern auch, welche einzelnen Seiten er besucht hat und wie lange er sich auf Ihrer Website insgesamt aufgehalten hat. Durch diese und noch viel mehr Informationen lässt sich schon ein recht genaues Bild Ihrer Besucher zeichnen.

Die Entscheidung, sich zuerst mit Marketing oder mit Tracking zu beschäftigen, ist wie die Frage: Wer war zuerst da, Henne oder Ei? Sie benötigen für das Tracking schon eine gewisse Anzahl an Zugriffen auf Ihre Website – ein Besucher pro Tag lässt sich nur sehr mäßig analysieren. Oft ist das dann noch ein Querschläger aus den USA, der Ihre Website sofort verlässt, nachdem er bemerkt, dass Sie gar nicht seine Sprache sprechen. Andererseits benötigen Sie das Tracking, um Ihre Marketing-Maßnahmen zu verbessern.

In jedem Fall benötigen Sie eine Tracking-Software. Eine Website ohne Tracking-Software wäre in etwa so, als würden Sie sich mit Wettkampfabsicht auf einen 100-Meter-Lauf vorbereiten, ohne die Zeit zu stoppen. Sie können aus Besuchern immer nur dann wiederkehrende Besucher oder gar Kunden machen, wenn Sie wissen, was diesen gefallen und was ihnen nicht gefallen hat. Installieren Sie also von Anfang an eine derartige Software, selbst wenn Ihre Website noch ganz neu ist. Wirklich verwerten können Sie diese Daten aber erst, wenn auch eine nennenswerte Anzahl an Besuchern regelmäßig dort zu verzeichnen ist. Aber jeder fängt einmal klein an.

Es gibt viele verschiedene Tracking-Systeme, und Sie müssen wirklich nicht alle kennen. Wenn man von den Spitzenreitern sprechen möchte, dann muss man wohl drei Namen nennen: *etracker*, *Google Analytics* und *Piwik*. Alle drei sind grundverschieden und bieten doch in etwa die gleichen Leistungen.

Die Software etracker der etracker GmbH ist die einzige kommerzielle Variante der oben genannten. Dafür ist sie laut Unternehmen aber auch zu 100 % datenschutzkonform – vorausgesetzt, man wählt entsprechende Sicherheitseinstellungen. Google Analytics ist kostenlos und die am weitesten verbreitete Software in diesem Bereich. Allerdings hadert sie zumindest in Deutschland ein wenig mit dem hiesigen Datenschutz. Wobei dies aktuell wieder relativiert wurde. Das Problem mit dem Datenschutz in Deutschland ist, dass er sehr undurchsichtig ist und Sie daher in jedem Fall professionellen Rechtsbeistand zurate ziehen sollten, bevor Sie derartige Systeme installieren. Beiden Systemen ist gemein, dass sie auf fremden Servern laufen und so Ihren eigenen nicht belasten. Sie müssen in Ihre Website lediglich einen kleinen Codeschnipsel einbauen, und schon beginnt das Zählen. Piwik ist da etwas anders. Diese Software ist auch kostenlos, aber Sie betreiben diese auf Ihrem eigenen Server.

Eines kann ich vorwegnehmen: Die Entscheidung fällt schwer. Schließlich müssen Sie neben Handhabung und Kosten auch die Datenschutzkonformität beachten, zumindest wenn Sie Ihre Website in Deutschland betreiben.

12.2.1   Vorneweg: Die Datenschutzproblematik

Im Land der Gesetze und Verordnungen ist es nicht gleichgültig, auf welches System Sie derzeit setzen. So wichtig der Datenschutz auch ist, so schrecklich ist aber auch die damit einhergehende Rechtsunsicherheit. Google Analytics wird allseits gescholten, die hiesigen Datenschutzbestimmungen nicht einzuhalten. etracker schmückt sich gerne damit, im Gegensatz zu Google genau das zu schaffen, ist dafür aber kostenpflichtig. Und Piwik hängt ein wenig dazwischen.

Hinweis: Ich kann und darf Ihnen hier keine Rechtsauskunft erteilen. Dieser Abschnitt beschäftigt sich zwar grundsätzlich mit der rechtlichen Problematik von Tracking-Software. Eine korrekte Betrachtung und vor allem eine individuelle Beratung kann aber nur ein Rechtsanwalt für Sie vornehmen. Die hier genannten Informationen können aufgrund der bislang ungeklärten Rechtslage bereits veraltet sein, wenn Sie dieses Buch lesen, oder Fehler enthalten. Dieser Abschnitt soll Sie lediglich für die Problematik sensibilisieren. Bevor Sie eine Tracking-Software einsetzen, sollten Sie in jedem Fall einen geeigneten Rechtsanwalt hinzuziehen.

Der Streit konzentriert sich auf die Speicherung von IP-Adressen, die jede Software unterschiedlich handhabt. Über diese Adresse lässt sich, zumindest mithilfe des Providers, eindeutig feststellen, welche Person sich hinter dem Anschluss verbirgt. Auch ist es möglich, durch die Speicherung der vollständigen Adresse wiederkehrende Besucher zu erkennen. Für die Website-Betreiber ist diese Information Gold wert. Für Datenschützer ist sie ein Dorn im Auge. Schließlich könnte der Nutzer so zum gläsernen Bürger werden, dessen Internetverhalten praktisch alles über ihn verrät. Insgesamt könnte man die Debatte als müßig betrachten in einer Zeit, in der so viele Menschen alles über sich auf Facebook preisgeben. Dennoch sind Gesetze dazu da, die Allgemeinheit zu schützen; auf den Schutz kann nicht allein deshalb verzichtet werden, weil eine Gruppe (und sei sie auch noch so groß) auf ihr Recht auf Datenschutz verzichtet. Die Debatte ist also definitiv ernst zu nehmen.

Es scheint, dass Google und die Hamburgische Datenschutz-Aufsichtsbehörde nach drei Jahren endlich zu einer Einigung gekommen sind (Stand 03.10.2011). Hierbei kommen aber Verpflichtungen auf den Website-Betreiber zu. Sie müssen hierfür einen Vertrag zur Auftragsdatenverarbeitung mit Google abschließen. Dann müssen Sie Ihre Datenschutzerklärung ergänzen und drittens Ihren Tracking-Code entsprechend anpassen.

Weitere, aktuelle Informationen finden Sie unter: *http://www.zdnet.de/magazin/ 41556436/google-analytics-datenschutzkonform-einsetzen.htm*

etracker arbeitet laut eigenen Aussagen datenschutzkonform, wenn Sie die entsprechend höchste Sicherheitseinstellung wählen. Und Piwik wurde von dem *Unabhängigen Landeszentrum für Datenschutz Schleswig-Holstein* als Alternative zu Google Analytics bezeichnet, die rechtlich einwandfrei und ebenfalls kostenlos sei.

Besprechen Sie diese Problematik mit Ihrem Rechtsanwalt, und entscheiden Sie sich für eines dieser Tools aufgrund seiner Beratung.

12.2.2   etracker – kostenpflichtig und erste Klasse

Wenn Sie bereit sind, für Tracking Geld auszugeben, dann sollten Sie sich einmal die Produkte der etracker GmbH (*www.etracker.com/de/*) anschauen. Für die Aufzeichnung des Besucherverhaltens ist insbesondere das Produkt »Web Analytics« für Sie interessant. Je nach Umfang der Leistungen und Seitenaufrufe Ihrer Website bietet es unterschiedliche Pakete für jeden Geldbeutel.

Die Installation

Registrieren Sie sich zunächst für einen Account bzw. für die Testversion unter *http://www.etracker.com*, und wählen Sie das Paket »Web Analytics Basic« für den Anfang aus. Im Laufe der Einrichtung zeigt etracker Ihnen einen Tracking-Code. Diesen fügen Sie, wie in der Anleitung beschrieben, zwischen <body> und </body> auf jeder einzelnen Unterseite ein. Üblicherweise sollte es bei Ihrem WordPress-Theme genügen, wenn Sie die *header.php* Ihres Themes bearbeiten und dort den Code direkt nach dem öffnenden <body>-Tag einfügen. Sollten Sie aus irgendeinem Grund darauf verzichtet haben, das öffnende <body>-Tag in der *header.php* unterzubringen, dann müssen Sie selbstverständlich jede Datei mit diesem Code bestücken, die ein solches Tag enthält.

Die Anwendung

Die Software zeichnet sich vor allem durch Übersichtlichkeit und ein hohes Maß an Professionalität aus. Sie können, wie bei den konkurrierenden Systemen auch, verschiedene Widgets zum Dashboard (Abbildung 12.13) hinzufügen und sich so Ihr eigenes Portfolio an Informationen zusammenstellen. So haben Sie die für Sie wichtigsten Informationen immer auf einen Blick parat.

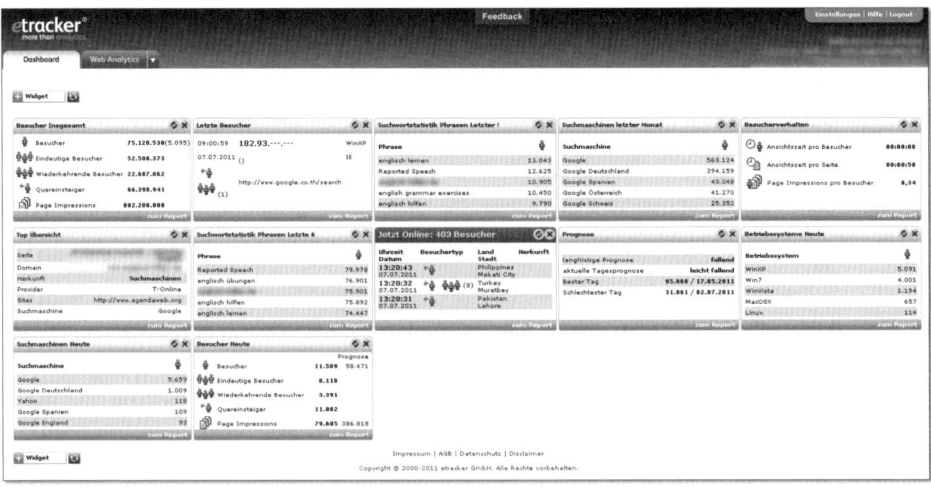

Abbildung 12.13 Das Dashboard von etracker

Der Umfang an Funktionen ist im Standardpaket schon ausreichend groß (Abbildung 12.14). Sie können sich alle Informationen nach Besuchern, Nutzung, Herkunft oder Technik aufschlüsseln lassen, wobei bei Letzterem noch zwischen mobiler und herkömmlicher Nutzung unterschieden wird. Dabei bietet die Software neben den üblichen Daten, wie letzte Besucher, Besucher pro Tag/Woche/Monat/Jahr oder Nutzung pro Seite/Bereich/Domain, auch so nützliche Tools wie Klickpfade und Website-Overlays.

Abbildung 12.14 Das bietet Ihnen etracker Web Analytics.

Die wichtigsten Informationen werden Ihnen auf dem Dashboard bereits angezeigt. Man ertappt sich aber vor allem dabei, sich LETZTE BESUCHER genauer anzuschauen (Abbildung 12.15). Hier können Sie nämlich (in Echtzeit) Rückschlüsse auf einzelne Personen ziehen.

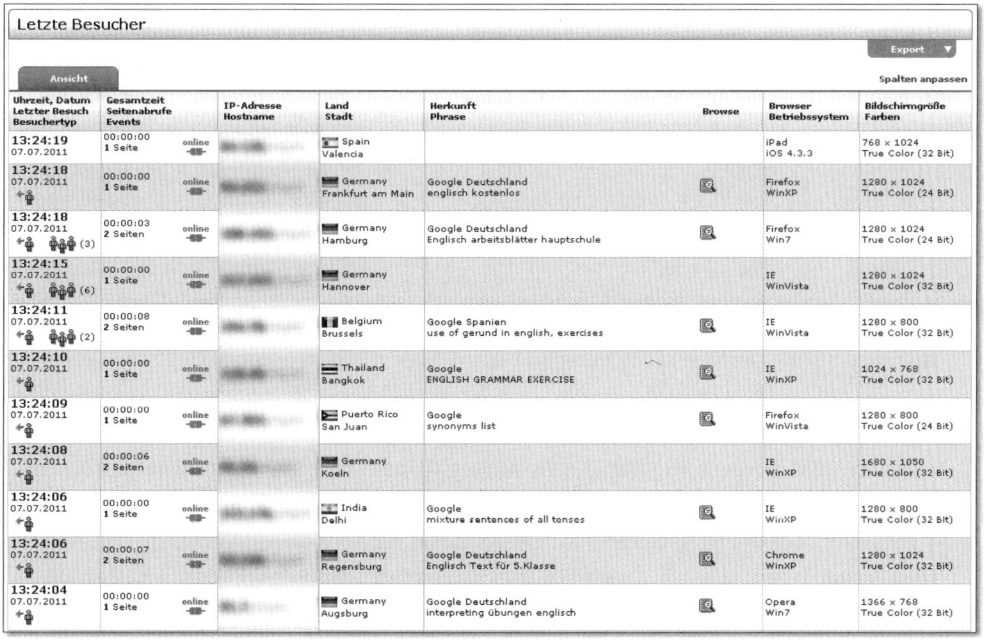

Abbildung 12.15 Die letzten Besuche (etracker)

So sehen Sie neben dem Zeitpunkt des Besuchs, auch die Herkunft (Land, Stadt) sowie die etwaige Website bzw. den etwaigen Suchbegriff, der den Nutzer hergeführt hat, gepaart mit einzelnen Informationen über die technische Ausstattung des Nutzers.

Links neben dem Ausschnitt der IP-Adresse finden Sie ein graues bzw. grünes Stecker-Symbol (Abbildung 12.16). Ein Klick hierauf bringt Sie zur Einzelansicht des Nutzers, die Ihnen weitere Informationen über diesen offenbart. Insbesondere die einzelnen besuchten Seiten und die (vermutete) Verweildauer auf dieser. Vermutet deshalb, weil sich diese natürlich nicht eindeutig feststellen lässt. Ist jemand eine Stunde lang auf einer einzelnen Unterseite, so deutet das – je nach Website – eher darauf hin, dass derjenige das Browserfenster offen gelassen und sich Kaffee geholt hat. Denn etracker kann selbstverständlich nicht erfassen, ob der Besucher sich gerade mit der Website beschäftigt oder nicht. Die Zeit wird erst gestoppt, wenn der Nutzer eine weitere Unterseite aufruft.

Abbildung 12.16 Der grüne Stecker führt Sie zu weiteren Informationen.

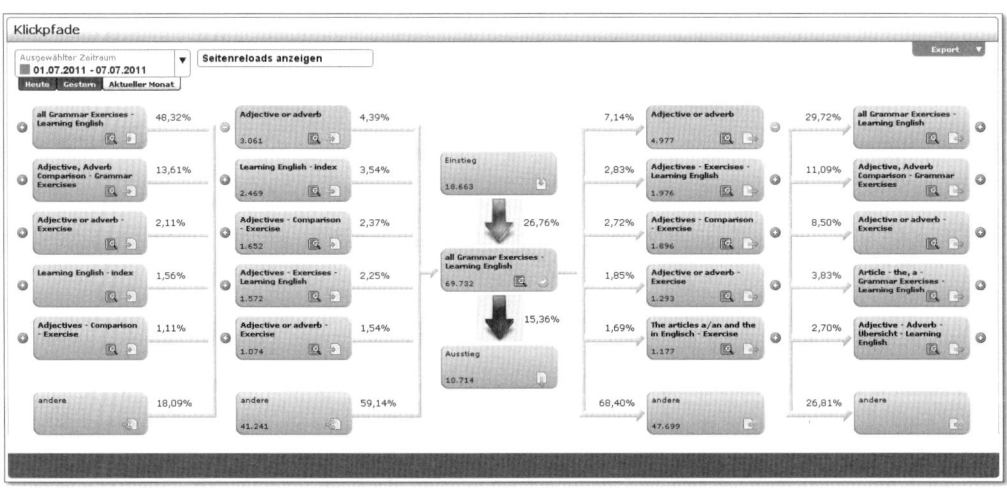

Abbildung 12.17 Die Klickpfade bei etracker

Aufschlussreich sind vor allem die KLICKPFADE (Abbildung 12.17). Hier wird sehr übersichtlich dargestellt, wie die Besucher durch die einzelnen Unterseiten Ihrer Website navigieren. In der Mitte (gelb dargestellt) befindet sich eine beliebige Ausgangsseite. Auf der linken Bildschirmseite befinden sich jeweils einzelne Unterseiten und Prozentwerte, die anzeigen, wie viel Prozent der Nutzer von der besagten Unterseite zur Ausgangsseite gelangt sind. Auf der rechten Seite verhält es sich ähnlich;

nur dass hier angezeigt wird, wie viel Prozent der Besucher der Ausgangsseite jeweils eine spezielle weitere Unterseite besucht haben.

Die Grafik lässt sich durch einen Klick auf das Plus-Symbol links oder rechts neben einem Seitenkästchen beliebig weit ausfahren. So können Sie auch sehen, wie die Besucher üblicherweise auf die Seite gelangen, die Sie vor der Ausgangsseite besuchen, usw. In der mittleren Spalte finden Sie zudem noch Informationen darüber, wie vielen Besuchern die Ausgangsseite als Einstiegsseite diente und wie viele von dort Ihre Website ganz verlassen haben.

Abbildung 12.18 Auf diese Unterseite haben sich noch
2,83 % der Besucher der Ausgangsseite gewagt. (etracker)

Die Zahl auf dem Pfeil neben einer Unterseite stellt logischerweise den prozentualen Anteil der Nutzer dar (Abbildung 12.18). Diese Information finden Sie allerdings auch noch einmal in der unteren linken Ecke des Kastens, allerdings dieses Mal als absolute Zahl. Rechts davon befindet sich noch ein Icon in Form eines Textdokuments mit Lupe. Durch einen Klick hierauf besuchen Sie die ausgewählte Unterseite direkt. Interessanter ist hier schon der Button mit dem orangefarbenen Pfeil auf dem Dokument rechts daneben: Hierdurch befördern Sie diese spezielle Unterseite in die Mitte der Anzeige, und es werden folglich alle ein- und ausgehenden Seiten hierfür ermittelt.

Wenn Sie einmal das Verhalten Ihrer Besucher nachvollziehen möchten, bietet sich die Clickmap an (Abbildung 12.19 und Abbildung 12.20). Hierbei wird eine wählbare Unterseite Ihrer Website angezeigt, aber durch einen speziellen Filter. Dieser zeigt Ihnen farblich an, wie viel Prozent der Besucher dieser Unterseite an eine spezielle Stelle geklickt haben. Das kann sehr aufschlussreich sein, wenn Sie die Benutzerfreundlichkeit Ihrer Website optimieren möchten. So können Sie herausfinden, welche Links besonders gut funktionieren und welche nicht – zum Beispiel, weil sie zu versteckt oder schlecht sichtbar sind.

Es gibt sogar einige Informationen, die Ihnen nur die Clickmap liefert. Auf nahezu jeder Website befinden sich Links zu externen Seiten. Die normale Statistik zeigt Ihnen nicht an, wie oft diese angeklickt werden bzw. auf welcher Seite diese besonders häufig angeklickt werden. In Abbildung 12.19 sehen Sie beispielsweise einen Button für den beliebten Dienst Instapaper, der es Lesern ermöglicht, Artikel für später (in einem gut lesbaren Format) abzuspeichern. Über die Clickmap erfahren Sie nun, wie viele Besucher bei der jeweiligen Seite von dieser Funktion Gebrauch gemacht haben. Ähnliches gilt für Links zu Twitter, zum RSS-Feed oder anderen externen Diensten.

Abbildung 12.19 Die Clickmap von etracker in Aktion

Abbildung 12.20 Immerhin 2,67 % interessierten sich für den Klausurfall zum Thema »GoA«. Und niemand von ihnen hat einen Kommentar hinterlassen. Schade. (etracker)

Durch die farbliche Kennzeichnung (warme Farben = viele Klicks, kalte Farben = wenige) können Sie sehr schnell erfassen, welche Links das größte Potenzial haben und welche möglicherweise optimierungsbedürftig sind.

Selbstverständlich können Sie durch das Buchen weiterer oder umfangreicherer Pakete Ihre Website noch zielführender optimieren. Diese können aber auch schnell kostspielig werden. Das Paket »Web Analytics Basic« bietet für den Anfang alles, was Sie benötigen, sowie bereits einige sehr komfortable Funktionen. Ob es überhaupt ein kostenpflichtiger Anbieter sein soll, müssen Sie entscheiden. Probieren Sie doch einfach die kostenlose, 21-tägige Testversion aus, und lesen Sie zudem die folgenden Ausführungen zu den kostenlosen Alternativen.

12.2.3   Piwik

Eine kostenlose Alternative zu etracker ist die Software Piwik. Diese läuft nicht auf externen Servern, sondern ausschließlich auf Ihrem eigenen. Daher sollten Sie in Ihren Berechnungen für einen ausreichend leistungsfähigen Server auch diese Tatsache berücksichtigen. Wie oben bereits geschrieben, wird sie unter bestimmten Voraussetzungen als datenschutzkonform erachtet. Wie Sie Piwik entsprechend absichern, finden Sie in der folgenden Broschüre des Unabhängigen Landeszentrums für Datenschutz Schleswig-Holstein unter:

https://www.datenschutzzentrum.de/tracking/piwik/20110315-webanalyse-piwik.pdf

Installation

Ihr Server sollte mindestens die PHP-Version 5.1.3, MySQL 4.1 oder jeweils höher verwenden. Außerdem benötigt Piwik die Erweiterungen *pdo*, *pdo_mysql* oder *mysqli*. Diese sollten aber standardmäßig aktiviert sein.

Laden Sie zunächst die aktuelle Piwik-Version von der offiziellen Website *http://piwik.org* herunter. Entpacken Sie das ZIP-Archiv auf Ihren Computer; herauskommen sollte ein Verzeichnis mit dem Namen *piwik*. Dieses laden Sie im Binärmodus (nähere Informationen entnehmen Sie bitte der Dokumentation Ihrer FTP-Software) auf Ihren Webserver; der Einfachheit halber direkt in das Verzeichnis Ihrer WordPress-Installation.

Rufen Sie anschließend die entsprechende URL in Ihrem Browser auf, zum Beispiel *http://www.ihre-website.de/piwik/*. Dort angekommen, folgen Sie einfach den Schritten des Installationsassistenten. Halten Sie hierfür die Zugangsdaten zu Ihrer MySQL-Datenbank bereit (diese sollten Sie im Vorfeld bereits angelegt haben). Schließlich präsentiert auch Piwik Ihnen einen Code, den Sie bitte in die *header.php* Ihres WordPress-Themes direkt vor dem schließenden </body>-Tag einfügen.

Anwendung

Im Gegensatz zu etracker wirkt das Dashboard auf den ersten Blick ein wenig überladen (Abbildung 12.21). Das legt sich aber, wenn Sie die Software erst einmal einige Zeit eingesetzt haben. Auch bei Piwik können Sie einzelne Widgets hinzufügen und entfernen.

Die Software bietet dafür, dass sie kostenlos angeboten wird, wirklich einige Funktionen. Dazu zählen unter anderem die Anzeige der letzten Besucher im BESUCHER-LOG, Eingangsseiten, Ausstiegsseiten, Suchmaschinen und Suchbegriffe sowie die Möglichkeit, Ziele festzulegen und diese zu tracken.

Im BESUCHER-LOG finden sie die Auflistung der letzten Besucher (Abbildung 12.22). Im Gegensatz zu etracker sehen Sie hier sogar ohne weiteren Klick, auf welchen Unterseiten die Besucher sich noch befunden haben.

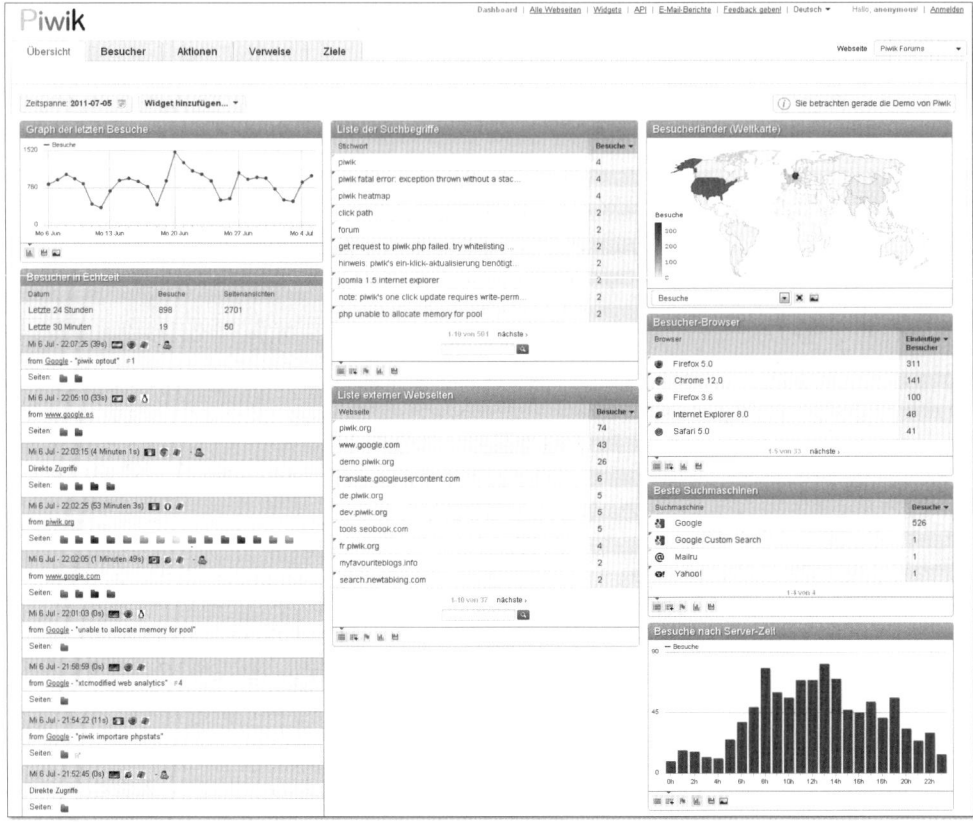

Abbildung 12.21 Das Dashboard von Piwik

Abbildung 12.22 Das Besucher-Log von Piwik

Doch nicht nur die üblichen Kurzinfos finden sich hier, sondern sogar einige tiefer gehende Hinweise auf die verwendete Technik, die bei anderen Statistiktools oft erst durch weitere Klicks erreicht werden können (Abbildung 12.23). Allerdings fehlt mir hier eine genauere Lokalisierung des Besuchers; zu sehen ist leider nur das Herkunftsland.

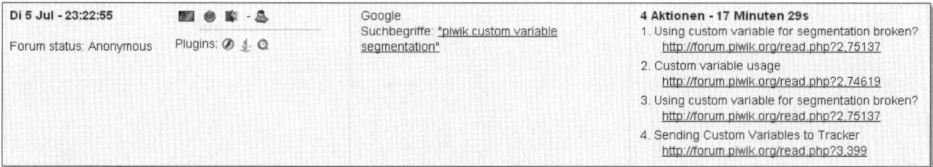

Abbildung 12.23 Jeder Besucher auf einen Blick (Piwik)

Hieran sehen Sie vor allem den größten Unterschied zwischen all den vorgestellten Programmen: Sie unterscheiden sich überwiegend im (Informations-)Design. Daher ist es wichtig, dass Sie sich jedes einmal anschauen und schließlich entscheiden, bei welchem Sie das beste Gefühl haben. Eine Website optimieren können Sie mit jeder vorgestellten Software – wenn Sie wissen, wie.

Über die Ein- und Ausstiegsseiten können Sie herausfinden, über welche Unterseiten die Besucher Ihre Website am häufigsten betreten und über welche sie diese wieder verlassen (Abbildung 12.24). Hierdurch können Sie zum einen herausfinden, welche Seiten sie noch besser in den Suchergebnissen oder durch Werbung positionieren können; aber Sie finden auch heraus, welche Seiten den Nutzer womöglich abgeschreckt oder zumindest nicht zum Weitersurfen eingeladen haben. Aber hierbei ist natürlich Vorsicht geboten. Ist beispielsweise Ihr Ziel, den Besucher zum Anruf oder zum Download zu bewegen, dann sollte die Kontaktseite oder die Download-Seite sogar unbedingt unter den häufigsten Ausstiegsseiten zu finden sein; denn dann hat der Besucher sein Ziel erreicht und beschäftigt sich im Folgenden entweder mit dem Download oder mit dem Telefonat. Beides dürfte ja von Ihnen gewollt sein.

Bei Piwik können Sie Ziele definieren (Abbildung 12.25), zum Beispiel den Besuch eines Kontaktformulars oder die Registrierung als neuer Nutzer. Auf diese Weise können Sie Ihre Konversionen kontrollieren und optimieren.

Auf einen Blick sehen Sie, wie viele Konversionen im von Ihnen vorgegebenen Zeitraum entstanden sind und vor allem, wie hoch die Konversionsrate ist – also wie viel Prozent Ihrer Besucher letztendlich zum Ziel gelangt sind (Abbildung 12.26).

Eingangsseiten				Ausstiegsseiten			
Seiten-URL	Eingänge ▼	Absprünge	Absprungsrate	Seiten-URL	Ausstiege ▼	Einmalige Seitenansichten	Ausstiegsrate
/index	150	34	23%	/list.php?2	63	160	39%
/list.php?2	35	18	51%	/index	43	176	24%
/index.php	16	2	13%	/list.php?5	27	66	41%
/list.php?5	15	6	40%	/read.php?5,56981	10	11	91%
/read.php?5,56981	8	7	88%	/read.php?2,4210	8	8	100%
/read.php?2,4210	7	6	86%	/read.php?2,76296	8	14	57%
/read.php?2,71460,78876	7	1	14%	/index.php	7	56	13%
/read.php?2,73759	7	4	57%	/list.php?3	6	26	23%
/profile.php?0,41551	6	6	100%	/profile.php?0,41551	6	6	100%
/read.php?2,11571	6	6	100%	/read.php?2,1814	6	7	86%
/read.php?3,399	6	4	67%	/read.php?2,11571	6	6	100%
/read.php?3,4538	6	4	67%	/read.php?3,399	6	8	75%
/read.php?3,31481	6	4	67%	/read.php?3,1965	6	7	86%
/read.php?2,829	5	5	100%	/control.php?0,panel=summary	5	8	63%
/read.php?2,1814	5	4	80%	/pm.php?2	5	6	83%
/read.php?2,76296	5	4	80%	/read.php?2,829	5	5	100%
/read.php?3,1965	5	4	80%	/read.php?2,63811,page=1	5	6	83%
/read.php?5,71096	5	2	40%	/read.php?2,73486	5	17	29%
/pm.php?2	4	2	50%	/read.php?2,73759	5	7	71%
/read.php?2,61	4	1	25%	/read.php?3,4538	5	6	83%
/read.php?2,228	4	2	50%	/read.php?2,973	4	4	100%
/read.php?2,3610	4	3	75%	/read.php?2,5415	4	4	100%
/read.php?2,5415	4	4	100%	/read.php?2,17251	4	5	80%
/read.php?2,17251	4	3	75%	/read.php?2,18171	4	4	100%

Abbildung 12.24 Die Ein- und Ausstiegsseiten bei Piwik

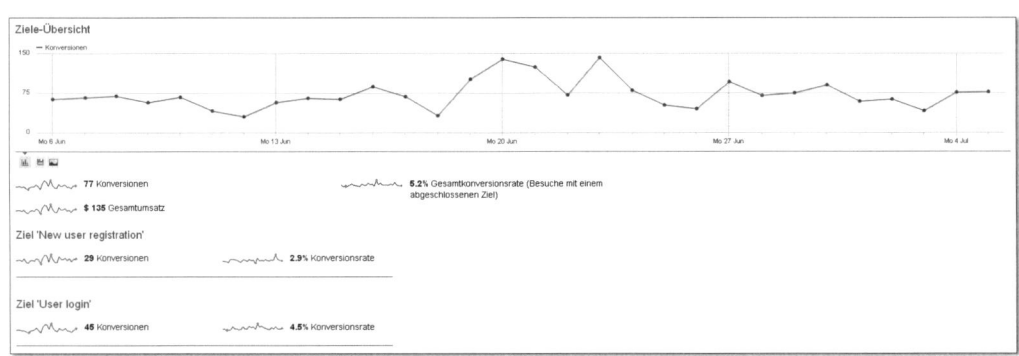

Abbildung 12.25 Die Ziele-Übersicht (Piwik)

Abbildung 12.26 Das Ziel: als neuer Benutzer registrieren (Piwik)

Piwik ist im Großen und Ganzen eine gute Alternative zu etracker. Sofern es datenschutzrechtlich unbedenklich ist, hat es auch (derzeit) einen Vorteil gegenüber Google Analytics. Einzig an der Übersichtlichkeit könnten die Entwickler noch ein klein wenig feilen.

12.2.4   Google Analytics

Google Analytics ist der Platzhirsch unter den Analyseprogrammen. Keine Tracking-Software ist derart stark verbreitet und erfreut sich größerer Beliebtheit. Das liegt natürlich zum einen am namhaften Hersteller Google. Zum anderen arbeitet die Software sehr akkurat und ist zudem recht übersichtlich und dennoch funktionsreich. Einen Haken hat sie aber: Die Statistiken werden nicht in Echtzeit, sondern nur einmal täglich aktualisiert. Wen das nicht stört, der sollte sich Google Analytics ruhig einmal anschauen.

Installation

Loggen Sie sich einfach unter *http://www.google.com/intl/de/analytics/* mit Ihrem Google-Account ein. Wenn Sie noch keinen solchen haben sollten, können Sie diesen schnell und kostenlos anlegen, und zwar unter der Adresse *https://www.google.com/accounts/NewAccount*.

Legen Sie im Folgenden eine neue Website (ADD WEBSITE PROFILE) an, die Sie tracken möchten. Google zeigt Ihnen dann auch einen Code, den Sie vor dem schließenden </head>-Tag in der *header.php* Ihres WordPress-Themes einfügen. Fertig.

Anwendung

Während Piwik oder etracker auch sehr gut für Anfänger geeignet sind, richtet sich Google – trotz der großen Nutzerbasis – eher an Fortgeschrittene. Ihnen stehen grundsätzlich viel detailliertere Einstellungsmöglichkeiten zur Verfügung, während andere Tools hier häufig auf vorkonfigurierte Vorlagen setzen. Das bedeutet aber nicht, dass ein Anfänger damit nicht zurechtkäme. Er kann die Software wahrscheinlich nur nicht in allen Zügen auskosten.

Schon im Dashboard merkt man: Die neue Version von Google Analytics wirkt sehr aufgeräumt (Abbildung 12.27). Die Übersicht kann man hier gar nicht verlieren. Im Kontrast zu etracker verwendet Google hier allerdings sehr viel Raum für recht wenige Informationen. Das Design wirkt dadurch zwar sehr aufgelockert, ein Minus an Informationen bleibt aber weiterhin bestehen. Doch auch hier können Sie problemlos neue Widgets zum Dashboard hinzufügen (Abbildung 12.28).

Abbildung 12.27 Das Dashboard von Google Analytics

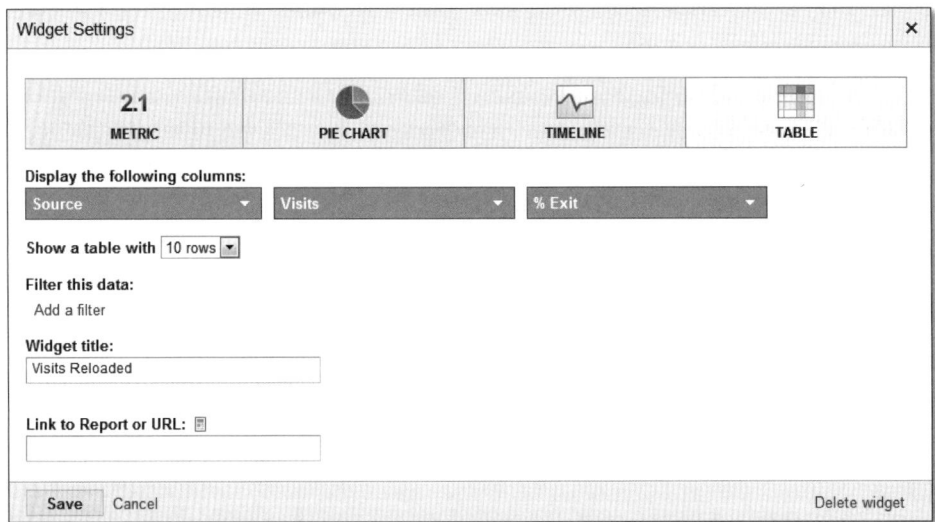

Abbildung 12.28 Ein neues Widget bei Google Analytics hinzufügen

Wenn Sie ein neues Widget hinzufügen, sehen Sie sofort, was ich zuvor mit »fortge-schritten« ausdrücken wollte. Einen Anfänger können die Einstellungsmöglichkei-ten für ein simples Widget schon einmal ins Schwitzen bringen. Wenn Sie sich die Auswahlmöglichkeiten hingegen einmal genauer ansehen und sich ein wenig her-umprobieren, werden Sie schnell beeindruckende Ergebnisse erzielen können.

Denn hier liegt ein Vorteil gegenüber anderen Statistik-Tools: derart individuell ist kaum eines.

In Abbildung 12.28 sehen Sie Einstellungen für ein Widget, welches uns alle Quellen der Website in einer Tabelle nach Anzahl der Besuche und Menge der direkt wieder aussteigenden Besucher aufschlüsseln soll. Sie wählen oben zunächst das Medium aus, also metrische Werte, Diagramm, Graph oder Tabelle. Danach können Sie je nach Medium festlegen, was genau angezeigt werden soll.

Und innerhalb von Millisekunden erstellt uns Google Analytics eine simple und übersichtliche Tabelle, die alles enthält, was wir uns gewünscht haben (Abbildung 12.29). Sie sehen nun sofort, wie viele Besucher über welche Quelle auf Ihre Website gekommen sind und wie viel Prozent dieser Besucher diese auch gleich wieder verlassen hat. So können Sie unter Umständen Rückschlüsse daraus ziehen, ob Nutzer einer bestimmten Quelle etwas anderes auf Ihrer Website erwartet haben.

Visits Reloaded		
Source	Visits	% Exit
google	6,591	62.31%
(direct)	745	60.37%
studienservice.de	185	74.49%
google.de	113	49.56%
facebook.com	50	74.63%
bing	34	58.62%
search	26	72.22%
suche.t-online.de	21	47.73%
suche.web.de	11	21.15%
studivz.net	10	62.50%

Abbildung 12.29 So sieht unser Google-Analytics-Widget aus.

In Abbildung 12.30 können Sie sehen, wie Informationen bei Google Analytics üblicherweise dargestellt werden. Die Einleitung macht eine Grafik, meistens ein Graph, darunter finden Sie einige detailliertere Informationen, die Sie über die Seitenleiste noch weiter anpassen können. Die Abbildung zeigt, wie viel Besuche über Suchmaschinen, über andere Websites und direkt auf Ihre Internetpräsenz entfallen. Direkt darunter finden Sie eine Auflistung der häufigsten Suchbegriffe. Frei nach dem Motto »kennen Sie eine, kennen Sie alle«, werden Sie sich nach der tiefer gehenden Betrachtung einer einzelnen Informationsseite auch auf den restlichen gut zurechtfinden. Google hat hier sehr viel Wert auf Konsistenz gelegt.

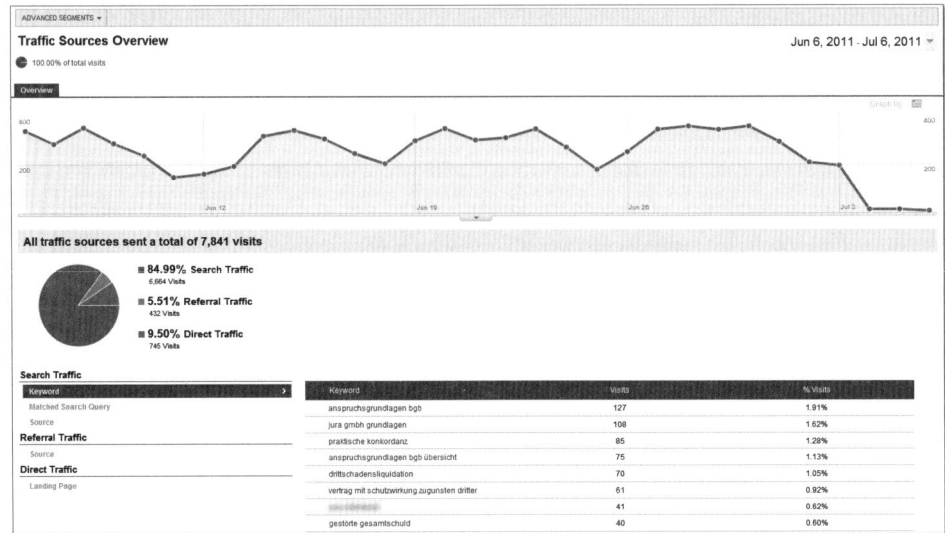

Abbildung 12.30 Woher kommen meine Nutzer? (Google Analytics)

Das Widget, das wir zuvor im Dashboard angelegt haben, finden Sie in Abbildung 12.31 nun in detaillierterer Ausführung. In der Tabelle wird auch dargestellt, wie viele Seiten pro Besucher aufgerufen werden, wenn dieser von einer bestimmten Quelle kommt. Außerdem finden Sie hier die durchschnittliche Besuchszeit und eine Spalte, die kennzeichnet, wie viele neue Besucher über die jeweilige Quelle auf Ihre Website gelangen.

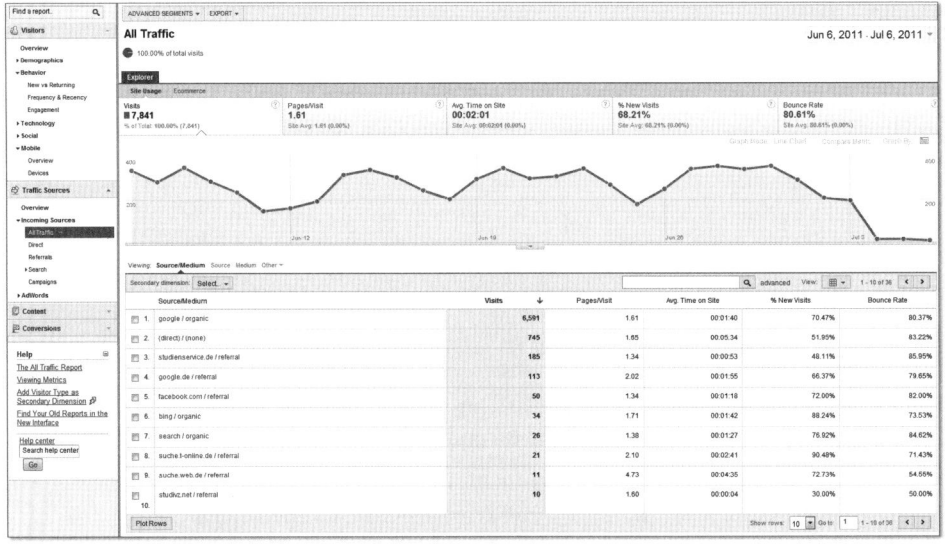

Abbildung 12.31 Auflistung nach Quellen bei Google Analytics

Natürlich bietet Ihnen auch Google Analytics die Möglichkeit, bestimmte Ziele fest-zulegen (Abbildung 12.32), zum Beispiel den Aufruf eines Kontaktformulars. Machen Sie von dieser Funktion reichlich Gebrauch. Es genügt nicht, nur die Anzahl der Besu-cher und der Seitenaufrufe zu kennen. Ihre Website verfolgt mit an Sicherheit gren-zender Wahrscheinlichkeit ein Ziel. Betrachten Sie alle Statistiken immer im Lichte dieses Ziels. Google Analytics hilft Ihnen dabei.

Nachdem Sie nun einige Fakten gelesen und einige Screenshots gesehen haben, wer-den Sie für sich vermutlich schon einen Kandidaten ausmachen können. Es lohnt sich aber dennoch, einmal verschiedene Programme auszuprobieren. Google Ana-lytics und Piwik sind ohnehin kostenfrei; und etracker bietet Ihnen 21 Tage, um die angebotene Software ausgiebig zu testen.

Abbildung 12.32 Ziele festlegen (Google Analytics)

Die neue Version von Google Analytics wirkt noch ausgereifter als die vorherige. Sie ist übersichtlich und lässt sich sehr granular konfigurieren. Das kann Anfänger aller-dings abschrecken, da sie unter Umständen etwas schwieriger an die gewünschten Informationen kommen. Auch datenschutzrechtliche Aspekte spielten lange Zeit bei Google Analytics eine Rolle. Piwik bietet, wenn man den Aussagen des »Unabhängi-gen Landeszentrums für Datenschutz Schleswig-Holstein« Glauben schenken darf, datenschutzrechtlich nun ebenfalls wenig Anlass zur Sorge. Es bietet alle Funktionen, die Sie benötigen, und ist auch für Anfänger geeignet. Einzig die Übersichtlichkeit lässt noch ein wenig zu wünschen übrig; die Entwickler arbeiten aber ständig daran, so dass man dieses Problem in Zukunft wahrscheinlich auch beseitigen wird. Einen guten Kompromiss stellt etracker dar. Neben der, laut Unternehmen, umfangreichen Datenschutzkonformität ist es übersichtlich und für Anfänger leicht zugänglich.

Allerdings ist es kostenpflichtig, und umfangreichere Funktionen verlangen schnell einen etwas tieferen Griff in den Geldbeutel. Es gibt also nicht *die* Statistiksoftware, sondern nur *den* Nutzer, der für eine bestimmte Software eher in Frage kommt. Entscheiden Sie selbst.

12.2.5   Zehn Tipps für Tracking-Anfänger

Website-Tracking hört sich so einfach an. Code einbinden, ein wenig warten und schauen, wie viele Besucher auf Ihre Website strömen. Oder auch nicht. Und dann? Was bringt Ihnen dieses Wissen? Gut, unter Umständen können Sie vor Freunden und Kollegen damit angeben. Das dürfte anfangs aber eher selten der Fall sein. Um Tracking effektiv zu nutzen, müssen Sie wissen, was Sie mit den Daten anfangen. Im Folgenden finden Sie zehn Tipps, wie Sie als Anfänger im Bereich Web Analytics mehr aus Ihrer Website herausholen. Für Fortgeschrittene gibt es zahlreiche Literatur zu diesem Thema; eine nähere Behandlung würde den Rahmen dieses Buches sprengen.

Tipp Nr. 1: Welches Tracking-Tool Sie wählen, spielt (fast) keine Rolle

Ob Google Analytics, etracker oder Piwik – welche Software Sie wählen, hat keinen Einfluss auf die Zugriffe auf Ihre Website. Alle bieten im Großen und Ganzen die gleichen Daten und unterscheiden sich häufig nur marginal in ihrem Funktionsumfang. Und selbst wenn Sie eine Software finden, die Ihnen atemberaubend tolle Features bietet: Sie müssen diese auch nutzen. Feuer können Sie mit einem handelsüblichen Streichholz machen. Und Sie können mit jedem der oben genannten Programme (und übrigens vielen, vielen weiteren) Ihre Website optimieren. Ein Flammenwerfer ist cool; aber oft überdimensioniert und auf jeden Fall nicht nötig.

Tipp Nr. 2: Sie benötigen Daten

Zwar sollten Sie möglichst von Anfang an eine Tracking-Software installieren. Das heißt aber nicht, dass Sie nach insgesamt 100 bis 1.000 Zugriffen bereits ernsthafte Rückschlüsse ziehen können. Vor allem, wenn sich diese auf einen größeren Zeitraum erstrecken. Warten Sie mit der Analyse, bis Sie wenigstens 50 bis 100 Besucher pro Tag verzeichnen können. Ab diesem Zeitpunkt lässt sich zumindest ungefähr ein durchschnittliches Besucherverhalten ableiten.

Tipp Nr. 3: Visits oder Pageviews?

Also Besuche oder Seitenaufrufe? Das ist die große Frage. Lange Zeit haben sich die Website-Betreiber immer mit der Zahl der *Page Impressions* geschmückt, weil sie üblicherweise höher ist. Klar, rufen doch die meisten Besucher mehr als eine Unterseite einer Website auf. Es lässt sich aber nicht pauschal sagen, auf welche Zahl Sie setzen sollten; das hängt vom Kontext ab. Den Effekt von Werbemaßnahmen beispielsweise messen Sie am besten durch die Anzahl der Besuche. Kommt es Ihnen aber dagegen darauf an, wie gut Ihre Seiten untereinander verlinkt sind, wie benutzerfreundlich sie sind und wie interessant Ihre Inhalte für den Besucher – dann ist wohl die Anzahl der Seitenaufrufe (vor allem der Seitenaufrufe pro Besucher) aufschlussreicher. Schmücken Sie sich aber nicht mit Pageviews, nur weil die Zahl höher ist. Das war 1999.

Tipp Nr. 4: Werten Sie die Suchbegriffe aus

Jedes Statistik-Tool bietet Ihnen die Möglichkeit, die Suchbegriffe, die am häufigsten zu einem Besuch Ihrer Website geführt haben, auszuwerten. Hierdurch können Sie erkennen, bei welchen Keywords es schon gut läuft und bei welchen Ihre Website bzw. das Ranking noch optimierungsfähig ist. Außerdem offenbaren sich Ihnen unter Umständen tiefe Einblicke in das Verhalten Ihrer Nutzer. Diese werden Suchbegriffe eingeben, die Sie sich nie erträumt hätten; und schon gar nicht, dass Ihre Website dort einmal unter den Suchergebnissen gelistet sein würde. Schauen Sie, ob Sie das Ranking bei diesen Begriffen noch verbessern können und ob sich hieraus nicht weitere Suchphrasen ableiten lassen, die Sie noch nicht bedacht haben und für die Ihre Website noch nicht gelistet wird.

Tipp Nr. 5: Einstiegsseiten nicht außen vor lassen

Über die Übersicht Ihrer Einstiegsseiten können Sie zunächst einmal herausfinden, welche Unterseiten noch nicht so häufig direkt aufgerufen werden, obwohl Sie diese vielleicht sogar intensiv bewerben. Hier lassen sich Marketing-Fehler aufspüren. Sie sollten aber auch einen Blick auf Ihre besten Einstiegsseiten werfen. Um sich ein gutes Gefühl zu verschaffen? Zum Teil ja. Aber in erster Linie geht es darum, herauszufinden, welche Ihrer Unterseiten es sind, die Ihre Besucher zuerst zu Gesicht bekommen. Überprüfen Sie diese Seiten: Sind sie attraktiv? Findet der Besucher interessante Inhalte? Gelangt er zu allen Konversionszielen ohne Mühe (zum Beispiel Kontaktformular, Warenkorb etc.)? Oder sorgt die eine oder andere davon eher dafür, dass er die Flucht ergreift?

Tipp Nr. 6: Die Ausstiegsseiten optimieren

Wenn die häufigsten Einstiegsseiten auch gleichzeitig die häufigsten Ausstiegsseiten sind, machen Sie vermutlich noch etwas falsch. Das würde nämlich bedeuten, dass ein Großteil Ihrer Besucher Ihre Website gleich wieder verlässt, nachdem er sie betreten hat; wie eine unaufgeräumte Wohnung zum Beispiel. Das kann im Einzelfall gewollt sein (etwa wenn Ihre Website nur aus einer einzigen Website besteht oder Sie gar keine weiteren Aktionen Ihres Nutzers wünschen).

Eines ist aber offensichtlich: Sie müssen die Ausstiegsseiten optimieren. Denn es gab einen Grund, weshalb gleich mehrere Benutzer auf die Idee kamen, das Weite zu

12

suchen. Das gilt natürlich nicht, wenn Ihre Ausstiegsseite mit Ihrem Konversionsziel übereinstimmt. Ist die Kontaktseite ganz oben bei den Ausstiegsseiten gelistet und zugleich Ihr Konversionsziel Nummer 1 – dann ist das kein schlechtes Zeichen. Wahrscheinlich hat der Besucher Ihnen bereits eine E-Mail geschrieben oder Sie angerufen; dann haben Sie ja, was Sie wollten. Bei einem Warenkorb als Ziel trifft das aber schon wieder nicht zu, da hier ja noch der Abschluss des Bestellvorgangs folgen sollte. Fragen Sie sich also bei jeder Ausstiegsseite: War das so gewollt? Wenn nein, dann suchen Sie nach Dingen, die Ihre Besucher möglicherweise abgeschreckt haben könnten, und beseitigen Sie diese. Dazu gehört auch ein schlechter Inhalt.

Tipp Nr. 7: Welche Technik verwenden Ihre Besucher?

Sie lieben jQuery und vor allem die damit möglichen Animationen? Aber ohne jQuery ist Ihre Website ziemlich langweilig? Dann haben Sie lieber ein Auge darauf, ob bei Ihren Besuchern auch überwiegend JavaScript aktiviert ist. Denn es gibt nach wie vor Menschen, die ohne JavaScript-Unterstützung surfen. Für diese sollte Ihre Seite deshalb zumindest nicht gänzlich an Bedeutung verlieren.

Schauen Sie aber auch, ob gegebenenfalls viele Besucher mit einem veralteten Browser auf Ihrer Website surfen. Diese werden häufig noch in Unternehmen eingesetzt, die veraltete Intranet-Applikationen verwenden. Testen Sie Ihre Website besonders in diesen Browserversionen. Es passiert nicht selten, dass die Website buchstäblich auf dem Kopf steht oder vollkommen zerrissen aussieht. Da wundert man sich dann nicht mehr, dass die Startseite zu den höchsten Ausstiegsseiten zählt.

Tipp Nr. 8: Legen Sie Ziele fest

Steigende Besucherzahlen sind grundsätzlich schon mal ein gutes Zeichen. Aber steigt auch Ihre Konversionsrate? Die meisten Tracking-Programme lassen Sie Ziele oder Events festlegen. Diese werden dann gesondert getrackt, und in der Regel wird Ihnen auch eine Konversionsrate ausgegeben. Diese ist entscheidend. Denn wenn Ihre Besucherzahlen zwar steigen, genauso schnell Ihre Konversionsrate aber auch abnimmt, ist das kein gutes Zeichen. Ergreifen Sie Mittel, um diesem Negativwachstum entgegenzuwirken. Es geht heute nicht mehr darum, möglichst viele Besucher auf eine Website zu lotsen. Man hat sich mittlerweile eingestanden, dass es immer noch auf die Konversionen ankommt. Und wenn Sie von 1.000 Besuchern 100 zu Kunden machen, ist das einfach besser, als wenn von 10.000 Besuchern ebenfalls nur 100 Kunden oder gar weniger kaufen. Mehr Besucher schaden nie – verlieren Sie aber nie Ihre Konversionsziele aus den Augen. Und vergleichen Sie regelmäßig die Konversionsraten.

Tipp Nr. 9: Woher kommen Ihre Besucher?

Viele Statistik-Tools bieten Ihnen die Möglichkeit, die Region Ihrer Besucher relativ genau zu bestimmen (zumindest so genau, wie der derzeitige Stand der Technik es zulässt). Nutzen Sie diese Informationen. Wenn Sie beispielsweise ein lokales Geschäft haben und Ihre Produkte nicht deutschlandweit anbieten, sondern eigentlich nur auf Ihr Geschäft hinweisen und dieses bewerben möchten – dann bringen Ihnen Kunden, die viele hundert Kilometer entfernt sind, nicht sonderlich viel. Natürlich werden diese sie vielleicht auch einmal besuchen, und wenn derjenige zufällig zu den reichsten Personen des Landes gehört, kann sich das mitunter lohnen. Grundsätzlich gilt aber: Verschwenden Sie keine Ressourcen. Wenn Sie sehen, dass Ihre Nutzer zu oft aus Regionen kommen, die gar nicht zu Ihrer Zielgruppe gehören, dann ist es an der Zeit, die Marketing-Strategie umzustellen.

Tipp Nr. 10: Es gibt noch etwas anderes als Tracking

Ehrlich: Tracking kann süchtig machen. Wenn Sie sich dabei erwischen, dass sie jede halbe Stunde Ihre Zugriffe checken und unterwegs ständig von Ihrem Smartphone aus auf Google Analytics, etracker oder Piwik zugreifen, dann gehören Sie zumindest zur Risikogruppe. Machen Sie sich bewusst, dass nicht deshalb mehr Besucher auf Ihre Website kommen, weil Sie das ständig kontrollieren. Dieser Tipp hilft Ihnen zwar nicht, Ihre Website zu optimieren (pardon), aber er wird Ihre Produktivität erhöhen. Machen Sie sich nichts draus, ich gehöre selbst zur Risikogruppe.

12

Kapitel 13

Autor sein: 30 Tipps für bessere Blogartikel

Wie schreibt man eigentlich gute Blogartikel? Das ist eine gute Frage. Nach der Lektüre dieses Kapitels wissen Sie hoffentlich eine Antwort darauf.

So viele Bücher beschäftigen sich damit, wie man eine Website erstellt. All die feinen Details werden Ihnen erklärt, von HTML über CSS, den richtigen Einsatz von Photoshop sowie diverse weitere Programmiersprachen oder die Einbindung eines Content-Management-Systems wie WordPress. Haben Sie sich schon einmal gefragt, warum Ihnen keines dieser Bücher erklärt, wie man denn eigentlich gute Texte für diese Websites schreibt? Das Design ist schließlich nur das eine, der Inhalt das andere. Mir ist auch keine gute Antwort darauf eingefallen. Darum möchte ich Ihnen in diesem Kapitel einige Tipps mit auf den Weg geben, wie Sie Ihre Blogartikel verbessern können (selbst wenn Sie bereits ein Schreibtalent sind).

13.1 Allgemeine Tipps

Ich möchte mit ein paar ganz allgemeinen Tipps beginnen, die Sie stets im Hinterkopf behalten sollten, wenn Sie Blogartikel (oder auch andere Texte) schreiben.

13.1.1 Was wollen Sie eigentlich sagen?

Nicht jeder Blogger macht sich vor dem Schreiben eines Blogartikels eingehend Gedanken darüber, was er eigentlich damit sagen möchte. Doch ohne eine Botschaft ist Ihr Artikel nur ein weiterer Text im World Wide Web. Sie müssen Ihren Lesern eine klare Botschaft vermitteln, auch wenn Sie über Ihren Alltag schreiben. Zwar scheint seit Twitter selbst das Kaffeekochen interessant zu sein – das gilt aber nur, wenn Sie ein Star sind. Als normaler Mensch wird das kaum jemanden interessieren (außer vielleicht, wenn Sie *Latte Art* beherrschen). Vor, während und nach jedem Blogbeitrag sollten Sie sich also fragen: Was ist meine Botschaft, und wie gut bringe ich sie rüber?

13.1.2   Schreiben Sie einfach

Sie können sich für komplizierte Schachtelsätze à la Cäsar entscheiden. Oder Sie lassen es einfach bleiben. Das Internet ist schnelllebig, und die Besucher verweilen nicht besonders lange. In den meisten Fällen wirkt ein komplizierter Text eher kontraproduktiv. Es gibt ja schließlich so viele andere Blogs oder Websites, wo das, was Sie schreiben, noch etwas einfacher erklärt ist.

Bei der Lektüre einer Zeitung oder eines Buches ist das unter Umständen etwas anderes. Und auch wenn Sie eine ganz besonders gehobene Zielgruppe ansprechen. Die Zielgruppe der meisten Blogger ist aber ein durchschnittlich gebildeter Mensch. Und bedenken Sie: Auch sehr gebildete Menschen brauchen ab und an eine gedankliche Pause, anders lässt sich nicht erklären, weshalb selbst unter ihnen einige mitunter der Boulevardpresse verfallen. Wenn Sie am Ende Ihren Blogbeitrag noch einmal durchgehen, prüfen Sie ihn also auch auf Einfachheit hin.

13.1.3   Veröffentlichen Sie regelmäßig

Ein Blog lebt von regelmäßigen Blogbeiträgen. Geben Sie sich nicht der Illusion hin, dass ein Artikel pro Monat genügt. Das absolute Minimum ist ein Beitrag pro Woche. Wirklich, das geht nicht. Das wäre so, als würde die FAZ nur monatlich erscheinen. Stellen Sie sich darauf ein, dass Sie nun Publizist sind. Sie publizieren ein regelmäßig erscheinendes Medium. Veröffentlichen Sie also oft und regelmäßig. Je leichter sich Ihre Leser auf die Intervalle einstellen können, desto besser. Überlegen Sie sich mal, Ihre Lieblingsserie im TV würde nur alle zwei Wochen und dann immer an einem anderen Wochentag laufen. Wie groß ist die Chance, dass Sie daran denken, sie zu schauen?

13.1.4   Schreiben Sie authentisch

Ihre Stimme müssen Sie erst finden. Das geht am einfachsten, wenn Sie so authentisch wie möglich bleiben. Natürlich können Sie sich von anderen Autoren etwas abschauen und so Ihren Schreibstil verbessern. Aber bleiben Sie bitte Ihrem Stil treu. Denn das ist oft das Einzige, was die eigenen Beiträge von den fremden unterscheidet. Wirklich einzigartiger Inhalt ist aufgrund der Fülle von existierenden Artikeln nämlich kaum noch möglich. Daher sollte wenigstens Ihre Stimme klarer, schöner, besser oder einfach nur anders als die der anderen sein.

13.1.5   Lieber viele kleine Blogbeiträge

Manche Blogger tendieren zu unglaublich langen Blogbeiträgen. Sie umfassen viele tausend Wörter, und der durchschnittliche Leser benötigt mindestens eine halbe

Stunde, um all diese auch zu lesen. Tun Sie Ihrem Leser so etwas nicht an! Das Internet ist, wie gesagt, ein sehr schnelllebiges Medium. Die Leser lesen nicht, sie scannen. Und je länger Ihr Text ist, desto weniger werden sich Ihre Leser damit beschäftigen. Wenn Sie Glück haben, wird er überflogen. Wahrscheinlich wird er aber gar nicht erst gelesen werden. Darum ist es meist sinnvoller, einen großen Beitrag in mehrere kleine aufzuteilen und diese nacheinander zu veröffentlichen. Das hat einen zusätzlichen Vorteil: Sie haben ganz nebenbei schon die nächsten Beiträge fertig.

13.1.6   Wohin sollen die Links?

Eine große Frage stellt sich stets bei der Platzierung von Links. Soll ich gleich alles Wichtige im Text verlinken und – wenn ja – wie oft? Oder soll ich lieber am Ende des Artikels eine Link-Sammlung anbieten? Das ist Geschmackssache. Beides hat natürlich Vor- und Nachteile. Wenn Sie die Links direkt in den Text einbinden, dann können Ihre Leser schneller zu den relevanten Inhalten vorstoßen. Dafür kann es aber auch passieren, dass sie nach dem ersten Absatz bereits weg sind. Wenn Sie die Links hingegen erst am Ende auflisten, kann es passieren, dass Ihre Leser frustriert sind (und ebenfalls nicht weiterlesen), weil Sie ihnen die Links vorenthalten. Die meisten werden aber vermutlich den Artikel zu Ende lesen und abwarten, ob sich die Links noch an einer anderen Stelle verstecken. Ich bin der Meinung, dass man Links ruhig weiterhin direkt in den Text einflechten sollte, aber nur jeweils ein einziges Mal. Denn ein Leser, der wirklich an Ihrem Text interessiert ist, wird die Links ohnehin in einem Hintergrund-Tab öffnen und sich zunächst (oder später wieder) Ihrem Beitrag zuwenden. Auf die anderen können Sie doch auch getrost verzichten, oder?

13.1.7   Verlinken Sie Ihre Beiträge untereinander per Hand

Die interne Verlinkung ist nicht nur aus Sicht der Suchmaschinenoptimierung interessant. Auch Ihre Leser werden froh sein, wenn sie während des Lesens eines Artikels auf viele weitere interessante Artikel hingewiesen werden. So sammelt sich schnell eine ganze Menge an Hintergrund-Tabs an, wenn die Artikel intern gut verlinkt sind. Und genau das ist das Stichwort: »gut« verlinkt. Verlassen Sie sich bitte nicht auf automatische Aggregations-Plugins, die nach irgendeinem Algorithmus relevante Artikel suchen. Der Einzige, der weiß, was wirklich relevant ist für den Leser, der sind Sie. Deshalb sollten Sie sich die Mühe machen und alle thematisch zusammenhängenden Artikel miteinander verlinken. Die Arbeit lohnt sich wirklich.

13.1.8   Seien Sie einzigartig

Dieser Tipp ist ein wenig daran angelehnt, seine eigene Stimme zu finden. Er ist aber noch etwas mehr. Wenn ich Ihnen rate, einzigartig zu sein, dann nicht nur in der

Form, wie Sie schreiben. Kreieren Sie ein einzigartiges Blog, schreiben Sie Artikel über einzigartige Themen, und schreiben Sie (natürlich) auf einzigartige Weise. Suchen Sie sich eine Nische – nicht zu klein, nicht zu groß –, in der Sie sich wohlfühlen und von der Sie meinen, dass Sie sie durch Ihre Artikel bereichern können. Versuchen Sie, Ihren ganz eigenen Weg zu finden. Sie werden dann als Ergebnis auch eine ganz eigene Leserschaft ernten.

13.1.9   Schreiben Sie humorvoll

Wenn Sie nicht gerade eine Doktorarbeit oder eine andere wissenschaftliche Schrift anfertigen, vergessen Sie Ihren Humor nicht. Das gilt auch und gerade für Unternehmensblogs. Denn eine Aufgabe der Blogs ist es, das Unternehmen sympathischer wirken zu lassen. Und Humor ist hierfür ein guter Weg. Denken Sie stets daran, dass Sie schreiben, um zu unterhalten.

13.1.10   Schreiben Sie jeden Tag

Schreiben Sie jeden Tag *etwas*. Das muss kein Blogartikel sein. Es kann auch ein Tagebuch, ein Kommentar zu einem Blogbeitrag oder gar ein Buch sein. Wichtig ist nur, dass Sie sich jeden Tag mit dem Schreiben beschäftigen. Denn die meisten Menschen müssen sich erst daran gewöhnen, regelmäßig zu schreiben. Ein Sprung ins kalte Wasser kann da nicht schaden. Es wird Ihnen guttun und Ihren Schreibstil stetig verbessern. Zum vielen Schreiben gehört aber natürlich auch, viel zu lesen. Denn ein guter Stil kann sich nur entwickeln, wenn man sieht, wie andere es bereits gut machen.

13.1.11   Führen Sie eine Ideenliste

Am Anfang ist man noch der Meinung, man hat keine guten oder nicht genügend Ideen für Artikel. Das liegt oft nur daran, dass man sich noch nicht daran gewöhnt hat, ständig nach Ideen für Artikel zu suchen. Trainieren Sie Ihr Gehirn dahingehend, dass Sie immer und überall darüber nachdenken, wie Sie etwas in einen interessanten Blogartikel verwandeln könnten. Dafür sollten Sie eine Ideenliste führen. Man ist zwar oft der Meinung, man merkt sich die paar guten Ideen schon, aber das ist ein Trugschluss. Da fällt Ihnen plötzlich noch das Brot und die Milch ein, die Sie besorgen müssen, Ihr Partner ist in Eile und bittet Sie um ein paar zusätzliche Aufgaben im Haushalt – und schon haben Sie alle Ideen vergessen. Oder sogar vergessen, dass Sie überhaupt Ideen hatten. Eine konsequent geführte Ideenliste kann da Wunder wirken.

13.2   Die Vorbereitung

Die folgenden Tipps beziehen sich auf die Vorbereitung Ihrer Blogartikel. Eine gute Vorbereitung ist nämlich mindestens genauso wichtig wie gutes Schreiben.

13.2.1   Machen Sie eine Gliederung

Ihre Idee steht? Super. Dann machen Sie als Erstes eine Gliederung. Ja, Blogartikel zu schreiben, macht Spaß, aber niemand sagt, dass es keine Arbeit ist. Nur gut gegliederte Blogartikel nehmen Ihre Leser mit und führen Sie bis ans Ende. Gehen Sie dabei wie folgt vor: Leiten Sie von Ihrer Hauptidee zunächst einige grobe Thesen ab – das sind Ihre Überschriften zweiter Ordnung. Dazu fallen Ihnen dann sicher jeweils noch ein paar weitere Unterüberschriften ein. Und schon ist die Gliederung fertig.

13.2.2   Nicht zu viele Ideen pro Artikel

Eine Idee pro Artikel ist ein guter Maßstab. Verfallen Sie nicht der Versuchung, möglichst viel in einem Artikel unterzubringen. Das ist weder nötig noch ratsam. Schließlich können Sie daraus doch ganz viele kleinere Artikel machen, mit denen Sie jeweils wieder in den Suchergebnissen von Google landen können. Außerdem wird es für die Konzentration Ihrer Leser von Vorteil sein, wenn sie nicht so viele Ideen gleichzeitig verarbeiten müssen, sondern alle Absätze konsequent auf ein Thema gerichtet sind.

13.2.3   Überlegen Sie sich eine super Headline

Die Headline ist der Eyecatcher des Artikels. Sie macht vielleicht nicht 100 % aus, aber etwa 99 % (gut, das ist ein wenig übertrieben). Gute Redakteure verwenden den Großteil ihrer Zeit nicht auf das Schreiben des Textes, sondern auf die Formulierung der Headline. Kleine Veränderungen können hier schon eine große Wirkung haben. Schreiben Sie klar und auf den Punkt. Verkürzen und vereinfachen Sie die Headline. Übertreiben Sie. Erregen Sie Aufmerksamkeit. Verwenden Sie konkrete Zahlen. Stellen Sie sich vor, Sie würden diese Headline irgendwo in der Sidebar eines Blogs lesen: Würden Sie sofort darauf klicken? Nein? Dann schreiben Sie sie neu. Sofort.

13.2.4   Aller guten Dinge sind drei

Das menschliche Gehirn kann sieben (+/– zwei) Dinge gleichzeitig verarbeiten. Wie viel genau hängt von der Person ab. Forscher haben aber auch herausgefunden, dass es uns die Zahl drei besonders angetan hat. Auch wenn Sie rein theoretisch mehr verarbeiten können, so sind drei Dinge immer am eingängigsten und am leichtesten zu behalten. Berücksichtigen Sie das auch beim Schreiben. Drei Ideen, drei Tipps, drei Überschriften, drei Absätze, drei Listenpunkte, drei, drei, drei.

13.2.5   Befriedigen Sie die Bedürfnisse Ihrer Leser

Wenn jemand Ihr Blog besucht, hat er ein bestimmtes Bedürfnis. Manchmal ist es nur das Bedürfnis, Langeweile zu vertreiben. Je nach Themengebiet sucht der Nutzer aber vielleicht etwas ganz Bestimmtes. Zum Beispiel Antworten darauf, wie man so unglaublich tolle Blogartikel schreibt, dass die Leser nur so hereinstürmen. Machen Sie sich diese Bedürfnisse bewusst, und fragen Sie sich vor, während und nach jedem einzelnen Beitrag: Erfülle ich gerade die Bedürfnisse meiner Leser oder schreibe ich am Thema vorbei? Sechs, setzen.

13.3   Das Verfassen

Schreiben ist ein Handwerk, es will gelernt sein. Seitdem es Blogs gibt, publiziert allerdings jeder. Auch die, die gar nicht schreiben können. Es gibt schließlich keine Hürden. Dabei ist Schreiben gar nicht so schwer. Wenn man ein paar Tipps beherrscht. Es verlangt ja auch niemand von Ihnen, dass Sie der nächste Goethe werden. Hemingway genügt ja auch.

13.3.1   Der erste Absatz muss den Leser mitreißen

Legen Sie all Ihr Können in den ersten Absatz. Er ist so unglaublich wichtig, denn schließlich ist er oft der einzige, der gelesen wird. Außer er ist wirklich gut. Denn nur dann ist er in der Lage, die Leser in die Tiefen des Artikels zu reißen. Genau wie die Headline sollten Sie diesen überarbeiten, überarbeiten, überarbeiten. Bis Sie der Meinung sind, dass Sie es nicht mehr besser schreiben können.

13.3.2   Schreiben Sie das Wichtigste im ersten Absatz

Der erste Absatz sollte nicht nur unglaublich mitreißend sein, er sollte auch bereits die wichtigsten Informationen beinhalten. Blogartikel schreibt man oft nach dem Stil der umgekehrten Pyramide: Man beginnt mit dem wichtigsten und wird in den folgenden Absätzen etwas weniger wichtig und detaillierter. Leser im Internet bekommen Sie nur über den ersten, hervorragenden Absatz.

13.3.3   Machen Sie Zwischenüberschriften

Idealerweise haben Sie Ihren Text ja zuvor gegliedert. Nun nutzen Sie diese Zwischen-überschriften aber auch! Wie gesagt, scannen Leser die Blogartikel zunächst. Erst wenn das Scannen etwas Relevantes zutage fördert, wird das auch gelesen. Machen Sie sich diesen Umstand zunutze, und legen Sie besonders viel Wert auf interessante Zwischenüberschriften, die zum Weiterlesen einladen.

13.3.4   Verwenden Sie Bilder

Beim Scannen eines Artikels erspäht der Leser vor allem Bilder. Diese scannt er übri-gens nicht, sondern gönnt ihnen die eine oder andere Sekunde. Je besser Ihre Bilder thematisch zum Artikel passen und je interessanter sie für den Leser sind, desto eher wird er Ihren Artikel lesen. Sie sollten dann aber auch auf die Bilder eingehen, ansonsten könnte er enttäuscht sein.

13.3.5   Lockern Sie Ihre Texte auf

Zwischenüberschriften und Bilder sind schon ein guter Anfang. Es gibt aber weitaus mehr Möglichkeiten, um einen Text aufzulockern. Sie können beispielsweise auch Listen, Tabellen, Infokästen oder Zitate verwenden. All das macht den Text weniger starr und lädt zum Verweilen ein. Ihr Artikel sollte zwar am Ende nicht aussehen wie ein Schweizer Käse, aber die ein oder andere Unterbrechung alle paar Absätze tut ihm sicherlich ganz gut.

13.3.6   Wiederholen Sie sich nicht

Wiederholen Sie sich nicht. Wenn Sie sich ständig wiederholen, dann wiederholt sich die Gefahr der Wiederholung insofern, dass wiederholte Wörter wiederholt aufeinan-dertreffen und am Ende die Kette der Wiederholung nicht abzureißen scheint. Im Ernst, schreiben Sie abwechslungsreich. Wenn Sie merken, dass Sie bestimmte Wör-ter zu oft verwenden, dann streichen Sie diese, oder finden Sie Synonyme. Das gilt sowohl für einzelne Wörter als auch für ganze Satzglieder. Und übrigens nicht nur innerhalb eines Absatzes. Wenn Sie mehrere Absätze immer wieder auf die gleiche Weise beginnen, ist das ebenfalls eine unzulässige Wiederholung. Ich wiederhole mich ja nur ungern, aber bitte wiederholen Sie sich nicht.

13.3.7   Kurze Sätze.

Schreiben Sie kurze Sätze. Sie sind einfacher zu verstehen und können schneller überflogen werden. Übertriebene Schachtelsätze sind meist nur ein Zeichen, dass man nicht in der Lage ist, prägnant zu schreiben. Das zeigt sich vor allem dann, wenn

Sie einen Hauptsatz beginnen und drei Nebensätze einstreuen, bevor Sie den Hauptsatz zu Ende gebracht und dessen Verb genannt haben. Schreiben Sie kurz. Und schreiben Sie gut.

13.3.8   Schreiben Sie positiv

Niemand mag negative Schlagzeilen. Bei diesem Tipp geht es aber um Ihren Schreibstil. Verwenden Sie positive, kraftvolle Wörter statt negativer. Vermeiden Sie Verneinungen. Die Wörter, die Sie benutzen, bestimmen die Emotionen, die bei Ihren Lesern ankommen. Und die sollten doch positiver Natur sein, oder?

13.3.9   Schreiben Sie aktiv

Dieser Text ist von mir geschrieben worden. Ich habe diesen Text geschrieben. Welcher Satz klingt eingängiger? Vermutlich der letzte. Beide sagen das Gleiche aus, der erste ist aber passivisch, der zweite aktivisch formuliert. Wann immer möglich, sollten Sie versuchen, aktivisch zu formulieren. Dies bindet Ihre Leser stärker mit in den Text ein und macht Ihre Sätze im Allgemeinen wesentlich verständlicher. Die passive Formulierung verlangt unserem Gehirn jedes Mal einen Umweg ab.

13.3.10   Das Ende muss in Erinnerung bleiben

Nicht nur der erste Absatz ist wichtig, sondern auch der letzte. Gut, wenn der erste nicht hervorragend ist, wird den letzten niemand lesen. Aber gehen wir mal davon aus, Sie haben alles richtig gemacht. Was soll Ihren Lesern im Gedächtnis bleiben? Fassen Sie Ihren Text noch einmal zusammen, nennen Sie die wichtigsten Gedanken und Stichworte. Der letzte Absatz muss im Kopf des Lesers nachhallen wie ein guter Ohrwurm.

13.3.11   Fordern Sie Ihre Leser zur Diskussion auf

Es spricht nichts dagegen, wenn Sie Ihre Leser am Ende eines Blogartikels dazu aufrufen, einen Kommentar zu verfassen. Dies sollte aber nicht über eine plumpe, automatische Nachricht geschehen. Formulieren Sie diesen Aufforderungstext für jeden Blogbeitrag neu. Wenn Sie zum Beispiel einen Blogbeitrag zum Thema Weihnachtsgeschenke schreiben, dann fragen Sie Ihre Leser doch einmal direkt, was sie sich dieses Jahr zu Weihnachten wünschen oder wann sie anfangen, Geschenke zu besorgen. Geben Sie Ihren Lesern gleich ein Thema oder am besten eine konkrete Fragestellung an die Hand, über die sie diskutieren können.

13.3.12   Entfernen Sie Füllwörter

Füllwörter sind unnötig. Sie blähen die Sätze unnötig auf. Und bei Blogartikeln gilt nun mal: je kürzer und knackiger, desto besser. Wenn Sie mit dem Schreiben fertig sind, sollten Sie den Text noch einmal gezielt auf solche Füllwörter hin durchgehen und diese am besten ersatzlos streichen.

13.3.13   Formatieren Sie Ihren Text sinnvoll

Formatierung ist im Internet besonders wichtig, da der Text ja häufig nur überflogen wird. Setzen Sie Fettdruck und Kursivschrift sinnvoll ein – nicht zu häufig, nicht zu selten. Überfliegen Sie den Text am Ende, und schauen Sie, ob Sie durch die Hervorhebungen alle wichtigen Gedanken des Textes in kürzester Zeit aufnehmen konnten. Übrigens: Verwenden Sie im Internet keine Unterstreichungen! Dass es diese Möglichkeit im Editor von WordPress überhaupt gibt, ist hanebüchen! Denn was ist im Internet fast immer unterstrichen? Genau, ein Link. Und damit werden viele Ihrer Leser ein unterstrichenes Wort verwechseln. Das ist frustrierend.

13

13.3.14   Prüfen Sie Rechtschreibung und Grammatik

Ich kann immer noch nicht so ganz verstehen, wie man einen Text veröffentlichen kann, der vor Rechtschreib- und Grammatikfehlern nur so wimmelt. Ich habe zwar nun gut reden, schließlich kann ich sämtliche Fehler auf das Lektorat schieben. Aber wenn niemand Ihre Texte Korrektur liest, dann sollten Sie das besser selbst einige Male tun. Denn derartige Fehler wirken einfach nur unprofessionell. Sie können passieren, keine Frage. Niemand wird Ihnen für ein paar Fehler den Kopf abreißen. Aber überlegen Sie doch einmal selbst. Würden Sie die Produkte eines Unternehmens kaufen, das es nicht für nötig gehalten hat, seine Texte auf Fehler hin durchzusehen? Hat dieses Unternehmen bei der Produktion womöglich genauso schlampig gearbeitet?

Kapitel 14
Wartung

Eine Website ist niemals »fertig«. Sie müssen sie pflegen und optimieren, nur so können Sie langfristig im Internet erfolgreich sein.

WordPress wird ständig weiterentwickelt. Manchmal hat man das Gefühl, sogar in einem rasenden Tempo. Es vergeht kaum eine Woche, in der nicht zumindest ein kleines Update veröffentlicht wird. Und seien es nur Bugfixes für kleine Sicherheitslücken. Meistens sind sogar noch einige wirklich interessante Funktionen dabei oder – wie beispielsweise bei 3.2 – ein ganz neues Design der Administrationsoberfläche. Die Entwickler hören auf die Community, und die weiß ganz genau, was sie will.

Um mithalten zu können, ist es notwendig, dass Sie Ihre Website und WordPress pflegen. Wenn es allerdings nur darum ginge, ab und an mal ein Update zu installieren, würde ich diesem Thema kein ganzes Kapitel widmen. Es geht um viel mehr. Lassen Sie sich überraschen.

14.1 Auf dem neuesten Stand

Auch wenn Updates nicht alles sind, so sind sie dennoch ein großer Schritt in die richtige Richtung. Updates für WordPress geschehen auf zwei Ebenen: Zum einen müssen Sie natürlich WordPress selbst auf den neuesten Stand bringen. Allein aus Gesichtspunkten der Sicherheit ist es dringend empfehlenswert, möglichst jedes Update zeitnah zu installieren.

14.1.1 WordPress-Update

Bevor Sie ein WordPress-Update durchführen, sollten Sie ein Backup der Datenbank und der Dateien Ihrer WordPress-Installation durchführen – man weiß schließlich nie, was schiefgehen kann. Hierzu können Sie entweder die Import-/Exportfunktionen von WordPress verwenden, die Sie im Backend unter WERKZEUGE finden (Erläuterungen finden Sie in den Abschnitten 3.11.3, »Daten importieren«, bzw. 3.11.4, »Daten exportieren«), oder Sie nutzen einfach das in Abschnitt 7.4.7, »WP-DB-Backup – ein Backup Ihrer Datenbank durchführen«, vorgestellte Plugin WP-DB-Backup.

Abbildung 14.1 Es scheint alles in Ordnung zu sein.

Die WordPress-Aktualisierungen erreichen Sie über DASHBOARD · AKTUALISIERUN-
GEN (Abbildung 14.1). Dort haben Sie die Möglichkeit, das WordPress-Update direkt zu
installieren oder die neue Version vorerst noch herunterzuladen. Am einfachsten ist
natürlich die automatische Installation; wenn diese bei Ihnen problemlos funktioniert, gibt es keinen Grund, sie manuell durchzuführen.

Sollten Sie hingegen mit der automatischen Installation Probleme haben, können Sie
das Update auch ganz leicht per Hand vornehmen. Nehmen Sie hierzu einfach die
folgenden Schritte vor:

1. Laden Sie die aktuelle Version von WordPress herunter (entweder direkt über das
   Dashboard oder über *http://www.wordpress.org*) und entpacken Sie dieses.

2. Entfernen Sie die Ordner *wp-admin* und *wp-includes* (aber auf keinen Fall Ihren
   wp-content-Ordner) aus Ihrer bisherigen WordPress-Installation. Laden Sie nun
   beide Ordner aus dem entpackten Archiv wieder auf Ihren Server. Sie könnten sich
   den Schritt, die Ordner zu entfernen, rein theoretisch sparen – es kann aber beim
   Ersetzen von Dateien zu Problemen kommen, wenn Sie einen neuen Ordner hochladen; so könnten bestehende Dateien nicht überschrieben werden. Es ist also
   sicherer, die entsprechenden Ordner zuvor zu entfernen und dann erneut aus
   dem Update-Ordner hochzuladen.

3. Zu Ihrem *wp-content*-Ordner kommen wir jetzt. Diesen haben Sie hoffentlich
   nach meiner ausdrücklichen Warnung nicht gelöscht. Hierin befinden sich nämlich Ihr Theme und Ihre hochgeladenen Medien. Laden Sie alle in diesem Ordner
   befindlichen einzelnen Dateien nun in Ihren *wp-content*-Ordner auf dem Server.
   Wenn Sie nicht die englische Version von WordPress nutzen, müssen Sie auch die
   Dateien aus *wp-content/languages* in den entsprechenden Ordner auf Ihrem Server kopieren und ersetzen.

4. Laden Sie schließlich alle einzelnen Dateien, die sich in dem Update-Ordner befinden, hoch, und ersetzen Sie damit bestehende Dateien (also alle Dateien in der
   Hierarchie oberhalb von *wp-content*, *wp-includes* oder *wp-admin*).

5. Sie sind fast fertig. Begeben Sie sich nun zu Ihrer Administrationsoberfläche, und
   loggen Sie sich ein. Wenn ein Datenbank-Upgrade notwendig ist, wird WordPress
   Sie automatisch auf eine entsprechende Unterseite weiterleiten, in der Sie dieses

mit nur einem Klick durchführen können. Verwenden Sie in irgendeiner Form eine Caching-Funktion auf Ihrer Website, empfiehlt es sich, den Cache nun zu leeren, um Ihre Besucher auch von der neuen Version profitieren zu lassen.

14.1.2   Plugin- und Theme-Updates

Nachdem WordPress nun auf dem aktuellsten Stand ist, kümmern Sie sich um Ihre Plugins. Installieren Sie regelmäßig neue Updates, denn auch Plugins können Sicherheitslücken enthalten, die unter Umständen scheunentorgroß sind (Abbildung 14.2). Im Regelfall kommen auch bei den Plugins weitere, nützliche Funktionen hinzu und bestehende werden verbessert.

Abbildung 14.2 Auch Plugins und Themes sind auf dem neuesten Stand.

Dort, wo Sie WordPress aktualisieren, finden Sie auch alle Updates für Ihre Plugins (alternativ können Sie Updates auch direkt über den Menüpunkt PLUGINS vornehmen). Versehen Sie alle Plugins, die Sie aktualisieren möchten, mit einem Häkchen, und klicken Sie anschließend auf PLUGINS AKTUALISIEREN. Das war es schon.

Wenn Sie sich trotz meiner leidenschaftlichen Beschreibung der Erstellung eines eigenen WordPress-Themes dafür entschieden haben, ein bereits fertiges Theme zu installieren, besteht natürlich die Möglichkeit, dass der Autor dieses ab und an aktualisiert. Hier ist ein Update zwar nicht so dringend wie bei WordPress selbst oder bei Plugins; in der Regel sollte sich Ihr Theme aber nach einem Update verbessern, was für ein Update spricht.

Die Aktualisierung können Sie – genau wie bei den Plugins – über DASHBOARD • AKTUALISIERUNGEN vornehmen.

14.2   WordPress optimieren

Ihre Website läuft nun schon eine Weile. Und da Sie alles richtig gemacht haben und Ihr Blog viele Fans hat, strömen täglich viele Besucher herein. Die Website wird langsamer, und auch im Dashboard hängen schon einige Spinnweben. Denn neben dem vielen Schreiben haben Sie ganz vergessen, dass eine WordPress-Installation wie ein Dachboden ist: Auch wenn er anfangs aufgeräumt ist und glänzt, so ist das kein Zustand für die Ewigkeit, wenn wir mal ehrlich sind. Es ist also von Zeit zu Zeit nötig,

WordPress ein wenig zu optimieren. Dazu gehören Optimierungen der Geschwindigkeit genauso wie regelmäßiges Ausmisten.

Seit Google bekanntgegeben hat, dass die Ladezeit einer Website nun bei der Platzierung in den Suchergebnissen berücksichtigt wird, denken Webdesigner und Website-Betreiber nur noch an eines: Wie kann ich das Ding schneller machen? Nun, die Euphorie in allen Ehren, man sollte es auch nicht übertreiben. Sie werden nicht pro Millisekunde eingesparter Ladezeit einen Platz weiter nach oben wandern. Es empfiehlt sich aber dennoch, einige kleine Tweaks vorzunehmen; denn in erster Linie geht es doch darum, dass Ihre Besucher sich gern auf Ihrer Website aufhalten.

14.2.1　Ein schnellerer Server

Die einfachste Möglichkeit, die Geschwindigkeit Ihrer Website zu optimieren, ist ein schnellerer Server. Nun werden viele sagen: »Server? Ich habe nur Webspace!« Und genau dort liegt das Problem. Wenn mich ein Kunde fragt, was er für seine Word-Press-Website für einen Webspace benötigt, antworte ich: »Gar keinen.« Denn auch wenn mir hier ein paar Kollegen widersprechen werden, so ist das typische STRATO-Webspace-Paket für eine halbwegs professionelle Website auf WordPress-Basis (ungeachtet der Besucherzahlen) schlichtweg nicht ausreichend.

Sie teilen sich hier die Leistung eines oder mehrerer Server mit vielen tausend anderen Besuchern. Dass da zu Spitzenzeiten Ihre Website unter Umständen gar nicht mehr erreichbar ist, ist dann nicht verwunderlich. Ich empfehle Ihnen daher, setzen Sie zumindest auf einen virtuellen Server oder – noch besser – auf einen dedizierten. Bei einem virtuellen Server nutzen Sie mit einer meist überschaubaren Anzahl weiterer Kunden ein und dieselbe Maschine; diese verhält sich aber wie ein eigener Server und hat auch eine eigene IP-Adresse. Ein dedizierter Server hingegen ist dann wirklich eine ganz eigene Maschine ganz für Sie allein.

Es wird oft das Argument angeführt, dass anfangs für wenige Besucher Webspace ausreichend sei. Das halte ich für nicht ganz angemessen. WordPress ist recht ressourcenhungrig; je besser der Server, desto schneller werden die einzelnen Prozesse ausgeführt. Bei Webspace ist häufig gar nicht mal der Webspace selbst das Problem, sondern der gemeinsame Datenbankserver, auf den unglaublich viele Anfragen gleichzeitig einprasseln. Daher wird Ihre Website nicht nur bei größeren Besucherzahlen einen besseren Eindruck machen, sondern auch schon bei wenigen Besuchern schneller ausgeliefert.

Außerdem: Es macht sehr wenig Spaß, auf einen neuen Server umzuziehen. Ich bin der Ansicht, dass das ein Nachmittag ist, den man schöner und mit weniger Ärger verbringen kann. Wenn Sie also ein ambitionierter Website-Betreiber sind und ohnehin mit einer gewissen Menge an Besuchern in naher Zukunft rechnen, dann setzen

Sie lieber gleich auf einen Server. Sie tun damit nicht nur Ihren Besuchern einen Gefallen, sondern auch sich selbst: Das Dashboard lädt schließlich auch schneller.

Tipp

Virtuelle und dedizierte Server gibt es bei den meisten Anbietern auch in der Managed-Variante. Das bedeutet, dass die Administration jemand anderes für Sie übernimmt. Diese sind zwar ein wenig kostspieliger, lohnen sich aber, wenn Sie niemanden haben, der sich mit Servertechnik auseinandersetzt. Das ist leider auch kein Thema, was man sich an einem verregneten Wochenende einmal anlesen kann. Denn die Sicherheit Ihres Servers ist ständig gefährdet; lassen Sie die Verantwortung dafür lieber jemand anders tragen.

14.2.2 Content Delivery Networks

Welche Dateien Ihrer Website sind eigentlich die größten? Richtig, die Bilder. Je nach Theme und Inhalten können das einige sein, und diese verlangsamen natürlich den Seitenaufbau. Nun kommt noch ein Problem hinzu: Ein Browser kann nur eine bestimmte Anzahl an Dateien gleichzeitig von ein und derselben Quelle aufrufen. Obwohl also die Leitungen mehr hergeben würden, so ist Ihr Browser dennoch darauf beschränkt, einige wenige Dateien gleichzeitig zu laden. Umgehen kann man dieses Problem mit einem so genannten Content Delivery Network (CDN). Hierzu laden Sie lediglich die Mediendateien, Stylesheets und JavaScipts auf den Server eines externen Anbieters. Der Browser lädt dann das Gerüst und die textlichen Inhalte Ihrer Website von Ihrem Server, die Medien allerdings von einem anderen. Das kann zum einen die Ressourcen Ihres Servers schonen und zum anderen den Seitenaufbau beschleunigen. Mögliche CDNs sind beispielsweise die Google App Engine oder auch Amazons Cloud Front. Wenn Sie ein Plugin, wie zum Beispiel *W3 Total Cache*, einsetzen, lässt sich ein solches CDN auch sehr einfach mit WordPress verknüpfen.

Abbildung 14.3 Aktivieren Sie das CDN in W3 Total Cache.

Um das CDN in W3 Total Cache zu verwenden, klicken Sie einfach in Ihrem Dashboard auf den Menüpunkt PERFORMANCE, und aktivieren Sie das CDN im Kasten CDN (Abbildung 14.3). Hier sind bereits einige häufig genutzte CDN-Anbieter eingetragen. Ist Ihr Provider nicht dabei, wählen Sie einfach GENERIC MIRROR aus. Navigieren Sie nun zu PERFORMANCE • CDN, um weitere notwendige Einstellungen vorzunehmen.

Auf dieser Optionsseite können Sie diverse Einstellungen darüber treffen, welche Dateien auf das CDN ausgelagert werden sollen. Wichtig ist aber insbesondere der Abschnitt CONFIGURATION (Abbildung 14.4). Je nachdem für welchen Anbieter eines CDNs Sie sich entschieden haben, müssen Sie hier gegebenenfalls providerspezifische Daten angeben, die sie von diesem erhalten haben. Haben Sie hingegen MIRROR ausgewählt, genügt die Angabe der URL, unter der Ihr persönliches CDN erreichbar ist.

Abbildung 14.4 Richten Sie das CDN ein.

Sie möchten kein weiteres Geld für ein CDN ausgeben? Auch wenn die Kosten in der Regel sehr überschaubar sind und sich pro Gigabyte derzeit im niedrigen Cent-Bereich bewegen, so ist ein eigenes CDN nicht immer notwendig. Zumindest dann nicht, wenn Sie einen ähnlichen Effekt dadurch erreichen können, dass Sie dem Browser ein CDN nur vorgaukeln. Der Trick ist so einfach wie effektiv, weshalb Sie ihn bei möglichst jedem Webprojekt anwenden sollten. Legen Sie einfach Subdomains Ihrer Website an, und legen Sie die Grafikdateien darunter ab, bzw. machen Sie diese darunter erreichbar. So können Sie prinzipiell mit allen Dateien verfahren, also beispielsweise mit Bildern, Javascripts oder CSS-Dateien. Je nach Gestaltung Ihrer Website mag dies für Javascript und CSS Sinn ergeben; in den meisten Fällen wird es sich aber nicht lohnen, diese auszulagern, da die Dateigröße überschaubar ist. Richtig lohnt es sich allerdings bei Bildern, an welchen ich die Vorgehensweise im Folgenden beschreiben möchte. Bei Stylesheets oder Javascripts können Sie aber prinzipiell ähnlich vorgehen.

Legen Sie nun am besten zwei Subdomains für Ihre Domain an, zum Beispiel *images.meinedomain.de* und *upload.meinedomain.de*. Erstere dient uns gleich als Abladeplatz für die Theme-Dateien, letztere für alle hochgeladenen Bilder. Je nach

Serverprovider wird nun hierfür ein eigener Ordner auf Ihrem Server angelegt (Abbildung 14.5). Sie haben jetzt grundsätzlich zwei Möglichkeiten, das gleiche Ergebnis zu erzielen. Wählen Sie einfach die aus, die Ihnen komfortabler erscheint.

Abbildung 14.5 Diese Ordner sollten nun automatisch auf Ihrem Server erstellt worden sein.

Verschieben Sie nun alle Theme-Grafiken nach *images.meinedomain.de* und gegebenenfalls bereits hochgeladene Bilder aus der Mediathek nach *upload.meinedomain.de*. Bei einer frischen WordPress-Installation genügen selbstverständlich die Theme-Grafiken. Hat Ihr Server automatisch keine entsprechenden Ordner angelegt, so tun Sie dies doch einfach selbst, und lassen Sie die Subdomain darauf verweisen. Nun ist es erforderlich, dass WordPress auch davon erfährt, dass die Grafiken ab jetzt an einem anderen Ort zu finden sind.

Hierzu öffnen Sie all Ihre Theme-Dateien und auch die Stylesheets in einem entsprechenden Texteditor, der am besten auch eine Suchen-und-Ersetzen-Funktion bietet (zum Beispiel das kostenlose Notepad++). Suchen Sie nach allen Verweisen auf Bilder, und ersetzen Sie den Pfad zu den Theme-Grafiken jeweils mit dem neuen Pfad, der sich nun aus der Subdomain ergibt. Beispiel: Aus */images/header.jpg* wird nun *http://images.meinedomain.de/header.jpg*. Erfahrungsgemäß befinden sich die meisten Bildverweise in den Stylesheets, schauen Sie also auch unbedingt dort nach. Laden Sie anschließend Ihre Website neu (mit `Strg` + `F5`), und schauen Sie, ob alle Bilder richtig geladen worden sind. Falls nicht, müssen Sie stellenweise noch einmal nachbessern.

Aber was ist mit den hochgeladenen Dateien aus der Mediathek? Es ist empfehlenswert, die Ordnerstruktur beizubehalten, wenn Sie die Dateien verschieben. Wird Ihr Upload-Ordner in Jahre und Monate unterteilt, behalten Sie dies am besten bei. Als Erstes passen Sie in den Einstellungen an, wo zukünftig die Dateien der Mediathek gespeichert werden sollen. Hierzu navigieren Sie im Dashboard einfach zu EINSTELLUNGEN • MEDIATHEK und passen die Pfade dort an, wie in Abbildung 14.6 gezeigt.

Sie werden dort mit zwei Feldern konfrontiert. Zum einen möchte WordPress wissen, in welchem Ordner nun die Dateien gespeichert werden sollen, zum anderen, wie der vollständige Pfad zu diesen Dateien lautet, um sie schließlich einbinden zu können. Im zweiten Feld tragen Sie einfach Ihre vollständige Subdomain ein: *http://upload.meinedomain.de*. In das erste Feld hingegen müssen Sie den absoluten Pfad zur Subdomain angeben.

Abbildung 14.6 Die neuen Pfade zu Ihrer Mediathek

Üblicherweise hat dieser eine Struktur ähnlich der folgenden: */home/username/ upload.meinedomain.de*. Diese lässt sich aber leicht über Ihre FTP-Software heraus-finden, zum Beispiel über das kostenlose FileZilla. Navigieren Sie innerhalb der Soft-ware zu Ihrem neuen Upload-Verzeichnis; FileZilla zeigt Ihnen dann automatisch an, wie der absolute Pfad hierzu lautet (Abbildung 14.7). Tragen Sie diesen Pfad schließ-lich in das entsprechende Feld im Dashboard ein, und speichern Sie die Angaben.

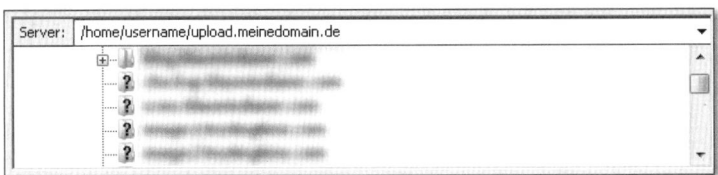

Abbildung 14.7 Das ist der absolute Pfad zu Ihrem Upload-Verzeichnis.

Nun ist es nötig, die Pfade zu den bereits bestehenden Bildern in der Mediathek anzupassen. Das ist ein klein wenig schwieriger, weil Sie hierfür in der Datenbank arbeiten müssen und nicht im komfortablen Notepad. Doch über phpMyAdmin ist auch das kein Problem, da Sie dort ebenfalls eine Suchen-und-Ersetzen-Funktion haben. Begeben Sie sich zunächst in Ihre WordPress-Datenbank über phpMyAdmin. Klicken Sie nun im Menü auf den Reiter SQL. Geben Sie hier die folgenden Befehle aus Listing 14.1 ein:

```
UPDATE 'wp_posts' SET 'post_content' =
replace(post_content, 'http://www.meinedomain.de/wp-content/uploads/',
'http://upload.meinedomain.de/');

UPDATE 'wp_posts' SET 'guid' =
replace(guid, 'http://www.meinedomain.de/wp-content/uploads/',
'http://upload.meinedomain.de/');
```

Listing 14.1 Suchen und Ersetzen der bisherigen Mediendateien

Achten Sie darauf, die entsprechenden Teile der oben genannten SQL-Statements an Ihre Bedürfnisse anzupassen. Neben den insgesamt vier Pfaden betrifft dies auch den Tabellennamen `wp_posts`, der bei Ihnen durchaus anders lauten kann, wenn Sie bei der Installation (wie empfohlen) ein anderes Präfix gewählt haben.

> **Hinweis**
>
> Das ist natürlich nur eine mögliche Variante, dem Browser ein CDN vorzugaukeln. Anstatt alle Dateien zu verschieben, können Sie auch einfach die Subdomains direkt auf Ihr Upload-Verzeichnis bzw. Ihr Bilderverzeichnis innerhalb Ihres Themes verweisen lassen. Auf die oben genannte Weise haben Sie aber die Möglichkeit, die Dateien später einmal leichter auf ein CDN bzw. einen eigenen Server zu verfrachten. Sie müssen dann nichts weiter tun, als die Dateien an ihren neuen Platz zu kopieren und Ihre Subdomains entsprechend anzupassen.

Mit einem CDN – und sei es auch nur ein Schein-CDN – dürfte Ihre Website nun schneller geladen werden; unter Umständen sogar deutlich schneller. Es gibt aber noch weitere Möglichkeiten, die Schnelligkeit Ihrer Website zu optimieren.

14.2.3   Bilder nachladen

Ich hatte es im Rahmen dieses Abschnitts schon häufiger angesprochen: Ladeprobleme einer Website rühren häufig von vielen (großen) Bildern her. Dabei kann der Nutzer vor dem Scrollen doch noch gar nicht alle Grafiken einer Website sehen; warum sollten diese dann also geladen werden? Das hat sich der Autor des Plugins jQuery Image Lazy Load WP wohl auch gedacht.

Mithilfe dieses Plugins werden zunächst nur die Bilder geladen, die Ihre Besucher auch tatsächlich sehen können. Scrollen diese weiter herunter, werden die restlichen Bilder mit einer schönen Animation nachgeladen. Die Website wirkt dadurch automatisch professioneller und ist auch gleichzeitig noch schneller. Und jetzt kommt das Beste: das Plugin hat keinerlei Einstellungsmöglichkeiten. Installieren Sie es und nach einer Minute können Sie die Effekte bewundern.

14.2.4   Caching mit W3 Total Cache

Caching ist prinzipiell eine tolle Sache. Neben den Bildern und einem zu schwachen Server gibt es nämlich noch eine andere Ursache für langsam ladende Websites: WordPress. Damit möchte ich nicht sagen, dass die Software langsamer ist als andere. Denn jedes CMS bringt diese Probleme schon von Natur aus mit sich. Kein einziges CMS ist so schnell wie eine reine HTML-Seite. Schließlich muss es teilweise komplexe Datenbankabfragen und Berechnungen ausführen. Das geschieht zwar manchmal in wenigen Millisekunden, liegt aber meist doch im Sekundenbereich. Vor allem wenn viele Besucher gleichzeitig auf die Website zugreifen. Aber hierfür gibt es ja Caching. Vereinfacht gesagt, sorgt Caching nur dafür, dass für jede aufzurufende Unterseite Ihrer Website eine reine HTML-Seite existiert, für die keine Datenbankabfragen oder Ähnliches notwendig sind. Hierzu speichert die Software beim ersten Aufruf der Seite eine HTML-Version dieser Anzeige und liefert nun diese bei allen Seitenaufrufen aller weiterer Nutzer an eben jene aus.

Es gibt derzeit verschiedene Caching-Plugins auf dem Markt. Zu den bedeutendsten zählen WP Super Cache und W3 Total Cache. Letzteres, das Sie in Abschnitt 14.2.2, »Content Delivery Networks«, bereits als hilfreich kennengelernt haben, um ein CDN mit WordPress zu verknüpfen, möchte ich Ihnen in diesem Abschnitt kurz vorstellen.

W3 Total Cache überrollt den geneigten Anwender zunächst mit einer Vielzahl an Funktionen. Schnell wird Caching zu einem Thema, bei dem man einfach so tut, als würde es gar nicht existieren. In Wahrheit ist es aber sehr wichtig und derart nützlich, dass man sich damit auf jeden Fall auseinandersetzen sollte. Insbesondere, wenn Ihre Website bereits nennenswerte Zugriffe pro Tag verzeichnet. Das Plugin verliert übrigens schnell seinen gefürchteten Umfang, wenn man weiß, auf welche Funktionen es ankommt. Nach der Installation befindet sich im Menü Ihres Dashboards ein ganz neuer Oberpunkt namens PERFORMANCE (Abbildung 14.8).

General Settings

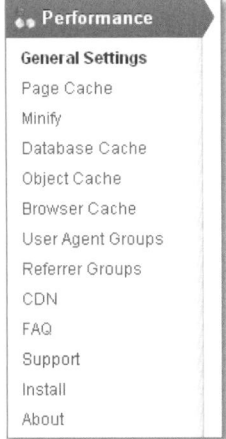

Abbildung 14.8 Das Menü macht bereits einen umfangreichen Eindruck.
Aber keine Sorge, wir picken uns nur die Rosinen heraus.

Zunächst kümmern wir uns darum, die wichtigsten Einstellungen zu treffen und die verschiedenen Module, die Ihnen dieses Plugin bietet, zu aktivieren oder zu deaktivieren. Begeben Sie sich hierzu bitte zu den GENERAL SETTINGS.

Abbildung 14.9 zeigt den sogenannten Preview-Modus. Während Sie sich in diesem Modus befinden, haben die Einstellungen an diesem Plugin für Ihre Besucher noch keinen Effekt. Damit sich das ändert, sollten Sie nach der Konfiguration unbedingt daran denken, diesen Modus zu deaktivieren.

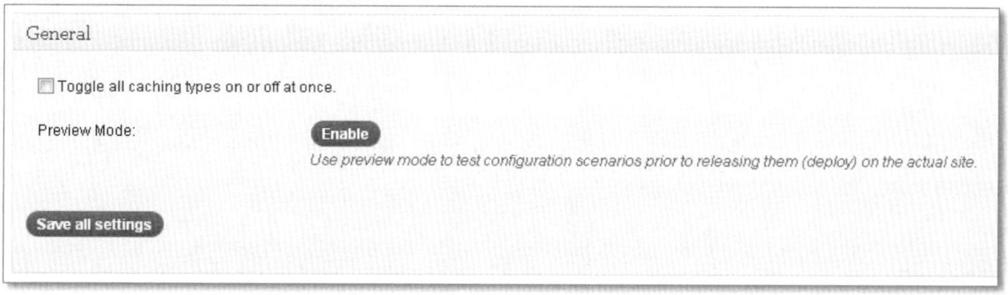

Abbildung 14.9 Der Preview-Modus

Der PAGE CACHE ist die Grundfunktion dieses Plugins (Abbildung 14.10). Er sorgt für die oben angesprochenen HTML-Versionen einer jeden Seite. Sie sollten diese Funktion daher unbedingt aktivieren. Als PAGE CACHE METHOD wählen Sie am besten DISK: ENHANCED, falls Ihnen keine der Opcode-Optionen zur Verfügung stehen sollte.

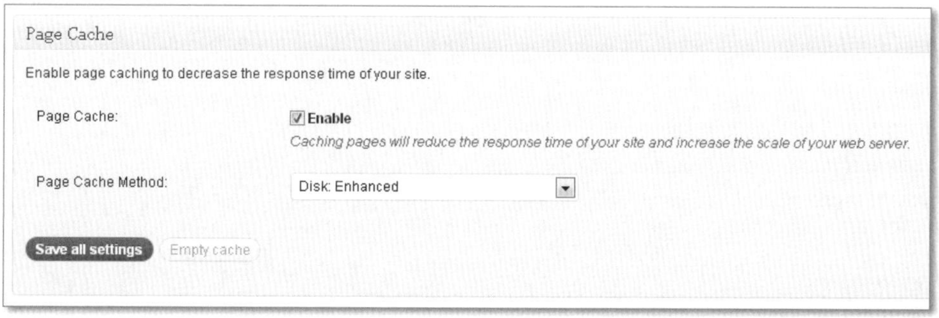

Abbildung 14.10 Der Page Cache

Je nach Umfang Ihrer Website können auch CSS- und JavaScript-Dateien die Ladezeit Ihrer Website wesentlich erhöhen. Es gibt Methoden, mit denen man diese Dateien zumindest ein wenig kleiner machen kann, was multipliziert auf viele Nutzer schließlich zu einem Geschwindigkeitsschub führen sollte. Die Funktionalität der Dateien bleibt hiervon übrigens unberührt; es werden lediglich unnötige Elemente entfernt (zum Beispiel Zeilenumbrüche). Aktivieren Sie also ruhig die Funktion MINIFY (Abbildung 14.11). Den Modus setzen Sie auf MANUAL, damit Sie später selbst definieren können, welche Dateien hiervon betroffen sein sollen. Möchten Sie MINIFY allerdings auf alle entsprechenden Dateien anwenden, können Sie genauso gut AUTO wählen. Als MINIFY CACHE METHOD wählen Sie DISK, und den Rest belassen Sie beim DEFAULT-Wert.

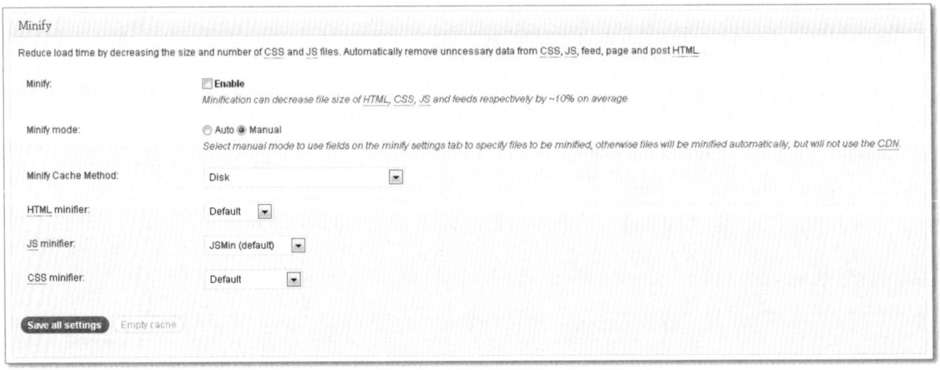

Abbildung 14.11 Die Minify-Funktion

Auch die Erstellung von Seiten und Beiträgen sowie von Feeds können Sie beschleunigen, indem Sie die Datenbank ebenfalls cachen (Abbildung 14.12). Das empfiehlt sich, wie Sie auch der Beschreibung entnehmen können, insbesondere dann, wenn bei Ihnen Object Caching – was ich im folgenden Absatz erkläre – nicht funktionieren sollte. Letzteres ist also vorzugswürdig. Sollten Sie sich für den DATABASE CACHE entscheiden, empfiehlt es sich, als Methode ebenfalls DISK zu wählen.

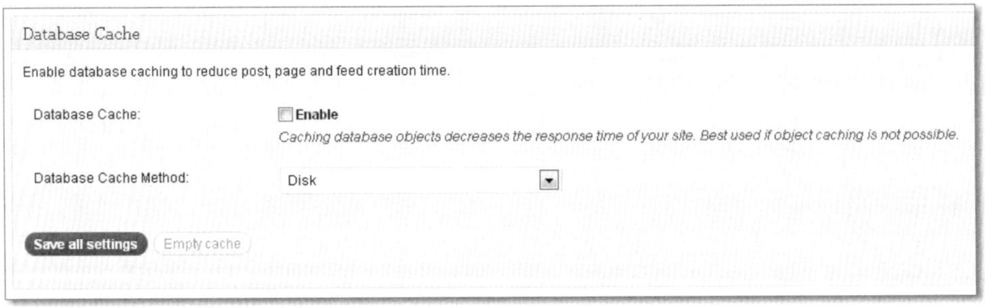

Abbildung 14.12 Der Database-Cache

Grundsätzlich gilt es, sowohl beim Database Caching als auch beim Object Caching auszuprobieren, was bei Ihnen am besten funktioniert. Cache-Plugins sind unter anderem deshalb so schwer zu erklären, weil sie auf jedem Server und auf jedem Webspace anders funktionieren. Setzen Sie zum Beispiel Webspace für Ihre WordPress-Website ein, kann es passieren, dass der Disk-Modus beim Database Caching und Object Caching nicht gut funktioniert, weil die Festplatte zu langsam ist. Probieren Sie beide Funktionen aus, und entscheiden Sie anhand einiger Tests, was besser läuft; denn hier gibt es kein Richtig oder Falsch.

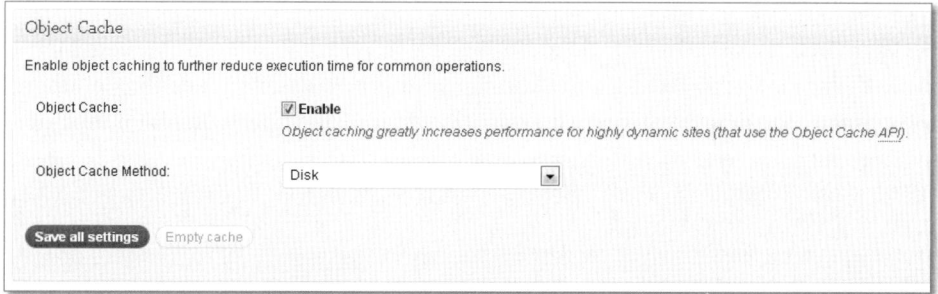

Abbildung 14.13 Der Object-Cache

Wie oben bereits erwähnt, liegt es an Ihnen und den Voraussetzungen Ihres Servers, ob Sie sich für Database oder Object Caching entscheiden. Wählen Sie jedenfalls die Disk-Methode aus (Abbildung 14.13), da diese regelmäßig am unproblematischsten ist.

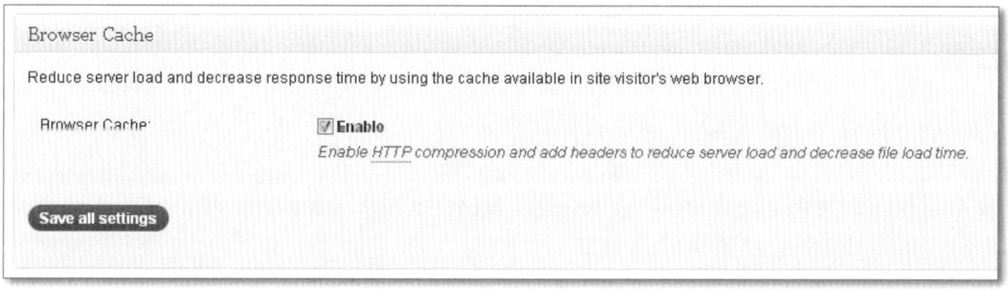

Abbildung 14.14 Der Browser-Cache

Warum sollte man nicht auch den Cache nutzen, den der Browser eines Besuchers einem zur Verfügung stellt? Aktivieren Sie den BROWSER CACHE (Abbildung 14.14), wenn Ihnen hierzu ebenfalls kein Gegenargument einfällt.

So viel zu den allgemeinen Einstellungen. Sie finden auf dieser Seite noch weitere Bereiche, für die Sie Einstellungen vornehmen können. Dies sind aber nur weitere Gimmicks, die mit der eigentlichen Caching-Funktion nur am Rande zu tun haben und hier nicht näher erläutert werden. Die CDN-Funktion wurde bereits in Abschnitt 14.2.2, »Content Delivery Networks«, erläutert.

Schier unendlich viele Einstellungen können Sie nun noch unter den jeweiligen nachfolgenden Menüpunkten treffen. Ich gebe Ihnen aber den Rat, es zumindest überwiegend bei der Standardeinstellung zu belassen. Der Plugin-Autor hat sich diesbezüglich seine Gedanken gemacht und die empfehlenswerten Einstellungen bereits für Sie getroffen.

Page Cache

Der Page Cache ist praktisch die Grundfunktion von W3 Total Cache. Unter dem Menüpunkt PERFORMANCE • PAGE CACHE können Sie hierzu sehr detaillierte Einstellungen
vornehmen, von denen ich Ihnen die wichtigsten im Folgenden vorstellen möchte.

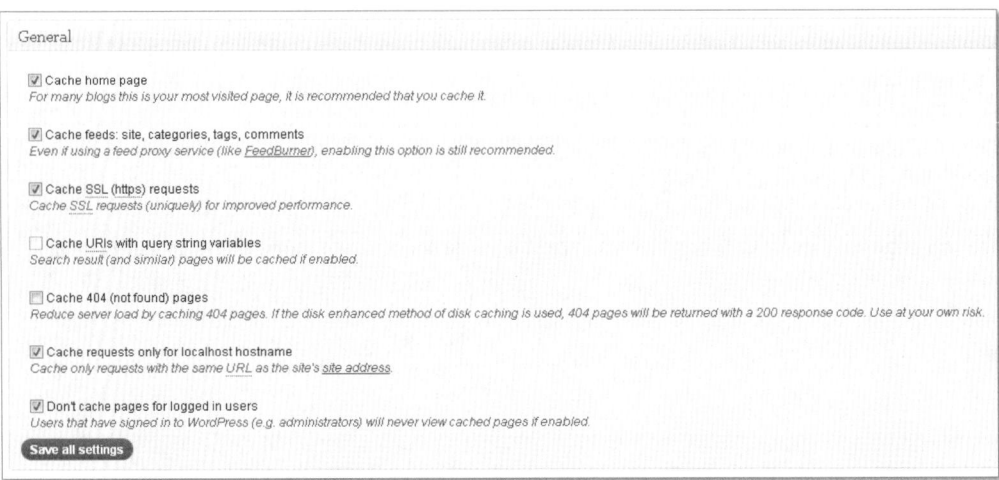

Abbildung 14.15 Page-Cache • General

Im Abschnitt GENERAL finden Sie, wie der Name schon impliziert, die eher allgemeineren Einstellungen (Abbildung 14.15):

▶ CACHE HOME PAGE: Soll auch Ihre Startseite gecacht werden? Das kommt darauf
an. Bedenken Sie, dass einige Plugins bzw. dynamische Inhalte häufig nicht gut
mit Caching funktionieren, beispielsweise eine Anzeige der populärsten Beiträge.
Hierzu eignet sich keine gecachte Seite, weil es bei derlei Informationen ja gerade
darauf ankommt, aktuelle Informationen auszuwerten und zu präsentieren. Sollten Sie derartige aktuelle Elemente auf Ihrer Startseite einsetzen, dann setzen Sie
hier lieber kein Häkchen. Ansonsten aktivieren Sie diese Funktion in jedem Fall,
denn die Startseite ist ja auch meist die am häufigsten besuchte Seite; ein schneller Start kann hier über Interesse oder Verlassen entscheiden.

▶ CACHE FEEDS: SITE, CATEGORIES, TAGS, COMMENTS: Legen Sie hier fest, ob auch
Ihre RSS-Feeds gecacht werden sollen. Der Autor des Plugins spricht hierfür trotz
Services wie Google Feedburner weiterhin eine Empfehlung aus.

▶ CACHE SSL (HTTPS) REQUESTS: Wenn Sie möchten, dass auch SSL-Anfragen (also
solche über *https://*) gecacht werden, aktivieren Sie diese Option.

▶ CACHE URIS WITH QUERY STRING VARIABLES: Aktivieren Sie diese Option, dann
werden auch Seiten, die weitere Parameter in der URL enthalten, gecacht; zum Beispiel Suchresultate.

▶ CACHE 404 (NOT FOUND) PAGES: Aktiviert das Caching von 404-Fehlerseiten. Achtung: Wenn Sie unter OBJECT CACHE vorhin DISC: ENHANCED ausgewählt haben, dann wird nun eine 200er-Statusmeldung zurückgegeben.

▶ CACHE REQUESTS ONLY FOR LOCALHOST HOSTNAME: Nur Anfragen, die für Ihre Domain eingehen, die Sie in den allgemeinen Einstellungen von WordPress als SEITEN-ADRESSE festgelegt haben, werden gecacht.

▶ DON'T CACHE PAGES FOR LOGGED IN USERS: Es empfiehlt sich, diese Funktion generell zu aktivieren, um allen eingeloggten Nutzern die aktuellste Version einer Seite zu präsentieren und nicht die gecachte. Dies betrifft insbesondere Administratoren und Redakteure, die auf diese Weise Neuerungen sofort sehen und darauf reagieren können.

Abbildung 14.16 Page Cache · Advanced

Unter ADVANCED können Sie schon weitaus spezifischere Einstellungen zum Page Cache vornehmen (Abbildung 14.16):

▶ GARBAGE COLLECTION INTERVAL: Für ein funktionierendes Caching ist es nötig, dass der Müll häufig genug herausgetragen wird. Meint: Gecachte Seiten sollten nach einiger Zeit entfernt werden und durch den nächsten Aufruf wieder neu generiert werden. Denn das Internet ändert sich schließlich immer mal wieder etwas. Hier wird ein Intervall von 3.600 Sekunden (1 Stunde) empfohlen, nach dem der Cache geleert wird. Haben Sie eine Website, auf der sich wenig ändert, erhöhen Sie das Intervall ruhig (das bedeutet auch wenige neue Beiträge, da bei vielen Blogs in der Sidebar eine Anzeige »aktuelle Beiträge« ist, die sonst nicht aktualisiert werden würde). Bei einer Website, auf der viel passiert, können Sie den Wert dagegen sogar nach unten anpassen.

▶ NEVER CACHE THE FOLLOWING PAGES: Wenn Sie einzelne Seiten vom Caching ausnehmen möchten, können Sie diese in dieses Feld eintragen. Rückausnahmen setzen Sie einfach in das folgende Feld ein: CACHE EXCEPTION LIST.

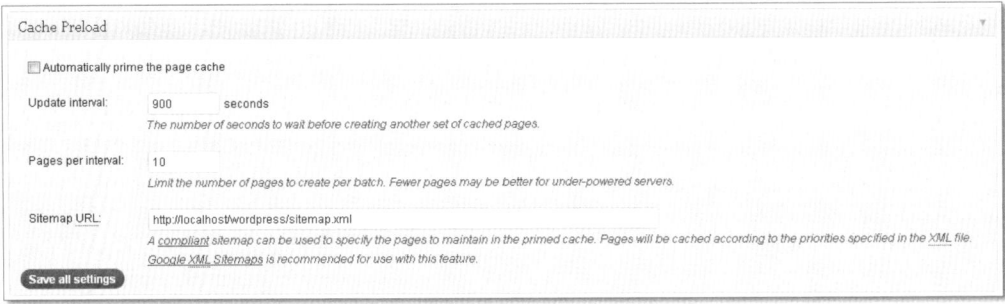

Abbildung 14.17 Page Cache • Cache Preload

CACHE PRELOAD sorgt dafür, dass Ihre Seiten »vorgecacht« werden (Abbildung 14.17) ; es ist also kein Nutzeraufruf mehr nötig, um den Cache zu generieren. Hier können Sie einige spezifische Einstellungen vornehmen, gesetzt den Fall, dass Sie AUTO-MATICALLY PRIME THE PAGE CACHE aktiviert haben:

▶ UPDATE INTERVAL: Das Pre-Caching geschieht in Intervallen. Bei einer Website von mehreren tausend Unterseiten könnte es sonst schnell zu Funktionsstörungen führen. Legen Sie hier fest, wie viele Sekunden gewartet werden soll, bis das Plugin das nächste Intervall ausführt.

▶ PAGES PER INTERVAL: Wie viele Seiten sollen pro Intervall vorgecacht werden? Diese Zahl sollten Sie daran festmachen, wie viele Besucher regelmäßig auf Ihre Website zugreifen und wie stark Ihr Server ist.

▶ SITEMAP URL: Die Sitemap URL ist nötig, damit W3 Total Cache auch weiß, welche Seiten es cachen soll. Legen Sie hier den Pfad zu Ihrer aktuellsten und umfangreichsten Sitemap fest.

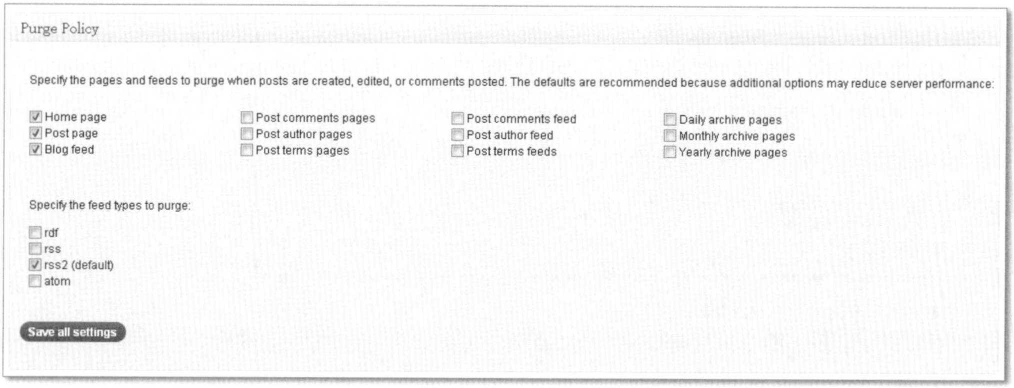

Abbildung 14.18 Page Cache • Purge Policy

Im Rahmen der PURGE POLICY legen Sie fest, welche Seiten neu gecacht werden sollen, sobald Sie einen Beitrag erstellen, bearbeiten oder sobald jemand einen Kommentar veröffentlicht (Abbildung 14.18). Hier gilt wieder einmal das Motto: So viele wie nötig und so wenige wie möglich. Die Startseite, Beitragsseite sowie das Blog Feed sollten jedenfalls neu generiert werden. Bei den anderen Optionen kommt es aber eher auf die Struktur Ihrer Website an. Achten Sie darauf, dass Sie nicht versehentlich Optionen aktivieren (oder früher einmal aktiviert haben), die Sie gar nicht mehr auf Ihrer Seite verlinken; das wäre unnötige Liebesmüh und verschenkte Performance.

Minify

Minify verkleinert Theme-Dateien, wie zum Beispiel Stylesheets oder JavaScript-Dateien, damit diese schneller geladen werden. Unter PERFORMANCE • MINIFY können Sie hierzu genaue Einstellungen vornehmen.

Aktivieren Sie die Option DISABLE MINIFY FOR LOGGED IN USERS im Bereich GENERAL (Abbildung 14.19), bekommen eingeloggte Nutzer keine verkleinerte Version Ihrer Dateien zu Gesicht. Das ist vor allem sinnvoll, wenn Sie als Administrator im Browser direkt mit diesen Dateien arbeiten möchten. Das Entfernen von Zeilenumbrüchen erschwert die Lesbarkeit nämlich erheblich; probieren Sie es einmal aus.

Natürlich können Sie nicht nur CSS- oder JS-Dateien »minifizieren«, sondern auch Ihre HTML-Seiten. Das senkt die Ladezeit noch einmal und erschwert es Dieben ein wenig (immerhin – es gibt ja schließlich Firebug), Ihre schöne Website nachzubauen.

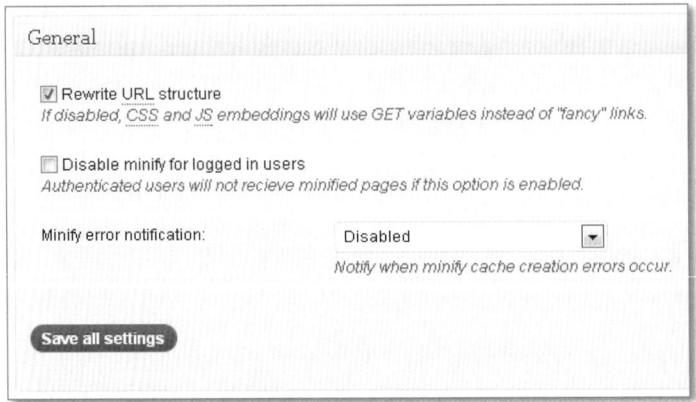

Abbildung 14.19 Minify • General

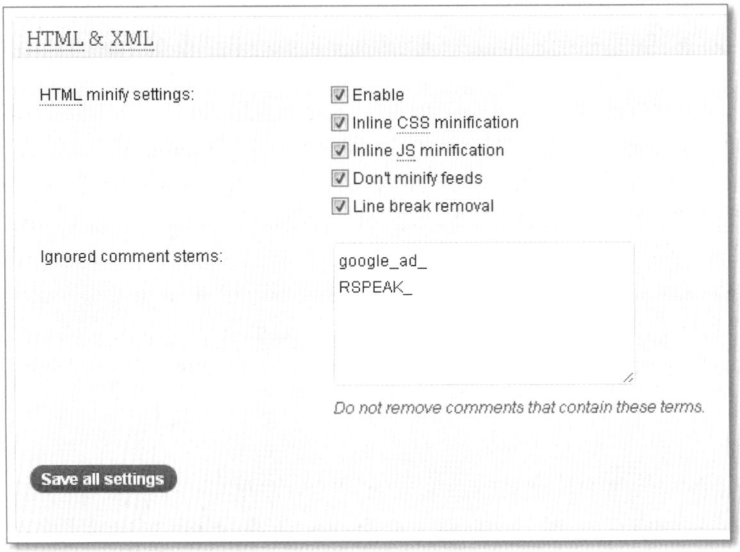

```
HTML & XML

   HTML minify settings:        ☑ Enable
                                ☑ Inline CSS minification
                                ☑ Inline JS minification
                                ☑ Don't minify feeds
                                ☑ Line break removal

   Ignored comment stems:       google_ad_
                                RSPEAK_



                                Do not remove comments that contain these terms.

 Save all settings
```

Abbildung 14.20 Minify • HTML & XML

Die Einstellungen hierzu finden Sie im Bereich HTML & XML (Abbildung 14.20):

▶ INLINE CSS MINIFACTION: Alle CSS-Angaben, die direkt in die HTML-Seite eingebettet und nicht durch einen Link eingebunden wurden, werden ebenfalls verkleinert. Das Gleiche gilt bei INLINE JS MINIFICATION für JavaScript-Code.

▶ DON'T MINIFY FEEDS: Wenn Sie einen guten Grund haben, warum Feeds nicht verkleinert ausgegeben werden sollten, können Sie dies hier deaktivieren.

▶ LINE BREAK REMOVAL: Oben wurde schon angesprochen, dass durch das Minifizieren auch Zeilenumbrüche entfernt werden. Hier können Sie diese Funktion (de-)aktivieren. Sie werden Ihren Quelltext jedenfalls nicht wiedererkennen.

▶ IGNORED COMMENT STEMS: Minify entfernt auch Kommentare aus Ihren HTML-Seiten, da diese für den Nutzer eher selten relevant sind. Es gibt aber Kommentare, die mit voller Absicht im Quelltext stehen; zum Beispiel um Suchmaschinen zu führen. Um auf diese nicht zu verzichten, können Sie im nebenstehenden Feld aufführen, welche Kommentare an Ort und Stelle verbleiben sollen. Hierbei genügt übrigens ein Stichwort, das (ausschließlich) in dem jeweiligen Kommentar vorkommt; es ist nicht nötig, den vollständigen Kommentar hier einzutragen.

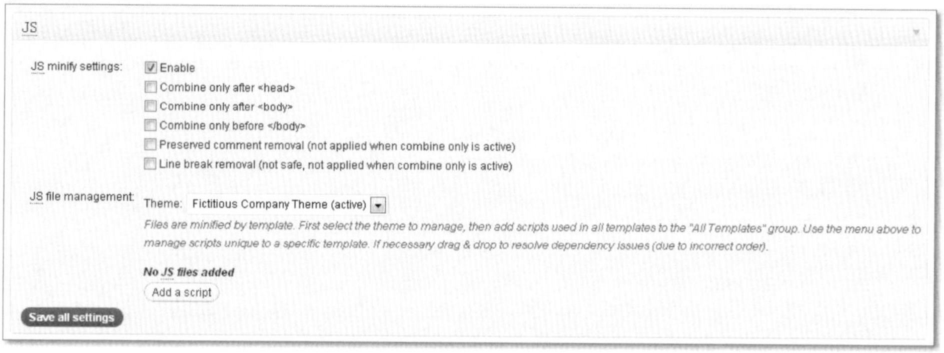

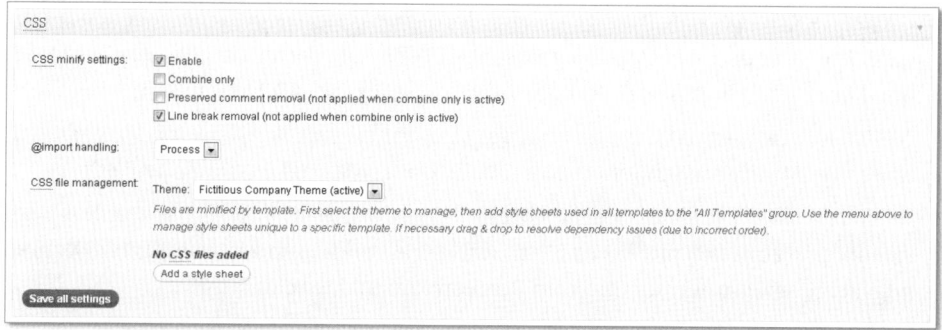

Abbildung 14.21 Minify · JS

Minify kümmert sich neben der Verkleinerung von HTML auch darum, dass Ihre JavaScript-Dateien schneller ausgeliefert werden können. Weitere Einstellungen hierzu nehmen Sie im Bereich JS vor (Abbildung 14.21):

▶ Über COMBINE ONLY AFTER <HEAD> sowie COMBINE ONLY AFTER <BODY> und COMBINE ONLY BEFORE </BODY> legen Sie fest, an welcher Stelle im Quelltext Ihre JavaScripts insgesamt zusammengefasst werden sollen. Das kann sich wiederum auf Ladezeit und Funktionalität auswirken. Machen Sie diese Option von Ihren Scripts abhängig, oder entfernen Sie im Zweifel alle Häkchen, damit die Scripts zu Anfang der Seite geladen werden.

Abbildung 14.22 Minify · CSS

Die Einstellungen zur Verkleinerung Ihrer CSS-Dateien nehmen Sie im Abschnitt CSS vor (Abbildung 14.22):

▶ LINE BREAK REMOVAL: Auch bei Ihren CSS-Dateien können Sie die Zeilenumbrüche getrost entfernen lassen. Dies funktioniert aber nur, wenn Sie oben nicht bereits COMBINE ONLY gewählt haben; denn das würde bedeuten, dass Ihre CSS-Dateien einfach nur zusammengefasst werden würden.

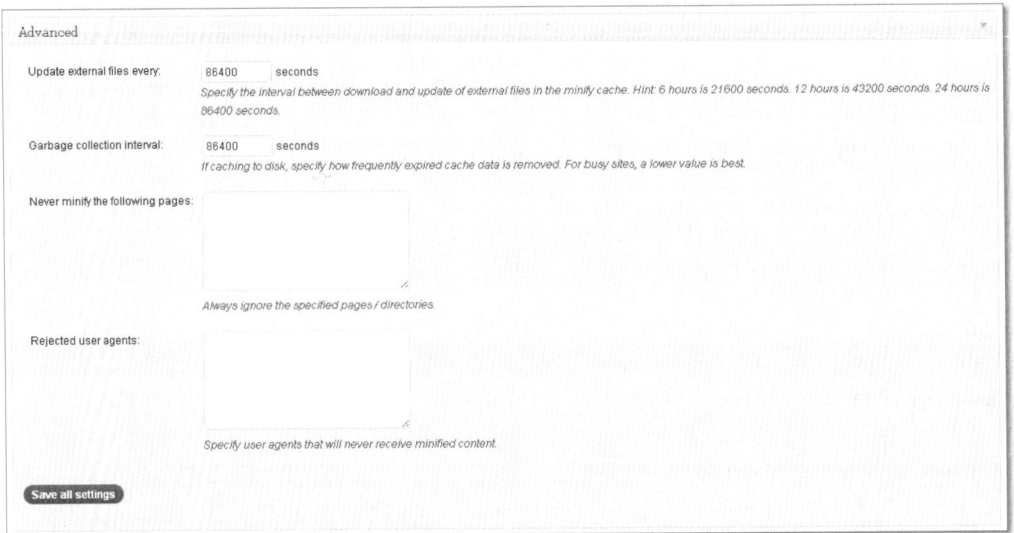

Abbildung 14.23 Minify · Advanced

Unter ADVANCED können Sie weitere, allgemeine Einstellungen zu MINIFY festlegen, die sich auf alle Dateitypen erstrecken (Abbildung 14.23):

▶ UPDATE EXTERNAL FILES EVERY … SECONDS: Bestimmen Sie hier, wie oft externe Dateien neu geladen werden sollen. Standardwert ist hier 86.400 Sekunden, also genau ein Tag.

▶ GARBAGE COLLECTION INTERVAL: Hier legen Sie fest, wie oft eine gegebenenfalls gecachte Version Ihrer Dateien gelöscht werden soll, damit sie neu generiert werden kann. Auch hier ist der Standardwert 1 Tag, also 86.400 Sekunden.

▶ NEVER MINIFY THE FOLLOWING PAGES: Sie können einzelne Seiten oder Verzeichnisse von Minify ausschließen. Nutzen Sie hierzu das nebenstehende Feld.

▶ REJECTED USER AGENTS: Sie möchten, dass Browser mit einem speziellen User Agent (also zum Beispiel iPhone-Nutzer) keine verkleinerte Version Ihrer Dateien angezeigt bekommen sollen? Kein Problem. Ab in das Feld damit.

Database Cache

Der Database Cache cacht die Daten aus Ihrer Datenbank, um unnötige Verbindungen zu vermeiden und die Daten schneller auszuliefern. Unter PERFORMANCE • DATABASE CACHE können Sie die Vorgehensweise genauer bestimmen.

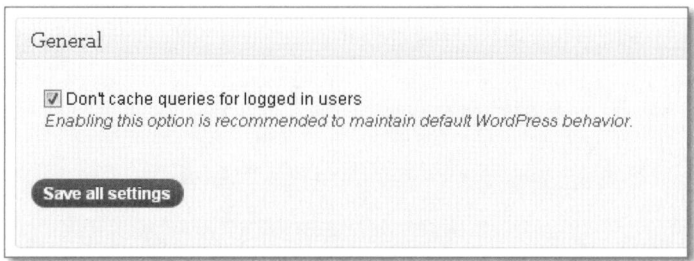

Abbildung 14.24 Database Cache • General

Der Abschnitt GENERAL umfasst lediglich eine einzige Funktion (Abbildung 14.24). Indem Sie DON'T CACHE QUERIES FOR LOGGED IN USERS aktivieren, können Sie auch hier die Caching-Funktion für eingeloggte Nutzer deaktivieren, um diese immer mit den aktuellsten Daten zu beliefern.

Unter ADVANCED stehen Ihnen die typischen Einstellungen einer Cache-Funktion zur Verfügung, wie Sie sie bereits von der Optionsseite PAGE CACHE her kennen, nur dass sie dieses Mal den Datenbank-Cache betreffen (Abbildung 14.25). Insbesondere über MAXIMUM LIFETIME OF CACHE OBJECTS und GARBAGE COLLECTION INTERVAL können Sie die Performance Ihrer Website weiter verbessern. Im Zweifel entscheiden Sie sich für die Standardwerte.

Advanced		
Maximum lifetime of cache objects:	180	seconds
	Determines the natural expiration time of unchanged cache items. The higher the value, the larger the cache.	
Garbage collection interval:	3600	seconds
	If caching to disk, specify how frequently expired cache data is removed. For busy sites, a lower value is best.	
Never cache the following pages:		
	Always ignore the specified pages / directories.	
Ignored query stems:	gdsr_ wp_rg_	
	Do not cache queries that contain these terms. Any entered prefix (set in wp-config.php) will be replaced with current database prefix (default: wp_). Query stems can be identified using debug mode.	
Save all settings		

Abbildung 14.25 Database Cache • Advanced

Object Cache

Unter dem Menüpunkt PERFORMANCE · OBJECT CACHE können Sie weitere Einstellungen zum Object Cache vornehmen, sollten Sie diesem den Vorzug gegenüber dem Database Cache gegeben haben.

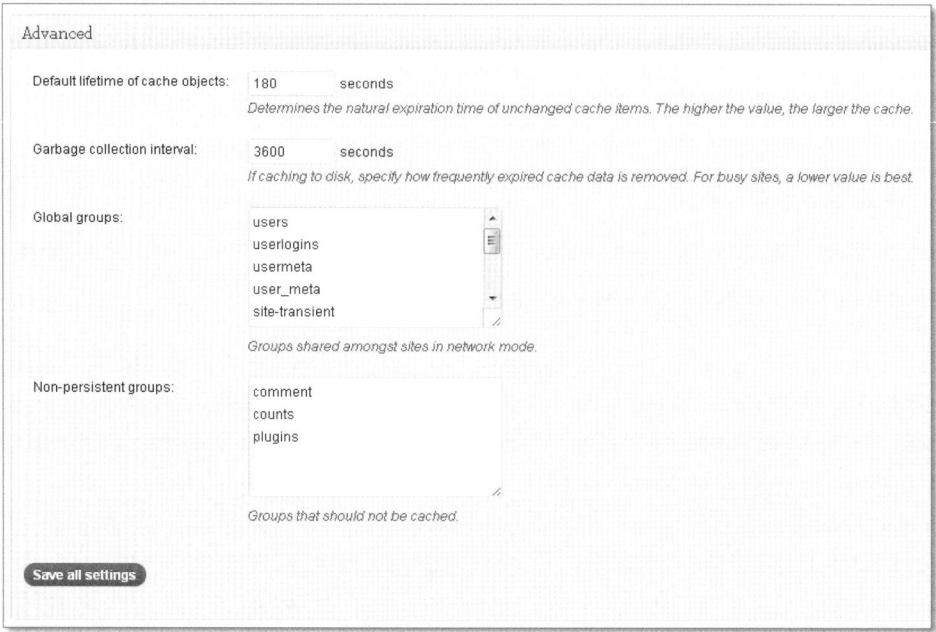

Abbildung 14.26 Object Cache · Advanced

Unter ADVANCED finden Sie wieder einige Einstellungen, die Sie schon vom Page Cache oder Database Cache her kennen (Abbildung 14.26). Passen Sie insbesondere DEFAULT LIFETIME OF CACHE OBJECTS und GARBAGE COLLECTION INTERVAL an Ihre Bedürfnisse an, und überprüfen Sie, ob die Performance Ihrer Seite dadurch zunimmt. Es spricht allerdings nichts dagegen, die Standardwerte beizubehalten.

Browser Cache

Wenn Sie den Browser Ihrer Nutzer mit ins Boot holen wollen, um die Performance Ihrer Website zu steigern, finden Sie die erweiterten Optionen hierzu unter PERFORMANCE · BROWSER CACHE.

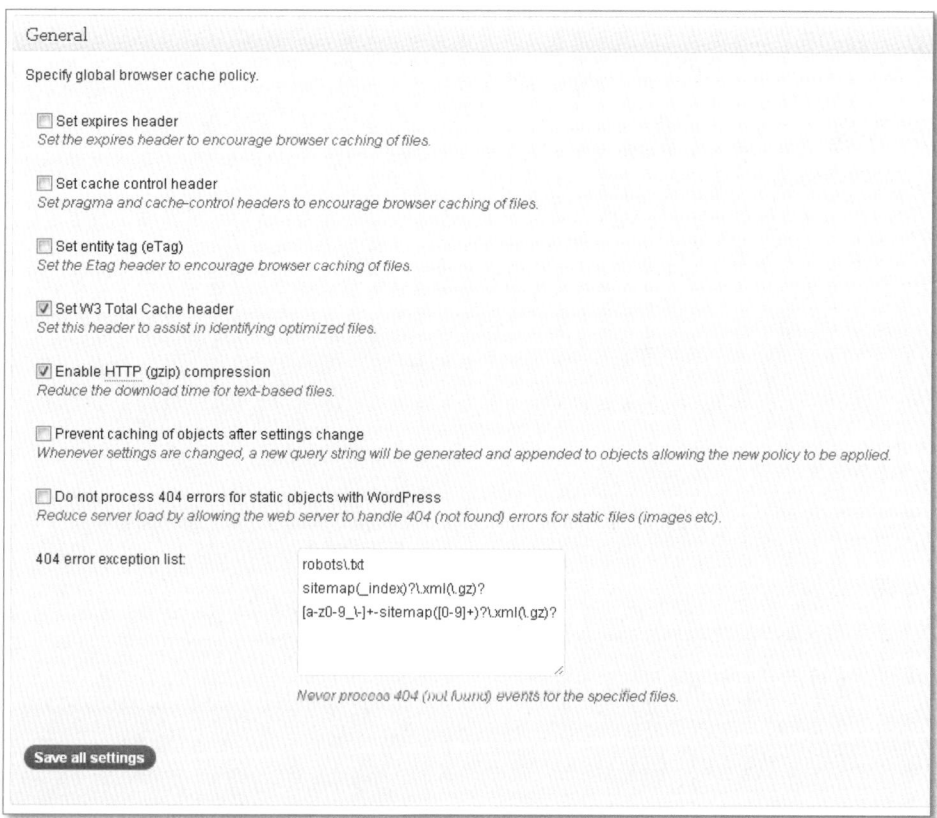

Abbildung 14.27 Browser Cache · General

Probieren Sie aus, ob Browser Caching Ihre Website schneller macht. Testen Sie dazu verschiedene Einstellungen, welche Sie unter GENERAL finden (Abbildung 14.27), vor allem:

► SET W3 TOTAL CACHE HEADER: Hierdurch kann der Browser die gecachten Dateien leichter identifizieren.

► ENABLE HTTP (GZIP) COMPRESSION: Um die Download-Zeit Ihrer Website weiter zu senken, können Sie die Daten gzip-komprimiert an den Browser übergeben lassen, sofern dieser diese Funktion unterstützt.

Sie können die Browsercache-Einstellungen sogar spezifisch für CSS & JS treffen (Abbildung 14.28). So können Sie auch für diese Dateien festlegen, ob ein spezieller Header gesetzt und die gzip-Kompression aktiviert werden soll.

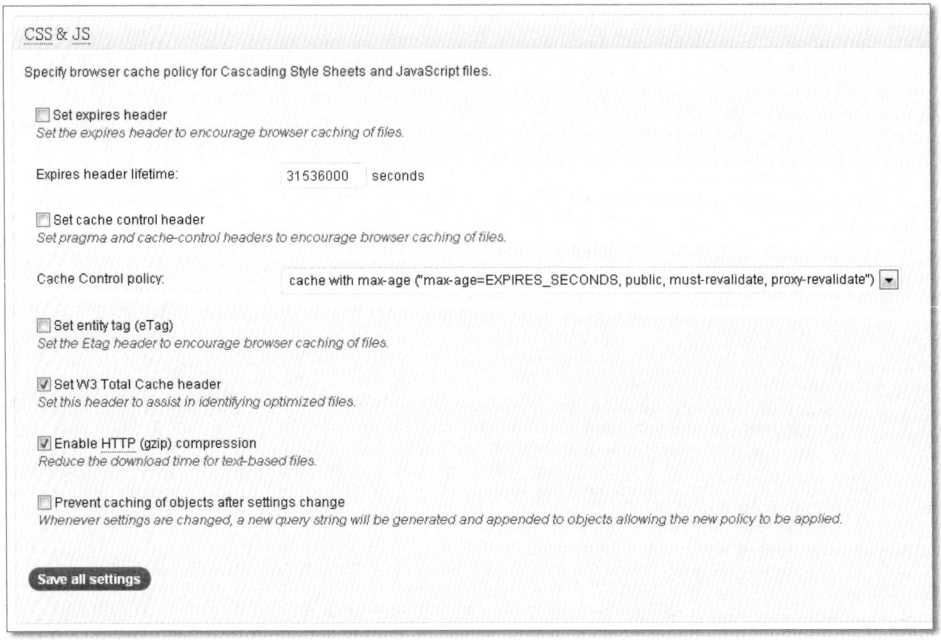

Abbildung 14.28 Browser Cache · CSS & JS

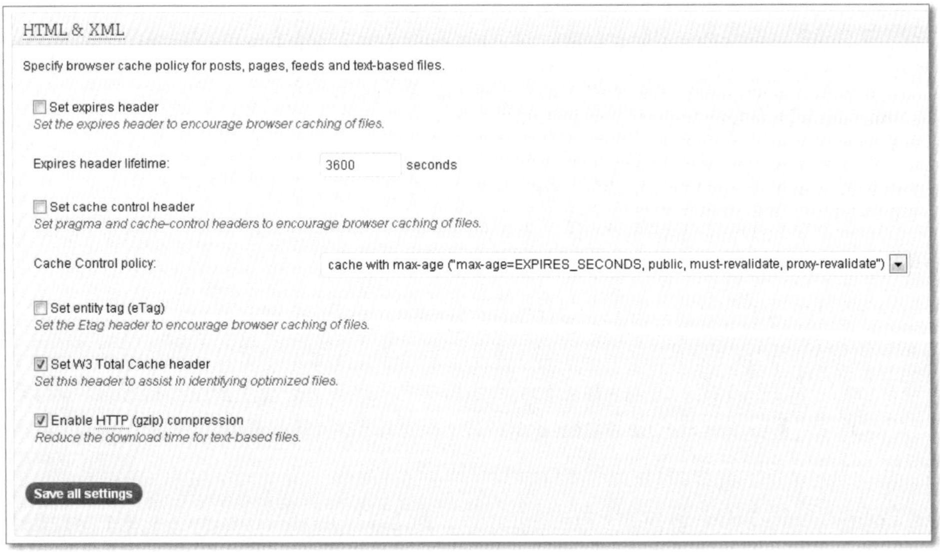

Abbildung 14.29 Browser Cache · HTML & XML

Das Gleiche gilt für HTML & XML (Abbildung 14.29). Sie sehen, dass sich die Optionen bei W3 Total Cache des Öfteren wiederholen. Daher müssen Sie sich zwar durch eine Vielzahl von Seiten kämpfen, haben aber dafür ein hohes Maß an Kontrolle über Ihr

Websitecaching. Hier sollten Sie sich ebenfalls insbesondere um die Funktionen Set W3 Total Cache header und Enable HTTP (gzip) compression kümmern und diese idealerweise aktivieren.

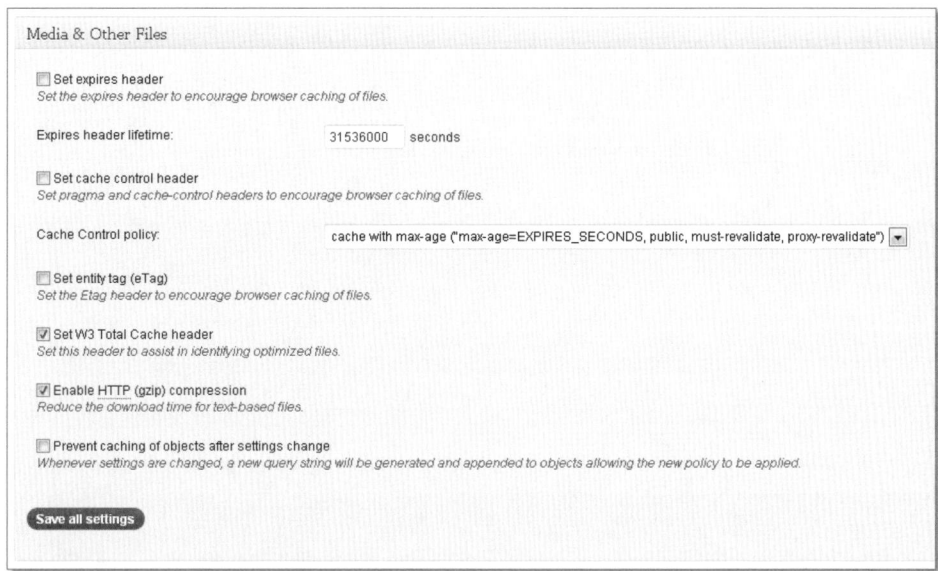

Abbildung 14.30 Browser Cache • Media & Other Files

Und weil es so schön war, können Sie all das auch für alle anderen Dateien noch einmal gesondert festlegen, und zwar unter Media & Other Files (Abbildung 14.30).

User Agent Groups

Es wäre ja fast schon langweilig, wenn ein Caching-Plugin nur cachen könnte. W3 Total Cache bietet Ihnen noch weitere Möglichkeiten. Über Performance • User Agent Groups können Sie unterschiedliche Nutzergruppen, die anhand des User Agents ihres Browsers identifiziert werden, auf ein anderes Theme oder eine andere URL umleiten.

Diese Option soll natürlich in erster Linie dazu dienen, bestimmte Nutzer gegebenenfalls vom Caching auszuschließen und immer die aktuellsten Seiten auszuliefern. Sie eignet sich aber auch hervorragend, wenn es Ihnen nur darum geht, speziellen Nutzern ein eigens angefertigtes Design mit eigenen Inhalten anzubieten.

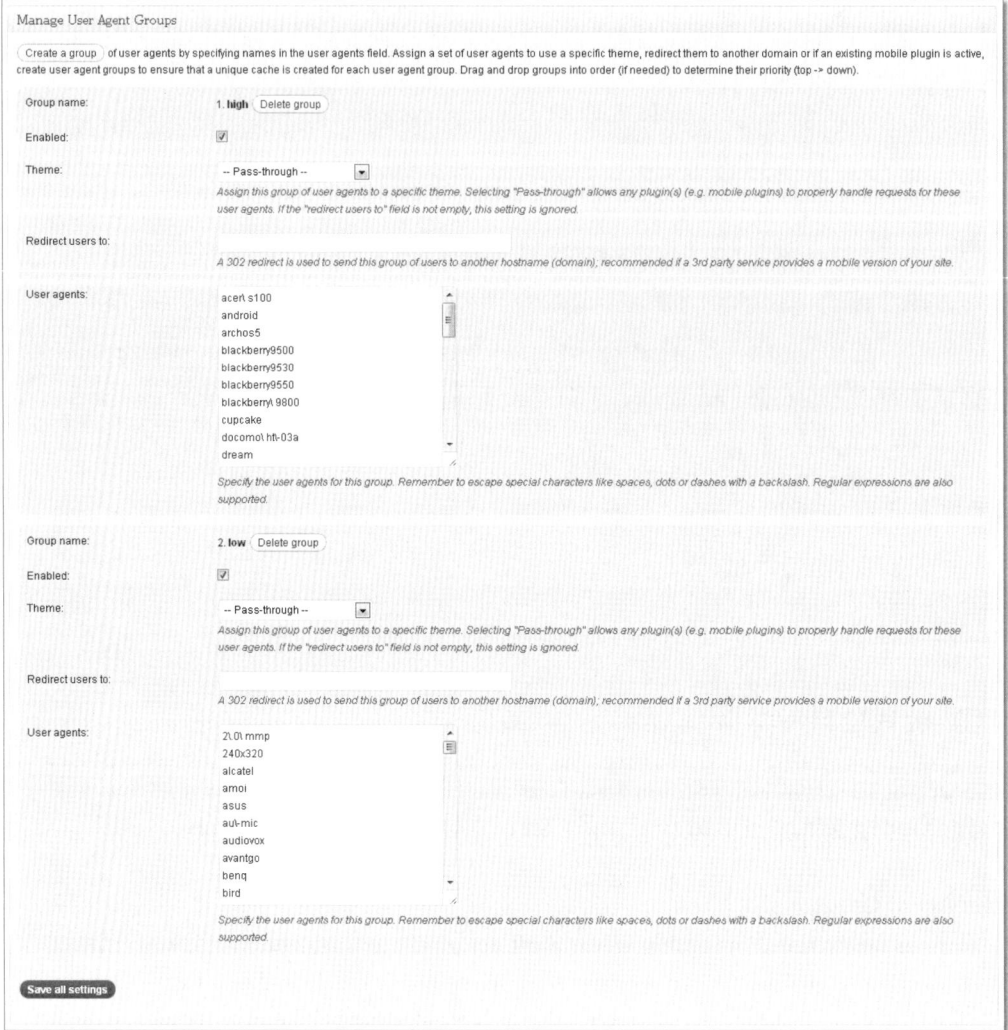

Abbildung 14.31 User Agent Groups

Um diese Ziel zu erreichen, können Sie sogar mehrere Gruppen anlegen (Abbildung 14.31). Entweder Sie wählen für diese Gruppe ein Theme aus, das verwendet werden soll, oder Sie leiten die Nutzer zu einer bestimmten Adresse im Web (zum Beispiel wenn Sie externe Dienste in Anspruch nehmen, um eine mobile Website für Sie zu generieren). Bei USER AGENTS können Sie schließlich auswählen, welche Nutzer Sie der Gruppe hinzufügen möchten. Löschen Sie einfach die Einträge, die nicht in Betracht kommen, oder fügen Sie neue hinzu. Sie können den Gruppen sogar Prioritäten zuweisen, indem Sie die Gruppenfenster nach oben oder unten verschieben.

Referrer Groups

Referrer Groups sind das Pendant zu den User Agent Groups. Auch hier werden spezielle Nutzergruppen auf andere Themes oder URLs umgeleitet; diese Mal wird die Unterscheidung aber nicht anhand des User Agents getroffen, sondern anhand des Referrers. Sie können also nun beispielsweise Nutzer, die über Google auf Ihre Website kommen, gänzlich anders behandeln als die, die über Yahoo kommen. Die Einstellungen finden Sie unter PERFORMANCE • REFERRER GROUPS.

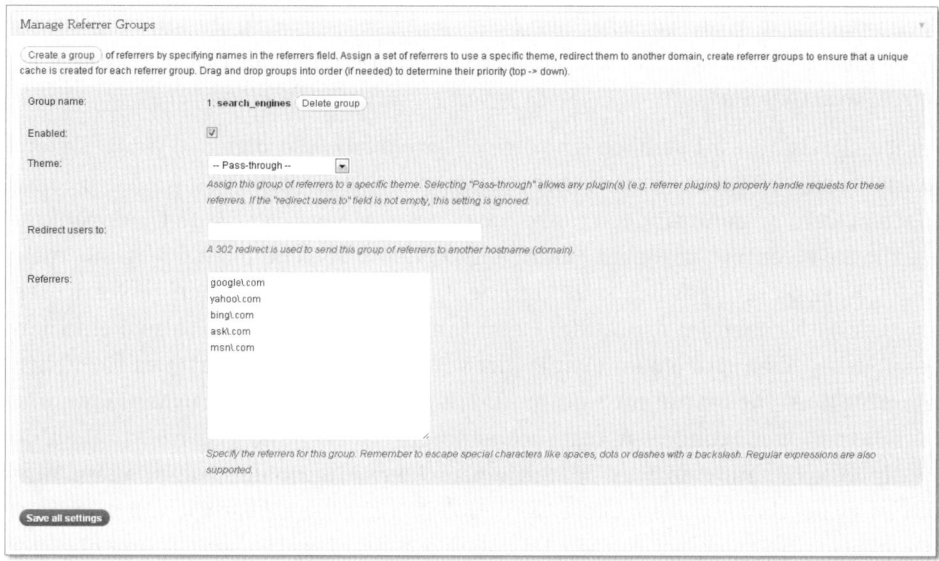

Abbildung 14.32 Referrer Groups

Unter MANAGE REFERRER GROUPS bietet sich ein fast identisches Bild zu den Optionen der User Agent Groups (Abbildung 14.32). Sie geben der Gruppe einen Namen, aktivieren Sie und geben entweder ein Theme oder eine URL an, um dem Plugin mitzuteilen, wohin die Nutzer umgeleitet werden sollen. Schließlich wählen Sie unter REFERRERS noch diejenigen Referrer aus, die Sie dieser Gruppe zuordnen wollen. Auch hier können Sie unpassende löschen oder neue hinzufügen.

W3 Total Cache ist ein sehr mächtiges Plugin, und wie Sie sehen konnten, spart es nicht gerade an Einstellungsmöglichkeiten. Lassen Sie sich hiervon aber nicht abschrecken. Die wichtigsten Einstellungen sind definitiv unter dem Menüpunkt PERFORMANCE • GENERAL zu treffen. Alles Weitere kann die Performance zwar steigern, aber – falsch angewendet – auch dafür sorgen, dass Ihr Server in die Knie geht. Bedenken Sie: In den meisten Fällen funktionieren die Standardeinstellungen schon sehr gut und müssen nicht geändert werden. Wenn Ihnen das Caching aber Freude bereitet, dann testen Sie ruhig die verschiedenen Funktionen aus, und lassen Sie sie in Performance-Tests gegeneinander antreten. Sollte sich das Nutzerverhalten auf

Ihrem Server gewichtig verändern, denken Sie auch daran, die Optionen gegebenenfalls den veränderten Verhältnissen anzupassen.

14.2.5   Post Revisions

Die automatischen Entwürfe – auch Post Revisions genannt – sind eine nette Funktion in WordPress. Aber mal ehrlich: Nutzen Sie diese überhaupt? WordPress speichert zwar in regelmäßigen Abständen Ihre Beiträge, aber die meisten werden diese
doch ohnehin in Word vorschreiben oder wenigstens regelmäßig selbst speichern
(wer vertraut schon der Technik?). Gut, denn dann können Sie dieses Feature auch
getrost deaktivieren.

Für jede Revision wird nämlich eine eigene Datenbankzeile angelegt. Wenn Sie jetzt
einmal von 1.000 Beiträgen ausgehen, zu denen vielleicht im Schnitt fünf Revisionen
angelegt werden, dann sind Sie ganz schnell bei ... genau ... bei 5.000 Datenbankzei-
len, die Sie eigentlich gar nicht benötigen. Da heute Speicherplatz fast nichts mehr
kostet, wäre dieser natürlich kein Argument, um auf die Revisionen zu verzichten.
Ein anderer ist aber der Aspekt der Geschwindigkeit. Stellen Sie sich mal eine handelsübliche Tabelle auf einem Blatt Papier vor. Diese hat, sagen wir, etwa 100 Zeilen.
Wenn Sie nun eine bestimmte Information, eine bestimmte Zeile, suchen, dann wird
das schon einige Sekunden in Anspruch nehmen. Haben Sie hingegen 500 Zeilen, die
Sie durchsuchen müssen, wird das Suchen auch etwa fünfmal so lange dauern. Ähnlich ist es bei Datenbanken. Diese werden Zeile für Zeile abgearbeitet. Jede weitere
erhöht also die Dauer der Abfrage. Da haben wir also das glasklare Argument gegen
Post Revisions.

Und wie deaktivieren Sie diese Funktion? Langer Rede, kurzer Sinn: Sie schreiben den
Ausdruck

```
define('WP_POST_REVISIONS', false);
```

in Ihre *wp-config.cfg*, begeben sich danach per phpMyAdmin in Ihre WordPress-
Datenbank und lassen dort (über SQL) folgenden SQL-Befehl laufen:

```
DELETE FROM wp_posts WHERE post_type = "revision";
```

Falls Sie, wie empfohlen, das Präfix Ihrer Datenbank geändert haben, ändern Sie diese
bitte entsprechend auch in dem oben genannten Befehl bei `wp_posts`. Das war es
schon.

14.2.6   Gravatare deaktivieren

Zugegeben, Gravatare bringen etwas Leben in Ihre Kommentare. Sollten Sie allerdings glücklicher Betreiber einer stark frequentierten und vor allem stark kommen-

tierten Website sein, dann verzichten Sie lieber auf dieses Feature. Denn bei jedem Laden der Seite müssen auch die Gravatare geladen werden (vorausgesetzt, Sie verwenden kein Caching). Das bedeutet unter Umständen zahlreiche Verbindungen zu einem fremden Server.

Um Gravatare zu deaktivieren, sollten Sie einerseits die Funktion get_gravatar() aus Ihrem Theme (wahrscheinlich in Ihrer *functions.php*) entfernen und unter EINSTELLUNGEN • DISKUSSION ebenfalls KEINE AVATARE ANZEIGEN auswählen.

14.2.7   Ihre Datenbank optimieren

WordPress bietet seit Version 2.9 von Haus aus eine eigene Funktion an, um die Datenbank zu optimieren. Diese bedient sich typischer SQL-Anweisungen, um diese wieder auf Vordermann zu bringen.

Um die Funktion zu aktivieren, fügen Sie in Ihrer *wp-config.php* folgende Anweisung hinzu:

```
define('WP_ALLOW_REPAIR', true);
```

Hierdurch wird der Weg frei, unter der URL *http://www.ihre-domain.de/wp-admin/maint/repair.php* eine Reparatur Ihrer Datenbank bzw. eine Reparatur und Optimierung Ihrer Datenbank durchzuführen. Bedenken Sie, dass dieser Link grundsätzlich von jedermann zu jederzeit aufgerufen werden kann. Es empfiehlt sich daher, die Anweisung wieder aus der *wp-config.php* zu entfernen.

14.2.8   Optimieren bestehender Grafiken

Eigentlich sollte man jedes Bild und jede Grafik, bevor man sie verwendet, mit einem Grafikprogramm optimieren, zum Beispiel mit dem kostenlosen *IrfanView* (*http://www.irfanview.de*). Sollten Sie sich diese Routine bisher nicht zu Eigen gemacht haben, spricht nichts dagegen, dies an einem regnerischen Nachmittag nachzuholen. Laden Sie hierzu alle Grafikdateien Ihres Themes herunter sowie alle, die sich in Ihrem Upload-Ordner (in der Regel in *wp-content/uploads*) befinden. Es lohnt sich wirklich, da sich die Dateien häufig auf einen Bruchteil ihrer tatsächlichen Größe schrumpfen lassen. Probieren Sie es aus.

14.2.9   Plugins ausmisten

Schon mal wieder einen Blick auf Ihre installierten Plugins geworfen? Nein? Das lohnt sich aber! Wenn Ihre Website schon ein wenig länger auf WordPress läuft, haben Sie eine gute Chance, hier einiges zu optimieren. Zunächst sollten Sie Plugins rigoros löschen, die Sie nicht mehr benötigen. Bestehende sollten Sie updaten, um

Sicherheitslücken zu schließen und (meistens) auch die Performance zu erhöhen. Halten Sie außerdem Ausschau nach alternativen Plugins. Manchmal nutzt man das eine schon so lange und bemerkt gar nicht, dass es ein viel besseres oder effizienteres gibt.

14.2.10   Sidebar ausmisten

Vor einem Jahr fanden Sie die ganzen Widgets noch cool. Nun merken Sie aber, dass diese von Ihren Nutzern gar nicht akzeptiert werden. Dann werfen Sie sie raus! Jedes Widget kostet zusätzliche Ladezeit. Wenn möglich, sollten Sie gänzlich auf Widgets verzichten und die Sidebar lieber »hart codieren«, die entsprechenden Plugin-Aufrufe oder Funktionen lieber direkt in Ihre Sidebar schreiben. Das spart zusätzliche Ladezeit. Bedenken Sie stets, dass auch bei einer Sidebar das Motto gilt: Weniger ist mehr.

Interne Verlinkungen

Dieser Tipp wirkt sich zwar nicht direkt auf die Performance Ihrer Website aus, sollte aber nicht vergessen werden. Verlinken Sie Ihre einzelnen Unterseiten (auf sinnvolle Weise) intern. Sowohl für Suchmaschinen als auch für Nutzer ist dies unglaublich hilfreich, um Verknüpfungen herzustellen. Wenn Sie jetzt noch vernünftige Link-Texte verwenden – also »kompakte Bügeleisen« anstelle von »hier« – dürfte Ihnen das auch einen kleinen Bonus bei Google verschaffen. Denn auch Google wertet die internen Links aus; je besser Ihre Seiten untereinander vernetzt sind, desto besser kann Google diese verstehen und in den Suchergebnissen berücksichtigen.

14.3   Backup, Backup, Backup!

Die langweiligsten Aufgaben werden gerne aufgeschoben. Aber stellen Sie sich doch einmal vor, all Ihre Blogbeiträge wären plötzlich weg. Das ist schon bei zwei Beiträgen ärgerlich und bei 2.000 erst recht. Daher gibt es auch keinen guten Grund, auf regelmäßige Backups zu verzichten. Plugins, wie zum Beispiel das *WordPress Database Backup* von *Austin Matzko*, erstellen für Sie auch gerne regelmäßig ein Datenbank-Backup und senden es Ihnen per E-Mail zu.

Denken Sie aber auch daran, Ihre Daten regelmäßig zu sichern. Das gilt insbesondere für Theme-Dateien, alle hochgeladenen Mediendateien und die *wp-config.php*. Alles andere lässt sich schnell beschaffen. Der Einfachheit halber können Sie aber auch den ganzen WordPress-Ordner sichern; so groß ist er schließlich auch nicht.

Die letzte Frage, die bleibt, ist: Wie oft soll ich Backups durchführen? So oft wie möglich und so selten wie nötig. Im Ernst, das hängt maßgeblich davon ab, wie aktiv Ihre

Website ist. Wie oft werden neue Seiten oder Beiträge veröffentlicht? Wie häufig wird kommentiert? Nehmen Sie hiervon das kleinste Intervall, und Sie wissen, wie oft Sie sichern sollten. Ein Beitrag pro Woche, noch keine Kommentare? Dann dürfte wöchentlich genügen. Ein Beitrag pro Woche, aber täglich neue Kommentare? Dann sollten Sie auch im Sinne Ihrer Besucher jeden Tag mindestens ein Backup durchführen.

14.4   Funktioniert noch alles?

Websites sind manchmal unerklärlich. Funktionierte die Kommentarfunktion gestern noch, kann sie heute schon einen Fehler hervorrufen. Und die Gründe können so vielfältig sein, oft scheint es gar keinen zu geben. Sie haben zum Beispiel ein neues Plugin installiert, das bisher ungeahnte Fehlfunktionen hervorruft. Oder Ihr Kunde hat an der Website herumgeschraubt, was Sie ihm (zu Recht) ausdrücklich verboten hatten. Oder Ihr Provider hat die Konfiguration »minimal« angepasst. All das und vieles mehr kann dazu führen, dass irgendetwas nicht funktioniert; das lässt sich gar nicht vermeiden.

Dies wissend, empfiehlt es sich, alle wichtigen Funktionen regelmäßig zu überprüfen. Im Folgenden finden Sie eine kleine Checkliste für Ihren Website-Check-Up:

1. Checken Sie alle statischen Seiten: Sind alle wichtigen Informationen noch an ihrem Platz, und stimmt das Layout? Hat jemand etwas an der Formulierung geändert, was er lieber hätte vermeiden sollen?

2. Testen Sie die Kommentarfunktion Ihres Blogs. Dass niemand Ihre Beiträge kommentiert, kann auch daran liegen, dass es technisch gar nicht möglich ist. Muss aber nicht.

3. Weitere Seiten mit Nutzerinteraktion testen. Haben Sie ein Gästebuch (aus dem Jahr 1990)? Wenn Sie es aus nostalgischen Gründen behalten wollen, sollten Sie auch dessen Funktionalität testen. Alles, mit dem Nutzer in irgendeiner Weise interagieren können, sollte von Ihnen per Hand getestet werden.

4. Funktionieren die Plugins noch? Interessanterweise sind es diese, die am häufigsten den Geist aufgeben. Kontaktformulare funktionieren plötzlich nicht mehr, oder die letzte Sitemap wurde vor drei Jahren generiert. Überprüfen Sie daher, ob jedes Plugin noch seinen Dienst verrichtet.

5. Seite nicht gefunden? Es kann vorkommen, dass Seiten nicht mehr existieren. Sollten sie aber noch. Überprüfen Sie regelmäßig wenigstens alle internen Links, zum Beispiel mit dem Plugin Broken Link Checker.

6. Wie läuft's mit Ihren Keywords? Anfangs hatte man sich einmal vorgenommen, jede Unterseite auf bis zu drei Keywords hin zu optimieren. Irgendwann hat man

»dieses Ziel nicht mehr weiterverfolgt«, wie es im Management oft heißt. Ungeachtet dessen, dass Sie Ihre Seiten nach Möglichkeit immer auf bestimmte Keywords hin optimieren sollten, ist es auch wichtig, diese im Auge zu behalten. Überprüfen Sie mit entsprechenden Tools (zum Beispiel *http://www.ranking-check.de/suchmaschinen.php* oder *http://www.keywordmonitor.de/preise/*), ob sich Ihre Position verbessert oder verschlechtert, und unternehmen Sie im letzteren Fall etwas dagegen.

Arbeiten Sie diese Liste in regelmäßigen Abständen ab (mindestens wöchentlich bis monatlich), um sicherzugehen, dass Ihre Besucher weiterhin mit Ihrer Website zufrieden sind.

Kapitel 15

Praxisbeispiele

In diesem Kapitel lernen Sie, die verschiedensten Arten von Websites mit eigenen Themes auf Basis von WordPress umzusetzen.

Nach 14 Kapiteln dürften Sie nun schon einen reichen Wissensschatz zum Thema WordPress haben. Sie wissen nun, wie Sie WordPress installieren und konfigurieren, wie Sie ein eigenes Theme erstellen und mithilfe von Custom Post Types ganz eigene Seitentypen kreieren. Nun folgt die knallharte Praxis. Denn wenn Sie sich dieses Buch gekauft haben, dann vermutlich deshalb, weil Sie ein konkretes Projekt mit Word-Press umsetzen möchten. Daher habe ich im Folgenden eine kleine Auswahl getroffen, eine Auswahl an typischen Websites, die heutzutage regelmäßig benötigt werden. Und in diesem Kapitel erfahren Sie, wie Sie diese Schritt für Schritt umsetzen können. Das sind selbstverständlich nur Vorschläge, und Sie können Ihrer Kreativität hier freien Lauf lassen; die Beispiele sollen Ihnen aber als Anregung dienen, wie man es machen könnte.

Ich habe mich bemüht, die Beispiele so verständlich wie möglich zu beschreiben. Denn Ziel dieses Kapitels ist auch, dass Sie ohne viel Theorie direkt einsteigen können. Das hat zum einen den Vorteil, dass Sie sich nicht zwingend durch die vorigen 14 Kapitel kämpfen müssen (auch wenn ich es Ihnen ausdrücklich empfehle). Zum anderen kommt es im Rahmen eines solchen Buches leider vor, dass man die eine oder andere Sache noch nicht gänzlich verstanden hat. Sie können dann diese Wissenslücken schließen, indem Sie die Theorie noch einmal anhand von konkreten Praxisbeispielen nachvollziehen. Auf mangelnde HTML- und CSS-Kenntnisse kann ich, wie in den vorigen Kapiteln auch, leider keine Rücksicht nehmen. Denn die Erstellung von Themes setzt diese Kenntnisse zumindest in Grundzügen voraus. Alternativ können Sie sich der zahlreichen kostenfreien und kostenpflichtigen Themes bedienen, die im Netz in zahlreichen Facetten erhältlich sind.

Sollten Sie Version 3.3 von WordPress einsetzen, beachten Sie bitte unbedingt den Hinweis auf S. 150.

15.1 Die Kanzlei-Website – WordPress als CMS

Beginnen wir die Reihe der Praxisbeispiele mit einer »echten« Website. Echt deshalb, weil wir uns nun ausnahmsweise nicht mit der Integration eines Blogs beschäftigen wollen, sondern WordPress als CMS verwenden, mit überwiegend statischen Seiten. Sie erfahren in diesem Abschnitt, wie Sie eine ganz normale Businesswebsite für ein kleines Unternehmen mithilfe von WordPress umsetzen können. Wenn Sie bislang noch keine Website mit WordPress umgesetzt haben, empfehle ich Ihnen, unbedingt mit diesem Beispiel zu beginnen, um ein Gefühl für das Erstellen von Themes zu bekommen.

Abbildung 15.1 Eine schlichte Website für eine kleine, fiktive Anwaltskanzlei mit allen Grundfunktionalitäten

Die Website ist bewusst sehr einfach gehalten (Abbildung 15.1). Dieses Praxisbeispiel soll diejenigen ansprechen, die nun »auf die Schnelle« eine Businesswebsite umsetzen möchten oder müssen und nicht so viel Zeit haben, sich in die kompliziertesten Plugins einzuarbeiten.

Was Sie in diesem Abschnitt lernen:

- ▶ WordPress im Schnelldurchgang installieren
- ▶ WordPress als CMS konfigurieren
- ▶ das HTML-Layout in ein Theme umwandeln
- ▶ zwei Menüs in WordPress anlegen
- ▶ eine einfache Sektion »Aktuelles« anlegen
- ▶ einen einfachen Custom Post Type (FAQ-Bereich) anlegen
- ▶ das Plugin Contact Form 7 konfigurieren und ein Kontaktformular erstellen

15.1.1   Die WordPress-Installation kurz und bündig

Laden Sie sich die aktuellste WordPress-Version unter *http://de.wordpress.org/* herunter, und entpacken Sie die Datei auf Ihren Desktop. Die Inhalte des Ordners kopieren Sie nun in das Hauptverzeichnis Ihrer Website entweder auf Ihrem Webserver oder auf Ihrem lokalen Rechner (zum Beispiel in einer XAMPP-Umgebung). Legen Sie nun – zum Beispiel mittels phpMyAdmin – eine MySQL-Datenbank im UTF8-Zeichensatz an (Abbildung 15.2).

Abbildung 15.2 Legen Sie eine Datenbank im UTF8-Zeichensatz an.

Nun starten Sie die Installation von WordPress, indem Sie das Hauptverzeichnis Ihrer Website aufrufen, in das Sie zuvor die WordPress-Dateien kopiert haben, zum Beispiel über *http://localhost/meine-website/*. Klicken Sie dort auf den Button ERSTELLE DIE KONFIGURATIONSDATEI und auf der darauffolgenden Seite direkt auf LOS GEHTS.

15

Abbildung 15.3 Dieses Formular erstellt eine Konfigurationsdatei für WordPress.

Befüllen Sie das Formular aus Abbildung 15.3 mit den entsprechenden Benutzerdaten für Ihre Datenbank. Bei TABELLEN PRÄFIX steht standardmäßig `wp_`, was Sie auch grundsätzlich so belassen können. Ein wenig mehr Sicherheit verleihen Sie Ihrer Installation aber, wenn Sie noch eine zufällige Zeichenkette aus Kleinbuchstaben und Zahlen anhängen und diese ebenfalls mit einem Unterstrich abschließen. Wenn alles gut gegangen ist, sollten Sie WordPress nun nach einem Klick auf SENDEN erfolgreich installiert haben. Geben Sie noch Titel, Benutzernamen, Passwort und E-Mail-Adresse an, und schon kann es losgehen.

15.1.2   Das Theme erstellen

Voraussetzung für die Erstellung Ihres Themes ist, dass Sie Ihre Website bereits in HTML und CSS umgesetzt haben. Legen Sie nun einen neuen Unterordner in Ihrem Theme-Ordner (*/meine-website/wp-content/themes/*) an, zum Beispiel *kanzlei*. Alle Dateien, die Sie im Folgenden erstellen, müssen Sie in diesen Ordner legen, soweit ich nichts Abweichendes im Text kenntlich gemacht habe. Kopieren Sie als Erstes Ihre Stylesheet-Datei(en) in diesen Ordner.

In Listing 15.1 sehen Sie die HTML-Version der Beispiel-Website in verkürzter Form:

```
01   <!DOCTYPE html PUBLIC "-//W3C//DTD XHTML 1.0
     Transitional//EN" "http://www.w3.org/TR/xhtml1/DTD/xhtml1-
     transitional.dtd">
02   <html xmlns="http://www.w3.org/1999/xhtml">
03   <head>
04   <title><?php wp_title(''); ?></title>
05   <meta http-equiv="Content-Type" content="text/html;
     charset=utf-8" />
06   <link rel="Stylesheet" type="text/css" href="
     <?php echo get_stylesheet_directory_uri(); ?>/reset.css" />
07   <link rel="Stylesheet" type="text/css" href="
     <?php echo get_stylesheet_directory_uri(); ?>/style.css" />
08   <link rel="pingback" href="<?php bloginfo('wpurl'); ?>
     /xmlrpc.php" />
09   <link rel="alternate" type="application/rss+xml"
     title="RSS-Feed" href="<?php bloginfo('wpurl'); ?>/feed/" />
10   <?php wp_head(); ?>
11   </head>
12   <body>
13   <div id="page">
14       <div id="logo"></div>
15       <div id="menu"></div>
16       <div id="content">
```

```
17            <div id="inner-content">
18
19            </div>
20        </div>
21        <div id="footer"></div>
22    </div>
23    <?php wp_footer(); ?>
24    </body>
25    </html>
```

Listing 15.1 Die Rohfassung des Themes in HTML

In Zeile 18 des obigen Listings sehen Sie eine leere Zeile. Diese ist gewollt, denn an dieser Stelle »brechen« Sie die Datei, um diese Teile anschließend in zwei verschiedenen Theme-Dateien unterzubringen. Die Zeilen 01 bis einschließlich 17 kopieren Sie in eine neue Datei namens *header.php*. Die Zeilen 19 bis einschließlich 25 fügen Sie in die Datei *footer.php* ein. Was Sie dadurch bewirkt haben? Nun, diesen Rumpf Ihrer Website benötigen Sie für jede einzelne Unterseite. WordPress wird nun am Anfang jeder Theme-Datei immer die *header.php* und am Ende die *footer.php* laden. Fast alle der nun noch folgenden Dateien beschäftigen sich nur mit dem, was dazwischen liegt, also praktisch in Zeile 18, wenn Sie das obige Listing heranziehen möchten.

Das Ganze sollte dann bei Ihnen so aussehen wie in Listing 15.2 und Listing 15.3:

```
01    <!DOCTYPE html PUBLIC "-//W3C//DTD XHTML 1.0
      Transitional//EN" "http://www.w3.org/TR/xhtml1/DTD/xhtml1-
      transitional.dtd">
02    <html xmlns="http://www.w3.org/1999/xhtml">
03    <head>
04    <title><?php wp_title(''); ?></title>
05    <meta http-equiv="Content-Type" content="text/html;
      charset=utf-8" />
06    <link rel="Stylesheet" type="text/css" href="
      <?php echo get_stylesheet_directory_uri(); ?>/reset.css" />
07    <link rel="Stylesheet" type="text/css" href="
      <?php echo get_stylesheet_directory_uri(); ?>/style.css" />
08    <link rel="pingback" href="<?php bloginfo('wpurl'); ?>
      /xmlrpc.php" />
09    <link rel="alternate" type="application/rss+xml"
      title="RSS-Feed" href="<?php bloginfo('wpurl'); ?>/feed/" />
10    <?php wp_head(); ?>
11    </head>
12    <body>
13    <div id="page">
```

15

```
14          <div id="logo"></div>
15          <div id="menu"></div>
16          <div id="content">
17              <div id="inner-content">
```

Listing 15.2 Die vollständige header.php (wird später noch erweitert)

```
01              </div>
02          </div>
03          <div id="footer"></div>
04      </div>
05      <?php wp_footer(); ?>
06      </body>
07      </html>
```

Listing 15.3 Die vollständige footer.php (wird später noch erweitert)

Da wir hier ja WordPress als CMS nutzen möchten, wird unsere Website vornehmlich aus statischen Seiten bestehen. Wie diese aussehen sollen, regelt einzig und allein die *page.php*. Erstellen Sie diese nun (Listing 15.4):

```
01      <?php get_header(); ?>
02          <?php if ( have_posts() )
            while ( have_posts() ) : the_post(); ?>
03          <h1><?php the_title(); ?></h1>
04          <?php the_content(); ?>
05          <?php endwhile; ?>
06      <?php get_footer(); ?>
```

Listing 15.4 Die vollständige page.php

In den Zeilen 01 und 06 sehen Sie, was ich eben bereits angesprochen hatte: Am Anfang und am Ende werden die soeben erstellten *header.php* und *footer.php* eingebunden; der Inhalt findet nur dazwischen Platz. In Zeile 02 beginnt eine Abfrage, ob Beiträge (in diesem Fall eine Seite) vorhanden sind, die angezeigt werden könnten. Diese Abfrage ist typisch für WordPress und wird Ihnen so oder so ähnlich noch häufiger begegnen. Die Abfrage endet in Zeile 05. Zwischen diesen beiden Zeilen findet sich lediglich eine Überschrift (Zeile 03) sowie die Ausgabe der Inhalte dieser Seite mittels der Funktion the_content() in Zeile 04. Auf einer statischen Seite werden also zukünftig lediglich eine Überschrift erster Ordnung ausgegeben sowie der Inhalt. Mehr muss eine statische Seite doch auch gar nicht können, oder?

Prinzipiell wäre Ihr Theme nun schon »lauffähig«, sofern Sie keine besonderen Anforderungen daran stellen. Denn statische Seiten kann es nun problemlos darstellen. Wir wollen aber noch ein wenig mehr. Zwar soll die Website kein umfangreiches

Blog enthalten, aber jedes Unternehmen hat eine Sektion, in der es über »Aktuelles« aus dem Unternehmensgeschäft berichtet. Für diese Sektion benötigen Sie eine Seite (Listing 15.5), die alle aktuellen Informationen listenartig anzeigt (*index.php*), und eine Seite, die die Einzelansicht eines solchen Beitrags bestimmt (*single.php*):

```
01    <?php get_header(); ?>
02        <h1>Aktuelles</h1>
03        <p>Hier geht es zum <a href="./archiv/">Archiv</a>.</p>
04        <?php if ( have_posts() ) :
          while ( have_posts() ) : the_post(); ?>
05        <div class="blog-entry">
06            <h2><a href="<?php the_permalink(); ?>" title="Lesen
              Sie &quot;<?php the_title(); ?>&quot;
              vollständig"><?php the_title(); ?></a></h2>
07            <p class="blogmeta"><?php the_time("l, d.m.Y");
              ?></p>
08            <?php the_content('Weiterlesen...'); ?>
09        </div>
10        <?php endwhile; else: ?>
11        <p><?php _e('Es wurden leider keine Beiträge
          gefunden.'); ?></p>
12        <?php endif; ?>
13    <?php get_footer(); ?>
```

Listing 15.5 Die vollständige index.php

Wie Sie in Listing 15.5 sehen können, haben wir die Überschrift erster Ordnung (die es logischerweise nur ein einziges Mal pro Dokument geben kann) vor die Abfrage der Beiträge in Zeile 04 gezogen. Die News-Beiträge werden jeweils mit einer Überschrift zweiter Ordnung eingeleitet (Zeile 06). Danach folgt die Ausgabe des Datums in Zeile 07 sowie die Inhaltsausgabe in Zeile 08. Die Schleife endet schließlich in Zeile 10 und sieht in Zeile 11 noch eine rudimentäre Ausgabe vor, falls keine Beiträge gefunden worden sind, bevor die Abfrage dann in Zeile 12 endet.

Nun widmen Sie sich der Einzelansicht eines Beitrags, die erscheint, sobald ein Besucher auf die Headline der Nachricht oder auf das kleine Wörtchen »Weiterlesen« klickt. Die Ansicht wird in der Datei *single.php* geregelt (Listing 15.6):

```
01    <?php get_header(); ?>
02            <?php if ( have_posts() )
              while ( have_posts() ) : the_post(); ?>
03            <h1><?php the_title(); ?></h1>
04            <p class="blogmeta"><?php the_time("l, d.m.Y");
              ?></p>
```

```
05              <?php the_content(); ?>
06              <?php endwhile; ?>
07    <?php get_footer(); ?>
```

Listing 15.6 Die vollständige single.php

Sie finden, die *single.php* ähnelt doch sehr stark der *page.php*? Das muss nicht so sein; in diesem Beispiel ist es aber tatsächlich so. Bis auf die Kleinigkeit, dass sich in Zeile 04 noch die Ausgabe eines Datums findet. Es besteht hier kein Grund, weshalb die Einzelansicht von der Ansicht einer Unterseite abweichen sollte. Bei einem richtigen Blog werden sich diese beiden Ansichten schon allein deshalb unterscheiden, weil dort viel mehr Informationen untergebracht werden müssen; ich bleibe bei dieser News-Sektion bewusst weit unter den Möglichkeiten von WordPress.

Denken Sie daran, dass ein solcher News-Bereich stetig umfangreicher wird. Da auf der Hauptseite nur eine bestimmte Anzahl an Beiträgen angezeigt wird, benötigen Sie zwangsläufig ein Archiv, damit die alten Beiträge weiterhin erreichbar sind. Legen Sie hierzu die Datei *archive.php* an (Listing 15.7):

```
01    <?php /* Template Name: Archiv */ ?>
02    <?php get_header(); ?>
03        <h1>Blogarchiv</h1>
04        <?php if (have_posts()) : ?>
05        <ul>
06            <?php query_posts('&showposts=-1&
              post_status=publish'); ?>
07            <?php while (have_posts()) : the_post(); ?>
08                <li><?php the_time('d.m.Y'); ?> - <a href="<?php
                  the_permalink(); ?>" title="Lesen Sie &quot;
                  <?php the_title(); ?>&quot;"><strong><?php
                  the_title(); ?></strong></a></li>
09            <?php endwhile; endif; ?>
10        </ul>
11    <?php get_footer(); ?>
```

Listing 15.7 Die vollständige archive.php

Ausnahmsweise platzieren Sie doch etwas vor der Einbindung des Headers. Wie in diesem Fall in Zeile 01, kann es unter Umständen nötig sein, einen derartigen PHP-Kommentar zu setzen. Der sorgt hier schlicht und einfach dafür, dass diese Datei auch als Template verwendet werden kann. So können Sie später eine statische Seite erstellen und dieses Template dafür als Designgrundlage festlegen. Praktisch.

Die Abfrage der Beiträge in Zeile 04 gestaltet sich dieses Mal ein wenig anders, da eine handgeschriebene Query dafür sorgen soll, dass die Ausgabe keiner Beschränkung (maximaler Beiträge pro Seite) unterworfen ist. Daher findet in Zeile 04 zunächst die bekannte if-Abfrage statt, gefolgt von einer spezifischen Query in Zeile 06 mithilfe der Funktion query_posts() und schließlich der while-Schleife in Zeile 07. Die Query wurde also exakt zwischen die if-Abfrage und die while-Schleife geschrieben, um die übliche Ausgabe anzupassen. Der Parameter showposts=-1 sorgt dafür, dass wirklich alle vorhandenen Beiträge ausgegeben werden. Wohingegen der Parameter post_status=publish diese Auswahl auf all die Beiträge beschränkt, die auch reif für die Veröffentlichung sind. In Zeile 08 erfolgt dann lediglich noch die Formatierung der Ausgabe in Form einer Liste.

Was passiert eigentlich, wenn ein Nutzer eine Seite aufruft, die gar nicht existiert? Oder nicht mehr existiert? Dann kommt die Datei *404.php* ins Spiel (Listing 15.8). Diese wird in genau diesen Fällen aufgerufen.

```
01    <?php get_header(); ?>
02        <h1>Seite nicht gefunden</h1>
03        <p>Leider konnte die angeforderte Seite nicht gefunden
          werden. Beginnen Sie mit Ihrer Suche doch noch einmal
          auf unserer <a href="<?php bloginfo('url'); ?>">
          Startseite</a>?</p>
04    <?php get_footer(); ?>
```

Listing 15.8 Die vollständige 404.php

Die simpelste Datei in diesem Praxisbeispiel ist eindeutig die Fehlerseite. Hier können Sie den ganzen Inhalt gleich in die Datei schreiben. Auf Wunsch können Sie diese Seite natürlich noch ein wenig ausstaffieren und dem Nutzer Empfehlungen geben, welche Bereiche Ihrer Website besonders interessant sind und vieles mehr. Die Anatomie einer guten Fehlerseite ist fast eine eigene Wissenschaft.

15.1.3   Das Theme aktivieren

Sie können das Theme jetzt bereits aktivieren, um während der Entwicklung die einzelnen Schritte überprüfen zu können. Hierzu begeben Sie sich einfach im Backend zu dem Menüpunkt DESIGN • THEMES. Dort aktivieren Sie das soeben von Ihnen erstellte Theme mit einem Klick auf AKTIVIEREN (Abbildung 15.4).

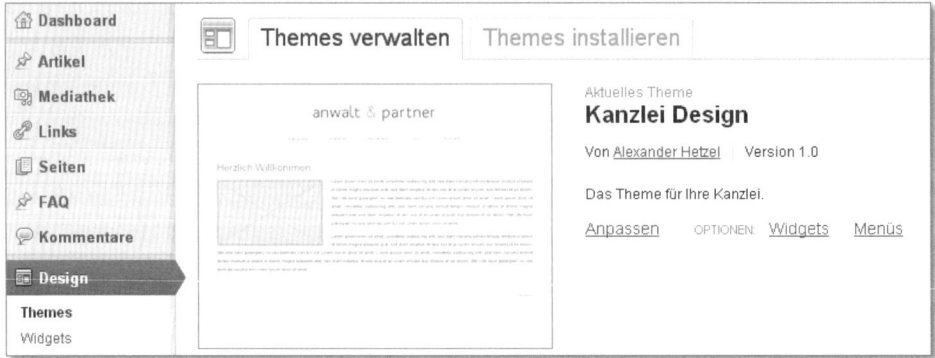

Abbildung 15.4 Ihr Theme ist nun aktiv und wird von WordPress ab diesem Zeitpunkt verwendet.

15.1.4   Die Unterseiten anlegen

Das Theme ist nun grundsätzlich fertig. Grundsätzlich deshalb, weil ja noch die Erstellung des Custom Post Types fehlt, damit die Website später auch eine FAQ-Sektion aufweisen kann. Doch dazu später mehr. Legen Sie nun zunächst die folgenden Unterseiten im Backend an (Abbildung 15.5):

▶ Aktuelles

▶ Archiv

▶ Herzlich Willkommen (Startseite)

▶ Impressum

▶ Kanzlei

▶ Kontakt

Sie haben richtig gesehen: Wir erstellen hier noch keine FAQ-Seite; das ist nicht nötig, da wir diese später als Custom Post Type programmieren werden. Die Seite »Archiv« legen Sie am besten als Unterseite der Seite »Aktuelles« an (Abbildung 15.6). So findet der Besucher das Nachrichtenarchiv später unter *http://www.ihre-website.de/aktuelles/archiv/* und nicht unter *http://www.ihre-website.de/archiv/*. Dies ist für den Besucher vermutlich etwas nachvollziehbarer, da im Internet Teilbereiche eines Abschnitts dadurch kenntlich gemacht werden, dass sie in der Ordnerhierarchie untergeordnet sind.

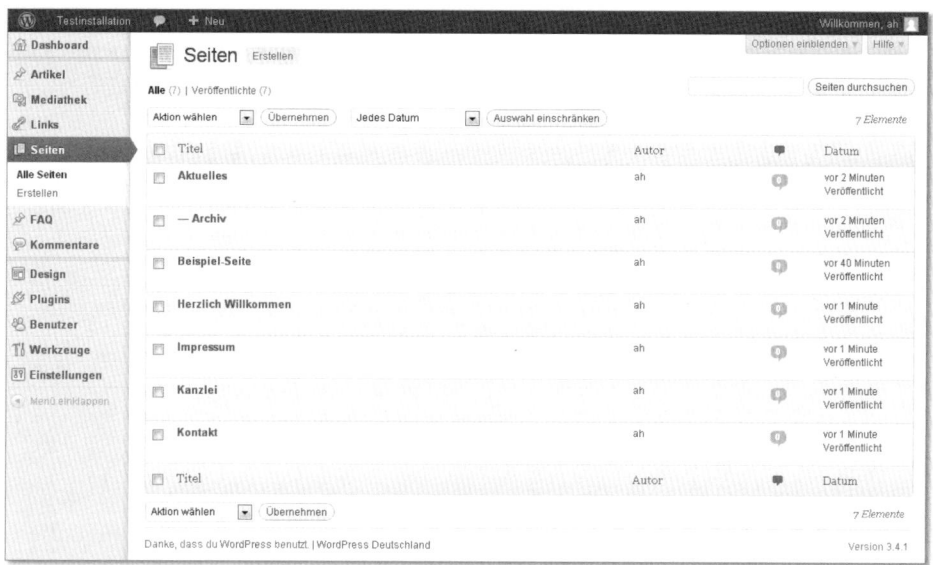

Abbildung 15.5 Ein paar Unterseiten benötigen Sie für den Anfang, um gleich ein Menü zu erstellen.

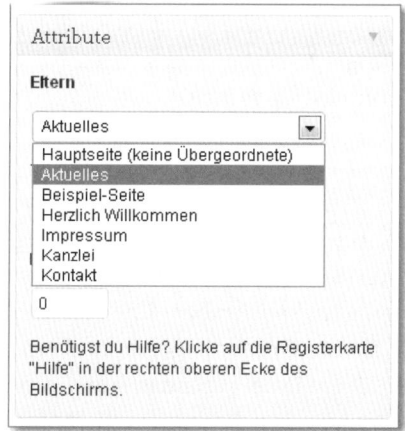

Abbildung 15.6 Im Abschnitt »Attribute« können Sie die Elternseite wählen. Im Fall der Seite »Archiv« wählen Sie hier einfach »Aktuelles« aus.

15.1.5   WordPress zum CMS konvertieren

Wie Sie wissen, ist WordPress als Blogplattform geboren worden. Da für diese Website aber gerade seine CMS-Funktionalität entscheidend ist, müssen Sie einen kleinen Hebel umlegen. Im vorigen Schritt haben Sie ja bereits alle wichtigen Unterseiten angelegt. Unabdingbar waren hierbei die Startseite sowie die Seite mit den Nachrichtenbeiträgen. Diese benötigen wir nämlich für den folgenden Schritt.

Begeben Sie sich nun in die Einstellungen im Backend, genauer gesagt zu dem Menüpunkt EINSTELLUNGEN • LESEN. Der erste Abschnitt am Anfang der Seite nennt sich
schlicht STARTSEITE. Diesen schauen wir uns nun genauer an (Abbildung 15.7).

Abbildung 15.7 Hier findet die Umstellung vom Blog zum CMS statt.

Die Standardeinstellung ist hier die Option DEIN LETZTER BEITRAG. Solange diese
aktiviert ist, fungiert WordPress lediglich als Blog. Dann wird Ihren Besuchern immer
die Nachrichtenseite als Startseite angezeigt. Dies ändern wir nun, möchten wir doch
eine statische Seite (»Herzlich Willkommen«) als Startseite. Wählen Sie dazu einfach
die Option EINE STATISCHE SEITE aus. Nur wenn Sie zuvor die entsprechenden Seiten
angelegt haben, können Sie diese im Folgenden auswählen. Als STARTSEITE wählen
Sie HERZLICH WILLKOMMEN. Als ARTIKELSEITE fungiert hierbei AKTUELLES. Nach
dem Speichern ist WordPress endlich ein CMS. Zumindest im Prinzip.

15.1.6   Die Seitennavigation anlegen

Das Seitenlayout ist fertig, das Theme ist aktiviert. Alle zunächst erforderlichen Seiten wurden eingerichtet, und WordPress fungiert nun als CMS. Was fehlt, ist eine Seitennavigation. Diese anzulegen ist zunächst ein wenig trickreich, aber ohne Weiteres
machbar. Hierzu müssen Sie sich erneut in Ihren Theme-Ordner begeben und eine
weitere Datei anlegen, und zwar die *functions.php*. Diese Datei stellt das Funktions-
sammelsurium eines jeden Themes dar. Damit Sie Menüs einrichten können, hinterlegen Sie den folgenden Code aus Listing 15.9 in der *functions.php*:

```
01   <?php
02   function register_my_menus() {
03     register_nav_menus(
04       array( 'header-menu' => __( 'Header Menu' ),
         'footer-menu' => __( 'Footer Menu' ))
05     );
```

```
06    }
07    add_action( 'init', 'register_my_menus' );
08    ?>
```

Listing 15.9 Dieser Baustein in der functions.php lässt Sie Menüs erstellen.

Die neu angelegte Funktion `register_my_menus()` hat lediglich die Aufgabe, Menü-bereiche zu registrieren. Auf der Beispiel-Website wird es zwei Seitennavigationen geben: eine oben in der Mitte, das ist die Hauptnavigation, und eine Fußnavigation wird sich unten rechts befinden, zum Beispiel für das Impressum oder die Nutzungs-bedingungen. Hierzu wird an die Funktion `register_nav_menus()` ein Array überge-ben, das die gewünschten Bereiche enthält und das Sie natürlich nach Belieben erweitern können (Listing 15.10):

```
01    array(
02        'header-menu' => __( 'Header Menu' ),
03        'footer-menu' => __( 'Footer Menu' )
04    )
```

Listing 15.10 Das Array unter der Lupe

Der erste Teil des Arrays vor dem `=>`, der Schlüssel, ist der eindeutige und einzigartige interne Name der Navigation. Rechts davon befindet sich erst der Wert, also der offi-ziell verwendete Name des Menüs. Wie gesagt, Sie können dieses Array beliebig um Schlüssel-Wert-Paare erweitern, wenn Sie weitere Navigationsbereiche benötigen.

WordPress weiß nun, dass Sie (in diesem Fall) zwei Navigationsbereiche angelegt haben, die Sie sogleich schon mit Menüpunkten füllen werden. Was noch fehlt, ist ein Hinweis darauf, an welcher Stelle im Theme diese Bereiche und damit auch die Menüs angezeigt werden sollen. Bei der Beispiel-Website platzieren Sie das Haupt-menü in der *header.php*, das Fußmenü in der *footer.php*.

Dazu passen Sie zunächst die *header.php* wie in Listing 15.11 an:

```
01    <div id="menu">
02        <?php wp_nav_menu(
           array( 'theme_location' => 'header-menu' )
           ); ?>
03    </div>
```

Listing 15.11 Das Menü in die header.php einfügen

Der Funktion `wp_nav_menu()` übergeben Sie ein Array mit der Bezeichnung des Navi-gationsbereichs. Es enthält den zwingenden Schlüssel `theme_location` und einen Wert in Form der internen Bezeichnung des Navigationsbereichs, in diesem Fall hea-der-menu.

Das Gleiche machen Sie auch noch einmal in der *footer.php* (Listing 15.12):

```
01    <div id="footer-menu">
02        <?php wp_nav_menu(
          array( 'theme_location' => 'footer-menu' )
          ); ?>
03    </div>
```

Listing 15.12 Das Menü in die footer.php einfügen

Nachdem Sie die Datei *functions.php* in der oben genannten Form erstellt haben, finden Sie nun in Ihrem Backend endlich auch den Menüpunkt DESIGN • MENÜS. Hier können Sie nun weitere Einstellungen vornehmen.

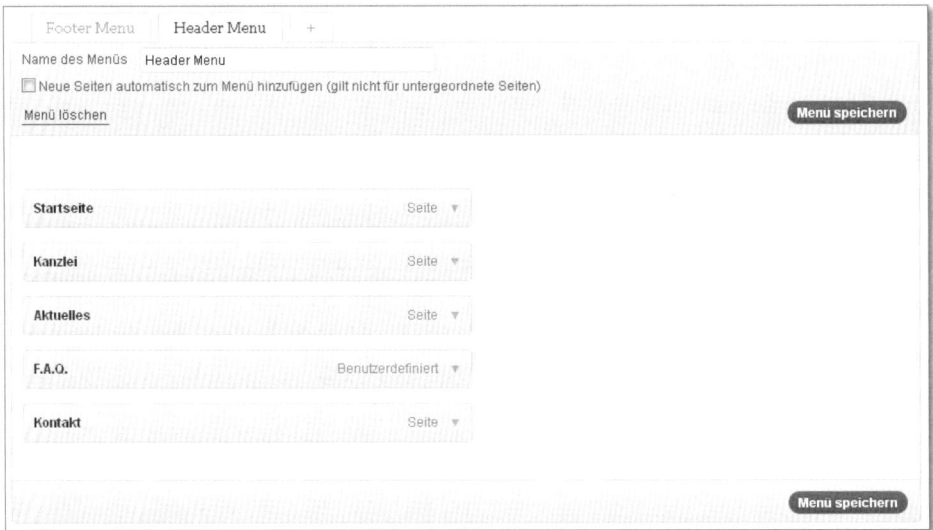

Abbildung 15.8 Das Header-Menü anpassen

Erstellen Sie (durch Klick auf das Pluszeichen) das erste Menü, beispielsweise mit dem Namen »Header Menu« (Abbildung 15.8). Fügen Sie nun über den Abschnitt SEITEN alle Unterseiten zu diesem Menü hinzu, die dort erscheinen sollen, angefangen bei der Startseite bis hin zum Kontakt (Abbildung 15.9).

Damit in Ihrer Hauptnavigation aber nicht »Herzlich Willkommen« steht (das soll ja nur die Überschrift der Startseite sein), können Sie in WordPress die Bezeichnung dieses Menüpunktes unabhängig von dessen offiziellem Titel noch einmal gesondert festlegen, nachdem Sie die Seite zum Menü hinzugefügt haben (Abbildung 15.10).

Abbildung 15.9 Fügen Sie hier alle Seiten, die zur Hauptnavigation
gehören sollen, derselben hinzu.

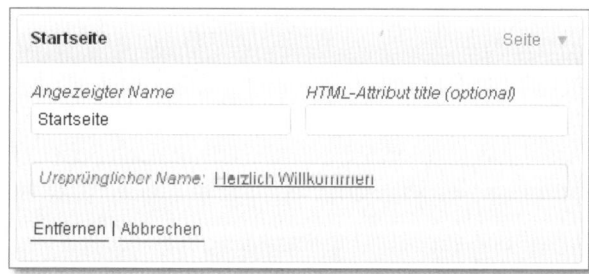

Abbildung 15.10 Die Optionen schalten Sie durch einen Klick auf das Pfeilsymbol
rechts von dem hinzugefügten Menüpunkt frei.

In Abbildung 15.8 sehen Sie bereits den Menüpunkt F.A.Q., dabei haben Sie noch gar
keine Unterseite hier angelegt, geschweige denn das entsprechende Custom Post
Type erstellt. Ihnen ist auch sicher aufgefallen, dass rechts neben dem Menüpunkt
das kleine Wort BENUTZERDEFINIERT steht, während bei allen anderen SEITE steht.
Dies liegt daran, dass die F.A.Q.-Seite mangels Existenz noch nicht verlinkt werden
konnte. Was Sie vermutlich noch nicht wissen, ist, dass diese auch niemals verlinkbar
sein wird.

In der WordPress-Version, die diesem Buch zugrunde liegt, fehlt leider die Möglichkeit, die Archivseite eines Custom Post Types (letztlich in den meisten Fällen gleich-
bedeutend mit der Hauptseite des CPT) als Menüpunkt hinzuzufügen. Also auch,
wenn Sie das CPT bereits angelegt hätten, gäbe es keine Möglichkeit, dieses dem
Menü hinzuzufügen. Bis die Entwickler von WordPress hier nachgebessert haben,
können Sie das Problem relativ leicht umgehen.

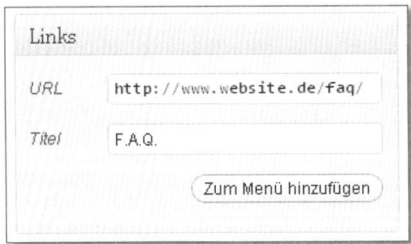

Abbildung 15.11 Einen benutzerdefinierten Link zum Menü hinzufügen

Solange dieses Feature noch fehlt, können Sie einfach einen benutzerdefinierten Link über den Abschnitt Links hinzufügen (Abbildung 15.11). Das ist zwar nicht die eleganteste Lösung, aber immer noch besser, als nur dafür ein Plugin zu installieren (was in meinem Test im Übrigen auch nicht funktionierte), das Ihre Website zusätzlich verlangsamt. Dass das F.A.Q. letztlich auch unter genau dieser Adresse zu erreichen ist, darum kümmern wir uns gleich bei dem Custom Post Type.

Nach dem gleichen Schema können Sie nun verfahren, um auch die Fußnavigation noch anzulegen (Abbildung 15.12). Hierfür ist bislang allerdings lediglich der Menüpunkt »Impressum« vorgesehen; aber das können Sie natürlich noch nach Belieben ausschmücken. Datenschutzerklärungen werden übrigens auch immer sehr gerne gelesen.

Abbildung 15.12 Die Fußnavigation sollten Sie trotz ihres einzigen Menüpunktes nicht vergessen.

Jetzt fehlt nur noch ein Schritt, der allerdings nötig ist, damit die Menüs an der korrekten Stelle angezeigt werden. Im Abschnitt Anordnung im Theme können (und sollten) Sie festlegen, welches der eben erstellen Menüs in welchem Bereich angezeigt werden soll. In Abbildung 15.13 sehen Sie, dass die Zuordnung sehr leicht ist, wenn Bereich und Menü sich denselben Namen teilen.

Abbildung 15.13 Kopf zu Kopf und Fuß zu Fuß

Die Beispiel-Website sollte bei Ihnen nun bereits fertig aussehen, auch wenn Sie es noch nicht ist. Die wesentlichen Elemente, wie das Theme, (fast) alle Unterseiten sowie die Menüs sind nun vorhanden, wie Sie in Abbildung 15.14 sehen.

Abbildung 15.14 Auf den ersten Blick eine vollfunktionsfähige Website

15.1.7   Die FAQ-Sektion mithilfe von Custom Post Types erstellen

FAQ-Bereiche sind herrlich. Sie liefern Ihnen in der Regel viel einzigartigen Inhalt, und – wenn sie gut gemacht sind – bieten sie auch Ihren Besuchern einen absoluten Mehrwert. Außerdem kann ein gut gepflegter FAQ-Bereich Ihrem Unternehmen viel Arbeit dadurch sparen, dass Sie Kunden gegebenenfalls zuerst auf Ihre Website verweisen können. Ein solcher Bereich ist aber keine bloße Unterseite und schon gar kein Blogartikel. Sie können sich aber der mächtigen Custom Post Types bedienen, um dieses Problem zu lösen. Lernen Sie im Folgenden, wie Sie einen eigenen Seitentyp als FAQ-Bereich erstellen und diesen in Ihre Website einbinden.

Ausgangspunkt ist die *functions.php* in Ihrem Theme-Ordner. Hier ist es nötig, den Seitentyp zunächst zu registrieren, und das bedeutet einige Zeilen Code. Danach erstellen Sie noch eine eigene Theme-Seite für die Auflistung der Beiträge, gefolgt von einer Einzelansicht für dieselben.

Den Seitentyp »FAQ« registrieren

Bauen Sie den Seitentyp anhand von Listing 15.13 in Ihre *functions.php* ein:

```
01   add_action( 'init', 'add_cpt_faq' );
02   function add_cpt_faq() {
03   $labels = array(
04           'name' => _x('FAQ', 'post type general name'),
05           'singular_name' => _x('FAQ',
                  'post type singular name'),
06           'add_new' => _x('Hinzufügen', 'faq'),
07           'add_new_item' => __('Neue FAQ hinzufügen'),
08           'edit_item' => __('FAQ bearbeiten'),
09           'new_item' => __('Neue FAQ'),
10           'view_item' => __('FAQ ansehen'),
11           'search_items' => __('Nach FAQ suchen'),
12           'not_found' =>  __('Keine FAQ gefunden'),
13           'not_found_in_trash' =>
                  __('Keine FAQ im Papierkorb')
14   );
15   $supports = array(
16              'title',
17              'editor',
18   );
19   $args = array(
20           'labels' => $labels,
21           'public' => true,
22           'publicly_queryable' => true,
23           'show_ui' => true,
24           '_builtin' => false,
25           'show_in_menu' => true,
26           'query_var' => true,
27           'rewrite' => array("slug" => "faq",
                  "with_front" => false),
28           'capability_type' => 'post',
```

```
29              'hierarchical' => false,
30              'has_archive' => true,
31              'menu_position' => 20,
32              'supports' => $supports
33      );
34      register_post_type('faq', $args);
35      }
```

Listing 15.13 Der vollständige Code des Seitentyps in der functions.php

Der Code des Seitentyps beginnt in Zeile 01 zunächst mit dem Einbinden der Funktion, die erst ab Zeile 02 definiert wird und für die Registrierung des Seitentyps zuständig ist:

```
add_action( 'init', 'add_cpt_faq' );
```

Die Funktion in Zeile 02 besteht aus vier Elementen. Zunächst wird ein $labels-Array erstellt, welches die semantischen Bezeichnungen innerhalb des Custom Post Types festlegt. Es folgt ein $supports-Array, welches die Funktionen, die der Seitentyp aufweisen soll, näher spezifiziert. Das $args-Array bindet die beiden erstgenannten Arrays schließlich ein und legt noch weitere, allgemeine Optionen für den Seitentyp fest. Das vierte Element finden Sie schließlich in Zeile 34. Dort wird der zuvor definierte Seitentyp im System registriert.

Werfen Sie zunächst einen Blick auf das $labels-Array (Tabelle 15.1). WordPress zieht hieraus die Bezeichnungen, die es (überwiegend) im Backend zur Verwaltung dieses Seitentyps verwendet.

Schlüssel	Beschreibung	Wert
name	Name des Seitentyps	FAQ
singular_name	Name des Seitentyps in der Einzahl	FAQ
add_new	Bezeichnung für das Hinzufügen eines neuen Eintrags auf dem Button/im Menü	Hinzufügen
add_new_item	Titel der Seite, auf der Sie einen neuen Eintrag hinzufügen	neue FAQ hinzufügen
edit_item	Link-Text für das Bearbeiten von Einträgen	FAQ bearbeiten

Tabelle 15.1 Erläuterung des $labels-Array

Schlüssel	Beschreibung	Wert
new_item	Bezeichnung eines neuen Eintrags ohne Verb	neue FAQ
view_item	Link-Text für das Ansehen eines Eintrags	FAQ ansehen
search_items	Text für den Such-Button	nach FAQ suchen
not_found	Text, der angezeigt wird, wenn keine Einträge gefunden werden konnten	keine FAQ gefunden
not_found_in_trash	Text, der angezeigt wird, wenn im Papierkorb keine Einträge gefunden werden konnten	keine FAQ im Papierkorb

Tabelle 15.1 Erläuterung des $labels-Array (Forts.)

Das $supports-Array ist sehr überschaubar. Für einen FAQ-Bereich brauchen Sie im Prinzip nicht viel. Sie müssen lediglich eine Frage und eine Antwort eingeben können. Hierfür dienen uns die Funktionen title und editor – auf alles andere können Sie getrost verzichten (Listing 15.14):

```
01   $supports = array(
02               'title',
03               'editor',
04   );
```

Listing 15.14 Das $supports-Array

Da das $args-Array das einzige ist, welches bei der Registrierung des Seitentyps der Funktion übergeben wird, muss es notwendigerweise die beiden anderen Arrays einbinden. Außerdem lassen sich hier noch einige allgemeine Optionen festlegen, zum Beispiel wie die URLs des Seitentyps ausgestaltet sein sollen oder an welcher Menüposition er sich im Backend befindet (Tabelle 15.2).

Schlüssel	Beschreibung	Wert
labels	Einbinden des $labels-Arrays	$labels
public	Legt die Standardwerte für die folgenden Parameter fest: show_ui, publicly_queryable, exclude_from_search, show_in_menu.	true

Tabelle 15.2 Erläuterung des $supports-Array

Schlüssel	Beschreibung	Wert
publicly_queryable	Legt fest, ob der Seitentyp aus dem Frontend über Querys angesprochen werden kann.	true
show_ui	Soll der Seitentyp aus dem Backend administrierbar sein?	true
_builtin	Ist der Seitentyp fest in WordPress integriert (nein, denn sonst würden wir keinen erstellen)?	false
show_in_menu	Soll der Seitentyp im Menü des Backends angezeigt werden?	true
query_var	Nur auf false setzen, wenn keine Querys durch das Frontend erlaubt sein sollen.	true
rewrite	Wie sollen die Permalinks des Seitentyps aussehen? slug steht in der URL vor jedem Eintrag. with_front setzt dem Permalink die Struktur voran, die Sie unter den Permalink-Einstellungen festgelegt haben (zum Beispiel /blog/).	array("slug" => "faq", "with_front" => false)
capability_type	Welche Rechte muss jemand haben, um auch diesen Seitentyp administrieren zu können?	'post'
hierarchical	Ist der Seitentyp hierarchisch, kann er also über- und untergeordnete Einträge haben?	false
has_archive	Soll es eine Seite geben, auf der alle Einträge dieses Seitentyps angezeigt werden?	true
menu_position	An welcher Position soll der Seitentyp im Menü angezeigt werden (20 = nach »Seiten«)?	20
supports	Einbinden des $supports-Arrays	$supports

Tabelle 15.2 Erläuterung des $supports-Array (Forts.)

15

In Zeile 34 folgt, wie schon angekündigt, die Registrierung des Seitentyps:

```
register_post_type('faq', $args);
```

Die Bezeichnung, die Sie hier wählen, ist ausschlaggebend dafür, wie Sie den Seitentyp später im Code ansprechen können. Merken Sie sich daher, dass er in diesem Fall faq heißt. Dies ist zum Beispiel relevant, wenn Sie auf einer Seite nur die Beiträge eines bestimmten Seitentyps ausgeben möchten und dort eine Query erstellen, wo Sie den Seitentyp über genau diese Bezeichnung definieren müssen. Abbildung 15.15 zeigt Ihnen die neue FAQ-Sektion.

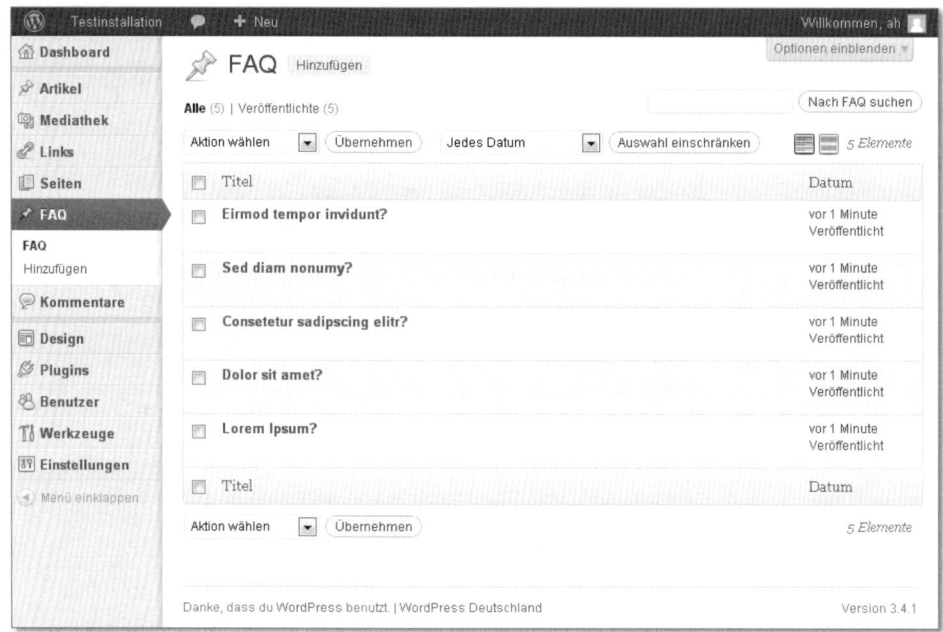

Abbildung 15.15 So sieht die neue FAQ-Sektion im Backend aus, sogar schon mit einigen Einträgen gefüllt. Dazu kommen wir aber später.

Die ersten FAQ-Einträge anlegen

Was wäre ein FAQ-Bereich ohne Fragen? Und ohne Antworten? Genau, nicht viel. Daher sollten Sie nun schon damit beginnen, einige Einträge anzulegen. So können Sie während der folgenden Schritte leichter überprüfen, ob alles korrekt funktioniert.

Das Hinzufügen einer neuen Frage ist noch einfacher, als eine Unterseite zu erstellen. Geben Sie Ihre Frage in die Titelzeile und Ihre Antwort in den Editor ein (Abbildung 15.16), und publizieren Sie das Ganze. Erstellen Sie ein paar mehr Fragen, um das Layout gleich – wenn nötig – richtig anpassen zu können.

Abbildung 15.16 Fügen Sie der Datenbank einige Fragen samt Antworten zum Testen hinzu.

Die FAQ-Seite erstellen

Zu diesem Zeitpunkt existiert der Seitentyp »FAQ« samt einigen Einträgen zwar, er wird Ihren Besuchern aber noch nicht angezeigt. Hierzu müssen Sie zunächst eine Archivseite erstellen, die alle FAQ-Einträge auflistet. Der Einfachheit halber beschränke ich mich hier auf eine ganz simple Seite, die alle Einträge zeigt. Sie können dem Seitentyp aber auch gerne noch Kategorien hinzufügen und die Einträge dann auf der FAQ-Seite entsprechend unterteilen. Das wäre für diese kleine Website aber ein wenig zu komplex.

Legen Sie zunächst eine neue Datei in Ihrem Theme-Order an, die Sie *archive-faq.php* nennen. Wie immer hat dieser Name bzw. der Aufbau des Dateinamens eine existenzielle Bedeutung. Wäre keine solche Datei vorhanden, würde WordPress nämlich auf die *archive.php* zurückgreifen, weil es dann diese für am geeignetsten hielte. Da die Auflistung der Einträge in diesem Fall aber abweichen soll, benötigen Sie speziell für diesen Seitentyp eine eigene Archivdatei. Um WordPress beizubringen, dass es diese nutzen soll, hängen Sie an den Dateinamen einfach einen Bindestrich gefolgt von der Bezeichnung des jeweiligen Seitentyps an. Der Inhalt dieser Datei könnte zum Beispiel so aussehen wie in Listing 15.15:

```
01    <?php get_header(); ?>
02        <h1>Häufig gestellte Fragen (FAQ)</h1>
03        <?php query_posts('post_type=faq&
          post_status=publish&showposts=-1'); ?>
04        <?php if ( have_posts() )
          while ( have_posts() ) : the_post(); ?>
```

```
05        <div class="faq">
06            <h2><a href="<?php the_permalink(); ?>"
              title="Lesen Sie &quot;<?php the_title(); ?>&quot;
              vollständig"><?php the_title(); ?></a></h2>
07            <?php the_content(); ?>
08        </div>
09        <?php endwhile; wp_reset_query(); ?>
10    <?php get_footer(); ?>
```

Listing 15.15 Die vollständige archive-faq.php

In Zeile 03 erstellen Sie eine benutzerdefinierte Query, also eine Abfrage an die Datenbank. Mittels der Funktion query_posts() können Sie sich alle Beiträge ausgeben lassen, die den Parametern entsprechen, die Sie dieser Funktion übergeben. Durch post_type=faq werden nur die Einträge ausgegeben, die dem Seitentyp FAQ zugeordnet sind (das dachten Sie sich sicher schon). Der Parameter post_status=publish sorgt dafür, dass hierbei nur diejenigen berücksichtigt werden, die Sie als »veröffentlicht« gekennzeichnet haben. Während showposts=-1 die Beschränkung, nur eine bestimmte Anzahl von Einträgen pro Seite anzuzeigen, einfach umgeht und alle Einträge darstellt.

Abbildung 15.17 Die Anzeige aller FAQ-Beiträge

In den Zeilen 04 bis 09 folgt die Ausgabe dieser Query. In Zeile 09 wird die Query sicherheitshalber noch durch die Funktion `wp_reset_query()` zurückgesetzt, um andere Abfragen nicht zu beeinträchtigen.

So wie in Abbildung 15.17 sollte die Übersichtsseite nun bei Ihnen aussehen.

Eine FAQ-Einzelansicht programmieren

So ein FAQ-Bereich kann schnell unübersichtlich werden; gerade wenn alle Beiträge auf einer zentralen Seite gesammelt werden. Daher ist es sinnvoll, zumindest eine Einzelansicht einer jeden Frage einzubauen, so dass Sie später die Antworten auf die Fragen nach ein oder zwei Absätzen mittels *more-Tag* abschneiden können. Außerdem ist es hervorragend für Ihre Suchmaschinenoptimierung, da Sie so zahlreiche Unterseiten generieren können, die ebenfalls in den Suchmaschinen auftauchen.

Zu diesem Zweck legen Sie einfach eine Datei namens *single-faq.php* an. Die Struktur des Dateinamens funktioniert ähnlich wie schon bei *archive-faq.php*. Fügen Sie den Code aus Listing 15.16 in die *single-faq.php* ein:

```
01    <?php get_header(); ?>
02    <?php if ( have_posts() )
      while ( have_posts() ) : the_post(); ?>
03        <h1>Frage: <?php the_title(); ?></h1>
04        <p><strong>Antwort:</strong></p>
05        <?php the_content(); ?>
06    <?php endwhile; ?>
07    <?php get_footer(); ?>
```

Listing 15.16 Die vollständige single-faq.php

Die Datei ist sehr stark angelehnt an die *single.php*, mit dem einzigen Unterschied, dass der Titel durch das Wort »Frage« und der Inhalt durch das Wort »Antwort« eingeleitet wird. So ist für den Besucher etwas leichter zu erkennen, dass es sich hierbei um einen Frage-Antwort-Beitrag handelt und nicht um eine Nachricht. Wie Sie das auf Ihrer Website ausgestalten, bleibt aber natürlich vollständig Ihnen überlassen. Abbildung 15.18 ist nur eine Anregung.

Bedienen Sie sich doch beispielsweise einmal des Codes der zuvor angelegten *archive-faq.php* und lassen Sie unter der Frage in der Einzelansicht noch die letzten 5 Fragen in Kurzform ausgeben. Oder legen Sie eigene Taxonomien für die FAQ-Sektion an und lassen Sie unter der einzelnen Frage nur weitere Fragen der entsprechenden Kategorie ausgeben. Vielleicht hilft Ihnen dabei ja Kapitel 6 zum Thema Seitentypen weiter.

15

Abbildung 15.18 Die Einzelansicht einer Frage

15.1.8 Ein Kontaktformular mit Contact Form 7 einbauen

Ein Kontaktformular bietet WordPress von Haus aus leider nicht. Allerdings können Sie dieses sehr leicht durch das Plugin *Contact Form 7* nachrüsten. Es ist sehr leicht zu bedienen und bietet alles, was das Formularherz erfreut.

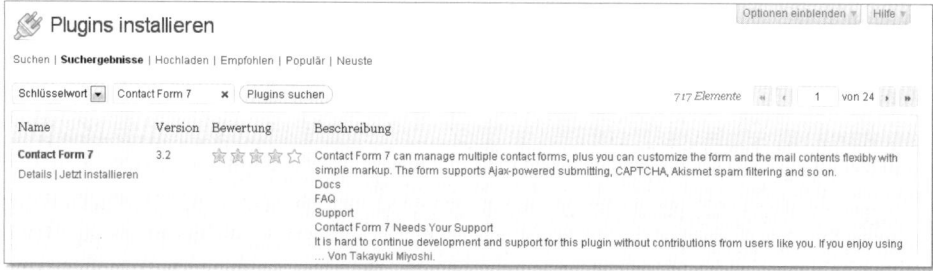

Abbildung 15.19 Installieren Sie das Plugin direkt aus WordPress heraus.

Um das Plugin direkt aus WordPress heraus zu installieren, klicken Sie auf den Menüpunkt PLUGINS • INSTALLIEREN, und geben Sie im folgenden Fenster »Contact Form 7« in das Suchfeld ein (Abbildung 15.19). Wenn das Plugin gefunden wurde, klicken Sie in der entsprechenden Zeile schließlich noch auf JETZT INSTALLIEREN. Aktivieren Sie das Plugin auch direkt im folgenden Fenster.

Um auf die Einstellungen des Plugins zuzugreifen, finden Sie im Backend einen eigenen Menüpunkt namens FORMULAR. Dort steht schon das erste Formular bereit, welches Sie direkt nutzen können (Abbildung 15.20). Hier befinden sich insgesamt sechs Bereiche. Der erste Bereich beschäftigt sich nur mit dem Titel des Formulars sowie dem Code, den Sie später noch in eine Unterseite einbauen müssen (braunes Feld). Es folgt der Abschnitt FORMULAR, welcher im linken Teil ein Feld vorsieht, in dem Sie das komplette Formular erstellen können. Auf der rechten Seite ist ein kleiner Feldgenerator. Der Abschnitt MAIL legt die Einstellungen für die E-Mail fest, die durch das Formular ausgelöst wird. Darunter befindet sich noch der Abschnitt MAIL (2), der mit

MAIL identisch ist. Dieser lässt sich nutzen, um eine gänzlich andere E-Mail zu versenden. Zum Beispiel ist diese zweite E-Mail geeignet, um einem Besucher eine Bestätigung seiner Kontaktanfrage zukommen zu lassen. Darunter finden Sie noch die beiden Abschnitte MELDUNGEN sowie ZUSÄTZLICHE EINSTELLUNGEN, von denen Sie den letzten vollständig ignorieren können. Unter MELDUNGEN können Sie sehr genau festlegen, welche Meldungen dem Besucher angezeigt werden, zum Beispiel nach dem Absenden des Formulars oder bei Fehlern.

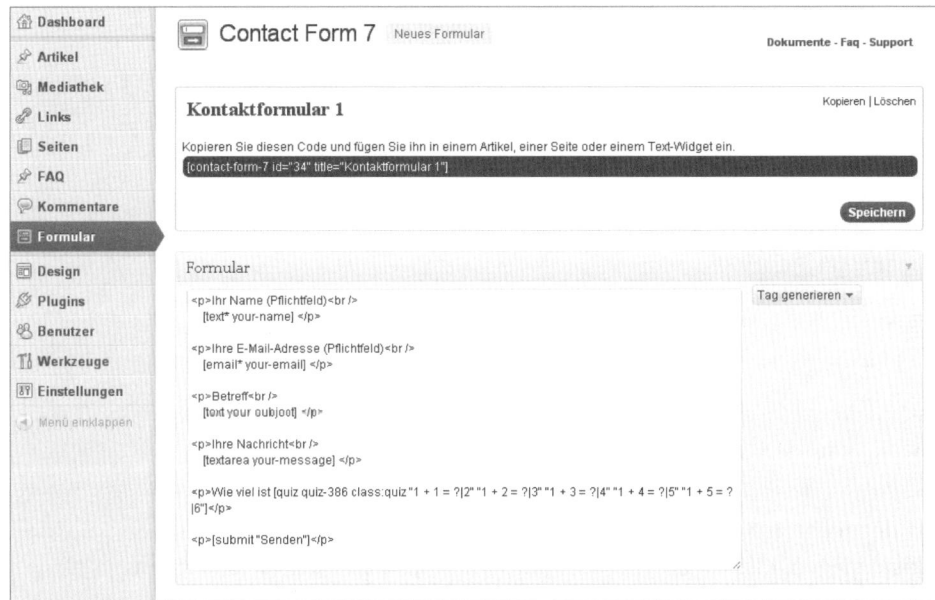

Abbildung 15.20 Ein neues Kontaktformular bei Contact Form 7

Wichtig ist gleich zu Anfang das braune Feld: Hierin befindet sich der Code, den Sie gleich noch in eine Unterseite (oder einen anderen Beitrag) einfügen müssen, damit das Formular dort erscheint (Abbildung 15.21). Sie können hierbei dasselbe Formular mehrmals auf verschiedenen Seiten verwenden. Denken Sie daran: Wenn Sie den Titel des Formulars ändern, ändert sich auch der Code. Hier ist also Vorsicht geboten.

Im Abschnitt FORMULAR lässt sich im linken Bereich das Formular nach Ihren Wünschen gestalten. Sie können hier problemlos HTML verwenden, um die Semantik Ihres Formulars festzulegen. Die vom Plugin generierten Felder stehen hierbei aber jeweils in eckigen Klammern. Anfangs steht die Art des Feldes gefolgt von dem eindeutigen Feldnamen. Für dieses Kontaktformular genügen einige wenige Felder. Name und E-Mail sowie ein Betreff und eine Nachricht sollten das Minimum sein. Sinnvoll ist auch eine Anti-Spam-Funktion, zum Beispiel das in Abbildung 15.22 gezeigte Quiz.

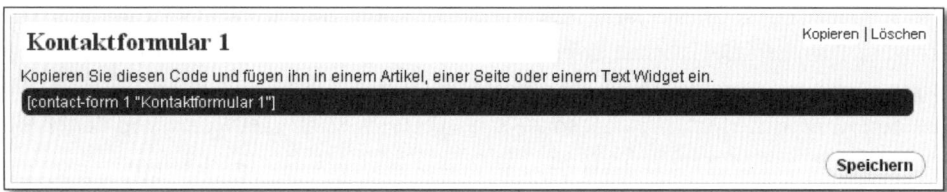

Abbildung 15.21 Der Titel des Formulars und der einzubindende Code

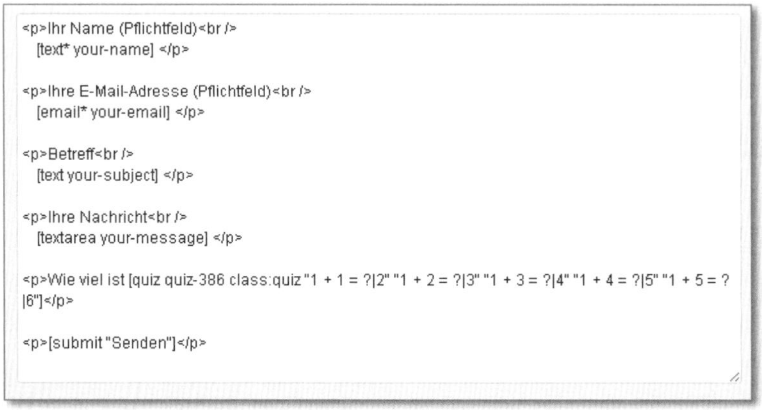

```
<p>Ihr Name (Pflichtfeld)<br />
   [text* your-name] </p>

<p>Ihre E-Mail-Adresse (Pflichtfeld)<br />
   [email* your-email] </p>

<p>Betreff<br />
   [text your-subject] </p>

<p>Ihre Nachricht<br />
   [textarea your-message] </p>

<p>Wie viel ist [quiz quiz-386 class:quiz "1 + 1 = ?|2" "1 + 2 = ?|3" "1 + 3 = ?|4" "1 + 4 = ?|5" "1 + 5 = ?
|6"]</p>

<p>[submit "Senden"]</p>
```

Abbildung 15.22 Das Kontaktformular als Code

Auf der rechten Seite können Sie ein ebensolches Quiz-Feld in wenigen Schritten selbst anlegen. Klicken Sie hierzu einfach auf TAG GENERIEREN (Abbildung 15.23).

Tragen Sie in das Quiz-Feld einfach die einzelnen Fragen ein (Abbildung 15.24). Pro Frage ist eine Zeile vorgesehen. Das Schema ist nicht kompliziert, Frage und Antwort werden durch ein sogenanntes Pipe-Symbol ($\boxed{\text{Alt Gr}}$+$\boxed{<}$) getrennt: »Frage|Antwort«. Kopieren Sie den generierten Code (braunes Feld) danach einfach nach links direkt in das Formular.

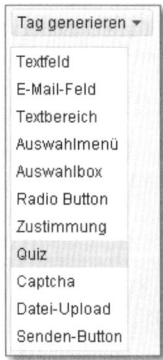

Abbildung 15.23 Erstellen Sie ein Quiz für Ihr Kontaktformular.

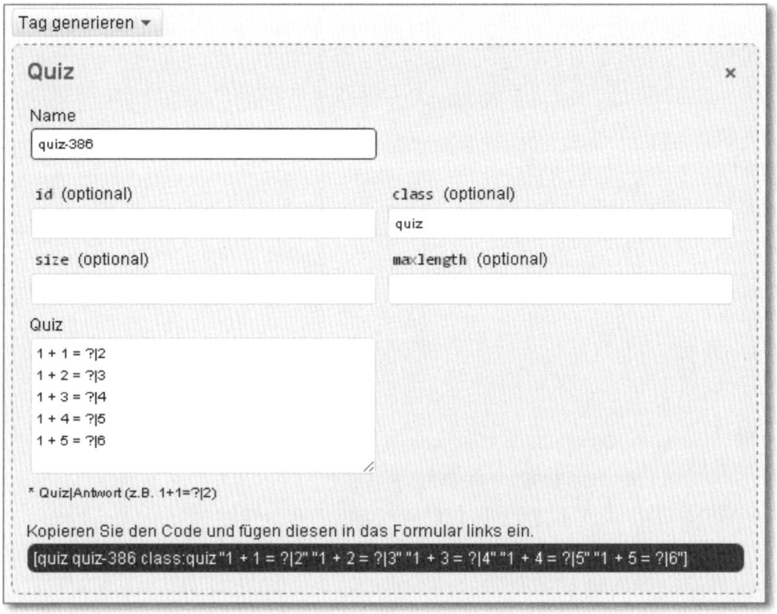

Abbildung 15.24 Ein Anti-Spam-Quiz mit simplen, mathematischen Fragen

Im Abschnitt MAIL können Sie nun festlegen, wohin und auf welche Weise das obige Formular gesendet werden soll (Abbildung 15.25). Im linken Teil legen Sie die Einstellungen fest, im rechten den Inhalt. Sie können der E-Mail sogar zusätzliche Kopfzeilen oder gar Dateianhänge hinzufügen. Dies ist allerdings für dieses simple Kontaktformular nicht nötig.

Den vollständigen Inhalt fügen Sie in das Textfeld auf der rechten Seite ein. Die Position für die Inhalte der Felder können Sie hierbei durch Platzhalter markieren; diese bestehen immer aus der eindeutigen Bezeichnung des Feldes (siehe obiges Formular) in eckigen Klammern. Kopieren Sie aber nicht einfach die Felder aus dem Formular. Als E-Mail-Inhalt wäre [TEXT* YOUR-NAME] falsch, es darf hier nur [YOUR-NAME] stehen, da der Feldtyp keine Rolle spielt. Verwenden Sie ruhig HTML. Denken Sie aber daran, in diesem Fall ein Häkchen bei HTML-CONTENT-TYP VERWENDEN zu setzen.

Nach dem gleichen Konzept arbeitet auch der Abschnitt MAIL (2), den Sie in Abbildung 15.26 sehen. Hiermit können Sie eine zusätzliche E-Mail versenden, die vom Inhalt der ersten abweicht. Im Beispielfall, um dem Anfragenden eine automatische Bestätigung mit dem Inhalt seiner Anfrage zu senden. Denken Sie unbedingt daran, ein Häkchen bei VERWENDE MAIL (2) zu setzen, da sonst leider keine E-Mail versendet werden kann.

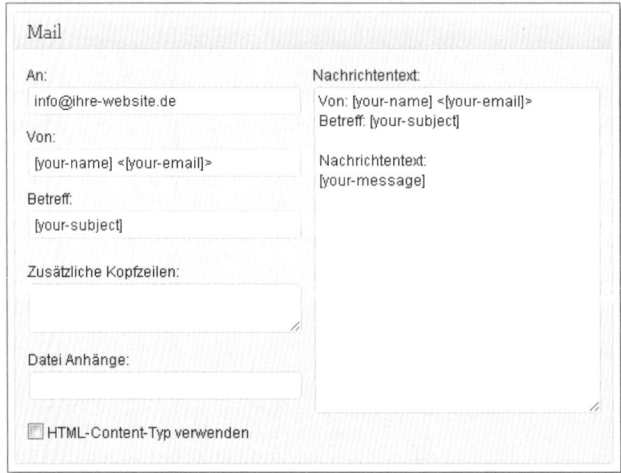

Abbildung 15.25 Wohin soll die E-Mail gehen, und was soll in ihr stehen?

Abbildung 15.26 Das zweite E-Mail-Formular verwenden Sie zum Beispiel für eine automatische Bestätigungs-E-Mail.

Zu guter Letzt können Sie sogar noch die Meldungen anpassen, die Contact Form 7 dem Benutzer ausgibt. Im Grunde können Sie die Standardeinstellung so belassen, bis auf einige Rechtschreibfehler, die Sie korrigieren sollten (Abbildung 15.27).

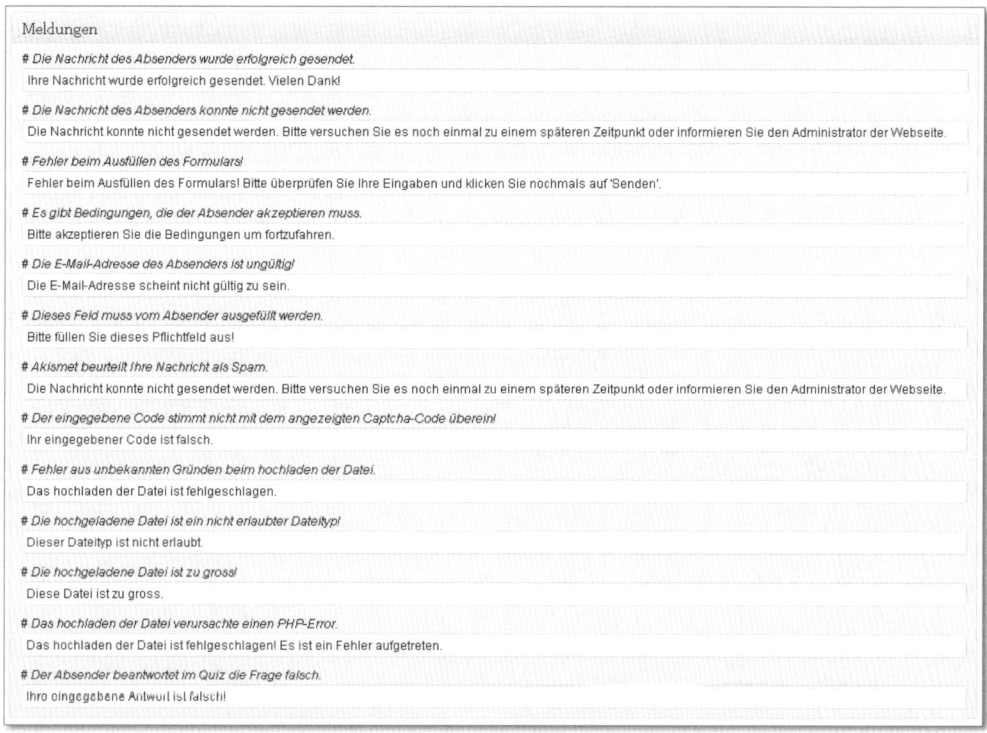

Abbildung 15.27 Passen Sie die Meldungen entsprechend Ihren Bedürfnissen an (und entfernen Sie bitte die peinlichen Rechtschreibfehler).

Das Kontaktformular ist jetzt einsatzbereit. Nun müssen Sie es nur noch einbauen, damit es seine Wirkung auch entfalten kann. Hierzu editieren Sie noch einmal Ihre Kontaktseite und fügen den Code des Kontaktformulars (braunes Feld) als Inhalt in Ihre Kontaktseite ein, wie Sie in Abbildung 15.28 sehen.

Abbildung 15.28 Fügen Sie den Platzhalter direkt in den Editor ein.

Ein Blick auf die Website (Abbildung 15.29) verrät Ihnen: Es funktioniert! Testen Sie das Formular nun noch mit verschiedenen Eingaben, bevor Sie es veröffentlichen.

[+]   **Hinweis**

Arbeiten Sie, zum Beispiel in einer XAMPP-Entwicklungsumgebung, zunächst noch lokal auf Ihrem PC? Dann wundern Sie sich nicht, wenn das Absenden des Formulars fehlschlägt. Sie müssen XAMPP erst beibringen, wie es E-Mails verschicken kann. Da das nicht ganz leicht ist, empfiehlt es sich, das Formular erst online zu testen. Sie müssen es zu diesem Zweck ja nicht zwingend veröffentlichen.

Abbildung 15.29 Schlicht, aber es erfüllt seinen Zweck: Ihr neues Kontaktformular.

15.2   Das Blog – ein Heimspiel für WordPress

Das erste Beispiel – die Kanzlei-Website – war zugegebenermaßen nicht besonders schwer umzusetzen. Das war auch das Ziel: der schnelle Erfolg. Jetzt wird es ein klein wenig komplizierter. Sie werden es mit dieser Anleitung aber dennoch schaffen, auch wenn Sie noch gar keine oder wenig Erfahrung mit WordPress gesammelt haben. Das Blog ist der Grund, weshalb es WordPress überhaupt gibt. Manche sagen auch, es sei andersherum. In diesem Abschnitt möchte ich Ihnen zeigen, wozu WordPress in der Lage ist und wie Sie ein richtiges, professionelles Blog erstellen, so wie sie es im Netz häufig finden, mit allen wichtigen Funktionen.

Sie lernen anhand dieses Beispiels:

▶ worauf Sie bei Themes für ein Blog achten müssen

▶ wie Sie WordPress als Blogging-Plattform nutzen

▶ wie Sie eine Kommentarfunktion mit Gravataren einbauen

▶ wie Sie die populärsten Beiträge anzeigen

▶ wie Sie Ihren Besuchern weiterführende Beiträge empfehlen

▶ wie Sie Werbung in Ihrem Blog mittels Google AdSense schalten

▶ und vieles, vieles mehr

15.2.1   Vor dem Design: Worauf Sie achten sollten

Ein Blog kann ziemlich komplex sein. Je nach Funktionsvielfalt sollte es sehr gut geplant sein, bevor Sie sich an Ihr Zeichenbrett setzen. Üblicherweise hat ein Blog einen Inhaltsbereich und eine Seitenleiste. Dieses Modell hat sich bei zahlreichen Blogs bewährt. In die Seitenleiste kommen Suchfunktion, Menü, Kategorien und üblicherweise auch noch einige hervorgehobene Beiträge. Manche Blogs setzen zudem auch noch einen Fußbereich ein, in dem sie beispielsweise Informationen über den Autor unterbringen sowie besonders interessante Artikel, Kategorien oder Tags. So etwas sollte von vornherein genau geplant werden.

Auch sollten Sie sich im Vorfeld überlegen, ob Sie jemals Werbung schalten werden. Das müssen Sie nicht von Anfang an machen. Aber sofern Sie es nicht ausschließen können, sollte es im Design berücksichtigt werden. Denn meist sieht etwas, das später »hineingebastelt« wird, auch dementsprechend aus. Lassen Sie sich etwas einfallen, wie Sie Werbung dort unterbringen, so dass Sie sie auch wieder entfernen können oder gar nicht nutzen müssen, ohne dass es das Design zerreißt.

Im Inhaltsbereich sollten Sie von vornherein Platz einplanen für die Metadaten eines Artikels: Name des Autors, Datum, Uhrzeit, Kommentare, Kategorie, vielleicht sogar Tags.

Für manche vielleicht noch etwas ungewohnt, aber mittlerweile üblich: Designen Sie auch gleich das Kommentarformular sowie die einzelnen Kommentare mit. So stellen Sie sicher, dass alles am Ende wie aus einem Guss wirkt. Für das Formular benötigen Sie die Felder Name, E-Mail und Website sowie ein Textfeld und einen Button zum Absenden. Die Kommentare bestehen mindestens aus Autor, Datum und Text, können idealerweise aber um einen Gravatar ergänzt werden.

Setzen Sie das Design dann 1:1 in HTML, CSS und eventuell JavaScript um. Glauben Sie mir, dass sich das lohnt. Es ist zwar verführerisch, die Website erst einmal grob umzusetzen und später die Formulare, Kommentare usw. einzubauen, sobald Sie diese benötigen. Aber es ist wirklich sehr mühselig, wenn sie dazu wieder aus Ihrem Word-

Press-Workflow herausgerissen werden. Das Design wird wahrscheinlich ohnehin nicht perfekt sein, bevor Sie WordPress integriert haben. Irgendetwas vergisst man immer, dass man dann ohnehin nachbessern oder umgestalten muss. Da nehme ich mich keinesfalls aus. Aber das hält meistens schon genug auf. Die meiste Zeit können Sie sparen, wenn Sie konsequent das vollständige Design umsetzen. Der Rest ist dann schon (fast) ein Kinderspiel.

Hier eine (durchaus erweiterbare) Checkliste für Ihre Designüberlegungen:

- Alle Seiten
  - Menü
  - Seitenleiste
  - Fußbereich
  - Kategorien
  - Tagcloud
  - Suchfeld
  - beliebte Artikel
  - letzte Kommentare
  - Informationen über den Autor
  - Social-Media-Buttons & RSS-Feeds
  - Social-Media-Widgets (Twitter-Stream, Facebook-Timeline, etc.)
  - Werbeeinblendungen
- Blog
  - mehrere Beiträge auf einer Seite
  - Metadaten (Autor, Datum, Kategorie, Tags)
  - Darstellung von Formatvorlage (»Post Formats«)
  - Seitennavigation
- Blogartikel
  - ein Beitrag pro Seite, detailliert
  - Metadaten (Autor, Datum, Kategorie, Tags)
  - Bewertung von Beiträgen (Likes, +1, etc.)
  - Teilen von Artikel (E-Mail, Facebook, Twitter, Google+, uvm.)
  - Kommentarformular
  - einzelne Kommentare (verschachtelt? Gravatare?)
  - ähnliche/empfohlene Artikel
  - Darstellung von Formatvorlage (»Post Formats«)
  - Werbeeinblendungen

▶ Weitere Seitenansichten

- Autorenseite (Übersicht & Einzelansicht)

- Kategorienseite (Übersicht & Einzelansicht)

- Tagseite (Übersicht & Einzelansicht)

- Archiv

- Suchergebnisseite

- Fehlerseite (Seite nicht gefunden)

- Anhänge

- etwaige individuelle Seitentypen

Sie müssen keinesfalls alle obigen Elemente unterbringen oder gar alle Seitenansichten (zum Beispiel Suchergebnisseite oder Archiv) extra in Photoshop designen. Es ist durchaus legitim, hierfür die Einzelansicht eines Artikels abzuwandeln. Wenn Sie ein wirklich individuelles, aufwendig gestaltetes Blog bevorzugen, sollten Sie allerdings auch diese »besonderen« Seiten einzigartig gestalten.

15.2.2 Es geht los: Das Gerüst Theme-fähig machen

Ich gehe davon aus, dass Sie WordPress mittlerweile entpackt, eine Datenbank eingerichtet und beides mittels Installation miteinander verknüpft haben. Sie haben nun also eine frische WordPress-Installation auf Ihrem PC oder Server und können gleich mit der Erstellung des Themes loslegen. Zuerst möchte ich Ihnen das Theme vorstellen, welches Sie gleich als Praxisbeispiel entwickeln werden – oder von welchem Sie zumindest lesen werden, wie man es entwickelt. Sie dürfen das Theme nach Belieben für Ihre eigenen Projekte verwenden, das ist mein »Geschenk« an Sie dafür, dass Sie bis zu dieser Seite durchgehalten haben (das haben Sie doch, oder?). Das gilt übrigens für alle Themes auf der Buch-CD. Eines ist Ihnen allerdings nicht erlaubt, und zwar das Theme als Ihr eigenes zu verkaufen. Teilen Sie Kunden mit, wenn Sie dieses Theme als Grundlage verwenden, und verkaufen Sie das Theme bitte nicht über die entsprechenden Plattformen weiter.

15

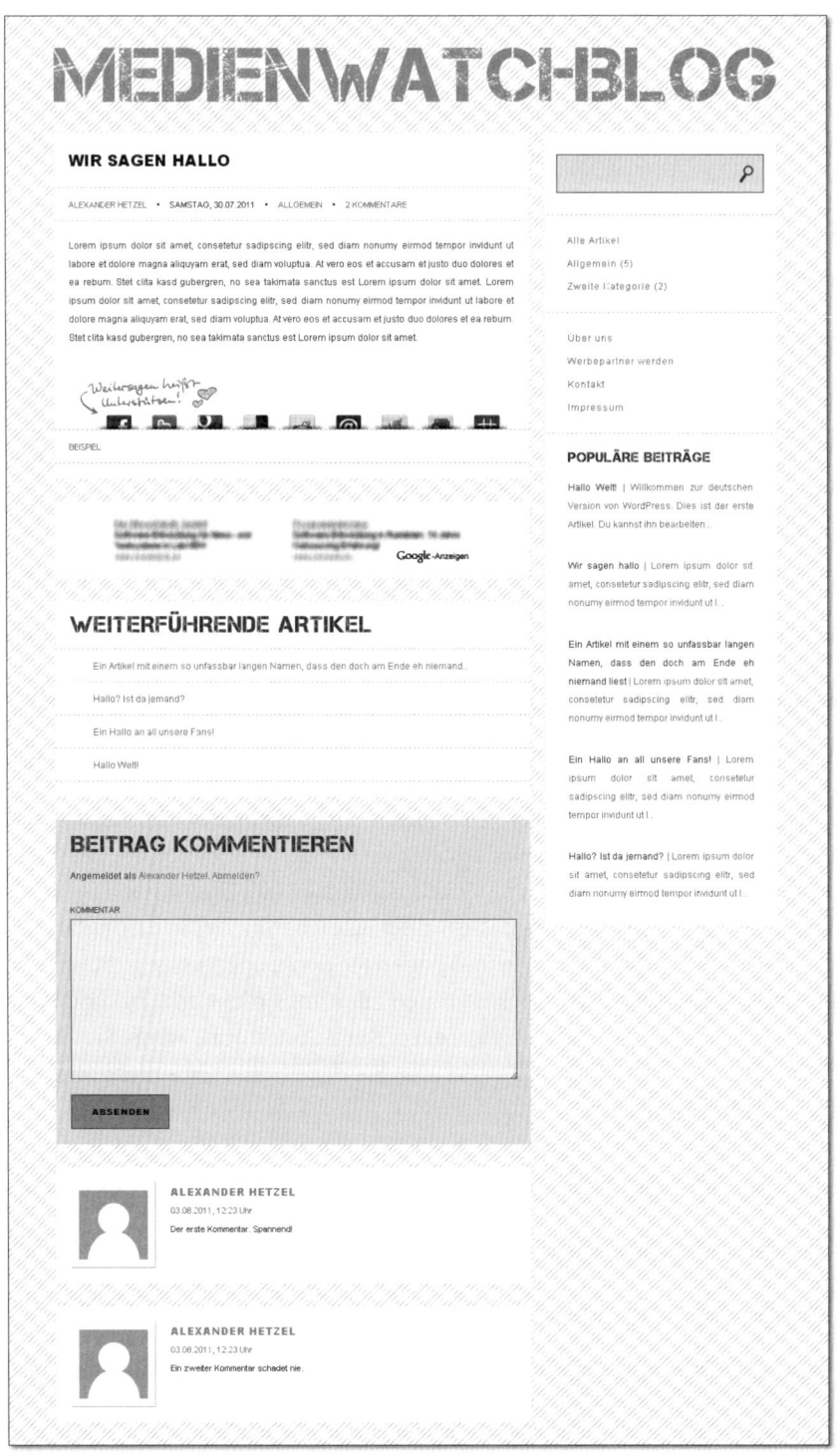

Abbildung 15.30 So könnte Ihr »Medienwatchblog« aussehen.

Das Gerüst des Webdesigns, das Sie in Abbildung 15.30 sehen, übertragen Sie nun in ein Theme-fähiges Format. Legen Sie hierzu schon einmal einen Ordner in Ihrem Theme-Verzeichnis an, zum Beispiel mit dem Namen *medienwatchblog*. Kopieren Sie die CSS-Dateien (wichtig: Denken Sie daran, dass Sie zwingend eine Datei namens *style.css* benötigen) sowie den Ordner mit den Grafiken dort hinein, und erstellen Sie die folgenden Dateien: *header.php*, *index.php*, *sidebar.php*, *footer.php*. Diese bilden das Grundgerüst für die Blogstartseite.

Zunächst füllen Sie die *header.php* mit Inhalt; hier kommt wieder all der Code hinein, der vor dem Inhaltsbereich steht. Im Beispiel sieht die *header.php* so aus wie in Listing 15.17:

```
01   <!DOCTYPE html PUBLIC "-//W3C//DTD XHTML 1.0
     Transitional//EN" "http://www.w3.org/TR/xhtml1/DTD/
     xhtml1-transitional.dtd">
02   <html xmlns="http://www.w3.org/1999/xhtml">
03   <head>
04   <title><?php wp_title('|', 1, 'right'); ?>
     <?php bloginfo('name'); ?></title>
05   <meta http-equiv="Content-Type" content="text/html;
     charset=utf-8" />
06   <link rel="Stylesheet" type="text/css" href="
     <?php echo get_stylesheet_directory_uri() ?>/reset.css" />
07   <link rel="Stylesheet" type="text/css" href="
     <?php echo get_stylesheet_directory_uri() ?>/style.css" />
08   <link rel="pingback" href="<?php bloginfo('wpurl'); ?>
     /xmlrpc.php" />
09   <link rel="alternate" type="application/rss+xml"
     title="RSS-Feed" href="<?php bloginfo('wpurl'); ?>/feed/" />
10   <?php wp_head(); ?>
11   </head>
12   <body>
13   <div id="page">
14       <div id="logo">
         <a href="<?php echo bloginfo('url'); ?>" />
         <img src="
         <?php echo get_stylesheet_directory_uri() ?>
         /images/logo.png" /></a></div>
15       <div id="content">
16           <div id="innercontent">
```

Listing 15.17 Die vollständige header.php

In die *header.php* schreiben Sie all die Elemente, die auf jeder einzelnen Seite Ihres Blogs angezeigt werden sollen und die vor dem Content stehen. Das heißt, Dinge wie Werbeeinblendungen gehören dann nicht in die *header.php*, wenn diese beispielsweise nur in der Einzelansicht eines Blogbeitrags oder erst nach dem Inhalt angezeigt werden sollen. In diesem Praxisbeispiel befindet sich allerdings zwischen dem HTML-Kopf und dem Content-Bereich keinerlei weiteres Element, was die Entscheidung sichtlich erleichtert.

Im obigen Listing können Sie sehen, dass in den Zeilen 15 und 16 bereits die Container für den Content beginnen. Sie können diese ruhigen Gewissens mit in die *header.php* übernehmen, so lange jede Ihrer Unterseiten gleich aufgebaut ist (was bei den meisten Blogs der Fall sein dürfte). So sparen Sie sich, diese Container in jeder weiteren Datei erneut zu öffnen. Schließen können Sie diese dann zum Beispiel in der *sidebar.php* oder der *footer.php*. Somit beinhalten alle Inhaltsdateien wirklich nur den für sie typischen Code. Das ist nicht nur aus der Perspektive der Dateigröße relevant; zwei bis vier Zeilen Code dürften hier keine große Rolle spielen. Diese Vorgehensweise ist aber schlicht sauberer. Außerdem können Sie so leichter das Grundgerüst Ihrer Website verändern. Möchten Sie später beispielsweise einmal etwas an den Anfang des Containers #content setzen, müssen Sie so nur die *header.php* bearbeiten und nicht fast alle anderen Dateien ebenfalls.

Es folgt die Erstellung der *index.php* (Listing 15.18):

```
01   <?php get_header(); ?>
02       <h1>Medienwatchblog – Alles aus den Medien. Hier, heute
         und morgen.</h1>
03   <?php if ( have_posts() ) :
     while ( have_posts() ) : the_post(); ?>
04   <div id="content-single">
05       <h2><a href="<?php the_permalink(); ?>" title="Lesen Sie
         &quot;<?php the_title(); ?>&quot;
         vollständig"><?php the_title(); ?></a></h2>
06       <p id="blogmeta"><?php the_author_posts_link(); ?>
         &bull; <span><?php the_time("l, d.m.Y"); ?></span>
         &bull; <?php the_category(', '); ?> &bull;
         <?php comments_popup_link('Keine Kommentare',
         '1 Kommentar','% Kommentare','','none'); ?></p>
07       <?php the_content('Weiterlesen...'); ?>
08   </div>
09   <?php endwhile; else: ?>
10   <p><?php _e('Es wurden leider keine Beiträge
     gefunden.'); ?></p>
```

```
11   <?php endif; ?>
12   <?php get_sidebar(); ?>
13   <?php get_footer(); ?>
```

Listing 15.18 Die vollständige index.php

Die *index.php* stellt, wie Sie wissen, die Startseite des Blogs dar; also eine Auflistung der aktuellen Beiträge. Die Schleife für die Ausgabe der Artikel beginnt in Zeile 03 und endet in Zeile 09. Alles, was dazwischen geschrieben steht, steuert die Ausgabe eines einzelnen Blogartikels. Der Code wird später also einfach dupliziert und aneinandergereiht. Es ist sinnvoll, jeden Blogartikel in einen div-Container einzukleiden (Zeile 04); so können Sie diesen besser in CSS formatieren und ihn beispielsweise mit einem Außenabstand versehen, um die einzelnen Artikel optisch voneinander abzugrenzen. In Zeile 05 folgt der Titel des Beitrags, eingekleidet in ein h2-Tag. In Zeile 06 finden Sie die Anzeige der Metadaten des Artikels, also Autor, Datum, Kategorie und Kommentare. Der Inhalt wird schließlich in Zeile 07 ausgegeben. Soweit keine Rocket-Science.

Als Nächstes kümmern Sie sich um die *sidebar.php* (Listing 15.19):

```
01       </div> <!-- / #innercontent -->
02   </div> <!-- / #content -->
03   <div id="sidebar">
04       <div id="innersidebar">
05           <div id="sidebar-search">
06           <form role="search" method="get" id="searchform"
             action="<?php bloginfo('url'); ?>">
07           <input type="text" name="s" id="search-field" />
08           <input type="submit" value="suchen"
             id="search-button" />
09           <div class="clear"></div>
10           </form>
11           </div>
12           <div id="sidebar-categories">
13               <ul>
14               <?php $args = array(
15               'show_option_all'     => '',
16               'orderby'             => 'name',
17               'order'               => 'ASC',
18               'show_last_update'    => 0,
19               'style'               => 'list',
20               'show_count'          => 1,
21               'hide_empty'          => 0,
22               'use_desc_for_title'  => 1,
23               'child_of'            => 0,
```

```
24                  'feed'                 => '',
25                  'feed_type'            => '',
26                  'feed_image'           => '',
27                  'exclude'              => '',
28                  'exclude_tree'         => '',
29                  'include'              => '',
30                  'hierarchical'         => true,
31                  'title_li'             => '',
32                  'show_option_none'     => __('Keine Kategorien'),
33                  'number'               => NULL,
34                  'echo'                 => 1,
35                  'depth'                => 0,
36                  'current_category'     => 0,
37                  'pad_counts'           => 0,
38                  'taxonomy'             => 'category',
39                  'walker'               => '' ); ?>
40                  <li><a href="<?php bloginfo('url');
                    ?>/archiv/">Archiv</a></li>
41                  <?php wp_list_categories( $args ); ?>
42                  </ul>
43              </div>
44              <div id="sidebar-menu">
45              </div>
46              <div id="sidebar-popular">
47                  <h6>Populäre Beiträge</h6>
48              </div>
49          </div>
50      </div>
```

Listing 15.19 Die vollständige sidebar.php (wird später noch erweitert)

In den Zeilen 01 und 02 können Sie sehen, dass hier nun die beiden Container wieder
geschlossen werden, die zuvor in der *header.php* geöffnet worden sind. Die Zeilen 05
bis 11 beschreiben das Suchformular näher. Dieses besteht immer aus einem Suchfeld und einem entsprechenden Button und natürlich auch aus dem alles umschlie-
ßenden form-Tag. Dieses sollte jedenfalls die Attribute role="search", method="get"
sowie action="<?php bloginfo('url'); ?>" enthalten.

Von Zeile 12 bis 43 erstreckt sich eine verhältnismäßig große Menge an Code, der einzig und allein die Ausgabe aller Kategorien bewirkt. Zunächst wird in Zeile 14 ein
$args-Array begonnen, welches alle Einstellungsmöglichkeiten hinsichtlich ebenje-
ner Ausgabe enthalten wird. Dieses Array wird in Zeile 41 an die Funktion wp_list_
categories() übergeben, welche schließlich die Kategorien als Liste ausgibt. Zuvor

können Sie noch in Zeile 40 sehen, dass dort bereits ein Listeneintrag zu finden ist. Dieser dient später lediglich als Link zum Archiv. Sie könnten ihn aber auch überall sonst unterbringen oder einfach an das Ende der Liste setzen. In Tabelle 15.3 können Sie sehen, was die einzelnen Einstellungen bewirken.

Schlüssel	Beschreibung	Wert
show_option_all	Soll ein Link zu Ihrer Blogstartseite angezeigt werden? Dann geben Sie den Link-Text hier ein. Soll kein Link erscheinen, lassen Sie den Wert leer (bis auf die Anführungszeichen).	' '
orderby	Wonach sollen die Kategorien sortiert werden? Mögliche Werte: ID, name, slug, count, term_group	name
order	aufsteigende (ASC) oder absteigende (DESC) Sortierung	ASC
show_last_update	Soll angezeigt werden, wann das letzte Mal ein Beitrag in der jeweiligen Kategorie veröffentlicht bzw. bearbeitet wurde?	0
style	Wie soll die Ausgabe formatiert werden? Wählen Sie list für eine klassische Bullet-Point-Liste und none für gar keine Formatierung.	list
show_count	Anzeige der Anzahl aller Beiträge der jeweiligen Kategorie	1
hide_empty	Sollen leere Kategorien versteckt werden, bis Sie den ersten Beitrag hinzufügen?	0
use_desc_for_title	Soll im title-Attribut des Link-Tags, das jede Kategorie umgibt, die benutzerdefinierte Beschreibung der Kategorie angezeigt werden, sofern vorhanden?	1
child_of	Hier können Sie die ID einer Kategorie einsetzen, wenn Sie nur die Kindelemente (Kindkategorien) einer Oberkategorie einblenden möchten, andernfalls 0.	0
feed	Soll ein Link zum RSS-Feed der Kategorie angezeigt werden?	' '

Tabelle 15.3 Funktion der einzelnen Einstellungsschlüssel

Schlüssel	Beschreibung	Wert
feed_type	Legen Sie fest, welchen Typs der verlinkte Feed sein soll.	' '
feed_image	Alternativ zu einem Text-Link können Sie hier für den RSS-Feed-Link einen URI angeben, der zu einem entsprechenden Icon führt.	' '
exclude	eine kommaseparierte Liste von IDs derjenigen Kategorien, die Sie von der Auflistung ausschließen möchten	' '
exclude_tree	Hier können Sie ganze Kategoriestämme von der Auflistung ausschließen.	' '
include	Wenn Sie nur einige ganz bestimmte Kategorien in die Auflistung aufnehmen möchten, tragen Sie deren IDs hier durch Kommata getrennt ein.	' '
hierarchical	Sollen Unterkategorien angezeigt werden?	true
title_li	Hier können Sie einen Titel für die Liste eingeben. Das machen wir lieber direkt in HTML.	' '
show_option_none	Was soll angezeigt werden, wenn noch keine Kategorien vorhanden sind?	__('Keine-Kategorien')
number	Soll die Ausgabe der Kategorien auf eine bestimmte Anzahl beschränkt werden? Wenn nicht, wählen Sie hier NULL.	NULL
echo	Soll die Anzeige direkt ausgegeben werden (1) oder nur in einer Variablen gespeichert werden (0)?	1
depth	Wie viele Ebenen der Kategorienhierarchie sollen eingeblendet werden? 0 = alle Kategorien und deren Kinder, –1 = alle Kategorien ohne Einrückung, 1 = nur die Kategorien der ersten Ebene, • = nur bis zur Ebene n	0

Tabelle 15.3 Funktion der einzelnen Einstellungsschlüssel (Forts.)

Schlüssel	Beschreibung	Wert
current_category	Wenn Sie möchten, können Sie der aktuell angezeigten Kategorie die Klasse current-cat zuweisen lassen, um diese entsprechend zu formatieren. Das geschieht allerdings bei der Anzeige eines Kategorie-Archivs ohnehin.	0
pad_counts	Sollen bei der Zählung der Beiträge einer jeweiligen Kategorie auch die Beiträge der Unterkategorien berücksichtigt werden?	0
taxonomy	Welche Taxonomie soll angesprochen werden? Wählen Sie category für die üblichen Blogkategorien oder eine benutzerdefinierte, die Sie zum Beispiel im Rahmen von Custom Post Types festgelegt haben.	category
walker	Wenn Sie keine eigene Walker-Klasse geschrieben haben, dann lassen Sie den Wert leer.	

Tabelle 15.3 Funktion der einzelnen Einstellungsschlüssel (Forts.)

In den Zeilen 44 und 45 bzw. 46 bis 48 befindet sich bereits das Skelett für das Menü und die Anzeige der populären Beiträge, welche an späterer Stelle eingebaut werden sollen.

Schließlich folgt die Erstellung der *footer.php* (Listing 15.20):

```
01   </div>
02   <?php wp_footer(); ?>
03   </body>
04   </html>
```

Listing 15.20 Die vollständige footer.php

Nun gut, ich gebe zu, dass es für die *footer.php* nicht unbedingt eines eigenen Listings bedurft hätte. Hier schließt sich der Kreis, also der page-Container aus der *header.php* sowie das body- und html-Tag. Der Aufruf wp_footer() sorgt dafür, dass sowohl WordPress als auch Plugins korrekt funktionieren. Damit haben Sie das Grundgerüst Ihrer Blog-Website vollständig abgebildet, und die Startseite ist nun bereits aufrufbar.

Aktivieren Sie das Theme im Backend unter DESIGN • THEMES (Abbildung 15.31).

Abbildung 15.31 Aktivieren Sie nun das Theme.

Das Frontend sollte derzeit in etwa so aussehen wie in Abbildung 15.32.

Abbildung 15.32 Noch nicht viel los auf dem Blog, aber wenigstens steht schon einmal das Grundgerüst.

15.2.3   Die restlichen Inhaltsdateien anlegen

Bislang funktioniert bei dem Praxisbeispiel nur die Startseite. Das ist schon gut, aber bei Weitem nicht gut genug. Sie möchten mehr. Sie möchten auch Unterseiten anzeigen können, genauso wie einzelne Blogartikel, das Archiv, Suchergebnisse, Kategorien oder auch Fehlerseiten. Kein Problem. In diesem Abschnitt erfahren Sie, wie Sie genau das bewerkstelligen.

Als Nächstes legen Sie die Datei *page.php* in Ihrem Theme-Ordner an (Listing 15.21). Diese steuert bekanntlich das Aussehen Ihrer Unterseiten.

```
01   <?php get_header(); ?>
02   <?php if ( have_posts() ) :
     while ( have_posts() ) : the_post(); ?>
03   <div id="content-single">
04       <h1 class="pagetitle"><?php the_title(); ?></h1>
05       <?php the_content(); ?>
06   </div>
07   <?php endwhile; endif; ?>
08   <?php get_sidebar(); ?>
09   <?php get_footer(); ?>
```

Listing 15.21 Die vollständige page.php

Der Aufbau der *page.php* ist gewohnt simpel, verglichen mit dem der *index.php*. Sie benötigen lediglich die Ausgabe des Titels (Zeile 04) und die Ausgabe des Inhalts (Zeile 05). Der Rest ist bekannt. So wie in Abbildung 15.33 könnte es aussehen.

Abbildung 15.33 Eine einfache Beispiel-Seite

Als Nächstes ist die *single.php* dran – denn schließlich sollen die Blogbeiträge ja auch in der Einzelansicht glänzen (Listing 15.22):

```
01   <?php get_header(); ?>
02   <?php if ( have_posts() ) :
     while ( have_posts() ) : the_post(); ?>
03   <div id="content-single">
04       <h1 class="pagetitle"><?php the_title(); ?></h1>
05       <p id="blogmeta"><?php the_author_posts_link(); ?>
         &bull; <span><?php the_time("l, d.m.Y"); ?></span>
```

```
           &bull; <?php the_category(', '); ?> &bull;
           <?php comments_popup_link('Keine Kommentare',
           '1 Kommentar','% Kommentare','','none'); ?></p>
06         <?php the_content(); ?>
07         <p id="blogmeta">
           <?php the_tags( '', '&bull;', '' ); ?></p>
08     </div>
09     <?php endwhile; endif; ?>
10     <div id="content-adsense">
11         <p>Adsense</p>
12     </div>
13     <div id="content-articles">
14         <h6>Weiterführende Artikel</h6>
15         <ul>
16             <li><a href="">Artikel</a></li>
17         </ul>
18     </div>
19     <?php comments_template(); ?>
20     <?php get_sidebar(); ?>
21     <?php get_footer(); ?>
```

Listing 15.22 Die vollständige single.php (wird später noch erweitert)

Die *single.php* ist häufig ein Mix aus *page.php* und *index.php*: Das grobe Layout orientiert sich eher an der Einzelansicht einer Unterseite, wohingegen meist ein paar Elemente mehr benötigt werden als in der *page.php*, zum Beispiel die Metadaten des Artikels, die bei der Unterseite häufig weggelassen werden. Hinzu kommen üblicherweise noch eine Anzeige der Tags sowie die Kommentarplattform. In diesem Beispiel sollen in der *single.php* zusätzlich noch Werbung eingeblendet und dem Besucher Vorschläge für weitere, interessante Artikel gemacht werden.

In den Zeilen 04, 05 und 06 werden der Titel des Beitrags, dessen Metadaten sowie der Inhalt ausgegeben – soweit nichts Unbekanntes. Danach, in Zeile 07, folgt die Ausgabe der Tags dieses Beitrags (hier in der gleichen Formatierung wie die der Blog-artikel-Metadaten). Von Zeile 10 bis 12 ist ein Platzhalter definiert für die Anzeige der Werbung; etwas Ähnliches finden Sie von Zeile 13 bis 18 für die weiterführenden Artikel. Diese beiden Bereiche werden Sie noch in einem späteren Abschnitt mit Leben füllen. Für den Moment soll eine grobe Definition der Bereiche genügen.

In Zeile 19 können Sie bereits das Kommentar-Template einfügen. Dieses sorgt später für die Ausgabe des Kommentarformulars sowie die Anzeige der einzelnen Kommentare. Die Formatierung dieses Templates folgt etwas später. Wundern Sie sich also nicht, dass das Ergebnis zunächst noch ein wenig, nun ja, sagen wir unstrukturiert aussieht (Abbildung 15.34). Den Unrat beseitigen wir noch.

Abbildung 15.34 Oben sieht die Einzelansicht der Artikel schon ganz gut aus. Um unten kümmern wir uns später. Betrachten Sie es bis dahin als Beitrag gegen den zunehmenden Perfektionismus.

Das Artikelarchiv bei diesem Praxisbeispiel wird aus zwei Dateien bestehen, denen jeweils unterschiedliche Funktionen zukommen. Die Datei *archives.php* zeigt dem Besucher eine Auflistung aller Monate, in denen ein Blogbeitrag veröffentlicht worden ist. Durch einen Klick auf den jeweiligen Monat gelangt der Nutzer zur Anzeige der *archive.php*, die ihm schließlich alle Beiträge des ausgewählten Monats anzeigt.

Wichtig ist, dass Sie diese beiden Dateien (eine mit »s« und eine ohne) streng auseinanderhalten.

Die *archives.php* sieht wie in Listing 15.23 aus:

```
01  <?php
02  /*
03  Template Name: Archiv
04  */
05  ?>
06  <?php get_header(); ?>
07  <?php if ( have_posts() ) :
    while ( have_posts() ) : the_post(); ?>
08  <div id="content-single">
09      <h1 class="pagetitle">Archiv</h1>
10      <ul class="archiv">
11          <?php wp_get_archives('type=monthly'); ?>
12      </ul>
13  </div>
14  <?php endwhile; endif; ?>
15  <?php get_sidebar(); ?>
16  <?php get_footer(); ?>
```

Listing 15.23 Die vollständige archives.php

Wichtig ist auch, dass Sie die *archives.php* mit einem PHP-Kommentar beginnen, wie er in Listing 15.23 in den Zeilen 01 bis 05 gezeigt ist. Hierdurch erkennt WordPress diese Datei als Template, so dass wir sie in einem weiteren Schritt einer Unterseite zuweisen können. Interessant wird es dann erst wieder in Zeile 11. Hier erfolgt nämlich die Ausgabe des Archivs mithilfe der Funktion `wp_get_archives()`, der der Parameter `type=monthly` übergeben wird, also der Wunsch nach einem monatlichen Archiv.

Nun legen Sie eine neue Seite mit dem Namen »Archiv« an und wählen dort als Template ARCHIV aus. Das hat den Zweck, dass beim Aufruf dieser Seite die soeben erstellte *archives.php* aufgerufen wird. Dies veranschaulicht Ihnen Abbildung 15.35 noch einmal genauer.

Übrigens: So können Sie auch in ganz vielen anderen Situationen verfahren. Immer wenn Sie eine Seite gänzlich von der Norm abweichend gestalten wollen, legen Sie eine Templatedatei in Ihrem Themeordner an (natürlich mit dem entsprechenden Kommentar am Anfang) und schon können Sie diese für jede beliebige Unterseite als Vorlage auswählen. Wir belassen es an dieser Stelle aber erst einmal bei der #.

Abbildung 15.35 Wählen Sie hier das Archiv-Template aus.

Sie können die gerade erstellte Seite nun einmal testweise aufrufen. Sie sollte ungefähr so aussehen wie in Abbildung 15.36.

MEDIENWATCHBLOG

ARCHIV

Juli 2011

Alle Artikel

Allgemein (1)

POPULÄRE BEITRÄGE

Abbildung 15.36 Noch ist nicht viel los auf der Archiv-Seite.

Erstellen Sie nun die Geschwisterdatei, namentlich *archive.php* (ohne »s«), wie Sie sie in Listing 15.24 sehen. Diese Datei ruft WordPress immer dann auf, wenn der Software per URL Parameter übergeben werden, die auf ein Archiv hindeuten. Das ist zum Beispiel der Fall, wenn Sie oder Ihre Besucher auf einen der oben erstellten monatlichen Archiv-Links klicken.

```
01    <?php get_header(); ?>
02    <h1 class="pagetitle">Archiv:
      <?php single_month_title( ' ', true ); ?></h1>
03    <?php if ( have_posts() ) :
```

```
        while ( have_posts() ) : the_post(); ?>
04    <div id="content-single">
05        <h2><a href="<?php the_permalink(); ?>"
          title="Lesen Sie &quot;<?php the_title(); ?>&quot;
          vollständig"><?php the_title(); ?></a></h2>
06        <p id="blogmeta"><?php the_author_posts_link(); ?>
          &bull; <span><?php the_time("l, d.m.Y"); ?></span>
          &bull; <?php the_category(', '); ?> &bull; <?php
          comments_popup_link('Keine Kommentare','1 Kommentar',
          '% Kommentare','','none'); ?></p>
07        <?php the_content('Weiterlesen...'); ?>
08    </div>
09    <?php endwhile; else: ?>
10    <p><?php _e('Es wurden leider keine Beiträge
      gefunden.'); ?></p>
11    <?php endif; ?>
12    <?php get_sidebar(); ?>
13    <?php get_footer(); ?>
```

Listing 15.24 Die vollständige archive.php

Wie Sie sicherlich gemerkt haben, sieht die *archive.php* der *index.php* sehr ähnlich. Im Prinzip soll die Datei ja auch nur dafür sorgen, dass die entsprechenden Artikel ausgegeben werden. Warum nicht in dem Format der Blogstartseite? Wie immer können Sie diese Ansicht natürlich Ihren Wünschen anpassen.

Der einzige Unterschied zur *index.php* liegt in Zeile 02. Dort werden mithilfe der Funktion single_month_title() zuvorderst der Name des Monats sowie das entsprechende Jahr ausgegeben, aus dem die folgenden Beiträge stammen. Der erste Parameter legt das Präfix fest, welches vor jede Ausgabe gesetzt wird. In diesem Fall ist es ein Leerzeichen. Würden Sie es weglassen, würde zwischen Monat und Jahr gar kein Leerzeichen stehen, im Sinne von »Juni2011«. Bedenken Sie (falls Sie ein anderes Zeichen wünschen), dass das Präfix auch vor dem Monatsnamen steht. Ein Bulletpoint (•) würde also eine Anzeige wie »·Juni·2011« hervorrufen. Achten Sie also darauf, bei dieser Funktion als ersten Parameter unbedingt ein Leerzeichen innerhalb der Anführungszeichen zu übergeben. Der zweite Parameter legt im Prinzip nur fest, dass der Name auch ausgegeben (true) und nicht nur in einer Variablen gespeichert werden soll.

In Abbildung 15.37 sehen Sie, wie das Archiv in Aktion aussieht.

Abbildung 15.37 Bereits zwei Beiträge wurden im Juli veröffentlicht. Wow!

Zudem benötigen wir noch eine Abwandlung des Archivs: ein Autorenarchiv. Die Besucher Ihres Blogs haben so die Möglichkeit, auf den Autor des Beitrags zu klicken, und gelangen so zu einem Archiv, das ausschließlich dessen Beiträge enthält. Der Code hierfür gehört in die Datei *author.php* (Sie können die *archive.php* auch einfach kopieren). Der Vollständigkeit halber in Listing 15.25 aber der gesamte Code:

```
01    <?php get_header(); ?>
02    <?php $curauth = (isset($_GET['author_name'])) ?
      get_user_by('slug', $author_name) :
      get_userdata(intval($author)); ?>
03    <h1>Beiträge von <?php echo $curauth->display_name;
      ?></h1>
04    <?php if ( have_posts() ) :
      while ( have_posts() ) : the_post(); ?>
05    <div id="content-single">
06        <h2><a href="<?php the_permalink(); ?>" title="Lesen Sie
          &quot;<?php the_title(); ?>&quot; vollständig">
          <?php the_title(); ?></a></h2>
07        <p id="blogmeta"><?php the_author_posts_link(); ?>
          &bull; <span><?php the_time("l, d.m.Y"); ?></span>
          &bull; <?php the_category(', '); ?> &bull; <?php
          comments_popup_link('Keine Kommentare','1 Kommentar',
          '% Kommentare','','none'); ?></p>
```

```
08        <?php the_content('Weiterlesen...'); ?>
09    </div>
10    <?php endwhile; else: ?>
11    <p><?php _e('Es wurden leider keine Beiträge
      gefunden.'); ?></p>
12    <?php endif; ?>
13    <?php get_sidebar(); ?>
14    <?php get_footer(); ?>
```

Listing 15.25 Die vollständige author.php

Im Gegensatz zur *archive.php* soll oben auf der Seite nicht das Datum ausgegeben werden, sondern der Name des Autors. Das ist außerhalb der Loop leider etwas komplizierter. In Zeile 02 wird hierzu eine Abfrage nach den Autorendaten initiiert; diese Daten werden in der Variablen $curauth gespeichert. Da dies ein Objekt ist, müssen Sie auch entsprechend darauf zugreifen. Für diese Datei wird ausschließlich der Anzeigename benötigt, den WordPress hinter $curauth->display_name; versteckt (siehe Zeile 03).

Sie können über diese Variable auf alle Daten bezüglich des Autors zugreifen. So besteht auch die Möglichkeit, einen kleinen Steckbrief vor die Beiträge zu setzen, so Sie dies denn möchten. Unser Beispiel kommt noch ohne aus (Abbildung 15.38).

Abbildung 15.38 Auf dieser Seite werden nun ausschließlich die Beiträge eines bestimmten Autors ausgegeben.

Nun möchten Sie Ihre Artikel womöglich nicht nur nach Datum bzw. Autor sortiert ausgeben, sondern vielleicht auch nach Kategorien oder Tags. Hierfür sind die beiden Dateien *category.php* und *tag.php* verantwortlich, die Sie nun erstellen.

Die Kategorien werden – genau wie die Tags – automatisch verlinkt (Listing 15.26). Bei den Kategorien führt ein Klick auf diesen Link dazu, dass WordPress die Seite *category.php* aufruft.

```
01   <?php get_header(); ?>
02   <div id="content-single">
03   <h1 class="pagetitle"><?php single_cat_title(); ?></h1>
04   <?php echo category_description(); ?>
05   </div>
06   <?php if ( have_posts() ) :
     while ( have_posts() ) : the_post(); ?>
07   <div id="content-single">
08       <h2><a href="<?php the_permalink(); ?>" title="Lesen Sie
         &quot;<?php the_title(); ?>&quot;
         vollständig"><?php 10   the_title(); ?></a></h2>
09       <p id="blogmeta"><?php the_author_posts_link(); ?>
         &bull; <span><?php the_time("l, d.m.Y"); ?></span>
         &bull; <?php the_category(', '); ?> &bull; <?php
         comments_popup_link('Keine Kommentare','1 Kommentar',
         '% Kommentare','','none'); ?></p>
10       <?php the_content('Weiterlesen...'); ?>
11   </div>
12   <?php endwhile; else: ?>
13   <p><?php _e('Es wurden leider keine Beiträge
     gefunden.'); ?></p>

14   <?php endif; ?>
15   <?php get_sidebar(); ?>
16   <?php get_footer(); ?>
```

Listing 15.26 Die vollständige category.php

Schon wieder Parallelen? Genau. Sie können sich hier – wie ich auch – nah an der bereits erstellten Datei *archive.php* anlehnen. Denn auch hier sollen schließlich nur die passenden Blogartikel ausgegeben werden. Dieses Mal habe ich die Zeilen 02 bis 05 ein wenig erweitert. Nun finden Sie dort zunächst die Ausgabe der Kategorie mittels der Funktion `single_cat_title()`, und danach folgt dann unmittelbar die Ausgabe der Kategoriebeschreibung, wie sie durch die Funktion `category_description()` bereitgestellt wird. Voraussetzung ist natürlich, dass Sie im Backend auch eine Beschreibung hierfür angegeben haben. So können Sie aber eine schöne Unterscheidung vom tristen Archiv erreichen und Ihren Lesern schon einmal ungefähr mitteilen, welche Artikel hier einsortiert werden (Abbildung 15.39).

Abbildung 15.39 So übersichtlich können Kategorien sein.

Jetzt wird es noch einfacher. Die *tag.php* ist nichts anderes als die *category.php* – außer Sie wünschen sich ein ganz spezielles Layout (Listing 15.27). Die Theme-Erstellung in WordPress ist insofern gar nicht so aufwendig, wie man oft denken mag. Denn viel kann übernommen und kopiert werden. Allein die Anzahl der Dateien mag einen anfangs abschrecken.

```
01   <?php get_header(); ?>
02   <div id="content-single">
03   <h1 class="pagetitle"><?php single_tag_title(); ?></h1>
04   <?php echo tag_description(); ?>
05   </div>
06   <?php if ( have_posts() ) :
     while ( have_posts() ) : the_post(); ?>
07   <div id="content-single">
08       <h2><a href="<?php the_permalink(); ?>" title="Lesen Sie
         &quot;<?php the_title(); ?>&quot;
         vollständig"><?php the_title(); ?></a></h2>
09       <p id="blogmeta"><?php the_author_posts_link(); ?>
```

```
        &bull; <span><?php the_time("l, d.m.Y"); ?></span>
        &bull; <?php the_category(', '); ?> &bull; <?php
        comments_popup_link('Keine Kommentare','1 Kommentar',
        '% Kommentare','','none'); ?></p>
10      <?php the_content('Weiterlesen...'); ?>
11  </div>
12  <?php endwhile; else: ?>
13  <p><?php _e('Es wurden leider keine Beiträge
    gefunden.'); ?></p>
14  <?php endif; ?>
15  <?php get_sidebar(); ?>
16  <?php get_footer(); ?>
```

Listing 15.27 Die vollständige tag.php

Das grenzt schon ans Plagiieren (oder ist es schon?). Im Gegensatz zur *category.php* haben sich nur zwei kleine Funktionsnamen geändert: aus single_cat_title() wurde single_tag_title() und aus category_description() wurde tag_description() – das war es auch schon. Entsprechend ähnlich ist das Ergebnis (Abbildung 15.40).

Abbildung 15.40 Das ist übrigens eine Tag-Seite.

Wenn Sie möchten, können Sie die Kategorien-Seite und die Tag-Seite optisch noch ein wenig voneinander abgrenzen. Prinzipiell ist es für den Nutzer egal, wo er die Artikel findet. Sie könnten aber unter der Tag-Seite beispielsweise noch eine soge-nannte *Tagcloud* ausgeben, wie sie viele Plugins bereits fertig anbieten.

Wo werden denn nun eigentlich die Suchergebnisse angezeigt? Das regelt die *search. php* (Listing 15.28). Auch hierbei können wir uns wieder an eine bereits erstellte Datei anlehnen. Vom Layout her eignet sich, finde ich, die *archive.php* ganz gut. Sie könn-ten auch die *category.php* oder *tag.php* wählen, das Layout ist aber hier darauf aus-gerichtet, dass eine Beschreibung vorliegt.

```
01   <?php get_header(); ?>
02   <h1>Suchergebnisse:
     &quot;<?php echo get_search_query(); ?>&quot;</h1>
03   <?php if ( have_posts() ) :
     while ( have_posts() ) : the_post(); ?>
04   <div id="content-single">
05       <h2><a href="<?php the_permalink(); ?>"
         title="Lesen Sie &quot;<?php the_title(); ?>&quot;
         vollständig"><?php the_title(); ?></a></h2>
06       <p id="blogmeta"><?php the_author_posts_link(); ?>
         &bull; <span><?php the_time("l, d.m.Y"); ?></span>
         &bull; <?php the_category(', '); ?> &bull; <?php
         comments_popup_link('Keine Kommentare','1 Kommentar',
         '% Kommentare','','none'); ?></p>
07       <?php the_content('Weiterlesen...'); ?>
08   </div>
09   <?php endwhile; else: ?>
10   <p><?php _e('Es wurden leider keine Beiträge
     gefunden.'); ?></p>
11   <?php endif; ?>
12   <?php get_sidebar(); ?>
13   <?php get_footer(); ?>
```

Listing 15.28 Die vollständige search.php

Auch hier werden wieder lediglich einzelne Blogartikel ausgegeben – aber eben nur die, die laut dem Algorithmus von WordPress der Suchphrase entsprechen. In Zeile 02 wird mittels der Funktion get_search_query() genau diese Suchphrase angezeigt. So sieht der Besucher gleich, dass die neue Seite geladen wurde und auch seine gewünschten Suchergebnisse darstellt (Abbildung 15.41).

Abbildung 15.41 So sehen die Suchergebnisse für »Hallo« aus.

Zu guter Letzt benötigen Sie nur noch eine weitere Inhaltsseite: die *404.php* (Listing 15.29). Denn irgendetwas Sinnvolles sollte Ihren Besuchern schließlich angezeigt werden, wenn die Seite schon nicht gefunden werden konnte.

```
01   <?php get_header(); ?>
02   <div id="content-single">
03       <h1 class="pagetitle">Seite nicht gefunden</h1>
04       <p>Es tut uns leid, wir konnten die von Ihnen
         angeforderte Seite nicht finden. Es kann schon einmal
         vorkommen, dass eine Unterseite wieder von der Website
         entfernt wird; beispielsweise weil sie veraltet ist oder
         nicht in unser Konzept passt.</p>
05       <p>Als Wiedergutmachung erhalten Sie hier einige
         <strong>Links, mit denen Sie fortfahren
         können:</strong></p>
06       <ul>
07           <li>Vorschlag 1</li>
08           <li>Vorschlag 2</li>
09           <li>Vorschlag 3</li>
10       </ul>
11   </div>
12   <?php get_sidebar(); ?>
13   <?php get_footer(); ?>
```

Listing 15.29 Die vollständige 404.php

Die *404.php* ist rein statisch. Hier besteht auch keine Notwendigkeit, automatischen Content anzuzeigen. Geben Sie Ihrem Besucher einen freundlichen Hinweis (vielleicht sogar mit einer kleinen Erklärung), dass die von ihm angeforderte Seite nicht gefunden werden konnte. Idealerweise bieten Sie ihm auch noch einige Links an, über die er zu den wichtigsten Bereichen Ihres Blogs gelangt. Das hält fehlgeleitete Nutzer auf Ihrer Website.

15.2.4   Die Kommentarfunktion einbauen

Ihre Besucher sollen Ihre Beiträge natürlich auch kommentieren können. Diese Funktion steuern Sie über zwei Dateien: die *comments.php* und die *functions.php*. Die *comments.php* ist die Datei, die Sie bereits in Ihre *single.php* über die Funktion `comments_template()` eingebunden haben. Die *comments.php* bindet wiederum eine sogenannte Callback-Funktion ein, die sich in der *functions.php* befindet. Diese Funktion steuert die Ausgabe der einzelnen Blogbeiträge. Wohingegen die Ausgabe des Formulars direkt in der *comments.php* festgelegt wird.

Zunächst sollten Sie die *comments.php* in Angriff nehmen (Listing 15.30):

```
01   <div id="comments">
02   <?php if ( post_password_required() ) : ?>
03   <p class="nopassword">Bitte geben Sie das Passwort ein, um
     Kommentare zu lesen.</p>
04   </div>
05   <?php return; endif; ?>

06   <div id="content-form">
07   <?php
08   $fields =  array(
09       'author' => '<p class="comment-form-author">' .
         '<label for="author">' .
         __( 'Ihr Name <em>(erforderlich)</em>' ) .
         '</label>
         <input id="author" name="author" type="text" value="' .
         esc_attr( $commenter['comment_author'] ) . '" size="30"'
         . $aria_req . ' /></p>',
10       'email'  => '<p class="comment-form-email">
         <label for="email">' . __( 'Ihre E-Mail-Adresse
         <em>(erforderlich, wird aber nicht
         veröffentlicht)</em>' ) . '</label>
         <input id="email" name="email" type="text" value="' .
         esc_attr( $commenter['comment_author_email'] ) . '"
         size="30"' . $aria_req . ' /></p>',
11       'url'    => '<p class="comment-form-url">
         <label for="url">' . __( 'Ihre Website' ) . '</label>' .
```

```
          '<input id="url" name="url" type="text" value="' .
          esc_attr( $commenter['comment_author_url'] ) . '"
          size="30" /></p>',
12    );
13    comment_form(array('fields' => apply_filters(
      'comment_form_default_fields', $fields ),
      'comment_notes_before' => '', 'comment_notes_after' => '',
      'title_reply' => __( '<h6>Beitrag kommentieren</h6>' )));
14    ?>
15    </div>

16    <?php if ( have_comments() ) : ?>
17    <?php if ( get_comment_pages_count() > 1 &&
      get_option( 'page_comments' ) ) : ?>
18    <div class="navigation">
19    <div class="nav-previous"><?php previous_comments_link(
      '&laquo; ältere Kommentare' ); ?></div>
20    <div class="nav-next"><?php next_comments_link( 'Neuere
      Kommentare &raquo;' ); ?></div>
21    </div>
22    <?php endif; ?>

23    <div id="content-comments">
24       <ul>
25    <?php
26    wp_list_comments('type=all&callback=callback_comment');
27    ?>
28       </ul>
29    </div>

30    <?php if ( ! comments_open() ) : ?>
31    <p class="nocomments">Die Kommentarfunktion ist leider
      deaktiviert.</p>
32    <?php endif; ?>
33    <?php endif; ?>
34    </div>
```

Listing 15.30 Die vollständige comments.php

Der Code der *comments.php* wirkt auf den ersten Blick ziemlich überwältigend, vor allem im Gegensatz zu Dateien wie der *page.php*. Er kann aber leicht in fünf mehr oder weniger kleine Teile aufgeteilt werden. In den Zeilen 01 bis 05 findet sich zunächst eine obligatorische Abfrage, ob der Beitrag möglicherweise passwortge-

15

schützt ist. In diesem Fall wird die Eingabe des Passwortes vom Nutzer erbeten. In den Zeilen 06 bis 15 folgt die Ausgabe des Formulars, was wohl am komplexesten ist. Dahingegen wird in den Zeilen 16 bis 22 lediglich eine Vorbereitung getroffen, falls die Kommentare einmal auf mehrere Seiten verteilt werden sollen. Die Zeilen 23 bis 29 rufen die oben schon kurz angesprochene Callback-Funktion auf, die sich schon bald in der *functions.php* finden lässt und die Ausgabe der einzelnen Kommentare steuert. Schlussendlich wird in den Zeilen 30 bis 34 abgefragt, ob die Kommentar-funktion möglicherweise deaktiviert worden ist; in dem Fall wird folglich eine ent-sprechende Nachricht ausgegeben.

Die meisten Bereiche sind selbsterklärend, darum möchte ich hierbei Ihre Zeit nicht verschwenden. Wenden Sie sich gleich den beiden wichtigen Komplexen zu: der Aus-gabe des Formulars und der Anzeige der Kommentare.

In den Zeilen 08 bis 12 wird zunächst ein Array namens $fields definiert. Das ist für die Ausgabe der einzelnen Formularfelder zuständig. Er besteht nur aus drei Schlüs-seln, auch wenn das hinsichtlich der Menge an Code kaum zu glauben ist. Jeder befin-det sich in jeweils einer eigenen Zeile: Autor, E-Mail und URL. Im Wert versteckt sich fast nur HTML-Code. Pro Feld werden hier, wie üblich, ein label- und ein input-Tag definiert. Lassen Sie sich von der Funktion esc_attr() nicht verunsichern. Diese gibt lediglich den ihr übergebenen Text aus, nachdem sie ihn HTML-konform codiert hat. Dies sollte bei Nutzereingaben (wie sie eben auch bei Formularfeldern vorkommen können) immer über diese Funktion geschehen, da Sie so vermeiden können, dass jemand Schadcode ausführt.

In Zeile 13 wird schließlich das Kommentarformular mittels der Funktion comment_form() aufgerufen. Über die darin aufgerufene Funktion apply_filters() werden die standardmäßigen Formularfelder einfach mit dem oben angelegten Array $fields überschrieben. Außerdem werden noch drei Parameter übergeben: comment_notes_before, comment_notes_after und title_reply. Hierüber können Sie sowohl vor als auch nach dem Formular noch eigenen HTML-Code ausführen lassen. Über title_reply können Sie zudem eine Überschrift für das Kommentarformular festlegen.

In Zeile 26 geschieht dann endlich die Ausgabe der Kommentare über die Funktion wp_list_comments(), der allerdings noch ein paar Parameter übergeben werden. Über type legen Sie fest, welche Art von »Kommentaren« angezeigt werden sollen. Der Wert kann all, comment, trackback, pingback oder pings sein, wobei pings für Track-backs *und* Pingbacks steht. Über callback wird der Name der Callback-Funktion ange-geben, wie sie in der *functions.php* definiert wird, hier callback_comment().

In der *functions.php* (die Sie auch im Theme-Verzeichnis anlegen), definieren Sie nun die oben angesprochene Funktion namens callback_comment() – der Sie übrigens auch jeden beliebigen anderen Namen geben können, solange Sie diesen in der *com-ments.php* berücksichtigen (Listing 15.31):

```
01   <?php
02   function callback_comment( $comment, $args, $depth ) {
03       $GLOBALS['comment'] = $comment; ?>
04       <li <?php comment_class(); ?>
         id="li-comment-<?php comment_ID() ?>">
05       <?php echo get_avatar( $comment, $size='90' ); ?>
06       <p class="comment-author">
07       <?php echo get_comment_author_link(); ?></p>
08       <p class="comment-meta">
09       <?php echo get_comment_date("d.m.Y"); ?>,
10       <?php echo get_comment_time(); ?> Uhr</p>
11       <?php comment_text(); ?>
12       <div class="clear"></div>
13   <?php
14   }
15   ?>
```

Listing 15.31 Die Kommentarfunktion in der functions.php

In Zeile 04 wird ein Listeneintrag definiert, der nicht geschlossen wird. Wundern Sie sich daher nicht, dass Sie kein schließendes `</li>`-Tag finden, das macht WordPress automatisch. In Zeile 05 wird zunächst der Gravatar des Autors über die Funktion `get_avatar()` eingebunden. Dieser Funktion übergeben Sie zum einen die Variable `$comment`, zum anderen die gewünschte Größe in Pixeln. WordPress erzeugt hierdurch ganz von selbst einen Gravatar, welcher anhand der E-Mail-Adresse des Autors ermittelt wird. Weitere Informationen, unter anderem wie Sie auch einen solchen Gravatar bekommen können, erhalten Sie unter *http://de.gravatar.com*. Danach folgen dann nur noch die Aufrufe der einzelnen Daten des Kommentars, also:

- ▶ `get_comment_author_link()` (Name des Autors verlinkt mit der angegebenen URL)
- ▶ `get_comment_date("d.m.Y")` (Datum des Kommentars)
- ▶ `get_comment_time()` (Uhrzeit des Kommentars)
- ▶ `comment_text()` (Inhalt des Kommentars)

Wenn Sie alles richtig gemacht haben, dürfte die Einzelansicht Ihrer Blogbeiträge nun etwas aufgeräumter aussehen als noch einige Abschnitte zuvor (Abbildung 15.42).

15

MEDIENWATCHBLOG

HALLO WELT!

ALEXANDER HETZEL • MITTWOCH, 27.07.2011 • ALLGEMEIN • 1 KOMMENTAR

Willkommen zur deutschen Version von WordPress. Dies ist der erste Artikel. Du kannst ihn bearbeiten oder löschen. Um Spam zu vermeiden, geh doch gleich mal in den Pluginbereich und aktivier die entsprechenden Plugins. So, und nun genug geschwafelt – jetzt nichts wie ran ans Bloggen!

ALS • BEISPIEL • EIN • PAAR • STICHWORTE

Adsense

WEITERFÜHRENDE ARTIKEL

Artikel

BEITRAG KOMMENTIEREN

IHR NAME (ERFORDERLICH)

IHRE E-MAIL-ADRESSE (ERFORDERLICH, WIRD ABER NICHT VERÖFFENTLICHT)

IHRE WEBSITE

KOMMENTAR

ABSENDEN

MR WORDPRESS

27.07.2011, 14:31 Uhr

Hallo, das hier ist ein Kommentar.
Um Kommentare zu bearbeiten, musst du dich anmelden und zur Übersicht der Artikel gehen. Dort bekommst du dann die Gelegenheit sie zu verändern oder zu löschen.

Alle Artikel

Allgemein (2)

POPULÄRE BEITRÄGE

Abbildung 15.42 Die Einzelansicht Ihres Blogs erstrahlt in neuem Glanz, ist aber noch nicht komplett.

Der Einzelansicht Ihrer Blogartikel fehlen damit nur noch Werbeeinblendungen und weiterführende Artikel. Wie Sie das einbauen, zeige ich Ihnen nun.

15.2.5   Google AdSense implementieren

Zunächst einmal benötigen Sie ein Google-AdSense-Konto. Dieses haben Sie nicht bereits automatisch dadurch, dass Sie ein Google-Konto besitzen. Dieses müssen Sie vielmehr erst erstellen. Innerhalb etwa einer Woche (!) wird es geprüft und freigegeben. Vorher können Sie es nicht nutzen. Melden Sie sich daher rechtzeitig an. Begeben Sie sich hierzu auf die Website *http://www.google. com/adsense/?hl=de*.

Falls Sie bereits ein geprüftes AdSense-Konto haben, loggen Sie sich damit ein. Andernfalls erstellen Sie ein Konto über den Button Jetzt Anmelden (Abbildung 15.43). Diese Anmeldung möchte ich Ihnen im Folgenden kurz beschreiben.

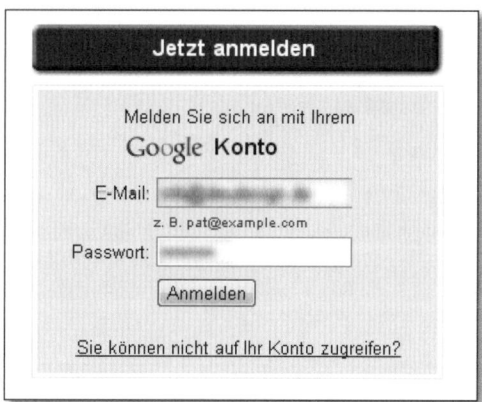

Abbildung 15.43 Die Anmeldung zu Google AdSense

Das Formular nervt den Nutzer ein wenig mit vielen Checkboxen, durch die Google mögliche Missbrauch ausschließen möchte (Abbildung 15.44). Sie werden nicht darum herumkommen, diese Boxen anzukreuzen, wenn Sie den Dienst nutzen möchten. Insbesondere sollten Sie auf der Website, auf der Sie die Anzeigen schalten, die Besucher nicht anweisen, auf die Anzeigen zu klicken. Genauso wenig wie Sie die Anzeigen auf Websites einbinden dürfen, die pornografische Inhalte aufweisen. Auch möchte Google nicht, dass Sie selbst auf die Anzeigen klicken, um mehr Geld zu verdienen. Google ist mittlerweile recht gut im Erkennen solcher falschen Klicks, weshalb eine solche Vorgehensweise nicht unbedingt ratsam ist. Den Rest füllen Sie bitte ebenfalls ordnungsgemäß aus, da Google sämtliche Angaben nach Möglichkeit überprüft.

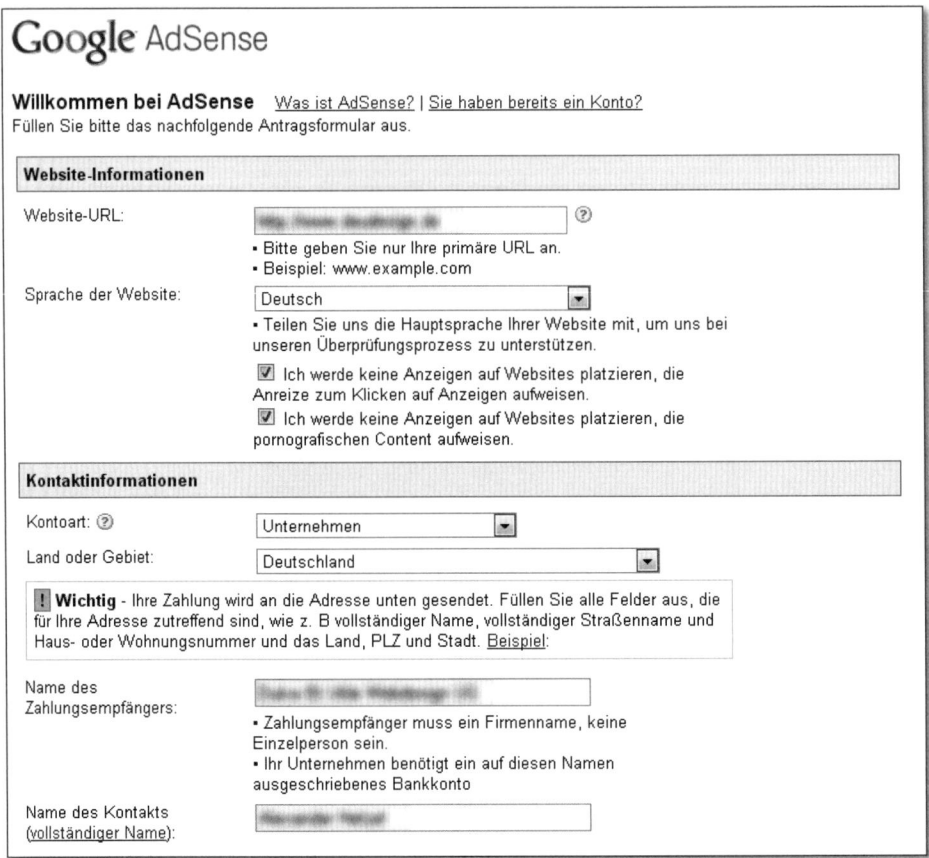

Abbildung 15.44 Füllen Sie zur Anmeldung dieses ellenlange Formular aus.

Schließlich werden Sie auf eine Seite weitergeleitet, die Ihnen noch einmal all die von Ihnen eingegebenen Daten anzeigt (Abbildung 15.45). Hier ist es nun noch nötig, diese Angaben mit einem Google-Account zu verknüpfen. Diese können Sie entweder gesondert für das AdSense-Konto erstellen, oder Sie verwenden Ihren bisherigen Account dafür.

Sobald Ihr Konto freigeschaltet wurde, loggen Sie sich ein und bestätigen die Nutzungsbedingungen, die Ihnen gleich zu Anfang präsentiert werden. Daraufhin gelangen Sie zum Dashboard (Abbildung 15.46).

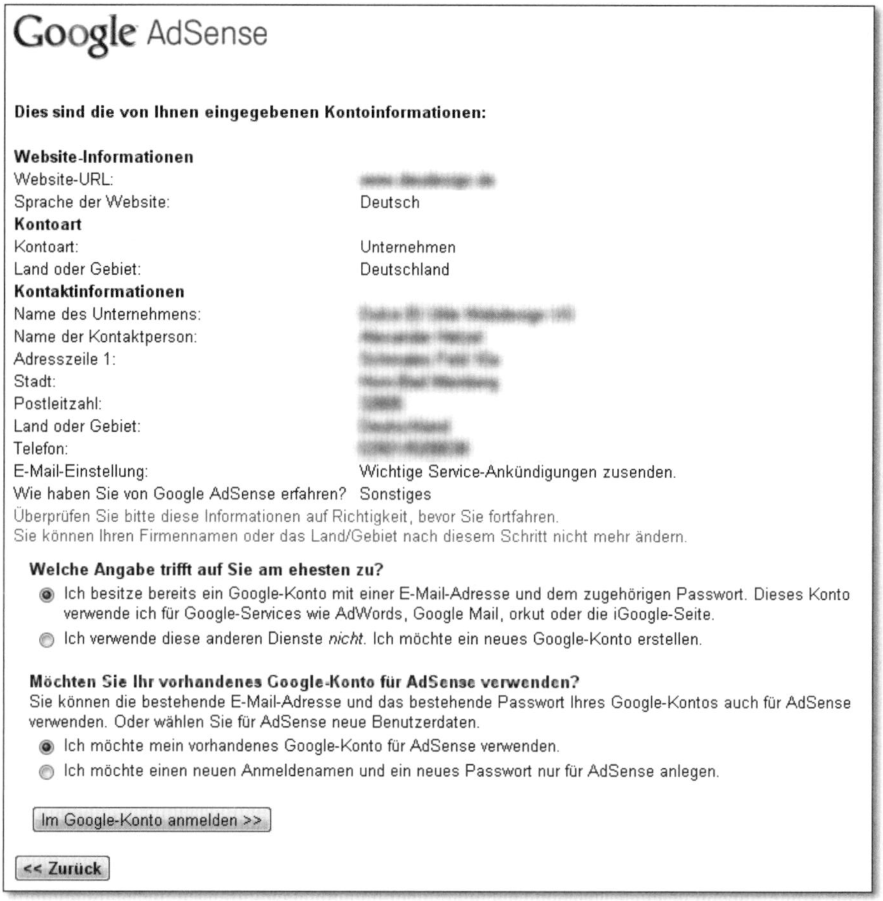

Google AdSense
Dies sind die von Ihnen eingegebenen Kontoinformationen:
Website-Informationen
Website-URL:
Sprache der Website: Deutsch
Kontoart
Kontoart: Unternehmen
Land oder Gebiet: Deutschland
Kontaktinformationen
Name des Unternehmens:
Name der Kontaktperson:
Adresszeile 1:
Stadt:
Postleitzahl:
Land oder Gebiet:
Telefon:
E-Mail-Einstellung: Wichtige Service-Ankündigungen zusenden.
Wie haben Sie von Google AdSense erfahren? Sonstiges
Überprüfen Sie bitte diese Informationen auf Richtigkeit, bevor Sie fortfahren.
Sie können Ihren Firmennamen oder das Land/Gebiet nach diesem Schritt nicht mehr ändern.
Welche Angabe trifft auf Sie am ehesten zu?
Ich besitze bereits ein Google-Konto mit einer E-Mail-Adresse und dem zugehörigen Passwort. Dieses Konto verwende ich für Google-Services wie AdWords, Google Mail, orkut oder die iGoogle-Seite.
Ich verwende diese anderen Dienste nicht. Ich möchte ein neues Google-Konto erstellen.
Möchten Sie Ihr vorhandenes Google-Konto für AdSense verwenden?
Sie können die bestehende E-Mail-Adresse und das bestehende Passwort Ihres Google-Kontos auch für AdSense verwenden. Oder wählen Sie für AdSense neue Benutzerdaten.
Ich möchte mein vorhandenes Google-Konto für AdSense verwenden.
Ich möchte einen neuen Anmeldenamen und ein neues Passwort nur für AdSense anlegen.
Im Google-Konto anmelden >>
<< Zurück

Abbildung 15.45 Bestätigung Ihrer Eingaben

Google AdSense
Startseite
Meine Anzeigen
Anzeigen zulassen und blockieren
Leistungsberichte
Übersicht
Zahlungen
Nachrichten
Kontoeinstellungen
Ressourcen
Hilfe
Ich benötige Hilfe beim Auffinden einer Funktion auf der neuen Benutzeroberfläche.
Über die neue Benutzeroberfläche
Wie kann ich meinem Konto weitere Websites hinzufügen?
Wann erhalte ich eine Zahlung?
Glossar der in Berichten verwendeten Terminologie
AdSense-Hilfe
Hilfe durchsuchen
Los
Geschätzte Einnahmen
0,00 € Heute bis jetzt
0,00 € Gestern
0,00 € Laufender Monat
0,00 € Letzter Monat
Die endgültigen Einnahmen können geringfügig unter den geschätzten Einnahmen liegen. Erfahren Sie die Gründe
Endgültige Einnahmen
Detaillierte Informationen »
0,00 € Guthaben
Vor dem 01.07.2011
Letzte 7 Tage
Bearbeiten
Vollständige Berichte anzeigen | Integration mit Google Analytics
Produkt
Seitenaufrufe
Klicks
Seiten-CTR
CPC
Seiten-RPM
Geschätzte Einnahmen
Keine Daten verfügbar
Kurzberichte
Übersicht, laufender Monat
Übersicht, letzter Monat
Benutzerdefinierte Channels, heute
Benutzerdefinierte Channels, gestern
Benutzerdefinierte Channels, laufender Monat
Benutzerdefinierte Channels, letzter Monat
Gespeicherte Berichte
Keine gespeicherten Berichte verfügbar
© 2011 Google - Nutzungsbedingungen

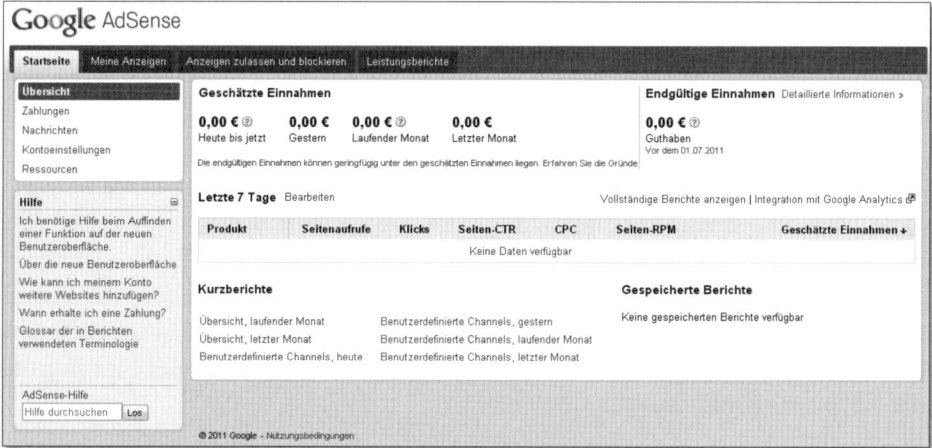

Abbildung 15.46 Das Dashboard von Google AdSense

Legen Sie nun einen neuen Anzeigenblock an. Hierzu klicken Sie im obigen Menü zunächst auf MEINE ANZEIGEN. Dort gelangen Sie dann in die Verwaltung Ihrer Anzeigen, wo Sie auch bequem eine neue erstellen können.

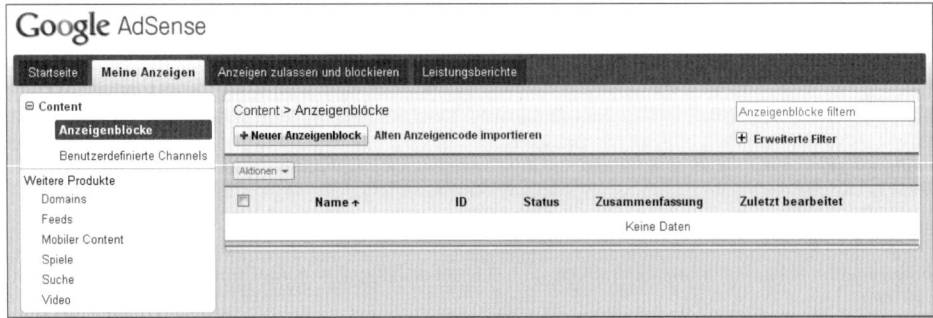

Abbildung 15.47 Hier können Sie eine neue Anzeige erstellen.

Klicken Sie auf den Button NEUER ANZEIGENBLOCK (Abbildung 15.47), um zum Erstellungsformular zu gelangen (Abbildung 15.48).

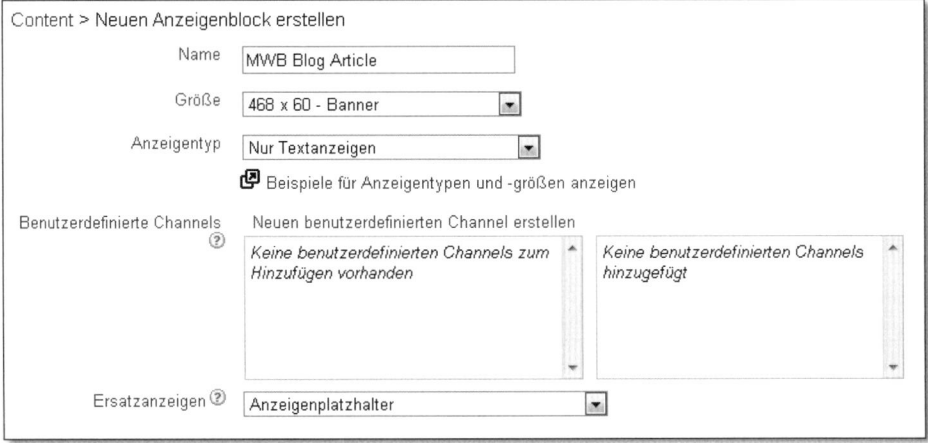

Abbildung 15.48 Der erste Teil des Erstellungsformulars

Geben Sie Ihrem Anzeigenblock einen aussagekräftigen NAMEN, und legen Sie die GRÖSSE fest. In diesem Praxisbeispiel hat der vorgesehene Bereich eine Breite von 620 Pixeln – das ist ein wenig zu klein für das »Leaderboard« (728 Pixel). Darum wähle ich hier die nächstkleinere Variante, das klassische Banner mit 468 Pixeln Breite. Lassen Sie sich von dem Namen nicht irreführen; auch in dieser Größe lassen sich später ausschließlich Textanzeigen darstellen. Banner bezeichnet hier nur die bannertypische Größe von 468 × 60 Pixeln.

Direkt darunter können Sie den ANZEIGENTYP bestimmen. Da ich kein Fan blinkender Banner bin, habe ich hier NUR TEXTANZEIGEN ausgewählt. Das ist ein wenig dezenter und lässt sich besser ins Design einpassen. Bei Bannern wissen Sie nie, was Sie erwartet.

Die benutzerdefinierten Channels benötigen Sie an dieser Stelle noch nicht. Diese können Sie einmal nutzen, wenn Sie verschiedene Anzeigenplätze auf Ihrer Website haben und hierzu wiederum verschiedene Anzeigen generieren möchten. Dann können Sie sie über diese Funktion gruppieren. Als Ersatzanzeige können Sie ruhig bei der Standardeinstellung ANZEIGENPLATZHALTER bleiben. Dieser kommt immer dann zum Einsatz, wenn keine passende Anzeige generiert werden konnte.

Im zweiten Teil des Formulars können Sie das Aussehen der Anzeige detaillierter beeinflussen (Abbildung 15.49). Insbesondere den Anzeigentitel sollten Sie in Ihr Design eingliedern, da das Google-typische Blau vielleicht nicht überall perfekt hineinpasst. Sogar SCHRIFTART, SCHRIFTGRÖSSE und STIL DER ECKEN lassen sich Ihren Wünschen anpassen.

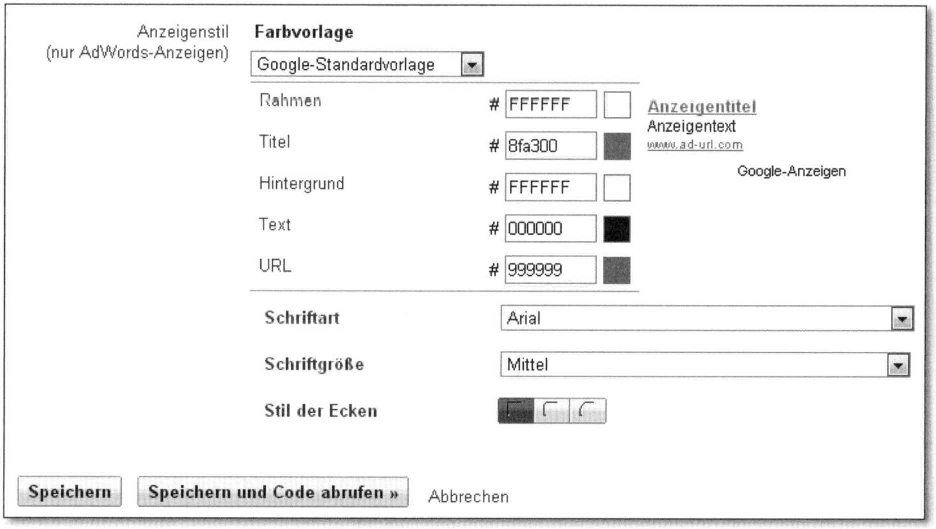

Abbildung 15.49 Teil 2 des Formulars zur Anzeigenblockerstellung

Nach oder sogar gleichzeitig mit dem Speichern können Sie den Anzeigencode abrufen (Abbildung 15.50). Diesen dürfen Sie nun in Ihre Website integrieren. Im Falle dieses Praxisbeispiels in die *single.php* (Listing 15.32).

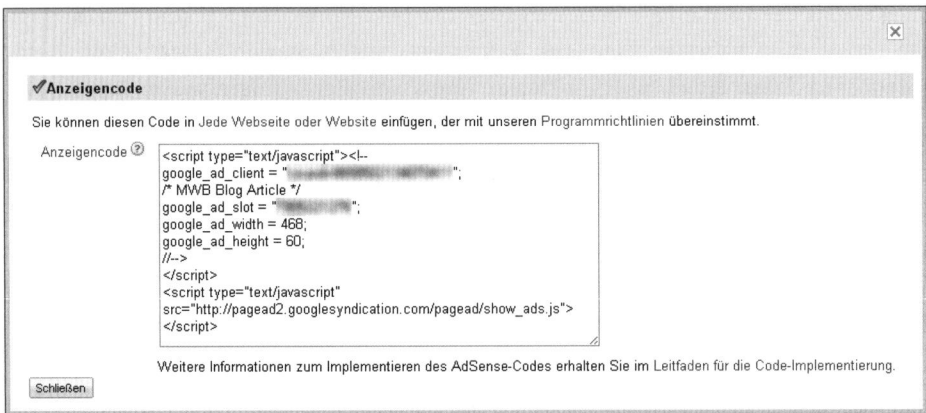

Abbildung 15.50 Abrufen des Anzeigencodes

```
01    <div id="content-adsense">
02        <script type="text/javascript"><!--
03        google_ad_client = "********************";
04        /* MWB Blog Article */
05        google_ad_slot = "*************";
06        google_ad_width = 468;
07        google_ad_height = 60;
08        //-->
09        </script>
10        <script type="text/javascript"
          src="http://pagead2.googlesyndication.com/
          pagead/show_ads.js">
11        </script>
12    </div>
```

Listing 15.32 Der vollständige AdSense-Code für die single.php

Bauen Sie diesen Code nun in Ihr Theme ein – zum Beispiel in den dafür vorgesehe-
nen div-Bereich des Praxisbeispiels. Google wird automatisch mit der Auslieferung
der Anzeigen beginnen (Abbildung 15.51).

Abbildung 15.51 Sieht doch gar nicht so schlecht aus – dafür, dass es Werbung ist.

Hinweis

Google sieht es nicht gern, wenn man einfach selbst auf Anzeigen klickt. Tun Sie das auch nicht, während Sie den Code zu Testzwecken einblenden. Google scheint es zu dulden, dass der Code lediglich eingeblendet wird – das ist aber natürlich keine Garantie. Theoretisch könnte Google Ihren Account deswegen sperren. Denn in den Richtlinien wird unter anderem von Ihnen verlangt, diesen Code eben nicht auf »Baustellenseiten« einzublenden. Sichergehen können Sie nur, indem Sie den Code erst auf der fertigen Website einbinden.

15.2.6   Weiterführende Artikel

Das Ziel jedes Blogs ist es unter anderem, die Besucher möglichst lange auf der Website zu beschäftigen. Sei es, damit sie nur die Artikel lesen und vielleicht einen Kommentar abgeben, sei es, damit sie auf die Werbung klicken. Hierzu empfiehlt es sich, den Leser nach der Lektüre eines Artikels mit weiteren, empfehlenswerten Artikeln zu konfrontieren. Es gibt nun mehrere Möglichkeiten, eine solche Liste an Artikeln zu generieren. Die eine ist, einfach ein Plugin zu installieren, zum Beispiel das Yet Another Related Posts Plugin. Eine andere Möglichkeit ist, etwas Ähnliches *einfach selbst zu programmieren*. Hierzu könnte man schlicht die aktuellsten Beiträge der Kategorie, in der sich auch der Ausgangsbeitrag befindet, auflisten. Das ist zwar sehr simpel, aber dafür etwas effizienter als die typischen Related Posts Plugins. Ich stelle Ihnen daher beide Wege vor, und Sie entscheiden sich dann einfach selbst.

Yet Another Related Posts Plugin

Installieren Sie das Plugin zunächst direkt über Ihr WordPress Backend unter Plugins • Installieren. Dort werden Sie nach Eingabe des Namens auch sehr schnell
fündig (Abbildung 15.52).

Abbildung 15.52 Installieren Sie das Plugin

Klicken Sie auf Jetzt installieren und im folgenden Fenster direkt auf Aktiviere
dieses Plugin. Begeben Sie sich dann geradewegs zu den Einstellungen des Plugins,
die Sie unter Einstellungen • Related Posts (YARPP) finden.

Dort wird Ihnen unter Umständen gleich eine Mitteilung begegnen, Ihre Datenbank
benutze die falsche Engine. Solange dies so ist, können Sie zwei Features des Plugins
nicht nutzen, nämlich das Suchen in Überschriften und das Suchen im Textkörper.
Möchten Sie diese verwenden, müssen Sie (wirklich nur wenn ein entsprechender
Hinweis in den Einstellungen erscheint!) in phpMyAdmin die Datenbank der Word-
Press-Installation auswählen, auf den Reiter SQL klicken und dort den folgenden
Code eingeben:

```
ALTER TABLE `wp_posts` ENGINE = MyISAM;
```

Passen Sie den Namen der Tabelle unter Umständen an, je nachdem ob Sie das Präfix
bei der Installation geändert haben. Der Befehl wird Ihnen aber auch noch einmal in
den Einstellungen auf Ihre Datenbank zugeschnitten angezeigt.

Im ersten Abschnitt der Einstellungen des Plugins legen Sie fest, wie die weiterführenden Artikel auf Ihrer Website angezeigt werden (Abbildung 15.53). Dort können Sie
zum Beispiel auswählen, ob ähnliche Beiträge automatisch angezeigt werden sollen
oder ob Sie den Code lieber direkt in Ihr Template integrieren möchten. Letzteres
dürfte auf viel belasteten Websites ein klein wenig schneller laufen. Deaktivieren Sie
dazu das entsprechende Kästchen, und fügen Sie die Funktion related_posts() in Ihr
Theme an der Stelle ein, wo die Beiträge erscheinen sollen (Listing 15.33):

```
01   <div id="content-articles">
02       <h6>Weiterführende Artikel</h6>
03       <?php if(function_exists('related_posts')) {
```

```
04              related_posts();
05        }
06    </div>
```

Listing 15.33 Beispiel anhand der single.php

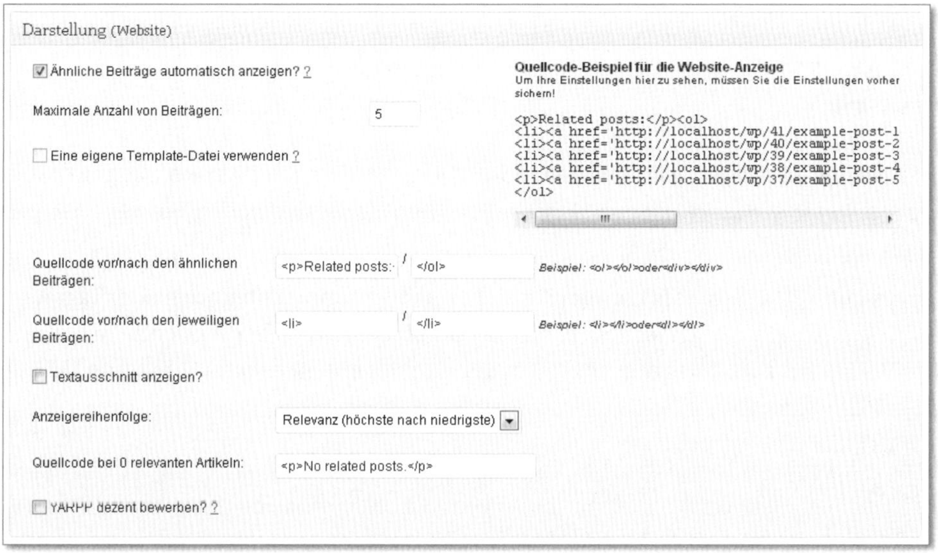

Abbildung 15.53 Der erste Teil der Einstellungen von YARPP

Grundsätzlich müsste das Plugin nun unter jedem Beitrag weiterführende Artikel anzeigen. Da Sie Ihr Blog aber gerade erst einrichten, mangelt es vermutlich an passendem Material. Selbst wenn Sie einige Testbeiträge anlegen, kann es passieren, dass das Plugin immer noch keine entsprechenden Beiträge findet. Das ist kein Fehler, sondern ganz normal. Und es lässt sich »beheben«.

Es kann mehrere Gründe geben, weshalb das Plugin keine passenden Beiträge findet. Vielleicht haben Sie die zu findenden Beiträge erst nach dem Beitrag angelegt, bei dem Sie nun vergeblich nach weiterführenden Artikeln suchen und YARPP ist so konfiguriert, dass es zukünftige Beiträge nicht berücksichtigt. Genauso gut kann es aber auch sein, dass Überschriften und Textkörper laut Konfiguration noch nicht berücksichtigt werden. Oder, und das ist wohl am wahrscheinlichsten, ist die Relevanz zu anspruchsvoll gewählt.

Nun fragen Sie sich möglicherweise, wo Sie das einstellen können. Das Plugin bietet ja nur die beiden oben angesprochenen Abschnitte und keine weiteren Unterseiten. Und unter den Grundeinstellungen von WordPress scheint das Plugin auch keine weiteren Optionen versteckt zu haben (bei älteren Plugins war das tatsächlich ab und an der Fall). Die Optionen verstecken sich nämlich an ganz anderer Stelle: oben rechts, hinter OPTIONEN EINBLENDEN (Abbildung 15.54).

Abbildung 15.54 Manche Plugin-Autoren sind mitunter hervorragend im Verstecken weiterer Optionen.

Wählen Sie zusätzlich zu den bestehenden Abschnitten noch DATENBASIS und ÄHN-LICHKEITSEINSTELLUNGEN aus. Dann bekommen Sie die wirklich interessanten Optionen angezeigt.

Im Abschnitt DATENBASIS können Sie nicht nur bestimmte Kategorien oder Tags ausschließen, sondern auch festlegen, ob die Datenbasis Artikel berücksichtigen soll, die (im Verhältnis zum Ausgangsartikel) in der Vergangenheit liegen (Abbildung 15.55).

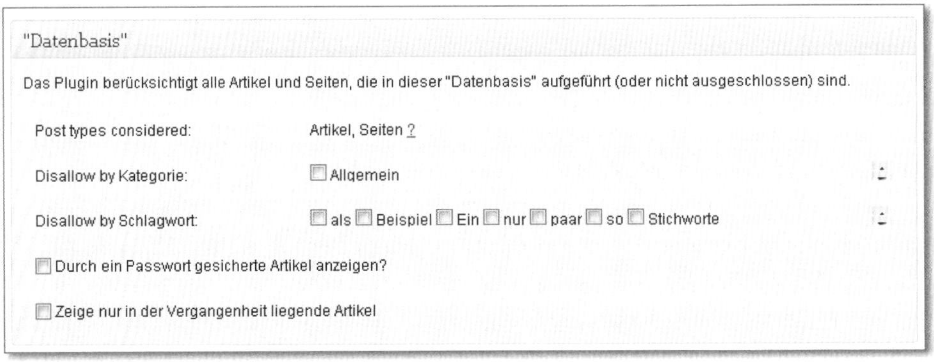

"Datenbasis"

Das Plugin berücksichtigt alle Artikel und Seiten, die in dieser "Datenbasis" aufgeführt (oder nicht ausgeschlossen) sind.

Post types considered: Artikel, Seiten ?

Disallow by Kategorie: ☐ Allgemein

Disallow by Schlagwort: ☐ als ☐ Beispiel ☐ Ein ☐ nur ☐ paar ☐ so ☐ Stichworte

☐ Durch ein Passwort gesicherte Artikel anzeigen?

☐ Zeige nur in der Vergangenheit liegende Artikel

Abbildung 15.55 Treffen Sie detaillierte Einstellungen zur Datenbasis von YARPP.

In den ÄHNLICHKEITSEINSTELLUNGEN können Sie festlegen, wie die Ähnlichkeit der Beiträge durch YARPP ermittelt werden soll (Abbildung 15.56). KATEGORIEN und SCHLAGWORTE werden standardmäßig berücksichtigt. ÜBERSCHRIFTEN und TEXT-KÖRPER aber unter Umständen nicht. Wenn Sie aussagekräftigere Ergebnisse erzielen möchten, sollten Sie diese Optionen wohl aktivieren. Auch und insbesondere dann, wenn Sie weniger mit Kategorien und Tags arbeiten.

Abbildung 15.56 Wie soll die Ähnlichkeit der Beiträge ermittelt werden?

Wichtig ist schließlich vor allem der Wert RELEVANZ ganz am Anfang dieses Abschnitts. Dieser liegt standardmäßig bei »5«. Daher kann es, obwohl Sie bereits alle anderen Optionen sehr »großzügig« aktiviert haben, trotzdem zu keinem Treffer kommen. Wenn das der Fall ist, verringern Sie den Relevanzwert. Spätestens bei »1« dürfte er Artikel ausliefern. In der Praxis sind das aber wahrscheinlich auch einige zu viel. Sobald Ihr Blog einige Beiträge aufweisen kann, sollten Sie den Relevanzwert erneut anpassen und einige Werte probieren. So hoch wie möglich, so niedrig wie nötig.

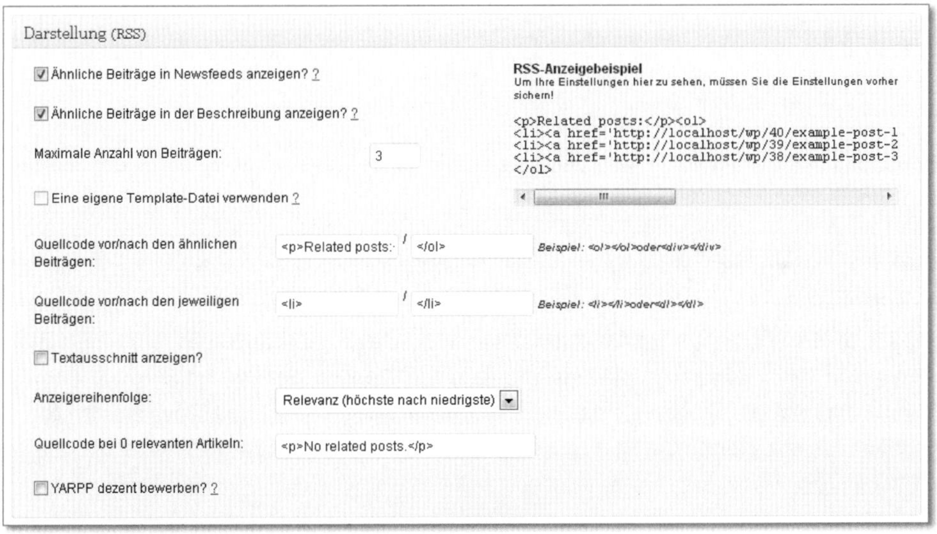

Abbildung 15.57 Darstellung ähnlicher Beiträge im RSS-Feed

Zu guter Letzt können Sie die weiterführenden Beiträge auch in Ihrem RSS-Feed anzeigen lassen. Etwaige Einstellungen hierzu treffen Sie im Abschnitt DARSTELLUNG (RSS) (Abbildung 15.57). Hier stehen Ihnen in etwa die gleichen Optionen zur Verfügung, wie schon bei der Darstellung auf der Website. Das Ergebnis könnte dann so aussehen wie in Abbildung 15.58.

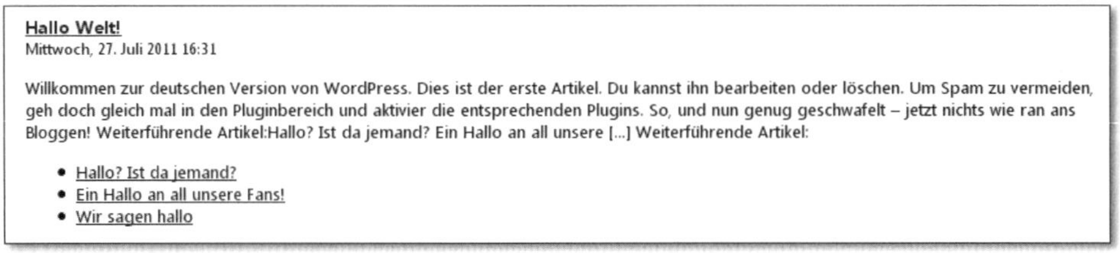

Hallo Welt!
Mittwoch, 27. Juli 2011 16:31

Willkommen zur deutschen Version von WordPress. Dies ist der erste Artikel. Du kannst ihn bearbeiten oder löschen. Um Spam zu vermeiden, geh doch gleich mal in den Pluginbereich und aktivier die entsprechenden Plugins. So, und nun genug geschwafelt – jetzt nichts wie ran ans Bloggen! Weiterführende Artikel:Hallo? Ist da jemand? Ein Hallo an all unsere [...] Weiterführende Artikel:

- Hallo? Ist da jemand?
- Ein Hallo an all unsere Fans!
- Wir sagen hallo

Abbildung 15.58 Aufgrund der steigenden Anzahl der RSS-Leser kann es mitunter sinnvoll sein, auch diesen weiterführende Beiträge anzuzeigen.

Übrigens: Sie müssen Ihre Beiträge nicht erst aufrufen, um zu sehen, welche anderen Artikel damit durch YARPP assoziiert werden. Das Plugin zeigt die ermittelten Beiträge bei der Bearbeitungsansicht jedes Artikels in einer eigenen kleinen Box an (Abbildung 15.59). So sehen Sie auf einen Blick, ob die Auswahl thematisch passt, und können unter Umständen gleich durch eine Anpassung des Relevanzwertes oder der anderen Optionen gegensteuern. Damit diese Funktion zur Verfügung steht, müssen Sie den Beitrag jedoch mindestens einmal manuell speichern.

Ähnliche Beiträge

Dies sind ähnliche Beiträge für diesen Artikel. Wenn Sie diesen Artikel aktualisieren könnten die bisherigen ähnlichen Artikel verändert werden.

1. Hallo? Ist da jemand? (2)
2. Ein Hallo an all unsere Fans! (2)
3. Wir sagen hallo (2)
4. Testartikel (2)

Wie all diese ähnlichen Artikel angezeigt werden hängt von Ihren YARPP Einstellungen ab.

Abbildung 15.59 Praktisch: YARPP zeigt die ähnlichen Beiträge schon während der Bearbeitung an.

Tipp

Falls Sie den Cache von YARPP einmal leeren möchten, geht auch das recht einfach. Begeben Sie sich hierzu in die Einstellungen von YARPP unter EINSTELLUNGEN • RELATED POSTS (YARPP). Fügen Sie dann der URL in der Adresszeile Ihres Browsers den folgenden Parameter hinzu: &action=flush – und schon startet YARPP wieder bei null.

Weiterführende Artikel anhand von Kategorien

Ein Plugin für einen gewissen Zweck zu installieren, ist immer eine Medaille mit zwei Seiten. Zum einen ist es komfortabel und manchmal unumgänglich, es kann Ihre Website aber auch verlangsamen. So kann es mitunter besser sein, manche Features per Hand einzubauen. Bei einer umfangreichen SEO-Suite dürfte wohl der Komfort überwiegen. Bei einem Plugin wie YARPP hingegen, könnte man die Performance des Blogs durchaus steigern, wenn man eine solche Funktion manuell integriert. Hierzu muss man allerdings auf ein wenig Komfort verzichten.

YARPP liefert üblicherweise sehr passende Ergebnisse. Gerade wenn Überschriften und Textkörper bei der Suche nach ähnlichen Artikeln berücksichtigt werden, sind die Ergebnisse sehr zutreffend. Bei der eigenhändigen Lösung über Kategorien wird nicht nach Ähnlichkeiten zu bestimmten Artikeln gesucht. Es werden vielmehr nur aktuelle Artikel aus derselben Kategorie aufgelistet (Listing 15.34). Das kann für Ihre Besucher schon durchaus zufriedenstellend sein. Der Vorteil ist, dass hierbei weniger alte Artikel zum Vorschein kommen, sondern der Leser ausschließlich mit den neuesten Artikeln geködert wird. Was allerdings zulasten der Relevanz geht. Die hängt nämlich wieder maßgeblich davon ab, wie fein Sie kategorisieren. Wenn es in Ihrem Blog um das Thema WordPress geht und er, überspitzt dargestellt, nur aus zwei Kategorien – »WordPress« und »Allgemein« – besteht, dürfte die Relevanz eher gering ausfallen. Je feinmaschiger Sie Ihre Artikel jedoch in Kategorien einsortieren, desto besser wird bei dieser manuellen Lösung auch das Ergebnis.

15

```
01    <div id="content-articles">
02        <h6>Weiterführende Artikel</h6>
03        <ul> <?php

04            if (have_posts()) :
05            $relevant_articles_count = 0;
06            $category = get_the_category();
07            $cur_post_id = $post->ID;
08            $length = 81;
09            query_posts('category_name=' . $category[0]->slug .
                   '&showposts=5');

10            while (have_posts()) : the_post();
11            if ($cur_post_id != $post->ID) {

12                $the_title = get_the_title();

13                if (strlen($the_title) > $length) {
14                    $the_title = substr($the_title, 0, $length);
15                    $the_title .= "...";
```

```
16                    }

17                    $relevant_articles_count++;
18              ?>

19              <li><a href="<?php the_permalink(); ?>"
                title="Lesen Sie &quot;<?php the_title();
                ?>&quot;"><?php echo $the_title; ?></a></li>

20              <?php } endwhile; endif; wp_reset_query(); ?>
21              </ul>
22              <?php
23              if ($relevant_articles_count == 0) {
24              echo "<p>Es konnten leider keine änlichen
                Beiträge gefunden werden...</p>";
25              }

26      </div>
```

Listing 15.34 Das vollständige Script, um weiterführende Artikel anzuzeigen

Das Script in Listing 15.34 arbeitet über eine zusätzliche Query, welche in Zeile 04 beginnt. Dort finden Sie auch einige Variablendefinitionen. Anpassen können und sollten Sie den Wert der Variablen $length in Zeile 08. Das Script schneidet den Titel des angezeigten Beitrags nämlich nach exakt der in $length festgelegten Zeichenanzahl ab, so dass es nicht zu unschönen »Designfehlern« bei der Darstellung kommen kann; so bleibt alles schön gleichförmig. In diesem Praxisbeispiel ist das zwar fast nicht nötig, da der Platz recht großzügig bemessen ist – das muss aber in Ihrem speziellen Theme nicht unbedingt der Fall sein.

In Zeile 09 folgt schon die Query. Hier können Sie vor allem den letzten Wert – showposts – anpassen. Standardmäßig werden fünf ähnliche Beiträge angezeigt (sofern vorhanden). Ändern Sie diese Anzahl nach Ihren persönlichen Vorlieben ab.

In der while-Schleife ab Zeile 10 werden die Beiträge schließlich ausgegeben und vorher noch ein wenig formatiert. Die Abfrage in Zeile 11 stellt sicher, dass nicht aus Versehen der Beitrag, den Sie gerade geöffnet haben, unter den weiterführenden Artikeln zu finden ist. In den Zeilen 13 bis 16 folgt die Kürzung des Titels. Bei einer Kürzung werden dem Titel außerdem drei Pünktchen »...« angefügt, um die Auslassung deutlich zu machen.

Die Zeile 19 enthält die vollständige Formatierung des Listeneintrags. Hier können Sie natürlich noch Anpassungen in Hinblick auf Ihr Theme vornehmen. Grundsätzlich wird hier allerdings nur ein Listenpunkt ausgegeben, der den Titel samt umgebendem Link enthält. Schlussendlich findet in den Zeilen 23 bis 25 noch eine Abfrage statt, ob überhaupt ein einziger Artikel gefunden und ausgegeben wurde. Falls nicht, wird eine entsprechende Meldung ausgegeben.

Erweitern Sie das Script ruhig nach Belieben. Es ist wahrscheinlich nicht perfekt, dient aber seinem Zweck und erlaubt Ihnen einen Einblick in die Alternative zu Plugins. Entscheiden Sie selbst, was Ihnen besser gefällt (Abbildung 15.60).

Abbildung 15.60 Auch mit dem obigen Script werden Ihren Besuchern weiterführende Artikel angezeigt und die Titel sogar nach einer bestimmten Zeichenanzahl gekürzt.

15.2.7   Social-Media-Buttons in Ihr Blog einbinden

Ein Blog ohne Social Media ist heutzutage fast nicht mehr als Blog zu bezeichnen. Soziale Netzwerke und Social-Bookmarking-Dienste in sein Blog einzubinden, gehört zum guten Ton. Zum einen lassen sich hierüber interessante Artikel speichern, aber eben auch wunderbar teilen. Und das dürfte letztlich ja auch in Ihrem Interesse sein.

Zum Glück gibt es für WordPress ein Plugin, das dies für Sie erledigt. Es ist nicht nur ungeheuer funktional, sondern sieht auch atemberaubend aus (ja, für ein Plugin, das Social-Media-Buttons einbindet). Es nennt sich *Shareaholic*.

Laden Sie das Plugin zunächst direkt im Backend über PLUGINS • INSTALLIEREN herunter. Suchen Sie nach »Shareaholic«, und klicken Sie auf JETZT INSTALLIEREN (Abbildung 15.61).

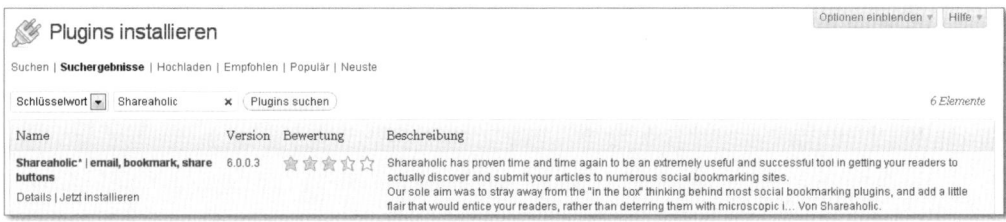

Abbildung 15.61 Installieren und aktivieren Sie das Plugin Shareaholic.

Nach der Installation können Sie es natürlich wieder umgehend aktivieren. Begeben Sie sich dann unmittelbar zu den Einstellungen des Plugins, die Sie in der Menüleiste als eigenen Oberpunkt namens SHAREAHOLIC finden.

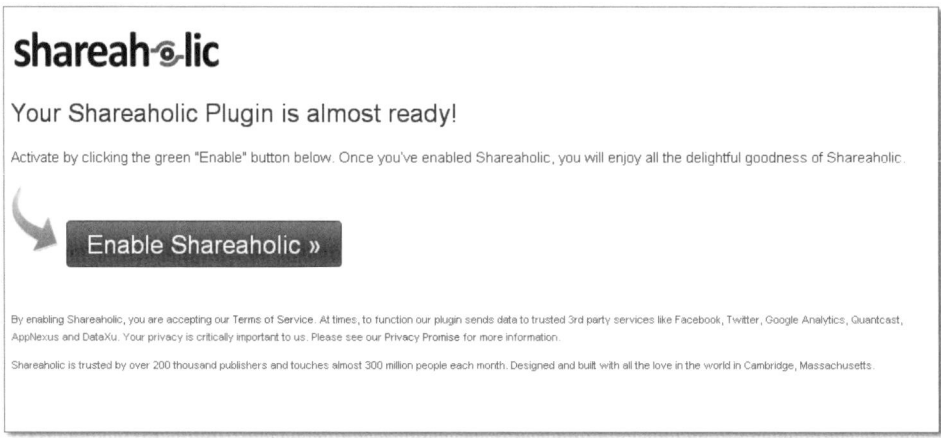

Abbildung 15.62 Die Begrüßung ist freundlich bunt.

Etwas untypisch ist die vorgeschaltete Willkommensseite (Abbildung 15.62). Per Klick auf ENABLE SHAREAHOLIC geht es aber ganz schnell weiter.

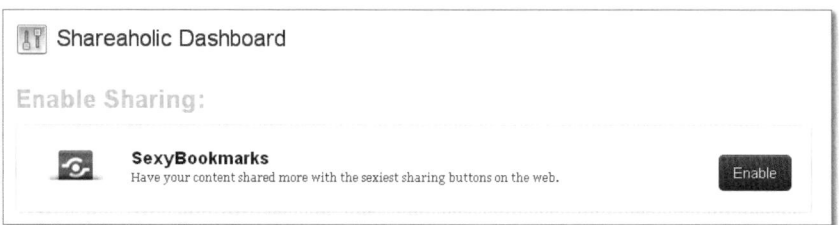

Abbildung 15.63 Im Shareaholic »enablen« Sie »SexyBookmarks«.

Im Dashboard angekommen, klicken Sie auch bei SEXYBOOKMARKS noch auf ENABLE (Abbildung 15.63).

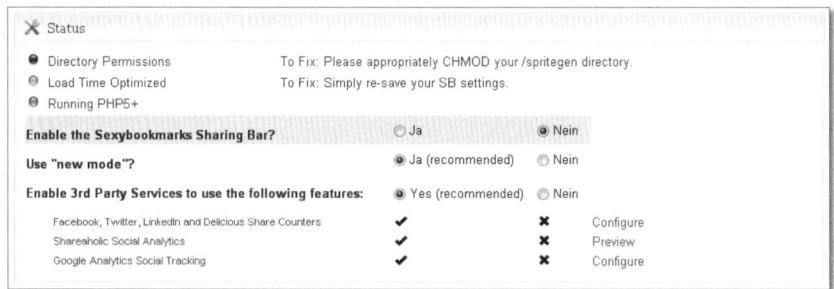

Abbildung 15.64 Health Status des Plugins

Die Konfigurationsseite des Plugins beginnt im Prinzip mit einer kleinen Kranken-
akte (Abbildung 15.64). Falls es dem Plugin einmal nicht gut gehen sollte bzw. »ihm
etwas fehlt«, wird es sich an dieser Stelle melden. Dies können zum Beispiel falsch
gesetzte Verzeichnisrechte (CHMOD) sein oder die Tatsache, dass Ihr Server noch
kein PHP5 unterstützt. Das Plugin bietet neuerdings auch eine sogenannte SHARING
BAR, die dem Besucher zusätzliche Sharing-Optionen am oberen Bildschirmrand zur
Verfügung stellt. Diese benötigen wir aber derzeit nicht. Außerdem können Sie noch
den sogenannten »neuen Modus« aktivieren, der weitere Features freischaltet.
Unterstützung für diverse 3rd-Party-Software ist ebenfalls mit an Bord.

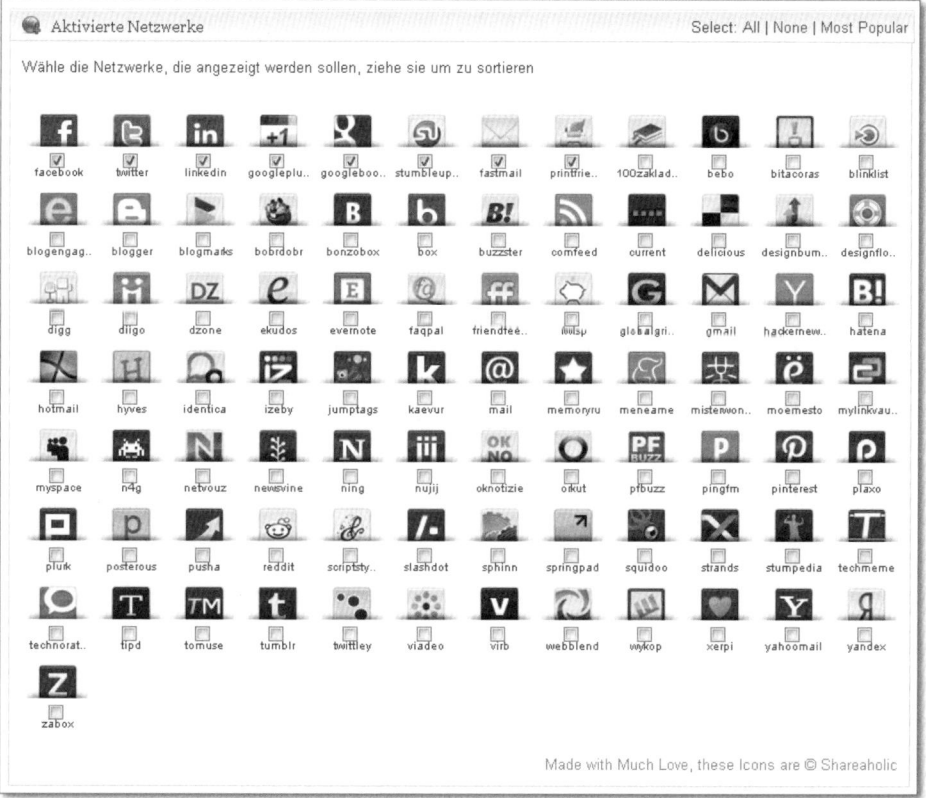

Abbildung 15.65 Diese Social-Media-Dienste stehen Ihnen zur Verfügung.

Unter AKTIVIERTE NETZWERKE können Sie auswählen, welche Dienste Sie gerne auf
Ihrer Website angezeigt bekommen möchten (Abbildung 15.65). Die Auswahl ist
reichlich, wenn auch nicht abschließend. Der Autor des Plugins sagt aber selbst, dass
er gerne versuchen wird, Wünsche bzgl. spezieller Dienste aufzunehmen, so dass sich
die Auswahl ständig verbessern dürfte. Die meisten der Dienste sind allerdings eher
auf den amerikanischen bzw. englischsprachigen Markt zugeschnitten. Bedenkenlos
einbinden können Sie aber insbesondere die folgenden:

- ▶ Facebook
- ▶ Google+
- ▶ Twitter
- ▶ Google Bookmarks
- ▶ Delicious
- ▶ Reddit
- ▶ Mail
- ▶ Print Friendly
- ▶ Google Reader
- ▶ Mister Wong
- ▶ Blogger
- ▶ Evernote
- ▶ GMail
- ▶ Posterous
- ▶ Tumblr

Natürlich ist die obige Auflistung keinesfalls vollständig und in jeder Hinsicht Geschmackssache. Hoffentlich hilft sie Ihnen aber bei der groben Orientierung und für den ersten Start.

Der Abschnitt ADDITIONAL BUTTONS (Abbildung 15.66) bietet Ihnen (derzeit noch) ein Beta-Feature; um es nutzen zu können, ist es nötig, den sogenannten »New Mode« anzuschalten. Dazu aber gleich mehr. Sie haben hier die Möglichkeit, einen Facebook-Like-Button, einen Facebook-Send-Button sowie einen Google-+1-Button zusätzlich zu den oben ausgewählten Diensten hinzuzufügen.

Sie können die Buttons sowohl oberhalb als auch unterhalb Ihrer Beiträge anzeigen lassen. Außerdem können Sie noch die Ausrichtung festlegen sowie den Stil der Buttons bestimmen (beide Anbieter haben verschiedene im Gepäck).

Im Test hat das Feature leider noch nicht zuverlässig funktioniert. Es kann aber gut sein, dass hier mittlerweile nachgebessert wurde oder das Feature sogar zum festen Bestandteil des Plugins geworden ist. Probieren Sie es in jedem Fall einmal aus.

Im Abschnitt EINSTELLUNGEN ZU FUNKTIONALITÄTEN können Sie das Verhalten und Aussehen des Plugins detaillierter konfigurieren (Abbildung 15.67). Die SHARE COUNTERS (für Facebook, Twitter, Google Buzz und Delicious) sind Indikatoren, die anzeigen, wie oft ein Beitrag bei diesen speziellen Diensten geteilt worden ist. Die sogenannten DESIGNER TOOLTIPS sind ganz normale Tooltips, die den Titel des jeweiligen Dienstes anzeigen, wenn man als Besucher mit dem Mauszeiger darüberfährt.

Additional Buttons * switch on "new mode" above to enable these exclusive features

Include Open Graph Meta Tags?	● Ja	○ Nein
Include the like button-set just above the post?	○ Ja	● Nein
Include the like button-set below the post?	● Ja	○ Nein
Include Facebook Like Button	○ Ja	● Nein
Include Facebook Send Button	○ Ja	● Nein
Include Google +1 Button	○ Ja	● Nein
Include Tweet Button	○ Ja	● Nein

Check out our blog for additional customization options.

Abbildung 15.66 Weitere Buttons: Facebook Like und Send sowie Googles +1

ADD NOFOLLOW TO LINKS sollten Sie in jedem Fall aktivieren, damit Ihnen kein wertvoller »PageRank Juice« verloren geht. Ein Öffnen der Dienste in einem neuen Fenster empfiehlt sich grundsätzlich ebenfalls.

15

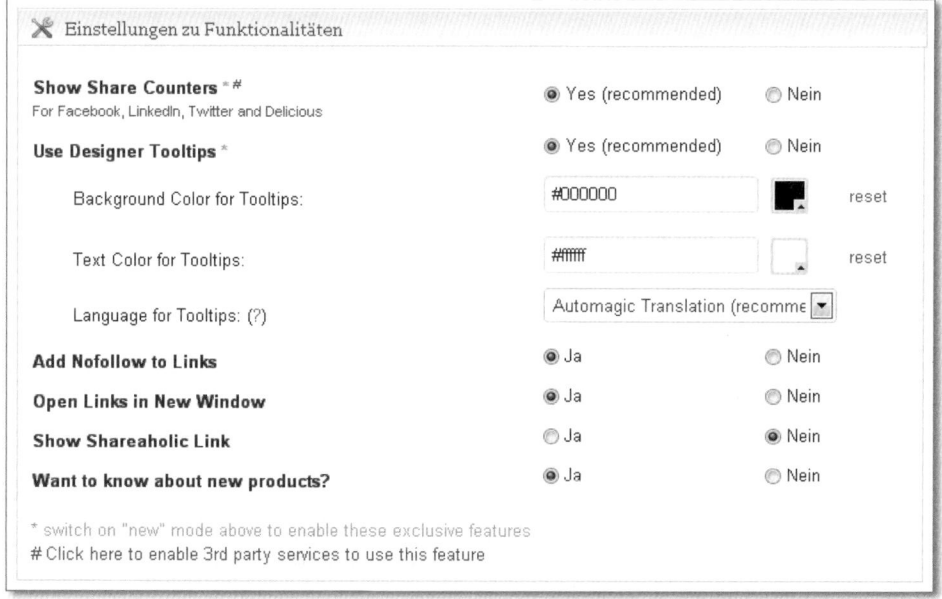

Einstellungen zu Funktionalitäten

Show Share Counters * # For Facebook, LinkedIn, Twitter and Delicious	● Yes (recommended)	○ Nein
Use Designer Tooltips *	● Yes (recommended)	○ Nein
Background Color for Tooltips:	#000000	reset
Text Color for Tooltips:	#ffffff	reset
Language for Tooltips: (?)	Automagic Translation (recomme ▼)	
Add Nofollow to Links	● Ja	○ Nein
Open Links in New Window	● Ja	○ Nein
Show Shareaholic Link	○ Ja	● Nein
Want to know about new products?	● Ja	○ Nein

* switch on "new" mode above to enable these exclusive features
\# Click here to enable 3rd party services to use this feature

Abbildung 15.67 Einstellungen zu den Funktionalitäten

Wenn Sie den Twitter-Button aktiviert haben, können Sie zu seiner Funktionalität genauere Einstellungen im Abschnitt TWITTER OPTIONS festlegen (Abbildung 15.68). Dies betrifft die Twitter-Nachricht, die automatisch durch das Plugin generiert wird, sowie den Kurz-URL-Dienst, welcher verwendet werden soll. Für den Nachrichtentext stehen Ihnen zwei Platzhalter zur Verfügung: ${title} und ${short_link} – die beide genau das in die Nachricht einfügen, was der Name schon erraten lässt, den Titel Ihres Beitrags und einen entsprechenden Kurz-Link dazu.

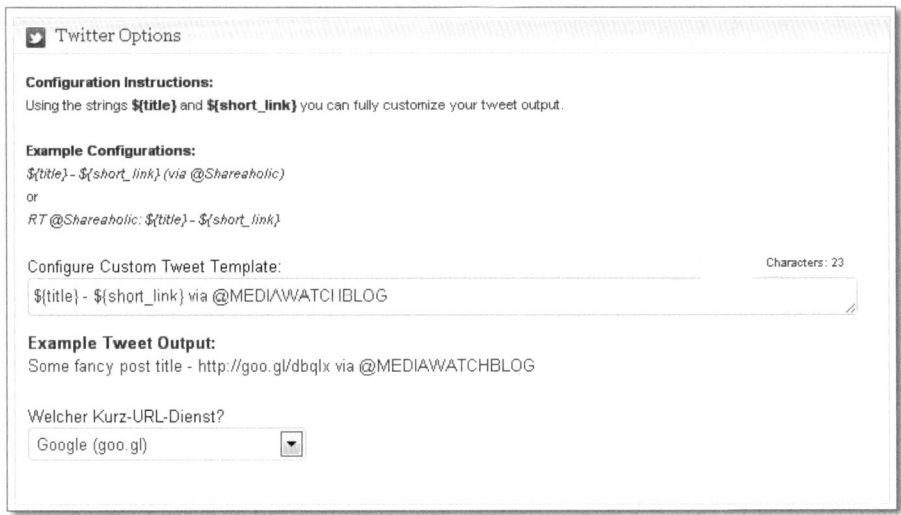

Abbildung 15.68 Spezifische Twitter-Optionen

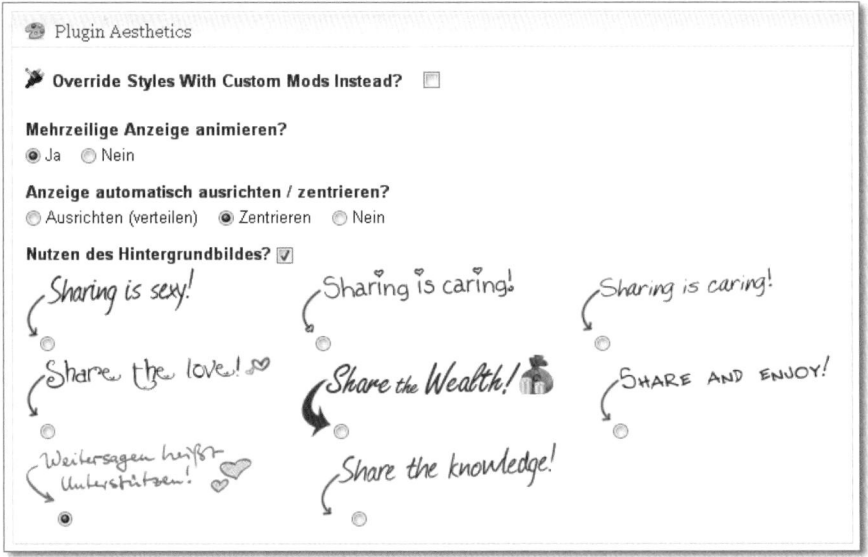

Abbildung 15.69 Die Anzeigeoptionen für das Plugin

Die meisten Optionen, um die Anzeige des Plugins zu beeinflussen, finden Sie im Abschnitt PLUGIN AESTHETICS (Abbildung 15.69). Sobald Sie die Option OVERRIDE STYLES WITH CUSTOM MODS INSTEAD aktivieren, erscheint sofort ein riesiger roter Warnhinweis, der Ihnen hiervon abrät – solange Sie nicht explizit wissen, was Sie tun. Diese Einstellung ist wirklich nur dann relevant, wenn Sie das Plugin weiterentwickeln möchten; für den Hausgebrauch ist es sicherlich nichts. Wenn Sie viele Dienste aktiviert haben, sollten Sie ruhig die MEHRZEILIGE ANZEIGE ANIMIEREN. Hierdurch werden zusätzliche Zeilen mit Diensten zunächst ausgeblendet und erst wieder eingeblendet, sobald der Besucher mit seiner Maus über die Icons der ersten Zeile fährt. Das spart unter Umständen ein wenig Platz und sieht meist professioneller aus als 85 Icons, die nur darauf warten, jeden Besucher das Fürchten zu lehren.

Das Ausrichten der Anzeige können Sie entweder direkt selbst in CSS vornehmen oder dem Plugin überlassen. Das Zentrieren hat sich für die meisten Themes bewährt – lassen Sie Ihrer Kreativität aber ruhig freien Lauf. Sie können außerdem ein Hintergrundbild nutzen. Das ist nun wirklich Geschmackssache. Ohne ein solches stehen die Icons möglicherweise ein wenig leblos unter dem Post herum; eine kleine Aufforderung an den Besucher, den Beitrag mithilfe dieser Icons zu teilen, kann durchaus etwas bewirken.

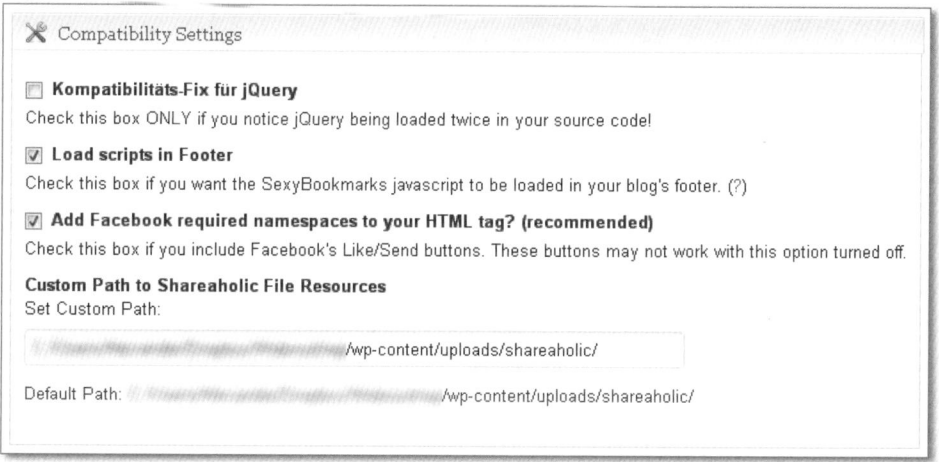

Abbildung 15.70 Kompatibilitätseinstellungen

Sollte es bei der Verwendung von SexyBookmarks einmal zu Unstimmigkeiten kommen, bietet das Plugin hierfür sogar einige Einstellungen an, um Inkompatibilitäten zu beseitigen (Abbildung 15.70). Wenn *jQuery* zum Beispiel zweimal in Ihrem Theme geladen werden sollte – aus welchen Gründen auch immer –, dann testen Sie einmal die oberste Funktion KOMPATIBILITÄTS-FIX FÜR JQUERY. Ob Sie es benötigen, finden Sie durch einen Blick in den Quellcode Ihrer Website schnell heraus, indem Sie nach jquery suchen. Wenn Sie möchten, dass die benötigten Scripts erst im Fußbereich Ihrer Seite geladen werden sollen (kann die Ladezeit positiv beeinflussen), dann setzen Sie ein Häkchen bei LOAD SCRIPTS IN FOOTER. Haben Sie die neuen Facebook-Buttons integriert? Dann müssen Sie zwangsläufig auch ADD FACEBOOK REQUIRED NAMESPACES TO YOUR HTML TAG? aktivieren. Und sollte sich aus irgendeinem Grunde der Pfad zu den Dateien ändern, können Sie den Pfad unter CUSTOM PATH TO SHAREAHOLIC FILE RESOURCES problemlos anpassen.

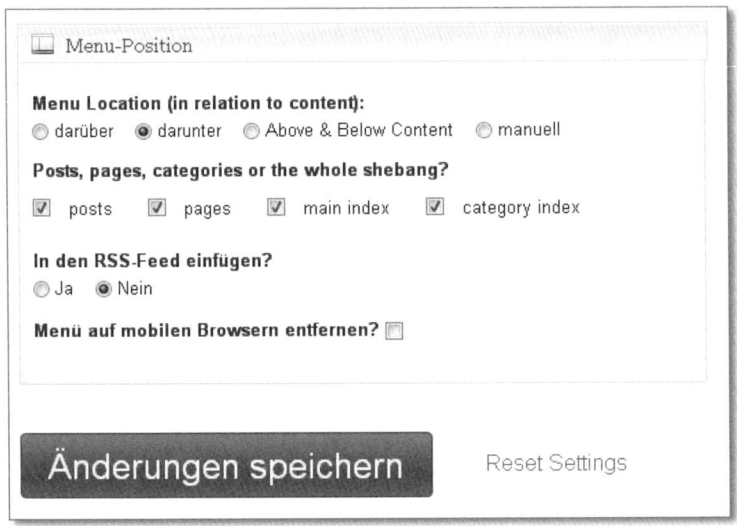

Abbildung 15.71 Position der Dienste festlegen

Etwas irreführend mag der Abschnitt MENU-POSITION sein, da hier einfach nur von der Anzeige der sozialen Dienste die Rede ist (Abbildung 15.71). Im Rahmen dieses Abschnitts können Sie deren Position genauer bestimmen sowie einige weitere Einstellungen zur Anzeige vornehmen. Die MENU LOCATION legt grundsätzlich erst einmal fest, ob die Dienste oberhalb Ihrer Beiträge (aber noch unter dem Titel), unterhalb oder an beiden Stellen angezeigt werden sollen. Sie können auch manuell wählen, dann müssen Sie das Plugin an den von Ihnen gewünschten Stellen im Template integrieren. Das kann mitunter zu einer kürzeren Ladezeit führen, da andernfalls vom Plugin bei jeder Beitragsanzeige der Inhalt um die Anzeige ergänzt werden muss. Da das Einfügen sehr leicht ist, können Sie es daher getrost selbst vornehmen. Fügen Sie dazu einfach an den gewünschten Stellen den folgenden Code ein:

```
<?php if(function_exists('selfserv_shareaholic')) { selfserv_shareaholic(); } ?>
```

Außerdem können Sie festlegen, auf welchen Seiten die Anzeige erscheinen soll: Blogbeiträge, statische Seiten und/oder Blogstartseite. Wenn Sie nicht möchten, dass die Anzeige auch in Ihrem RSS-Feed erscheint, können Sie das genauso aktivieren wie eine Darstellung in mobilen Browsern. Wie das Plugin dann bei Ihnen aussehen könnte, zeigt Abbildung 15.72.

Abbildung 15.72 Die SexyBookmarks sehen einfach gut aus, keine Frage.

15.2.8   Eine Navigation anlegen

Der Inhaltsbereich ist nun fertig gestaltet. Es fehlen aber noch ein paar Elemente in der Sidebar – unter anderem die Navigation. Benötigt man so etwas für ein Blog überhaupt? Das ist wie so oft Geschmackssache. In Deutschland ist jedenfalls ein Impressum nötig – das könnten Sie allerdings auch noch an anderer, gegebenenfalls unauffälligerer Stelle platzieren. Die meisten Blogs bieten aber zumindest noch eine Seite an, die die Hintergründe des Blogs ein wenig beleuchtet, sowie eine Kontaktseite. Eine Navigation kann hier also durchaus sinnvoll sein.

Damit Sie Menüs in WordPress für Ihr Theme überhaupt verwenden können, ist ein weiterer kleiner Eintrag in der *functions.php* nötig. Fügen Sie an einer freien Stelle ober- oder unterhalb des restlichen Codes die folgenden Zeilen aus Listing 15.35 ein:

```
01   <?php
02   function register_my_menus() {
03       register_nav_menus(
04       array( 'sidebar-menu' => __( 'Sidebar Menu' ))
05       );
06   }
07   add_action( 'init', 'register_my_menus' );
08   ?>
```

Listing 15.35 Menüs aktivieren in der functions.php

Das Prozedere dürfte Ihnen, so Sie denn das Buch bis zu diesem Punkt durchgearbeitet haben, bereits bekannt sein. Für alle anderen hier noch einmal die Funktionsweise in Kurzform. In Zeile 07 finden Sie einen Action-Hook, der die Funktion `register_my_menus()` einbindet, die wiederum in den Zeilen 02 bis 06 zu finden ist. Im Rahmen dieser Funktion wird mithilfe einer weiteren Funktion – `register_nav_menus()` – ein Menübereich registriert, der sich `sidebar-menu` nennt, aber natürlich beliebig gewählt werden kann.

Diesen Menübereich, den Sie oben angelegt haben, müssen Sie nun in Ihrem Theme noch an der Stelle definieren, wo er später angezeigt werden soll. Begeben Sie sich daher ein weiteres Mal in Ihre *sidebar.php*, und fügen Sie dem Menü eine Zeile hinzu (Listing 15.36):

```
01   <div id="sidebar-menu">
02   <?php wp_nav_menu(
     array( 'theme_location' => 'sidebar-menu' ) ); ?>
03   </div>
```

Listing 15.36 Definition des Menübereichs in der sidebar.php

Achten Sie hierbei unbedingt darauf, den gleichen Bereichsnamen wie in der *functions.php* zu wählen. Das versteht sich von selbst, da haben Sie Recht, aber im Eifer des Copy & Paste geht so eine Kleinigkeit schnell unter.

Legen Sie zunächst einige Seiten an, damit Sie auch gleich etwas zum Befüllen haben (Abbildung 15.73).

Abbildung 15.73 Ein paar Seiten für das Menü

Nun begeben Sie sich in Ihr Backend und dort zu dem Menüpunkt DESIGN • MENÜS.

Hier können Sie nun das Menü für die Sidebar, wie Sie es in Abbildung 15.74 sehen, anlegen.

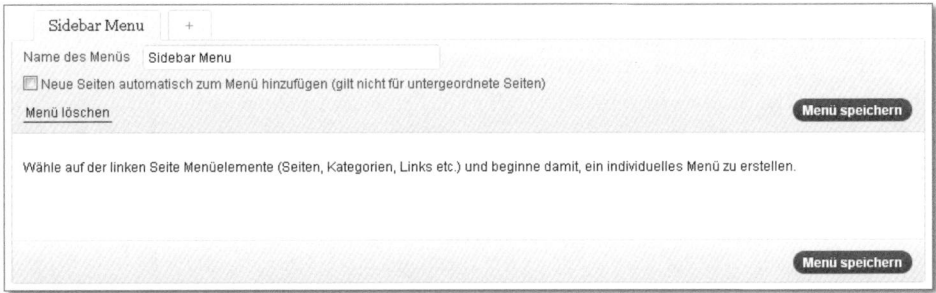

Abbildung 15.74 Legen Sie das Sidebar-Menü an.

Zunächst sollten Sie Menü und Menübereich einander zuordnen. Bei einem Menü und einem Bereich ist das nicht sonderlich schwer, aber notwendig. Wählen Sie im Abschnitt ANORDNUNG IM THEME also einfach SIDEBAR MENU (bzw. den Namen Ihres Menüs) aus, und speichern Sie ab (Abbildung 15.75).

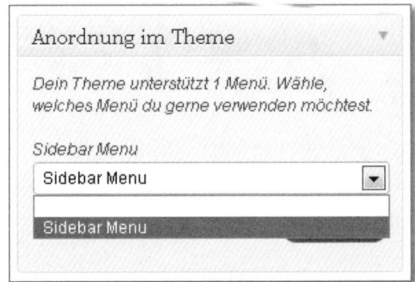

Abbildung 15.75 Die Anordnung im Theme festlegen

Wählen Sie im Abschnitt SEITEN all die Unterseiten aus, die Sie zum Menü hinzufügen möchten (Abbildung 15.76).

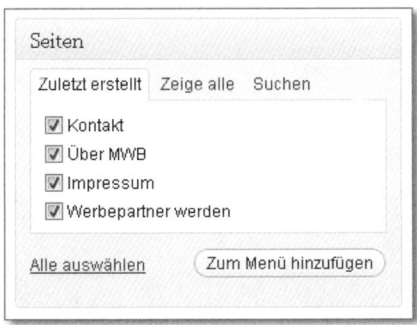

Abbildung 15.76 Seiten hinzufügen

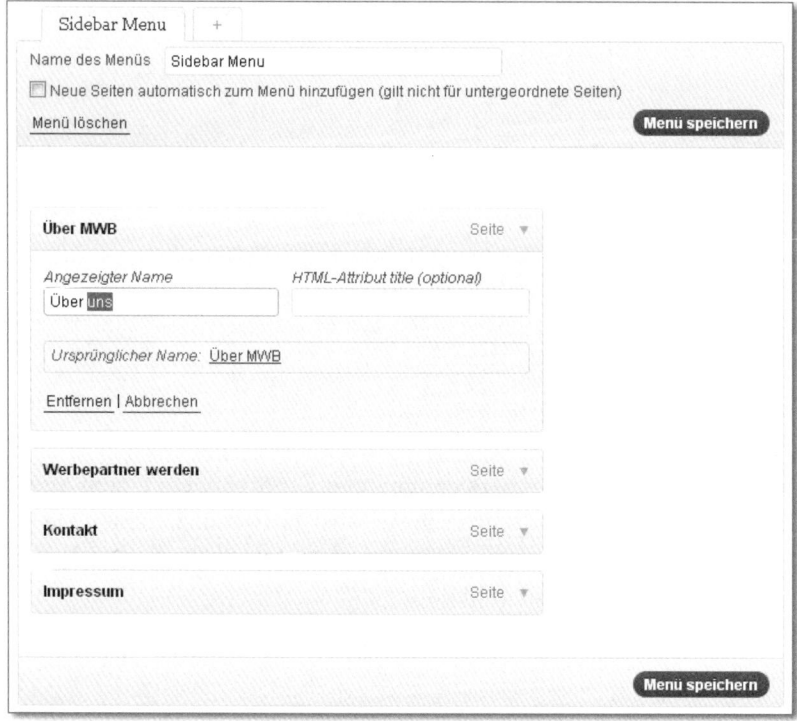

Abbildung 15.77 Die letzten Anpassungen vornehmen

Abbildung 15.78 Das fertige Menü

Wie Sie in Abbildung 15.77 sehen, können Sie an dieser Stelle nun noch die Anordnung per Drag & Drop verändern sowie den Titel beliebig anpassen. Das Ergebnis sehen Sie dann in Abbildung 15.78.

15.2.9   Populäre Beiträge in der Sidebar anzeigen

Erinnern Sie sich noch, was Sie in Kapitel 8, »Plugins selbst programmieren«, gemacht haben? Ja, Sie haben ein eigenes Plugin programmiert. Und zwar eines, mit dem Sie die populärsten Beiträge Ihres Blogs ganz leicht anzeigen lassen können: My Greatest Posts. Es gibt viele Plugin-Alternativen auf dem Markt. Für dieses Projekt waren sie mir aber zu unflexibel: So genau, wie ich wollte, konnte die Ausgabe leider nicht gestaltet werden. Greifen Sie daher ruhig auf das selbst programmierte Plugin zurück (Sie finden es auch auf der Buch-CD im Verzeichnis *Kapitel 8*). Im Folgenden werde ich Ihnen zeigen, wie Sie das Plugin ein klein wenig anpassen können, um dem Design des Praxisbeispiels gerecht zu werden. Ursprünglich gab das Plugin nämlich nur den Titel des jeweiligen Beitrags aus. Nun soll allerdings noch ein kurzer Ausschnitt des Textes hinzukommen, der nach 100 Zeichen abgeschnitten wird.

Kopieren Sie das gesamte Verzeichnis des Plugins (zum Beispiel von der Buch-CD) direkt in den Ordner *wp-content/plugins/* Ihres aktuellen Projekts. Im Verzeichnis selbst befindet sich nur eine einzige Datei: *my-greatest-posts.php*. Öffnen Sie diese, und nehmen Sie die folgenden Anpassungen vor.

Sie finden dort einen Abschnitt namens »Die Posts als Liste zurückgeben« (in Zeile 100, sofern Ihr Editor Zeilennummern anzeigt). Die Anpassungen finden ausschließlich in diesem Bereich statt. Bisher sieht der Code wie in Listing 15.37 aus:

```
01   $output = "<ul>";
02   foreach ( $posts as $entry ) {
03       $the_post = $wpdb->get_row( "SELECT * FROM
         " . $wpdb->prefix . "posts
         WHERE ID = '" . $entry["post_id"] . "'" );
04       $output .= "<li><a href='" . get_permalink(
         $entry["post_id"] ) . "'>" . $the_post->post_title .
         "</a></li>";
05   }
06   $output .= "</ul>";
07   return $output;
```

Listing 15.37 Ausgabe der Posts in der my-greatest-posts.php

Fügen Sie zunächst zwischen Zeile 03 und Zeile 04 die folgenden beiden Zeilen aus Listing 15.38 ein:

```
$content = substr($the_post->post_content, 0, 100);
$content .= "...";
```

Listing 15.38 Fügen Sie diese beiden Zeilen der my-greatest-posts.php hinzu

Hier wird zunächst der Inhalt des Beitrags in der Variablen $content gespeichert und gleichzeitig mithilfe der Funktion substr() auf eine Länge von 100 Zeichen verkürzt. Schließlich werden noch drei Pünktchen angehängt, um die Auslassung zu verdeutlichen und den Leser zum Klicken zu veranlassen.

Danach ändern Sie die (vorige) Zeile 04 aus Listing 15.37 gemäß Listing 15.39 ab:

```
$output .= "<li><a href='" . get_permalink( $entry["post_id"]
) . "'><span class='pop-title'>" . $the_post->post_title  .
"</span> | <span class='pop-excerpt'>" . $content .
"</span></a></li>";
```

Listing 15.39 Änderungen an »$output«, my-greatest-posts.php

Hier werden lediglich einige span-Elemente hinzugefügt, die Sie später sehr gut über CSS ansprechen können. Außerdem wird auch die zuvor angelegte Variable $content ausgegeben.

Um etwaigen Missverständnissen vorzubeugen, sehen Sie in Listing 15.40 noch einmal den vollständig angepassten Code der *my-greatest-posts.php* ab Zeile 100:

```
01    $output = "<ul>";
02    foreach ( $posts as $entry ) {
03        $the_post = $wpdb->get_row( "SELECT * FROM
          " . $wpdb->prefix . "posts
          WHERE ID = '" . $entry["post_id"] . "'" );
04        $content = substr($the_post->post_content, 0, 100);
05        $content .= "...";
06        $output .= "<li><a href='" . get_permalink(
          $entry["post_id"] ) . "'><span class='pop-title'>" .
          $the_post->post_title  . "</span> |
          <span class='pop-excerpt'>" . $content .
          "</span></a></li>";
07    }
08    $output .= "</ul>";
09    return $output;
```

Listing 15.40 Die gesamten Änderungen in der my-greatest-posts.php ab Zeile 100

Aktivieren Sie das Plugin nun im Backend unter PLUGINS · PLUGINS ANZEIGEN. Damit die populären Beiträge auch angezeigt werden, sind nun noch weitere Änderungen am Theme notwendig. Bisher ist es nämlich nicht Widget-fähig, da dies bislang nicht nötig war. Um das zu ändern, fügen Sie zunächst die folgenden Zeilen aus Listing 15.41 Ihrer *functions.php* hinzu:

```
01   <?php
02   if ( function_exists('register_sidebar') )
03       register_sidebar(array(
04           'before_widget' => '',
05           'after_widget' => '',
06           'before_title' => '',
07           'after_title' => '',
08   ));
?>
```

Listing 15.41 Widgets aktivieren in der functions.php

Die Funktion `register_sidebar()` meldet genau einen Widget-Bereich im System an. Die Parameter sorgen letztlich nur dafür, dass WordPress keine unnötigen HTML-Elemente um das Widget oder den Titel platziert, da diese im Praxisbeispiel nur stören würden.

Nun müssen Sie diesen Widget-Bereich noch in Ihrer *sidebar.php* definieren (Listing 15.42):

```
01   <div id="sidebar-popular">
02       <h6>Populäre Beiträge</h6>
03       <?php if ( !function_exists('dynamic_sidebar')
           || !dynamic_sidebar() ) : endif; ?>
04   </div>
```

Listing 15.42 Anpassungen in der sidebar.php

Sie fügen also Ihrem bisherigen Sidebar-Code nur die Zeile 03 hinzu. So wird der restliche Code der Sidebar nicht angetastet und somit weiterhin angezeigt. Nur im div-Bereich namens `sidebar-popular` findet folglich die Ausgabe der Widgets statt. Da nur ein Widget benötigt wird, ist dies die komfortabelste Variante.

Im Backend können Sie nun unter Design • Widgets die letzte Anpassung vornehmen.

Fügen Sie nun dem Bereich Sidebar 1 noch das Widget My Greatest Posts hinzu (Abbildung 15.79). Klappen Sie das Widget durch einen Klick auf den Pfeil aus. Im Praxisbeispiel würde ein weiterer Titel nur stören, da dieser bereits fest in HTML programmiert wurde. Die Anzahl der Artikel habe ich beim Standardwert »5« belassen.

Wenn Sie sich Ihr Blog nun anschauen, dann kann es sein, dass in der Sidebar noch keine Artikel zu finden sind. Das liegt wahrscheinlich daran, dass das Plugin noch keine Gelegenheit hatte, die Seitenaufrufe zu zählen.

15

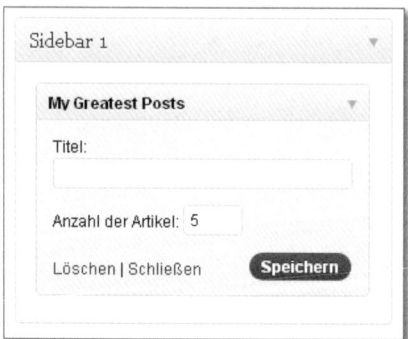

Abbildung 15.79 Fügen Sie der Sidebar das Widget »My Greatest Posts« hinzu.

Das ist nun die Einladung an Sie, sich einmal wild durch die bislang angelegten Artikel zu klicken. Oder überhaupt erst einmal einige Testartikel anzulegen, falls Sie dies noch nicht getan haben. Dann sollte sich Ihnen aber in etwa ein Bild wie in Abbildung 15.80 bieten.

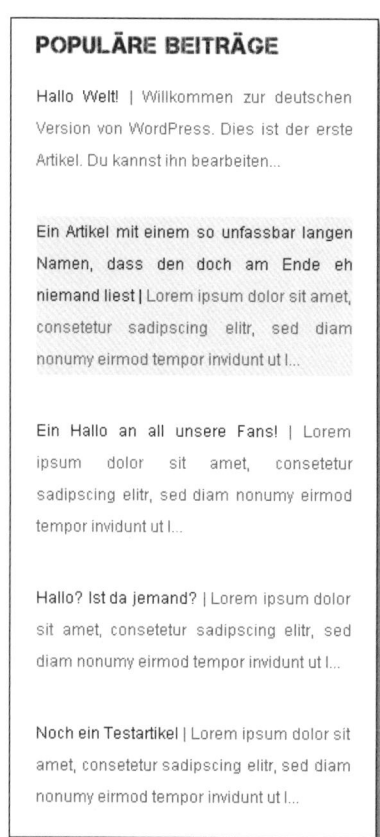

Abbildung 15.80 Die Anzeige der populärsten Beiträge in der Sidebar

Das Blog-Theme ist nun fertiggestellt (Abbildung 15.81). Es ist ausgestattet mit allen Funktionen, die ein erfolgreiches Blog heute benötigt. Das Einzige, was jetzt noch fehlt, ist hochwertiger, einzigartiger Inhalt. Das überlasse ich an dieser Stelle Ihnen.

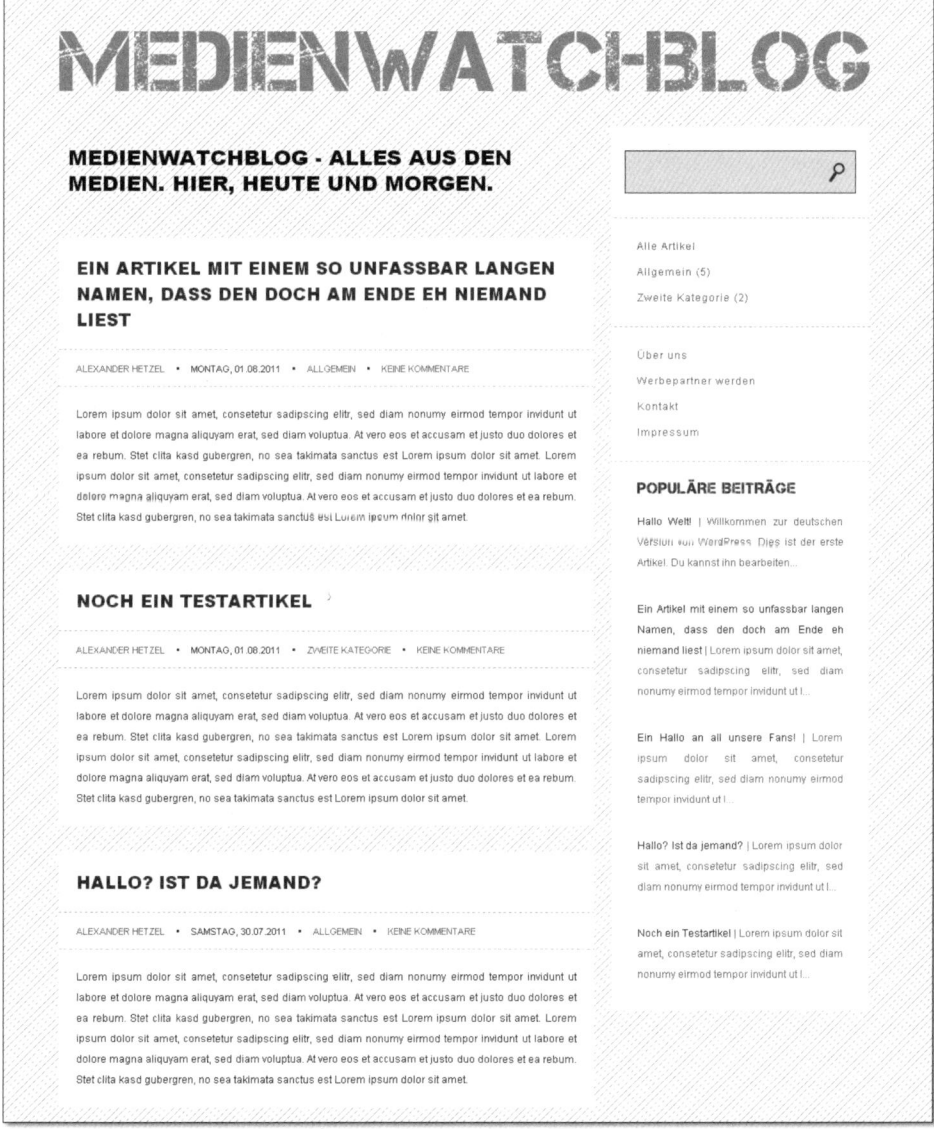

Abbildung 15.81 Vollständige Ansicht der Blogstartseite

15

15.3 Die Künstler-Website – Circle Designer

Das dritte Projekt, die Künstler-Website, soll Ihnen eine weitere Variante von Word-Press als CMS näherbringen. Anstatt die Website – wie beim ersten Praxisbeispiel – auf das Wesentliche zu beschränken, sollen dieses Mal einige aufwendigere Funktionen integriert werden. So soll es eine Galerie geben, in der der Künstler seine Bilder bewerben kann, sowie einen Ausstellungsplan, der anzeigt, wo die nächste Vernissage stattfinden wird. Auch sollen die Besucher an Abstimmungen teilnehmen können, zum Beispiel um neue Vorschläge für künftige Bilder abzusegnen.

Die Künstler-Website legt ein wenig mehr Wert auf Individualität als die anderen Praxisbeispiele – darum erfahren Sie hier, wie Sie einzelne Unterseiten oder auch ein ganzes Blog komplett unabhängig vom Grundlayout gestalten. Ein sehr häufig genutztes Feature auf sehr, sehr vielen Websites sind wechselnde Header-Grafiken. So kann ein und dieselbe Website lediglich durch ein austauschbares Bild sehr viel frischer und dynamischer wirken.

Sie lernen anhand dieses Beispiels:

▶ Einbau wechselnder Header-Grafiken

▶ Einbindung einer Galerie

▶ Integration eines (öffentlichen) Kalenders

▶ Durchführen und Darstellen von Umfragen

▶ individuelle Gestaltung einzelner Seiten abweichend vom Hauptdesign der Website

▶ Umsetzung eines Gästebuchs

▶ individuelle Gestaltung der gesamten Blogfunktion

Einen Vorgeschmack auf das Endprodukt bietet Abbildung 15.82.

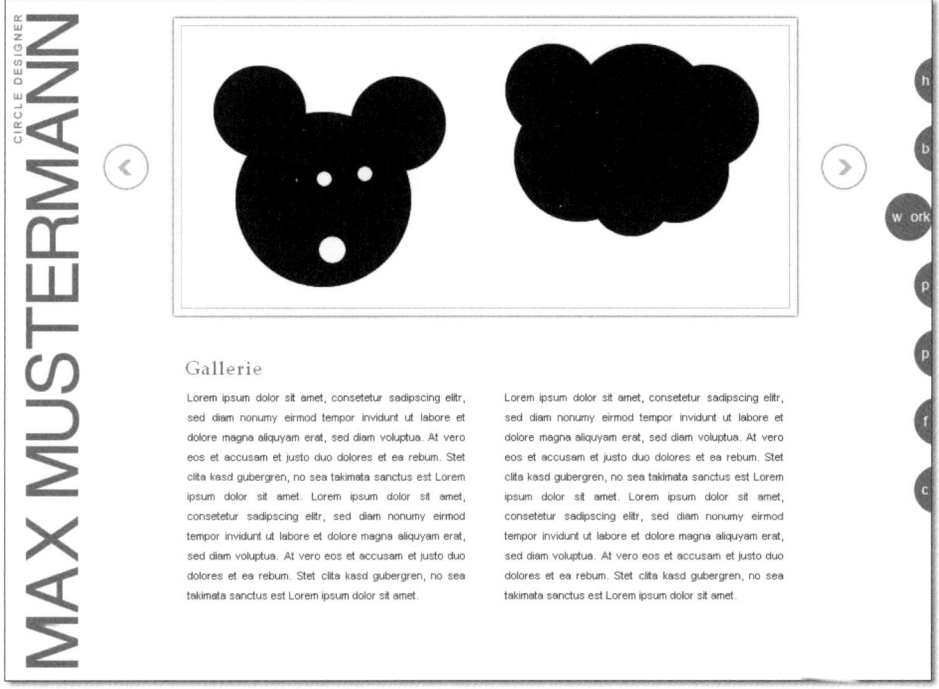

Abbildung 15.82 Das macht also ein »Circle Designer« den ganzen Tag. Auf der rechten Seite sehen Sie übrigens das Menü. Wirklich.

15.3.1 Erstellung des Grundgerüsts

Eine Datenbank haben Sie angelegt. WordPress ist installiert. Legen Sie nun in *wp-content/themes/* ein neues Verzeichnis an, zum Beispiel *cd* (für Circle Designer). Alle im Folgenden angesprochenen Theme-Dateien erstellen Sie wie immer in diesem Ordner.

Das Grundgerüst der Website besteht dieses Mal aus *header.php*, *page.php* sowie *footer.php*. Da dieses Beispiel WordPress wieder seine CMS-Funktionalität abverlangt, ist *page.php* der Mittelpunkt der Website. Ein Blog werden Sie zwar später noch integrieren, das spielt aber eher eine Nebenrolle. Eine Sidebar wird zu Anfang nicht benötigt, erst später für das Blog, weshalb Sie diese nun noch nicht anlegen müssen.

Hinweis

Sie benötigen zwar derzeit keine *index.php*, erstellen Sie diese aber trotzdem, da WordPress sonst Ihr Theme nicht als solches erkennt. Es genügt, wenn Sie eine leere *index.php* erstellen. Sie werden diese später ohnehin noch für das »externe« Blog benötigen.

In die *header.php* kommt, wie üblich, all das, was sich auf allen Seiten wiederholen soll, also der Kopf der Seite. Im Praxisbeispiel sieht das aus wie in Listing 15.43:

```
01   <!DOCTYPE html PUBLIC "-//W3C//DTD XHTML 1.0
     Transitional//EN" "http://www.w3.org/TR/xhtml1/DTD/xhtml1-
     transitional.dtd">
02   <html xmlns="http://www.w3.org/1999/xhtml">
03   <head>
04   <title><?php wp_title('|', 1, 'right'); ?>
     <?php bloginfo('name'); ?></title>
05   <meta http-equiv="Content-Type" content="text/html;
     charset=utf-8" />
06   <link rel="Stylesheet" type="text/css" href="<?php echo
     get_stylesheet_directory_uri(); ?>/reset.css" />
07   <link rel="Stylesheet" type="text/css" href="<?php echo
08   get_stylesheet_directory_uri(); ?>/style.css" />
09   <link rel="pingback" href="<?php bloginfo('wpurl'); ?>
     /xmlrpc.php" />
10   <link rel="alternate" type="application/rss+xml"
     title="RSS-Feed" href="<?php bloginfo('wpurl'); ?>/feed/" />
11   <?php wp_head(); ?>
12   </head>
13   <body>
14   <div id="page">
15   <div id="logo"><img src="<?php echo
     get_stylesheet_directory_uri(); ?>/images/logo.gif" /></div>
16   <div id="main">
```

Listing 15.43 Die vollständige header.php (wird später ergänzt)

Die *header.php* endet dort, wo das main-div beginnt. Es enthält den gesamten Content-Bereich der Seite, abgesehen vom Menü und dem Impressum-Link. Der Bereich wird in der *footer.php* beendet.

Als Nächstes ist die *page.php* dran. Darin legen Sie fest, wie eine ganz normale statische Seite aussehen soll (Listing 15.44):

```
01   <?php get_header(); ?>
02       <div id="content">
03       <?php if ( have_posts() )
         while ( have_posts() ) : the_post(); ?>
04       <h1><?php the_title(); ?></h1>
05       <?php the_content(); ?>
```

```
06        <?php endwhile; ?>
07        </div>
08    <?php get_footer(); ?>
```

Listing 15.44 Die vollständige page.php

In Zeile 02 können Sie sehen, dass das Beispiel dieses Mal nicht ganz ohne umschlie-
ßendes div-Tag in den Inhaltsseiten auskommt. Das lässt sich konzeptionell leider
nicht bewerkstelligen, wie Sie später noch sehen werden. Das ist aber nicht schlimm
und bedeutet nur, dass Sie diesen div-Bereich in jeder der folgenden Inhaltsdateien
wiederholen müssen. In Zeile 03 startet die Loop, um in Zeile 04 den Titel und in Zeile
05 den Inhalt der Seite auszugeben. Zeile 06 kennzeichnet das Ende der Loop. Eine
Sidebar wird, wie Sie sehen, nicht eingebunden.

Zu guter Letzt folgt die *footer.php*, die dieses Mal ein klein wenig umfangreicher ist
(Listing 15.45):

```
01    </div> <!-- / #main -->
02    </div> <!-- / #page -->
03    <div id="impressum">
04        <a href="<?php bloginfo('url'); ?>/impressum/">
          Impressum</a>
05    </div>
06    <div id="menu">
07    <ul>
08        <li id="home">
09            <a href="<?php bloginfo('url'); ?>/">Home</a>
10        </li>
11        <li id="blog">
12            <a href="<?php bloginfo('url'); ?>/blog/">Blog</a>
13        </li>
14        <li id="work">
15            <a href="<?php bloginfo('url'); ?>/work/">Work</a>
16        </li>
17        <li id="plan">
18            <a href="<?php bloginfo('url'); ?>/plan/">Plan</a>
19        </li>
20        <li id="poll">
21            <a href="<?php bloginfo('url'); ?>/poll/">Poll</a>
22        </li>
23        <li id="fans">
24            <a href="<?php bloginfo('url'); ?>/fans/">Fans</a>
25        </li>
26        <li id="call">
```

15

```
27              <a href="<?php bloginfo('url'); ?>/call/">Call</a>
28        </li>
29    </ul>
30    </div>
31    <?php wp_footer(); ?>
32    </body>
33    </html>
```

Listing 15.45 Die vollständige footer.php (wird gleich noch ergänzt)

In den ersten beiden Zeilen enden die in der *header.php* begonnenen div-Bereiche page und main. Es folgen ein Link zum Impressum (Zeilen 03 bis 05) sowie das Menü (Zeilen 06 bis 30). Schlussendlich wird in Zeile 15 noch die Funktion wp_footer() aufgerufen, die WordPress (oder auch Plugins) die Möglichkeit gibt, selbst Elemente zum Fußbereich der Seite hinzuzufügen.

Das Menü ist bei dieser Website statisch. Sie haben Recht, das ist nicht gerade »Best Practice«, aber Künstler dürfen das eben. Wenn Sie Webdesigner sind, werden Sie Kunden haben, die auf ein grafisches Menü bestehen. Ist dies der Fall, müssen Sie es wohl oder übel in einer Theme-Datei »hart coden«. Das Menü beinhaltet zwar Text, der wird aber über CSS (text-indent: -9999px) vor dem Besucher versteckt. Der Text dient dazu, auch denen ein Menü zu bieten, die entweder CSS deaktiviert haben oder die aufgrund einer Sehschwäche auf Screenreader angewiesen sind.

Nachteil dieser Methode ist ganz klar, dass das Menü später viel schwieriger erweiterbar ist. Ein Kunde müsste sich praktisch immer wieder an seinen Webdesigner wenden (den das natürlich freut, da er dafür eine Rechnung schreiben kann). Sie sollten daher nach Möglichkeit auf solche Menüs verzichten. Einen Vorteil hat das Ganze aber auch: Sie können wesentlich ansprechendere und vielfältigere Menüs durch Grafiken gestalten. Wenn Sie die Funktion bloginfo('url'); verwenden, müssen Sie die Links später nicht aufwendig anpassen, bevor Sie die Website von Ihrer Testumgebung auf den Server laden. So wie in Abbildung 15.83 sieht das Menü in Aktion aus.

[+]   **Tipp**

Warum keine relativen Links im Menü verwenden? Diebe kopieren gerne vollständige Websites und geben sie als ihre eigenen aus. Mit absoluten Links können Sie diesen zumindest ein Schnippchen schlagen. Denn jeder, der auf der gefälschten Website nun auf einen Link klickt, wird auf die echte weitergeleitet.

Abbildung 15.83 Das Menü besteht aus Kreisen, die an der rechten Bildschirmseite angeordnet und im Ausgangszustand nur etwa zur Hälfte zu sehen sind. Fährt der Nutzer mit
dem Mauszeiger darüber, erscheinen Sie vollständig.

15.3.2 Wechselnde Header-Grafiken

Standard auf den meisten Websites sind mittlerweile Header-Grafiken. Sie lassen die
Website dynamischer wirken und können richtige Eyecatcher sein. Ein gut ausge-
wähltes Bild aus einem hochwertigen Fotoarchiv (beispielsweise *istockphoto.com*)
kann eine Website unglaublich stark aufwerten – probieren Sie es aus. Damit aber
nicht auf jeder Website stets das gleiche Bild zu sehen ist, müssen Sie WordPress beibringen, unterschiedliche Grafiken zu verwenden – je nachdem welche Seite angezeigt wird.

Nun gibt es eine leichte und eine etwas weniger leichte Variante, um das umzusetzen. Das hängt vor allem von der Seitenstruktur ab. Im Praxisbeispiel ist es leicht:
Hier gibt es nur eine Ebene von Unterseiten und eben keine tiefe Hierarchie, wo auch
die Unterseiten der Unterseiten noch Unterseiten haben. Existiert nur eine Ebene,
dann können Sie jeder einzelnen Seite lediglich ein Bild zuweisen. Gibt es zu dieser
Ebene aber noch tiefer liegende Ebenen, dann müssen Sie irgendwie dafür sorgen,
dass diese immer das Bild der Elternseite anzeigen. Da die schwierige Variante die
leichte praktisch beinhaltet, möchte ich Ihnen diese im Folgenden vorstellen.

15

Als Erstes benötigen wir eine Funktion, die herausfindet, ob eine Seite einer speziellen Oberseite zuzuordnen ist. Die kommt, wie so häufig, in die *functions.php* in Ihrem Theme-Verzeichnis (Listing 15.46):

```php
01   <?php
02   function is_tree($pid) {
03       global $post;
04       if( is_page() && is_page($pid) ) {
05           return true;
06       }
07       else {
08           $parents = get_ancestors($post->ID, 'page');
09           if (is_page() && in_array($pid, $parents) ) {
10               return true;
11           }
12           else {
13               return false;
14           }
15       }
16   };
17   ?>
```

Listing 15.46 Die Funktion »is_tree()« für die functions.php

Die ursprüngliche Funktion habe ich unter der folgenden URL gefunden: *http://css-tricks.com/snippets/wordpress/if-page-is-parent-or-child/*. Allerdings musste ich diese abwandeln, da vorher nur die Oberseite selbst und eine Unterseitenebene erkannt wurden, aber nicht auch eine zweite oder dritte.

Der Funktion wird die $pid übergeben, das ist die ID einer Oberseite, von der überprüft werden soll, ob die aktuelle Seite entweder die Oberseite selbst ist oder eine Unterseite davon. Zunächst »holt« sich die Funktion in Zeile 02 die Daten der aktuell aufgerufenen Seite, die im Objekt $post stecken. In Zeile 04 wird dann als Erstes überprüft, ob die derzeit aufgerufene Seite auch wirklich eine statische Seite ist und ob sie sogar mit der Oberseite, die wir überprüfen wollten, übereinstimmt. Das wäre der einfachste Fall und die Funktion würde true zurückgeben.

Ist es nicht so, wird der else-Bereich ab Zeile 07 aufgerufen. Dort wird nämlich überprüft, ob die aktuell aufgerufene Seite eine Unterseite derjenigen Oberseite ist, die der Funktion anfangs übergeben wurde. Dazu holt die Funktion get_ancestors() alle Seiten, die in der Hierarchie über der aktuellen Seite stehen, in ein Array. Die Abfrage in Zeile 09 prüft dann zunächst erneut, ob eine statische Seite vorliegt (was ja Grundvoraussetzung ist), um dann mit der Funktion in_array() zu prüfen, ob in diesem Array von Oberseiten denn auch exakt die Oberseite auftaucht, die der Funktion ursprünglich übergeben worden ist. Falls ja, wird wieder `true` zurückgegeben. Ist jedoch auch diese Abfrage ins Leere gelaufen, gibt die Funktion einfach `false` zurück.

Das klingt jetzt vielleicht ein wenig kompliziert. Wichtig ist nur, dass Sie verstehen, was diese Funktion macht. Sie prüft, ob die aktuelle Seite entweder die ID einer bestimmten Oberseite hat oder ob sie eine Unterseite dieser Oberseite ist. Beispiel: Die Website besteht aus einer Oberseite (ID 10) sowie einer Unterseite (ID 11), alle anderen Seiten sind unabhängig. Der Funktion wird die ID der Oberseite übergeben, also 10. Befinden Sie sich nun gerade auf der Seite mit der ID 10, so wird `true` zurückgegeben. Ebenfalls `true` wird zurückgegeben, wenn Sie sich auf der Seite mit ID 11 befinden. Es wird hingegen `false` zurückgegeben, wenn Sie sich auf irgendeiner anderen Seite befinden. Und damit lässt sich diese Funktion wunderbar verwenden, um wechselnde Header-Grafiken zu erstellen. Das Problem war es nicht, wechselnde Grafiken auf Oberseiten darzustellen; das Problem waren die Unterseiten.

Der nächste Schritt besteht darin, eine Abfrage in das Theme einzubauen, die je nach Seitenstruktur die Kopfgrafik auswechselt. Dies geschieht vollständig in der *page.php*, da diese ja ohnehin alle statischen Seiten darstellt. Dort platzieren Sie zudem einen `div`-Bereich, der die Kopfgrafik beinhaltet und dessen CSS-Klasse durch das Script beeinflusst wird.

Zunächst die Abfrage im Kopf der *page.php* (Listing 15.47):

```
01    <?php
02    $style = "";
03    if ( is_tree(8) ) { $style = "work"; }
04    elseif ( is_tree(16) ) { $style = "plan"; }
05    elseif ( is_tree(18) ) { $style = "poll"; }
06    elseif ( is_tree(30) ) { $style = "fans"; }
07    elseif ( is_tree(22) ) { $style = "impressum"; }
08    else { $style = "home"; }
09    ?>
```

Listing 15.47 Seiten-Abfrage in der page.php

Die Abfrage aus dem obigen Listing ist recht spartanisch: Der neuen Funktion `is_tree()` werden nacheinander die IDs aller Oberseiten der Website übergeben. Dies sind bei Ihnen mit größter Wahrscheinlichkeit andere als im obigen Beispiel, passen Sie diese entsprechend an. Um die ID einer Seite herauszufinden, gehen Sie wie folgt vor. In Ihrem Backend klicken Sie auf den Menüpunkt SEITEN. Nun haben Sie zwei Möglichkeiten, die ID herauszufinden. Entweder Sie fahren mit dem Mauszeiger über den Titel der Seite, deren ID Sie benötigen. Dann wird Ihnen in der Statusleiste Ihres Browsers (meist unten links) die Zieladresse angezeigt, in der sich die ID hinter dem Parameter `post` befindet (Abbildung 15.84).

Abbildung 15.84 Die ID in der Statusleiste

Oder Sie klicken, zum Beispiel wenn Ihr Browser aus irgendeinem Grund keine Statusleiste anzeigt, einfach auf den Titel der Seite, wodurch Sie zur Bearbeitung kommen. Dort steht diese ID dann folglich oben in der Adresszeile im gleichen Schema (Abbildung 15.85).

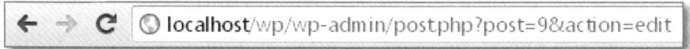

Abbildung 15.85 Die ID in der Adresszeile

Nun überprüft die Funktion, ob die gerade aufgerufene Seite mit der ID der Oberseite übereinstimmt oder eine Unterseite darstellt. Wenn ja, wird der Name der Seite in der Variablen $style gespeichert. Findet keine Übereinstimmung statt, wird vorsichtshalber der Stil der Startseite in $style gespeichert. Falls beispielsweise später eine Oberseite hinzukommt und Sie vergessen sollten, die ID zu dieser Abfrage hinzuzufügen und eine entsprechende Kopfgrafik zu erstellen, wird wenigstens das Bild der Startseite angezeigt; sozusagen ein »Catch-All«.

Direkt über dem div-Container #content platzieren Sie nun einen neuen div-Container mit der ID header; als Klasse geben Sie $style aus. Etwa wie in Listing 15.48:

```
<div id="header" class="<?php echo $style; ?>"></div>
```

Listing 15.48 Container für die Kopfgrafik

Nun wechselt die Klasse des Containers, je nachdem welche Seite aufgerufen worden ist. Diese Konstruktion lässt sich nun wunderbar über CSS ansprechen und so beliebig stylen (Listing 15.49):

```
<div id="header" class="home"></div>

.home {
    background: url(images/header/header_work.gif) no-repeat;
}
```

Listing 15.49 Beispiel für die Seite »Work« (HTML und CSS)

Die Abbildung 15.86 und die Abbildung 15.87 zeigen exemplarisch, wie dies in der Praxis aussehen könnte.

562

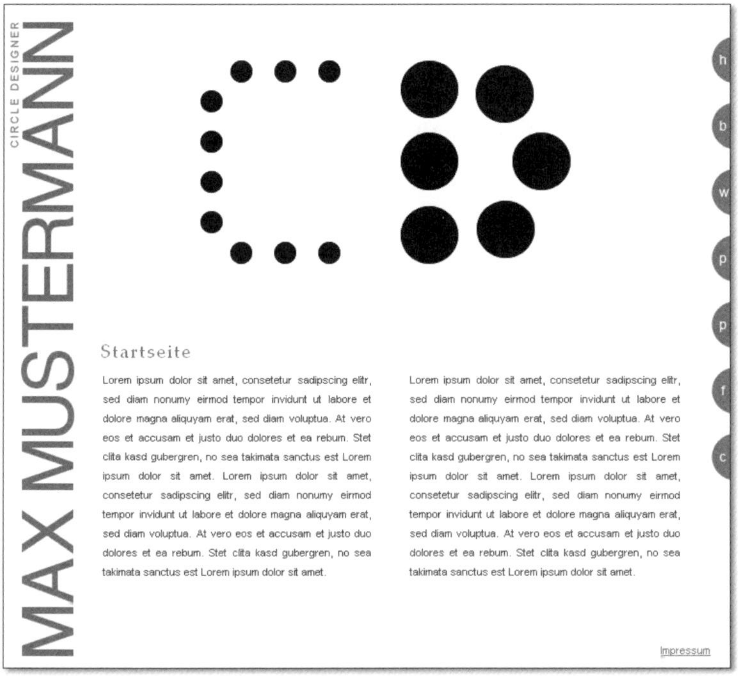

Abbildung 15.86 Die Startseite mit den Initialen »CD« als Kopfgrafik

Abbildung 15.87 Das Impressum mit einem Paragraphenzeichen als Kopfgrafik

15.3.3   Ein Galerie-Feature umsetzen

Die statischen Seiten sind nun grundsätzlich funktionsfähig und haben sogar wechselnde Header-Grafiken. Allerdings fehlt unter anderem noch die versprochene Galerie, die den Besucher später unter dem Menüpunkt work erwartet und ihm eine Kostprobe der Werke des Künstlers bietet.

Der Galeriebereich wird die Kopfgrafik auf dieser Seite ablösen. Das bedeutet, der obige Code muss ein wenig abgewandelt werden. Um die folgende Zeile Code aus Listing 15.50 muss nun eine Konstruktion herumgebaut werden, die diese Zeile lediglich auf der Seite »work« nicht ausgibt, dafür aber die Galeriekonstruktion:

```
<div id="header" class="<?php echo $style; ?>"></div>
```

Listing 15.50 Der Header-Bereich, wie er sich bislang in der page.php befindet

Diese Zeile wird ersetzt durch das folgende Konstrukt aus Listing 15.51:

```
01    <?php if ("work" != $style) { ?>
02    <div id="header" class="<?php echo $style; ?>"></div>
03    <?php } else { ?>
04    <div id="gallery"></div>
05    <?php } ?>
```

Listing 15.51 Switch zwischen Header-Bereich und Galeriebereich in der page.php

Der div-Bereich mit der ID header wird nun lediglich dann ausgegeben, wenn der $style gerade nicht »work« entspricht. Ist dies doch der Fall, so wird stattdessen die Galeriekonstruktion in Zeile 04 eingebunden. Diese Konstruktion besteht aus der Anzeige eines Bildes in der Mitte der Seite; links und rechts davon befindet sich jeweils ein Vor- bzw. Zurück-Button, mit denen man zwischen den einzelnen Werken hin- und herschalten kann.

Für die Realisierung einer Galeriefunktion greifen Sie am besten auf die zahlreichen Plugins zurück. Am bekanntesten dürfte hier das Plugin *NextGEN Gallery* sein. Für dieses Plugin existieren zudem zahlreiche Erweiterungen anderer Nutzer. Hier greife ich zusätzlich auf die Erweiterung NextGEN Scroll Gallery zurück, da sie sich recht gut in das bisherige Design eingliedert. Installieren Sie nun beide Plugins, und aktivieren Sie diese, am besten beginnen Sie mit NextGEN Gallery, da dieses das Basis-Plugin darstellt. Beide Plugins erstellen nach dem Aktivieren jeweils einen eigenen Menü-Oberpunkt. Nehmen Sie zuerst die Einstellungen für das Basis-Plugin unter dem Menüpunkt Galerie vor. Dort finden Sie sogar ein ganz eigenes Dashboard vor.

Legen Sie nun eine neue Galerie an über Galerie • Galerie / Bilder hinzufügen (Abbildung 15.88).

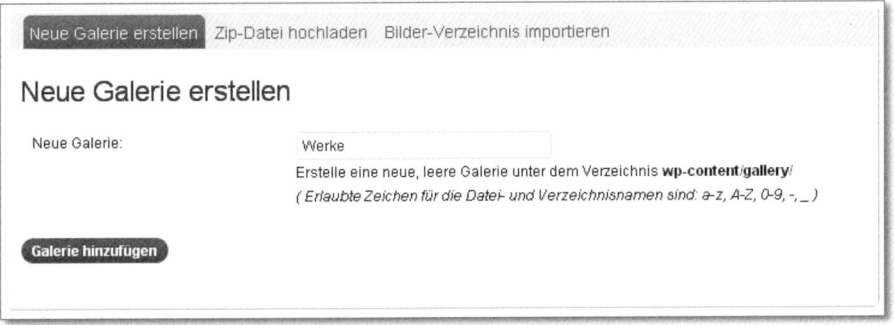

Abbildung 15.88 Geben Sie der neuen Galerie einen Namen, zum Beispiel »Werke«.

Daraufhin werden Sie auf eine Seite weitergeleitet, über die Sie Bilder für diese Galerie hochladen können. Darüber erscheint ein Hinweis, der Informationen für das Einbinden dieser Galerie in einen Beitrag enthält. Sie können die gerade erstellte Galerie nämlich über einen sogenannten Shortcode in jeden Beitrag und jede Seite einfügen (Abbildung 15.89). Der Code hat folgendes Schema: [nggallery id=x].

> Galerie ID 1 erstellt..
> Du kannst diese Galerie jetzt mit dem Stichwort **[nggallery id=1]** in einen Artikel einbinden.
> Galerie ändern

Abbildung 15.89 Wichtige Informationen zum Einbinden der Galerie

Der Code, der vom Basis-Plugin erstellt wird, ist in diesem Beispiel jedoch nicht so entscheidend, da das Zusatz-Plugin gleich noch einen eigenen Code generieren wird. Merken Sie sich aber schon einmal die ID, die benötigen Sie gleich noch.

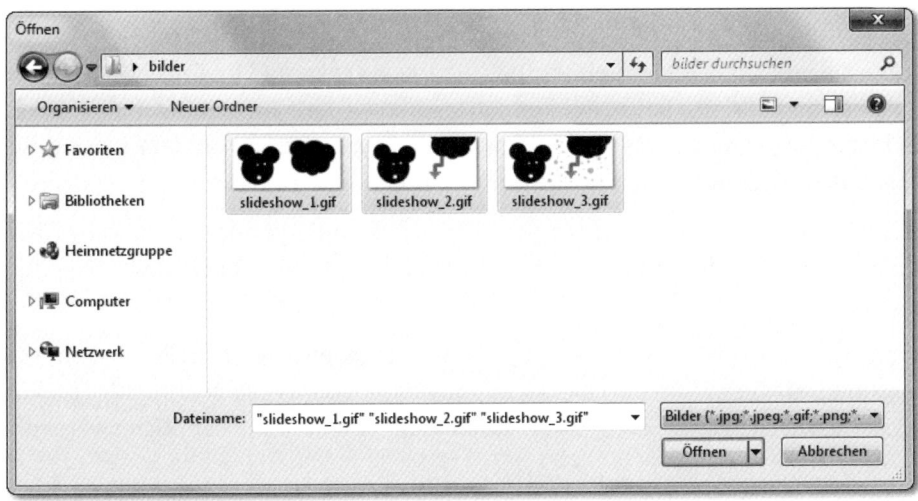

Abbildung 15.90 Auswählen der Bilder von Ihrem PC

Nach einem Klick auf DURCHSUCHEN öffnet sich das übliche Dialogfeld (Abbildung 15.90). Sie können hier durchaus mehrere Bilder gleichzeitig auswählen, die Software wird sie zuverlässig in einem Schritt der Galerie hinzufügen. Am besten laden Sie die Bilder gleich in der Größe hoch, die Sie für die Slideshow bzw. die Galerie benötigen (Abbildung 15.91). Das spart Bandbreite und Speicherplatz.

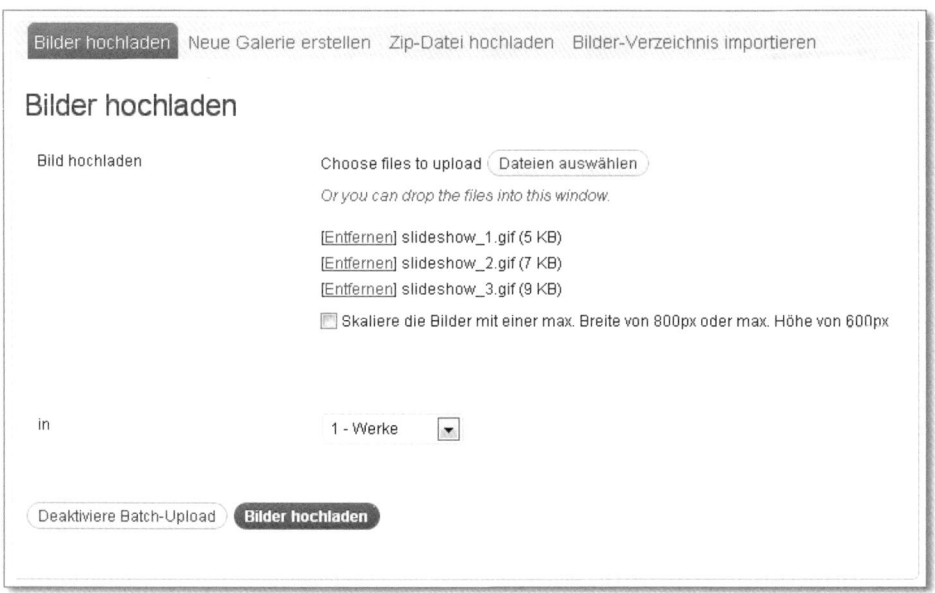

Abbildung 15.91 Bilder hochladen

Wählen Sie schließlich noch die Galerie aus, zu der Sie die Bilder hinzufügen möchten. Das Plugin lädt die Bilder anschließend hoch und erstellt entsprechende Vorschaubilder.

Klicken Sie nun auf den Menüpunkt GALERIE VERWALTEN und im folgenden Fenster auf den Namen Ihrer Galerie. Hier können Sie nun weitere Einstellungen für Galerie und Bilder vornehmen. Wichtig ist hier vor allem die Funktion SORTIERE BILDER, die Sie über den gleichnamigen Button erreichen (Abbildung 15.92).

Hier können Sie ganz leicht per Drag & Drop die Reihenfolge verändern, was gerade für eine Slideshow, wie sie in das Praxisbeispiel eingebunden werden soll, unabdingbar ist.

Als nächsten Schritt können Sie direkt dazu übergehen, die Einstellungen für die Slideshow unter dem eigenen Obermenüpunkt SCROLLGALLERY vorzunehmen. Dort finden Sie auch den Code, den Sie zum Einbinden dieser Galerie benötigen werden.

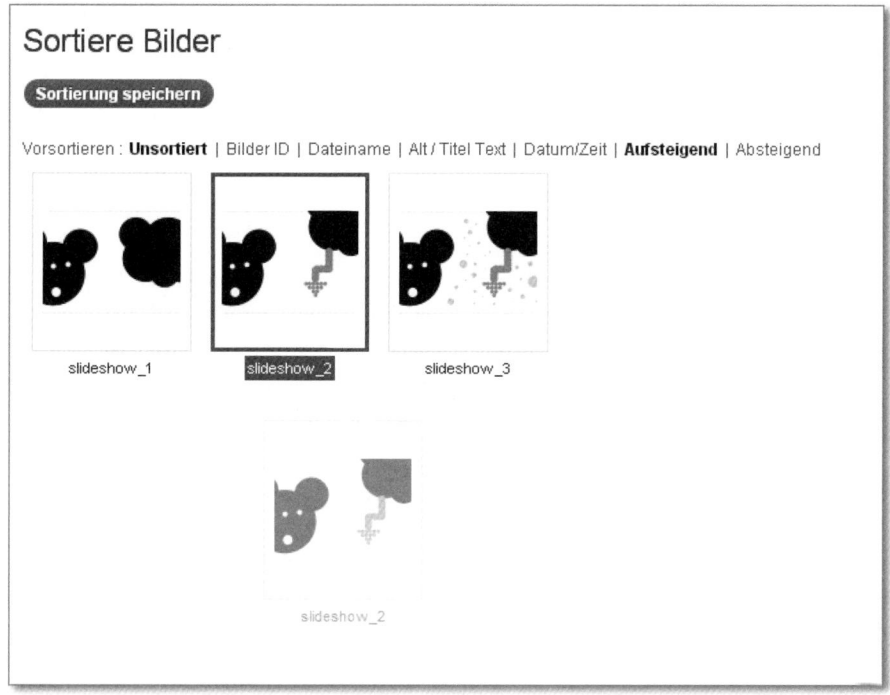

Abbildung 15.92 Die Bilder sortieren

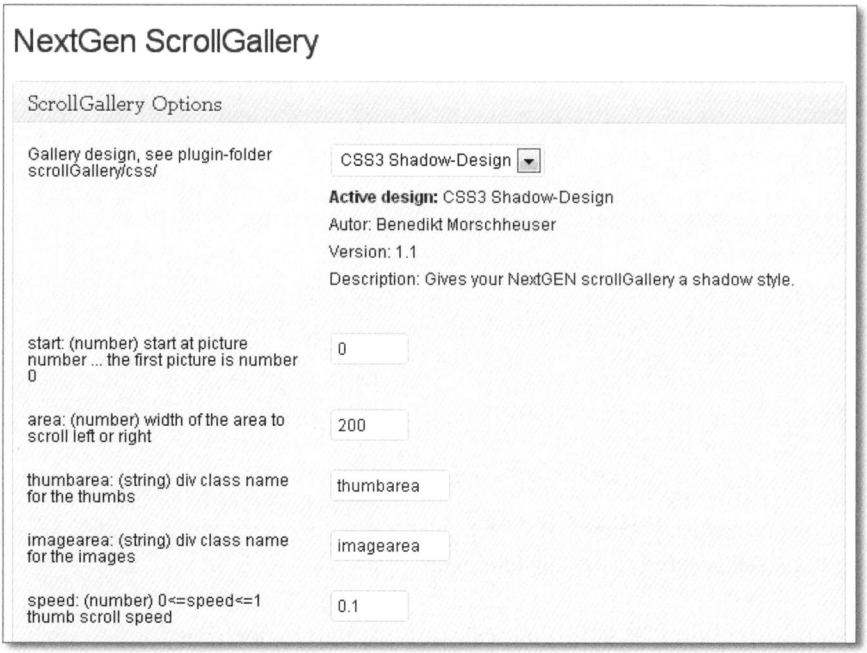

Abbildung 15.93 Der erste Teil der Einstellungen

Im ersten Teil der Einstellungen (Abbildung 15.93) können Sie zunächst das Design der Slideshow bestimmen. Sie haben hier die Auswahl zwischen Grey-Photobook, No extra design oder CSS3 Shadow-Design. Das erste ist relativ dunkel gehalten mit großen, dunkelgrauen Flächen. Wählen Sie No extra design, dann bekommen Sie ein sehr schlichtes Design präsentiert, was Sie beliebig per CSS stylen können. Nicht ganz so schlicht ist das CSS3 Shadow-Design, was für dieses Beispiel auch am besten passt.

In den folgenden Optionen können Sie noch festlegen, mit welchem Bild gestartet werden soll (start), wie breit der Bereich in Pixeln sein darf, der für die Scroll-Galerie zur Verfügung steht (area), sowie einige CSS-Klassen definieren, um das Design selbst anpassen oder erweitern zu können (thumbarea und imagearea), und schließlich können Sie noch bestimmen, wie schnell gescrollt wird (speed).

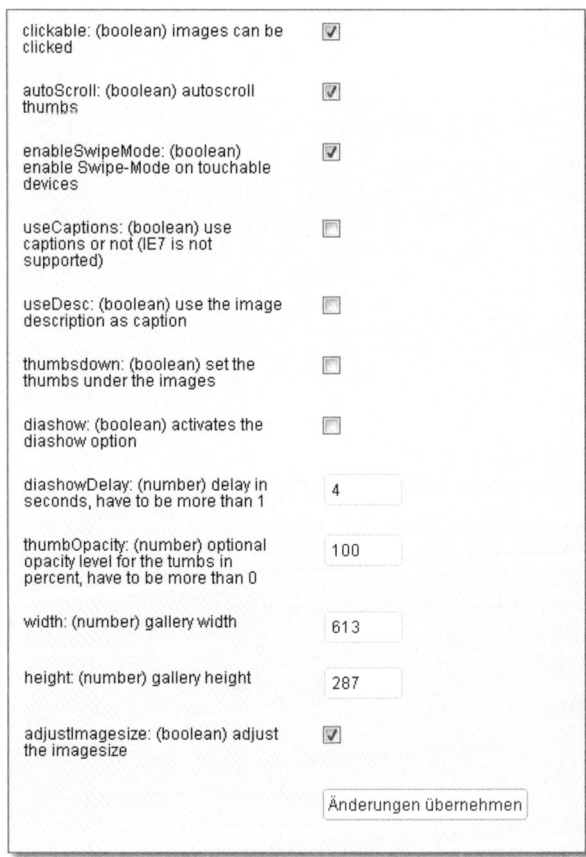

Abbildung 15.94 Der zweite Teil der Einstellungen

Im zweiten Teil (Abbildung 15.94) können Sie unter anderem noch bestimmen, ob Bilder angeklickt werden können (clickable), ob die Bilder in der Scroll-Galerie automatisch gescrollt werden sollen oder ob sie still sehen (AUTOSCROLL), ob Beschreibungen angezeigt werden soll (USECAPTIONS) oder ob die Scroll-Galerie unter dem jeweils angezeigten Bild platziert werden soll oder darüber (THUMS-DOWN). Legen Sie zudem noch die Maße der Bilder fest (WIDTH, HEIGHT) sowie, ob die Bildgröße automatisch daran angepasst werden soll (ADJUSTIMAGESIZE).

Anpassen sollten Sie jedenfalls die Maße für die Bilder. Der Rest ist wie so oft Geschmackssache, hier gibt es kein Richtig oder Falsch. Probieren Sie ruhig ein wenig herum.

Die Slideshow wird durch einen anderen Code eingebunden als die Standardgalerie des Basis-Plugins (Abbildung 15.95). Dafür bleibt die ID aber gleich. Sie können die Slideshow nun über den Code [scrollGallery id=x] direkt in Ihren Beitrag oder in Ihre Seite einbauen, indem Sie diesen Shortcode in den Editor schreiben und abspeichern. Das x ersetzen Sie natürlich durch die ID Ihrer Galerie, die Sie sich bestimmt gemerkt haben.

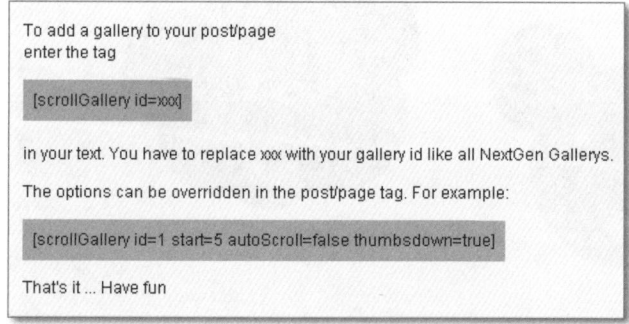

Abbildung 15.95 Der Code für das Einbinden der Slideshow

Sie können den Shortcode sogar noch um Einstellungen erweitern. Das kann sinnvoll sein, wenn Sie verschiedene Slideshows in Ihre Website einbinden möchten und sich nicht alle gleich verhalten sollen. Die Optionsseite bietet nämlich keine Möglichkeit, für verschiedene Galerien unterschiedliche Optionen festzulegen. Darum können Sie diese einfach in den Shortcode integrieren. Immer nach dem Schema [scrollGallery id=x name-der-option=wert-der-option].

So weit, so gut. Was aber tun Sie, wenn Sie die Slideshow nun direkt in Ihr Theme integrieren wollen, so wie in diesem Praxisbeispiel? Auch dafür gibt es eine ganz einfache Lösung: die Funktion do_shortcode().

Passen Sie den div-Bereich mit der ID gallery in Ihrer *page.php* einfach wie in Listing 15.52 an (das x natürlich wieder durch die ID ersetzen):

```
01    <div id="gallery">
02        <?php echo do_shortcode('[scrollGallery id=x]'); ?>
03    </div>
```

Listing 15.52 Der Galeriebereich in der page.php

Wichtig ist, dass Sie vor der Funktion do_shortcode() unbedingt ein echo setzen, andernfalls wird die Galerie nicht angezeigt.

Das Ergebnis all Ihrer Bemühungen sehen Sie in Abbildung 15.96.

Abbildung 15.96 Die ScrollGallery im Stil »CSS3 Shadow-Design«

15.3.4   Integration eines Eventkalenders

Unter dem Menüpunkt PLAN soll es dem Besucher möglich sein, die kommenden Termine des Künstlers bzw. seiner Ausstellungen einzusehen. Hierzu muss ein Kalender-Plugin in WordPress eingebaut und an das Design der Website angepasst werden.

Es gibt zahlreiche Plugins, um einen Kalender in WordPress zu integrieren. Im Rahmen dieses Abschnitts möchte ich Ihnen den *Ajax Event Calendar* vorstellen. Laden Sie sich das Plugin herunter, und aktivieren Sie es sogleich.

Das Plugin finden Sie an verschiedenen Stellen im Backend. Zunächst erstellt es einen ganz eigenen Menüpunkt namens Kalender; hierüber können Sie sich den Kalender im Backend ansehen sowie Termine hinzufügen, Kategorien verwalten und sich sogar einen Aktivitätsreport anzeigen lassen. Allgemeine Einstellungen können Sie unter Kalender • Einstellungen vornehmen. Zudem können Sie eine eigene Benutzer-Rolle vergeben, indem Sie einen neuen Nutzer anlegen bzw. einen bestehenden bearbeiten.

Beschäftigen Sie sich idealerweise zunächst mit den allgemeinen Einstellungen, die Sie unter Kalender • Einstellungen finden (Abbildung 15.97).

Sie haben nun die Möglichkeit, verschiedene Optionen festzulegen. So können Sie:

▶ Wochenenden im Kalender anzeigen lassen,

▶ Benutzer vom Anlegen oder Ändern abgelaufener Termine abhalten,

▶ einen Termin-hinzufügen-Button im Frontend anzeigen lassen,

▶ einen Link zum Stadtplan in den Termindetails anzeigen lassen,

▶ URLs im Beschreibungsfeld automatisch in anklickbare Links umwandeln,

▶ Links zu Termindetails in einem neuen Browserfenster öffnen lassen und

▶ das Blättern mit dem Mausrad ermöglichen.

Zudem legen Sie fest, welchem Format die Adressausgabe folgen soll und in welchen Intervallen der Zeitenwähler die Minuten anzeigen soll.

Es folgt eine Auflistung an Feldern, die im Rahmen der Erstellung eines neuen Events angezeigt werden. Hier können Sie festlegen, welche davon erforderlich sein sollen, um ein neues Event anlegen zu dürfen.

Wenn das für Ihre Besucher interessant ist, können Sie auch Informationen zur Behindertenfreundlichkeit sowie einen Hinweis, den Veranstalter zu kontaktieren, ausgeben lassen. Schließlich setzen Sie das Plugin mit einem Klick auf die letzte Option auf die Werkeinstellungen zurück, falls dies einmal erforderlich sein sollte.

Bearbeiten Sie vor allem die lange Liste an erforderlichen Feldern; sie wird für den üblichen Gebrauch zu detailliert sein. Nicht jeder Termin muss mit einer genauen Anschrift oder Kontaktinformationen versehen werden.

Als nächsten Schritt sollten Sie den Kalender nun erst einmal in Ihre Website integrieren. Auch hier funktioniert das über einen Shortcode, den Sie allerdings dieses Mal getrost direkt in eine Seite einfügen können (Abbildung 15.98). Der Shortcode lautet simpel `[calendar]`.

15

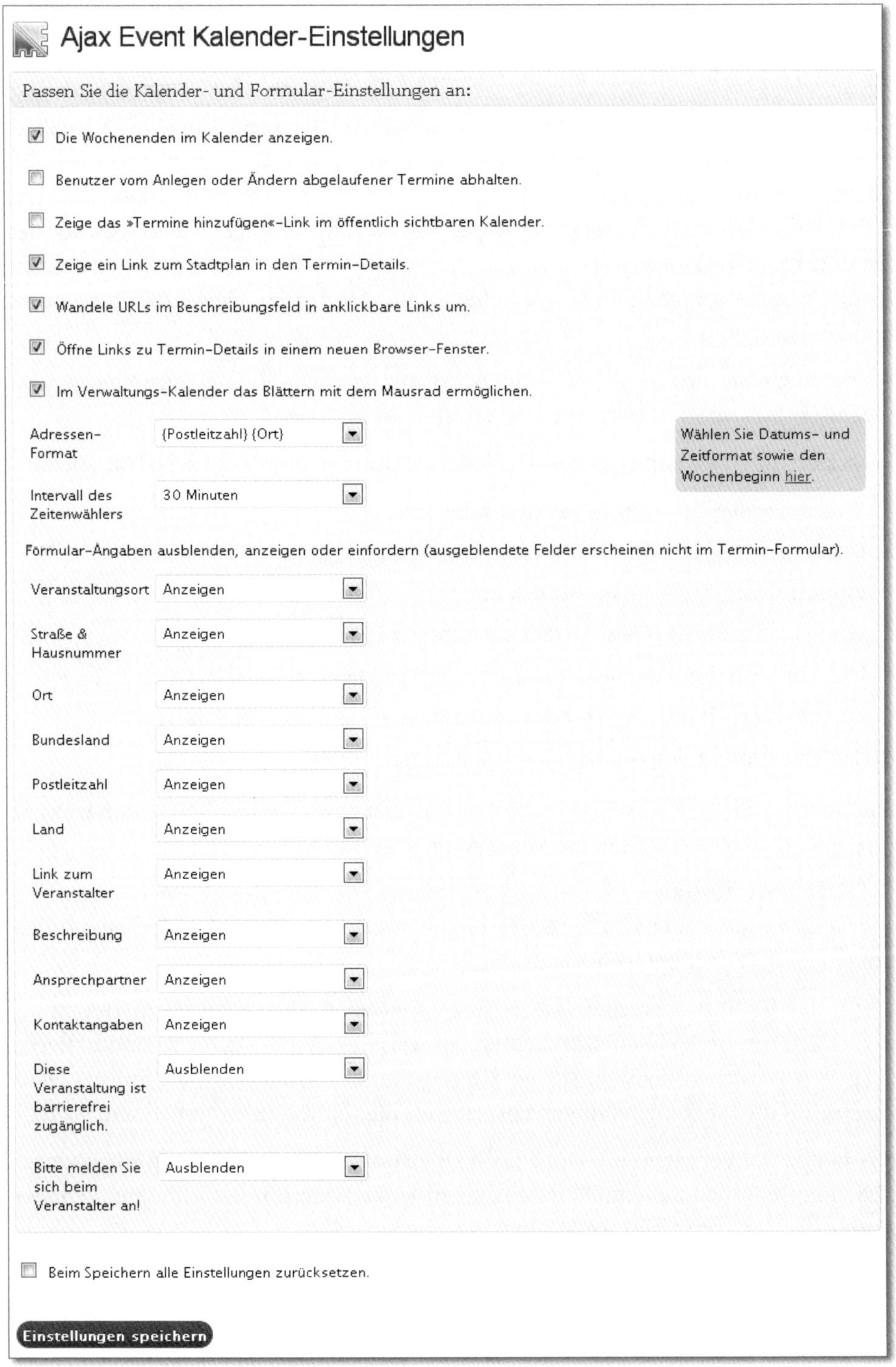

Ajax Event Kalender-Einstellungen

Passen Sie die Kalender- und Formular-Einstellungen an:

☑ Die Wochenenden im Kalender anzeigen.

☐ Benutzer vom Anlegen oder Ändern abgelaufener Termine abhalten.

☐ Zeige das »Termine hinzufügen«-Link im öffentlich sichtbaren Kalender.

☑ Zeige ein Link zum Stadtplan in den Termin-Details.

☑ Wandele URLs im Beschreibungsfeld in anklickbare Links um.

☑ Öffne Links zu Termin-Details in einem neuen Browser-Fenster.

☑ Im Verwaltungs-Kalender das Blättern mit dem Mausrad ermöglichen.

Adressen-Format	{Postleitzahl} {Ort}	▼
Intervall des Zeitenwählers	30 Minuten	▼

Wählen Sie Datums- und Zeitformat sowie den Wochenbeginn hier.

Formular-Angaben ausblenden, anzeigen oder einfordern (ausgeblendete Felder erscheinen nicht im Termin-Formular).

Veranstaltungsort	Anzeigen	▼
Straße & Hausnummer	Anzeigen	▼
Ort	Anzeigen	▼
Bundesland	Anzeigen	▼
Postleitzahl	Anzeigen	▼
Land	Anzeigen	▼
Link zum Veranstalter	Anzeigen	▼
Beschreibung	Anzeigen	▼
Ansprechpartner	Anzeigen	▼
Kontaktangaben	Anzeigen	▼
Diese Veranstaltung ist barrierefrei zugänglich.	Ausblenden	▼
Bitte melden Sie sich beim Veranstalter an!	Ausblenden	▼

☐ Beim Speichern alle Einstellungen zurücksetzen.

Einstellungen speichern

Abbildung 15.97 Die allgemeinen Einstellungen des Kalenders

Abbildung 15.98 Fügen Sie auf der Seite »Plan« einfach den Shortcode »[calendar]« ein, und speichern Sie ab.

Nun empfiehlt es sich, zunächst die Kategorien zu verwalten, um die Termine gleich richtig eintragen zu können. Dies ist über den Menüpunkt KALENDER · KATEGORIEN möglich (Abbildung 15.99).

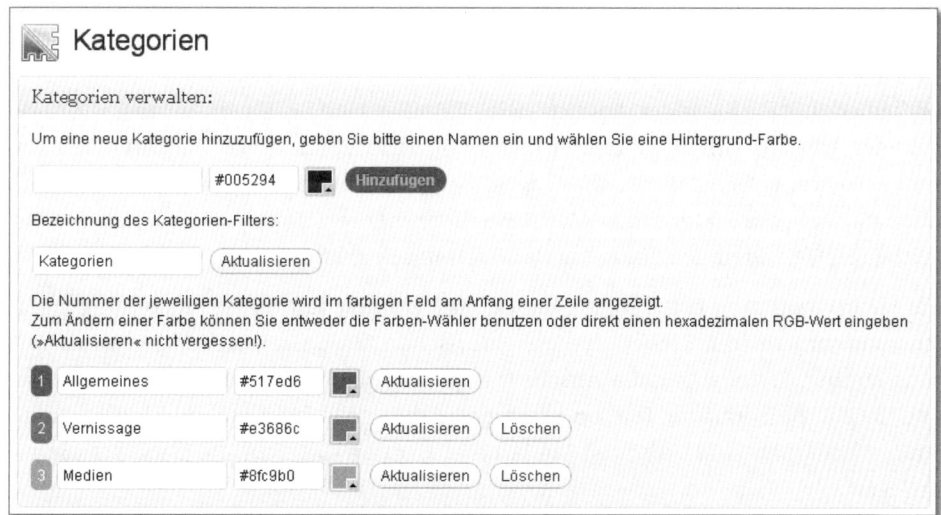

Abbildung 15.99 Die äußerst einfache Kategorienverwaltung

Legen Sie neue Kategorien an, oder bearbeiten Sie die bestehenden. Sie können jeder eine eigene Farbe zuweisen, die später im Kalender maßgebliche Verwendung finden wird.

Jetzt können Sie sich endlich an das Hinzufügen neuer Termine begeben. Dies geschieht über die Kalenderansicht im Backend, die Sie über KALENDER erreichen (Abbildung 15.100).

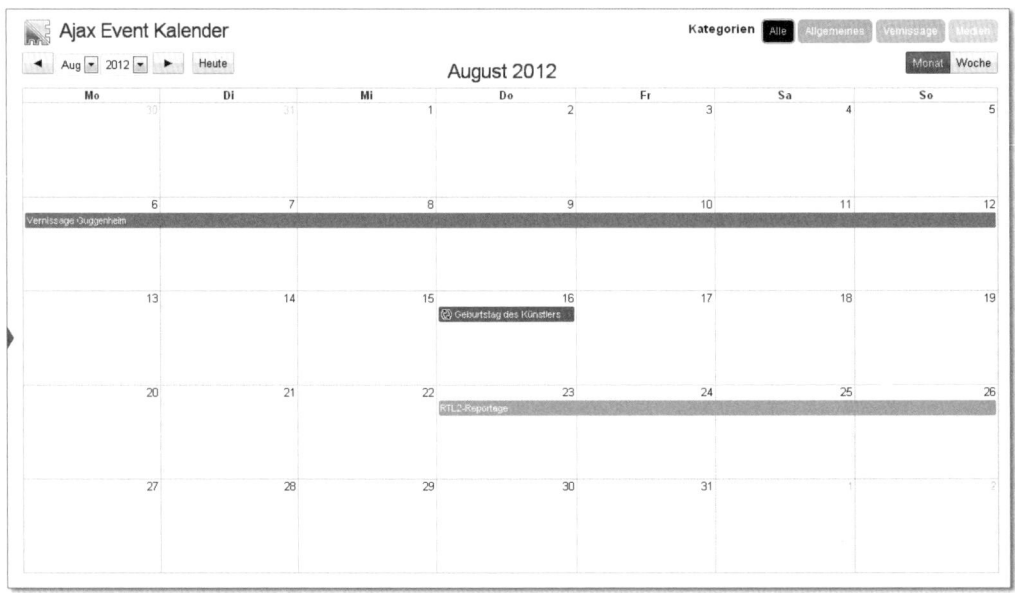

Abbildung 15.100 Das Hinzufügen und Bearbeiten neuer Termine ist kinderleicht.

Sie bedienen den Kalender ähnlich, wie Sie auch Google Kalender oder Outlook bedienen würden. Um einen neuen Termin hinzuzufügen, klicken Sie auf einen leeren Tag bzw. eine leere Fläche eines Tages. Sie können auch mehrere Tage auswählen, indem Sie bei gedrückter linker Maustaste über mehrere Tage fahren. Einen Termin bearbeiten Sie, indem Sie direkt auf den Termin selbst klicken.

Wie Sie in Abbildung 15.101 sehen, bietet das Formular zahlreiche Einstellungsmöglichkeiten pro Termin. Neben den obligatorischen Mindesteinstellungen eines Termins können Sie eine genaue Anschrift angeben, eine URL hinzufügen oder sogar eine Kontaktperson samt Telefonnummer nennen. Welche Angaben hiervon zwingend erforderlich sind, konnten Sie ja bereits unter KALENDER · EINSTELLUNGEN festlegen.

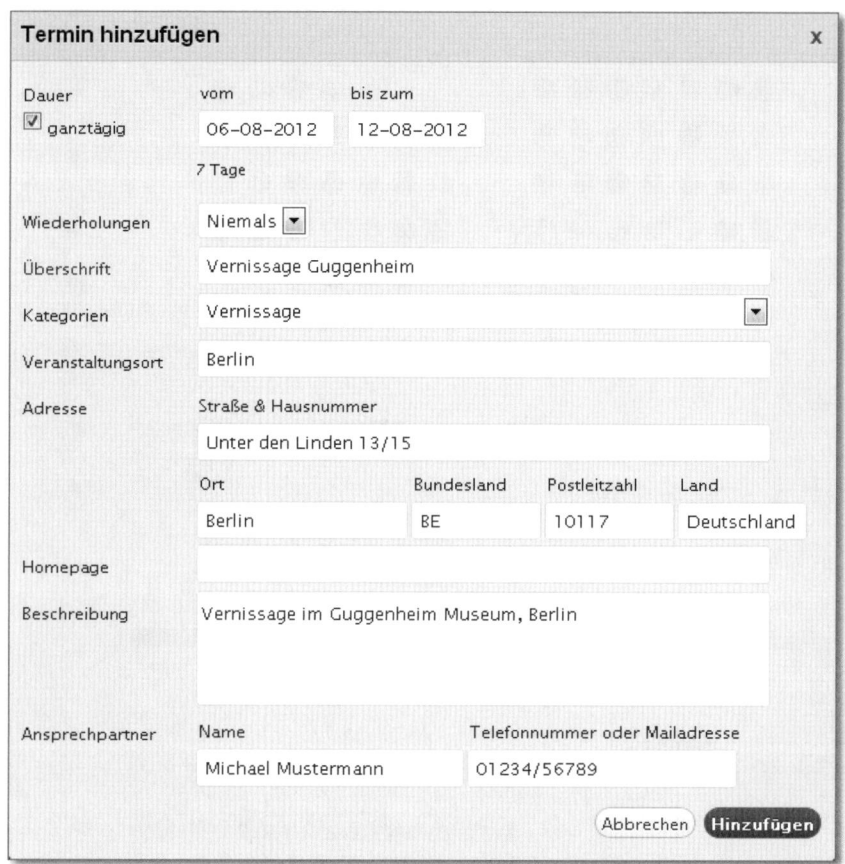

Abbildung 15.101 Bearbeiten und Hinzufügen eines Termins sind identisch.

Nachdem Sie einige Termine eingetragen haben, schauen Sie sich den Kalender doch einmal im Frontend an, und überprüfen Sie, ob er sich gut in Ihr Design eingliedert (Abbildung 15.102).

Sie sind nicht ganz zufrieden, wie Ihr Kalender sich darstellt? Offiziell bietet das Plugin leider keine Einstellungsmöglichkeiten. Dafür können Sie die einzelnen Elemente aber per CSS ansprechen. Hilfreich ist hierfür, wenn Sie beispielsweise eine Erweiterung wie Firebug für Firefox (*https://addons.mozilla.org/de/firefox/addon/firebug/*) oder gleich den Browser Chrome von Google (*http://www.google.com/chrome/*) einsetzen. Dann können Sie den Quellcode direkt im Browser bearbeiten und Veränderungen sofort sehen.

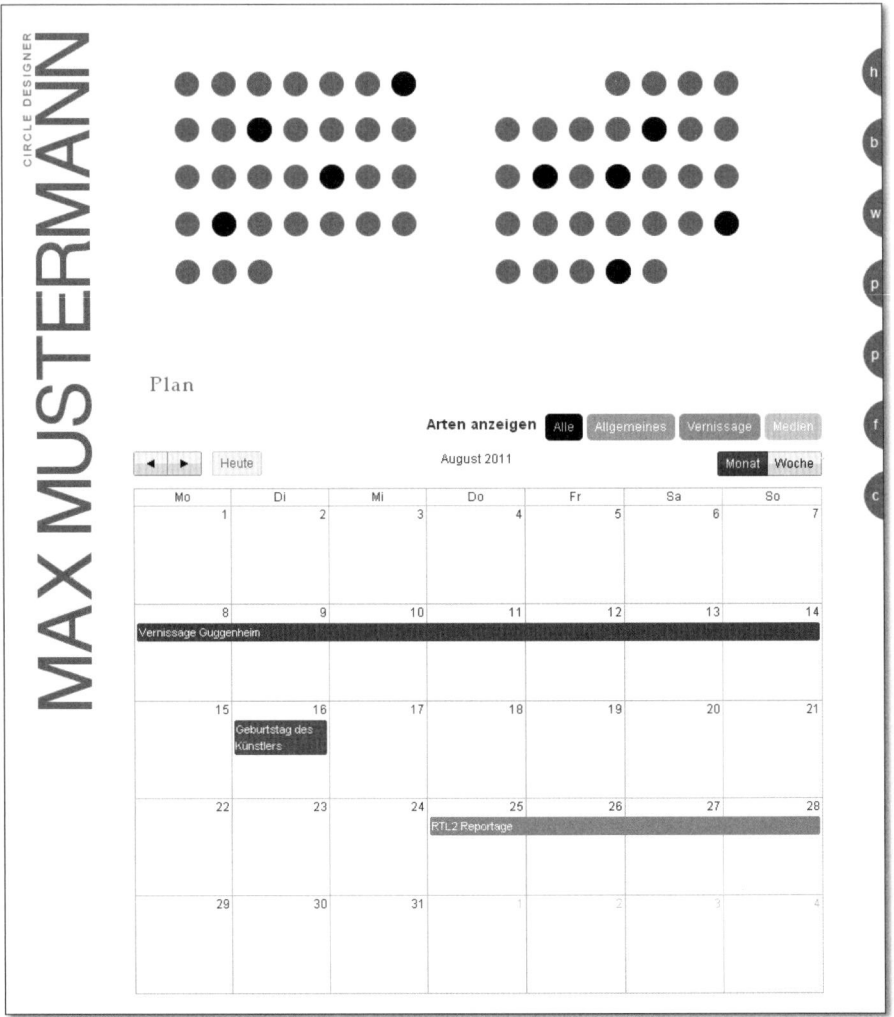

Abbildung 15.102 Der Kalender im Frontend

Den gesamten Kalender sprechen Sie übrigens über die CSS-ID #aec-container an. Hier können Sie dann zum Beispiel die Breite des Kalenders festlegen. Für dieses Praxisbeispiel habe ich zusätzlich auch noch einen Außenabstand nach unten festgelegt, da der Kalender zuvor unschön am unteren Bild klebte. In Listing 15.53 sehen Sie die einzigen CSS-Einstellungen, die ich für dieses Beispiel vorgenommen habe:

```
01   #aec-container {
02       width: 90 %;
03       margin-bottom: 50px;
04   }
```

Listing 15.53 Anpassung des Kalenders in der style.css

Schließlich können Sie für den Kalender, wie angekündigt, sogar einzelne Benutzer zum CALENDAR CONTRIBUTOR ernennen, die dann Ihren Kalender pflegen können (Abbildung 15.103). Das erledigen Sie über den Menüpunkt BENUTZER im Backend. Den Status können Sie sowohl bestehenden Benutzern verleihen als auch bei gänzlich neuen direkt festlegen.

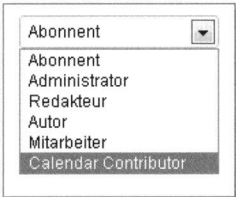

Abbildung 15.103 Den Benutzer zum Kalenderpfleger machen

Hinweis

Das Plugin verwendet die Zeit- und Datumseinstellungen, die Sie in WordPress ganz allgemein unter EINSTELLUNGEN • ALLGEMEIN festgelegt haben.

15

15.3.5 Umfragen durchführen

Der Künstler möchte seine Community gerne an seiner Arbeit beteiligen. Und so plant er, in Zukunft Umfragen durchzuführen. Das lässt sich auf unterschiedlichen Wegen lösen. Einer davon sind Plugins. Derer dürften Sie aber mittlerweile überdrüssig geworden sein. Darum möchte ich Ihnen an dieser Stelle eine weitere Methode vorstellen, wie Sie eine Umfrage (und auch vieles andere) in Ihre WordPress-Website integrieren können. Es gibt einen Dienst namens *Twtpoll*, der vor allem von Twitter-Nutzern verwendet wird, um Umfragen per Tweet zu veranstalten. Dieser Dienst generiert die Umfragen, die Sie sehr leicht auch in WordPress integrieren können, und das ganz ohne Plugin. Der Dienst ist grundsätzlich kostenfrei, wenn Sie nicht mehr als 400 Abstimmungsteilnehmer bzw. 100 Umfragenteilnehmer erwarten oder bestimmte Features benötigen, wie zum Beispiel die Entfernung des Brandings.

Begeben Sie sich zunächst auf die Website *http://twtpoll.com*. Dort klicken Sie am besten zuerst auf REGISTER / SIGN IN und erstellen sich einen Account (Abbildung 15.104). Auf der folgenden Seite klicken Sie dann auf CREATE POLL, um Ihre erste Abstimmung zu erstellen (Abbildung 15.105).

Sign up to TwtPoll!
If you're NOT on Twitter or
manage multiple Twitter accounts.
Name
twtpolltestuser
Email
Password
••••••
Create account

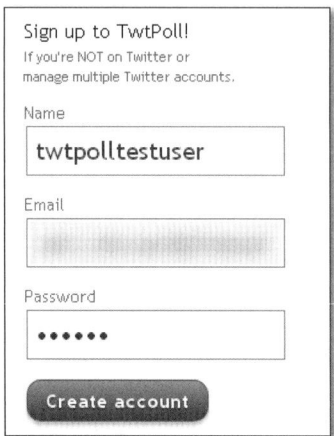

Abbildung 15.104 Account bei Twtpoll erstellen

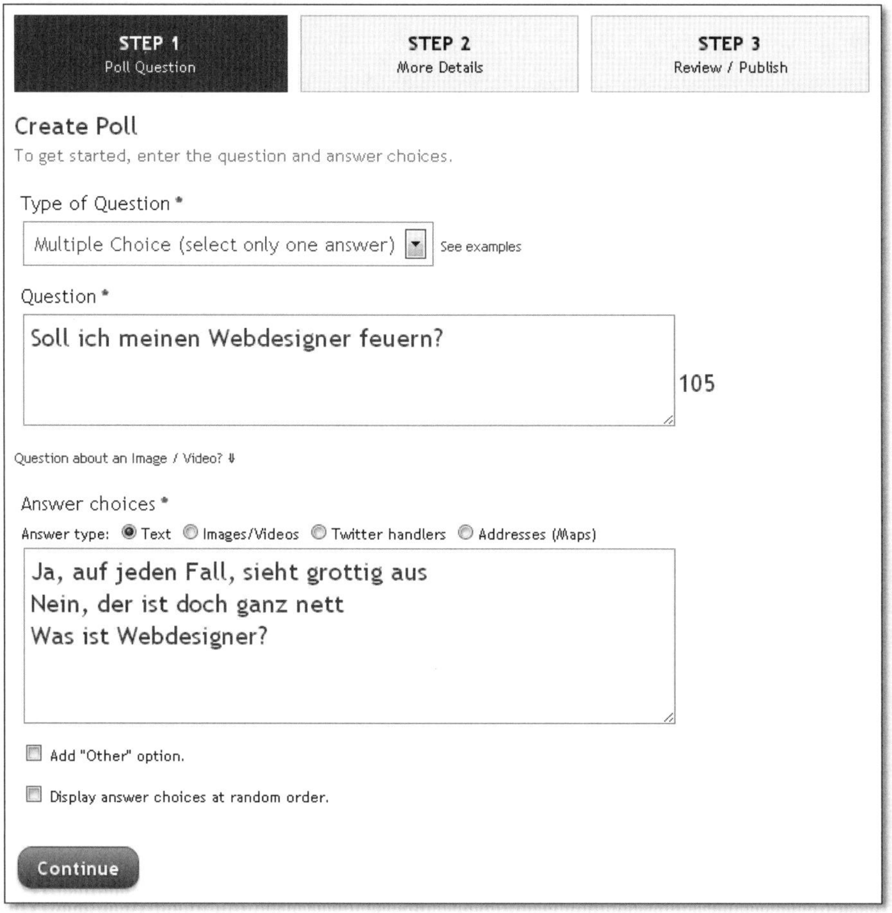

STEP 1
Poll Question
STEP 2
More Details
STEP 3
Review / Publish
Create Poll
To get started, enter the question and answer choices.
Type of Question *
Multiple Choice (select only one answer)
See examples
Question *
Soll ich meinen Webdesigner feuern?
105
Question about an Image / Video?
Answer choices *
Answer type: Text Images/Videos Twitter handlers Addresses (Maps)
Ja, auf jeden Fall, sieht grottig aus
Nein, der ist doch ganz nett
Was ist Webdesigner?
Add "Other" option.
Display answer choices at random order.
Continue

Abbildung 15.105 Eine neue Abstimmung erstellen

Sie können verschiedene Arten von Abstimmungen erstellen: Von MULTIPLE CHOICE über DROPDOWN bis hin zu einer Matrix ist alles dabei. Geben Sie in den beiden folgenden Feldern dann Ihre Frage und die jeweiligen Antwortmöglichkeiten (eine pro Zeile) ein, und klicken Sie auf CONTINUE.

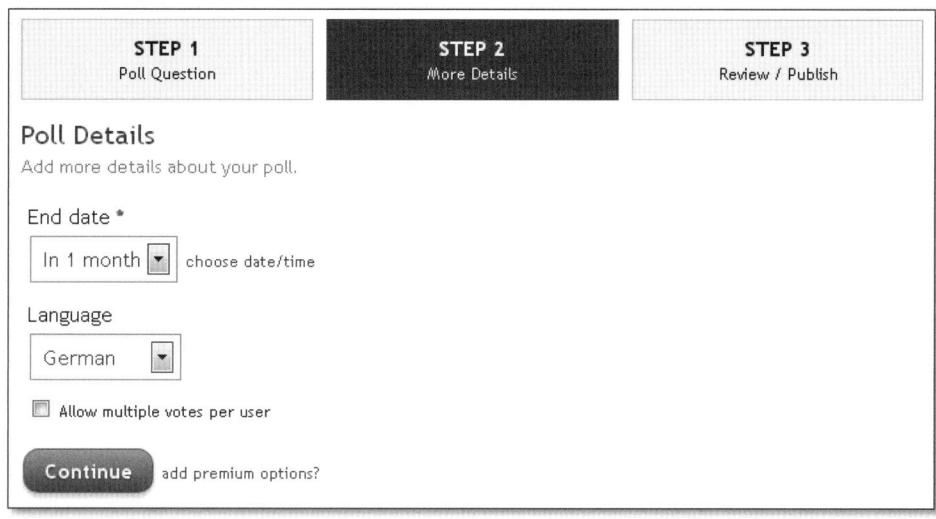

Abbildung 15.106 Weitere Einstellungen zur Abstimmung

Die nächste Seite bietet Ihnen noch ein paar zusätzliche Einstellungen zur Abstimmung, wie zum Beispiel das Enddatum oder die Spracheinstellung (Abbildung 15.106)
.

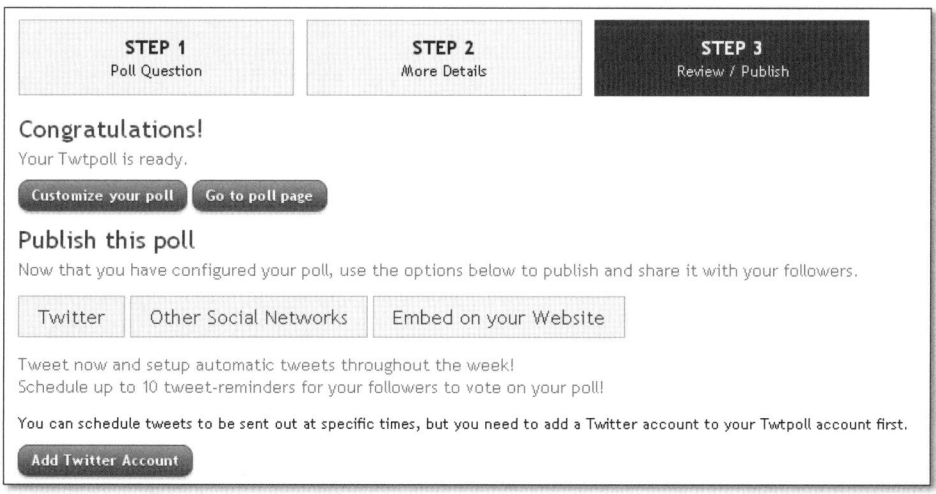

Abbildung 15.107 Geschafft! Fast.

Die Abstimmung ist nun erstellt. Damit Sie diese in Ihre WordPress-Website einbinden können, klicken Sie auf den Button EMBED ON YOUR WEBSITE (Abbildung 15.107). Es öffnen sich dann weitere Optionen, mit deren Hilfe Sie einen Code erstellen können (Abbildung 15.108).

Abbildung 15.108 Den Code anpassen

Wählen Sie aus, was genau integriert werden soll (TYPE): Die Frage, die Resultate oder beides? Soll der Code in einen Beitrag/eine Seite integriert werden oder in die Sidebar? Welche Maße soll die Abstimmung haben, und soll der Hintergrund transparent sein?

Über GET CODE wird der Code schließlich generiert. Kopieren Sie den gewünschten Code direkt in Ihre Seite (Abbildung 15.109).

Abbildung 15.109 Den Code in die Seite integrieren

Im Beispiel soll die Abstimmung auf der Seite »Poll« erscheinen. Denken Sie unbedingt daran, den Code in der HTML-Ansicht einzufügen, ansonsten würde WordPress die wichtigen programmiertechnischen Zeichen in normalen Text umwandeln.

Das Ganze sieht dann etwa so aus wie in Abbildung 15.110.

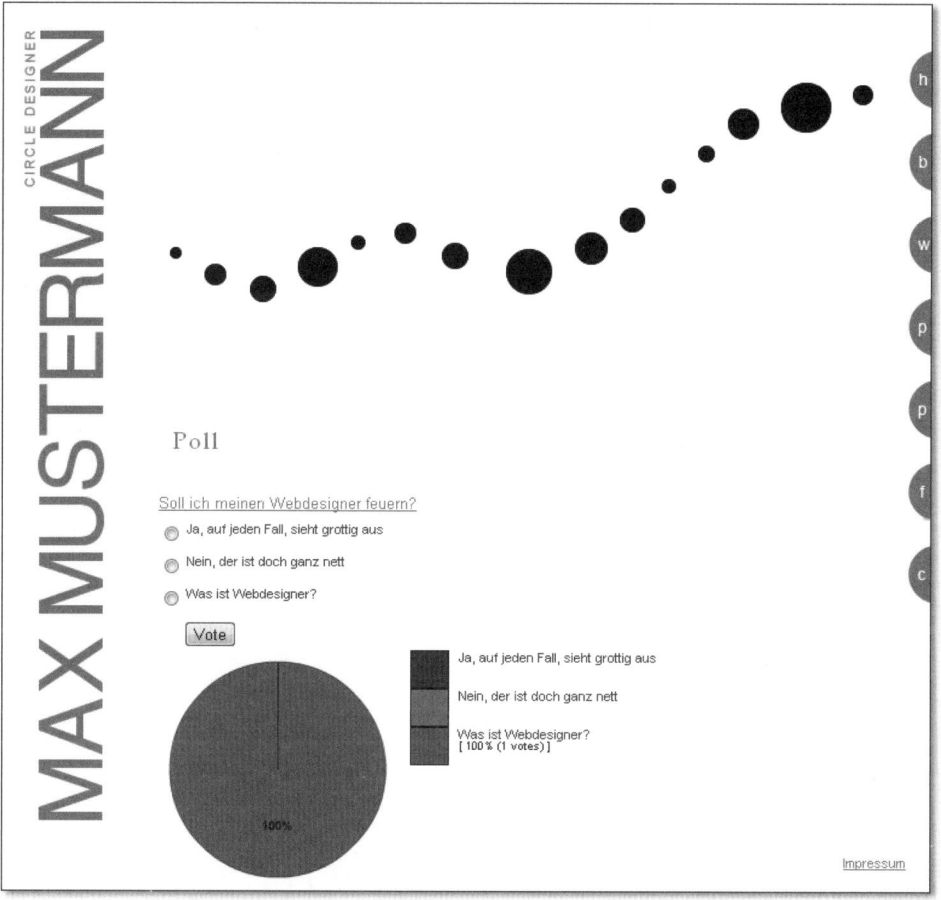

Abbildung 15.110 Die vollständig integrierte Abstimmung

15.3.6   Seiten individuell gestalten

Ein Problem, auf das man als Webdesigner immer wieder stößt, ist das Einbinden individuell gestalteter Unterseiten. Es geht darum, dass einzelne Unterseiten ein Design erhalten, das vollkommen losgelöst vom Rest der Website ist. Bislang haben Sie im Rahmen dieses Buches praktisch immer dasselbe Schema verfolgt: Header einbinden, Sidebar einbinden, Footer einbinden. So sahen alle Seiten bislang sehr, sehr ähnlich aus. Ich möchte Ihnen nun anhand der Unterseite »Kontakt« zeigen, wie Sie losgelöst von diesem Muster Ihre Seiten individuell gestalten können.

Möglicherweise haben Sie sich schon gefragt, warum Header, Sidebar und Footer in jede Theme-Datei eingebunden werden müssen und ob man das nicht auch leichter lösen könnte. Natürlich. WordPress könnte ja per se diese Dateien einbinden. Benötigen Sie eine davon nicht, könnten Sie sie ja leer lassen. So sparen Sie sich immerhin drei Zeilen Code pro Datei. Aber Sie könnten dann Ihre Seiten nicht – zumindest nicht so leicht – unabhängig voneinander gestalten. So können Sie noch selbst entscheiden, was eingebunden werden soll und was nicht. Und hier sehen Sie auch schon das Prinzip hinter individuellen Seiten: Sie erstellen eine eigene Datei, binden dort Header, Sidebar und Footer nicht mit ein, sondern platzieren darin das gesamte Gerüst der Seite.

Zunächst müssen Sie herausfinden, welche ID die Seite »Kontakt« hat – bzw. die Seite, die Sie individuell gestalten möchten (siehe Abschnitt 15.3.2, »Wechselnde Header-Grafiken«). Dann legen Sie in Ihrem Theme-Unterverzeichnis eine Datei namens *page-ID.php* an, wobei Sie ID durch die entsprechende Zahl ersetzen, zum Beispiel *page-20.php*. In diese Datei schreiben Sie nun das vollständige (!) Gerüst Ihrer Unterseite. Header, Sidebar und Footer müssen Sie nicht einbinden (außer Sie können diese Dateien irgendwie verwerten).

Zunächst der Inhalt der *page-20.php* als Beispiel (Listing 15.54):

```
01  <!DOCTYPE html PUBLIC "-//W3C//DTD XHTML 1.0
    Transitional//EN" "http://www.w3.org/TR/xhtml1/DTD/xhtml1-
    transitional.dtd">
02  <html xmlns="http://www.w3.org/1999/xhtml">
03  <head>
04  <title><?php wp_title('|', 1, 'right'); ?>
    <?php bloginfo('name'); ?></title>
05  <meta http-equiv="Content-Type" content="text/html;
    charset=utf-8" />
06  <link rel="Stylesheet" type="text/css" href="<?php
    echo get_stylesheet_directory_uri(); ?>/reset.css" />
07  <link rel="Stylesheet" type="text/css" href="<?php
    echo get_stylesheet_directory_uri(); ?>/style-20.css" />
08  <?php wp_head(); ?>
09  </head>
10  <body>
11  <div id="page">
12  <div id="logo"><a href="<?php echo bloginfo('url'); ?>">
    <img src="<?php echo get_stylesheet_directory_uri(); ?>
    /images/page-20/logo.gif" /></a></div>
13  <p id="startseite"><a href="<?php echo bloginfo('url'); ?>">
    zurück zur Startseite</a></p>
14  <div id="content">
```

```
15    <div id="anschrift-left"><h2>Anschrift</h2></div>
16    <div id="anschrift-right"><p>Max Mustermann / Musterweg 123
      / 12345 Musterstadt</p></div>
17    <div id="telefon-left"><p>01234/56789</p></div>
18    <div id="telefon-right"><h2>Telefon</h2></div>
19    <div id="email-left"><h2>E-Mail</h2></div>
20    <div id="email-right"><p>fanpost@maxmustermann.biz</p></div>
21    </div> <!-- / #content -->
22    </div> <!-- / #page -->
23    <div id="impressum"><a href="<?php bloginfo('url'); ?>
      /impressum/">Impressum</a></div>
24    <?php wp_footer(); ?>
25    </body>
26    </html>
```

Listing 15.54 Die vollständige page-ID.php (hier page-20.php)

Was Listing 15.54 verdeutlichen soll:

▶ Sowohl Header (gegebenenfalls Sidebar) als auch Footer gehören mit in die *page-ID.php* (Zeilen 1–14, 21–26).

▶ Die WordPress-typischen Funktionen, wie zum Beispiel wp_head(), müssen Sie hier ebenfalls einsetzen (Zeilen 4, 8, 24).

▶ Sinnvollerweise können Sie auf ein separates Stylesheet zurückgreifen (Zeile 07), aber auch bestehende weiterhin nutzen (Zeile 06) – hierbei ist es nicht nötig, die ID zum Beispiel auch im Dateinamen der Stylesheets zu verwenden; es empfiehlt sich aber der Übersichtlichkeit halber, wenn Sie sehr viele individuelle Seiten und Stylesheets bei einem Projekt verwenden.

▶ Denken Sie (in Deutschland) an das Impressum, welches sich auf jeder Unterseite befinden und leicht zu erreichen sein muss.

Sie müssen nichts weiter tun als die *page-ID.php* anzulegen. Es ist keinerlei weitere Konfiguration nötig, um WordPress explizit aufzufordern, diese Datei nun zu verwenden. WordPress durchsucht das Theme-Unterverzeichnis in einer bestimmten Reihenfolge nach Dateien. Und wenn es eine Datei namens *page-ID.php* findet, zieht es diese der *page.php* immer vor. Die fertige individuelle Unterseite unseres Beispiels sehen Sie in Abbildung 15.111.

15

Abbildung 15.111 Eine individuell gestaltete Unterseite

15.3.7   Kommentarfunktion in Seiten einbauen (Gästebuch)

Kennen Sie noch Gästebücher? Vor einigen Jahren hatte praktisch jede Website eines. Gästebücher erfuhren damals eine ähnliche Verbreitung wie das Impressum. Es gibt aber immer noch Kunden da draußen, die sich so etwas wünschen (vornehmlich Gastronomiebetriebe). Lassen Sie uns aber nicht über den Sinn oder Unsinn dieser Spam-Schleudern diskutieren. Ich möchte das klassische Gästebuch an dieser Stelle nutzen, um Ihnen zu zeigen, wie Sie in WordPress die Kommentarfunktion einer Seite hinzufügen und unabhängig vom Blog gestalten. Denn mehr ist ein solches Gästebuch ja nicht: Eine Seite, auf der Menschen eine Notiz samt Namen und gegebenenfalls Link zur eigenen Website hinterlassen.

Ähnlich wie in Abschnitt 15.3.6 benötigen Sie auch für dieses Unterfangen eine eigene Datei für die Seite »Fans«. Finden Sie also wieder die ID der Seite heraus, die Ihr Gästebuch beinhalten soll, und erstellen Sie eine Datei nach dem Schema *page-ID.php* in Ihrem Theme-Unterverzeichnis (im Beispiel ist das die *page-30.php*, siehe Listing 15.55):

```
01    <?php get_header(); ?>

02    <div id="header" class="fans"></div>
```

```
03    <div id="content">
04    <?php if ( have_posts() )
      while ( have_posts() ) : the_post(); ?>
05    <h1><?php the_title(); ?></h1>
06    <?php the_content(); ?>
07    <?php endwhile; ?>
08    </div>
09    <div id="comments">
10    <?php comments_template('/comments-30.php'); ?>
11    </div>

12    <?php get_footer(); ?>
```

Listing 15.55 Die vollständige page-ID.php (bzw. page-30.php)

In diesem Fall können Sie aber sehr gut auf Header und Footer zurückgreifen (siehe Zeilen 01 und 12), da sich die Seite an das Standardlayout halten soll. Es wird ja lediglich ein Gästebuch ergänzt.

In Zeile 02 befindet sich praktisch der »ausformulierte« Code des kleinen Scripts aus der *page.php*, welches die richtige Header-Grafik ausgeben sollte. Da hier aber klar ist, dass sich der Besucher auf der Fans-Seite befindet, wäre es unnötig, das Script zu wiederholen.

In Zeile 10 wird das Kommentar-Template über die Funktion comments_template() aufgerufen, dieses Mal allerdings mit der Übergabe eines Parameters. Sie können dieser Funktion nämlich auch explizit sagen, welche Datei sie verwenden soll. Für diesen Zweck habe ich eine Datei namens *comments-30.php* angelegt. Der Name ist Ihnen aber vollkommen überlassen, solange sie eben nicht *comments.php* heißt oder einen anderen reservierten Begriff verwendet. Hier lässt sich die ID aber wieder gut direkt im Dateinamen unterbringen, falls Sie später noch mehr verschiedene Kommentar-Templates anlegen sollten.

Erstellen Sie nun Ihr eigenes Kommentar-Template (hier *comments-30.php*) nach dem Vorbild von Listing 15.56:

```
01    <?php if ( post_password_required() ) : ?>
02    <p class="nopassword">Bitte geben Sie das Passwort ein, um
      Kommentare zu lesen.</p>
03    <?php return; endif; ?>

04    <div id="gbook-form">
05    <?php
06    $fields =  array(
07    'author' => '<p class="gbook-form-author">' . '<label
```

```
       for="author">' . __( 'Ihr Name <em>(erforderlich)</em>' ) .
       '</label>
       <input id="author" name="author" type="text" value="' .
       esc_attr( $commenter['comment_author'] ) . '" size="30"' .
       $aria_req . ' /></p>',
08     'email'  => '<p class="gbook-form-email"><label
       for="email">' . __( 'Ihre E-Mail-Adresse <em>(erforderlich,
       wird aber nicht veröffentlicht)</em>' ) . '</label>
       <input id="email" name="email" type="text" value="' .
       esc_attr( $commenter['comment_author_email'] ) . '"
       size="30"' . $aria_req . ' /></p>',
09     'url'    => '<p class="gbook-form-url"><label
       for="url">' . __( 'Ihre Website' ) . '</label>' .
       '<input id="url" name="url" type="text" value="' . esc_attr(
       $commenter['comment_author_url'] ) . '" size="30" /></p>');

10     comment_form(array('fields' => apply_filters(
       'comment_form_default_fields', $fields ),
       'comment_notes_before' => '', 'comment_notes_after' => '',
       'title_reply' => __( '<h6>In das Gästebuch
       eintragen</h6>' )));
11     ?>
12     </div>


13     <?php if ( have_comments() ) : ?>
14     <?php if ( get_comment_pages_count() > 1 && get_option(
       'page_comments' ) ) : ?>
15     <div class="navigation">
16     <div class="nav-previous"><?php previous_comments_link(
       '&laquo; ältere Kommentare' ); ?></div>
17     <div class="nav-next"><?php next_comments_link( 'Neuere
       Kommentare &raquo;' ); ?></div>
18     </div>
19     <?php endif; ?>


20     <div id="gbook-entries">
21     <ul>
22     <?php
23     wp_list_comments('type=all&callback=callback_comment_30');
24     ?>
25     </ul>
26     </div>


27     <?php if ( ! comments_open() ) : ?>
28     <p class="nocomments">Die Kommentarfunktion ist leider
```

```
      deaktiviert.</p>
29    <?php endif; ?>
30    <?php endif; ?>
31    </div>
```

Listing 15.56 Die vollständige comments-30.php (Kommentar-Template)

Das Template hat den üblichen Aufbau, den Sie auch bei der *comments.php* verwenden können. Allerdings müssen Sie ein paar kleinere Änderungen vornehmen. In Zeile 10 sollten Sie den Titel des Formulars für das Gästebuch anpassen, wie Sie es in Listing 15.56 sehen können. Die wichtigste Änderung befindet sich aber in Zeile 23. Hier übergeben Sie als Callback-Funktion eine andere, als Sie sie in der *comments.php* verwenden. Ich habe hier auch wieder die ID der Seite angehängt, um konsequent beim Schema zu bleiben. Außerdem habe ich die Klassen und IDs der HTML-Elemente in den Zeilen 4, 7, 8, 9 und 20 angepasst, damit sie individuell angesprochen werden können, wenn daneben noch ein Blog existiert.

Um diese Callback-Funktion auch nutzen zu können, müssen Sie diese zuvor in Ihrer *functions.php* anlegen (Listing 15.57):

```
01    <?php
02    function callback_comment_30( $comment, $args, $depth ) {
03    $GLOBALS['comment'] = $comment; ?>
04    <li <?php comment_class(); ?> id="li-gbook-<?php
      comment_ID() ?>">
05    <p class="gbook-author">
06    <?php echo get_comment_author_link(); ?></p>
07    <p class="gbook-meta"><?php echo
      get_comment_date("d.m.Y"); ?>, <?php echo
      get_comment_time(); ?> Uhr</p>
08    <?php comment_text(); ?>
09    <div class="clear"></div>
10    <?php
11    }
12    ?>
```

Listing 15.57 Die Callback-Funktion für das Kommentar-Template in der functions.php

Die Callback-Funktion können Sie ebenfalls nach Ihren Wünschen gestalten und Elemente umstellen oder ganz entfernen. Hier habe ich die Gravatar-Funktion entfernt und die Klassen der wichtigsten Elemente angepasst (Zeilen 04, 05 und 07).

Das Verwenden einer individuellen Kommentarfunktion ist recht viel Copy & Paste von der eigentlichen Blogkommentarfunktion; aber auch hier gilt: Never change a running team. Wichtig ist, dass Sie die Klassen und IDs so anpassen, dass diese individuell per CSS angesprochen werden können. Außerdem müssen die Datei des Kommentar-Templates und die Callback-Funktion einen anderen Namen tragen im Vergleich zum Blog. Mehr ist gar nicht nötig. Das neue Gästebuch sehen Sie in Abbildung 15.112.

Abbildung 15.112 So sieht das neue Gästebuch aus.

> **Hinweis** [+]
>
> Sie haben hier einer statischen Seite eine Kommentarfunktion hinzugefügt. Damit das reibungslos funktioniert, darf für diese Seite die Kommentarfunktion nicht deaktiviert sein. Gehen Sie hierzu im Backend in die Bearbeitung der Seite. Dort finden Sie im Abschnitt DISKUSSION die entsprechende Option zum Aktivieren/Deaktivieren.

15.3.8   Das Blog individuell gestalten

Damit sich die Anpassungen, die das Gästebuch-Template mit sich brachte, letztendlich auch gelohnt haben, zeige ich Ihnen nun noch, wie Sie ein Blog in diese Seite einbauen. Dieses Mal aber auf eine etwas andere Art und Weise. Bislang hat sich das Blog ja immer am Design der Hauptseite orientiert.

Nun lernen Sie, ein vom Design der Hauptseite vollständig unabhängiges Blogdesign in WordPress einzubinden. Hierzu ist es übrigens nicht nötig, WordPress noch einmal separat zu installieren und die Hauptseite einfach darauf verweisen zu lassen. Das ist zwar möglich, aber unnötig, da man dieses Ziel auch mit den Bordmitteln erreichen kann, die WordPress bietet.

Im Gegensatz zur individuell gestalteten Unterseite benötigen Sie bei einem individuell gestalteten Blog wieder Header, Sidebar und Footer. Da Sie hierbei jedoch nicht auf die Standarddateien zurückgreifen können, müssen Sie diesen notgedrungen einen anderen Namen geben. Funktionen wie `get_header()`, `get_sidebar()` und `get_footer()` nehmen allerdings auf Wunsch einen Parameter entgegen. Was Ihnen die Möglichkeit bietet, ganz individuelle Dateien als Gerüst einzubinden. Wie das funktioniert, lernen Sie im folgenden Abschnitt. Der Rest der Blogumsetzung verläuft so, wie Sie es sicherlich schon kennen.

Das Blog soll einmal aussehen wie in Abbildung 15.113.

Das Grundgerüst anlegen

Das Grundgerüst besteht aus den Dateien *index.php*, *header-blog.php*, *sidebar-blog.php* und *footer-blog.php*, wobei Sie die letzten drei beliebig benennen können in einem gewissen Rahmen. Wichtig ist, dass der Anfang des Dateinamens stets »header-« lautet (der Bindestrich ist zwingend). Danach können Sie eine beliebige Zeichenkette anhängen.

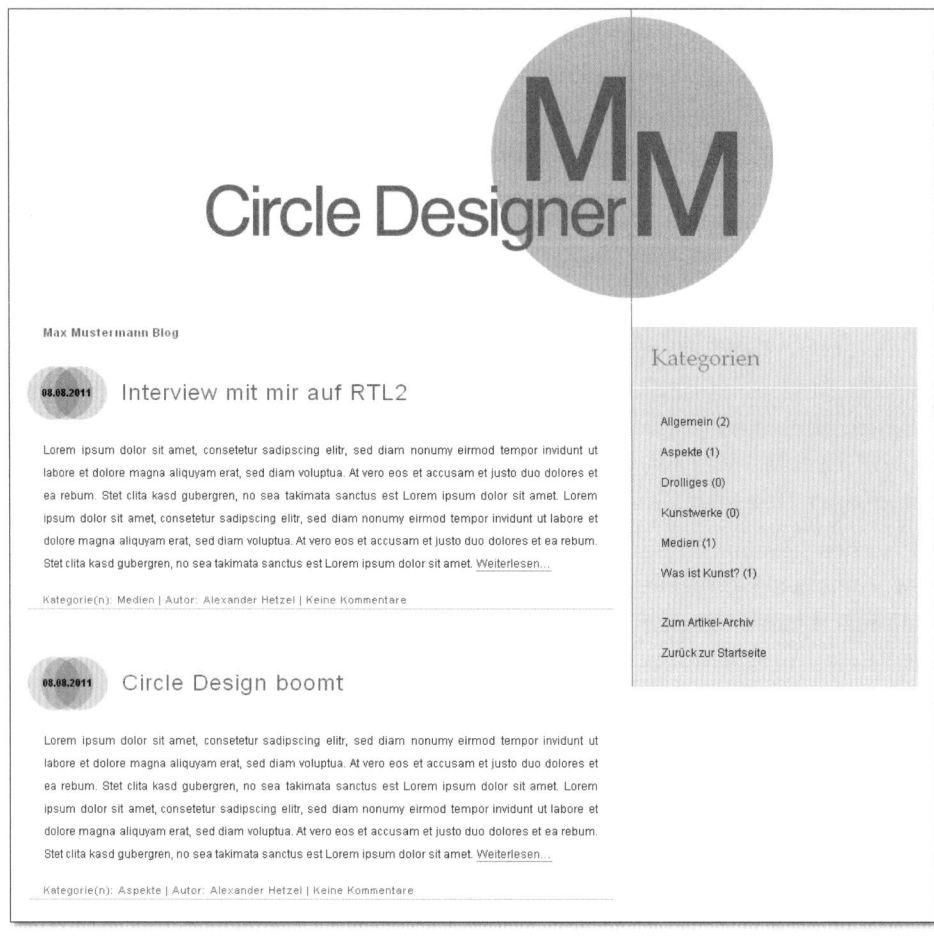

Abbildung 15.113 Ein Blogdesign, das vollkommen vom Design der Hauptseite abweicht –
mit WordPress kein Problem

Legen Sie zunächst die *header-blog.php* an (Listing 15.58):

```
01   <!DOCTYPE html PUBLIC "-//W3C//DTD XHTML 1.0
     Transitional//EN" "http://www.w3.org/TR/xhtml1/DTD/xhtml1-
     transitional.dtd">
02   <html xmlns="http://www.w3.org/1999/xhtml">
03   <head>
04   <title><?php wp_title('|', 1, 'right'); ?>
     <?php bloginfo('name'); ?></title>
05   <meta http-equiv="Content-Type" content="text/html;
     charset=utf-8" />
06   <link rel="Stylesheet" type="text/css" href="<?php echo
     get_stylesheet_directory_uri(); ?>/reset.css" />
```

```
07    <link rel="Stylesheet" type="text/css" href="<?php echo
      get_stylesheet_directory_uri(); ?>/style-blog.css" />
08    <link rel="pingback" href="<?php bloginfo('wpurl'); ?>
      /xmlrpc.php" />
09    <link rel="alternate" type="application/rss+xml"
      title="RSS-Feed" href="<?php bloginfo('wpurl'); ?>/feed/" />
10    <?php wp_head(); ?>
11    </head>
12    <body>
13    <div id="page">
14    <div id="logo"><img src="<?php echo
      get_stylesheet_directory_uri(); ?>/images/blog/logo.gif"
      /></div>
15    <div id="content">
```

Listing 15.58 Die vollständige header-blog.php

Die *header-blog.php* ist vollkommen unabhängig von der *header.php*. Das Grundgerüst wird komplett neu aufgebaut. Auch ein eigenes Stylesheet wird verwendet (siehe Zeile 07).

Als Nächstes erstellen Sie die *index.php* (Listing 15.59):

```
01    <?php get_header('blog'); ?>
02    <h1><a href="<?php echo bloginfo('url'); ?>/blog/">Max
      Mustermann Blog</a></h1>
03    <?php if ( have_posts() ) :
      while ( have_posts() ) : the_post(); ?>
04    <div class="blog-post">
05    <span class="blog-post-date"><?php the_time("d.m.Y");
      ?></span>
06    <h2 class="blog-post-title"><a href="<?php the_permalink();
      ?>" title="Lesen Sie &quot;<?php the_title(); ?>&quot;
      vollständig"><?php the_title(); ?></a></h2>
07    <?php the_content('Weiterlesen...'); ?>
08    <span class="blog-post-meta">Kategorie(n): <?php
      the_category(', '); ?> | Autor: <?php echo get_the_author();
      ?> | <?php comments_popup_link('Keine Kommentare',
      '1 Kommentar','% Kommentare','','none'); ?></span>
09    </div>
10    <?php endwhile; else: ?>
11    <p><?php _e('Es wurden leider keine Beiträge
      gefunden.'); ?></p>
```

```
12    <?php endif; ?>
13    <?php get_sidebar('blog'); ?>
14    <?php get_footer('blog'); ?>
```

Listing 15.59 Die vollständige index.php

Die *index.php* enthält nun auch die Konstruktion, die das individuelle Blogdesign erst ermöglicht. In den Zeilen 01, 13 und 14 werden wie üblich die Funktionen get_header(), get_sidebar() und get_footer() aufgerufen – dieses Mal allerdings mit einem Parameter. Die Zeichenkette, die Sie als Parameter übergeben, dient praktisch als Endstück des Dateinamens. Wenn Sie per get_header('klinsmann') einen Header einbinden möchten, sucht WordPress nach der Datei *header-klinsmann.php*. Sie übergeben dieser und den beiden anderen Funktionen also immer nur den zweiten Teil des Dateinamens, der nach dem zwingend erforderlichen Bindestrich steht.

Den Rest kennen Sie bereits von den Blogumsetzungen im Buch: Die Abfrage nach Blogartikeln in Zeile 03 und die Formatierung in den Zeilen 04 bis 09.

Erstellen Sie nun die *sidebar-blog.php* (Listing 15.60):

```
01    </div> <!-- / #content -->
02    <div id="sidebar">
03        <h6>Kategorien</h6>
04        <ul>
05            <?php $args = array(
06                'show_option_all'     => '',
07                'orderby'             => 'name',
08                'order'               => 'ASC',
09                'show_last_update'    => 0,
10                'style'               => 'list',
11                'show_count'          => 1,
12                'hide_empty'          => 0,
13                'use_desc_for_title'  => 1,
14                'child_of'            => 0,
15                'feed'                => '',
16                'feed_type'           => '',
17                'feed_image'          => '',
18                'exclude'             => '',
19                'exclude_tree'        => '',
20                'include'             => '',
21                'hierarchical'        => true,
22                'title_li'            => '',
23                'show_option_none'    => __('No categories'),
24                'number'              => NULL,
25                'echo'                => 1,
```

```
26                'depth'                 => 0,
27                'current_category'      => 0,
28                'pad_counts'            => 0,
29                'taxonomy'              => 'category',
30                'walker'                => '' );
31          ?>
32          <?php wp_list_categories( $args ); ?>
33          <li style="margin-top: 20px;"><a href="<?php echo
            bloginfo('url'); ?>/blog/archiv/">Zum Artikel-
            Archiv</a></li>
34          <li><a href="<?php echo bloginfo('url');
            ?>">Zurück zur Startseite</a></li>
35      </ul>
36  </div>
```

Listing 15.60 Die vollständige sidebar-blog.php

Der Aufbau der Sidebar wird Sie vermutlich nicht überraschen. In den Zeilen 05 bis 32 erfolgt eine Auflistung aller Kategorien des Blogs (für eine detailliertere Erklärung dieser Funktion möchte ich Sie auf das Praxisbeispiel des Blogs in Abschnitt 15.2.2, »Es geht los: Das Gerüst Theme-fähig machen«, verweisen). In Zeile 34 befindet sich noch ein Link, der den Nutzer auch wieder auf die Startseite der Hauptseite führt.

Schließlich folgt die Erstellung der *footer-blog.php* (Listing 15.61):

```
01  <div class="clear"></div>
02  </div> <!-- / #page -->
03  <div id="impressum"><a href="<?php bloginfo('url');
    ?>/impressum/">Impressum</a></div>
04  <?php wp_footer(); ?>
05  </body>
06  </html>
```

Listing 15.61 Die vollständige footer-blog.php

Im Footer schließt sich der Kreis wieder. Der obligatorische Impressum-Link muss natürlich auch hier eingebunden werden, genau wie die übliche Funktion wp_footer().

Die Inhaltsdateien gestalten

Da das Gerüst nun steht, können Sie sich an die Gestaltung der übrigen Inhaltsdateien machen. Das Blog ist in diesem Abschnitt bewusst schlicht gehalten, da es nur darum geht, Ihnen die Flexibilität von WordPress zu demonstrieren. Auf das Anlegen von Autorenseiten, das Einbinden von Werbung oder Social Media verzichte ich

daher. Stattdessen beschränkt sich das Blog auf die Startseite – die Sie bereits angelegt haben –, die Einzelansicht, ein Archiv mit allen Artikeln und ein Kategorien-
archiv. Die Einzelansicht bekommt zudem eine rudimentäre Kommentierungsfunktion spendiert.

Beginnen Sie am besten mit der Einzelansicht, und erstellen Sie hierfür die *single.php*
(Listing 15.62):

```
01    <?php get_header('blog'); ?>
02    <div id="blogtitle"><a href="<?php echo bloginfo('url');
      ?>/blog/">Max Mustermann Blog</a></div>
03    <?php if ( have_posts() ) :
      while ( have_posts() ) : the_post(); ?>
04    <div class="blog-post">
05        <h1 class="blog-post-title"><?php the_title(); ?></h1>
06        <?php the_content('Weiterlesen...'); ?>
07        <span class="blog-post-meta">Datum: <?php
          the_time("d.m.Y"); ?> | Kategorie(n): <?php
          the_category(', '); ?> | Autor: <?php echo
          get_the_author(); ?> | <?php comments_popup_link(
          'Keine Kommentare','1 Kommentar',
          '% Kommentare','','none'); ?></span>
08    </div>
09    <?php endwhile; else: ?>
10    <p><?php _e('Es wurden leider keine Beiträge
      gefunden.'); ?></p>
11    <?php endif; ?>
12    <?php comments_template(); ?>
13    <?php get_sidebar('blog'); ?>
14    <?php get_footer('blog'); ?>
```

Listing 15.62 Die vollständige single.php

In Zeile 03 beginnt die Abfrage des Einzelartikels, darauf folgt die Ausgabe des Titels
in Zeile 05, der Inhalt des Artikels in Zeile 06 und die üblichen Blogmetadaten in Zeile
07. In Zeile 12 ist bereits das Kommentar-Template mittels comments_template() eingebunden. Beachten Sie, dass es an dieser Stelle nun nicht mehr nötig ist, eine spezielle Datei zu definieren. Das haben Sie bereits weiter oben im Rahmen des
Gästebuchs gemacht, wodurch Sie die reguläre *comments.php* – die hier standardmäßig geladen wird – für das Blog frei gehalten haben. Sie hätten das aber natürlich auch
andersherum machen können; so erscheint es mir aber übersichtlicher und nachvollziehbarer.

Um die Kommentierungsfunktion umzusetzen, benötigen Sie wie üblich eine *comments.php* und eine Funktion in der *functions.php*. Beginnen Sie zunächst mit der Erstellung der *comments.php* (Listing 15.63):

```php
01    <?php if ( post_password_required() ) : ?>
02    <p class="nopassword">Bitte geben Sie das Passwort ein, um
      Kommentare zu lesen.</p>
03    <?php return; endif; ?>
04    <div id="comment-form">
05    <?php
06    $fields =  array(
07        'author' => '<p class="comment-form-author">' .
          '<label for="author">' . __( 'Ihr Name
          <em>(erforderlich)</em>' ) . '</label>
          <input id="author" name="author" type="text" value="' .
          esc_attr( $commenter['comment_author'] ) . '" size="30"'
          . $aria_req . ' /></p>',
08        'email'  => '<p class="comment-form-email">
          <label for="email">' . __( 'Ihre E-Mail-Adresse
          <em>(erforderlich, wird aber nicht
          veröffentlicht)</em>' ) . '</label>
          <input id="email" name="email" type="text" value="' .
          esc_attr(  $commenter['comment_author_email'] ) . '"
          size="30"' . $aria_req . ' /></p>',
09        'url'    => '<p class="comment-form-url">
          <label for="url">' . __( 'Ihre Website' ) . '</label>' .
          '<input id="url" name="url" type="text" value="' .
          esc_attr( $commenter['comment_author_url'] ) . '"
          size="30" /></p>',
10    );
11    comment_form(array('fields' => apply_filters(
      'comment_form_default_fields', $fields ),
      'comment_notes_before' => '', 'comment_notes_after' => '',
      'title_reply' => __( '<h6>Beitrag kommentieren</h6>' )));
12    ?>
13    </div>
14    <?php if ( have_comments() ) : ?>
15    <?php if ( get_comment_pages_count() > 1 &&
      get_option( 'page_comments' ) ) : ?>
16    <div class="navigation">
17    <div class="nav-previous"><?php previous_comments_link(
      '&laquo; ältere Kommentare' ); ?></div>
18    <div class="nav-next"><?php next_comments_link( 'Neuere
```

```
        Kommentare &raquo;' ); ?></div>
19      </div>
20      <?php endif; ?>
21      <div id="comments">
22      <ul>
23      <?php
24      wp_list_comments('type=all&callback=callback_comment'); ?>
25      </ul>
26      </div>
27      <?php if ( ! comments_open() ) : ?>
28      <p class="nocomments">Die Kommentarfunktion ist leider
        deaktiviert.</p>
29      <?php endif; ?>
30      <?php endif; ?>
31      </div>
```

Listing 15.63 Die vollständige comments.php

In den Zeilen 01 bis 03 erfolgt zunächst eine Ausgabe für den Fall, dass der Beitrag durch ein Passwort gesichert wurde. In den Zeilen 04 bis 13 sehen Sie die Ausgabe des Kommentarformulars. In den Zeilen 07 bis 09 werden die einzelnen Felder formatiert. In Zeile 11 haben Sie die Möglichkeit, vor und nach dem Kommentarfeld noch etwas auszugeben und die Überschrift festzulegen. Außerdem wird hier das Formular mittels der Funktion comment_form() ausgegeben. In den Zeilen 15 bis 20 erfolgt die Ausgabe von Vor- und Zurück-Buttons, falls Sie die Paginierung in den Diskussionseinstellungen im Backend aktiviert haben. Schließlich werden in den Zeilen 21 bis 26 die einzelnen Kommentare mittels der Funktion wp_list_comments() (Zeile 24) ausgegeben. Die Callback-Funktion in Zeile 24 muss bzw. sollte einen anderen Namen haben, als die, die Sie für das Gästebuch verwendet haben – gesetzt den Fall, Sie wünschen sich eine andere Formatierung. Diese ist in diesem Praxisbeispiel erforderlich.

Nun müssen Sie diese Callback-Funktion namens »callback_comment«, die in Zeile 24 übergeben wird, noch in der *functions.php* definieren (Listing 15.64):

```
01      <?php
02      function callback_comment( $comment, $args, $depth ) {
03          $GLOBALS['comment'] = $comment; ?>
04          <li <?php comment_class(); ?> id="li-comment-<?php
            comment_ID() ?>">
05          <p class="comment-meta">
06          <span class="comment-author">
07          <?php echo get_comment_author_link(); ?>
08          </span> –
```

```
09      am <?php echo get_comment_date("d.m.Y"); ?>
10      um <?php echo get_comment_time(); ?> Uhr</p>
11      <?php comment_text(); ?>
12      <div class="clear"></div>
13   <?php
14   }
15   ?>
```

Listing 15.64 Die Callback-Funktion in der functions.php

Innerhalb der Funktion `callback_comment()` findet die übliche Formatierung der Kommentare statt. Der Autor wird mittels der Funktion `get_comment_author_link()` eingebunden, das Datum über `get_comment_date()`, die Uhrzeit über `get_comment_time()` und der Inhalt über `comment_text()`. Der Rest ist bloße Formatierung. Wie die Einzelansicht samt Kommentierungsfunktion aussehen könnte, sehen Sie in Abbildung 15.114.

Nun erstellen Sie die Datei *archive.php*, um ein Artikelarchiv anzulegen (Listing 15.65):

```
01   <?php /* Template Name: Archiv */ ?>
02   <?php get_header('blog'); ?>
03      <div id="blogtitle"><a href="<?php echo bloginfo('url');
         ?>/blog/">Max Mustermann Blog</a></div>
04      <h1 class="blog-post-title">Blogarchiv</h1>
05   <?php if (have_posts()) : ?>
06      <ul id="blogarchive">
07          <?php query_posts('&showposts=-1
            &post_status=publish'); ?>
08          <?php while (have_posts()) : the_post(); ?>
09              <li><?php the_time('d.m.Y'); ?> - <a href="
                <?php the_permalink(); ?>" title="Lesen Sie
                &quot;<?php the_title(); ?>&quot;"><strong>
                <?php the_title(); ?></strong></a></li>
10          <?php endwhile; endif; ?>
11      </ul>
12   <?php get_sidebar('blog'); ?>
13   <?php get_footer('blog'); ?>
```

Listing 15.65 Die vollständige archive.php

Diese Datei ist, wie Sie in Zeile 01 erkennen können, eine Template-Datei. Das heißt, Sie können diese gleich im nächsten Schritt einer Unterseite zuweisen. In Zeile 05 beginnt die Abfrage der Artikel. In Zeile 07 wird hierfür eine spezielle Query mittels `query_posts()` definiert, die sämtliche Beiträge des Blogs auf einmal ausgibt, unter der Voraussetzung, dass diese veröffentlicht worden sind. Die Schleife zur Ausgabe der Artikel folgt sodann in Zeile 08, die Formatierung wird in Zeile 09 vorgenommen. Die Abfragekonstruktion endet dann in Zeile 10.

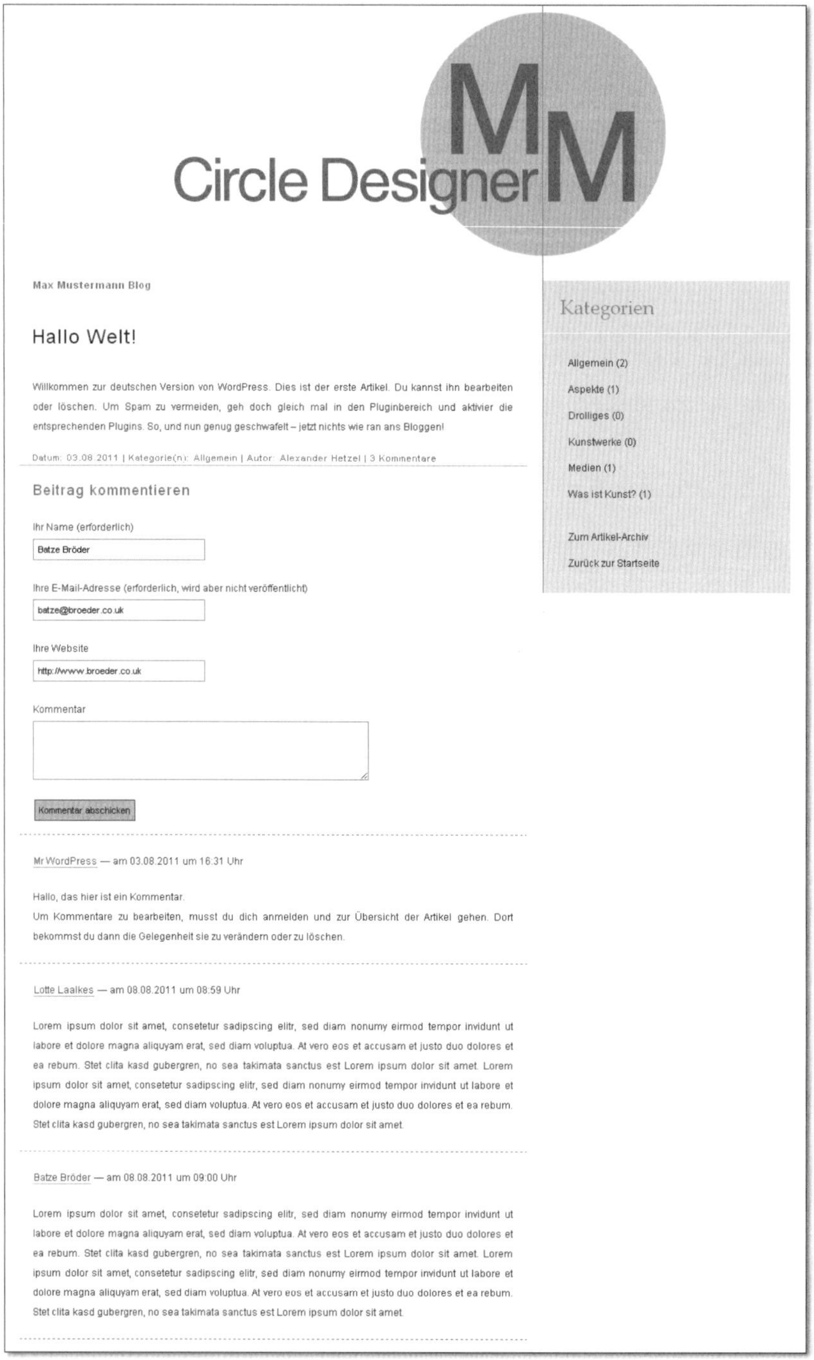

Abbildung 15.114 Die Einzelansicht eines Blogartikels inklusive Kommentierungsfunktion

Damit die Seite auch angezeigt wird, müssen Sie diese, wie angesprochen, noch anlegen – wie immer über SEITE ERSTELLEN im Backend. Ich habe die Seite schlicht mit »Archiv« betitelt. Wichtig ist aber nicht der Name, sondern die Konfiguration im Abschnitt ATTRIBUTE (Abbildung 15.115).

Abbildung 15.115 Der Attribute-Abschnitt beim Erstellen einer neuen Seite

Wählen Sie hier unbedingt als Template ARCHIV aus. Die Elternseite sollte sinnvollerweise BLOG sein, auch wenn dies nicht unbedingt erforderlich ist. Die Seite ist nun unter dem von Ihnen definierten Permalink erreichbar und könnte aussehen wie in Abbildung 15.116.

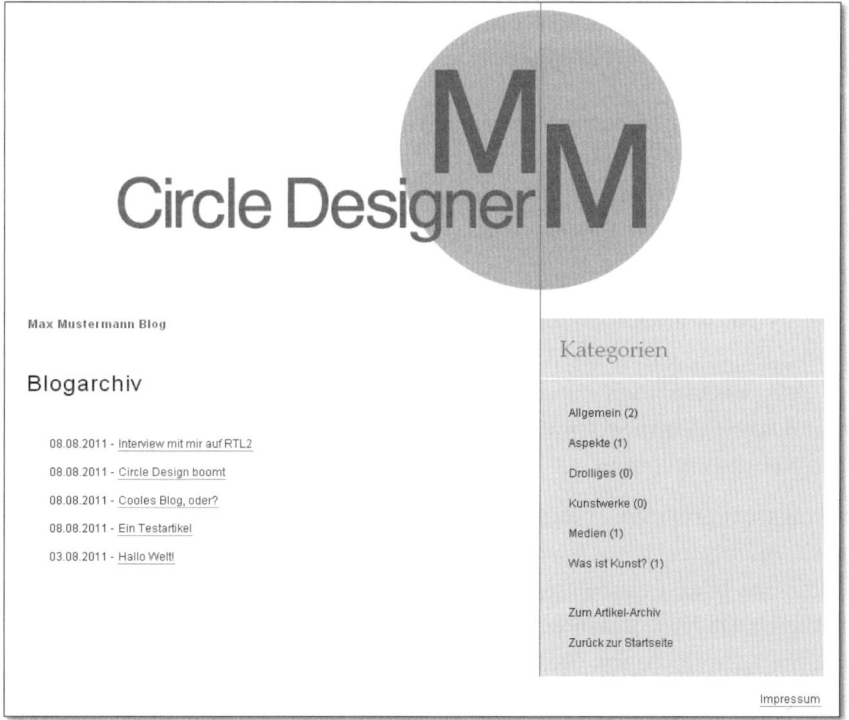

Abbildung 15.116 Das Blogarchiv in Aktion

Schließlich fehlt nur noch das Kategoriearchiv, das Sie nun über die Datei *category. php* anlegen (Listing 15.66):

```
01   <?php get_header('blog'); ?>
02   <div id="blogtitle"><a href="<?php echo bloginfo('url');
     ?>/blog/">Max Mustermann Blog</a></div>
03   <h1 class="blog-post-title"><?php single_cat_title();
     ?></h1>
04   <?php if ( have_posts() ) :
     while ( have_posts() ) : the_post(); ?>
05       <ul id="blogarchive">
06           <li><?php the_time('d.m.Y'); ?> - <a href="
             <?php the_permalink(); ?>" title="Lesen Sie
             &quot;<?php the_title(); ?>&quot;"><strong>
             <?php the_title(); ?></strong></a></li>
07       </ul>
08   <?php endwhile; else: ?>
09   <p><?php _e('Es wurden leider keine Beiträge
     gefunden.'); ?></p>
10   <?php endif; ?>
11   <?php get_sidebar('blog'); ?>
12   <?php get_footer('blog'); ?>
```

Listing 15.66 Die vollständige category.php

Die *category.php* hat der Einheitlichkeit wegen ein ähnliches Design wie bereits das Blogarchiv. Hier wird nur mittels `single_cat_title()` der Titel der angezeigten Kategorie als Überschrift dargestellt. Das Kategoriearchiv unterscheidet sich damit optisch nur marginal vom Blogarchiv, wie Sie in Abbildung 15.117 sehen können.

Die Künstler-Website ist damit fertiggestellt. Sie haben insbesondere gelernt, wie Sie eine vollkommen individuelle Unterseite gestalten oder sogar ein gestalterisch gänzlich unabhängiges Blog einbinden können. Außerdem können Sie nun eine Galerie einbinden, mit wechselnden Header-Grafiken umgehen, einen Eventkalender umsetzen und sogar Umfragen mithilfe eines externen Dienstes durchführen und diese in Ihre Website einbinden.

In den vergangenen drei Praxisbeispielen haben Sie so die häufigsten Website-Konstellationen kennengelernt. Auch wenn jedes Projekt anders aussieht, so können Sie sich sicherlich aus allen Beispielen ein wenig bedienen und Ihre Wunsch-Website zusammensetzen. Das Praxiskapitel ist aber noch nicht abgeschlossen. Im nächsten Abschnitt lernen Sie noch, wie Sie eine mobile Version einer WordPress-Website umsetzen.

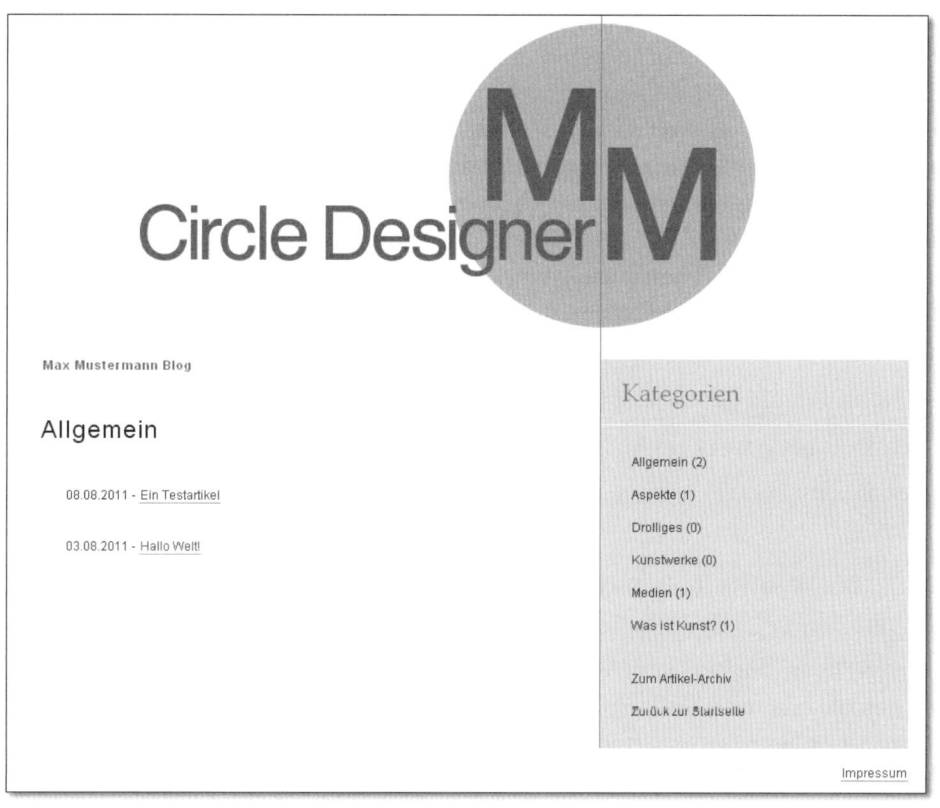

Abbildung 15.117 Das Kategoriearchiv des Blogs

15.4   Die mobile Website

Der Trend geht hin zum mobilen Internet. Nur wenige sind derzeit noch ohne Smartphone und Internetflatrate, so scheint es. Und auch auf dem Webdesignmarkt werden mobile Websites mehr und mehr gehandelt. Unternehmen möchten auch im mobilen Internet erreichbar sein. Schließlich möchte man jederzeit und überall für seine Kunden bereitstehen. Eine Website, die auf ein mobiles Layout verzichtet, ist hier eher kontraproduktiv und könnte falsche Signale setzen.

Manche von ihnen gehen sogar so weit und bringen ihre Website direkt als App heraus. Ob das so sinnvoll ist, steht auf einem anderen Blatt. Schließlich sind die Bildschirme mittlerweile voll von App-Icons; wenn nun jede Website lieber eine App als eine mobile Website veröffentlicht, findet niemand mehr durch dieses Chaos hindurch. Wenn Sie sich also zu einer eigenen App entschließen sollten, dann sollte diese jedenfalls mehr bieten als Ihre mobile Website. Denn andernfalls wird sie schnell überflüssig. Und die Kosten für die App, die wirklich alles andere als gering sind, waren umsonst.

In diesem Abschnitt möchte ich Ihnen nicht zeigen, wie man eine App programmiert. Dazu gibt es andere Literatur, die das auch viel besser erklären kann. Das ist nichts, was man auf 15 Seiten unterbringen könnte. Ich möchte Ihnen stattdessen lieber zeigen, wie Sie Ihre WordPress-Website in eine mobile WordPress-Website verwandeln. Das Beste ist: Sie müssen dafür noch nicht einmal HTML oder CSS können. Eine solche mobile Website lässt sich in wenigen Minuten mittels eines Plugins erstellen: mit *WPtouch*. Es ist das derzeit berühmteste und wohl auch beste Plugin für diesen Zweck. Und es ist auch in einer kostenpflichtigen PRO-Version erhältlich – die Sie zum Beispiel benötigen, wenn Sie auch eine Website für das iPad entwerfen oder mehr Einfluss auf das mobile Design im Allgemeinen haben möchten.

Sie lernen anhand dieses Beispiels:

▶ wie Sie mobile Websites im (Desktop-)Browser testen
▶ wie Sie eine mobile Website Schritt für Schritt mit WPtouch umsetzen

15.4.1 Die Website im Browser testen

Nun gibt es aber ein Problem. Wie wollen Sie die Website überhaupt testen? Die meisten von Ihnen dürften Besitzer eines Smartphones sein. Soweit so gut. Aber was machen die anderen? Und vor allem diejenigen, die das erst einmal lokal auf ihrem PC testen wollen? Das Smartphone wird darauf nur schwerlich Zugriff haben (auch wenn das natürlich einzurichten wäre). Einfacher geht es jedoch, indem Sie den User Agent Ihres Browsers so verändern, dass das Plugin »denkt«, Sie würden gerade tatsächlich mobil surfen. Der User Agent ist nichts anderes als das Erkennungsmerkmal eines Browsers; hierdurch kann eine Software wie WPtouch erkennen, mit welchem Browser Sie unterwegs sind, was wiederum darauf schließen lässt, ob Sie von einem Smartphone, iPad oder PC aus surfen. Der User Agent des iPhones lautet beispielsweise (Listing 15.67):

```
Mozilla/5.0 (iPhone; U; CPU like Mac OS X; de-de)
```

Listing 15.67 Der User Agent des iPhones

Diesen User Agent müssen Sie nun je nach Browser auf unterschiedliche Art und Weise eintragen. Exemplarisch möchte ich Ihnen dies für den Internet Explorer, Mozilla Firefox und Google Chrome zeigen. Falls Sie einen anderen Browser verwenden sollten, finden Sie bei Google unter der Suchphrase »<browsername> change user agent« sicherlich schnell eine Anleitung.

Halten Sie den Browser grundsätzlich während der Ausführung der Schritte geschlossen, außer es ist in der Anleitung anders angegeben.

Internet Explorer

Beginnen wir mit dem schwersten Fall. Die Änderungen für den Internet Explorer finden vollständig in der Registry statt: START · AUSFÜHREN (bzw. Suchfeld) · »regedit« · OK. Dort angekommen, gibt es nun zwei Orte, um den User Agent zu verändern. Es funktioniert allerdings nur eine.

Variante 1:

HKEY_LOCAL_MACHINE\SOFTWARE\Wow6432Node\Microsoft\Windows\Current-Version\Internet Settings\5.0\User Agent

Variante 2:

HKEY_LOCAL_MACHINE\SOFTWARE\Microsoft\Windows\CurrentVersion\Internet Settings\5.0\User Agent

An beiden Orten sind aber die gleichen Schritte nötig. In den »(Standard)«-Eintrag schreiben Sie den Wert »Mozilla/5.0«. Dann erstellen Sie eine neue Zeichenfolge (über Rechtsklick · NEU · ZEICHENFOLGE) mit dem Namen »Compatible« und tragen dort »iPhone« ein. So verfahren Sie auch mit der Zeichenfolge »Platform«, in die Sie den Wert »CPU like Mac OS X« schreiben, und »Version«, in die Sie den Wert »U« schreiben. Dies sehen Sie etwas übersichtlicher auch noch einmal in Abbildung 15.118.

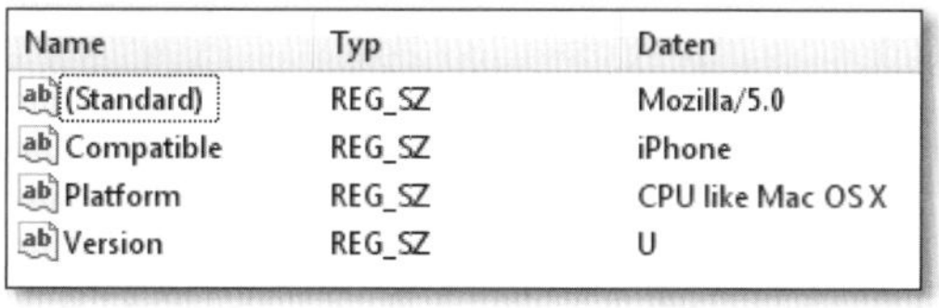

Name	Typ	Daten
ab (Standard)	REG_SZ	Mozilla/5.0
ab Compatible	REG_SZ	iPhone
ab Platform	REG_SZ	CPU like Mac OS X
ab Version	REG_SZ	U

Abbildung 15.118 Die Registry-Einträge für den Internet Explorer

Starten Sie nun den Internet Explorer, und surfen Sie auf die Website *http://whatsmyuseragent.com*. Wenn Ihnen dort nun »Mozilla/5.0 (iPhone; U; CPU like Mac OS X; Trident/5.0)« angezeigt wird, ist alles in Ordnung. Wenn nicht, dann probieren Sie es an dem anderen oben genannten Ort in der gleichen Reihenfolge aus.

Mozilla Firefox

Mozilla Firefox lässt sich da schon sehr viel einfacher umkonfigurieren. Öffnen Sie ein neues Fenster oder Tab, schreiben Sie in die Adresszeile »about:config«, und überspringen Sie den Warndialog, sofern Ihnen einer angezeigt wird. Klicken Sie nun auf eine freie Fläche mit der rechten Maustaste, und erstellen Sie über NEU · STRING eine neue Zeichenfolge, die Sie »general.useragent.override« nennen. Geben Sie ihr den Wert »Mozilla/5.0 (iPhone; U; CPU like Mac OS X; de-de)«. Auch hier können Sie nun über die URL *http://whatsmyuseragent.com* herausfinden, ob alles geklappt hat.

Sie können auch das Firefox-Plugin *User Agent Switcher* von Chris Pederick dafür verwenden, zu finden unter *http://chrispederick.com/work/user-agent-switcher/*.

Google Chrome

Bei Google Chrome müssen Sie lediglich die Startparameter der Verknüpfung verändern. Sollten Sie dies noch nicht getan haben, so erstellen Sie eine Verknüpfung zu Google Chrome auf Ihrem Desktop. Über Rechtsklick (auf das Desktop-Icon) • EIGEN-SCHAFTEN erreichen Sie den Registerreiter VERKNÜPFUNG. Hier dürfte das Ziel etwa wie folgt aussehen:

C:\Users\XYZ\AppData\Local\Google\Chrome\Application\chrome.exe

Hängen Sie an das Ende dieser Zeichenkette einfach die folgende Zeichenkette an

--user-agent="Mozilla/5.0 (iPhone; U; CPU like Mac OS X; de-de)"

so dass insgesamt folgende Zeichenkette dabei herauskommt:

C:\Users\XYZ\AppData\Local\Google\Chrome\Application\chrome.exe
--user-agent="Mozilla/5.0 (iPhone; U; CPU like Mac OS X; de-de)"

Speichern Sie ab, starten Sie den Browser über dieses Desktop-Icon (!), und rufen Sie *http://whatsmyuseragent.com* auf, um zu sehen, ob alles funktioniert.

15.4.2   WPtouch konfigurieren

Installieren Sie zunächst die aktuelle Version des Plugins WPtouch für eine bestehende Website. Im Folgenden demonstriere ich Ihnen die Funktionalitäten des Plugins anhand des Medienwatchblogs, dessen Erstellung ich bereits in Abschnitt 15.2, »Das Blog – ein Heimspiel für WordPress«, vorgestellt habe.

Das Frontend

Zunächst zeige ich Ihnen, wozu das Plugin in der Lage ist, und führe Sie diesbezüglich durch das vollständige Frontend. Das Design ist schon an die Bedürfnisse des Medienwatchblogs angepasst; wie dies entstanden ist, erfahren Sie anschließend, wenn ich Ihnen die Einstellungen im Backend vorstelle.

Das Plugin erkennt automatisch, ob die Startseite Ihrer Website die Übersicht aller Blogartikel oder eine statische Seite ist, und zeigt dies dem Besucher dementsprechend an. Als Besucher haben Sie überall die Möglichkeit, das mobile Theme auszuschalten und sich die normale Website anzeigen zu lassen. Das ist sehr sinnvoll, da nicht alle mobilen Surfer auch Fans solcher »eingeschränkten« Websites sind. Dass eine mobile Website aber nicht immer auch mit Einschränkungen einhergehen muss, werden Sie im Folgenden sehen.

Abbildung 15.119 Die Startseite des Blogs via WPtouch

15

Abbildung 15.120 Die Startseite des Blogs mit Menü

Die Website beginnt immer mit dem Titel der Website, welcher auf einem Farbverlauf nebst Logo steht (Abbildung 15.119). Alle drei Elemente können Sie, wie Sie gleich noch sehen werden, Ihren Wünschen anpassen. Auf gleicher Höhe befindet sich auf der rechten Seite ein Pfeil. Über diesen können Sie das Menü ausklappen (Abbildung 15.120). Die Suchfunktion befindet sich direkt darunter (Abbildung 15.121).

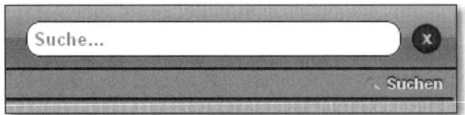

Abbildung 15.121 Die Suchfunktion

Alle Artikel werden ordentlich untereinander aufgelistet und erhalten standardmäßig ein Kalender-Icon. Etwaige Kommentare werden mit einer kleinen roten »Blase« rechts oberhalb vom Icon angezeigt, die den meisten von diversen Apps her bekannt vorkommen dürfte. Auf der rechten Seite befindet sich ein Pfeil, mit dem Sie den Beitrag ausklappen können, und zwar bis zu dem Punkt, an den der Autor das *more-Tag* gesetzt hat. Um den ganzen Artikel zu lesen, genügt ein Klick auf den Titel (Abbildung 15.122 und Abbildung 15.123).

Abbildung 15.122 Die Tags

Abbildung 15.123 Die Kategorien

Das MENÜ (Abbildung 15.120) können Sie sich samt den Icons selbst im Backend zusammenstellen. Standardmäßig haben Sie auch direkten Zugriff auf das RSS-Feed sowie auf die E-Mail-Adresse. Diese öffnet automatisch ein Fenster für eine neue E-Mail in Ihrer E-Mail-Software. Als Adresse wird die E-Mail-Adresse verwendet, die Sie bei der Erstellung der Website angegeben haben.

Neben dem Menü finden Sie die Tags (SCHLAGWORTE), dies können Sie auch auf Abbildung 15.122 sehen. Schade ist, dass die Tags vor den KATEGORIEN (Abbildung 15.123) aufgelistet werden, da man letztere eigentlich eher erwartet. Sie sind allgemeiner und strukturieren die Artikel gröber. Die Tags sind eher für die feinere Suche gedacht und sollten daher am Ende stehen. Das dürfte die Benutzerfreundlichkeit im Ganzen aber nur sehr wenig trüben.

Die Suchfunktion (Abbildung 15.121) erreichen Sie, indem Sie unterhalb des Website-Titels auf SUCHEN klicken. Das Titelfeld verwandelt sich dann automatisch in ein Suchfeld.

Die Einzelansicht der Blogartikel ist genauso übersichtlich wie alle anderen durch WPtouch generierten Seiten (Abbildung 15.124). Unterhalb des Artikels finden Sie die Kategorien und Tags, darunter ein kleines Submenü. Über die Pfeiltasten können Sie ganz bequem zwischen den einzelnen Artikeln hin und her schalten. Oder Sie versenden den Artikel per E-Mail, empfehlen ihn bei Twitter, posten ihn bei Facebook oder bookmarken ihn. Die Möglichkeiten sind vielfältig. Ob in geraumer Zeit ein Google+-Button hinzukommt, bleibt abzuwarten. Sinnvoller wäre dann wohl ein einheitlicher Share-Button, da sich das Menü in der Breite schließlich nicht unendlich erweitern lässt.

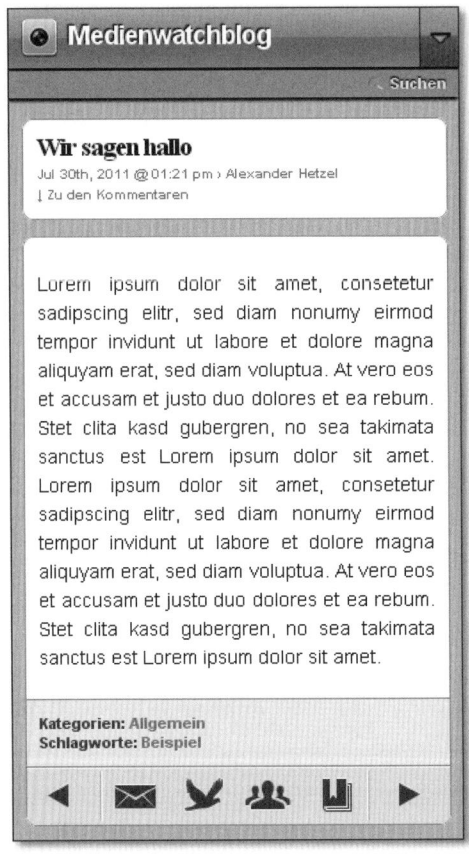

Abbildung 15.124 Die Einzelansicht eines Artikels (Teil 1)

Der untere Teil der Artikel-Einzelansicht (Abbildung 15.125) bietet Platz für die Kommentarfunktion, so sie denn aktiviert worden ist. Die Kommentare werden auf Wunsch mit Gravatar angezeigt. Über das Kommentarfeld darunter können Sie sogar direkt über die mobile Website an der Diskussion teilnehmen.

Die Ansicht der statischen Seiten (Abbildung 15.126) bietet insofern nichts Neues. Das Icon neben dem Titel können Sie im Backend von Fall zu Fall auswählen.

Abbildung 15.125 Die Einzelansicht eines Artikels (Teil 2)

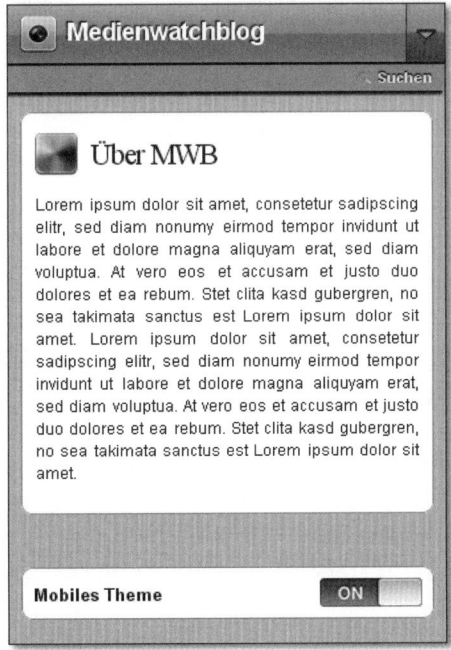

Abbildung 15.126 Die Ansicht einer statischen Seite

Das Backend

Nun möchte ich Ihnen gerne das Backend des Plugins vorstellen. An dieser Stelle muss ich Sie leider enttäuschen, so übersichtlich wie das Frontend haben die Entwickler das leider nicht hinbekommen. Die einzelnen Optionen scheinen häufig in keinem logischen Zusammenhang zu stehen. Die Beschreibungen zu den Optionen sind ein bunter Mix aus Englisch, Deutsch und Spanisch. Und leider stehen Sie oft vertikal nicht direkt neben dem passenden Konfigurationspunkt, sondern im schlimmsten Fall neben einem ganz anderen. Ich möchte mich daher schon jetzt bei Ihnen entschuldigen, wenn sich die Erklärung des Backends zuweilen etwas holprig darstellen sollte, und bitte Sie diesbezüglich um ein wenig Verständnis. Wenn Sie das (hoffentlich) noch nicht entmutigt hat, lade ich Sie ein, in Ihrem Backend im Menü auf EINSTELLUNGEN • WPTOUCH zu klicken.

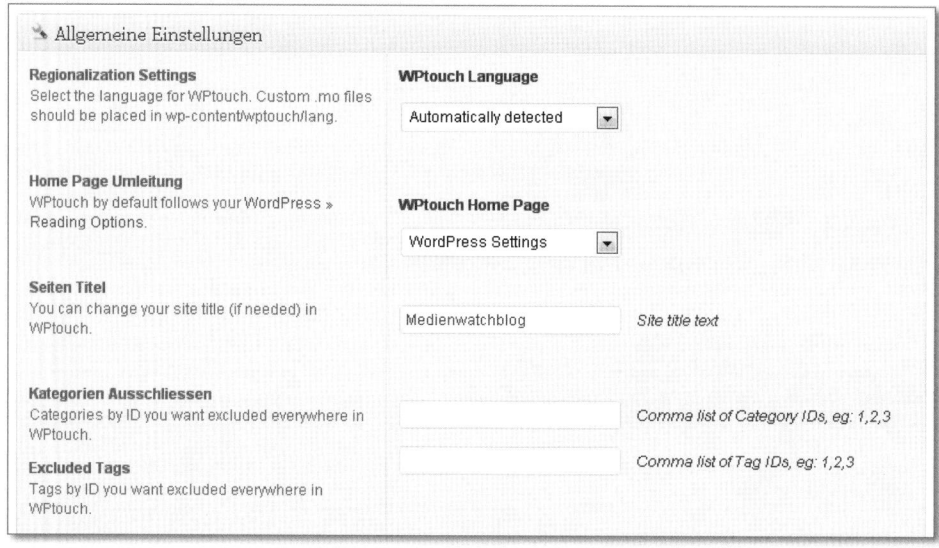

Abbildung 15.127 Allgemeine Einstellungen (Teil 1)

Über ALLGEMEINE EINSTELLUNGEN können Sie für WPtouch zunächst eine Sprache auswählen (Abbildung 15.127). Auffällig ist, dass weder Deutsch noch Englisch zur Auswahl stehen. Falls Sie keine der anderen Sprachen sprechen, die dort aufgelistet sind, belassen Sie die Option am besten bei AUTOMATICALLY DETECTED. Dann ist die Sprache, wie oben schon erwähnt, eine Mischung aus überwiegend Deutsch und Englisch (und ein klein wenig Spanisch). Die Funktion der einzelnen Optionen ist aber auch auf diese Weise verständlich genug. Außerdem haben Sie ja noch dieses Buch. Weitere Sprachen (unter anderem auch Deutsch) stehen in der kostenpflichtigen PRO-Version zur Verfügung.

Unter WPTOUCH HOME PAGE können Sie festlegen, welche Startseite für Ihre mobile Website verwendet werden soll. Wenn Sie WORDPRESS SETTINGS auswählen, nutzt das Plugin die Option, die Sie auch unter EINSTELLUNGEN • LESEN im Backend konfiguriert haben. Das dürfte in 99 % aller Fälle auch die Startseite sein, die Sie für Ihre mobile Website nutzen sollten. Falls nicht, können Sie hier auch eine andere Seite bestimmen.

Danach folgen der Seitentitel (der übrigens später auf jeder einzelnen Seite oben angezeigt wird) sowie eine Ausschlussmöglichkeit für Kategorien oder Tags. Sollten Sie hier also auf bestimmte davon verzichten wollen, setzen Sie die entsprechenden IDs hier ein.

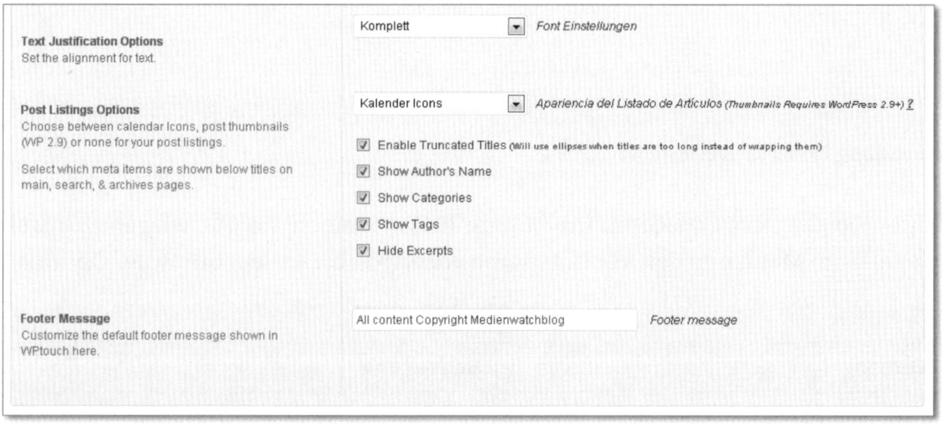

Abbildung 15.128 Allgemeine Einstellungen (Teil 2)

Im unteren Teil von ALLGEMEINE EINSTELLUNGEN (Abbildung 15.128) können Sie zunächst den Textfluss bestimmen. Als Auswahl haben Sie hier LINKS oder KOMPLETT. Komplett bedeutet in diesem Fall Blocksatz.

Des Weiteren können Sie die POST LISTINGS OPTIONS näher definieren, also was genau auf der Blogstartseite, der Suchergebnisseite und im Archiv angezeigt werden soll. Legen Sie zunächst fest, welches Icon jeweils neben den Beiträgen erscheinen soll. KALENDER ICONS sind hier vorausgewählt und durchaus eine sinnvolle Lösung, da hierauf gleich das Datum des Beitrags dargestellt wird. Die Option ENABLE TRUNCATED TITLES ermöglicht dem Plugin, die einzelnen Titel zu verkürzen, sollten diese zu lang sein. Die Optionen SHOW AUTHOR'S NAME, SHOW CATEGORIES, SHOW TAGS und HIDE EXCERPTS tun das, was Sie schon vermuten dürften: Sie zeigen den Namen des Autors, die Kategorien und die Tags an und blenden gegebenenfalls die Kurzfassung aus. Schließlich können Sie auch noch den Copyright-Vermerk Ihren Wünschen anpassen.

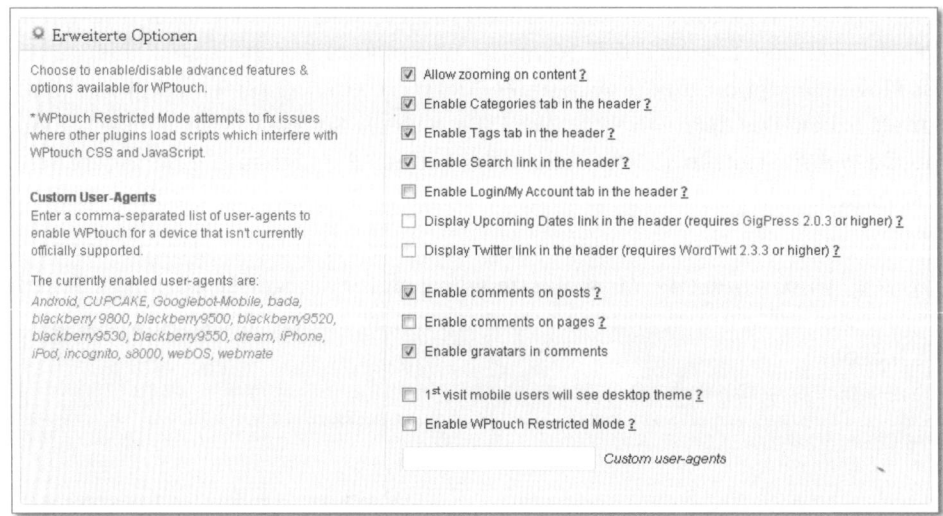

Abbildung 15.129 Erweiterte Optionen

Unter Erweiterte Optionen (Abbildung 15.129) können Sie überwiegend Einstellungen zum Menü und den Kommentaren vornehmen. Die Bedeutung der Optionen stelle ich Ihnen der Übersichtlichkeit wegen in Tabelle 15.4 dar.

Option	Bedeutung
Allow zooming on content	Dürfen Smartphone-Nutzer beim Surfen den Inhalt heranzoomen?
Enable Categories tab in the header	Sollen neben dem Menü im Header auch die Kategorien angezeigt werden?
Enable Tags tab in the header	Sollen neben dem Menü im Header auch die Tags angezeigt werden?
Enable Search link in the header	Soll unterhalb des Headers ein Link zur Suchfunktion eingeblendet werden?
Enable Login/My Account tab in the header	Möchten Sie sich über den Header einloggen bzw. auf Ihren Account zugreifen können?

Tabelle 15.4 Erweiterte Optionen

Option	Bedeutung
DISPLAY UPCOMING DATES LINK IN THE HEADER	Wenn Sie Künstler sind und gerne möchten, dass WPtouch Ihre kommenden Auftritte anzeigt, aktivieren Sie diese Option. Hierzu müssen Sie aber zwingend das Plugin GigPress installieren.
DISPLAY TWITTER LINK IN THE HEADER	Möchten Sie, dass Ihre letzten Tweets angezeigt werden können? Hierfür benötigen Sie das Plugin WordTwit.
ENABLE COMMENTS ON POSTS	Dürfen Kommentare unter den Blogbeiträgen angezeigt werden?
ENABLE COMMENTS ON PAGES	Dürfen Kommentare unter den Seiten angezeigt werden?
ENABLE GRAVATARS IN COMMENTS	Dürfen Gravatare neben den Kommentaren eingeblendet werden?
1ST VISIT MOBILE USERS WILL SEE DESKTOP THEME	Wenn Sie diese Option aktivieren, werden Besucher, die zum ersten Mal auf Ihre mobile Website zugreifen, zunächst auf die Desktop-Version umgeleitet, wo ihnen dann ein Link zur mobilen Version angezeigt wird.
ENABLE WPTOUCH RESTRICTED MODE	Es gibt Plugins, die im Zusammenspiel mit WPtouch nicht funktionieren. Wenn Sie hierbei Probleme haben, probieren Sie aus, diese Option zu aktivieren. Dann sperrt sich WPtouch gegenüber dem Zugriff anderer Plugins.
CUSTOM USER-AGENTS	Sie haben von einem Gerät erfahren, dass momentan noch nicht von WPtouch unterstützt wird, weshalb den Nutzern dieses Geräts immer noch die Desktop-Version angezeigt wird? Dann tragen Sie die entsprechenden User Agents in die Liste ein. Das Plugin zeigt links eine Reihe von derzeit aktivierten User Agents an.

Tabelle 15.4 Erweiterte Optionen (Forts.)

15

Die STYLE & COLOR OPTIONS (Abbildung 15.130) bestimmen, wie der Name schon vermuten lässt, weitestgehend das Aussehen von WPtouch. Leider sind manche weiteren Konfigurationen, die das Aussehen betreffen, in anderen Abschnitten verstreut, so dass Sie hier nicht alle Optionen finden. Wenn Sie allerdings das Plugin einmal von oben nach unten »durchkonfigurieren«, gehen Sie sicher, an alles gedacht zu haben.

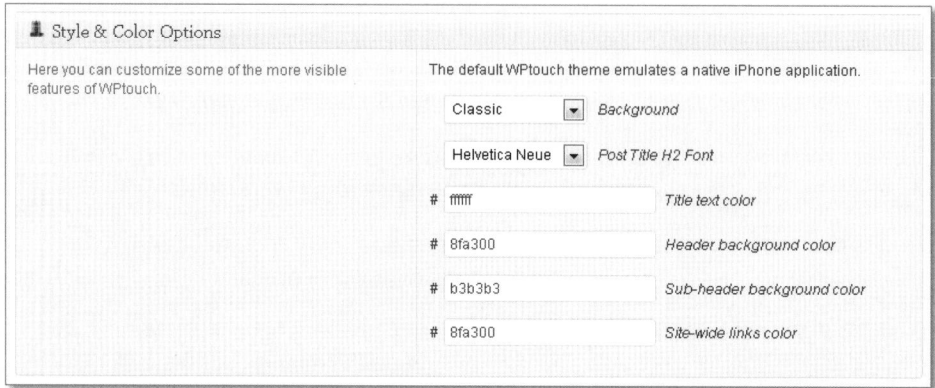

Abbildung 15.130 Style & Color Options

Zunächst einmal lässt sich aus verschiedenen Hintergrund-Themes wählen. Das ist auch praktisch, da WPtouch (in der kostenlosen Variante) ohnehin sehr eingeschränkt ist, was das Design angeht; so wird wenigstens ein Minimum an Vielfalt sichergestellt. Auswahlmöglichkeiten sind CLASSIC, HORIZONTAL GREY, DIAGONAL GREY, SKATED CONCRETE, ARGYLE TILE, THATCHES.

Die nächsten Optionen bestimmen der Reihe nach die Schriftart der Beitrags- und Seitentitel, die Textfarbe dieses Titels, die Hintergrundfarbe des Headers (ein Verlauf wird automatisch erzeugt), die Hintergrundfarbe des kleinen Headers unter dem Header – des »Sub-headers« – sowie die allgemeine Link-Farbe.

Kommen wir zu ADVERTISING, STATS & CUSTOM CODE (Abbildung 15.131). Oben können Sie sowohl Ihre GOOGLE ADSENSE ID als auch den GOOGLE ADSENSE CHANNEL Ihrer Werbeeinblendungen eingeben. Das Plugin blendet diese dann automatisch auf Ihrer mobilen Website ein. Darunter haben Sie noch Platz für eigenen Code, zum Beispiel für den eines Statistik-Plugins wie Google Analytics, etracker oder Piwik.

Bedenken Sie, dass über Ihr »normales« Theme nicht die Zugriffe auf die mobile Website getrackt werden, da Ihr normales Theme dem mobilen Besucher nicht angezeigt und damit auch nicht aufgerufen wird. WPtouch arbeitet vollkommen eigenständig, weshalb Sie hier etwaigen Statistikcode in jedem Fall einbinden müssen.

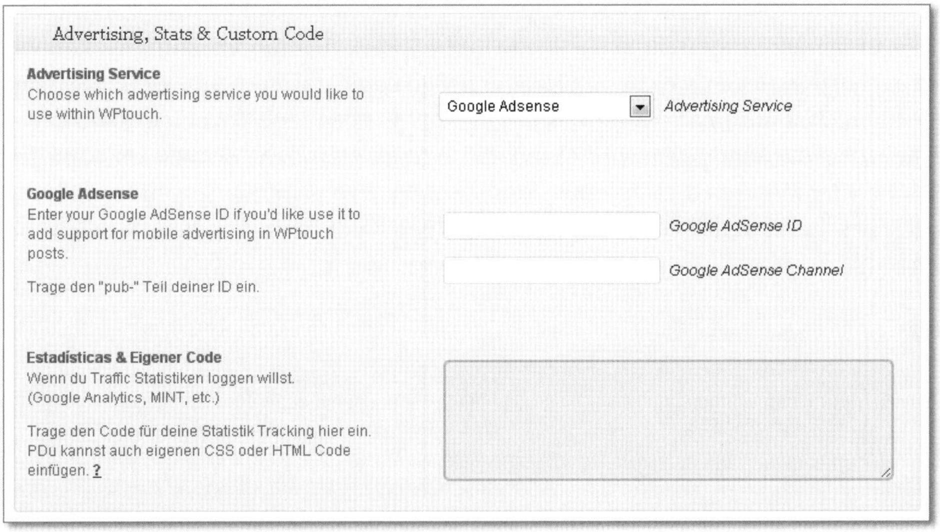

Abbildung 15.131 Adsense, Statistics & Eigener Code

Der Abschnitt DEFAULT & CUSTOM ICON POOL (Abbildung 15.132) zeigt Ihnen an, welche Icons zur Verfügung stehen (in einem nächsten Schritt können Sie diese nämlich nur anhand des Namens Ihren Menupunkten zuweisen, weshalb die Auflistung nicht ganz ohne Hintergedanken ist). Auch können Sie über die Funktion UPLOAD ICON ein eigenes Icon hochladen. Im linken Bereich finden Sie sogar einen Link zu einem passenden Icon-Generator, der Ihnen hilft, Icons im Smartphone-Stil zu entwerfen. Hier wurde an alles gedacht.

Abbildung 15.132 Default & Custom Icon Pool

Der Abschnitt Logo Icon // Menu Items & Pages Icons (Abbildung 15.133) dient dazu, die gerade vorgestellten Icons nun ihrem Zweck zuzuführen. Zunächst können Sie ein Logo festlegen, welches im Header neben dem Titel erscheint. Wenn Sie nicht möchten, dass automatisch für das iPhone und für den iPod Touch ein glänzender Schein über das Logo gelegt wird, aktivieren Sie die Option Flat Bookmark Icon. Im Rahmen der weiteren drei Optionen können Sie noch bestimmen, ob im Menü Links zur Startseite, zum RSS-Feed und zum Versenden von E-Mails angezeigt werden sollen.

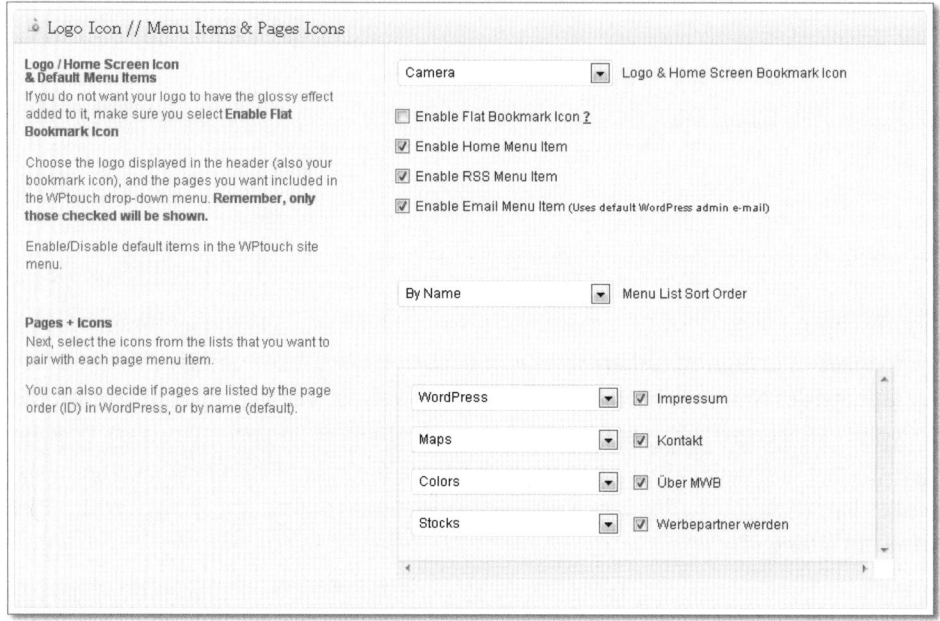

Abbildung 15.133 Logo Icon // Menu Items & Page Icons

Im letzten Bereich haben Sie dann die Möglichkeit, eine Sortierung für die Menü-Einträge (Menu List Sort Order) festzulegen und darunter die einzelnen Unterseiten zu benennen, die im Menü der mobilen Seite auftauchen dürfen. Haken Sie alle Seiten ab, die mit ins Menü aufgenommen werden sollen. Links daneben legen Sie dann einfach das entsprechende Icon fest.

15.5 Die Unternehmens-Website – Social Business

Als Unternehmer hat man es heute nicht leicht. Reichten früher noch ein paar Anzeigen in einigen Printmedien, muss man sich heute mit dem Internet und Social Media auseinandersetzen. Ich möchte Ihnen zeigen, wie so etwas beispielhaft aussehen könnte (Abbildung 15.134). Es geht dabei weniger um das Erstellen einer 50.000-seitigen Konzernwebsite mit eingescannten Broschürentexten, sondern vielmehr um eine moderne Unternehmens-Website, deren Fokus auf einem Blog mit Social-Media-Anbindung liegt. In diesem Praxisbeispiel möchte ich mit Ihnen ein Stückchen weiter gehen, als nur ein paar Sharing-Buttons unter die Artikel zu setzen. Sie werden lernen:

- wie Sie eine seriöse Business-Website erstellen
- wie Sie diese mit einer Blogfunktion ausstatten
- wie Sie das Kommentieren via Twitter & Facebook ermöglichen
- wie Sie Ihre letzten Tweets automatisch ausgeben lassen können
- wie Sie Ihre aktuelle Facebook-Statusmeldung ausgeben lassen können
- wie Sie Ihre Blogbeiträge automatisch bei Twitter & Facebook »crossposten« können
- wie Sie dafür sorgen, dass alle @Benutzernamen in Ihren Beiträgen automatisch mit dem passenden Profil bei Twitter verlinkt werden
- wie Sie einzelne Tweets oder YouTube-Videos ganz leicht mit oEmbed in Ihre Beiträge einfügen können
- wie Sie das Teilen von Artikeln bei Facebook, Twitter & Co. »datenschutzkonformer« gestalten können

Sie sehen, Social Media wird bei diesem Praxisbeispiel eine ganz große Rolle spielen.

15.5.1   Vom HTML-Gerüst zum Theme

WordPress haben Sie bereits entpackt, installiert und mit einer Datenbank verknüpft. Erstellen Sie nun einen neuen Ordner im Verzeichnis */wp-content/themes/*. Ich nenne ihn schlicht *sb* für Social Business. Alle Dateien, die Sie in den folgenden Abschnitten noch erstellen werden, kommen hier hinein, soweit nicht explizit anders angegeben. Sie können schon einmal den Ordner mit den Grafikdateien und die Stylesheets hineinkopieren (und etwaiges JavaScript etc.) Wir beginnen nun gemeinsam damit, das HTML-Grundgerüst der Website in ein WordPress-fähiges Theme zu verwandeln. Wie üblich erstellen Sie hierfür zunächst eine *header.php*, *sidebar.php*, *page.php* und *footer.php*. Wir beginnen nicht mit einer *index.php*, da wir uns um die Blogstartseite erst später kümmern werden. Es soll ja eine richtige Business-Website werden, und die startet üblicherweise mit einer statischen Seite, also *page.php*.

15

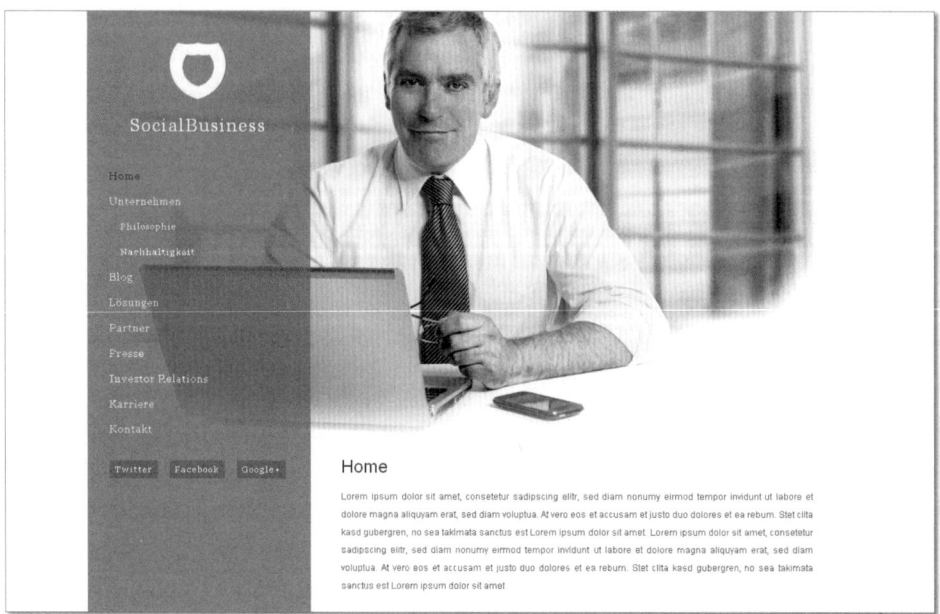

Abbildung 15.134 So sieht die Social-Business-Website einmal aus, wenn Sie fertig ist.

Nachdem Sie das HTML-Grundgerüst erstellt haben, muss es nun in seine Einzelteile zerlegt werden, die in die oben genannten Dateien wandern (Listing 15.68).

```
01    <!DOCTYPE html PUBLIC "-//W3C//DTD XHTML 1.0
      Transitional//EN" "http://www.w3.org/TR/xhtml1/DTD/xhtml1-
      transitional.dtd">
02    <html xmlns="http://www.w3.org/1999/xhtml">
03    <head>
04    <meta http-equiv="Content-Type" content="text/html;
      charset=utf-8" />
05    <title>Social Business</title>
06    <link rel="Stylesheet" type="text/css" href="style.css" />
07    </head>
08    <body>
09    <!-- Ende der header.php -->
10    <div id="page">
11    <div id="container">
12        <div id="sidebar">
13           <div id="inner-sidebar">
14                <div id="logo"><a href=""><img
                  src="images/logo.png" width="80" height="81" />
                  </a></div>
15                <div id="title"><a href="">
                  SocialBusiness</a></div>
```

```
16              <div id="menu">
17                  <ul>
18                      <li><a href="">Home</a></li>
19                      <li><a href="">Unternehmen</a></li>
20                      <li><a href="">Blog</a></li>
21                      <li><a href="">Lösungen</a></li>
22                      <li><a href="">Partner</a></li>
23                      <li><a href="">Presse</a></li>
24                      <li><a href="">Investor
                        Relations</a></li>
25                      <li><a href="">Karriere</a></li>
26                      <li><a href="">Kontakt</a></li>
27                  </ul>
28              </div>
29              <div id="socialbuttons">
30                  <ul>
31                      <li class="twitter"><a href=""
                        target="_blank">Twitter</a></li>
32                      <li class="facebook"><a href=""
                        target="_blank">Facebook</a></li>
33                      <li class="googleplus"><a href=""
                        target="_blank">Google+</a></li>
34                  </ul>
35              </div>
36          </div>
37      </div>
38  <!-- Ende der sidebar.php -->
39      <div id="content">
40          <div id="inner-content">
41              <h1>Eine Test Headline</h1>
42              <p>Lorem ipsum dolor sit amet...</p>
43              <h2>Unterüberschrift</h2>
44              <p>Lorem ipsum dolor sit amet...</p>
45          </div>
46      </div>
47  <!-- Ende der page.php -->
48      <div class="clear"></div>
49  </div>
50  </div>
51  </body>
52  </html>
53  <!-- Ende der footer.php -->
```

Listing 15.68 Die HTML-Vorlage der Website

Trennen Sie nun, wie in Listing 15.68 zu sehen, die HTML-Vorlage in die vier Teile Header, Sidebar, Content (*page.php* etc.) und Footer. In diesem Beispiel steht die Sidebar vor dem Inhalt, weil sie auf der linken Seite dargestellt werden soll. Der Header sollte möglichst viel vom Code am Anfang der Vorlage enthalten, so dass dort alles hineinkommt, was sich auf jeder einzelnen Seite (auch auf den Blogseiten) wiederholen wird. Also alles bis zum Beginn der Sidebar. Das Gleiche gilt für den Footer. Dieser sollte vom Ende her so viel Code enthalten, wie möglich ist: Alles, was sich für jede Seite wiederholt.

Erstellen Sie eine Datei in Ihrem Theme-Ordner namens *header.php*, und fügen Sie den ersten Teil der Datei dort ein (Listing 15.69):

```
01   <!DOCTYPE html PUBLIC "-//W3C//DTD XHTML 1.0
     Transitional//EN" "http://www.w3.org/TR/xhtml1/DTD/xhtml1-
     transitional.dtd">
02   <html xmlns="http://www.w3.org/1999/xhtml">
03   <head>
04   <meta http-equiv="Content-Type" content="text/html;
     charset=utf-8" />
05   <title><?php wp_title(''); ?></title>
06   <link rel="Stylesheet" type="text/css" href="<?php echo
     get_stylesheet_directory_uri(); ?>/style.css" />
07   <link rel="alternate" type="application/rss+xml"
     title="RSS-Feed" href="
     <?php bloginfo('wpurl'); ?>/feed/" />
08   <link rel="pingback" href="<?php bloginfo('wpurl');
     ?>/xmlrpc.php" />
09   <?php wp_head(); ?>
10   </head>
11   <body>
12   <div id="page">
13   <div id="container">
```

Listing 15.69 Die vollständige header.php

Der Code der *header.php* muss ein wenig an die Vorgaben von WordPress angepasst werden. Zunächst einmal soll der Titel dynamisch generiert werden. Dies geschieht in Zeile 05 mit der Funktion `wp_title()`. In Zeile 06 wird der Link zur *style.css* automatisch generiert, und zwar über `get_stylesheet_directory_uri()`. Diese Funktion gibt, wenn Sie ein `echo` davorsetzen, den direkten Pfad zu Ihrem Theme-Ordner aus, in dem sich die *style.css* befindet. In Zeile 07 sollten Sie zudem noch angeben, wo der RSS-Feed erreichbar sein wird. Der befindet sich immer unter *http://www.ihre-domain.de/feed/*. Um Ihre WordPress-URL automatisch einfügen zu lassen, verwenden Sie `bloginfo()` mit dem Parameter `wpurl`. Etwas Ähnliches folgt sogleich in Zeile

08. Dort ist ein Verweis auf die Datei nötig, die die Pingbacks und Trackbacks verwaltet. Sie heißt *xmlrpc.php* und befindet sich in Ihrem WordPress-Hauptverzeichnis. Über bloginfo() mit dem Parameter wpurl wird wieder Ihre WordPress-URL eingefügt. Abschließend ist es wichtig, direkt vor dem schließenden </head>-Tag noch den Hook wp_head() aufzurufen. So bekommen WordPress und Ihre Plugins die Möglichkeit, den Header Ihrer Website gegebenenfalls um weiteren Code zu erweitern.

Als Nächstes nehmen Sie sich die *sidebar.php* vor (Listing 15.70). Wie erwähnt, kommt diese vor der *page.php*, da die Sidebar auf der linken Seite dargestellt werden soll. In welcher Reihenfolge Sie die Dateien erstellen, bleibt natürlich vollkommen Ihnen überlassen. In dieser Reihenfolge werden wir die Dateien aber später zusammenführen.

```
01      <div id="sidebar">
02          <div id="inner-sidebar">
03              <div id="logo"><a href="
                <?php bloginfo('url'); ?>"><img src="
                <?php echo get_stylesheet_directory_uri();
                ?>/images/logo.png" width="80" height="81" />
                </a></div>
04              <div id="title"><a href="
                <?php bloginfo('url'); ?>">
                <?php bloginfo('name'); ?></a></
div>            05              <div id="menu">
06                  <?php wp_nav_menu(
07                  array( 'theme_location' => 'main-menu' )
08                  ); ?>
09              </div>
10              <div id="socialbuttons">
11                  <ul>
12                      <li class="twitter"><a href=""
                        target="_blank">Twitter</a></li>
13                      <li class="facebook"><a href=""
                        target="_blank">Facebook</a></li>
14                      <li class="googleplus"><a href=""
                        target="_blank">Google+</a></li>
15                  </ul>
16              </div>
17              <?php if ( !function_exists (
                'dynamic_sidebar' ) || dynamic_sidebar
                ( 'Sidebar' ) ) : ?>
```

```
18              <?php endif; ?>
19          </div>
20      </div>
```

Listing 15.70 Die vollständige sidebar.php

Auch in der Sidebar müssen ein paar Dinge angepasst werden. In Zeile 03 befindet sich der Code des Logos. Der Pfad zur Grafikdatei wird nun durch WordPress über die Funktion `get_stylesheet_directory_uri()` erzeugt. Außerdem wurde das Logo verlinkt mit dem Ziel der Startseite, die Sie über `bloginfo()` mit dem Parameter `url` ausgeben lassen können. In Zeile 04 wird der Name des Unternehmens mithilfe der Funktion `bloginfo()` und dem Parameter `name` ausgegeben. Sie können im Backend unter EINSTELLUNGEN • ALLGEMEIN diesen Namen als BLOGTITEL eintragen. Verlinkt wird wieder auf die Startseite, in der gleichen Weise wie in Zeile 05. In den Zeilen 06 bis 08 wurde das HTML-Menü durch ein dynamisches Menü ersetzt. So haben Sie gleich noch die Möglichkeit, das Menü aus dem Backend heraus mit Seiten zu bestücken und dieses Ihren Wünschen später weiter anzupassen. Verantwortlich dafür ist die Funktion `wp_nav_menu()`. Diese erwartet ein Array mit dem Schlüssel-Wert-Paar `theme_location` und dem Namen des Menübereichs.

In den Zeilen 12 bis 14 werden die Social-Media-Buttons ausgegeben. Da diese nur aus Text bestehen, können Sie sie ganz leicht mit den Social-Media-Diensten Ihrer Wahl bestücken. Vergessen Sie nicht, in die leeren Link-Tags noch die URLs zu Ihren Profilen zu setzen.

Schließlich folgt in den Zeilen 17 und 18 noch die Definition eines Widget-Bereichs. Diesen benötigen Sie später, wenn Sie beispielsweise Ihre letzten Tweets oder Ihren derzeitigen Facebook-Status in der Sidebar ausgeben lassen wollen. Zunächst wird mittels `function_exists()` überprüft, ob die im Folgenden verwendete Funktion auch existiert. Ein Sicherheitsmechanismus, der dafür sorgen soll, dass sich Ihre Website nicht in Fehlermeldungen ergießt, sollte die Funktion möglicherweise in WordPress 5.7 einmal wegfallen oder sollte sie aus einem anderen Grund nicht verfügbar sein. Mittels `dynamic_sidebar()` wird dann ein Widget-Bereich mit dem Namen Sidebar erstellt.

Der Menü- und der Widget-Code in der *sidebar.php* bedeuten aber erst einmal nur, dass ein etwaiges Menü oder ein etwaiger Widget-Bereich *an dieser Stelle* eingebunden werden soll. Sie kommen aber nicht umhin, beide für das Theme im Allgemeinen festzulegen, sie zu registrieren. Und immer, wenn Sie etwas »allgemein« für das Theme festlegen wollen, dann schreiben Sie das in die *functions.php*. Die wird nämlich immer geladen.

Erstellen Sie nun eine *functions.php* in Ihrem Theme-Verzeichnis, und fügen Sie ihr den folgenden Code aus Listing 15.71 hinzu:

```
01   <?php
02   function register_my_menus() {
03       register_nav_menus(
04           array( 'main-menu' => 'Main Menu' )
05       );
06   }
07   add_action( 'init', 'register_my_menus' );
08   ?>
```

Listing 15.71 Registrierung des Menüs in der functions.php

Der Code registriert nun zunächst das Menü. Achten Sie darauf, dass der Code immer zwischen `<?php` und `?>` steht und dass es in der *functions.php* keinerlei Leerzeilen gibt, die sich nicht zwischen besagten Tags befinden. Dazu erstellen Sie eine eigene Funktion beliebigen Namens (hier `register_my_menus()`). Im Rahmen dieser Funktion wird die offizielle Funktion `register_nav_menus()` aufgerufen, sie ist für die Registrierung zuständig. Ihr übergeben Sie ein Array mit dem Schlüssel-Wert-Paar **Name des Menüs** (`main-menu`) und **Bezeichnung des Menüs** (`Main Menu`). Name ist dabei derjenige, den Sie am Anfang der *sidebar.php* schon dem Wert `theme_location` zugewiesen haben. Diese beiden müssen also identisch sein. Die Bezeichnung hingegen können Sie frei wählen, sie dient nur dazu, dem Ganzen einen offiziellen Namen zu geben, der im Backend angezeigt wird.

Die Funktion, die Sie gerade eben erstellt haben (`register_my_menus()`), muss nun mittels der Funktion `add_action()` noch in den Initialisierungsprozess von WordPress geladen werden, damit das Menü zur Verfügung steht. Als ersten Parameter übergeben Sie `add_action()` daher den Parameter `init`, danach den Namen Ihrer selbst erstellten Funktion. Damit ist das Menü vollständig registriert und kann über das Backend mit Menüpunkten versehen werden.

Doch auch der Widget-Bereich muss registriert werden, damit er in der *sidebar.php* angezeigt werden kann. Begeben Sie sich also wieder in die *functions.php*, und fügen Sie auch den folgenden Code noch hinzu (Listing 15.72):

```
01   <?php
02   if ( function_exists ( 'register_sidebar' ) ) {
03       register_sidebar(
04       array(
05       'name' => 'Sidebar',
06       'description' => '',
07       'before_widget' => '<div class="widget">',
08       'after_widget' => '</div>',
09       'before_title' => '<h6>',
10       'after_title' => '</h6>',
```

15

```
11        ));
12    }
13    ?>
```

Listing 15.72 Registrierung des Widget-Bereichs in der functions.php

In Zeile 02 wird zunächst überprüft, ob die Funktion `register_sidebar()` überhaupt existiert. Sodann wird sie in Zeile 03 aufgerufen, und es wird ihr ein Array übergeben, dessen Inhalt Sie in den Zeilen 05 bis 10 finden. In Tabelle 15.5 sehen Sie verschiedene Schlüssel-Wert-Paare, die dafür infrage kommen.

Schlüssel	Wert
name	Name des Widget-Bereichs (und zwar der, den Sie in der *sidebar. php* schon für die Einbindung des Widget-Bereichs verwendet haben)
description	eine Beschreibung des Widget-Bereichs (sie ist optional)
before_widget	Code, der vor dem Widget-Bereich im Quelltext stehen soll (hier wird das Widget in einen <div>-Container gepackt, um es leichter per CSS ansteuern zu können)
after_widget	Code nach dem Widget-Bereich
before_title	Code vor dem Titel des Widget-Bereichs (hier für eine Überschrift verwendet)
after_title	Code nach dem Titel des Widget-Bereichs

Tabelle 15.5 Verschiedene Schlüssel-Wert-Paare

Damit ist jetzt auch der Widget-Bereich registriert, und die Einbindung in der *sidebar.php* kann Früchte tragen.

Nun ist die *page.php* an der Reihe (Listing 15.73). Sie steuert, wie gesagt, die Ausgabe der statischen Seiten. Da die Startseite eine statische Seite sein wird, ziehen wir sie an dieser Stelle der Blogstartseite in Form der *index.php* vor. Das Blog ist schließlich nur ein Unterbereich der Website.

```
01    <?php get_header(); ?>
02    <?php get_sidebar(); ?>
03        <div id="content">
04            <div id="inner-content">
05                <?php if ( have_posts() ) :
                  while ( have_posts() ) : the_post(); ?>
06                    <h1><?php the_title(); ?></h1>
```

```
07                     <?php the_content(); ?>
08                 <?php endwhile; endif; ?>
09             </div>
10         </div>
11     <?php get_footer(); ?>
```

Listing 15.73 Die vollständige page.php

In den Zeilen 01 und 02 werden zunächst Header und Sidebar eingebunden. In Zeile 05 beginnt die altbekannte *Loop*. Sie endet in Zeile 08 mit der endwhile; endif;-Anweisung. Alles, was zwischen Zeile 05 und Zeile 08 steht, wird für jedes auszugebende Objekt wiederholt. Da eine statische Seite immer nur ein einziges Objekt sein kann, wird der Code also auch nur einmal ausgegeben. Bei der Blogstartseite wäre dies zum Beispiel anders, vorausgesetzt, Sie haben mehr als einen Blogartikel geschrieben. In Zeile 06 wird im <h1>-Tag der Titel der Seite automatisch ausgegeben, und zwar mittels der Funktion the_title(). Das Gleiche passiert mit dem Inhalt der Seite in Zeile 07, dort allerdings über die Funktion the_content(). In Zeile 11 wird schließlich der Footer eingebunden, den wir noch gar nicht erstellt haben. Jetzt aber schnell.

Die *footer.php* sieht aus wie in Listing 15.74:

```
01         <div class="clear"></div>
02     </div>
03     </div>
04     <?php wp_footer(); ?>
05     </body>
06     </html>
```

Listing 15.74 Die vollständige footer.php

Die Datei ist ausnahmsweise einmal wirklich überschaubar. Am Code hat sich nicht viel geändert im Vergleich zur HTML-Vorlage. Hinzugekommen ist lediglich in Zeile 04 der Hook wp_footer(), welcher es WordPress (ähnlich wie wp_head() in der *header.php*) ermöglicht, noch weiteren Code im Footer unterzubringen. Der Aufruf sollte direkt vor dem schließenden </body>-Tag geschehen.

Das Grundgerüst der Website ist nun vollständig. Das Theme ist derzeit in der Lage, eine statische Seite anzuzeigen. Doch würden Sie nun bei aktiviertem Theme auf die Website gehen, würde Ihnen zunächst einmal die Blogstartseite (*index.php*) angezeigt werden und zudem noch gar kein richtiges Menü. Das ändern wir nun im Backend.

15

Abbildung 15.135 Aktivieren des Themes

Aktivieren Sie das Theme im Backend unter DESIGN • THEMES (Abbildung 15.135).

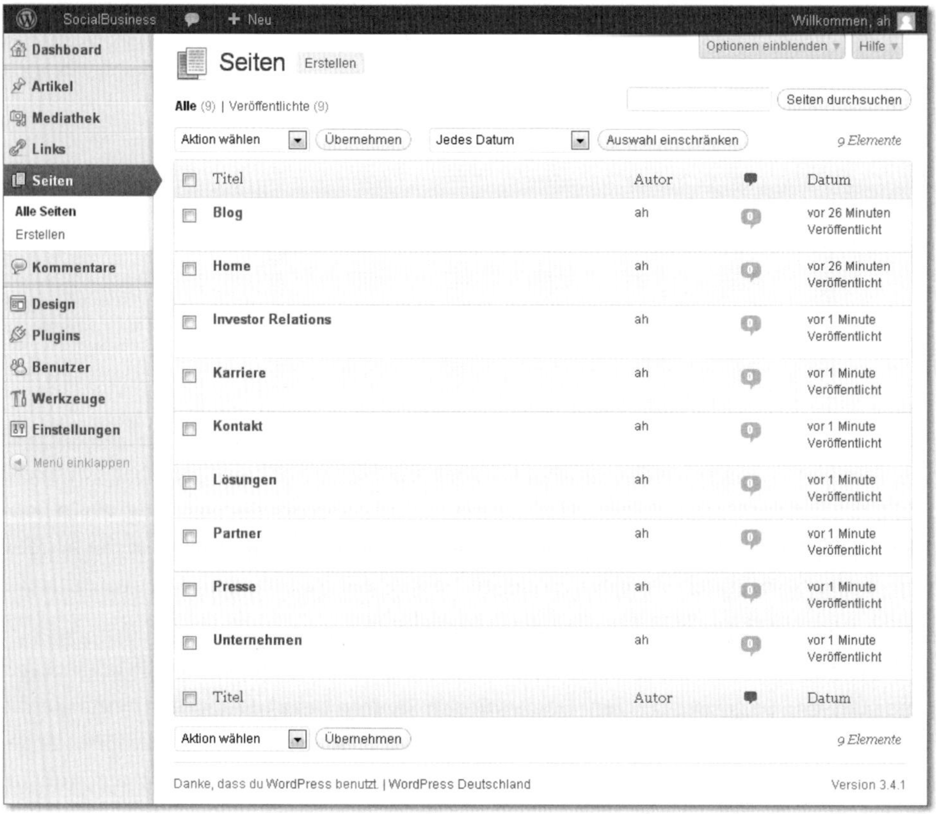

Titel	Autor	💬	Datum
Blog	ah	💬	vor 26 Minuten Veröffentlicht
Home	ah	💬	vor 26 Minuten Veröffentlicht
Investor Relations	ah	💬	vor 1 Minute Veröffentlicht
Karriere	ah	💬	vor 1 Minute Veröffentlicht
Kontakt	ah	💬	vor 1 Minute Veröffentlicht
Lösungen	ah	💬	vor 1 Minute Veröffentlicht
Partner	ah	💬	vor 1 Minute Veröffentlicht
Presse	ah	💬	vor 1 Minute Veröffentlicht
Unternehmen	ah	💬	vor 1 Minute Veröffentlicht

Abbildung 15.136 Erstellen Sie einige Seiten.

Erstellen Sie nun einige Seiten, die als Inhalt herhalten sollen. Ich habe die folgenden erstellt (Abbildung 15.136), von denen Sie mindestens die fett gedruckten ebenfalls erstellen:

- **Archiv**
- **Blog**
- **Home**
- Investor Relations
- Karriere
- Kontakt
- Lösungen
- Partner
- Presse
- Unternehmen

Abbildung 15.137 WordPress als CMS

Damit nun nicht mehr die Blogstartseite angezeigt wird, sondern direkt eine statische Startseite, muss noch eine Einstellung im Backend vorgenommen werden: Der erste Schritt von WordPress in Richtung CMS. Unter EINSTELLUNGEN • LESEN wählen Sie die Option EINE STATISCHE SEITE und wählen, wie in Abbildung 15.137, die entsprechenden Seiten aus.

Außerdem können Sie die Gelegenheit gleich nutzen, um den Permalinks eine halbwegs vernünftige Struktur zu verleihen (Abbildung 15.138). Gehen Sie hierzu auf EINSTELLUNGEN • PERMALINKS, und tragen Sie dort eine angemessene Struktur ein, zum Beispiel:

`/%post_id%/%postname%/`

Als Kategorie- und Schlagwortbasis habe ich `kategorie` und `tag` gewählt.

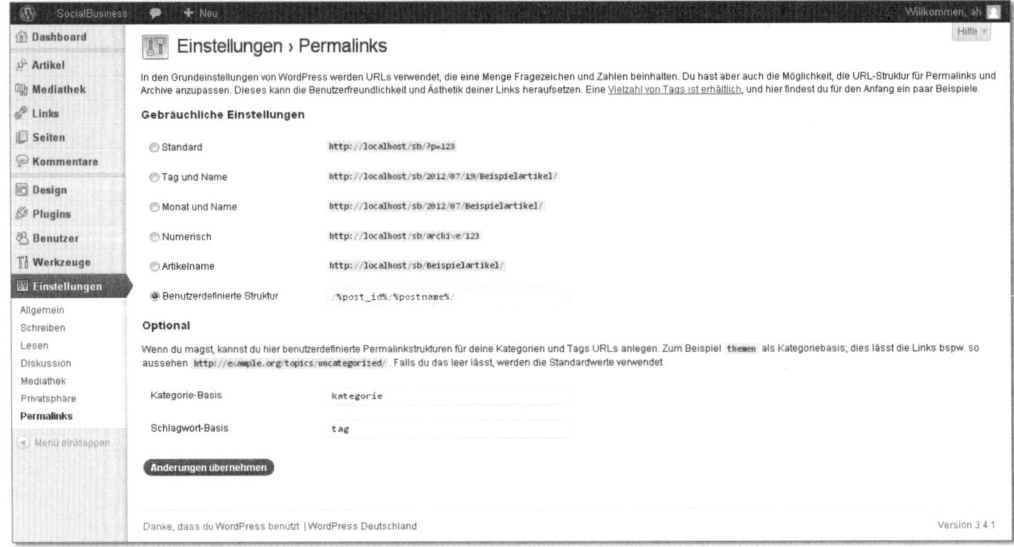

Abbildung 15.138 Die Permalinks anpassen

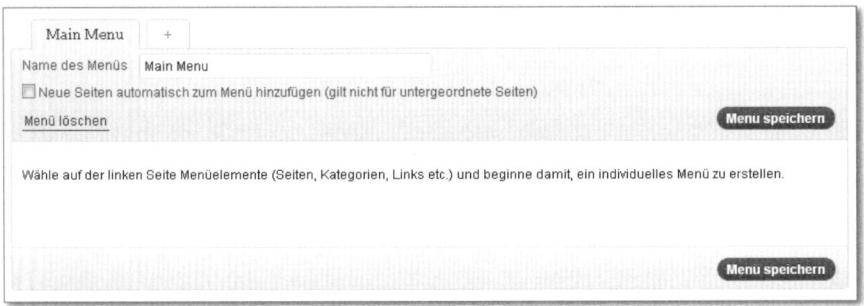

Abbildung 15.139 Erstellen des Menüs

Als nächster Schritt empfiehlt sich das Erstellen eines Menüs (Abbildung 15.139). Hierfür gehen Sie zu DESIGN • MENÜS und tragen dort als Namen für ein neues Menü zum Beispiel »Main Menu« ein. Speichern Sie es ab.

Abbildung 15.140 Ordnen Sie das Menü seinem Platz im Theme zu.

Nun können Sie das Menü im Abschnitt ANORDNUNG IM THEME seinem Platz in der Sidebar zuordnen (Abbildung 15.140). Da wir nun ein Menü registriert haben, gibt es hier auch nur eine Möglichkeit.

Abbildung 15.141 Die Seiten hinzufügen

Fügen Sie nun alle SEITEN hinzu, die Sie gerne im Menü abbilden möchten (Abbildung 15.141).

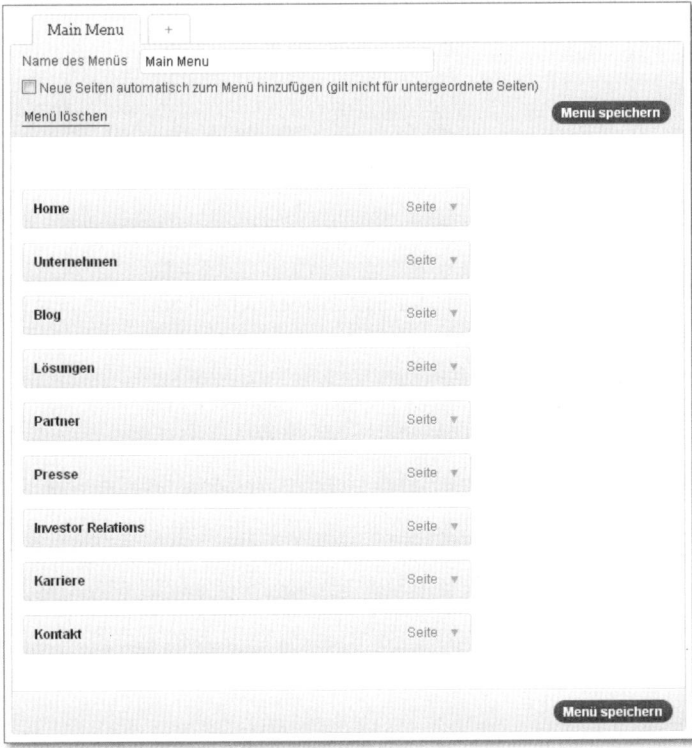

Abbildung 15.142 Die Seiten können Sie an dieser Stelle auf Wunsch noch ordnen.

Wenn nötig, ordnen Sie sie noch nach Ihren Wünschen (Abbildung 15.142).

Sie können natürlich auch Unterseiten erstellen und diese ebenfalls dem Menü hinzufügen.

Abbildung 15.143 Die Seite als Unterseite definieren

Erstellen Sie eine neue Seite (SEITEN · ERSTELLEN), und wählen Sie im Abschnitt ATTRIBUTE die Elternseite aus (Abbildung 15.143).

Abbildung 15.144 Die Unterseiten in der Übersicht

Die Seiten erscheinen dann untergeordnet in der Seitenübersicht (Abbildung 15.144).

Abbildung 15.145 Die Unterseiten nachträglich hinzufügen

Fügen Sie unter DESIGN • MENÜS die Unterseiten dem Menü hinzu (Abbildung 15.145).

Abbildung 15.146 Einsortieren als Unterseite

Wenn Sie möchten, dass die Unterseiten auch im Menü als solche abgebildet werden, können Sie diese durch Verschieben dem jeweiligen Menüpunkt unterordnen (Abbildung 15.146).

Damit haben Sie nun das Theme aktiviert, alle Seiten erstellt, WordPress grundlegend zu einem CMS umfunktioniert, die Permalinks angepasst und schließlich noch das Menü mit Seiten ausgestattet. Das Ergebnis im Frontend sollte nun aussehen wie in Abbildung 15.147.

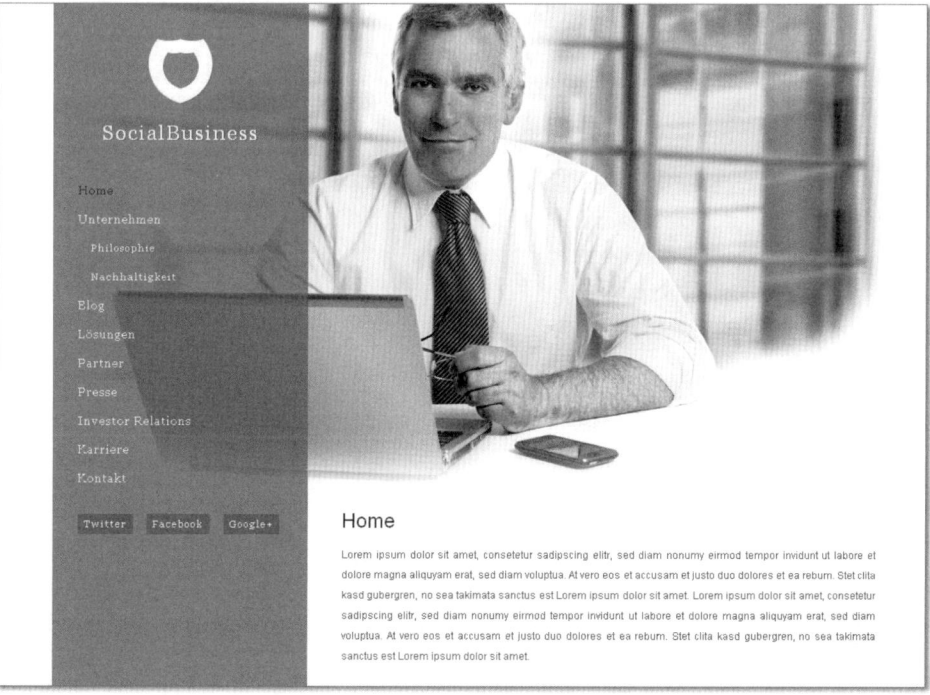

Abbildung 15.147 Der erste Schritt ist getan: So sollte die Startseite nun aussehen.

15.5.2 Die Blogstartseite (index.php)

Eine Datei haben wir bislang vermieden: die *index.php*. Sie steuert die Ausgabe der Blogstartseite, gibt also alle Blogartikel, angefangen bei dem neuesten, aus, jeweils x pro Seite. Der Code der *index.php* sieht so aus wie in Listing 15.75:

```
01   <?php get_header(); ?>
02   <?php get_sidebar(); ?>
03       <div id="content">
04           <div id="inner-content">
05               <h1>Blog</h1>
06           <?php if ( have_posts() ) : while ( have_posts() ) :
07           the_post(); ?>
08           <div class="entry">
09               <h2><a href="<?php the_permalink(); ?>"
                 title="Lesen Sie &quot;<?php the_title();
                 ?>&quot; vollständig"><?php the_title(); ?>
                 </a></h2>
10               <div class="entrymeta"><a href="
                 <?php bloginfo('url'); ?>/archiv/">
                 <?php the_time("l, d. F Y"); ?></a> &bull;
                 <?php the_category(', ') ?> &bull;
                 <?php comments_popup_link('Diese Meldung
                 kommentieren','1 Kommentar',
                 '% Kommentare','','/'); ?></div>
11               <?php the_content('<span
                 class="readmore">Weiterlesen...</span>'); ?>
12               <div class="clear"></div>
13           </div>
14           <?php endwhile; else: ?>
15           <p>Es wurden leider keine Beiträge gefunden.</p>
16           <?php endif; ?>
17           <p><?php posts_nav_link(' | ', '&laquo; Ältere
                 Artikel', 'Neuere Artikel &raquo;'); ?></p>
18           </div>
19       </div>
20   <?php get_footer(); ?>
```

Listing 15.75 Die vollständige index.php

Nachdem Header und Sidebar eingebunden wurden, sehen Sie in Zeile 05 zunächst die Überschrift. Sie ist hart codiert, da sich der Titel der Blogseite nicht ändert. Es bleibt die Übersichtsseite über Blogartikel. In Zeile 06 beginnt dann die Loop, die in Zeile 14 endet. Was dazwischen steht, wird für jeden Blogbeitrag wiederholt. In Zeile

09 steht im <h2>-Tag der Titel des Blogbeitrags, welcher durch the_title() ausgegeben wird. Er ist verlinkt mit dem Permalink der Seite, ausgegeben durch the_permalink(). In Zeile 10 sind verschiedene Metaangaben zum Artikel, die auch automatisch durch WordPress ausgegeben werden. So ist dort das Datum des Beitrags (the_time("l, d. F Y")) im Format »Sonntag, 01. Januar 2012« verlinkt mit dem Archiv, welches Sie gleich noch erstellen werden. Außerdem wird in der Zeile noch die Kategorie des Beitrags ausgegeben (the_category()) sowie die Anzahl der Kommentare (comments_popup_link()). Letztere Funktion erwartet insbesondere drei Parameter: den Text bei 0 Kommentaren, bei 1 Kommentar und bei mehreren Kommentaren.

In Zeile 11 wird mittels der Funktion the_content() bereits der Inhalt des Beitrags bis zum *more*-Tag ausgegeben. Als Parameter wird dieser Funktion der Link-Text für den Weiterlesen-Link gegeben. Sie können dort auch HTML anfügen, um ihn besser per CSS ansprechen zu können.

In Zeile 15 wird noch ein Text definiert, für den Fall, dass gar keine Beiträge vorhanden sind. In Zeile 17 wird eine kleine Navigation über die Funktion posts_nav_link() ausgegeben, mit der die Nutzer durch die einzelnen Seiten der Blogstartseite navigieren können. Als ersten Parameter erwartet die Funktion einen Separator, der zwischen den beiden Links für die älteren Artikel (Parameter 2) und die neueren Artikel (Parameter 3) angezeigt wird.

Die *index.php* endet mit dem Aufruf des Footers in Zeile 20. Im Frontend sieht die Blogstartseite dann aus wie in Abbildung 15.148.

Abbildung 15.148 Die Blogstartseite sieht doch gar nicht so übel aus, oder?

15.5.3   Die Einzelansicht eines Artikels (single.php)

Nach einem Klick auf den Titel des Beitrags bzw. auf den Weiterlesen-Button werden Sie zur Einzelansicht des Artikels weitergeleitet, also zur *single.php*. Diese versehen Sie mit folgendem Code (Listing 15.76):

```
01   <?php get_header(); ?>
02   <?php get_sidebar(); ?>

03   <?php if ( have_posts() ) : while ( have_posts() ) :
     the_post(); ?>
04       <div id="content">
05           <div id="inner-content">
06               <h1><?php the_title(); ?></h1>
07               <div class="postmeta"><a href="
                 <?php bloginfo('url'); ?>/archiv/">
                 <?php the_time("l, d. F Y"); ?></a> &bull;
                 <?php the_author_posts_link(); ?> &bull;
                 <?php the_category(', ') ?> &bull;
                 <?php comments_popup_link('Keine Kommentare',
                 '1 Kommentar','% Kommentare','','/'); ?></div>
08               <?php the_content(); ?>
09               <p class="tags">Tags:</p>
10               <div class="posttags">
                 <?php the_tags('', '', '') ?></div>
11       <?php endwhile; endif; ?>
12       <?php comments_template(); ?>
13           </div>
14       </div>
15   <?php get_footer(); ?>
```

Listing 15.76 Die vollständige single.php

Die *single.php* ist im Prinzip eine abgewandelte Version der *index.php*, Sie benötigen daraus nur die Dinge, die Sie auch auf der Einzelansicht darstellen wollen. Den Rest können Sie weglassen. Und Sie können selbstverständlich auch Dinge ergänzen.

In der Loop werden in Zeile 06 der Titel und in Zeile 07 die schon bekannten Metaangaben des Artikels ausgegeben. Hinzugekommen ist hier lediglich der Name des Autors, der wird in der *index.php* nicht angezeigt. Die Funktion the_author_posts_link() übernimmt sowohl die Ausgabe des Autorennamens als auch seine Verlinkung mit der Autorenseite *author.php*, die Sie gleich noch erstellen werden.

Nach der Ausgabe des Inhalts in Zeile 08 werden in Zeile 10 zudem noch die Tags des Artikels ausgegeben. Das übernimmt die Funktion the_tags(), der Sie als Parameter übergeben, erstens was vor den Tags steht (in unserem Fall soll da nichts stehen; standardmäßig würde »Tags:« ausgegeben werden), zweitens wie der Separator zwischen den einzelnen Tags aussehen soll und drittens was nach den Tags steht.

Nach dem Ende der Loop binden wir in Zeile 12 noch das `comments_template()` ein, das im nächsten Schritt noch etwas genauer ausgestaltet wird. Hier legen Sie nur die Stelle fest, an der es eingebunden werden soll. Das Ergebnis sehen Sie in Abbildung 15.149.

Abbildung 15.149 Die Einzelansicht eines Blogartikels

15.5.4   Das Kommentar-Template (comments.php & functions.php)

Das Kommentar-Template hatten Sie ja gerade schon in die *single.php* eingebunden. Es befindet sich in der *comments.php*, welche Sie nun erstellen (Listing 15.77):

```
01    <div id="comments">
02    <?php if ( post_password_required() ) : ?>
03    <p class="nopassword">Bitte geben Sie das Passwort ein, um
      Kommentare zu lesen.</p>
```

```
04    </div>
05    <?php return; endif; ?>
06    <div id="content-form">
07    <?php
08    $fields =  array(
09        'author' => '<p class="comment-form-author">
10                        <label for="author">Ihr Name
                          <em>(erforderlich)</em></label>
11                        <input id="author" name="author"
                          type="text" value="' .
                          esc_attr( $commenter['comment_author'] )
                          . '" size="30"' . $aria_req . ' /></p>',
12        'email'  => '<p class="comment-form-email">
13                        <label for="email">Ihre E-Mail-Adresse
                          <em>(erforderlich, wird aber nicht
                          veröffentlicht)</em></label>
14                        <input id="email" name="email"
                          type="text" value="' . esc_attr(
                          $commenter['comment_author_email'] ) .
                          '" size="30"' . $aria_req . ' /></p>',
15        'url'    => '<p class="comment-form-url">
16                        <label for="url">Ihre Website</label>
17                        <input id="url" name="url" type="text"
                          value="' . esc_attr(
                          $commenter['comment_author_url'] ) .
                          '" size="30" /></p>',
18    );
19    comment_form( array(
20        'fields' => apply_filters(
21            'comment_form_default_fields', $fields ),
22            'label_submit' => 'Beitrag kommentieren',
23            'title_reply' => 'Beitrag kommentieren',
24            'comment_notes_before' => '',
25            'comment_notes_after' => ''
26        ) );
27    ?>
28    </div>
29    <?php if ( have_comments() ) : ?>
30    <?php if ( get_comment_pages_count() > 1 &&
      get_option( 'page_comments' ) ) : ?>
31    <div class="navigation">
32    <div class="nav-previous"><?php previous_comments_link(
      '&laquo; ältere Kommentare' ); ?></div>
33    <div class="nav-next"><?php next_comments_link( 'Neuere
```

```
      Kommentare &raquo;' ); ?></div>
34    </div>
35    <?php endif; ?>
36    <div id="content-comments">
37        <h3>Alle Kommentare</h3>
38        <ul>
39        <?php
40        wp_list_comments('type=all&callback=cb_comment');
41        ?>
42        </ul>
43    </div>
44    <?php if ( ! comments_open() ) : ?>
45    <p class="nocomments">Die Kommentarfunktion ist leider
      deaktiviert.</p>
46    <?php endif; ?>
47    <?php endif; ?>
48    </div>
```

Listing 15.77 Die vollständige comments.php

Die *comments.php* fällt vollkommen aus dem Rahmen, den Sie von den anderen Inhaltsdateien her kennen. In den Zeilen 02 bis 05 wird zunächst überprüft, ob der Beitrag passwortgeschützt ist; dann sollen nämlich keine Kommentare angezeigt und stattdessen eine Warnung ausgegeben werden. Die Zeilen 07 bis 27 legen das Aussehen des Kommentarformulars fest. Das $fields-Array, das ab Zeile 08 erstellt wird, soll schließlich in der Funktion comment_form() in Zeile 19 eingebunden werden. Es enthält die einzelnen auszufüllenden Felder des Formulars.

Die Funktion comment_form() in Zeile 19 ruft eigentlich erst das Formular auf. Ihr wird ein Array übergeben mit den in Tabelle 15.6 genannten Schlüssel-Wert-Paaren.

Schlüssel	Wert
fields	Die Funktion apply_filters() wird als Wert übergeben, um die bisherigen Felder zu überschreiben, und zwar mit den Feldern, die Sie zuvor im $fields-Array festgelegt haben. Ihr werden zwei Parameter übergeben: zum einen comment_form_default_fields (die sollen ja überschrieben werden) und das $fields-Array selbst.
label_submit	die Beschriftung des Absenden-Buttons
title_reply	die Überschrift über den Formular

Tabelle 15.6 Mögliche Schlüssel-Wert-Paare

Schlüssel	Wert
comment_notes_before	etwaiger Text vor dem Formular
comment_notes_after	etwaiger Text nach dem Formular

Tabelle 15.6 Mögliche Schlüssel-Wert-Paare (Forts.)

In den Zeilen 29 und 30 wird überprüft, ob Kommentare vorliegen und ob diese – je nach Ihren Einstellungen – auf mehrere Seiten verteilt werden müssen. Für den Fall werden in den Zeilen 32 und 33 mithilfe der Funktionen previous_comments_link() und next_comments_link() kleine Navigations-Links eingeblendet, um zwischen den Seiten hin- und herzublättern.

Die Ausgabe der Kommentare selbst findet erst in Zeile 40 statt. Und wiederum auch nicht. Schauen wir uns die Zeile etwas näher an:

```
wp_list_comments('type=all&callback=cb_comment');
```

Die Funktion wp_list_comments() sorgt dafür, dass die Kommentare ausgegeben werden. Ihr wird aber ein Parameter übergeben. Dieser enthält wiederum selbst einige Parameter, wie type (welche Art von Kommentaren soll ausgegeben werden, Trackbacks zum Beispiel auch) oder callback. Das letzte Argument, callback, ist entscheidend. Hier wird eine andere Funktion übergeben, die Sie gleich selbst erstellen werden, sie hat den Namen cb_comment(). Im Rahmen dieser Funktion können Sie genau festlegen, wie die Ausgabe der Kommentare beschaffen sein soll. Ich komme sofort darauf zurück.

Für den Fall, dass die Kommentarfunktion deaktiviert wurde (Zeile 44), wurde in Zeile 45 noch ein entsprechender Anzeigetext hinterlegt, der den Besucher darüber informiert.

Noch einmal zurück zur Callback-Funktion. Diese müssen Sie in die *functions.php* schreiben. Zum Beispiel so wie in Listing 15.78:

```php
01   <?php
02   function cb_comment( $comment, $args, $depth ) {
03       $GLOBALS['comment'] = $comment; ?>
04       <li <?php comment_class(); ?>
         id="li-comment-<?php comment_ID() ?>">
05       <p class="comment-author"><?php echo
         get_avatar( $comment, $size='50' ); ?>
         <strong><?php echo get_comment_author_link(); ?>
         </strong>
         <span><?php echo get_comment_date("d.m.Y"); ?>,
         <?php echo get_comment_time(); ?> Uhr</span></p>
```

```
06        <div class="clear"></div>
07        <?php comment_text(); ?>
08    <?php
09    }
10    ?>
```

Listing 15.78 Die Callback-Funktion in der functions.php

Die Funktion cb_comment() legt also fest, wie die einzelnen Kommentare aussehen sollen, so dass Sie das Ganze mit CSS später gestalten können. Übergeben müssen Sie ihr die drei Variablen $comment, $args und $depth.

In Zeile 05 findet die eigentliche Ausgestaltung statt. Die Funktion get_avatar() gibt den Avatar oder Gravatar des Nutzers aus, in der Größe 50 (die Größe übergeben Sie als zweiten Parameter). Der Name des Kommentators samt etwaigem Link zu seiner Website wird durch get_comment_author_link() angezeigt, danach folgen Datum und Uhrzeit durch get_comment_date() bzw. get_comment_time(). Den Inhalt des Kommentars gibt schließlich comment_text() aus.

Das Kommentar-Template ist damit vollständig. Sind Sie dem Praxisbeispiel gefolgt, sollte das Formular nun aussehen wie in Abbildung 15.150 und der einzelne Kommentar wie in Abbildung 15.151.

15

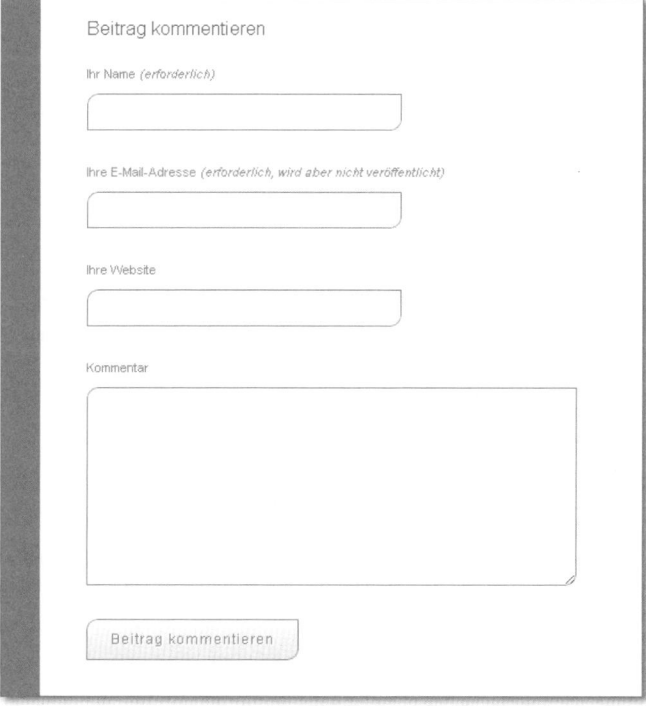

Abbildung 15.150 Das Kommentarformular

Alle Kommentare

Alexander Hetzel   19.07.2012, 18:14 Uhr

Ich hätte Ihnen da eher Twitter empfohlen. Aber Sie wissen schon, was Sie tun.

Alexander Hetzel   19.07.2012, 18:27 Uhr

Wobei man sagen muss: Immer noch besser als StudiVZ. Ach, das gibt es gar nicht mehr?

Abbildung 15.151 Einzelne Kommentare

15.5.5   Die Kategorieseite (category.php)

Die Artikel können auf unterschiedliche Art und Weise durch die Besucher gefunden werden. Ein Weg ist der Gang über die Kategorie. Im Folgenden zeige ich Ihnen, wie Sie die Kategorieseite (*category.php*) erstellen, die alle Artikel einer jeweiligen Kategorie anzeigt (Listing 15.79):

```
01   <?php get_header(); ?>
02   <?php get_sidebar(); ?>
03       <div id="content">
04           <div id="inner-content">
05               <h1 class="category"><span>Kategorie</span>
                  <?php single_cat_title(); ?></h1>
06               <p><?php echo category_description(); ?></p>
07           <?php if ( have_posts() ) : while ( have_posts() ) :
             the_post(); ?>
08           <div class="entry">
09               <h2><a href="<?php the_permalink(); ?>"
                  title="Lesen Sie &quot;<?php the_title();
                  ?>&quot; vollständig"><?php the_title(); ?>
                  </a></h2>
10               <div class="entrymeta"><a href="
                  <?php bloginfo('url'); ?>/archiv/">
                  <?php the_time("l, d. F Y"); ?></a> &bull;
                  <?php the_category(', ') ?> &bull;
                  <?php comments_popup_link('Diese Meldung
                  kommentieren','1 Kommentar','% Kommentare',
```

640

```
                    '',''/'); ?></div>
11                  <?php the_content('<span
                    class="readmore">Weiterlesen...</span>'); ?>
12                  <div class="clear"></div>
13              </div>
14              <?php endwhile; else: ?>
15              <p>Es wurden leider keine Beiträge gefunden.</p>
16              <?php endif; ?>
17              <p><?php posts_nav_link(' | ', '&laquo; Ältere
                    Artikel', 'Neuere Artikel &raquo;'); ?></p>
18          </div>
19      </div>
20  <?php get_footer(); ?>
```

Listing 15.79 Die vollständige category.php

Die *category.php* ist fast ein Abbild der *index.php*. Kopieren ist erlaubt. Lediglich der
Kopf ändert sich ein wenig. Denn hier soll ja zum einen der Titel der Kategorie ausgegeben werden (Zeile 05), zum anderen die Beschreibung der Kategorie (Zeile 06), so
denn eine solche angegeben worden ist. Neu sind also nur zwei Funktionen: single_
cat_title() gibt den Titel der Kategorie aus und category_description() die
Beschreibung (Achtung, letztere benötigt ein echo vor ihrem Aufruf). Das sind schon
alle Unterschiede zur *index.php*. Das Ergebnis sehen Sie in Abbildung 15.152.

Abbildung 15.152 Die Auflistung aller Artikel meiner Lieblingskategorie »Allgemein«

15.5.6 Die Tag-Seite (tag.php)

Die Tag-Seite (*tag.php*) verhält sich nahezu genauso wie die *category.php* (Listing 15.80):

```
01   <?php get_header(); ?>
02   <?php get_sidebar(); ?>
03       <div id="content">
04           <div id="inner-content">
05               <h1 class="tag"><span>Tag</span> <?php
                 single_tag_title(); ?></h1>
06               <p><?php echo tag_description(); ?></p>
07           <?php if ( have_posts() ) : while ( have_posts() ) :
             the_post(); ?>
08           <div class="entry">
09               <h2><a href="<?php the_permalink(); ?>"
                 title="Lesen Sie &quot;<?php the_title();
                 ?>&quot; vollständig"><?php the_title();
                 ?></a></h2>
10               <div class="entrymeta"><a href="<?php
                 bloginfo('url'); ?>/archiv/">
                 <?php the_time("l, d. F Y"); ?></a> &bull;
                 <?php the_category(', ') ?> &bull;
                 <?php comments_popup_link('Diese Meldung
                 kommentieren','1 Kommentar',
                 '% Kommentare','','/'); ?></div>
11               <?php the_content('<span
                 class="readmore">Weiterlesen...</span>'); ?>
12               <div class="clear"></div>
13           </div>
14           <?php endwhile; else: ?>
15           <p>Es wurden leider keine Beiträge gefunden.</p>
16           <?php endif; ?>
17           <p><?php posts_nav_link(' | ', '&laquo; Ältere
             Artikel', 'Neuere Artikel &raquo;'); ?></p>
18           </div>
19       </div>
20   <?php get_footer(); ?>
```

Listing 15.80 Die vollständige tag.php

Geändert im Gegensatz zur *category.php* haben sich wieder nur die Ausgabe des Namens des Tags und die Ausgabe der Beschreibung des Tags (Zeilen 05 und 06). Dieses Mal kommen hierfür die Funktionen single_tag_title() und tag_description() zum Einsatz. Das Ganze sieht dann in etwa so aus wie in Abbildung 15.153.

Abbildung 15.153 Die Tag-Seite des Tags »Marketing«

15.5.7   Die Autorenseite (author.php)

Ähnlich wie eine Kategorie- und Tag-Seite benötigen Sie auch eine, die die einzelnen Artikel eines Autors auflistet. Hierzu dient die *author.php* (Listing 15.81):

```
01    <?php get_header(); ?>
02    <?php get_sidebar(); ?>
03        <div id="content">
04            <div id="inner-content">
05            <?php $curauth = (isset($_GET['author_name']))
              ? get_user_by('slug', $author_name) :
              get_userdata(intval($author)); ?>
06            <h1 class="author"><span>Autor</span> <?php echo
              $curauth->display_name; ?></h1>
07            <p><?php echo $curauth->description; ?></p>
08            <?php if ( have_posts() ) : while ( have_posts() ) :
              the_post(); ?>
09            <div class="entry">

10                <h2><a href="<?php the_permalink(); ?>"
                  title="Lesen Sie &quot;<?php the_title();
                  ?>&quot; vollständig"><?php the_title();
                  ?></a></h2>
```

```
11              <div class="entrymeta"><a href="<?php
                bloginfo('url'); ?>/archiv/">
                <?php the_time("l, d. F Y"); ?></a> &bull;
                <?php the_category(', ') ?> &bull;
                <?php comments_popup_link('Diese Meldung
                kommentieren','1 Kommentar',
                '% Kommentare','','/'); ?></div>
12              <?php the_content('<span
                class="readmore">Weiterlesen...</span>'); ?>
13              <div class="clear"></div>
14          </div>
15          <?php endwhile; else: ?>
16          <p>Es wurden leider keine Beiträge gefunden.</p>
17          <?php endif; ?>
18          <p><?php posts_nav_link(' | ', '&laquo; Ältere
                Artikel', 'Neuere Artikel &raquo;'); ?></p>
19          </div>
20      </div>
21  <?php get_footer(); ?>
```

Listing 15.81 Die vollständige author.php

Sie haben vielleicht am Anfang des Codes schon gesehen, dass sich hier gegenüber der Kategorie- bzw. Tag-Seite etwas mehr getan hat. Bevor der Name des Autors und eine Beschreibung ausgegeben werden können, müssen wir einen kleinen Umweg in Kauf nehmen, um an die Daten zu gelangen. In Zeile 05 wird das Objekt $curauth angelegt, das mittels der Funktion get_userdata() mit den Daten über den Autor befüllt wird. Alle Informationen können nun direkt als Eigenschaft des Objekts $curauth abgefragt werden. So geschieht es auch in den Zeilen 06 und 07 mit dem Namen des Autors und seiner Beschreibung. Über $curauth->display_name greifen Sie auf den Namen des Autors zu, über $curauth->description auf die Beschreibung. Bedenken Sie, dass hier unbedingt ein echo vor der Eigenschaft stehen muss, damit diese ausgegeben wird.

Die Autorenseite sieht aber trotz des Umstands ähnlich aus wie ihre gleichartigen Kollegen – das beweist auch Abbildung 15.154.

AUTOR
Alexander Hetzel

SocialBusiness goes Facebook!

DONNERSTAG, 19. JULI 2012 • ALLGEMEIN • 4 KOMMENTARE

Lorem ipsum dolor sit amet, consetetur sadipscing elitr, sed diam nonumy eirmod tempor invidunt ut labore et dolore magna aliquyam erat, sed diam voluptua. At vero eos et accusam et justo duo dolores et ea rebum. Stet clita kasd gubergren, no sea takimata sanctus est Lorem ipsum dolor sit amet. Lorem ipsum dolor sit amet, consetetur sadipscing elitr, sed diam nonumy eirmod tempor invidunt ut labore et dolore magna aliquyam erat, sed diam voluptua. At vero eos et accusam et justo duo dolores et ea rebum. Stet clita kasd gubergren, no sea takimata sanctus est Lorem ipsum dolor sit amet.

Weiterlesen...

Abbildung 15.154 Die Autorenseite von ... oh, von mir.

15.5.8   Das Archiv (archives.php und archive.php)

Das (datumsbasierte) Archiv der Blogartikel besteht aus zwei Dateien. Zum einen aus der *archives.php*, die zunächst eine Datumsübersicht für den Besucher bereitstellt. Entscheidet er sich dann für einen Datumsbereich, dann wird er auf die *archive.php* weitergeleitet, die ihm schließlich alle Blogbeiträge, die zu diesem Datum passen, anzeigt. Beginnen Sie zunächst damit, die *archives.php* (mit »s« am Ende) anzulegen (Listing 15.82):

```
01   <?php
02   /*
03   Template Name: Archiv
04   */
05   ?>
06   <?php get_header(); ?>
07   <?php get_sidebar(); ?>
08      <div id="content">
09          <div id="inner-content">
10          <h1>Blogarchiv</h1>
11   <?php if ( have_posts() ) : while ( have_posts() ) :
     the_post(); ?>
12          <?php the_content(); ?>
13          <ul class="archiv">
14              <?php wp_get_archives('type=monthly'); ?>
15          </ul>
16   <?php endwhile; endif; ?>
```

```
17                </div>
18            </div>
19    <?php get_footer(); ?>
```

Listing 15.82 Die vollständige archives.php

Die *archives.php* startet ganz anders, als gewohnt. Hier wird nämlich zunächst im PHP-Kommentar eine Template-Bezeichnung festgelegt. Diese dient dazu, diese Template-Datei später einer Seite zuzuweisen. Den Namen »Archiv« können Sie ersetzen, der Rest muss so bleiben, wie er ist. In Zeile 11 folgen dann die Loop und ein Aufruf von the_content() – und das, obwohl ja gar keine Blogbeiträge an dieser Stelle ausgegeben werden sollen. Wie gesagt, werden Sie dieses Template aber später einer statischen Seite zuweisen. Und falls Sie sich entscheiden sollten, dort noch ein paar Sätze zur Erläuterung hineinzuschreiben, dann werden diese auch durch den Aufruf von the_content() ausgegeben.

Kernstück der *archives.php* ist die Funktion wp_get_archives() in Zeile 14. Sie ruft das datumbasierte Archiv auf. Sie können ihr als Parameter zum Beispiel übergeben, welche Art (type) von Archiv ausgegeben werden soll:

- ▶ yearly (jährlich)
- ▶ monthly (monatlich)
- ▶ daily (täglich)
- ▶ weekly (wöchentlich)
- ▶ postbypost (Beiträge nach Datum sortiert)
- ▶ alpha (genau wie postbypost, aber nach Titel sortiert)

Es ist erforderlich, dass Sie dieses Template nun noch im Backend einer Seite Ihrer Wahl als solches zuweisen (siehe Abbildung 15.155). Hierfür hatten Sie ja zu Beginn schon die Seite »Archiv« erstellt.

Abbildung 15.155 Weisen Sie das Template einer statischen Seite zu.

Das Ergebnis sieht dann zum Beispiel aus wie in Abbildung 15.156 (Sie sehen meine zwischenzeitlich kreative Phase).

Abbildung 15.156 So sieht das Datumsarchiv aus (archives.php).

Die *archive.php* (ohne »s«; Listing 15.83) stellt nun, wie bereits angedeutet, die einzelnen Artikel dar, nachdem jemand auf einen Datumsbereich geklickt hat:

```
01    <?php get_header(); ?>
02    <?php get_sidebar(); ?>
03        <div id="content">
04            <div id="inner-content">
05                <h1 class="archive"><span>Archiv</span> <?php
                  single_month_title( ' ', true ); ?></h1>
06                <?php if ( have_posts() ) : while ( have_posts() ) :
                  the_post(); ?>
07                <div class="entry">
08                    <h2><a href="<?php the_permalink(); ?>"
                      title="Lesen Sie &quot;<?php the_title(); ?>
                      &quot; vollständig"><?php the_title();
                      ?></a></h2>
09                    <div class="entrymeta"><a href="
                      <?php bloginfo('url'); ?>/archiv/">
                      <?php the_time("l, d. F Y"); ?></a> &bull;
                      <?php the_category(', ') ?> &bull;
                      <?php comments_popup_link('Diese Meldung
                      kommentieren','1 Kommentar',
                      '% Kommentare','','/'); ?></div>
```

```
10                      <?php the_content('<span
                        class="readmore">Weiterlesen...</span>'); ?>
11                      <div class="clear"></div>
12              </div>
13              <?php endwhile; else: ?>
14              <p>Es wurden leider keine Beiträge gefunden.</p>
15              <?php endif; ?>
16              <p><?php posts_nav_link(' | ', '&laquo; Ältere
                Artikel', 'Neuere Artikel &raquo;'); ?></p>
17              </div>
18      </div>
19  <?php get_footer(); ?>´
```

Listing 15.83 Die vollständige archive.php

Die *archive.php* hat doch schon wieder deutliche Ähnlichkeit mit der *category.php* oder *tag.php*. Der Unterschied besteht nur darin, dass für die Ausgabe des Titels (also des Datums) die Funktion single_month_title() verwendet wird und dass eine Beschreibung logischerweise gänzlich weggelassen wird. Übergeben Sie der single_month_title()-Funktion ein Leerzeichen als ersten Parameter, denn dieses wird dann als Trennzeichen der Datumsangabe verwendet. Sonst steht dort plötzlich »Juli2012« und nicht »Juli 2012«. Beispielhaft sehen Sie die Umsetzung in Abbildung 15.157.

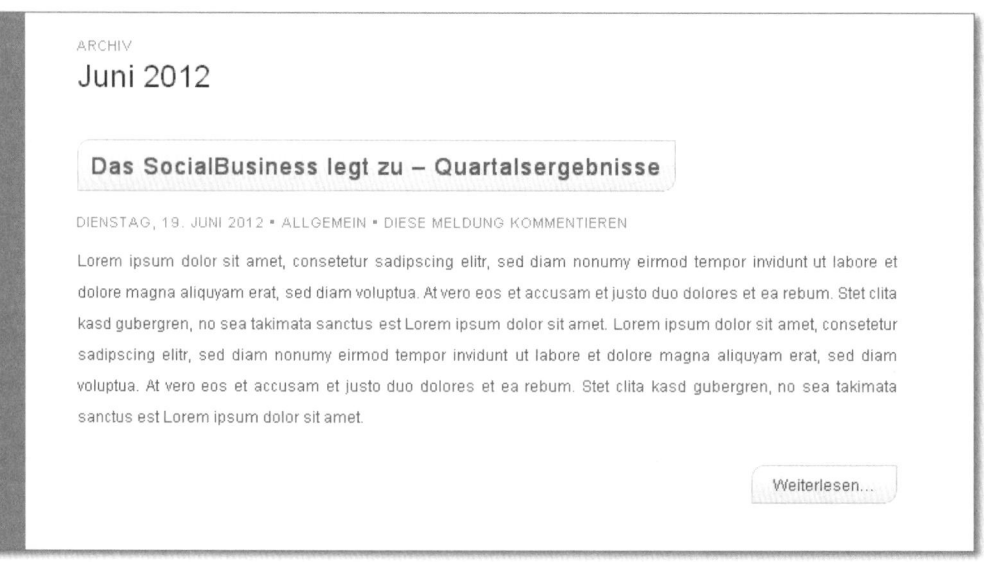

Abbildung 15.157 Die einzelnen Artikel des jeweiligen Datums werden aufgelistet.

15.5.9   Seite nicht gefunden (404.php)

Das Beste (und Einfachste) kommt wie immer zum Schluss: die 404-Fehlerseite, falls mal eine Seite Ihrer Website nicht gefunden werden konnte. Einfach deshalb, weil Sie aus fast gar keinem Code besteht. Erstellen Sie eine Datei namens *404.php* (Listing 15.84):

```
01   <?php get_header(); ?>
02   <?php get_sidebar(); ?>
03       <div id="content">
04           <div id="inner-content">
05                   <h1>Seite nicht gefunden</h1>
06                   <p>Lorem ipsum dolor sit amet...<p>
07           </div>
08       </div>
09   <?php get_footer(); ?>
```

Listing 15.84 Die vollständige 404.php

Sie sehen, die Datei besteht nur aus der Einbindung von Header, Sidebar und Footer – und dazwischen befindet sich ein Text, den Sie nach Belieben anpassen dürfen. Zum Beispiel könnten Sie die verlorenen Besucher auf Seiten verweisen, die besonders interessant sind, nebst einem (humorvollen) Einleitungstext. Nicht machen sollten Sie es hingegen wie in Abbildung 15.158.

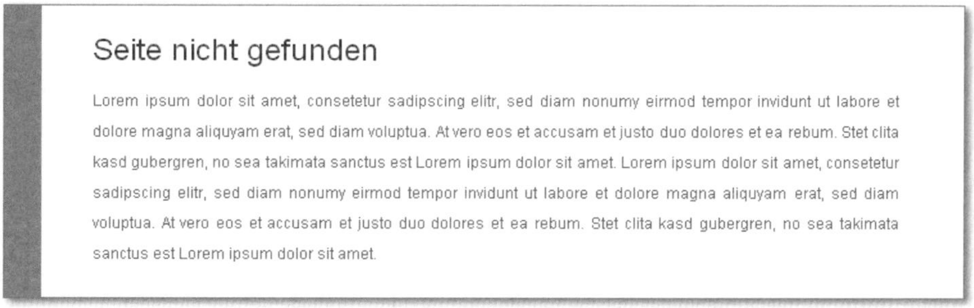

Abbildung 15.158 Die (unkreative) 404-Fehlerseite

Das Theme ist nun vollständig, herzlichen Glückwunsch! Aber wir sind noch nicht fertig. Denn, wie angekündigt, soll es ja um Social Media gehen, und davon war wahrlich noch nicht allzu viel zu sehen. In den folgenden Abschnitten geht es aber (fast) nur darum. Sie können die folgenden Anleitungen natürlich auch für jedes andere Theme verwenden.

15.5.10   Twitter einbinden mit Simple Twitter Connect

Es gibt zahlreiche Social-Media-Plugins; das hatten Sie sich sicher schon gedacht. Eines davon nennt sich *Simple Twitter Connect* (*STC*) und ist vom Autor *Otto* programmiert worden. Es vereint zahlreiche Funktionen in einem Plugin. Die wichtigsten davon möchte ich im Folgenden mit Ihnen in die Social-Business-Website einbauen.

Wichtig

Um das Plugin verwenden zu können, muss Ihre Website online sein. Ab diesem Zeitpunkt ist eine Entwicklung unter XAMPP nicht mehr ohne Weiteres möglich. Am einfachsten ist es, Sie laden Ihre Website nun auf Ihren Server hoch (wie das geht, erfahren Sie in Kapitel 11, »Ihr Projekt online stellen«).

Dazu sollten Sie das Plugin zunächst installieren und aktivieren (Abbildung 15.159).

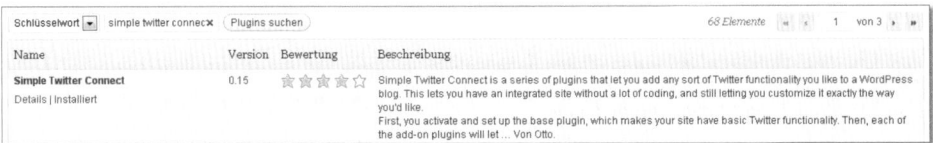

Abbildung 15.159 Installieren und aktivieren Sie das Plugin Simple Twitter Connect.

Die Einstellungen des Plugins finden Sie unter EINSTELLUNGEN • SIMPLE TWITTER CONNECT. Dort werden Sie zunächst aufgefordert, eine Twitter-Applikation zu erstellen (ich setze voraus, dass Sie zumindest bereits einen Twitter-Account haben, falls nicht, legen Sie diesen bitte vorher an). Erstellen Sie nun eine App unter der Adresse: *https://dev.twitter.com/apps/new*.

Sie werden zunächst aufgefordert, sich mit Ihren Twitter-Zugangsdaten einzuloggen (Abbildung 15.160).

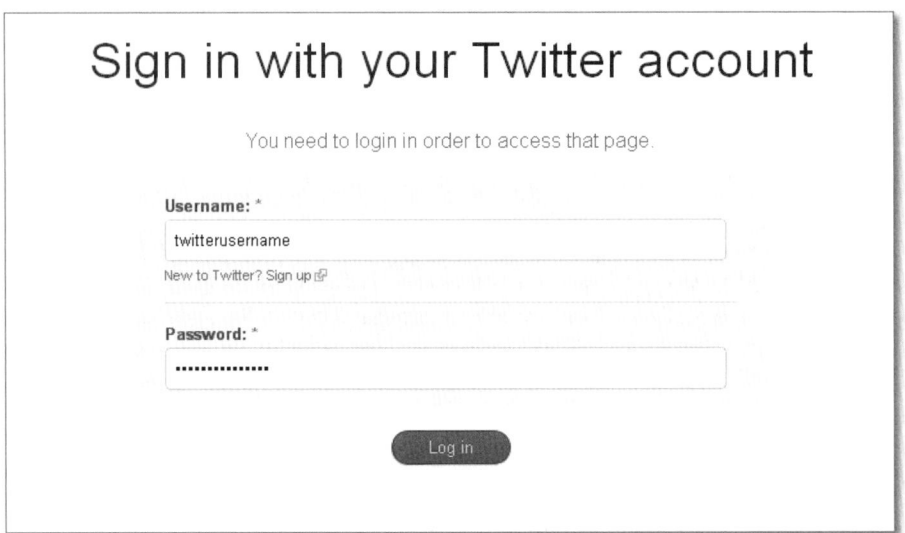

Abbildung 15.160 Loggen Sie sich mit Ihren Twitter-Zugangsdaten ein.

Danach erwartet Sie ein relativ überschaubares Formular. Füllen Sie es aus (Abbildung 15.161). Wichtig dabei ist nur, dass Sie die richtige WEBSITE und die richtige CALLBACK URL eingeben. Beide sollten auf die URL zu Ihrer Website verweisen.

Create an application

Application Details

Name: *

SocialBusiness

Your application name. This is used to attribute the source of a tweet and in user-facing authorization screens. 32 characters max.

Description: *

SocialBusiness Website

Your application description, which will be shown in user-facing authorization screens. Between 10 and 200 characters max.

Website: *

http://www.socialbusinesstheme.com

Your application's publicly accessible home page, where users can go to download, make use of, or find out more information about your application. This fully-qualified URL is used in the source attribution for tweets created by your application and will be shown in user-facing authorization screens.
(If you don't have a URL yet, just put a placeholder here but remember to change it later.)

Callback URL:

http://www.socialbusinesstheme.com

Where should we return after successfully authenticating? For @Anywhere applications, only the domain specified in the callback will be used. OAuth 1.0a applications should explicitly specify their oauth_callback URL on the request token step, regardless of the value given here. To restrict your application from using callbacks, leave this field blank.

15

Abbildung 15.161 Füllen Sie das Formular aus.

Nachdem Sie die App erstellt haben, landen Sie in einer Art Dashboard. Dort klicken Sie auf den Registerreiter SETTINGS und scrollen runter bis zum Abschnitt APPLICATION TYPE. Wählen Sie hier READ AND WRITE aus, und speichern Sie ab (Abbildung 15.162).

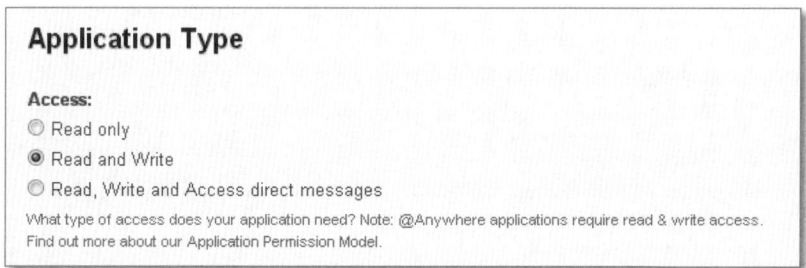

Application Type

Access:

○ Read only
◉ Read and Write
○ Read, Write and Access direct messages

What type of access does your application need? Note: @Anywhere applications require read & write access.
Find out more about our Application Permission Model.

Abbildung 15.162 Wählen Sie bei »Application Type« »Read and Write« aus.

Danach benötigen Sie den CONSUMER KEY und das CONSUMER SECRET von der DETAILS-Seite (Abbildung 15.163).

Consumer key	
Consumer secret	

Abbildung 15.163 Der Consumer-Key und das Consumer-Secret

Fügen Sie die beiden Werte nun in die entsprechenden Felder auf der Einstellungsseite des Plugins ein (Abbildung 15.164), und klicken Sie anschließend auf SIGN IN
WITH TWITTER, um die Accounts zu verknüpfen.

Abbildung 15.164 Fügen Sie die beiden Werte ein.

Die einzelnen Funktionen des Plugins können Sie nun über die PLUGINS-Seite im
Backend verwalten. Dort können Sie alle gewünschten Funktionen einzeln zu- oder
abschalten (Abbildung 15.165).

STC - Comments	Comments plugin for STC (for sites that allow non-logged in commenting).	
Aktivieren | Editieren | Löschen	Version 0.15 | Von Otto | Besuch die Plugin-Seite	
STC - Follow Button Widget	Create a follow button in your sites sidebar.	
Aktivieren | Editieren | Löschen	Version 0.15 | Von Otto | Besuch die Plugin-Seite	
STC - Followers Widget	Show a list of your followers in the sidebar. See plugin code for CSS styling to add to your theme.	
Aktivieren | Editieren | Löschen	Version 0.15 | Von Otto | Besuch die Plugin-Seite	
STC - Linkify	Automatically link @usernames to twitter, anywhere on the whole site.	
Aktivieren | Editieren | Löschen	Version 0.15 | Von Otto | Besuch die Plugin-Seite	
STC - Login	Integrates Twitter Login and Authentication to WordPress	
Aktivieren | Editieren | Löschen	Version 0.15 | Von Otto | Besuch die Plugin-Seite	
STC - Publish	Allows you to tweet your posts to a Twitter account. Activate this plugin, then look on the Edit Post pages for Twitter posting buttons.	
Aktivieren | Editieren | Löschen	Version 0.15 | Von Otto | Besuch die Plugin-Seite	
STC - Tweet Button	Adds a Tweet button to your content.	
Aktivieren | Editieren | Löschen	Version 0.15 | Von Otto | Besuch die Plugin-Seite	
STC - TweetMeme Button	Adds a Tweetmeme button to your content.	
Aktivieren | Editieren | Löschen	Version 0.15 | Von Otto | Besuch die Plugin-Seite	
STC - Twitter Dashboard	Allows you to tweet from the WordPress dashboard.	
Aktivieren | Editieren | Löschen	Version 0.15 | Von John Bloch - Avendi Media, Inc. | Besuch die Plugin-Seite	

Abbildung 15.165 Schalten Sie nur die Plugins ein, die Sie benötigen.

STC – Comments

Zunächst möchte ich Ihnen das Unter-Plugin STC – COMMENTS vorstellen, aktivieren Sie es hierfür bitte. Allein durch das Aktivieren wird dem Kommentarformular auf Ihrer Website schon die Möglichkeit eingeräumt, sich via Twitter anzumelden und zu kommentieren. Sehen Sie selbst (Abbildung 15.166).

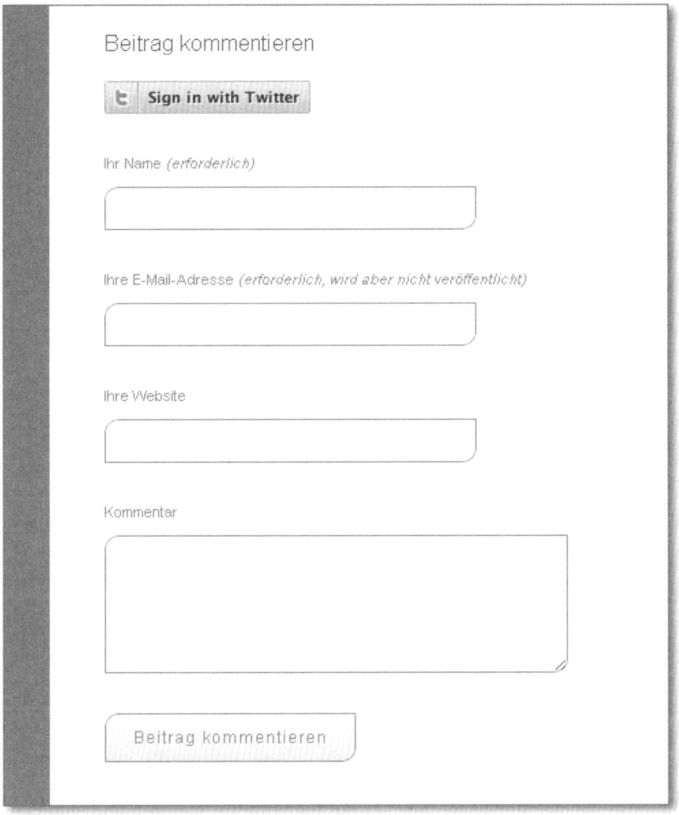

Abbildung 15.166 Besucher können sich nun via Twitter anmelden und Ihre Beiträge kommentieren.

Nach einem Klick auf SIGN IN WITH TWITTER muss der Besucher noch akzeptieren, dass das Plugin bzw. die Applikation auf gewisse Daten zugreift (Abbildung 15.167).

Anschließend sieht der Nutzer beim Kommentarformular statt der Felder seinen Twitter-Account (Abbildung 15.168).

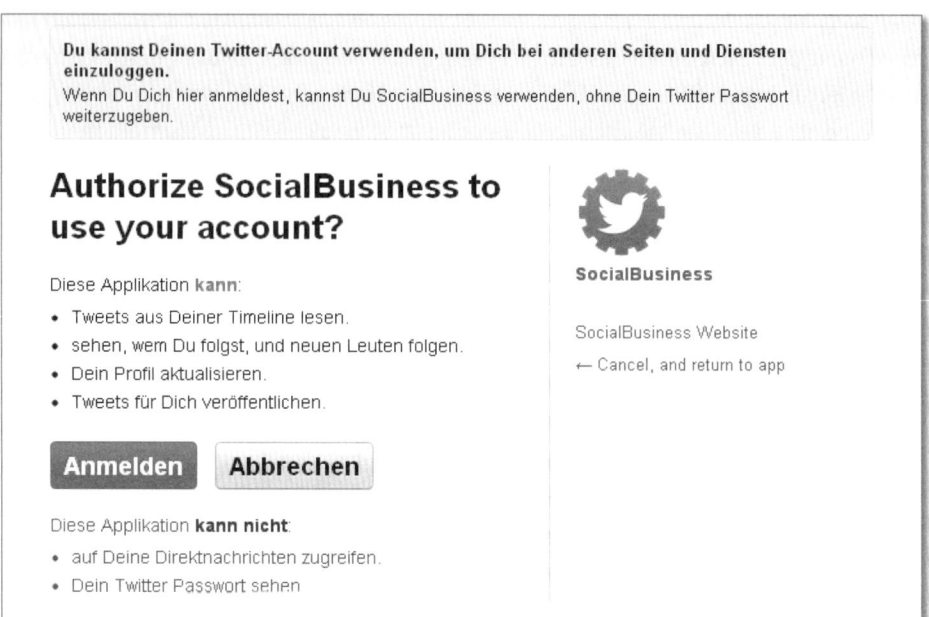

Abbildung 15.167 Die Applikation muss durch jeden Nutzer einmal bestätigt werden, danach nie wieder, außer er hat sie bisweilen entfernt.

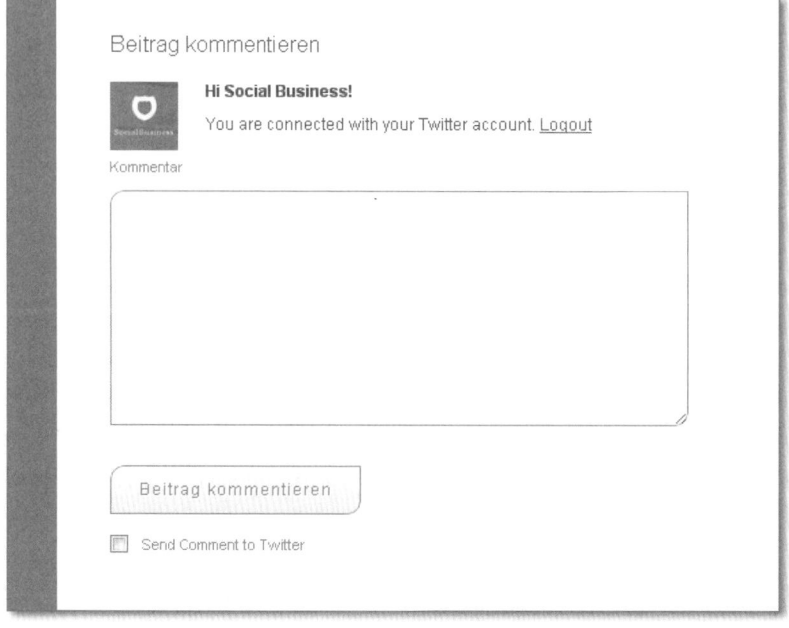

Abbildung 15.168 So sieht das Kommentarformular für eingeloggte Twitter-Nutzer aus.

Sie sehen unterhalb des Absenden-Buttons, dass der Nutzer auch automatisch bei seinem Twitter-Account ein Status-Update posten kann, dass er gerade Ihren Beitrag kommentiert hat. Die Einstellungen dafür legen Sie auf der Einstellungsseite des Plugins fest (Abbildung 15.169). Dort können Sie ein Schema für ein solches Tweet anlegen (das Prozentzeichen »%« steht dabei für die URL zum Beitrag).

Comment Settings

Define how you want the Tweet for Comments to be formatted. Use the % symbol in place of the link to the post. Leave blank to disable.

Comment Tweet Text   Frisch kommentiert: %

Abbildung 15.169 Legen Sie das Schema für den Tweet fest, der automatisch vom Account des Kommentierenden gesendet wird.

Nach dem Absenden des Formulars wird der Kommentar wie jeder andere Kommentar behandelt; er muss also vom Administrator freigeschaltet werden. Sollte er durchgehen, könnte er so aussehen wie in Abbildung 15.170.

Social Business   20.07.2012, 17:02 Uhr

Ein Kommentar via Twitter? Das muss dieses Web 2.0 sein, von dem immer alle sprechen.

Abbildung 15.170 So sieht ein solcher Kommentar schließlich aus.

STC – Linkify

Als Nächstes aktivieren Sie das Unter-Plugin STC – LINKIFY. Es sorgt dafür, dass Website-weit alle Vorkommnisse eines @Benutzernamens mit dem entsprechenden Benutzerprofil bei Twitter verlinkt werden. Einstellungen hierzu können Sie wieder auf der Einstellungsseite des Plugins vornehmen (Abbildung 15.171), zum Beispiel dass automatisch auch eine kleine Hovercard angezeigt wird (Abbildung 15.172).

Linkify Settings

Use Twitter Hovercards   ☑ Show Twitter Hovercards

Abbildung 15.171 Die Einstellungen für Linkify: Lassen Sie eine Hovercard anzeigen.

Abbildung 15.172 So sieht eine solche Hovercard aus.

Sie müssen übrigens nichts weiter tun, als einen @Benutzernamen in Ihren Beiträgen fallen zu lassen. Das Verlinken geschieht, um einen neuen Modebegriff zu verwenden, »automagically«.

STC – Publish

Schließlich möchte ich Ihnen auch noch das Unterplugin STC – PUBLISH zeigen. Es bietet Ihnen die Möglichkeit, Beiträge, die Sie veröffentlicht haben, bei Twitter »crosszuposten« (noch ein neues Modewort). Aktivieren Sie zunächst das Plugin, und gehen Sie dann noch einmal zu den Plugin-Einstellungen (Abbildung 15.173).

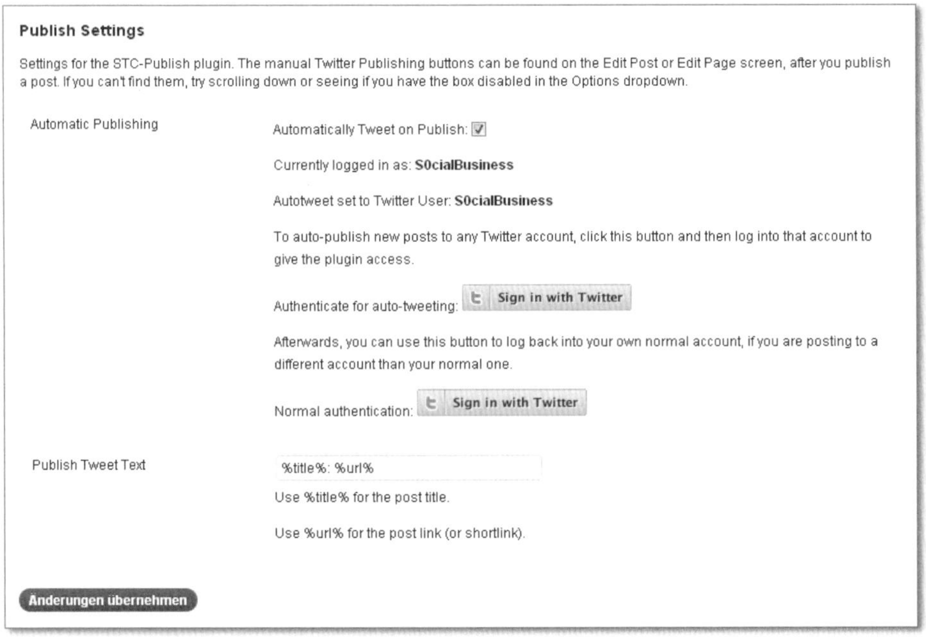

Publish Settings

Settings for the STC-Publish plugin. The manual Twitter Publishing buttons can be found on the Edit Post or Edit Page screen, after you publish a post. If you can't find them, try scrolling down or seeing if you have the box disabled in the Options dropdown.

Automatic Publishing

Automatically Tweet on Publish: ☑

Currently logged in as: **S0cialBusiness**

Autotweet set to Twitter User: **S0cialBusiness**

To auto-publish new posts to any Twitter account, click this button and then log into that account to give the plugin access.

Authenticate for auto-tweeting: [ᕮ **Sign in with Twitter**]

Afterwards, you can use this button to log back into your own normal account, if you are posting to a different account than your normal one.

Normal authentication: [ᕮ **Sign in with Twitter**]

Publish Tweet Text

%title%: %url%

Use %title% for the post title.

Use %url% for the post link (or shortlink).

(Änderungen übernehmen)

Abbildung 15.173 Die Einstellungen des Publish-Plugins

Sie können hier festlegen, ob automatisch getweetet werden soll, wenn Sie einen Beitrag veröffentlichen. Dafür können Sie (ganz unten) auch ein Format vorlegen, für das die Platzhalter %title% und %url% zur Verfügung stehen. Hierfür müssen Sie sich übrigens bei Twitter authentifizieren; dafür klicken Sie auf den ersten Button SIGN IN WITH TWITTER.

Abbildung 15.174 Jeden einzelnen Beitrag können Sie auf diese Weise separat crossposten.

Ab jetzt finden Sie auf der Bearbeitungsseite eines jeden Beitrags auch einen kleinen Abschnitt, über den Sie manuell twittern können (Abbildung 15.174). Sie können nun also schon Besucher via Twitter kommentieren lassen, Beiträge automatisch mit Twitter-Accounts verlinken lassen und Beiträge direkt beim Veröffentlichen auf Twitter teilen. Doch was noch fehlt, ist der Twitter-Stream Ihrer letzten Nachrichten in der Seitenleiste. Dafür benötigen Sie allerdings ein weiteres Plugin.

15.5.11   Den Twitter-Stream in der Sidebar anzeigen mit Twitter Stream

Leider ist es erforderlich, dass Sie für die Anzeige Ihres Twitter-Streams ein weiteres Plugin verwenden, und zwar *Twitter Stream* von *veneficusunus*. Installieren und aktivieren Sie es dafür (Abbildung 15.175).

Hinweis

Leider gab es bei meinen Tests Probleme bei dem Zusammenspiel von Simple Twitter Connect und Twitter Stream hinsichtlich der Verknüpfung mit den Twitter-Accounts (das Anmelden bei Twitter im Rahmen der Kommentare führte leider zu einer Fehlermeldung). Möglicherweise ist das Problem bereits behoben. Wenn Sie darauf nicht warten möchten, können Sie auch einfach das offizielle Twitter-Widget anpassen und in Ihre Website einbinden. Sie finden es unter:

https://twitter.com/about/resources/widgets/widget_profile.

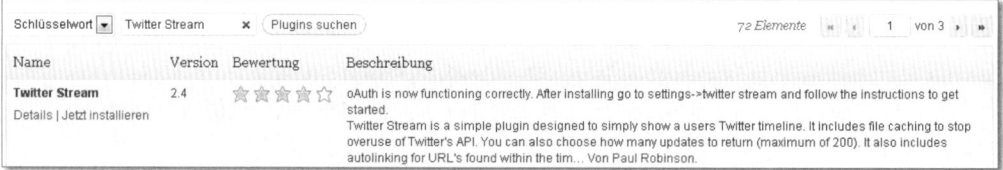

Abbildung 15.175 Installieren und aktivieren Sie Twitter Stream.

Sie können es direkt unter DESIGN • WIDGETS als Widget in Ihre Sidebar einbinden
(Abbildung 15.176).

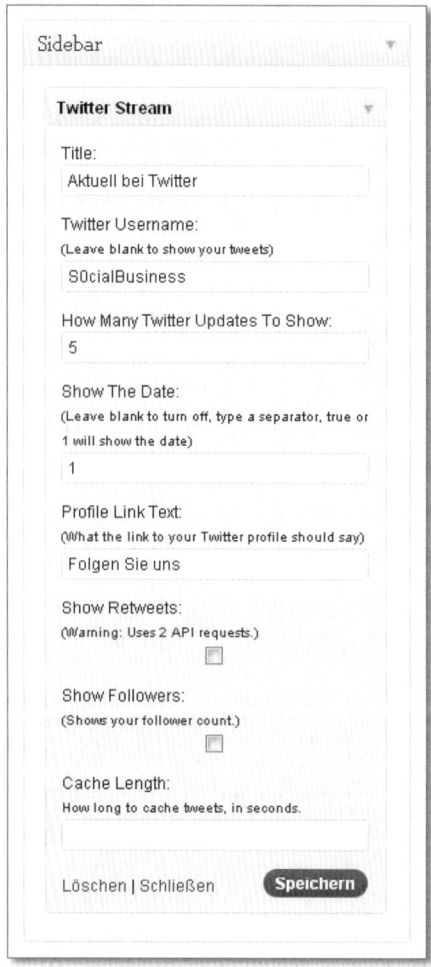

Abbildung 15.176 Binden Sie das Plugin als Widget in Ihre Sidebar ein.

Tragen Sie dort insbesondere Ihren Twitter-Benutzernamen ein, und speichern Sie
anschließend ab. Auch für dieses Plugin müssen Sie wieder eine Applikation erstellen

(*https://dev.twitter.com/apps/new*). Füllen Sie das Formular aus (Abbildung 15.177), und holen Sie sich von der DETAILS-Seite des Dashboards den CONSUMER KEY und das CONSUMER SECRET (Abbildung 15.178).

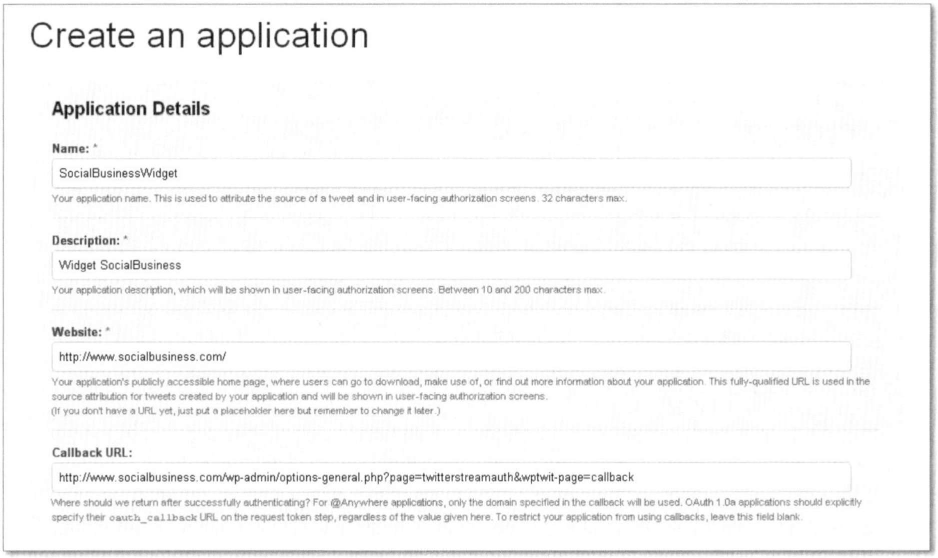
Create an application
Application Details
Name: *
SocialBusinessWidget
Your application name. This is used to attribute the source of a tweet and in user-facing authorization screens. 32 characters max.
Description: *
Widget SocialBusiness
Your application description, which will be shown in user-facing authorization screens. Between 10 and 200 characters max.
Website: *
http://www.socialbusiness.com/
Your application's publicly accessible home page, where users can go to download, make use of, or find out more information about your application. This fully-qualified URL is used in the source attribution for tweets created by your application and will be shown in user-facing authorization screens.
(If you don't have a URL yet, just put a placeholder here but remember to change it later.)
Callback URL:
http://www.socialbusiness.com/wp-admin/options-general.php?page=twitterstreamauth&wptwit-page=callback
Where should we return after successfully authenticating? For @Anywhere applications, only the domain specified in the callback will be used. OAuth 1.0a applications should explicitly specify their oauth_callback URL on the request token step, regardless of the value given here. To restrict your application from using callbacks, leave this field blank.

Abbildung 15.177 Füllen Sie das Applikationsformular aus, ...

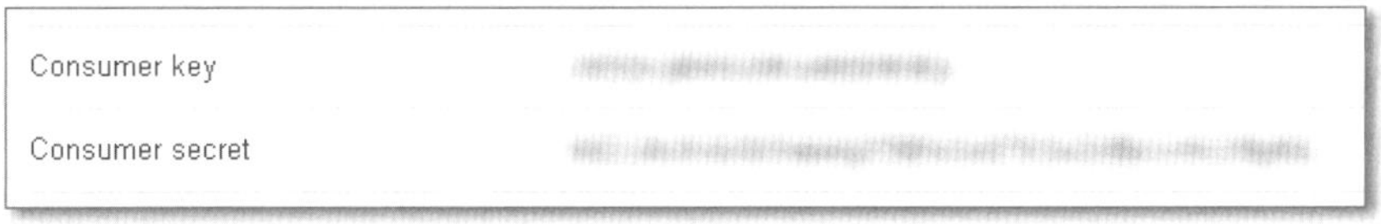
Consumer key
Consumer secret

Abbildung 15.178 ... und kopieren Sie Consumer Key sowie Consumer Secret.

Tragen Sie nun die beiden Werte auf der Einstellungsseite des Plugins (EINSTELLUNGEN • TWITTER STREAM) in die entsprechenden Felder ein (Abbildung 15.179).

Enter Key Information
Consumer Key:
Consumer Secret:
Save

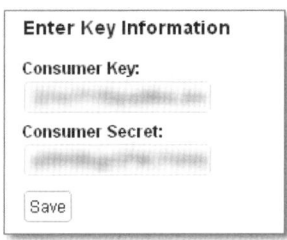

Abbildung 15.179 Tragen Sie hier die beiden Werte ein.

Anschließend müssen Sie sich auch hier noch einmal bei Twitter anmelden (Abbildung 15.180) und die Applikation verifizieren lassen (Abbildung 15.181).

Sign In With Twitter

Now you have registered an Twitter App and the keys have been saved, we can now sign you into Twitter & finally get Twitter Stream up and running. To sign in simply click the 'sign in with Twitter' button below, check the details on the page that follows match that of the Twitter App you created, and finally press the 'allow' button.

Sign in with Twitter

Abbildung 15.180 Klicken Sie nun noch auf »Sign in with Twitter«.

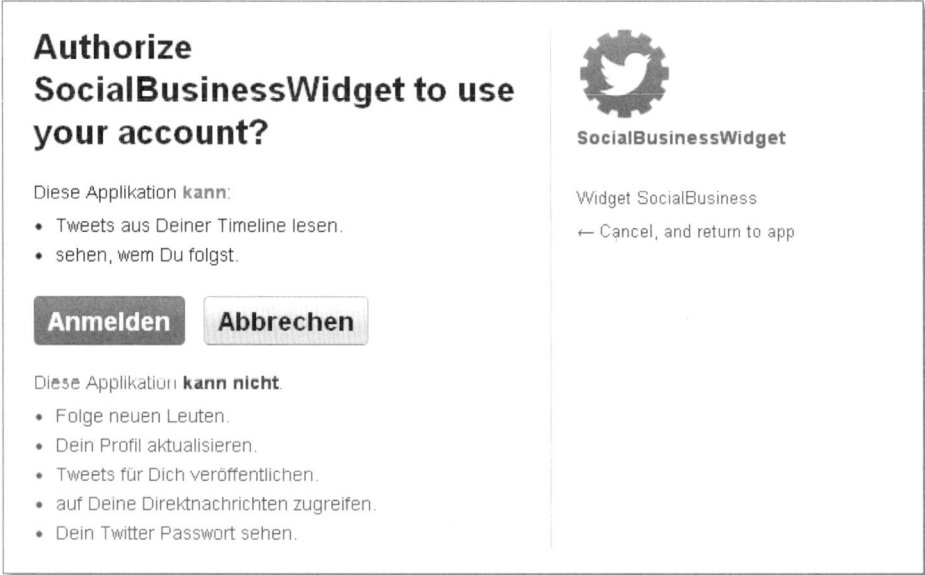

Abbildung 15.181 Lassen Sie schließlich die Applikation verifizieren.

Das Widget erscheint anschließend in Ihrer Sidebar und könnte beispielsweise so aussehen wie in Abbildung 15.182.

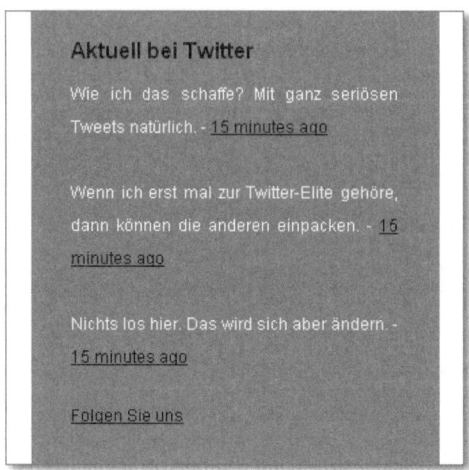

Abbildung 15.182 Der Twitter-Stream in der Sidebar

15.5.12   Facebook einbinden mit Simple Facebook Connect

Glücklicherweise gibt es von *Otto* nicht nur Simple Twitter Connect, sondern auch *Simple Facebook Connect*. Der Vorteil: Es funktioniert sehr ähnlich, der Lernaufwand ist geringer. Einige Besonderheiten gibt es aber dennoch zu beachten. Aber installieren und aktivieren Sie das Plugin zunächst erst einmal (Abbildung 15.183).

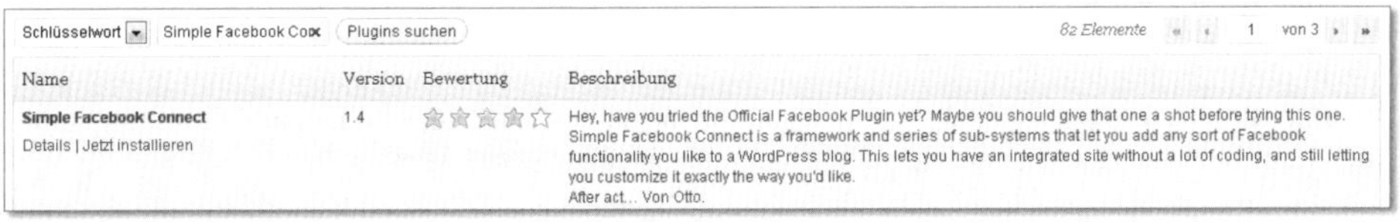

Abbildung 15.183 Installieren und aktivieren Sie Simple Facebook Connect.

Auch bei Simple Facebook Connect ist es nötig, dass Sie eine Applikation erstellen. Ich erspare Ihnen die Details meines Kampfes mit den Guerilla-Methoden von Facebook und sage Ihnen nur: Planen Sie ein wenig Zeit dafür ein. Sollten Sie keinen Facebook-Account haben (ich würde Ihnen dafür einen Pluspunkt gutschreiben), dann müssen Sie diesen natürlich zuerst erstellen und außerdem verifizieren lassen (!), zum Beispiel per Telefonnummer und/oder Kreditkarte. Und trotzdem kann es 48 Stunden (oder länger) dauern, bis Ihr Account tatsächlich verifiziert ist und Sie eine Applikation erstellen dürfen. Notfalls müssen Sie sogar eine Kopie Ihres Personalausweises an die Mitarbeiter von Facebook senden. Wenn Sie dieses Schlaraffenland hinter sich gelassen und endlich einen verifizierten Facebook-Account Ihr Eigen nennen dürfen, dann können Sie unter *https://developers.facebook.com/apps* eine App erstellen (nur zum Vergleich: Bei Twitter dauert die gleiche Prozedur keine 5 Minuten).

Zunächst müssen Sie sich wahrscheinlich noch einmal gesondert einloggen (Abbildung 15.184).

Abbildung 15.184 Loggen Sie sich mit Ihren Facebook-Zugangsdaten ein.

Danach müssen Sie die Entwickler-Anwendung bestätigen (Abbildung 15.185).

Abbildung 15.185 Bestätigen Sie die Entwickler-Anwendung durch Klick auf
»Zur Anwendung«.

Auf der Übersichtsseite klicken Sie nun oben rechts auf NEUE ANWENDUNG ERSTEL-
LEN (Abbildung 15.186).

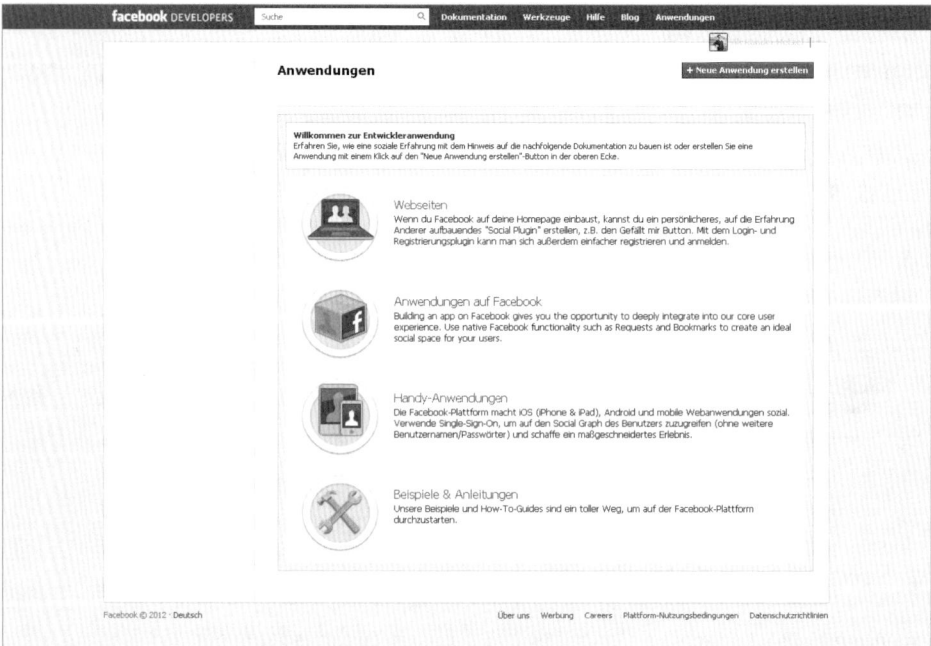

Abbildung 15.186 Erstellen Sie eine neue Anwendung.

Es öffnet sich ein Fenster, in dem Sie einen frei wählbaren App-Namen und einen Namespace eintragen (zum Beispiel wie in Abbildung 15.187).

Abbildung 15.187 Tragen Sie einen App-Namen und einen Namespace ein.

Anschließend gelangen Sie ins Dashboard, wo Sie im unteren Teil unter WEBSITE WITH FACEBOOK LOGIN noch die Adresse Ihrer Website eintragen und abspeichern (Abbildung 15.188).

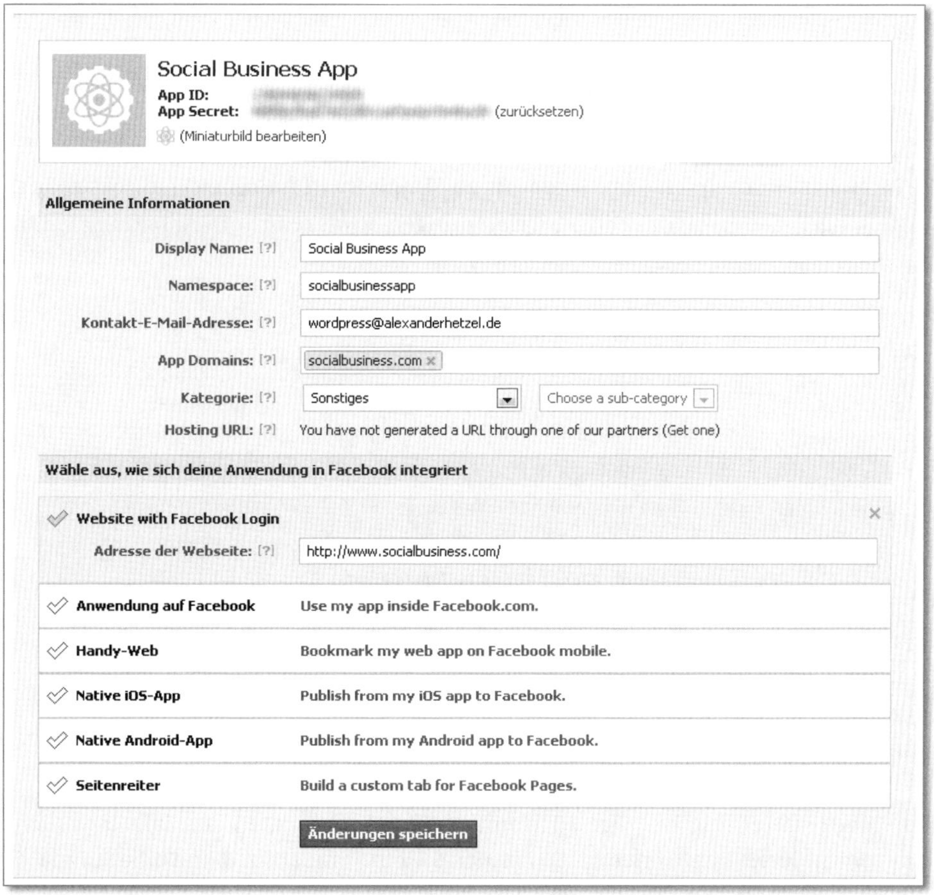

Abbildung 15.188 Tragen Sie bei »Website with Facebook Login« Ihre Website-URL ein.

Im Kopf der Seite (Abbildung 15.189) finden Sie übrigens auch die App ID sowie das App Secret, welches Sie anschließend auf der Einstellungsseite des Plugins (Einstellungen • Simple Facebook Connect) eintragen (Abbildung 15.190).

Social Business App
App ID:
App Secret:
(zurücksetzen)
(Miniaturbild bearbeiten)

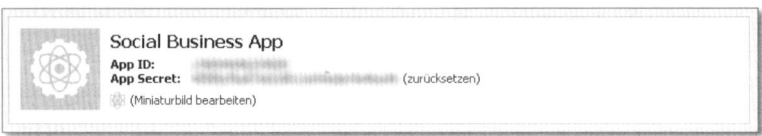

Abbildung 15.189 Die App ID und das App Secret

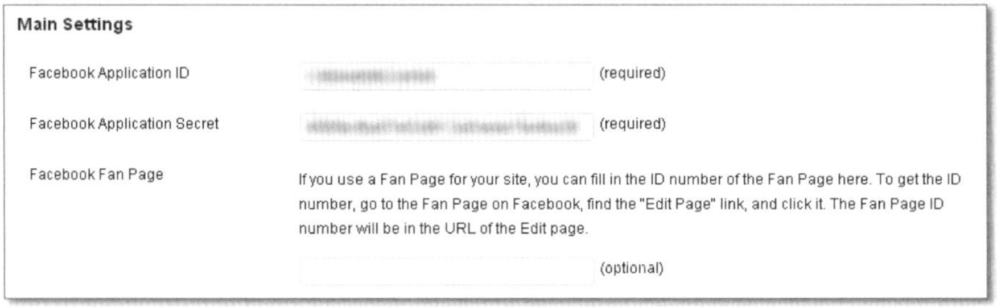
Main Settings
Facebook Application ID
(required)
Facebook Application Secret
(required)
Facebook Fan Page
If you use a Fan Page for your site, you can fill in the ID number of the Fan Page here. To get the ID number, go to the Fan Page on Facebook, find the "Edit Page" link, and click it. The Fan Page ID number will be in the URL of the Edit page.
(optional)

Abbildung 15.190 Tragen Sie diese in den Einstellungen des Plugins ein.

Die Module befinden sich – im Gegensatz zu Simple Twitter Connect – direkt auf der Einstellungen-Seite, was das Hin- und Herspringen etwas reduziert (Abbildung 15.191).

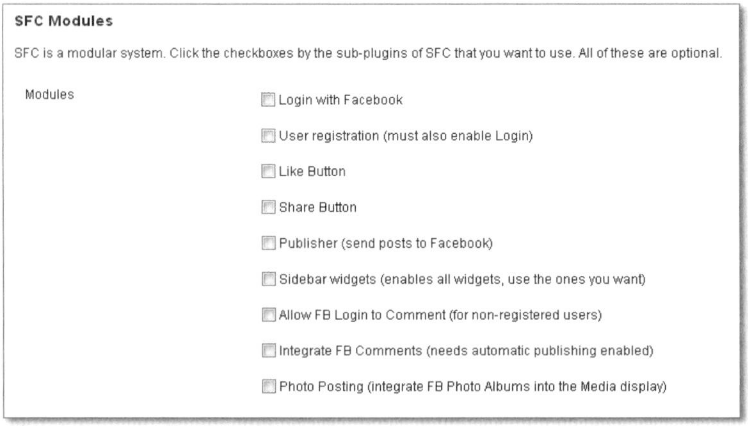
SFC Modules
SFC is a modular system. Click the checkboxes by the sub-plugins of SFC that you want to use. All of these are optional.
Modules
Login with Facebook
User registration (must also enable Login)
Like Button
Share Button
Publisher (send posts to Facebook)
Sidebar widgets (enables all widgets, use the ones you want)
Allow FB Login to Comment (for non-registered users)
Integrate FB Comments (needs automatic publishing enabled)
Photo Posting (integrate FB Photo Albums into the Media display)

Abbildung 15.191 Die Module können Sie alle auf der Einstellungen-Seite des Plugins (de)aktivieren.

Das Plugin stattet Ihre Beiträge auch mit Facebook-Metadaten aus, falls dies nicht schon ein anderes Plugin erledigt. So können Sie ein Standardbild und eine Standardbeschreibung festlegen, für den Fall, dass ein Beitrag einmal eines der beiden nicht enthalten sollte (Abbildung 15.192).

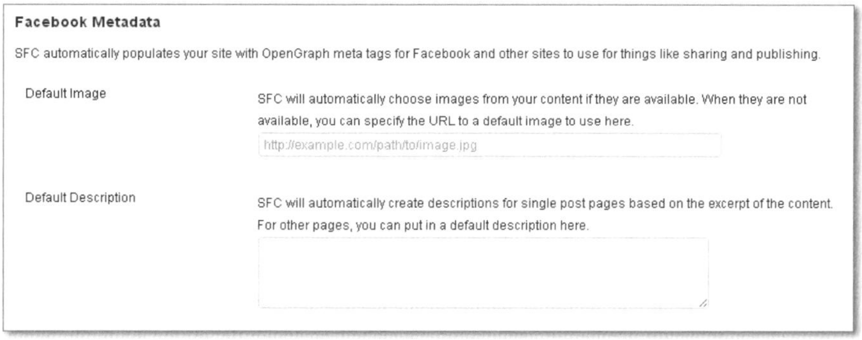

Facebook Metadata
SFC automatically populates your site with OpenGraph meta tags for Facebook and other sites to use for things like sharing and publishing.
Default Image
SFC will automatically choose images from your content if they are available. When they are not available, you can specify the URL to a default image to use here.
http://example.com/path/to/image.jpg
Default Description
SFC will automatically create descriptions for single post pages based on the excerpt of the content. For other pages, you can put in a default description here.

Abbildung 15.192 Legen Sie ein Standardbild und eine Standardbeschreibung für Ihre Beiträge fest.

Allow FB Login to Comment

Aktivieren Sie nun das Modul ALLOW FB LOGIN TO COMMENT, so dass Nutzer auch mit ihrem Facebook-Account auf Ihrer Website kommentieren können. Das Plugin ergänzt sich natürlich hervorragend mit Simple Twitter Connect, so dass beide problemlos nebeneinander existieren können. Unmittelbar nach Aktivieren können Besucher schon per Facebook-Account Ihre Beiträge kommentieren (Abbildung 15.193).

15

Beitrag kommentieren
Sign in with Twitter
Connect with Facebook
Ihr Name (erforderlich)
Ihre E-Mail-Adresse (erforderlich, wird aber nicht veröffentlicht)
Ihre Website
Kommentar
Beitrag kommentieren

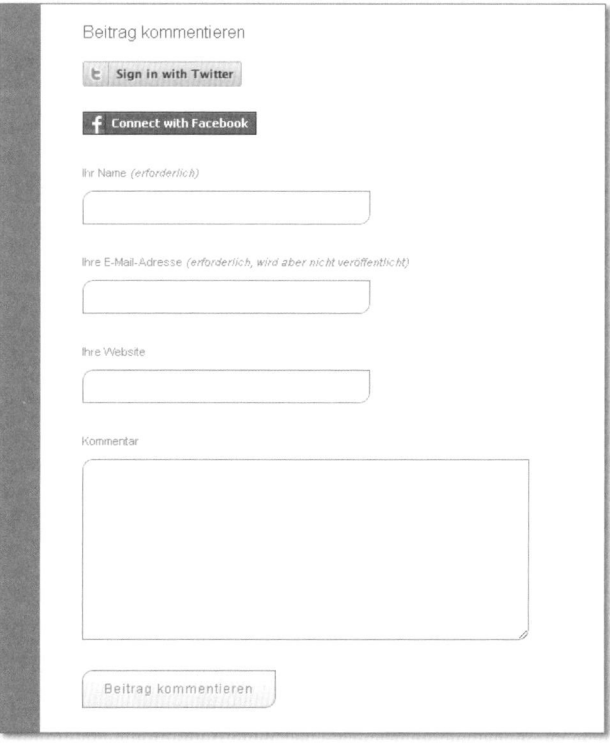

Abbildung 15.193 Kommentieren via Facebook und Twitter – ein Social-Media-Traum

Natürlich müssen Sie nach einem Klick auf CONNECT WITH FACEBOOK auch hier das Nutzen der Anwendung (Abbildung 15.194) und die Rechte (Abbildung 15.195) bei Facebook bestätigen.

Abbildung 15.194 Bestätigen Sie die Anwendung.

Abbildung 15.195 Und bestätigen Sie die Rechte der Anwendung.

Nach dem Login verschwinden die Felder des Kommentarformulars wieder und weichen Ihrem Facebook-Account (Abbildung 15.196).

Ein Kommentar via Facebook könnte dann so aussehen wie in Abbildung 15.197.

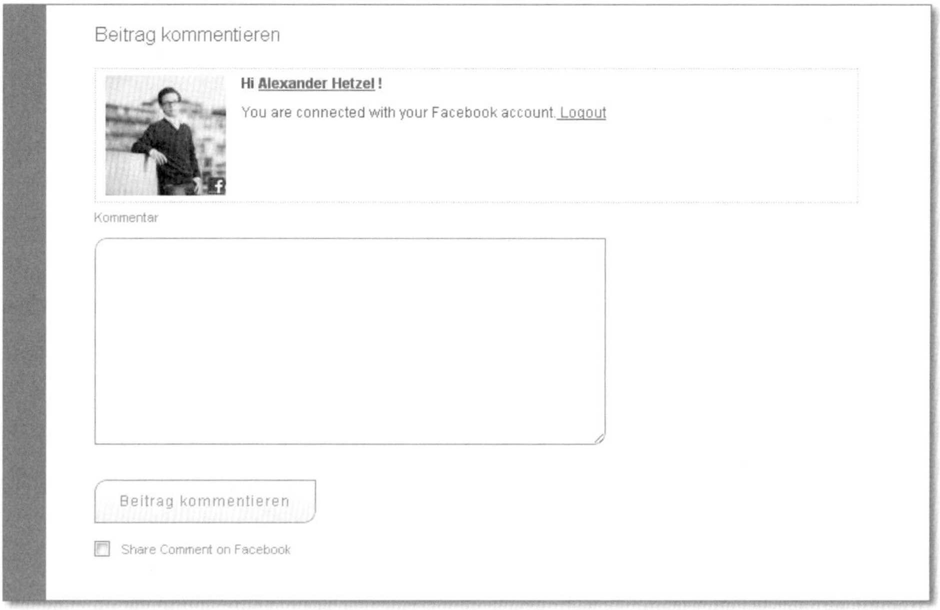

Beitrag kommentieren

Hi Alexander Hetzel !

You are connected with your Facebook account. Logout

Kommentar

[Beitrag kommentieren]

☐ Share Comment on Facebook

Abbildung 15.196 Login via Facebook hat geklappt.

Alexander Hetzel   21.07.2012, 22:53 Uhr

Facebook. Da fehlen mir die Worte.

Abbildung 15.197 Ein Kommentar via Facebook

Publisher

Aktivieren Sie nun das Modul PUBLISHER. Ähnlich wie bei Simple Twitter Connect sorgt es auch hier dafür, dass Sie Ihre Beiträge automatisch crossposten können, allerdings via Facebook. Die Einstellungen dazu finden Sie auf der Einstellungen-Seite des Plugins (Abbildung 15.198).

Sie können auch hier automatisches Publizieren aktivieren, müssen sich allerdings auch einmal bei Facebook über den ANMELDEN-Button verifizieren. Später finden Sie dann einen kleinen Button bei der Bearbeitungsansicht eines Beitrags, über den Sie das Crossposting anstoßen können (Abbildung 15.199).

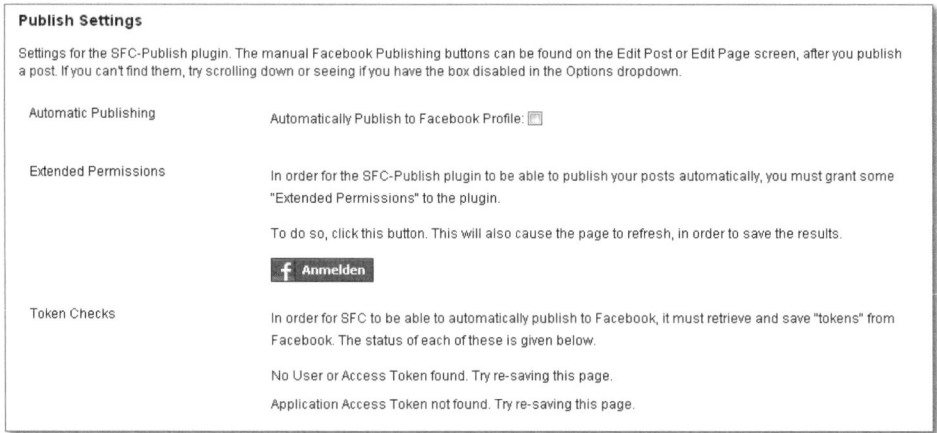

Abbildung 15.198 Die Einstellungen zu Publish

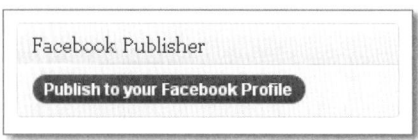

Abbildung 15.199 Klicken Sie auf den Button, um Ihren Beitrag bei Facebook »crosszuposten«.

Es öffnet sich ein Fenster, das Ihnen noch einmal zeigt, wie der Beitrag in Ihren Pinnwandeintrag eingebunden wird. Sie können auch noch etwas dazu sagen (Abbildung 15.200).

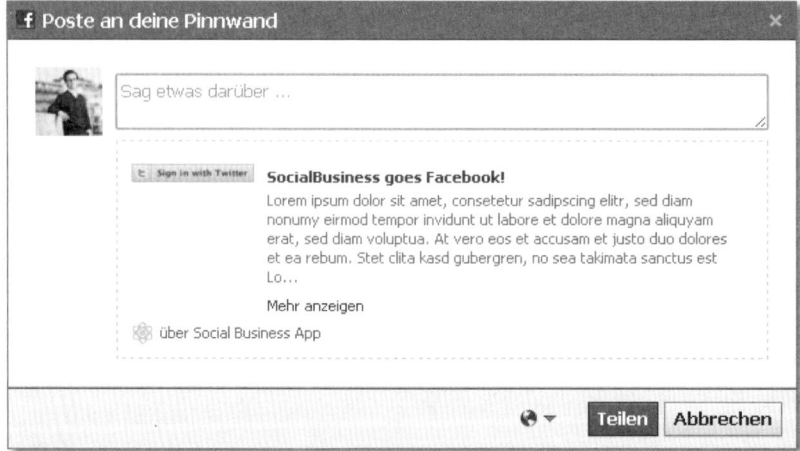

Abbildung 15.200 Sagen Sie noch ein paar erläuternde Worte zu Ihrem Blogbeitrag, bevor Sie ihn teilen.

Sidebar widgets (Facebook Status)

Abschließend möchte ich Ihnen noch gerne das Modul SIDEBAR WIDGETS vorstellen. Es schaltet diverse Widgets frei, die Sie unter DESIGN • WIDGETS Ihrem Theme hinzufügen können. Im Folgenden möchte ich Ihnen hiervon das Widget FACEBOOK STATUS vorstellen. Es zeigt Ihre letzte Statusmeldung von Facebook an. Fügen Sie es zunächst Ihrer Sidebar hinzu (Abbildung 15.201).

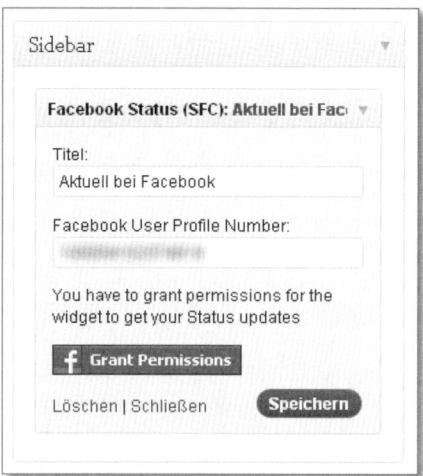

Abbildung 15.201 Fügen Sie das Widget der Sidebar hinzu, und füllen Sie die Felder aus.

Füllen Sie dann den Titel aus, und tragen Sie Ihre FACEBOOK USER PROFILE NUMBER ein. Nehmen Sie hierfür einfach Ihren Benutzernamen (der steht in der Adresszeile Ihres Browsers nach »*http://www.facebook.com/*«), das Plugin wird die richtige Profilnummer dann automatisch heraussuchen. Speichern Sie ab, und klicken Sie auf GRANT PERMISSIONS, um dem Widget den Zugriff zu erlauben. Schließlich sehen Sie Ihren letzten Facebook-Status in der Sidebar (Abbildung 15.202).

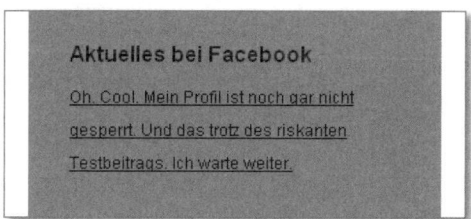

Abbildung 15.202 Ihr Facebook-Status in der Sidebar

Das Plugin bietet natürlich noch viel mehr Funktionen; diese hier sollen aber für den Zweck dieser Website genügen.

15.5.13   Medien per oEmbed einfügen

WordPress bietet seit Version 3.4 die Möglichkeit, Tweets ganz leicht per *oEmbed* in Ihre Beiträge einzufügen. Mit YouTube-Videos beispielsweise geht das schon viel länger. Wenn Sie also einen Tweet in Ihren Beitrag einbinden wollen, gehen Sie einfach in die HTML-Ansicht, und fügen Sie dort an die entsprechende Stelle nur den direkten Link zum Tweet ein (Abbildung 15.203).

Abbildung 15.203 Fügen Sie den direkten Link zum Tweet in Ihren Beitrag ein (bitte in der HTML-Ansicht).

Der Tweet wird nach dem Speichern automatisch eingebunden, ohne dass Sie noch etwas formatieren müssten (Abbildung 15.204).

Abbildung 15.204 So chic sieht die automatische Einbindung des Tweets aus.

Mehr ist nicht erforderlich. Einfacher kann es gar nicht sein. Das Gleiche können Sie übrigens mit YouTube-Videos machen. Fügen Sie wieder den Direkt-Link zum Video per HTML-Ansicht in Ihren Beitrag ein (Abbildung 15.205).

Abbildung 15.205 Fügen Sie den Direkt-Link zum YouTube-Video in Ihren Beitrag ein.

Je nach Video sieht das Ganze dann aus wie in Abbildung 15.206. Auch hier ist kein weiteres Styling notwendig.

Abbildung 15.206 Cat Content

Das geht übrigens mit zahlreichen anderen Medien ebenfalls, derzeit laut offizieller Liste im Codex (*http://codex.wordpress.org/Embeds*) mit folgenden:

- ▶ YouTube
- ▶ Vimeo
- ▶ DailyMotion
- ▶ blip.tv
- ▶ Flickr
- ▶ Viddler
- ▶ Hulu
- ▶ Qik
- ▶ Revision3
- ▶ Scribd
- ▶ Photobucket
- ▶ PollDaddy
- ▶ WordPress.tv
- ▶ SmugMug
- ▶ FunnyOrDie.com
- ▶ Twitter

15.5.14 Social-Media-Buttons »datenschutzkonformer« einsetzen

Zum Abschluss des Praxisbeispiels möchte ich Ihnen noch eine andere Art der Einbindung von Social-Media-Buttons zeigen. Diese ist »datenschutzkonformer« als bisherige Lösungen. Es geht um die *2-Klick-Lösung* von *Heise*. Sofern ein Facebook- oder auch Twitter-Button zum Teilen von Inhalten eingeblendet wird, werden automatisch Daten an die Server der Anbieter (in den USA) gesendet. Aus Datenschutzsicht ist dieses mindestens bedenklich. Bei der Heise-Lösung werden die Buttons noch nicht gleich geladen, sondern zunächst eigene Buttons, die nicht vom Anbieter stammen. Diese sind ausgegraut und müssen zunächst aktiviert werden (1. Klick). Erst danach werden die »echten« Buttons der Anbieter geladen, und Sie können (mit einem 2. Klick) den Artikel teilen. Das Ganze ist nicht zwingend 100 %ig datenschutzkonform, aber zumindest ein Schritt in die richtige Richtung. Rechtsberatung diesbezüglich erhalten Sie (wie immer) von Ihrem Rechtsanwalt.

Zum Glück gibt es auch hierfür ein Plugin. Es heißt *2-Click Social Media Buttons* und stammt von *H.-Peter Pfeufer* (Abbildung 15.207).

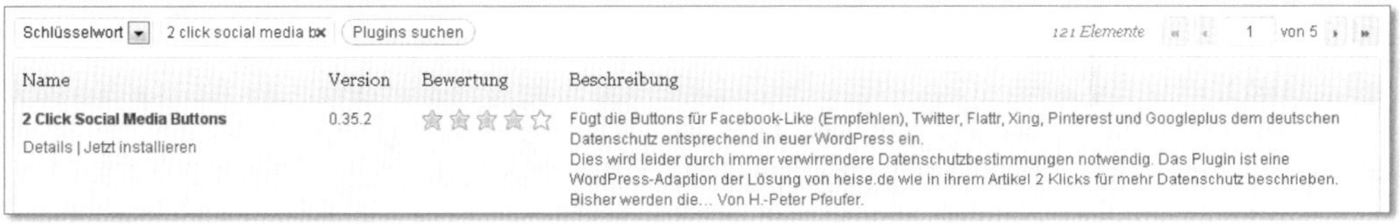

Abbildung 15.207 Das Plugin 2-Click Social Media Buttons installieren

Die Einstellungen hierzu finden Sie unter EINSTELLUNGEN · 2-KLICK-BUTTONS. Im ersten Abschnitt – ANZEIGE (Abbildung 15.208) – können Sie zunächst erst einmal festlegen, welche Buttons der entsprechenden Dienste angezeigt werden sollen und ob der Nutzer die Möglichkeit erhalten soll, die Dienste für Ihre Website permanent zu aktivieren. Darunter legen Sie fest, auf welchen Seiten diese angezeigt werden dürfen. Wir wollen sie allerdings nur in der Einzelansicht des Beitrags anbringen.

Abbildung 15.208 Wählen Sie Ihre gewünschten Buttons aus.

Im Abschnitt POSITION können Sie bestimmen, wie die Buttons eingebunden werden sollen. Da wir kein Problem damit haben, einen kleinen Codeschnipsel im Theme unterzubringen, wählen Sie hier MANUELL (TEMPLATE) aus (Abbildung 15.209).

Abbildung 15.209 Als Option können Sie an dieser Stelle »Manuell (Template)« wählen und einen kleinen Code im Theme anbringen.

Der Code lautet wie folgt (Listing 15.85):

```php
<?php
    if(function_exists('get_twoclick_buttons'))
    {get_twoclick_buttons(get_the_ID());}
?>
```

Listing 15.85 Der Plugin-Code

Fügen Sie ihn überall dort ein, wo er Ihnen sinnvoll erscheint. Für das Praxisbeispiel bringen Sie ihn lediglich in der Sidebar an, und zwar unterhalb des Artikels, zum Beispiel hier (Listing 15.86):

```php
...
<?php endwhile; endif; ?>


<?php if(function_exists('get_twoclick_buttons'))
{get_twoclick_buttons(get_the_ID());}?>


<?php comments_template(); ?>
...
```

Listing 15.86 Der Code, eingebaut in die single.php

Zudem können Sie optional auch noch Infotexte für die einzelnen Dienste anlegen (Abbildung 15.210).

Abbildung 15.210 Legen Sie Infotexte für die Dienste an, die dann als Tooltip über den Icons angezeigt werden.

Wenn Ihr Beitrag bei Facebook, Google+ oder Pinterest geteilt wird und kein Bild enthält, können Sie für diesen Fall ein Standardbild hinterlegen (Abbildung 15.211), das stattdessen genommen wird.

Artikelbild
(optional)
URL:
Bild hochladen
Links beginnen im Übrigen mit http://
Dieses Bild wird für Facebook, Google+ und Pinterest hergenommen, falls im Artikel oder der Seite kein Artikelbild oder sonstiges Bild im Artikel gefunden wurde. Bleibt diese Zeile leer, wird kein Bild verwendet und der Pinterest-Button wird in diesem Artikel nicht angezeigt.

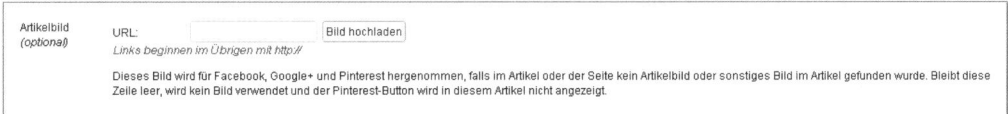

Abbildung 15.211 Wählen Sie ein Standardartikelbild aus.

Bei Facebook und Twitter können Sie zudem noch ein paar weitere Optionen festlegen, zum Beispiel den Button-Text des Facebook-Buttons oder Ihren Twitter-Benutzernamen und das Format für die Tweets (Abbildung 15.212).

Für Flattr können Sie darüber hinaus einen Nutzernamen hinterlegen und für Pinterest auswählen, woher die Beschreibung stammen soll (Abbildung 15.213).

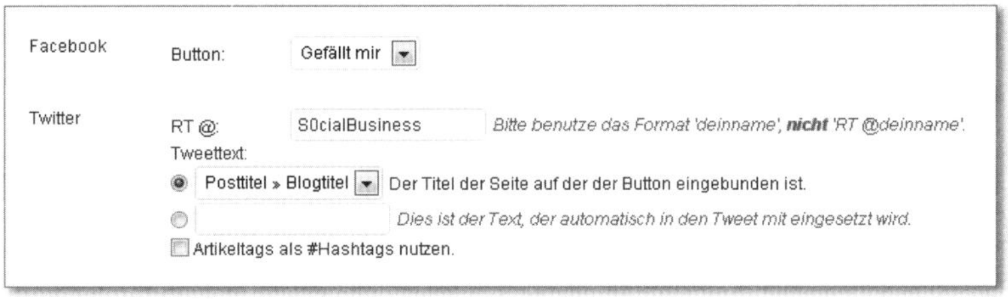
Facebook
Button:
Gefällt mir
Twitter
RT @:
S0cialBusiness
Bitte benutze das Format 'deinname', nicht 'RT @deinname'.
Tweettext:
Posttitel » Blogtitel
Der Titel der Seite auf der der Button eingebunden ist.
Dies ist der Text, der automatisch in den Tweet mit eingesetzt wird.
Artikeltags als #Hashtags nutzen.

Abbildung 15.212 Weitere Optionen für Facebook und Twitter

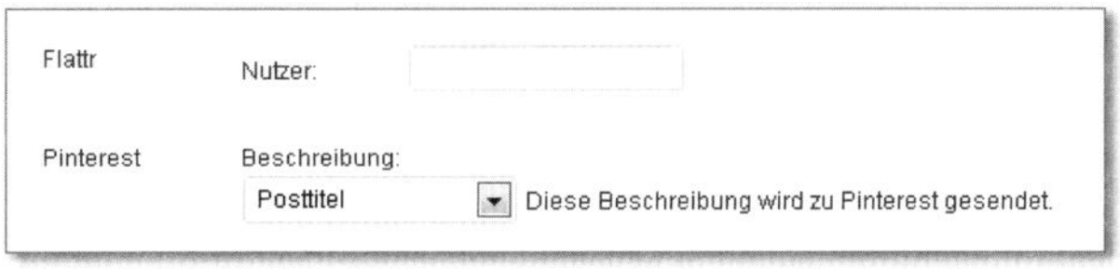
Flattr
Nutzer:
Pinterest
Beschreibung:
Posttitel
Diese Beschreibung wird zu Pinterest gesendet.

Abbildung 15.213 Weitere Optionen für Flattr und Pinterest

Die Einbindung der Buttons unter dem Artikel sieht dann zum Beispiel so aus wie in Abbildung 15.214.

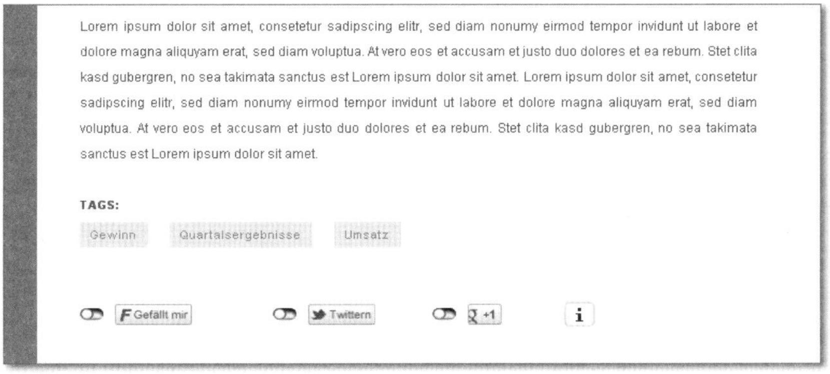
Lorem ipsum dolor sit amet, consetetur sadipscing elitr, sed diam nonumy eirmod tempor invidunt ut labore et dolore magna aliquyam erat, sed diam voluptua. At vero eos et accusam et justo duo dolores et ea rebum. Stet clita kasd gubergren, no sea takimata sanctus est Lorem ipsum dolor sit amet. Lorem ipsum dolor sit amet, consetetur sadipscing elitr, sed diam nonumy eirmod tempor invidunt ut labore et dolore magna aliquyam erat, sed diam voluptua. At vero eos et accusam et justo duo dolores et ea rebum. Stet clita kasd gubergren, no sea takimata sanctus est Lorem ipsum dolor sit amet.
TAGS:
Gewinn
Quartalsergebnisse
Umsatz
Gefällt mir
Twittern
+1
i

Abbildung 15.214 So sieht die Einbindung der Buttons schließlich aus.

Sie haben das Praxisbeispiel »Social Business« nun erfolgreich umgesetzt. Wenn Sie das Beispiel nachgebaut haben, sollte Ihre Website nun in etwa aussehen wie in Abbildung 15.215.

Abbildung 15.215 So sieht die fertige Social-Business-Website aus.

Sollten Sie sich direkt in das Kapitel der Praxisbeispiele gestürzt haben, empfiehlt es sich nun, das neu erworbene Wissen mithilfe der restlichen Kapitel zu vertiefen.

Kapitel 16

Internationalisierung von Plugins und Themes

Als Plugin- oder Theme-Entwickler ist es sinnvoll, sich mit dem Thema Internationalisierung auseinanderzusetzen, um seine Plugins und Themes auch in anderen Sprachen anbieten zu können.

Ist Ihnen schon einmal die Abkürzung »i18n« begegnet? Sie steht für *internationalization*, zu Deutsch *Internationalisierung*. Die 18 steht für die 18 Buchstaben zwischen dem »i« und dem »n«. Damit haben wir dann auch die abgedroschene Anekdote zum Thema abgehakt.

Internationalisierung ist eine tolle Möglichkeit, um Plugins und Themes einer breiteren Masse zur Verfügung zu stellen. Sie selbst oder andere können dann Übersetzungen erstellen, und so verbreitet sich Ihr Werk stetig weiter. Auch Sie können Übersetzungen für andere Plugins oder Themes erstellen oder Ihr eigenes Projekt zweisprachig betreiben. Denn eine Website, die auf den ersten Blick multilingual ist, bei der man aber auf den ersten Blick sieht, dass nur ihre Texte und nicht ihre Bedienelemente in beiden Sprachen zur Verfügung stehen, wirkt schnell unprofessionell. Übrig bleiben zwei Optionen: Sie lassen es sein, oder Sie lernen die Internationalisierungsfunktion von WordPress. Da Sie schon mal hier sind ...

Voraussetzungen für das Verständnis

Internationalisierung ist ein fortgeschrittenes Kapitel. Ich gehe davon aus und setze voraus, dass Sie sich mit der Erstellung von Themes und/oder Plugins bereits beschäftigt haben und zumindest grundlegende Kenntnisse in PHP mitbringen (insbesondere über Variablen, Ausgabe, Funktionen und im Speziellen über die Funktion `printf()`. Ich habe dennoch versucht, alles so einfach wie möglich zu erklären. Wer die entsprechenden Vorkenntnisse nicht gänzlich mitbringt, wird aber vermutlich mit ein wenig Nachblättern bei Google keine Probleme bei der Internationalisierung haben.

16.1   Themes & Plugins übersetzungsfähig machen

Grundsätzlich kann man sagen: Jeder Satz und jedes Wort, dass Sie im Rahmen Ihrer Themes oder Plugins an irgendeiner Stelle ausgeben lassen, sollte übersetzbar sein. Das gilt für das Frontend und für das Backend. Üblicherweise denkt man daran anfangs beim Programmieren noch nicht. Der Text wird zunächst als Klartext geschrieben und auch so ausgegeben. Das ist für das Testen und den privaten Einsatz auch durchaus legitim. Doch immer dann, wenn Sie Plugins oder Themes veröffentlichen (ganz gleich ob kostenpflichtig oder kostenfrei), dann sollten Sie es sich zur Pflicht machen, Texte übersetzbar zu machen. In diesem Abschnitt zeige ich Ihnen, wie aus Klartext übersetzbarer Text wird, und zwar mit den Internationalisierungsfunktionen von WordPress.

16.1.1   Die WordPress-Funktionen

Um einen Satz übersetzbar zu machen, übergeben Sie ihn einfach als Parameter an die Funktion __(). Zum Beispiel:

```
__('Der Apfel fällt nicht weit vom Stamm.');
```

Es kann vorkommen, dass Sie in einem Programm mehrere voneinander trennbare und einzeln übersetzbare Module haben. Daher ist es sinnvoll, diesen einen Bereich, eine Domain, zuzuweisen. Für jede Domain gibt es später eine Übersetzungsdatei. Bei Themes und Plugins ist es sogar **unabdingbar**, eine Domain festzulegen und diese bei jedem Funktionsaufruf mit zu übergeben. Merken Sie sich also am besten gleich, dass zum Aufruf der Übersetzungsfunktionen immer ein zweiter Parameter gehört: die Domain. Aus dem Beispiel von gerade wird also nun:

```
__('Der Apfel fällt nicht weit vom Stamm.', 'apfelbaum');
```

Und wie benennen Sie nun diese Domain? Ganz einfach. Ihr Plugin besteht aus einer einzelnen Datei namens *apfelbaum.php* oder liegt in einem Ordner namens *apfelbaum*? Dann wählen Sie als Domain ebenfalls »apfelbaum«. Bei einem Theme gilt das Gleiche; nehmen Sie einfach den Namen des Theme-Ordners.

Die Funktion __() hat übrigens die Eigenart, dass sie nicht ausgegeben wird. Sie können sie daher beispielsweise in einer Variablen speichern. Zum Ausgeben müssen Sie allerdings ein echo davorsetzen.

Da dies etwas mühsam ist, gibt es die äquivalente Funktion _e(), in der die Ausgabe gleich mit eingebaut ist:

```
_e('Der Apfel fällt nicht weit vom Stamm.', 'apfelbaum');
```

16.1.2   Umgang mit Platzhaltern

Nun haben Sie es aber nicht immer nur mit Fließtext zu tun. Ganz oft werden Sie auch Variablen ausgeben wollen. Würden Sie diese einfach in die Funktion _e() schreiben, würde dies nicht funktionieren. Daher bedienen Sie sich einfach der printf()- oder sprintf()-Funktion, die Sie schon von PHP her kennen.

```
printf(__('Der %s fällt nicht weit vom Stamm.', 'apfelbaum'), $obst);
```

Die _e()-Funktion brauchen Sie hier nicht, da printf() ja bereits den übergebenen Parameter ausgibt. Bei mehreren Variablen sollten Sie auf das sogenannte *Argument Swapping* zurückgreifen. Denn wenn Sie der Funktion printf() einfach nur (neben dem String selbst) zwei weitere Parameter übergeben und diese über die Platzhalter aufrufen würden, wären Sie ja an die Reihenfolge gebunden. Es gibt aber Sprachen, die anders aufgebaut sind als die, die Sie verwenden. Und so kann es nötig sein, die Sätze umzustellen und die Variablen an andere Stellen zu setzen. Das geht so:

```
printf('__('Der %1$s fällt nicht weit vom %2$s.', 'apfelbaum')
', $obst, $baumteil);
```

Nun wurden zwei Variablen bzw. Platzhalter gesetzt. Allerdings wurde aus dem einen %s ein %1$s und aus dem anderen %s ein %2$s. Das ist kein Tippfehler! Um dem Platzhalter klarzumachen, zu welcher Variablen er gehört, setzt man zwischen das % und den Buchstaben (hier »s«) ein 1$, 2$, 3$ usw. Auf diese Weise können Sie die Platzhalter ganz leicht umstellen:

```
printf('__('Nicht weit vom %2$s fällt der %1$s.', 'apfelbaum')
', $obst, $baumteil);
```

16.1.3   Einzahl oder Mehrzahl?

Singular oder Plural, wie viel hätten Sie gerne? Mitunter kommt es vor, dass Ihr Text auf eine bestimmte Mengenangabe reagieren muss. So fällt vielleicht nicht immer nur ein Apfel vom Stamm, sondern manchmal auch zwei oder drei. Wo der Satz »Ein Apfel fällt nicht weit vom Stamm.« orthografisch noch völlig beanstandungsfrei wäre, könnte ein Satz wie »Zwei Apfel fällt nicht weit vom Stamm.« nur noch unbemerkt im RTL2-Nachmittagsprogramm gesagt werden. Es ist also nötig, für den Fall der Fälle gerüstet zu sein. Und auch hierfür gibt es eine einfache Lösung, die uns die Funktion _n() in Verbindung mit printf() beschert (printf() brauchen wir natürlich wieder, da wir ja weiterhin mit Platzhaltern arbeiten müssen):

```
printf('_n('%d Apfel fällt nicht weit vom Stamm.
', '%d Äpfel fallen nicht weit vom Stamm.', $anzahl, 'apfelbaum')', $anzahl);
```

16

Der Funktion _n() werden also vier Parameter übergeben:

1. der Satz im Singular
2. der Satz im Plural
3. die Anzahl der Objekte, an der festgemacht wird, ob die Singular- oder Pluralform zurückgegeben werden soll
4. die Domain

16.1.4   Ein Wort – mehrere Bedeutungen

Ein Problem bleibt nun allerdings noch, und dem dürfte genügend Aufmerksamkeit gebühren. Oder Gebühren? Wörter haben, trotz gleicher Schreibweise, manchmal unterschiedliche andere Bedeutungen. Je nach Kontext kann zum Beispiel das Wörtchen »Beitrag« schlicht den Artikel meinen oder aber, einen »Beitrag zum Wohle der Menschen zu leisten«, oder es steht ganz einfach synonym für das Wort »Gebühr«. Im Englischen beispielsweise kann das Auswirkungen haben. Während »Beitrag« im Sinne von »Beitrag leisten« oder »Gebühr« noch frei mit *contribution* übersetzt werden kann (in Form der Gebühr genauer eigentlich mit *due*), so steht fest, dass der textliche Beitrag wohl eher mit *article* übersetzt wird.

Doch auch das ist kein Problem für WordPress. Es hat ja noch eine Funktion im Ärmel, nämlich _x().:

```
_x('Beitrag', 'article', 'apfelbaum');
_x('Beitrag', 'contribution', 'apfelbaum');
_x('Beitrag', 'due', 'apfelbaum');
```

Die Funktion x_() erhält als zweiten Parameter also den Kontext des Wortes. Durch die Kontextfunktion bieten Sie den Übersetzern nun die Möglichkeit, für jeden Kontext eine eigene Übersetzung festzulegen. Natürlich gibt es die _x()-Funktion auch in der Variante mit eingebauter Ausgabe:

```
_ex('Beitrag', 'article', 'apfelbaum');
_ex('Beitrag', 'contribution', 'apfelbaum');
_ex('Beitrag', 'due', 'apfelbaum');
```

16.1.5   Beschreibungen

Schließlich können Sie den Übersetzern auch noch einige Informationen in Form eines Kommentars mit an die Hand geben. Setzen Sie hierfür unmittelbar vor den Aufruf der Übersetzungsfunktion, deren Inhalt Sie kommentieren möchten, einen Kommentar, und beginnen Sie ihn mit translators: (denken Sie an den Doppelpunkt):

```
/* translators: Übersetzen Sie die Redewendung bitte nicht wörtlich,
sondern verwenden Sie wenn möglich ein korrespondierendes Sprichwort
aus der jeweiligen Sprache. */
_e('Ein Apfel fällt nicht weit vom Stamm.', 'apfelbaum');
```

16.1.6   Best Practices

Natürlich können Sie tun und lassen, was Sie wollen. Wenn Sie allerdings möchten, dass Ihr Theme oder Ihr Plugin möglichst breit und möglichst gut übersetzt wird, sollten Sie sich an ein paar Spielregeln halten. Die machen den Übersetzern das Leben nämlich viel leichter. In aller Regel machen die ihre Arbeit nämlich kostenlos; sorgen Sie durch Einhaltung der folgenden Best Practices dafür, dass sie es umsonst tun:

- ▶ Schreiben Sie auf Englisch. Die Chance, dass jemand neben seiner Muttersprache Englisch beherrscht, ist um ein Vielfaches größer, als dass er zufällig Deutsch kann (diese schöne Sprache hat sich international leider noch nicht so richtig durchgesetzt).

- ▶ Schreiben Sie vernünftiges Englisch. Klar, Slang ist cool. Aber Slang ist oftmals auch ungenau. Und Slang wird von den meisten auch gar nicht in seiner vollen Tragweite beherrscht. Außerdem möchten viele Anwender Ihr Theme oder Ihr Plugin möglicherweise professionell einsetzen und können dann allzu flapsige Formulierungen eher weniger gebrauchen. Tipp: Erstellen Sie doch zusätzlich noch Ihre eigene Slang-Übersetzungsdatei, und ärgern Sie Ihre Besucher.

- ▶ Bilden Sie nicht ganze Absätze in einem Funktionsaufruf ab. Es klingt verlockend, aber es macht die Sache für Übersetzer nicht leichter und den Code nicht übersichtlicher. Wenn zwei Sätze zusammengehören, dann sollten Sie sie natürlich auch nicht trennen. Üblicherweise sollte aber nicht mehr als ein Wort, ein Satz bis hin zu maximal wenigen Sätzen pro Funktionsaufruf untergebracht werden. Es gilt: Zusammen kommt nur, was zusammengehört.

- ▶ Selbstverständlich können Sie in bester PHP-Manier einzelne Funktionsaufrufe und Variablenausgaben mit Punkten zusammenbinden. Nutzen Sie doch lieber die printf()-Funktionen. Das ist für Sie und die Übersetzer übersichtlicher. Denn die müssen sonst einen Satz in zwölf getrennten Bausteinen übersetzen. Das macht wirklich keinen Spaß.

- ▶ Lassen Sie Code und URLs außen vor. Es ist nicht nötig, <h2> und </h2> der Übersetzungsfunktion hinzuzufügen. Was machen Sie, wenn der Übersetzer vergisst, diese seiner Übersetzung wieder anzufügen? Auch URLs müssen Sie nicht übergeben, außer Sie wollen, dass die Übersetzer hier die URL in einen übersetzten Text einfügen.

16

▶ Achten Sie darauf, dass Sie am Anfang und am Ende eines Strings keine Leerzeichen stehen lassen. Der Übersetzer könnte diese übersehen und bei seiner Übersetzung vergessen. Und schon kleben die Sätze aneinander.

16.2   Themes und Plugins internationalisieren

Erinnern Sie sich daran, dass Sie allen Funktionsaufrufen eine Domain übergeben sollten? Diese Domain müssen Sie nun noch in Ihrem Plugin bzw. Theme »laden«. Das geschieht auf etwas unterschiedliche Weise, je nachdem, was Sie programmieren.

16.2.1   Themes

Bei Themes ist es am einfachsten. Öffnen Sie Ihre *functions.php*, und fügen Sie ihr am Anfang folgende Zeile hinzu:

```
load_theme_textdomain('apfelbaum');
```

Natürlich passen Sie den Parameter an, wenn Ihr Theme bzw. Ihre Domain nicht »apfelbaum« heißt. Ich weiß, dass Sie das ohnehin getan hätten. Das wollte ich doch nur der Vollständigkeit halber erwähnen.

Der Aufruf geht davon aus, dass in Ihrem Theme-Ordner eine Datei liegt namens *en_US.mo* oder *de_DE.mo* oder *it_IT.mo* – also eine Datei mit der Endung *.mo*, deren Name die Lokalisierungsbezeichnung der Sprache ist, in die übersetzt wurde. Wie Sie diese Datei erstellen, erfahren Sie gleich.

16.2.2   Plugins

Ein ganz klein wenig komplizierter wird das Laden der Sprachdatei bei Plugins. Aber nur ein bisschen. Hier ist es erforderlich, dass die Sprachdatei vor der Action plugins_loaded geladen wird. Ein Beispiel (beachten Sie den leicht abgewandelten Funktionsnamen):

```
function apfelbaum_init() {
    $plugin_dir = basename(dirname(__FILE__));
    load_plugin_textdomain( 'apfelbaum', false,
    $plugin_dir );
}
add_action('plugins_loaded', 'apfelbaum_init');
```

Die Funktion heißt also jetzt `load_plugin_textdomain()` und erwartet drei Parameter:

1. die Domain

2. den relativen Pfad zum Plugin-Ordner von `ABSPATH` ausgehend (nur für Word-Press-Versionen niedriger als 2.6 interessant, daher können Sie beruhigt `false` übergeben)

3. den relativen Pfad zum Plugin-Ordner relativ zum Hauptverzeichnis aller Plugins (*/plugins/*).

WordPress sucht nun in Ihrem Plugin-Ordner nach einer Datei namens *domain-lokalisierung.mo*, also beispielsweise nach *apfelbaum-de_DE.mo* oder *apfelbaum-en_US.mo* oder auch nach *apfelbaum_it_IT.mo* usw. Das Prinzip haben Sie sicher verstanden. Wie Sie eine solche Datei erstellen, dazu kommen wir gleich.

16.2.3   Widgets

Zunächst muss ich Ihnen noch sagen, wie Sie vorgehen, wenn Sie die Inhalte von Widgets übersetzen lassen wollen. Hierzu ist ein anderer bzw. zusätzlicher Funktionsaufruf nötig (Achtung, erst ab WP-Version 2.8). Die Sprachdatei wird hierbei erst geladen, nachdem das Widget registriert wurde. Ein Beispiel:

```
function apfelbaum_widget_init() {
    return register_widget( 'apfelbaum_widget' );
}
add_action( 'widgets_init', 'apfelbaum_widget_init' );

$plugin_dir = basename( dirname( __FILE__ ) );
load_plugin_textdomain( 'apfelbaum_widget', null,
$plugin_dir );
```

WordPress sucht nun in Ihrem Plugin-Verzeichnis nach einer Datei namens *apfelbaum_widget-de_DE.mo* oder auch *apfelbaum_widget-en_US.mo*. Und jetzt kommen wir auch endlich dazu, diese Datei zu erstellen.

16.3   Erstellen der Übersetzungsvorlage

Sie haben nun all Ihre Theme- oder Plugin-Dateien übersetzungsfähig gemacht, indem Sie alle Sätze und Wörter durch Funktionen ersetzt haben, die eine Übersetzung ermöglichen. Aus dieser Voraussetzung kann WordPress nun eine Vorlage erstellen, mit der Übersetzer arbeiten können. Diese wird die Endung **.pot* haben. Nun gut, seien wir ehrlich. WordPress kann das nicht ganz alleine, es benötigt ein wenig Hilfe.

16.3.1 Installation der Software

Für das Erstellen einer Vorlage benötigen Sie zunächst einmal Software. Genauso benötigen Sie Software für das spätere Bearbeiten (Übersetzen) der Vorlage. Insgesamt installieren Sie hierfür bitte die folgenden drei Programme auf Ihrem Rechner (falls Sie XAMPP aus Kapitel 2, »Installation«, noch nicht installiert haben sollten, tun Sie dies bitte spätestens jetzt, denn Sie benötigen zwingend PHP):

1. gettext (»Complete Package«)

http://gnuwin32.sourceforge.net/packages/gettext.htm)

2. POEdit

http://www.poedit.net/download.php

3. TortoiseSVN

http://tortoisesvn.net/downloads.html

> **Buch-CD**
>
> Die Software liegt in der jeweils aktuellsten Version zur Zeit der Bearbeitung des Buches auch auf der Buch-CD im Verzeichnis *Software* bei.

16.3.2 Gettext und PHP dem Windows-Pfad hinzufügen

Wenn Sie die Software installiert haben, müssen Sie nun noch einen Pfad zu Gettext und PHP in Windows einrichten, damit alles korrekt funktioniert. Die Vorgehensweise ist abhängig von der Version des Betriebssystems.

Windows 7

Unter Windows 7 verwenden Sie SYSTEMSTEUERUNG · SYSTEM UND SICHERHEIT · SYSTEM · ERWEITERTE SYSTEMEINSTELLUNGEN (Abbildung 16.1).

Abbildung 16.1 Klicken Sie auf »Erweiterte Systemeinstellungen«.

Windows XP

Unter Windows XP klicken Sie auf SYSTEMSTEUERUNG • SYSTEM.

Ab nun dürften die Schritte unabhängig von der Windows-Version sein. Klicken Sie im sich öffnenden Fenster auf den Registerreiter ERWEITERT und dort auf den Button UMGEBUNGSVARIABLEN (Abbildung 16.2).

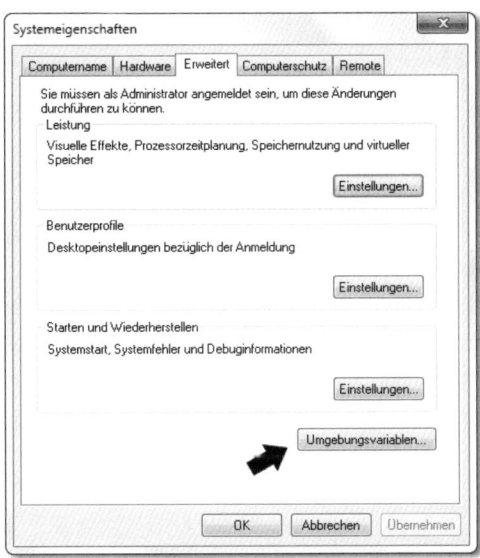

Abbildung 16.2 Klicken Sie im Register »Erweitert« auf »Umgebungsvariablen…«.

Es öffnet sich ein weiteres Fenster. Dort scrollen Sie im Feld SYSTEMVARIABLEN bitte ein bisschen runter, bis die Variable PATH erscheint (Abbildung 16.3).

Abbildung 16.3 Suchen Sie »Path«.

Klicken Sie doppelt auf PATH, und es öffnet sich (Sie ahnten es sicher schon) ein weiteres Fenster (Abbildung 16.4). Hier sind wir nun aber richtig.

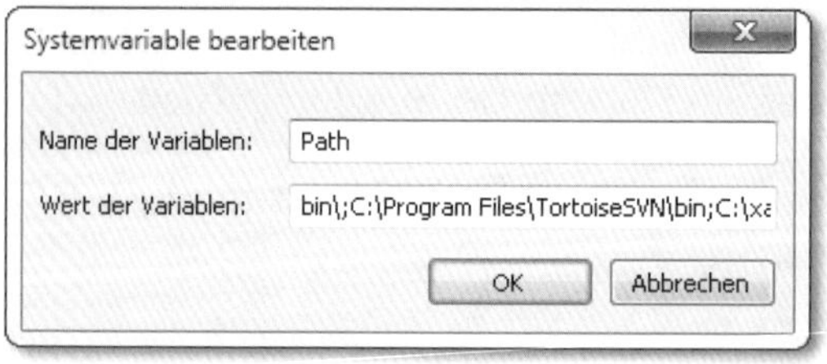

Abbildung 16.4 Bearbeiten Sie den Wert der Systemvariablen.

Klicken Sie in das Feld WERT DER VARIABLEN, und scrollen Sie bis ans Ende (oder drücken Sie einfach ⌈Ende⌉ auf Ihrer Tastatur). Fügen Sie nun am Ende ein Semikolon ein »;«, falls dort noch keines steht, und geben Sie dann den Pfad zum */bin/*-Verzeichnis Ihrer Installation von TortoiseSVN, beispielsweise *C:\Program Files\TortoiseSVN\bin* oder auch *C:\Programme\TortoiseSVN\bin*, ein. Schauen Sie in Abbildung 16.4, wie man es genau anfügt, wenn Sie sich unsicher sind. Danach schreiben Sie wieder ein Semikolon und fügen noch den Pfad zu dem PHP-Verzeichnis Ihrer XAMPP-Installation an, zum Beispiel *C:\xampp\php*.

16.3.3   Download des WordPress SVN-Trunks

Nun downloaden wir den WordPress SVN-Trunk. Wir benötigen ihn, um den WordPress SVN-Trunk herunterzuladen, der unter anderem eine Datei enthält, die die Vorlage erstellen kann.

Hierzu erstellen Sie beispielsweise direkt unter *C:* irgendein Verzeichnis. Ich nenne es beispielhaft *SVN*. Klicken Sie nun mit der rechten Maustaste darauf, und wählen Sie aus dem Kontextmenü die neu erstellte Option SVN CHECKOUT (Abbildung 16.5).

Im folgenden Fenster tragen Sie bitte die folgenden Pfade in die entsprechenden Felder ein (gegebenenfalls an Ihre Ordnerstruktur angepasst; Abbildung 16.6):

▶ URL OF REPOSITORY: *http://i18n.svn.wordpress.org/tools/trunk*

▶ CHECKOUT DIRECTORY: *C:\SVN*

Nun werden automatisch alle Entwicklerwerkzeuge heruntergeladen, was einen Moment dauern kann (Abbildung 16.7).

Abbildung 16.5 Klicken Sie mit rechts auf den Ordner, und wählen Sie »SVN Checkout«.

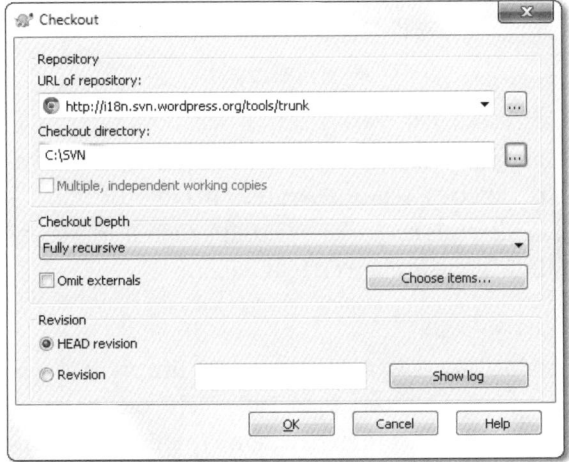

Abbildung 16.6 Füllen Sie die Felder aus, und klicken Sie anschließend auf OK.

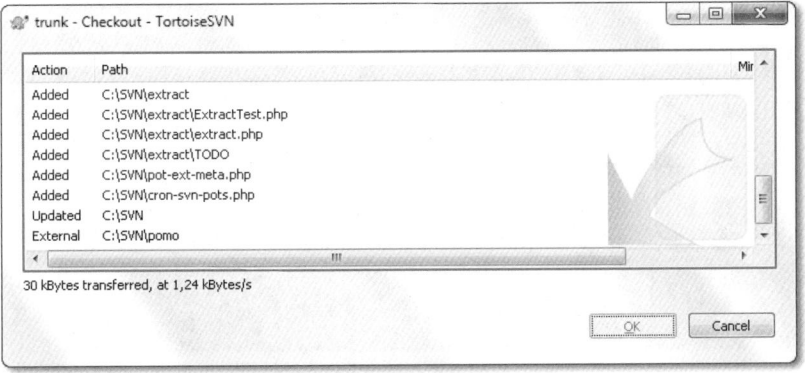

Abbildung 16.7 Download der Entwicklerwerkzeuge

Sofern der Download abgeschlossen ist, wird die Schaltfläche OK aktiv. Schauen Sie testweise einmal in Ihrem *SVN*-Ordner nach, ob der Download korrekt funktioniert hat. Das müsste dann aussehen wie in Abbildung 16.8.

Name
.svn
extract
pomo
t
add-textdomain.php
cron-svn-pots.php
importers-i18n.php
makepot.php
not-gettexted.php
pot-ext-meta.php
setup_locale

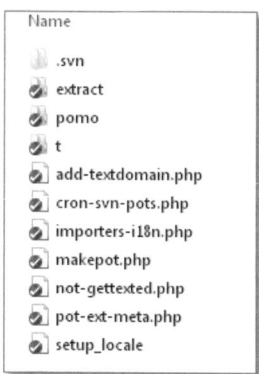

Abbildung 16.8 Der Download des Trunks hat geklappt.

16.3.4 Die Vorlage (*.pot) erstellen

Nun kommen wir endlich zur Erstellung der Vorlagedatei. Öffnen Sie bitte ein Kommandozeilenfenster (START • FELD: »PROGRAMME/DATEIEN DURCHSUCHEN« • »cmd« eingeben). Alternativ drücken Sie einfach [ ] + [R] und geben dort »cmd« ein. Begeben Sie sich in den *SVN*-Ordner, den Sie eben erstellt haben:

```
cd C:\SVN
```

Geben Sie nun nacheinander die Befehle `xgettext` sowie `php -v` ein, um zu überprüfen, ob das Setzen der Pfade geklappt hat (Abbildung 16.9). Falls nicht, wiederholen Sie bitte die Schritte aus Abschnitt 16.3.2, »Gettext und PHP dem Windows-Pfad hinzufügen«.

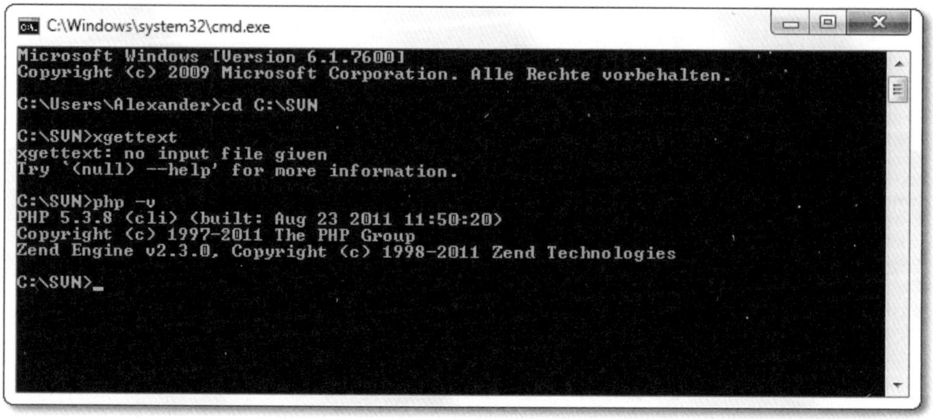

C:\Windows\system32\cmd.exe
Microsoft Windows [Version 6.1.7600]
Copyright (c) 2009 Microsoft Corporation. Alle Rechte vorbehalten.
C:\Users\Alexander>cd C:\SVN
C:\SVN>xgettext
xgettext: no input file given
Try '(null) --help' for more information.
C:\SVN>php -v
PHP 5.3.8 (cli) (built: Aug 23 2011 11:50:20)
Copyright (c) 1997-2011 The PHP Group
Zend Engine v2.3.0, Copyright (c) 1998-2011 Zend Technologies
C:\SVN>_

Abbildung 16.9 Die Pfade sind offenbar korrekt gesetzt worden.

Die Erstellung der Vorlage richtet sich nun danach, ob Sie ein Theme oder ein Plugin übersetzen wollen. Entsprechend geben Sie bitte einen der folgenden Befehle in die Konsole ein:

Plugins:

`php makepot.php wp-plugin <Pfad zum Plugin-Verzeichnis>`

Themes:

`php makepot.php wp-theme <Pfad zum Theme-Verzeichnis>`

Ein Beispiel:

`php makepot.php wp-theme C:\XAMPP\htdocs\wordpress\wp-content\themes\apfelbaum`

Hat alles geklappt, sollte sich nun eine *.pot*-Datei mit dem Namen Ihres Themes oder Plugins in Ihrem *SVN*-Ordner befinden (Abbildung 16.10).

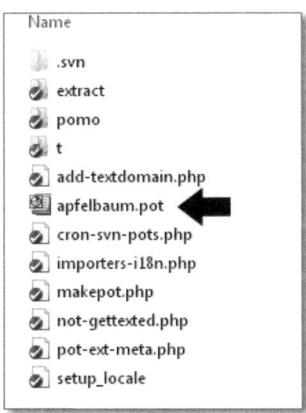

Abbildung 16.10 Die *.pot-Datei ist endlich da.

Diese Datei ist nun Ihre Vorlage. Sie kann von Übersetzern bearbeitet werden. Nach dem Abspeichern wird daraus eine *.mo*-Datei. Darum kümmern wir uns jetzt.

16.4   Übersetzen einer Vorlage

Doch eine Vorlage bringt Ihnen erst einmal nicht viel. Sie können Sie zwar an Übersetzer weiterreichen und sollten Sie, wenn Ihr Theme oder Plugin öffentlich erreichbar ist, auch zum Archiv hinzufügen und mit hochladen. Eine Übersetzung haben Sie dadurch aber noch nicht.

16.4.1   Datei in POEdit öffnen

Öffnen Sie nun zunächst die Software *POEdit*, und öffnen Sie darin die gerade erstellte *.pot*-Datei. Im Öffnen-Dialogfenster ist es wichtig, dass Sie als Dateityp ALL FILES (*.*) auswählen.

16.4.2   Übersetzungen eintragen

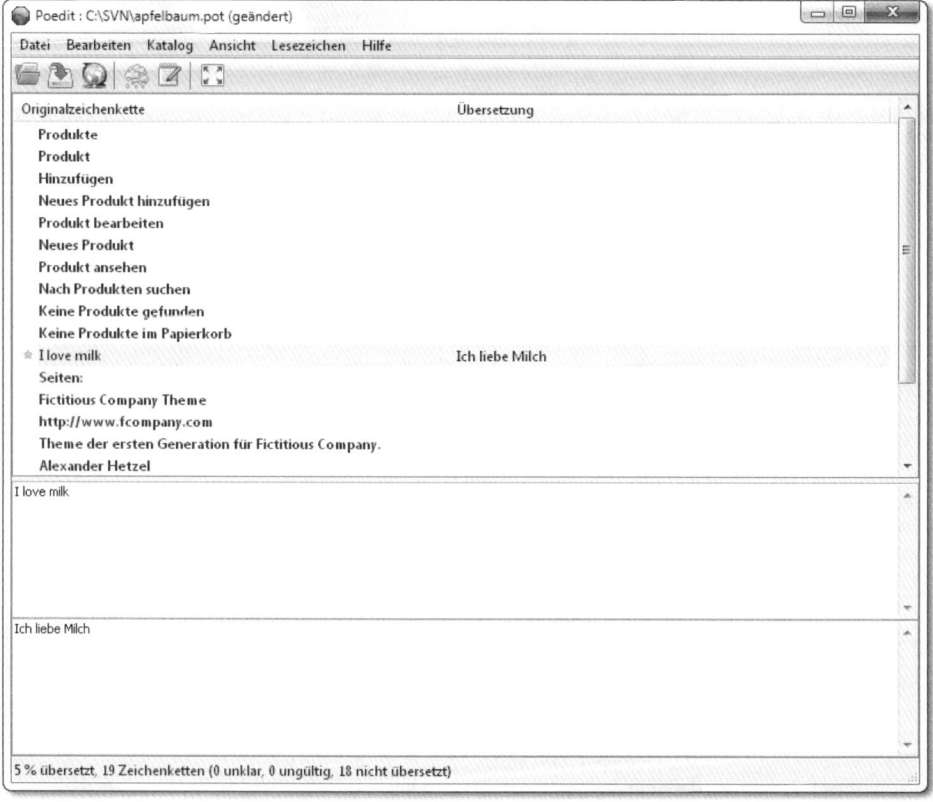

Abbildung 16.11 Die geöffnete *.pot-Datei

Oben haben Sie ein Feld mit diversen Einträgen (Abbildung 16.11). Hier sind all Ihre Sätze und Wörter aufgelistet, die Sie zur Übersetzung via Funktionen freigegeben haben. Darunter befinden sich zwei Felder. Das erste enthält die zu übersetzende Phrase. Das zweite ist leer und darf nun mit der Übersetzung gefüllt werden.

16.4.3   Katalogoptionen anpassen

Wenn Sie alle Übersetzungen abgeschlossen haben, klicken Sie bitte noch im Menü auf KATALOG • OPTIONEN (Abbildung 16.12).

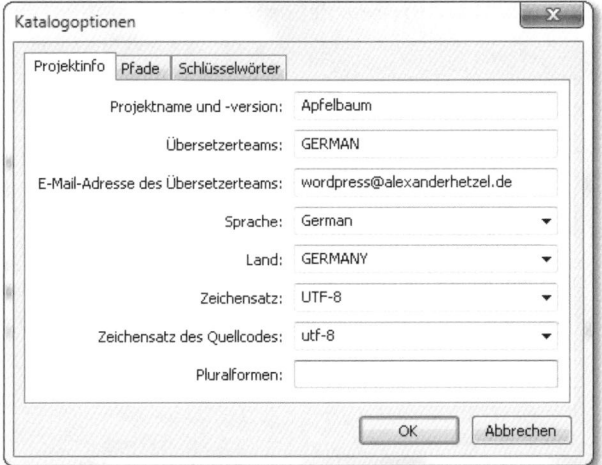

Abbildung 16.12 Tragen Sie die Projektinfos ein, insbesondere Name des Übersetzerteams, Sprache, Land, Zeichensätze.

Tragen Sie hier nun bitte die wichtigsten Informationen ein:

- ▶ Übersetzerteams
- ▶ Sprache (in die übersetzt wird)
- ▶ Land (in dessen Sprache übersetzt wird)
- ▶ Zeichensatz (UTF-8)
- ▶ Zeichensatz des Quellcodes (utf-8)

16.4.4   *.mo-Datei erstellen

Bestätigen Sie mit OK, und speichern Sie danach den Katalog. Die Software erstellt automatisch eine gleichnamige *.mo-Datei in Ihrem SVN-Verzeichnis, in der auch die *.pot-Datei lag. Diese Datei kann WordPress nun lesen und verarbeiten.

16.5   Einbinden und Testen einer Übersetzung

16.5.1   Die *.mo-Datei umbenennen und in das Theme oder Plugin integrieren

Je nachdem, ob Sie nun ein Theme oder ein Plugin übersetzt haben, müssen Sie die Datei unterschiedlich benennen:

- ▶ **Themes**: *lokalisierung.mo* (zum Beispiel *de_DE.mo*)
- ▶ **Plugins**: *pluginname-lokalisierung.mo* (zum Beispiel *apfelbaum-de_DE.mo*)

- **Widgets**: *widgetname-lokalisierung.mo* (zum Beispiel *apfelbaum-widget-de_DE. mo*)

Kopieren Sie die Theme-Datei in das Verzeichnis des übersetzten Themes, die Plugin- bzw. Widget-Datei in das Verzeichnis der übersetzten Plugins.

16.5.2   Die Übersetzung in WordPress testen

Das Testen der Übersetzung ist sehr leicht. Öffnen Sie einfach die *wp-config.php* aus Ihrem WordPress-Hauptverzeichnis, und passen Sie folgende Zeile an Ihre vorgenommene Lokalisierung an:

```
define('WPLANG', 'de_DE');
```

Wenn Sie nun Ihr Frontend oder Backend aufrufen (je nachdem, was Sie übersetzt haben), werden Sie die Übersetzung sehen können.

16.6   Quellen

Eine großartige Unterstützung und Inspiration bei dem Verfassen dieses Artikels waren zum einen der sehr gut ausgearbeitete Artikel zu Internationalisierung in WordPress aus dem offiziellen Codex (*http://codex.wordpress.org/I18n_for_ WordPress_Developers*) sowie ein hervorragender Artikel zu der verwendeten Software von Leo Eibler auf nullpointer.at (*http://www.nullpointer.at/2012/04/08/ mehrsprachigkeit-wordpress-plugins/*). Beide Artikel sind auch ergänzend zu der Lektüre dieses Kapitels sehr lesenswert.

Anhang A
Inhalt der Buch-CD

Auf der beiliegenden CD-ROM finden Sie alles, was Sie für die Arbeit mit diesem Buch benötigen. Neben der aktuellen Version von WordPress finden Sie dort weitere Software (zum Beispiel *XAMPP*), alle verwendeten Plugins (auch das in Kapitel 8, »Plugins selbst programmieren«, eigenständig programmierte) sowie die Themes aus diesem Buch. Im Rahmen dieses Anhangs möchte ich Ihnen kurz zeigen, was Sie im Einzelnen auf der Buch-CD finden und – wenn relevant – in welcher Version es vorliegt (jeweils in Klammern angegeben).

Die Ordnerstruktur sieht wie folgt aus:

- WordPress
- Software
- Themes
- Plugins
- Zusatzkapitel zu den Neuerungen der Version 3.5

A.1   WordPress

Zunächst einmal finden Sie auf der Buch-CD WordPress in der aktuellen *Version 3.4.1* sowohl in der deutschen als auch in der englischen Sprache. Um dieses Buch vollständig nachvollziehen zu können, empfiehlt sich die Installation der deutschen Version, wie sie auch in diesem Buch verwendet worden ist.

A.2   Software

Für die Arbeit mit WordPress empfiehlt es sich, die richtige Software einzusetzen. Da manche dieser Programme eine recht umfangreiche Dateigröße haben, finden Sie die wichtigste Software auch auf der Buch-CD. Die hier zur Verfügung gestellten Programme stellen gleichzeitig eine Empfehlung dar. Es bedeutet nicht, dass es keine Alternativen gibt. Die CD soll Sie lediglich mit vernünftiger Software ausstatten, damit Sie gleich loslegen können. Die folgende Software finden Sie auf der Buch-CD:

- 7-ZIP (9.20)
- Mozilla Firefox (14.0.1)
- Mozilla Firefox Plugins
  - Firebug (1.10.0)
  - User Agent Switcher (0.7.3)
- gettext (0.14.4)
- POEdit (1.4.6)
- Tortoise SVN (1.7.7)
- IrfanView (4.33)
- Notepad++ (6.1.5)
- Piwik (1.8.2)
- XAMPP
  - Linux (1.8.0)
  - Max OS X (1.7.3)
  - Solaris (1.7.7)
  - USB Lite Portable (1.8.0)
  - Windows (1.8.0)

A.3   Themes

Selbstverständlich sind auch alle Themes, die im Rahmen dieses Buches programmiert wurden, auf der Buch-CD enthalten. Dies schließt auch den in Kapitel 6, »Seitentypen«, programmierten Seitentyp ein. Der Aufbau im Rahmen der Buch-CD sieht
wie folgt aus:

- Kapitel 4, »Ein eigenes Theme programmieren«
  - *HTML-Vorlage*
  - *wp-content\themes\fc*
- Kapitel 6, »Seitentypen«
  - *wp-content\themes\fc*
- Kapitel 15, »Praxisbeispiele«
  - *wp-content\themes\circledesigner*
  - *wp-content\themes\kanzlei*
  - *wp-content\themes\medienwatchblog*
  - *wp-content\themes\sb*

Die Themes können Sie installieren, indem Sie sie in das Verzeichnis *wp-content\themes* Ihrer WordPress-Installation kopieren und im Backend unter Design • Themes aktivieren.

A.4   Plugins

Sofern in diesem Buch von Plugins Gebrauch gemacht worden ist oder diese zumindest erwähnt worden sind, finden Sie diese auch auf der beiliegenden Buch-CD in der jeweils aktuellsten Version:

▶ AJAX Event Calendar (1.0.2)

▶ Akismet (2.5.6)

▶ Antispam Bee (2.4.3)

▶ AskApache Password Protect (4.6.6)

▶ Broken Link Checker (1.6.2)

▶ Contact Form 7 (3.2)

▶ Do Follow (4.0)

▶ Google XML Sitemaps (3.2.7)

▶ jQuery Image Lazy Load WP (0.13)

▶ Lightbox Plus (2.4.6)

▶ Maintenance Mode (5.4)

▶ My Greatest Posts (1.0, selbst erstelltes Plugin aus Kapitel 8)

▶ NextGEN Gallery (1.9.5)

▶ NextGEN Scroll Gallery (1.8.1)

▶ Shareaholic (6.0.0.3)

▶ Simple Facebook Connect (1.4)

▶ Simple Twitter Connect (0.15)

▶ Subscribe To Comments (2.1.2)

▶ Twitter Stream (2.4)

▶ W3 Total Cache (0.9.2.4)

▶ WordPress SEO (1.2.5)

▶ WP CleanUmlauts2 (1.5.1)

▶ WP Paginate (1.2.4)

▶ WP Super Cache (1.1)

▶ WP-DB-Backup (2.2.3)

▶ WPtouch (1.9.41)

▶ Yet Another Related Posts Plugin (3.5.1)

Um die Plugins zu installieren, gehen Sie entweder im Backend auf PLUGINS • INSTALLIEREN • HOCHLADEN und wählen direkt die ZIP-Datei aus, oder Sie kopieren den entpackten Plugin-Ordner einfach in das Verzeichnis *wp-content\plugins* Ihrer WordPress-Installation. Aktivieren Sie das Plugin anschließend im Backend unter dem Menüpunkt PLUGINS.

[+]
Hinweis

Jegliche Software, Themes oder Plugins verwenden Sie auf eigene Gefahr. Weder der Verlag noch der Autor dieses Buches haften für etwaige Schäden, die durch den Gebrauch dieser Software entstehen. Dies gilt in den meisten Fällen auch für die Programmierer der entsprechenden Software oder des Plugins. Wenn Inhalte dieser Buch-CD bei Ihnen nicht korrekt funktionieren sollten, dann halten Sie Ausschau nach einer eventuell aktuelleren Version; oft findet sich hier bereits eine Problembehebung.

Sie benötigen im Übrigen nicht zwingend einen der auf dieser CD-ROM beiliegenden Browser, um dieses Buch durchzuarbeiten und WordPress zu nutzen. Die Auswahl stellt lediglich eine Empfehlung dar.

A.5   Zusatzkapitel zu den Neuerungen der Version 3.5

Im Dezember 2012 erschien WordPress 3.5. Diese Version brachte mehrere, kleinere Änderungen. Damit Sie auch mit der aktuellen Version arbeiten können, finden Sie auf der CD-ROM ein ausführliches Zusatzkapitel. Es zeigt Ihnen die wichtigsten Neuerungen der Version 3.5.

Index

T

Y

Z

X

■ Grundlagen, Praxisbeispiele,
Referenz

■ Modernes Webdesign mit CSS

■ Inkl. CSS-Layouts, YAML,
Mobiles Webdesign u. v. m.

Kai Laborenz

CSS

Das umfassende Handbuch

Endlich findet sich das vollständige Wissen zu CSS und Co. in einem Band.
Einsteiger erhalten eine fundierte Einführung, professionelle Webentwickler
einen Überblick über alle CSS-Technologien und Praxislösungen für CSS-Layouts
sowie Tipps, um aus dem täglichen Webeinerlei herauszukommen. Inkl. HTML5
und CSS3

804 S., 2011, mit DVD und Referenzkarte, 39,90 Euro
ISBN 978-3-8362-1725-5
www.galileocomputing.de/2556

Galileo Press

730 S., 2. Auflage 2011, mit DVD,
34,90 Euro
ISBN 978-3-8362-1810-8
www.galileocomputing.de/2930

Frank Bongers, Maximilian Vollendorf

jQuery
Das Praxisbuch

Mit jQuery kann man zaubern. Auch
JavaScript-Muffel kommen mit dem
Framework schnell zu Ergebnissen, die
sich sehen lassen können. Dieses Buch
zeigt Ihnen, wie Sie die Funktionen von
jQuery effektiv auf Ihren Webseiten
einsetzen können. Inkl. Entwicklung
mobiler Anwendungen mit jQuery Mobile

734 S., 6. Auflage 2013, 39,90 Euro
ISBN 978-3-8362-1898-6
www.galileocomputing.de/3077

Sebastian Erlhofer

Suchmaschinen-Optimierung
Das umfassende Handbuch

Das bewährte Standardwerk von Sebastian
Erlhofer in aktueller Auflage: alles zu den
Grundlagen, mit Erklärungen zu den
Funktionsweisen von Suchmaschinen und
praktischen Tipps zur Ranking-
Optimierung. Eine in vielen Auflagen
bewährte Mischung aus Theorie und
Praxis – aktuell zu den neuen Google-
Algorithmen und SEO-Trends

- Geodaten, Videos, Sound, Grafiken, Bewegungssensoren u.v.m.

- Arbeit mit jQuery Mobile, Sencha, PhoneGap

- Inkl. Entwicklung von Tablet-Magazinen

Florian Franke, Johannes Ippen

Apps mit HTML5 und CSS3
für iPad, iPhone und Android

Entdecken Sie die Möglichkeiten von HTML5 und CSS3 für die Entwicklung von modernen Apps. Schnell erhalten Sie ein Gefühl für die technischen und gestalterischen Möglichkeiten einer mobilen Anwendung. Sie erstellen erste Apps, gestalten Zeitschriften und Bücher für iPad und Co. und nutzen alle Möglichkeiten der mobilen Geräte. Inkl. Ausbau zu nativen Programmen und dem Einsatz von JavaScript-Frameworks.

441 S., 2012, mit DVD, 29,90 Euro
ISBN 978-3-8362-1848-1
www.galileocomputing.de/3005

»Das Buch von Franke und Ippen bietet einen umfangreichen Einstieg in die WebApp-Programmierung. Sie haben mit ihrem Buch ganze Arbeit geleistet. Der Leser erhält eine umfassende, aber relativ preiswerte Abhandlung zu dem spannenden Thema WebApps. « der webdesigner

Galileo Press

Michael Kamleitner

Facebook-Programmierung

Entwicklung von Social Apps & Websites

Michael Kamleitner führt Sie Schritt für Schritt in die Konzepte der Facebook-Anwendungs-Entwicklung mit vielen Praxisbeispielen ein. Die offene Architektur von Facebook bietet viele Möglichkeiten der Individualisierung sowie zur Integration von Webanwendungen.

552 S., 2012, mit DVD, 39,90 Euro
ISBN 978-3-8362-1843-6
www.galileocomputing.de/2991

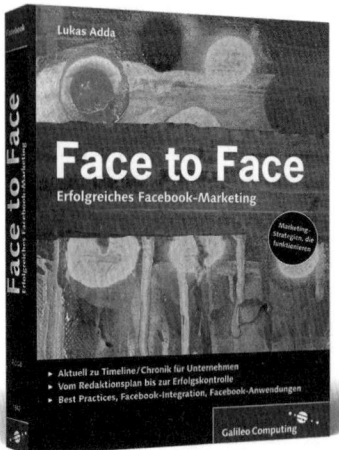

Lukas Adda

Face to Face

Erfolgreiches Facebook-Marketing

Face to Face bietet einen umfassenden Überblick zum Einsatz von Facebook als Marketing-Instrument. Inkl. Definition von Zielen, Strategien und zahlreichen Best Practices. Lukas Adda gibt Ihnen erprobte Strategien und kreative Denkanstöße für erfolgreiche Social-Media-Kampagnen auf Facebook an die Hand.

433 S., 2012, komplett in Farbe,
29,90 Euro
ISBN 978-3-8362-1842-9
www.galileocomputing.de/2992

In unserem Webshop finden Sie unser aktuelles
Programm mit ausführlichen Informationen,
umfassenden Leseproben, kostenlosen Video-Lektionen –
und dazu die Möglichkeit der Volltextsuche in allen Büchern.

www.galileocomputing.de

Galileo Computing

Wissen, wie's geht.